Reading about
the Social Animal

Twelfth Edition

社会性动物

进阶阅读

第12版

［美］乔舒亚·阿伦森　　邢占军
Joshua Aronson　　　黄立清

［美］艾略特·阿伦森　　李　爽
Elliot Aronson　　　曲夏夏

编　　　　译

华东师范大学出版社
·上海·

图书在版编目(CIP)数据

社会性动物:进阶阅读:第 12 版/(美)乔舒亚·阿伦森,
(美)艾略特·阿伦森编;邢占军等译.—上海:华东师范大
学出版社,2022
ISBN 978 - 7 - 5760 - 2751 - 8

Ⅰ.①社…　Ⅱ.①乔…②艾…③邢…　Ⅲ.①社会心理
学—研究　Ⅳ.①C912.6 - 0

中国版本图书馆 CIP 数据核字(2022)第 054850 号

社会性动物:进阶阅读(第 12 版)

编　　者　[美]乔舒亚·阿伦森(Joshua Aronson)　[美]艾略特·阿伦森(Elliot Aronson)
译　　者　邢占军　黄立清　李　爽　曲夏夏
责任编辑　彭呈军
特约编辑　单敏月
责任校对　李琳琳
装帧设计　卢晓红

出版发行　华东师范大学出版社
社　　址　上海市中山北路 3663 号　邮编 200062
网　　址　www.ecnupress.com.cn
电　　话　021 - 60821666　行政传真 021 - 62572105
客服电话　021 - 62865537　门市(邮购)电话 021 - 62869887
地　　址　上海市中山北路 3663 号华东师范大学校内先锋路口
网　　店　http://hdsdcbs.tmall.com

印 刷 者　浙江临安曙光印务有限公司
开　　本　787×1092　16 开
印　　张　34.25
字　　数　552 千字
版　　次　2022 年 7 月第 1 版
印　　次　2022 年 7 月第 1 次
书　　号　ISBN 978 - 7 - 5760 - 2751 - 8
定　　价　98.00 元

出 版 人　王　焰

(如发现本版图书有印订质量问题,请寄回本社客服中心调换或电话 021 - 62865537 联系)

上海市版权局著作权合同登记　图字: 09 - 2020 - 627 号

目　录

前言 / 1

致读者的一封公开信 / 3

1　什么是社会心理学

1. 社会心理学：有关人类体验的科学 / 2

　　丹尼尔·M·韦格纳、丹尼尔·T·吉尔伯特

2　社会认知

2. 学生的思维模势：起到激励作用的信息 / 12

　　卡罗尔·S·德韦克

3. 我们自己的陌生人：对适应性潜意识的探索 / 28

蒂莫西·D·威尔逊

4. 努力工作的目的：通过超越自我来自我调整 / 42

大卫·S·耶格

5. 人的自主性：科学基础和应用意义 / 52

爱德华·L·德西、理查德·M·瑞恩

6. 冥想的社会性动物 / 63

巴里·科恩、乔舒亚·阿伦森

3　自我辩护

7. 失调、掩饰与自我概念 / 88

艾略特·阿伦森

8. 自我肯定：对各种效应的理解 / 106

大卫·K·谢尔曼、杰弗里·L·科恩

9. 情感表露与社会判断 / 130

肯特·D·哈伯、克里斯蒂安·H·威廉姆斯

10. 利用认知失调推动节约用水 / 154

克里斯·安·迪克森、露丝·蒂博多、艾略特·阿伦森、戴娜·米勒

11. 基于心理治疗的审判：对杰里·桑达斯基案的再审 / 167

弗雷德里克·克鲁斯

4 从众

12. 意见与社会压力 / 186

所罗门·E·阿希

13. 服从行为研究 / 194

斯坦利·米尔格拉姆

14. "从耶路撒冷去往耶利哥"：助人行为的情境与人格变量研究 / 209

约翰·M·达利、C·丹尼尔·巴特森

15. 有观点的房间：用社会行为规范来推动酒店环保 / 225

诺亚·J·戈尔茨坦、罗伯特·B·西奥迪尼、弗拉达斯·格里斯凯维奇

5 大众传播、 宣传与说服

16. 作为改变行为手段的归因与说服 / 246

理查德·米勒、菲利普·布里克曼、戴安娜·博伦

17. 你即你所为：自我暗示对行为的影响 / 265

克里斯托弗·J·布莱恩

18. 无压力条件下的顺应：登门槛技术 / 281

乔纳森·L·弗里德曼、斯科特·C·弗雷泽

19. 工作与动机维持的艺术 / 293

亚当·M·格兰特

6　人类的攻击性

20. 低血糖与已婚夫妇的攻击性 / 302

　　布拉德·J·布什曼、内森·德沃尔、小理查德·S·庞德、
　　迈克尔·D·哈努斯

21. 去个性化和愤怒介导的种族攻击：倒退的种族主义 / 312

　　罗纳德·W·罗杰斯、斯蒂文·普伦蒂斯-邓恩

22. 发泄愤怒会助长还是熄灭怒火？宣泄、默念、分心、
　　愤怒与攻击性反应 / 329

　　布拉德·J·布什曼

23. 利用媒体减少群体间的偏见和冲突：卢旺达的现场实验 / 344

　　伊丽莎白·利维·帕鲁克

7　偏见

24. 拼图小组与取消种族隔离的课堂：追求共同目标 / 378

　　艾略特·阿伦森、黛安·布里奇曼

25. 社交互动中的内隐偏见 / 390

　　凯瑟琳·R·索尔森、泰莎·V·韦斯特

26. 偏见与自我形象维护：通过贬损他人来肯定自我 / 405

　　史蒂芬·费恩、史蒂芬·J·斯宾塞

8 喜欢、爱与联系

27. 伸出援手：对威胁神经反应的社会调节 / 438

詹姆斯·科恩、希拉里·谢弗、理查德·戴维森

28. "社会性动物"社会性的延伸：归属动机是成就动机的基础 / 454

安德鲁·艾略特

29. 社会性动物遭遇社会排斥：受到排斥的认知、行为、
情绪和人际的影响 / 464

罗伊·F·鲍迈斯特、黛安娜·M·提斯

30. 武断的社会规范影响浪漫的性别差异选择 / 487

伊莱·J·芬克尔、保罗·W·伊思特威克

9 作为一门科学的社会心理学

31. 对社会性动物进行科学研究的可重复性 / 500

杰伊·J·范·巴维尔、威廉·A·坎宁安

32. 可重复性问题与刻板印象对研究的威胁 / 515

史蒂文·J·斯宾塞、克劳德·M·斯蒂尔

33. 作为信仰的社会心理学 / 523

艾略特·阿伦森

译者后记 / 530

前　言

　　在《社会性动物》一书中,我们试图清晰地描绘出人类在社会心理领域的知识积累状况,以及如何运用这些知识来帮助解决当今世界困扰着我们的一些问题。《社会性动物》倾向于简洁、明快、活泼,它几乎完全不受制于插图、表格、统计分析以及对研究方法进行详尽介绍之类的考量。尽管这种叙事风格为人们提供了有关社会心理学的简明扼要、令人愉悦的介绍,但许多读者仍然感到有必要对支撑《社会性动物》的一些重要研究细节进行深入了解。为了满足这类需要,我们选编了这本《社会性动物:进阶阅读》。

　　在选编本书的有关章节时,我们既对之前版本的内容进行了完善,又补充了《社会性动物》(第 12 版)的材料。这些章节不仅在编排上与《社会性动物》的章节相对应,而且具体的阅读材料也做到了对该书所涵盖重要主题的拓展和深化。此外,我们还特别谨慎地选择那些能够将经典研究与当下研究结合起来的阅读材料。其中有些文章几十年来一直被奉为经典,也有一些文章则是新近的。这种结合有助于读者更好地把握社会心理学的历史过往与未来走势。

　　还有另外一种可以对收录于本书的文章进行分类的方法。那就是,这里所选的大部分文章最初是发表在学术期刊上的研究报告;其余的则是该领域作出重要贡献的学者撰写的针对某个特定主题的研究综述。一份具体的报告,虽然有时不是那么容易阅读,但它的优势在于能够为读者提供必要的细节,帮助他们准确地理解这项研究的内容。综述类文章通常不太专业,因此阅读起来较为容易,可以帮助人们更为全面地了解相关主题。事实上,这类文章可以帮助读者分享研究者对有关主题的系列研究所持的看法。

　　在第 12 版里,我们延续了以往经典与现代、重点与全面相融合的叙事方式。我们很高兴地注意到，随着时间的推移，本书晚近版本里选编的一些文章，到现在已经取代了原有的经典而成为真正的经典。值得庆幸的是，在《社会性动物》较早版本中被视为经典的一些发现，也不再被认为是可靠的，因而没有选入本书。我们很高兴地报告，社会心理学家们正在认真审视他们的方法，努力提高研究的精确性，尽可能消除各种无意偏见，并重申重复验证在心理知识拓展方面所发挥的重要作用。（关于这个问题的详细说明，参见第 9 章。）

乔舒亚·阿伦森

艾略特·阿伦森

致读者的一封公开信

　　欢迎来到《社会性动物》的后台。正如前言中所提到的,本书包含两类文章。这里所选编的一类文章展示的是研究项目。这类阅读是令人兴奋的,因为它们所展示的是一系列旨在阐释或拓展某个想法的一系列实验。所选编的另一类文章是独立的实证研究报告。这类文章同样令人兴奋,但有时会显得过于技术化。我们相信你们中的一些人(教师、研究生、统计学者和其他专业人士)希望彻底理解这类文章里的每一句话,或许你们希望借此来筹划自己的研究。希望你们能够如愿以偿!为了这部分读者,我们没有对原文做任何删改。

　　我们猜测,你们中的大多数人并不需要了解那么多的细节。你们想从这些文章中得到的很有可能是这样一种理解,即调查者试图发现什么、他或她是如何去实施的、最终取得了什么样的结果。阅读科学家们的原始报告,是理解他们的研究过程的最好办法。阅读一份原创性报告可以给读者带来某种冒险的经历,你可以设身处地站在研究者的角度,将某个想法转变成一套切实可行的研究行动,并尝试对结果加以解释,而这些结果有时与预测并不完全一致。每一份原创性研究报告都包含四个主要部分:(1)首先是一个引论,作者在引论中会对特定的想法加以说明:这个想法由何而来、有何重要意义,而且还要将这个想法凝练成一个或一系列假设。(2)接下来是研究步骤部分,作者通过将某个想法转化为一组具体操作来检验有关假设。在社会心理学中,这经常会以一种全方位场景的形式展现,目的是为参与者(或被试)提供一个合理的理由来对事件做出反应,而不让他们知道这个过程的真实目的。一项好的研究,它的研究步骤部分通常是最为有趣的,因为这里需要研究者付出大量的创造性努力,以便于在不牺牲真实感或现实性的条件下达到精确。(3)在结果部分,研究者会尽可能简洁明了地陈述他们的研究发现。研究者会使用各种统计方法来确保数据的可靠性。(4)最后，还会有一个讨论部分，研究者会在这里评估和解释前一部分所提供的数据，并试图结合先前研究的背景对数据加以说明。创造性的研究者会在讨论部分对数据的含义做出推测，并指出未来的研究方向。

对于那些在阅读研究报告方面还没有太多经验的人，我们在这里提供一些建议，帮助他们了解哪些部分需要精读、哪些部分可以略读。如果文章包含摘要(无论是在开头还是结尾)，我们建议首先阅读该文的摘要，熟悉研究的总体思路，并快速了解结果。接下来，仔细阅读引论，了解某个想法的由来并深入理解所提出的假设。然后，仔细阅读研究步骤部分。最后，了解研究的结果部分，看看结果与预测的一致程度。如果发现结果与预测不符，请仔细阅读讨论部分，看看作者是如何解释他(或她)所得出的结果的，这个解释对你而言是否合理。除非您擅长统计分析或者对之很感兴趣，否则我们建议您略过这一部分。对于那些对统计方法知之甚少或一无所知的人而言，把自己困在统计分析的某些细节中是非常令人沮丧的，也毫无益处。这些文章之所以能够被选编，前提条件是它们的统计分析是过关的。因而对你来说，最好是选择相信他(或她)的统计分析能力。

1

什么是社会心理学

1. 社会心理学：有关人类体验的科学[①]

丹尼尔·M·韦格纳(Daniel M. Wegner)

丹尼尔·T·吉尔伯特(Daniel T. Gilbert)

在很久很久以前，人们相信地球恰好位于宇宙的中心，所有的星球都围绕着地球运转。然而哥白尼(Copernicus)却不这样认为。在他看来，假如这一观点成立，那么宇宙的其他部分便会变得不可理解，因为按此观点所观测到的所有星球运动都是不合理的。经过深思熟虑之后，哥白尼得出结论：宇宙的中心不是地球，而是太阳。当然，了解了这一点并没有真正改变宇宙，但却因此使得宇宙所有的运动一下子变得有意义起来。

社会心理学领域也有一个中心。我们这些身处其中的人都清楚：个体之间的社会互动是其理所当然的核心，当我们向他人解释这一点时，都会肯定性地引用奥尔波特(Allport)的这一论断。除此之外又能是什么呢？如果社会心理学家主要关注的不是社会性的心理问题，那么他们的期刊、教学机构和学术团体便会被严重地贴上错误的标签，一切都要推倒重来。虽然这可能是一个悲剧，但是我们中许多人都曾经或多或少地私下怀疑过，该领域所发生的一切并不能够很好地得到解释——如果社会性的确是我们科学努力的中心，那么社会心理学这个"宇宙"的其他部分就存在问题了。在这篇文章中，我们会指出社会心理学"宇宙"是正常的，这里的问题实际上是：社会心理学的中心并不像我们所想象的那样糟糕。

---

① Wegner, D. M. , & Gilbert, D. T. (2000), "Social Psychology: The Science of the Human Experience." From The Message Within: The Role of Subjective Experience in Social Cognition and Behavior, edited by Bless, H. , & Forgas, J. P. , Reproduced with permission of Routledge Publishing Inc. Permission conveyed through Copyright Clearance Center.

社会心理学的中心会在哪里呢？天文学有关中心的问题至少能够给我们两点启示。首先，天文学告诉我们中心并不总是容易找到的。例如，银河系的中心似乎存在着不可观测的黑洞，正是由于其不可观测性，所以很难看到。其次，找到某个中心（特别是某个看不见的中心）的一种方法，是寻找那种能够吸引其他一切事物的东西。我们认为，现代社会心理学中心的真正转向，是对主观体验的理解（*understanding of subjective experience*）。有时它所关注的是与社会性相关的问题，有时却并非如此，但会远远超过其他任何心理学研究领域，甚至会远远超过其他任何科学领域。社会心理学所密切关注的，是科学理解"作为一个人意味着什么"——为什么我们在某个时刻的存在从时空感觉来看是如此这般的。我们甚至可以说，社会心理学不是社会科学，而是体验科学。这个说法听起来有些夸张，但事实的确如此。但是一旦您理解了，这种观点也就变得显而易见了，并且（我们希望）会引起人们的关注。以下是我们的观点。

社会性：主流叙事

按照一般理解，社会心理学这个概念可以用来界定心理学的某个特定分支领域，这一分支领域涉及与之相关的其他特定领域，例如发展心理学、个性心理学、认知心理学、神经心理学等。正如人们可以根据时间的变化，或者可以根据不同程度地列举个别差异来分析心理现象，人们也可以根据社会性来分析这些现象。世界上并非只有个体存在，正如特里普利特（Triplett）在他的第一个社会心理学实验中所证明的那样，有同伴在场这一事实对几乎所有值得研究的事物都会产生影响。按照正统说法，社会心理学通过考察社会情境如何出现、发展并影响被试的思想、情感和行为来考察人类心理学研究问题中的绝大部分差异。

这是一种非常有趣的说法，但其唯一的缺点是完全不符合事实。对社会心理学主要期刊进行一个小时的浏览便会发现，该领域的主流叙事与实际情况之间存在着巨大的差异。事实上，当翻阅浏览时，人们很快便会感觉到被称之为社会心理学的学科根本不是心理学的一特定分支领域，而是整个的心理学领域——类似于某种平行宇宙。在这个宇宙中，任何其他门类心理学家所感兴趣的任何一个问题，都会得到基于社会心理学的特殊处理与解释。尽管从某种程度上看所谓心理学的许多分支领域是正确的,但社会心理学所涉猎的范围却更为广泛。社会心理学不仅拥有他们所声称的明确的社会话题(例如互动、关系和群体),而且也会对情绪、感知、认知、文化、态度、人格、精神障碍、发展、动机、健康、法律、记忆等话题提供解释。主流叙事聚焦于社会性,但即使对该领域文献进行粗略阅读也会发现,这种主流叙事是令人遗憾的、不完整的,而且社会心理学的影响力远超出其名称所隐含的范围。社会心理学曾经是一门社会科学,但在过去的几十年里,它已经成为一门研究许多超越社会性问题的科学。

社会心理学发展的一个奇特副产品是其主流叙事中的城市病问题。在过去的几十年里,社会互动、人际关系和群体等话题(在主流叙事中,这些显然发生在"城市中心"的社会心理现象)在迅速衰减,尽管也会出现诸如设施翻新和市区重建之类的现象,但城市并未出现真正的持续增长。随着该领域的研究兴趣从城市中心转向郊区,社会心理学的中心也形同那些城市中心鳞次栉比的办公楼:一些人会在那里工作,但很少有人会居住在那里。教科书中有关这类城市中心主题的章节很少,在我们最好的学术期刊上也几乎看不到有关这类主题的成果;尽管关于这类主题的书籍数量远远超过了几乎其他任何领域,然而很难看到该研究领域有走向光明未来的迹象。注意到这一区域人口结构变化的研究者们,经常会发出"重建城市"的呼吁,敦促我们所有人回到城市的正统中心居住。另一方面,我们认为,社会心理学的中心区域已经永远失去了其大部分"居民",而回归主流的呼声也不会将他们带回原处。为什么这样说呢? 因为社会心理学面对的不再是一个"城市",而是一个"国家";它不再是一个分支,而是一个完整的领域——一种生活在冯特(Wundt)所构建的心理学之外而不是之内的全然不同的心理学领域。这种新的整体心理学的主题不再是社会性,而是对体验的科学理解。

体验：真实叙事

哲学家们热衷于探讨人类意识的极度孤独。观察表明,一个人不可能体验到他人的意识,其他人也不可能体验到这个人的意识,因此,我们所有人都有理由怀疑什么是意识,以及除了我们个人以外其他任何人是否真的拥有这种意识。其他的思想是否存在? 如果存在的话是什么样的? 这类问题已经被证明靠智力是难以解决的。现代哲学家在这类问题上偶尔仍会重蹈覆辙、纠缠不休,但他们中大多数人最终的结局是铩羽而归而不是踌躇满志。问题在于,他人的知识永远不会像我们自己的知识那样令人满意。"我思"(Cogito)是如此无可争议地真实存在着,以至于笛卡尔(Descartes)从中得出了其中全部的真理;但是如果"我认为"是一个公理,那么"你认为"则仅仅是一个假设。

当人们试图理解与我们人类不同的其他生物的体验时,其他人思维的不可理解性便显得尤其突出——正如纳格尔(Nagel)在 1974 年发表的一篇著名论文《蝙蝠是什么样子的》中所描述的。然而,"作为人类个体我们是什么样的"这一问题,更容易被我们大多数人所思考,因此也更为令人费解。我们可以对这个问题的答案投上自己的一票,但我们永远不知道如何去理解他人的想法。我们每个人都是唯一的存在,我们永远都只是知道自己的真实存在状态。

人本主义心理学至少在一定程度上对这种令人不满的状况给予了回应。马斯洛(Maslow, 1966)提出,人们可以通过科学或体验的方式被理解。科学的理解意味着把人看作是物理世界中其他三维存在物的复杂形式,仔细观察人们的行为,详细描述他们的属性,然后利用这些观察和描述来预测他们下一步会做什么。马斯洛认为,这种方法适合于理解风筝、沙发或熔岩流的活动,但当用以理解人类的活动时,它却令人惊奇地失效了,因为以这种方式去理解一个人,并不能满足我们想知道自己是怎样一个人的愿望。

马斯洛对科学理解和体验理解进行了比较,他敦促人本主义者设身处地地去体验:去感受他人的感受,去思考他人的思考,以便使自己与他人的关系更加密切,而这一点往往会受制于个体的体验。他鼓励人本主义者将他人的体验转化成自己的体验,并与之产生共鸣,能够融入其中,接纳它们,享受它们;最为重要的,是以一种不同于科学家的方式去欣赏它们。不过,当对体验与感受的强调达到极致时,人本主义也便被证明为心理学思想史上的一条死路,因为它通过贬低客观来重视主观。马斯洛曾经强烈抱怨道,科学理解是体验理解的敌人。这种反科学的态度导致了人本主义没有发展出任何方法论,没有积累起任何知识,没有任何发现;除了罗洛(Rollo)这个名字的短暂流行,也没有留下任何遗产。如果没有科学的方法,我们对他人心灵的体验性理解就如同品尝新上市的灰皮诺(pinot grigio,一种法国品牌的葡萄酒)一样短暂而不值一提。人本主义在很多方面只是浅尝辄止,不会去深究细探。人本主义者认为人们的体验是心理学研究的关键对象，这一点是正确的；但是他们却错误地认为，人们的体验无法通过客观的方式加以理解。人本主义提出了问题，却无法有效地解决问题，因而导致在科学世界的核心留下了一个巨大的空场。

社会心理学已经填补了这个空场，或许并非有意为之，它已经成为一门研究人之所以为人的科学，试图为揭示人们的思维问题提供科学的答案。作为研究社会生活的人，我们一直在不知不觉中考察内心生活，同时却又用尽全力地加以回避，这二者不可分割地交织在一起。我们对自身体验所进行的不经意考察，可以通过我们对一些热点或非热点事物的看法表现出来。我们最为欣赏而且最能够记起的社会心理学作品，是那些主体面临某种特殊困境时能够引起共鸣的文章。这类论文不可避免地让我们将自己想象成主体，并体验到会有多么的饶有兴趣、紧张不安、令人心碎或者索然无味。米尔格拉姆（Milgram）、阿希（Asch）、费斯汀格（Festinger）、沙赫特（Schacter）、拉特纳（Latane）和达利（Darley）以及其他人的经典实验，除了能够让我们了解实验条件下人们的体验之外，几乎没有任何共同点。他们所提供的往往只是模糊的社会条件，而且从科学的角度看起来也并不完整或完美。然而，它们却会令我们局促不安、扼腕叹息或者担惊受怕，因为它们很快就会在我们的脑海中呈现那个"被带进实验室"的可怜灵魂的体验。我们在这个领域所崇尚的工作，是将客观与主观结合起来，为那些局外人提供圈内人的观点和看法，而当我们在这方面做到极致时，其他一些缺陷也会被明显忽略。

在此，我们并不是说社会心理学家对纯粹的机制研究，或者对独立个体的行为考察，缺乏合理的兴趣。这类研究有时的确会吸引我们，但是它们之所以能够吸引我们很大程度在于，它们承诺能够解释个体对外部世界的体验。某个理论提供了数学模型，将宴会的规模与支付服务员小费的数额联系起来，该理论并不能告诉我们晚宴的真实情景。但是它的确提供了某种简便的方法，来梳理一些复杂的关系，而且所得出结论与混乱分散的社会经验相去不远，单靠个人我们不可能实现对这类经验认识上的飞跃。尽管如此，如果要在考察这类关系的正式模型和对关键时刻用餐者心理状态富有洞察力的描述（这类描述可能是：他掏出钱包，停顿了一下，然后想，"啊，别人会得到它的"）之间作出选择时，社会心理学家往往会倾向于后者。一般来说，我们不愿过多地参与那些把人类行为视为台球运动的理论——不是因为这些理论提供了错误的答案，而是因为它们回答了错误的问题。认知心理学和脑科学常常关注的机制,从他们的立场看是正确的,但他们的立场并非我们的立场,因为他们本身不告诉我们想知道的答案。当然,我们想知道的东西很多,但最为重要的是,我们想知道在我们的头脑里发生了什么。

我们对体验的迷恋也在其他方面显露出来。当记者打电话给一所大学的心理学系,询问某个具体问题时,这个问题会提给谁呢?在大多数情况下,最终会转到该校的社会心理学家那里。在同心理学专业之外的人谈论心理学领域的问题时,我们是处于学科前沿的。为什么这样说呢?因为尽管许多领域都朝着更为形式化的方向发展,社会心理学的官方语言却仍然是日常语言,其官方衡量标准仍然是口头报告。像小说家一样,我们提供的理论话语,可以将听众带入这些理论所描述的人们的体验之中。与小说家们不同,我们采用客观的方法来处理主观问题,仔细记录和评估人们对我们问题的回答,并通过他们对问题的回答来寻找特定的模式。当然,我们并不总是相信别人告诉我们的内容,但我们总是相信他们所告诉我们的内容中隐含的一些事情。当人们声称自己因为生活走投无路而感到悲伤时,我们对他们所作的因果分析的准确性表示怀疑。但我们对体验本身的质量并不怀疑。这个人可能不知道自己为什么会感到痛苦,但是就判断他是否痛苦而言,他是世界上最重要的或者说是唯一的权威。最先进的神经学测量方法也无法像被试那样告诉我们:"此时此刻,你自己有何感觉?"

可以预见的一些反对意见

正如哥白尼和后来的观测者伽利略(Galileo)很快便认识到的那样,"中心"具有很多象征意义,因此人们自然而然会反对在未经事先批准的情况下将其改变。我们不能预料或反驳所有针对我们主张的合理反对意见,但我们可以从三种显而易见的反对意见开始。它们是:(a)这里遗漏了一些东西,(b)这里没有遗漏任何东西,以及(c)这一切权威们都已经说过了。

首先,这种对社会心理学的新描述,难道没有为该领域留下一些最令人兴奋的话题吗?例如,我们都知道,当今社会心理学家对诸如自动化、无意识过程以及内隐性等话题非常感兴趣。如果社会心理学是一门体验科学,那么为什么

8

"没有体验的东西"这一大类别会成为最热门的问题呢？这里的问题仅仅是语义上的。无意识过程是有意识体验的另一面；实际上，只有对体验的本质有浓厚兴趣的人才会去发展无意识过程理论。例如，行为主义是心理学的一个流派，它成功地抛弃了无意识，然而它之所以能够做到这一点，仅仅是因为它在大约15分钟前放弃了意识。正如我们通过研究特定现象的边界条件来了解该现象一样，我们对人类体验的研究也是通过发现现象的起点和终点来实现的。事实上，很难想象一门体验科学会讨论事物如何以及何时出现在意识中，而不去讨论事物如何以及何时不在意识中出现。

第二种反对意见是对第一种反对意见的补充。如果社会心理学是一门既研究体验又研究非体验的科学，那么它不就是研究所有事物的科学了吗？而且假如庭院里没人，客厅怎么会变得更为拥挤呢？我们并不认为社会心理学是研究一切事物的科学。一个人可能既研究脊椎动物也研究无脊椎动物，但仍然不会去研究爵士乐、甜甜圈或内燃机。研究脊椎动物和无脊椎动物的生物学家正在用骨骼的概念来解析和研究动物界。同样地，社会心理学家可能也会探讨一些问题，比如体验的内在或外在成分是什么，它是如何形成的，以及它会产生什么影响——他们可能在研究家庭规模对学业不良的影响之前，便已经开始探讨这些问题了，被忽略的是将人作为对象来研究，这些对象的属性可以被描述、分类并用来预测人们的行为。有关智商的研究便是一个很好的例子。社会心理学家通常不会参与一个同时包含社会成分和心理成分主题的研究，这难道不令人惊奇吗？事实并非如此，因为现代智力研究通常把人看作是包含特定数量的某些属性(智能)的对象，然后询问他们是如何获得这些属性(基因和环境)的，以及具备这些属性的程度会如何影响他们行为(可以测量)的。这项工作是无价的，但它并没有引起社会心理学家的关注，因为它没有告诉我们，一个充满智慧的人或者仅仅是试图完成某个好想法的人的体验。它让我们感觉不到欣喜或沮丧。简言之，许多有用的问题和答案都不属于人类体验的心理学范畴。事实上，我们所提出的观点中最令我们感到满意的一点是，它可以解释为什么一些名义上不属于社会心理学领域的问题似乎应该包含其中，而一些名义上被纳入社会心理学领域的问题似乎不应该出现在这里。

如果我们接受这样的论点，即体验科学可以有适当的边界，而且它看起来也很像现代社会心理学的城市边界，我们可能仍然会担心，所有这些关于体验的讨论不过是几十年前讨论过的认知心理学对行为主义超越的再现,这难道是认知革命热潮的再次来袭吗? 我们认为远非如此。认知革命所取得的重大成就便是在 S 和 R 之间插入了 C。认知中介了从刺激到反应的联系。当然,C 是一种很难加以研究的事物,认知革命的倡导者们认为,对 C 的探讨最终会帮助我们迪过 S 来预测 R。认知心理学比行为主义心理学有所进步,因为它不仅可以做到行为主义心理学希望做到的事情,而且会做得更为有效。

这一点他们的确做到了。但在此必须注意两个问题:首先,C 并非 E。人们可以相信,将那些 S 转换为 R 的内部机制是十分重要的,而无需研究内在感觉。的确,在 S 与 R 之间植入 C,无论是对海星或泡菜切片机,还是对人类个体,这都同等重要。我们可以开发出某种对从 S 到 R 起中介作用的心理,而无需注意到介体是清醒的且颇为受用。许多著名的认知模型就是这样做的,这些模型让社会心理学家忽略了内在过程。社会心理学不仅应教导我们关注在人们大脑内部发生的事情,而且还应教导我们关注这一切是如何发生的。大脑事件和心理事件是否有质感(即能否被感觉到),是社会心理学家关注的核心问题。

另外一个必须注意的问题是:如果 C 不是 E,那么 R 也不是 E。尽管认知革命带来了一系列突破性的变化,但它仍然忠实于行为主义者的使命,即将心理学研究作为预测行为的手段。无论何种心理学流派都是如此。社会心理学家有时也喜欢预测行为,但有时却不是这样。但是,由于社会心理学把对他人心灵的理解作为其认识目的,因此它不需要通过诉诸其作为行为预测因素的效用来证明这种理解的合理性。我们的经济学同事们经常被我们的那些心理话题所困扰,他们很好奇为什么我们会担心那些杂乱无章的思想和大脑里发生的事情,在他们看来,一个奇妙的方程式往往就能很好地对行为倾向做出预测。原因在于,社会心理学的工作不是为了说明人们能够做什么,而是要说明人们正在体验什么。这个方程式可以预测物体在空间中的运动,但它不能给出我们从内部观察到的情况,因此我们无法对此进行深入研究。

我们之所以要研究体验,是因为它恰恰是我们希望搞清楚的事情,由此而导致了一段时间里社会心理学成了一个相对封闭的领域。但事实上,各个相关领域的科学家们正朝着我们的方向前进。在过去的十几年里出版了数百本新书,这些著述借鉴了哲学、神经科学和进化生物学,以寻求对人类内在生命的新认识。诺贝尔生物学奖得主现在宣称意识是现代科学中最重要的未解决问题，著名物理学家与著名数学家争论量子不确定性在产生意识中可能发挥的作用。在许多领域这种兴趣都在激增并预示着，社会心理学方法是解决这类问题的一种很好的方法。对体验的理解，是理解人类的根本要求，因此社会心理学的核心问题也是人学的核心问题。当然，我们欢迎来自各个领域的研究者们，但我们应该让他们知道是我们最先涉足这个领域。

10   结论

因此，这可能是您曾经有过的体验——您向自己感兴趣的同事、好奇的学生或某个迷惑不解的浏览者解释您的研究，而在您说完之后，他们似乎有些困惑。他们可能说："当然，这一切都非常好，但是这有什么社会意义呢？在我们看来，这个问题似乎就像质疑某个名叫史密斯的人为什么太过呆板，或者抱怨某个人的头脑过于僵化。"社会心理学是我们所属的这个学术共同体的称谓。这是一个引以为傲的名称，是一个极佳的称谓，我们都非常喜欢它。但这并不是对这个领域的独特描述，因为它实际上已经成为了 21 世纪的科学前沿。如果这个领域被重新命名，可能要考虑另外一些叫法，比如质性学(qualiology)、体验心理学（experiential psychology），甚至实验主体学（experimental subjectology）。但它仍被称之为社会心理学，因此可能会出现一些身份混淆。例如，有人捧起这本书，可能会认为这里所选编的不过是这个领域外围出现的一些新的思想，却没有意识到这些思想已经存在很久并且恰恰位于这个领域的中心。能够知道我们的中心在哪里，对我们的思考方式、谈话方式以及运作方式会有何种影响，这一点还有待观察。就目前而言，它至少可以为那些担心自己因发表了某种观点而偏离了自己研究领域的人提供某种安慰。

参考文献

Maslow, A. (1966). *The psychology of science*. South Bend, IN: Gateway Editions.

Nagel, T. (1974). What is it like to be a bat? *Philosophical Review*, *83*, 435-450.

2

社会认知

2. 学生的思维模势：起到激励作用的信息[①]

卡罗尔·S·德韦克(Carol S. Dweck)

斯坦福大学

为什么有些能力很强的学生在学校成绩很差，最终一事无成？为什么那些看似不太聪明的学生，却能勇敢地面对挑战，取得比任何人预期的都要多的成就？我的大部分职业生涯都在致力于回答这些问题。

心理学所做的最重要的事情之一，就是向人们展示信念对他们的行为有多大的影响。这一点在动机与成就研究领域已经非常清楚地表现出来。人们相信他们的智力是一种固定的特质还是一种可拓展的品质？他们认为他们的失败是由于缺乏努力抑或缺乏能力？他们认为自己在从事一项任务是为了学习新事物抑或展示自己多聪明？这些信念是个体渴望学习、热爱挑战、在困难保持毅力和茁壮成长的关键要素。这些要素都可以成为人们取得成就的理由，而不仅仅是他们的智力。

最令人兴奋的是，信念可以通过说服技巧加以改变。因此，比证明信念对学生的动机与成就有重要影响更为重要的是，去证明当你改变了他们的信念时，你可以影响他们的动机与成就。对那些并不从事心理学专业研究的人而言，有时令人惊讶的是，看起来似乎是改变信仰的微弱干预措施——对学生进行不同的智力观教育，让他们形成对失败的不同解释，或者让他们形成不同的成就归因，最终都会对他们的学业投入和成就产生实质性的影响。我已经看到其他领域的研究者们对这些结果感到完全困惑，因为他们习惯于看到昂贵的、

---

① In Elliot Aronson, *Readings About the Social Animal*, New York：Worth. Adapted from： Messages That Motivate. In J. Aronson (Ed.), *Improving academic achievement*. New York： Academic Press，2002.

大规模的、长期的、多方面的干预措施，但却收效甚微。但是，心理学家具备精心设计针对性干预措施的能力，这种干预措施可以改变某个关键的信念，并能以高效的方式重新关注学生的动机。

14

动机在成就中的作用

动机在成就中发挥什么作用？许多研究人员认为动机不仅是取得成就的关键因素，而且也是取得杰出成就的关键因素。他们的研究表明，有创造力的天才，本身就是在面对逆境长期保持强烈承诺能力而成长起来的（Runco，Nemiro & Walberg，1998；Ericsson，Krampe & Tesch-Römer，1993；Hayes，1989；Nickerson，1999；Perkins，1994；Weisberg，1986，1999）。他们告诉我们，令人们感到惊奇的是，许多知名的天才最初几乎都是普通智商的孩子，后来他们迷上了某件事情，并因此作出了巨大的贡献（Howe，1999；Simonton，1999）。这一点在科学上得到了证明：达尔文（Darwin）的父亲对儿子小时候的平庸深感失望（Simonton，1999）。哲学上也是如此：约翰·斯图尔特·密尔（John Stuart Mill）的父亲实际上心怀喜悦，因为他证明了普通的孩子可以被训练成世界著名的哲学家（Howe，1999）。托尔斯泰（Tolstoy）和威廉·詹姆斯（William James）也被一些人视为普通的孩子（Howe，1999）。

即使是我们认为从婴儿时期开始创作的莫扎特（Mozart），也只是十多年不间断的创作之后，才创作出了真正原创且引人注目的作品（Bloom，1985；Hayes，1989；Weisberg，1999）。他早期的创作大部分都是整合他人作品而成的业余作品。同样的原则也适用于体育领域。我们都知道迈克尔·乔丹（Michael Jordan）早期遭受挫折的故事（例如，他高中时未能入选学校篮球队），这只会增强他的决心和促使他不懈地训练，直到他成为有史以来最伟大的运动员之一。

然而，社会上仍然有很多人固执地认为，成就、特别是杰出的成就天赋有关。莫扎特、达尔文和迈克尔·乔丹多年里一直狂热地、专心地练习他们的技能，我们却忽视了这一点，反而认为他们天生就具备万里挑一的能力。托马斯·爱迪生（Thomas Edison）声称天才是99%的汗水和1%的灵感，我们却认为他只是谦虚而已。当我们听说苯的环状结构出现在伟大的化学家凯库勒（Kekule）的梦中，或者当我们听说辉煌的诗篇《忽必烈汗》在鸦片引起的精神错乱中出现在塞缪尔·泰勒·柯尔律治（Samuel Taylor Coleridge）的脑海中时，我们会想，"啊，是的，那真是天才"，忘记了是他们多年的训练、投入和毅力导致了这些事件的发生。

关于智力的看法

在讨论对动机起关键作用的信念时，我将集中讨论一种特殊的信念，即学生对他们自己智力的看法。首先，我将描述学生们所持的两种看法：一种看法将智力视为一种无法发展的固定特质（我们称之为"固定心态"），另一种看法是，智力是一种可塑性品质，一种可以培养的潜能（我们称之为"成长心态"）。随后，我将展示这些信念如何影响学生将要承担的任务、他们愿意付出的努力、他们应对挫折的能力，以及最终他们所取得的学业成绩。

正如你将看到的，对智力的固定心态会导致：即便是最有能力的学生也会担心自己是否足够聪明，在失败时会认为自己很笨，不喜欢并回避努力，当他们面临学业困难时（即使是顶尖的学生有时也会遇到这种情况，比如他们进入一所新学校时），会有不良的表现。相反，如果认为智力是可以发展的，则会促使学生们重视学习而并非关注自己看起来聪明，享受努力和挑战，并在困难中茁壮成长（Dweck，1999）。

哪种智力观是正确的呢？智力是固定的，还是可以发展的？心理学家一直都采用而且现在仍然采用这两种观点。然而，智商（IQ）测试的发明者阿尔弗雷德·比奈（Alfred Binet，1909/1973）是"智力可以发展"这一观点的激进支持者。他相信孩子们最基本的学习能力可以通过教育来改变，他在职业生涯的大部分时间里都致力于设计可以做到这一点的教育计划。近年来，越来越多的心理学家认为，智力或智力的重要组成部分可以通过动机和学习来加以发展（Brown & Campione，1996；Diamond & Lee，2011；Ericsson，Krampe & Tesch-Römer，1993；Perkins，1995；Resnick，1983；Sternberg，1985）。我的研究并没有直接涉及智力的本质问题，但它确实显示出学生对智力的看法至关重要。现在让我们来看看由这两种不同信念所创造的动机世界。

固定心态：认为智力是固定不变的

学生的目标是什么？ 当学生认为他们的智力是固定的，他们最希望通过学业达成什么？答案是他们想看起来聪明。因为智力是一种价值很高的商品，而他们只能拥有固定水平的智力，所以他们希望自己拥有好的智力。在许多针对小学、初中和大学生的研究中，我们提供给学生某种选择，一种是挑战性的任务，由此他们可以学习重要的新事物；另一种是某项"更安全"的任务，会让他们看起来很聪明。大多数持有固定观点的学生会选择让他们看起来聪明的任务（Dweck & Leggett, 1988；Stone & Dweck, 1998）。这意味着，他们将牺牲宝贵的学习机会，而不会去冒犯错误的风险。

　　一项相关的研究表明，这可能会自取其辱。在香港大学，所有课程的课堂作业和考试都采用英语。但并不是所有来这所大学的学生英语都很好。在这项研究中（Hong, Chiu, Dweck, Lin & Wan, 1999），我们测量了新生对智力的看法，并得到了他们在英语水平考试中的分数。然后我们问他们，如果老师愿意提供补习英语的课程，他们是否愿意参加。那些英语水平低、相信智力具有可塑性的学生表示愿意参加，而英语水平低、相信智力固定不变的学生则做了否定回答。他们不愿意暴露自己的无知或者冒着犯错误的风险，即便这样做会危及他们的学业。

　　失败或困难意味着什么？你可能会认为，相信智力固定不变的学生会对自己的智力形成看法并保持不变，但事实并非如此。为什么不是这样呢？因为，尽管他们相信智力是固定不变的，但智力是一种无形的、内在的东西，他们不能直接观察到，所以他们只能通过自己的表现来猜测自己的智力水平。这就意味着，某一天学生们可能认为他们的固定智力很高，因为他们做得很好；而另一天他们则可能认为自己的固定智力很低，因为他们做得不好。

　　我们一再发现，那些相信智力固定不变的学生将学业上的挫折视为对他们智力的消极评价（Blackwell, Trzesniewski & Dweck, 2007；Mueller & Dweck, 1998；Stone & Dweck, 1998；Grant & Dweck, 2003）。顶级学校的聪明学生也是如此。在一项研究（Blackwell et al., 2007）中，我们让初中生想象他们真的喜欢自己正在上的一门新课。他们为了迎接第一次考试而学习，但成绩却很差。他们会有什么样的感受和想法？他们告诉我们，他们会觉得自己很蠢，并会想，"我不擅长这个科目"和"我不够聪明"。一次测试就会对他们自己的能力做出评定。他们会怎么做？会继续努力吗？我们可以来猜一猜。

　　他们对努力有什么看法？有些学生认为努力可以弥补能力的不足，你可以通过更加努力地学习来达到同样的目标,但对于那些持有固定心态的学生来说便完全不同。他们告诉我们,如果你没有能力,就放弃吧。具体而言,他们一致认为:"如果你不擅长某个学科,努力学习不会让你对它擅长","如果你聪明,不论你学习是否努力,都会做得很好;如果你不聪明,你便不会成功。"

那么,他们在那次测试中表现不佳之后又会怎么做呢?与持有可塑性观点的学生相比,持有固定智力观的学生更同意以下说法:"从现在起,我在这门课上花的时间会更少"和"下次考试我会设法作弊"。如果努力不起作用,这些都是他们认为自己可以作出的选择。

我相信,对学生而言,最具破坏性的观点莫过于认为努力是不必要的(如果你聪明的话)和无效的(如果你不聪明的话)。

对学业成绩有何影响? 当事情进展顺利的时候,证明自己智力的需求会明显受到激发;而当事情变得艰难的时候,学生们的这种需要却并不能很好得到满足。为了验证这一点,我们对学生进行了一项大规模的研究(Blackwell et al.,2007)。研究是这样进行的:让一些即将离开小学(在这里,老师们有更多的时间对他们进行教育,学习更加个性化,评分也比较宽松)的学生,突然间进入了一个新的,更加客观的环境,他们学习起来要更加努力,对他们的评分也更为严格。对那些持固定智力观点的学生而言,这是一个特别的威胁,他们对自己智力的评价面临着风险。

在研究中我们发现,与持智力可塑性观点的同学相比,这段时间他们的成绩受到了明显的影响。不管他们过去的成绩如何,持有智力固定不变观点的学生更有可能表现出较差的学业成绩。一些以前成绩很好的学生现在遇到了麻烦。

现在让我们看看另外一种情形。

成长心态: 认为智力是可塑的

他们的目标是什么? 当学生们相信自己的智力是一种可以开发的潜力时,他们便会把注意力放在挑战和学习上,而不是自己看起来聪明。当我们为他们提供任务选择时,他们会拒绝那些只会让自己看起来聪明的任务,而选择能够让自己学习新东西的任务,即便冒着出错的风险(Mueller & Dweck,1998)。

他们同意这样的说法:"对我来说,能够在课堂上学到东西,比得到好成绩重要得多"和"即使会犯很多错误,我也喜欢可以从中学到东西的功课"
(Blackwell et al.,2007)。对于这些学生来说,学习活动并不能提供超越他人
的捷径,但随着时间的推移,个人的掌握能力会得到:"即使其他学生的分数比
我高,只要我在学校里取得进步,我也会觉得自己非常成功。"

失败或困难意味着什么? 失败或困难传达的信息是有关你的努力或策略,
而不是你的固定能力。错误只是学习中很自然的一部分,同时也会为你提供下
一步该做什么的信息。失败,虽然从来不是受欢迎的事件,但也是一个需要采
取行动的信号。当这些学生的成绩令人失望时,他们会告诉我们,他们会得到
有关哪里出了问题的信息,会努力加以弥补,并且会在之后的学习中得到更多
收获(Blackwell et al.,2007;Grant & Dweck,2003;Hong et al.,1999)。换
句话说,他们会竭尽所能,为将来的进步而努力。

努力意味着什么? 意味着一切。对这些学生来说,努力是他们能力的动
力,是他们充分发挥能力的源泉。他们认为,即使是天才,也要为自己的成就而
努力。在这方面,他们与托马斯·爱迪生和他的99%的汗水完全一致。他们相
信,即使你不擅长某件事,努力也一定能帮助你取得成功,因为努力是克服挫折
的方法。简言之,他们同意:"你在某件事情上越努力,你就会做得越好。"
(Blackwell et al.,2007)

对学业成绩有何影响? 由于对挑战、努力和学习极为重视,这些学生能够
在艰难的教育转型中有出色表现。正如我所报告的那样,在面对新学校的挑战
时,他们以对分数和考试成绩所形成的恒定心态超越了他们的同学(Blackwell et
al.,2007),甚至那些入学前成绩不好的学生也能够做到这一点(Henderson &
Dweck,1990)。

对智力的看法能够改变吗

18

是的,可以改变。即便人们的看法是孤立的而且往往相当稳定,也仍然可
以接受不同的观点。

在一系列的实验中,心理学家们考察了将学生引导到某种可塑的能力观
(告诉他们随着时间的推移,完成任务所需的能力可以通过实践或努力而习得)
与固定不变的能力观(告诉他们这种能力是与生俱来的,你要么拥有要么不拥

有）(Aronson, 1998；Jourden, Bandura & Banfield, 1991；Tabernero & Wood, 1999；Wood & Bandura, 1989)。这些研究发现，当个体被赋予可塑性的观点时，他们会为自己选择更具挑战性的目标，他们在面对挫折时会保持自信和高效的坚持，最终他们的表现会超过那些被赋予固定不变观点的人。有趣的是，即使在遇到困难的情况下，被赋予可塑性观点的学生仍能保持对活动的兴趣。

在一项旨在测试思维干预效果的有趣研究中，乔舒亚·阿伦森、卡丽·弗里德和凯瑟琳·古德(Aronson, Fried & Good, 2002)传授给大学生一个有关他们智力的可塑性观点，并观察了这种观点对他们在学校实际投入和学业成绩的影响。接受这一理论传授的学生，特别是少数族裔学生，表现出了对学习更高程度的投入，平均成绩也比其他同类学生高。这项研究表明，一个短暂的信念转变经历会对学生的学业产生很大的影响。

古德、阿伦森和因兹利奇(Good, Aronson & Inzlicht, 2003)在计算机技能课程中对初中少数族裔学生进行了思维干预。对于实验组的学生，老师们传授了智力是可以发展的观点，他们帮助每个学生设计了一个提倡这种观点的网页。年底，他们比较了实验组和对照组在全州标准化成绩测试中的表现。结果显示，思维干预组学生在数学和阅读两个方面的成绩均高于对照组。虽然智力具有可塑性观点的操作对所有的学生都有帮助，但对女性而言在数学方面尤为有效。在智力可塑性条件下，数学方面的性别差异（在对照组中很明显）不再明显。

我们也进行了一项改变思维的干预研究，设计了一个八节课的针对高危初中生的研讨会，其中许多学生的成绩一直在显著下降(Blackwell et al., 2007)。与阿伦森和古德的研究一样，实验组的学生（接受成长心态的指导）和对照组的学生都接受了重要学术技能和知识的培训。然而，只有实验组的学生被教导学习能改变大脑，会令他们更聪明。他们还被展示了如何将这个想法应用到他们的作业中。到学期末，成长心态组的学生数学成绩出现了大幅反弹，而对照组的学生则没有。更重要的是，据他们的老师（他们不知道学生属于哪一组）讲，成长心态组的学生在学习动机上表现出了真正的变化。以下是两个典型的例子，展示的是教师对实验组学生的评价：

"L.，从来不会付出额外的努力，也不按时交作业，实际上为了提前完成作业,他熬夜工作了好几个小时,这样我就可以批阅作业,给他修改作业的机会。他的作业得了 B+(他以往一直得 C 或更低的分数)。"

"M.,成绩远远低于年级平均水平。在过去的几周里,她在午餐期间主动向我寻求额外的帮助,以提高自己的应试成绩。她的成绩从近期的不及格大幅提高到了 84 分。"

这种成长心态似乎激发了学生们运用所学新技能的活力。

大多数专业干预只是试图增强弱势学生被认为缺乏的技能,例如,教授他们学习技能或辅导他们学习有困难的科目。然而,这似乎还远远不够。在刚刚描述的三项研究中,对照组的学生要么已经掌握了同等的技能,要么得到了与实验组相同的技能提升计划。在每一个案例中,只有那些经历过思维转变干预的人在动机上发生了变化——把他们所习得的技能运用到自己身上,并且学业有了明显进步。

除了直接干预之外,还有一些常见的做法会在不经意间改变学生关于他们智力的看法。

赞扬的效果

几年前,梅丽莎·卡明斯(Melissa Kamins)、克劳迪娅·穆勒(Claudia Mueller)和我开始怀疑,一些非常普通和善意的做法是否会对学生产生人们不希望看到的影响。我们开始思考那些有着固定智力观的学生是如何专注于他们的智力以及他们的表现如何被评价。好吧,让我们设想一下,当你在学生出色完成一项任务之后你对他们的智力进行赞扬时,是不是在告诉他们智力就是一切,而且是不是在告诉他们,他们的智力可以直接通过他们的表现加以评价?

当然,这不是人们所理解的对智力的赞美。他们的目的是为了增强学生的自信心,激励他们在未来取得好成绩。事实上,在我们进行的一项针对家长的调查中,超过 80% 的家长认为有必要对孩子的能力加以赞扬,以便于他们对自己感觉良好。为了解智力赞扬的真正作用,我们进行了一系列研究。在提供我们的发现之前,我想告诉你的是,智力赞扬的威力让我们感到震惊。

在所设计的六项研究中(Mueller & Dweck, 1998; Kamins & Dweck, 1999),我们给五年级的孩子们提供了有趣的难题解决任务。这些问题是流行

20 的非言语智力测试的一部分。他们研究的第一组问题颇具挑战性，但仍在他们的能力范围之内，几乎所有的孩子都做得相当好。在这次成功之后，孩子们得到了三种形式赞扬的一种。三分之一的孩子得到了智力赞扬："你一定会在所有这些问题上都表现聪明。"三分之一的孩子得到了过程赞扬（可能包括努力、策略、专注等）："你在这些问题上一定付出了努力。"三分之一的孩子被简单地告知他们做得很好，但是他们的能力和努力都没有得到赞扬。记住，三组学生在进入研究时都是一样的。唯一不同的是他们得到的某种赞扬反馈。接下来，他们都遇到了更困难的问题，在这些问题上他们做得比较差，由此我们可以评估这个困难对他们随后的动机和表现的影响。最后，所有的孩子又都得到了另一组较为简单（但具有挑战性）的问题。

首先，我们发现，得到智力赞扬的学生比得到过程赞扬的学生更容易接受固定不变的智力观。因此，对智力的赞扬本身似乎意味着成年人正在判断他们内心深处的某种能力，而努力赞扬似乎意味着技能更容易获得，并且可以通过努力得到发展。

在得到最初的赞扬之后，学生们会追求什么样的目标？大多数得到智力赞扬的学生选择了一个能让他们看起来聪明的任务，而拒绝了一个具有挑战性的任务——尽管这个任务可以让他们学到很多东西，但不一定能让他们看起来更聪明。得到过程表扬的学生则恰恰相反：多达 80%—90% 的学生选择了能够让他们学到很多东西的任务，而拒绝让他们看起来聪明的任务。所以，对智力的赞扬，不仅没有让学生渴望挑战和学习，而且导致了截然相反的结果。正是过程赞扬促使学生们全力投入了学习。

失败对他们意味着什么？如果赞扬学生的智力会教会他们从自己的表现来评价自己，那么他们应该从自己在第二组问题上的表现不佳来评价自己，这的确是他们所做的。当被问及为什么他们在这些问题上遇到困难时，得到智力赞扬的学生十分同意这样的说法："我对问题处理得不够好"和"我不够聪明"。智力方面的赞扬，被给他们带来困难的一次经历轻易地抹去了。而得到过程赞扬的学生，根本不会责怪自己的能力。相反，他们非常同意这样一种说法，比如，"我还不够努力"，而这也是他们可以比较容易弥补的。

难度会如何影响孩子们对任务的喜爱程度？我们通过询问学生们认为问题有多有趣以及他们有多喜欢解决这些问题来加以考察。当学生们在成功回答了这些问题后得到赞扬时，所有小组的学生们都认为这个任务很有趣。给人留下深刻印象的是，那些得到过程赞扬的学生被问到难题后，难度丝毫没有改变他们对任务的喜爱程度。他们看起来真的很投入，而且迎接困难带来的挑战。但是，得到智力赞扬的学生们在遇到困难之后，对任务的喜爱程度明显下降了（他们把问题带回家练习的愿望也同样下降）。简言之，过程赞扬，而不是智力赞扬，让学生保持了兴趣和投入。

会对学业成绩产生何种影响？在四个研究中，我们跟踪了学生在三套问题中的成绩，并观察了从第一套（三组都做得一样好）到第三套（相当于第一套的难度，但在第二套难度之后）发生了什么。得到过程赞扬的学生们在最后一套的三组中表现最好，而且他们从第一套到第三套成绩有了显著的提高。这意味着他们的持续参与和努力得到了回报。他们实际上在解决问题方面变得更好（"更聪明"）。

相比之下，得到智力赞扬的学生在最后一套问题上做得最差，从第一套到第三套，他们的成绩显著下降。所以，对智力的这种看法不仅会导致自我贬损，在困难任务面前失去乐趣，而且还会导致成绩下降。

这并不是说学生没有享受到智力赞美的乐趣。恰恰相反。当学生得到智力赞扬时，他们常常露出自豪、满足的微笑，而这在其他条件下往往不会表现出来。然而，这种满足的微笑是短暂的，因为一系列的忧虑很快便压倒了他们。相比之下，过程赞扬，虽然一开始可能没有那么激动人心，但却产生了许多有益的效果。

重要的是，这里要再次强调：我们所说的努力赞扬是一种自我中心的过程赞扬，重点是学生为取得令人钦佩的成绩而投入的努力。这种赞扬可以很容易地指代他们尝试的策略或他们所做的信息收集。同样重要的是，要记住：将过程赞扬与孩子的进步和学习联系起来。你教给他们取得进步的策略，这将使他们在面对挑战时处于有利位置；你不想赞扬无效的努力，因为学生很快就会知道这是一个安慰奖，而不会从中学习。事实上，他们会明白：当你称赞他的努力时，这意味着他们没有付出能力。

来自现实世界的反馈

能力或过程有关的消息在现实世界中也具有强大的作用。在一项研究中，小学生家长在 10 天内每天向研究人员提交报告（Pomerantz & Kempner，2013）。他们报告，自己的孩子那天是否在学校获得了成功，以及他们作为家长对孩子说了些什么。这些父母的反应被分为两类：一类是赞扬他们（例如，告诉孩子他们很聪明），另一类是过程表扬（例如，告诉孩子他们付出了努力或使用了好的策略）。大约六个月后，孩子们报告了他们的智力思维类型和他们对挑战性任务的渴望或回避。波梅兰茨（Pomerantz）和肯普钠（Kempner）发现，父母给予的赞扬越多，他们孩子的固定心态就越强，他们的孩子就越不愿意在学校里接受有挑战性的任务。

冈德森（Gunderson）等人（2013）对母亲和孩子在家中自发互动的录像带进行了编码。这些 90 分钟的录像带是在孩子们长到 14 个月、26 个月和 38 个月时制作的，研究人员对这些录像带进行了编码，记录了母亲对孩子的赞扬（过程赞扬或个人赞扬）。四到五年后，当大多数孩子上二年级时，他们报告了自己对智力的看法和对挑战的渴望。冈德森等人发现，这些母亲给予幼儿的过程赞扬越多（占总赞扬的比例），二年级的孩子们就越持有成长心态，表现出更高的挑战欲望。

我们一直在谈论赞扬，那么批评又会如何呢？父母对孩子的错误或失败的反应会带来何种影响？海默维茨（Haimovitz）和德韦克（2016）发现，这些反应可能会对孩子的思维模式产生重大影响。父母对孩子的失败表现出以个人为中心的反应、焦虑和对孩子能力的担忧，这是在培养孩子的固定心态。另一方面，那些对孩子的失败表现出注重过程反应的父母，比如，讨论下一步要尝试什么样的策略，则是在培养孩子的成长心态。

（更多的）影响

我们关于个人与过程反馈的研究结果，得出了一个一致的事实：让学生专注于对自己智力的判断的训练，会导致他们相信固定智力及其所有的弱点。另一方面，将学生的注意力集中在努力、挑战、策略或寻求帮助等方面的训练，会使他们相信可塑性智力及其所有好处。让我们看看这些发现带来的一些影响。

这些发现让我感到兴奋的一点是，过程信息可以很容易地融入当下实践中。例如，一位老师，可能是非常有条理抑或毫无章法，极端专制抑或非常民主，十分热情抑或刻板僵化的，这些均不重要。过程消息会同样带来积极的影响。

父母也是如此。在一些文化背景下,父母说一不二,孩子们必须遵守。在其他文化背景下,更为强调理解孩子的观点,父母与孩子之间的给予和接受同等受到重视。尽管如此,某种过程信息可以应用到任何一种风格的文化中去,而不必要求父母形成一种全新的育儿理念——这种理念可能适合也可能不适合他们的文化。

学习固然美好,成绩目标不是也很重要吗? 我已经谈到了持有可塑性智力看法的学生如何重视学习新事物(学习目标),而不是通过他们的成绩(成绩目标)来验证他们的智力。但考虑到我们的社会现实,成绩目标不是也很重要吗?是的,的确如此。

在我看来,保持学习和成绩之间的平衡才是最为重要的。让我们还是面对现实吧,成绩往往很重要,许多想上名校的学生都需要好成绩。当学生过于在意自己的成绩,以至于牺牲了重要的学习机会,则会限制他们智力的发展,就像他们经常采用固定的思维定势一样。

当学生把他们的成绩或考试分数等同于他们的智力或价值时,问题也就出现了(Stone & Dweck,1998)。这可能是非常有害的,因为当遇到困难时,他们可能会很快感到力不从心,变得灰心丧气,失去在这方面表现出色能力的愿望。

对我而言,最好的组合是(a)重视学习和挑战,(b)重视成绩,但将其视为你当前表现的一个指标,而不是你智力或价值的标志(Grant & Dweck,2003)。

学生们往往会得到这样的教育:他们的成绩只是衡量自己目前的技能,仍然可以享受学习和挑战,因为错误和挫折是难免的。顺便说一句,这种状态也是许多顶尖运动员的特征。他们在比赛中非常看重结果,但他们并不认为糟糕的结果反映的是他们潜在的技能或学习的潜力。此外,在比赛中他们非常注重学习。他们会反复观看过去比赛的录像带,努力从错误中吸取教训,和教练讨论如何改进,并不断学习新技能。

"天才"的标签和方案会带来什么? 说某个学生有天赋就像赞扬智力一样。这意味着给这个孩子贴上了"天才"的标签,有时会给孩子灌输一种固定智力看法,弊大于利。"天才"的标签意味着学生们已经得到了某些神奇的特质(礼物),这使得他们看起来比其他人更特别、更有价值。一些学生存在着被贴上这个标签的危险。被贴上了这个标签,他们可能会变得患得患失,也就是说,他们可能会变得更加关注自己固定的、优越的智力,以至于他们可能会失去对挑战和学习的热爱。他们可能开始只喜欢自己能轻松完美地完成的任务，由此限制了自身智力的发展。

与我之前讨论过的一样，研究创造性天才的心理学家指出，创造性成就最重要的一个因素是愿意付出巨大的努力，并在遇到阻碍时保持这种努力。如果我们给学生贴上天才的标签，从而限制了他们的创造性贡献，那将是令人遗憾的。

然而，我们可以让学生们明白，所谓的"天才"不过是指：如果他们努力学习，不断拓展自己，他们就能够取得引人注目的成就。自然，很多人都可以做到这一点，不仅仅是那些被认为是天才的人。

女孩又如何呢？ 女孩，尤其是聪明的女孩，传统而言总是低估自己，回避挑战。难道她们不需要一些自己很聪明的信息吗？

正如我所展示的，激励学生并给予他们更持久的动力和信心的方法不是告诉他们自己很聪明，而是让他们专注于创造成就的过程。事实上，我最担心的是，为了提高女孩(以及少数民族学生)的信心，我们对她们进行了大量的智力赞扬，从而使她们可能比受到这种赞扬之前更加脆弱。

皮格马利翁效应与可塑性理论

罗森塔尔(Rosenthal)和雅各布森(Jacobson)(1968 年)在最初有关"课堂上的皮格马利翁效应"研究中，对信念影响行为的观点进行了颇具戏剧性的验证。他们所改变的是教师的信念和行为，但影响的却是学生的成绩。

在某个学年的开始，老师们被告知他们班上的一些学生拥有智力发展的潜力。事实上，这些学生是随机挑选出来的，但到了年底，尤其是在低年级，许多学生的成绩确实有了明显的提高。

这项研究通常被解释为当老师认为学生聪明时，他们对待这些学生的方式会有所不同。但老师们并没有被告知学生们只是聪明而已。他们得到了关于这些学生智力的可塑性观点，很可能是智力可塑性观点导致了那样的结果。这意味着，不仅学生对智力的观点很重要，老师的观点也同样重要(Dweck，2001)。

结论

我已经证明,有关智力的心态可以通过引导个人朝向不同的目标、对结果的不同解释、对努力的不同看法以及应对困难的不同方式,在动机与成就方面发挥作用。我还分享了经验如何塑造了这些思维模势,以及培养可塑性智力观点的研讨如何提升动机和成就。诚然,成长心态并不是解决学校和孩子们所面临的一切问题的灵丹妙药。然而,它有可能成为解决方案的实际组成部分。

参考文献

Aronson, J. (1998). The effects of conceiving ability as fixed or improvable on responses to stereotype threat. Unpublished manuscript, University of Texas.

Aronson, J., Fried, C., & Good, C. (2002). Reducing the effects of stereotype threat on African American college students by shaping theories of intelligence. *Journal of Experimental Social Psychology*, *38*, 113-125.

Binet, A. (1909/1973). *Les idées modernes sur les enfants* [*Modern ideas on children*]. Paris: Flamarion. Blackwell, L. S., Dweck, C. S., & Trzesniewski, K. (2007). Implicit theories of intelligence predict achievement across an adolescent transition: A longitudinal study and an intervention. *Child Development*, *78*, 246-263.

Bloom, B. S. (1985). *Developing talent in young people*. New York, NY: Ballantine. Brown, A. L., & Campione, J. C. (1996). Psychological theory and the design of innovative learning environments: On procedures, principles, and systems. In L. Schauble & R. Glaser (Eds.), *Innovations in learning: New environments for education* (pp. 289-325). Mahwah, NJ: Erlbaum.

Diamond, A., & Lee, K. (2011). How can we help children succeed in the 21st century? What the scientific evidence shows aids executive function development in children 4-12 years of age. *Science*, *333*, 959-964.

Dweck, C. S. (1999). *Self-theories and goals: Their role in motivation, personality, and development*. Philadelphia, PA: Taylor & Francis/Psychology Press. Dweck, C. S. (2001). The development of ability conceptions. In A. Wigfield & J. Eccles (Eds.), *The development of achievement motivation* pp. 57-88; California: Academic press.

Dweck, C. S., & Leggett, E. L. (1988). A social-cognitive approach to motivation and personality. *Psychological Review*, *95*, 256-273.

Ericsson, K. A., Krampe, R. T., & Tesch-Römer, C. (1993). The role of deliberate practice in the acquisition of expert performance. *Psychological Review*, *100*(3), 363-

403.

Good, C. , Aronson, J. , & Inzlicht, M. (2003). Improving adolescents' standardized test performance: An intervention to reduce the effects of stereotype threat. *Journal of Applied Developmental Psychology*, *24*(6),645 - 662.

Grant, H. , & Dweck, C. S. (2003). Clarifying achievement goals and their impact. *Journal of Personality and Social Psychology*, *85*,541 - 553.

Gunderson, E. A. , Gripshover, S. J. , Romero, C. , Dweck, C. S. , Goldin-Meadow, S. , & Levine, S. C. (2013). Parent praise to 1- to 3-year-olds predicts children's motivational frameworks 5 years later. *Child Development*, *84*(5),1526 - 1541.

Haimovitz, K. , & Dweck, C. S. (2016). What predicts children's fixed and growth intelligence mind-sets? Not their parents' views of intelligence but their parents' views of failure. *Psychological Science*, *27*,859 - 869. doi: 10. 1177/0956797616639727.

Hayes, J. R. (1989). Cognitive processes in creativity. In J. Glover, R. Ronning, & C. Reynolds (Eds.), *Handbook of creativity*. New York, NY: Plenum.

Henderson, V. , & Dweck, C. S. (1990). Achievement and motivation in adolescence: A new model and data. In S. Feldman & G. Elliott (Eds.), *At the threshold: The developing adolescent*. Cambridge, MA: Harvard University Press.

Hong, Y. , Chiu, C. , Dweck, C. S. , Lin, D. , & Wan, W. (1999). A test of implicit theories and self-confidence as predictors of responses to achievement challenges. *Journal of Personality and Social Psychology*, *77*,588 - 599.

Howe, M. J. (1999). Prodigies and creativity. In R. J. Sternberg (Ed.), *Handbook of creativity*. New York, NY: Cambridge University Press.

Jourden, F. J. , Bandura, A. , & Banfield, J. T. (1991). The impact of conceptions of ability on self-regulatory factors and motor skill acquisition. *Journal of Sport and Exercise Psychology*, *13*,213 - 226.

Kamins, M. , & Dweck, C. S. (1999). Person versus process praise: Implications for contingent self-worth and coping. *Developmental Psychology*, *35*,835 - 847.

Mueller, C. M. , & Dweck, C. S. (1998). Intelligence praise can undermine motivation and performance. *Journal of Personality and Social Psychology*, *75*,33 - 52.

Nickerson, R. S. (1999). Enhancing creativity. In R. J. Sternberg (Ed.), *Handbook of creativity*. New York, NY: Cambridge University Press.

Perkins, D. N. (1994). Creativity: Beyond the Darwinian paradigm. In M. A. Boden (Ed.), *Dimensions of creativity*. Cambridge, MA: MIT Press.

Perkins, D. N. (1995). *Outsmarting IQ: The emerging science of learnable intelligence*. New York, NY: Free Press.

Pomerantz, E. M. , & Kempner, S. G. (2013). Mothers' daily person and process praise: Implications for children's theory of intelligence and motivation. *Developmental psychology*, *49*(11),2040 - 2046.

Resnick, L. B. (1983). Mathematics and science learning: A new conception. *Science*, *220*,477 - 478.

Rosenthal, R. , & Jacobson, L. (1968). *Pygmalion in the classroom: Teacher expectation and pupils' intellectual development*. New York, NY: Holt, Rinehart & Winston.

Runco, M. A. , Nemiro, J. , & Walberg, H. J. (1998). Personal explicit theories of creativity. *Journal of Creative Behavior*, *32*, 1 - 17.

Simonton, D. (1999). *Origins of genius: Darwinian perspectives on creativity*. New York, NY: Oxford.

Sternberg, R. J. (1985). *Beyond IQ*. New York, NY: Cambridge University Press.

Stone, J. , & Dweck, C. S. (1998). Theories of intelligence and the meaning of achievement goals. Unpublished manuscript, Columbia University.

Tabernero, C. , & Wood, R. E. (1999). Implicit theories versus the social construal of ability in self-regulation and performance on a complex task. *Organizational Behavior and Human Decision Processes*, *78*, 104 - 127.

Weisberg, R. W. (1986). *Creativity: Genius and other myths*. New York, NY: Freeman.

Weisberg, R. W. (1999). Creativity and knowledge: A challenge to theories. In R. J. Sternberg (Ed.), *Handbook of creativity*. New York, NY: Cambridge University Press.

Wood, R. , & Bandura, A. (1989). Impact of conceptions of ability on self-regulatory mechanisms and complex decision-making. *Journal of Personality and Social Psychology*, *56*, 407 - 415.

26

3. 我们自己的陌生人：对适应性潜意识的探索①

蒂莫西·D·威尔逊(Timothy D. Wilson)

在所有的研究中,他宁愿回避的是
他自己的想法。他知道,没有哪一种悲剧
会像反省那样令人心碎。
——亨利·亚当斯(Henry Adams)

有很多关于我们自身的事情是很难搞清楚的,比如我们的意识偏好、个人特质、目标和感觉。人们怎样才能洞悉自己内心深处的秘密？有什么比反省更好的开始呢？我们很多人都认为反省打开了一条通往内在的道路,如果认真遵循,就会获得重要的自我洞察力。反省对于社会性动物而言是非常有用的,但并不总是像人们所预期的那样。

日常反省

几年前,我的一些心理学家朋友,搬到了一个新的城市并开始寻找住房。他们采取了一种不同寻常的方法来寻找房子。首先,他们列出了一份有关住房所有重要属性的清单,比如街区、学区、房间数量、厨房布局等。这份清单相当详尽,有好几页纸。随后,当他们和房地产经纪人一起看房时,他们会拿出这份

---

① STRANGERS TO OURSELVES: DISCOVERING THE ADAPTIVE UNCONSCIOUS by Timothy D. Wilson, Cambrdige, Mass.: The Belkap Press of Harvard University Press, Copyright © 2002 by the President and Fellows of Harvard College.

清单,对每栋房子的这些属性进行评分。他们采用了社会心理学家熟悉的工具,7 等级量表。这间房子的厨房在量表上是 5 分还是 6 分? 杂物间得分多少?看过几套房子之后,我的朋友们会进行估算,他们会通过某种方式量化并回忆他们对每套房子的感受。他们可以简单地计算出每套房子的平均评级,然后便知道该买哪一套房子了。

他们的这种做法,与我的房地产经纪人确定客户对住房需求的方式形成了鲜明的对比。当她第一次与客户见面时,她会耐心地倾听客户描述他们的喜好,并表示认同地点头。很多人,像我的心理学家朋友一样,都会考虑得详尽无遗。然后,我的经纪人会忽略客户刚刚说的一切。她会带他们去看各种各样的房子,有摩登的,有古旧的;有的带有大院子,有的十分狭小;有的在城里,有的在乡下——即便客户告诉她,自己永远不会考虑这些类型的房子。

在最初的拜访中,经纪人会密切关注客户在房屋里走来走去时的情绪反应,试图推断出他们真正想要的是什么。她说,通常情况下,她认为人们喜欢的东西与他们所描述的完全不同。有一对夫妇声称,他们需要一套有魅力的老房子,甚至不会考虑新房。不过,我的经纪人注意到,当她带着他们去现代风格的住宅时,这对夫妇精神振奋,看起来最幸福。这对夫妇最终在城外的一个新开发区购买了一套房子,而不是他们一直声称想要的市中心的老房子。我的经纪人的智慧被其他房地产专业人士所分享,以至于业内有了这样一句俗语:"购房者会心口不一。"

当然,买家不会故意歪曲自己想要的东西。相反,他们可能没有完全意识到自己的偏好,或者很难表达出来。我的房地产经纪人之所以如此成功,一个原因是她非常善于推断客户的需求,而且往往比客户自己更了解他们的偏好。

有没有一种方法,可以让人们更仔细地反省这些无意识的状态,以便将它们鉴别出来? 如果人们能够准确地表达出自己的偏好,那么可以节省很多时间。房地产经纪人便可以不必把客户带到不同类型的房子里,以弄清楚他们真正想要的是什么。

也许我的心理学家朋友们,对某些事情有所了解。如果人们更仔细地分析自己的喜好,用 7 等级量表来评价新房子、汽车或潜在伴侣的每一个属性,也许他们可以更好地确定自己真正喜欢什么。许多聪明人,比如本杰明·富兰克林(Benjamin Franklin),在给科学家约瑟夫·普里斯特利(Joseph Priestly)的一封信中推荐了这一策略：

> 我的方法是用一条线把半张纸分成两列，一列写上赞成的理由，另一列写上反对的理由。之后，经过三四天的思考，我在头脑中刻下了不同动机的简短暗示，即在不同的时间，我会想到对每一种举措的赞成或反对理由……当每一个[理由]都这样单独地、相对地加以考虑时，我认为我便可以作出更好的判断了，而且不太可能轻率地做出决定(Goodman，1945)。

也有一些人认为，用加减法来分析并不是很有用。更为糟糕的是，正如作家马里奥·巴尔加斯·略萨(Mario Vargas Llosa)在柏林国际电影节担任评委时所发现的那样，这可能实际上掩盖了人们的真实感受：

> 每次放映时，我都会带着一个新的记事本，我会尽心尽力地把我对每部电影的印象写在上面。当然，结果是电影不再有趣，变成了问题，一场与时间、缺陷和我自己的审美情感之间的斗争，这些剖析混淆了一切。我十分担心对每部电影的每一个方面进行评估，以至于我的整个价值体系都受到了冲击，我很快意识到我不能再轻易地说出我喜欢什么，不喜欢什么，以及这样评价的理由(Vargas Llosa，1986)

一位著名的社会心理学家在决定是否接受另一所大学的工作时也有类似的经历。这是一个艰难的决定，因为她现在的职位和新的职位都有许多吸引人的特点，也有一些缺憾。她的一位同事欧文·贾尼斯(Irving Janis)曾写过一本书，建议人们填写详细的"资产负债表"，上面列出了每一种选择的利弊(很像本杰明·富兰克林所建议的)，所以她决定试一试。这是她对所发生事情的报告："我把欧文·贾尼斯的资产负债表做了一半，然后说，'哦，天哪，结果不应该这样！必须找到某种方法让另一边能够加分。'"(Zajonc，1980)

最后，我应该报告一下我的心理学家朋友们在寻找新家时发生了什么，他们访问过的每一套房子都有一份详尽的 7 等级的属性列表。在尽心尽力地填写了几套房子的评价后，他们发现自己比以前更加困惑。他们说："我们终于把名单扔掉了，然后带着我们的直觉去决定我们最喜欢哪栋房子。"他们购买了一套自己非常喜欢的房子,在过去的15年里,他们一直幸福地生活在那里。也许反省并不总是富有成效的,甚至可能误导人们的感受。正如诗人西奥多·罗塞克(Theodore Roethke)所言:"自我反省是一种诅咒,它会让原有的困惑变得更糟。"

这是否意味着反省是一种无用的训练,最好不要用它?我们应该建议所有人不要盯着自身看,告诉洞察力治疗师拿走他们的那套工具,并建议人们只关注自己身外的事物?心理学家告诉人们不要反省自己是很令人惊讶的,这不是我要传达的信息。关键是要搞清楚,反省并非要打开无意识的魔法之门,而是一个建构和推理的过程。一旦理解了这一点,问题也就变成了:这个构建过程什么时候可能有用,什么时候可能没有任何帮助。

我们不能解释为什么

让我们想象一下,当人们进行富兰克林式的自省时会发生什么?他们会分析他们作出选择的原因。有时候,人们会像富兰克林所建议的那样,通过列出备选方案的优缺点来正式完成这项工作。另外一些时候,他们会不那么正式,比如当他们想"我为什么对我正在约会的人有这样的感觉"时。我和我的同事已经调查过当人们以这种方式反省时会发生什么。我们通常要求人们花10分钟左右的时间写下他们产生某种特定感觉的原因。我们告诉他们,这个练习的目的是为了整理他们的思想,没有人会看到他们写下的东西,之后我们便会看到这种反省对他们后来的态度所带来的影响。

我们要求人们分析各种各样的态度,包括他们对刚认识的人、浪漫伴侣、政治候选人、社会问题、消费品、艺术品和大学课程的感受。我们对这样一个事实感到吃惊:人们在列出自己感受的理由时毫不费力。几乎从来没有人说过:"对不起,我不知道我为什么会这样想。"相反,人们会无拘无束地、欣然地为自己的感受写下相当详实的理由。

然而,人们所给出理由的准确性却令人怀疑。如果有人说他们爱自己的爱人是因为他(她)非常善良,或者因为他(她)很有幽默感,那么他们并不总是错的,他们可能是对的。然而,人们并不能接触到决定自己感情的所有因素,而个中原因往往是文化或个人观点的体现,这些观点可能是错误的,或者至少是不完整的。正如伊曼纽尔·康德(Immanuel Kant)所说:"即使是最严格的审视,我们也永远无法完全揭示隐藏行动的秘密源泉。"

　　如果人们意识到他们的解释有时是不准确的，那么列出他们会有这种感觉的原因就不存在风险了。"我尽我所能，"他们可能会说，"但请记住，我的清单毫无疑问是不完整的，我写下的一些东西可能是错误的。嘿，我在大学里攻读的是心理学博士学位。"然而，人们对真实性有一种错觉，以至于看起来人们给出的理由似乎比实际情况更准确。

　　因为人们对自己的解释过于相信，便出现了一件有趣的事情：他们开始相信自己的感受与他们列出的理由相符。如果他们提出了几个理由来解释为什么他们的约会对象很乏味（"他在室内装潢方面很有品位"），他们便会推断，即使两人在列出清单之前便已经相爱，他们相爱得也不是那么深。换言之，他们构建了一个关于自己感受的故事，这是基于不完全可信的理由。这个故事有真实感，但因为他们使用了错误的信息（碰巧是他们头脑中出现的理由），往往会歪曲他们的真实感受。

　　我们已经找到了所发生的这一系列事情的证据。例如，多洛丽丝·卡夫特（Dolores Kraft）和我让一些有约会关系的大学生私下匿名写下他们的关系为什么会发展到这种程度，然后评价他们对两人之间的关系有多满意。与处于控制状态但不分析理由的人相比，这些学生倾向于改变他们对彼此关系的态度。有些人因此会变得更快乐，有些人则变得不那么快乐。

　　为什么会这样呢？首先，我们假设人们不知道自己为什么会有这种感觉。这并不是说人们可以准确地说出："好吧，我的理由是：她的正直和善良占了我爱她理由的 43%，她的幽默感占 16%，她的政治观点占 12%，她用讨人喜欢的方式将头发顺着眼睛垂下来占 2%，余下的便是荷尔蒙在起作用。"人们想到的理由，会与他们的文化和个人观点相符，即人们为什么会爱别人，这些理由恰好出现在他们的脑海里（"我只是看着他沙发上的佩斯利图案，想着他是一个多么伟大的装饰家"）。因为这些原因有一定的随意性，它们往往不能完全符合人们先前的感受。事实上，人们给出的理由与他们几周前声称的两人之间的关系有多幸福几乎没有关系。但由于人们认识不到这一事实，他们认为自己给出的理由是两人感情的准确反映，由此导致了态度的改变。简言之，人们根据脑海中出现的理由来构建起一个关于自己感受的新故事（Wilson & Kraft，1993）。

　　这里所发生的一切，就像普鲁斯特（Proust）在《追忆往事》中刻画的马塞尔

(Marcel)。在分析和反省了自己的感受后,马塞尔确信他不再爱艾伯丁(Albertine):"当我把艾伯丁带给我的庸俗的快乐与她阻止我实现的丰富欲望相比较时,[我]得出结论,我不想再见到她,我不再爱她了。"

在此应该指出,分析理由并不总会导致态度朝着消极的方向转变。在我们对约会情侣的研究中,并不是所有列出理由的人都对他们的关系更加消极。相反,态度转变的方向取决于每个人脑海中出现的理由的性质。那些认为最容易想到积极理由的人("他是一个很好的朋友,很容易与人交谈")也会改变自己的态度,朝着积极的方向发展,而那些想到冷淡或消极原因的人("他有很好的时尚感,不过,如果他不经常穿那件粉红色的衬衫就好了"),则会出现消极的变化。马塞尔想到了最容易描述他和艾伯丁关系的消极方面,因此得出结论:他不再爱她了。

假如本杰明·富兰克林拿起一本心理学杂志,读到这些发现,他可能会这样回答:"正如我所想到的那样;当人们退一步思考利弊时,他们会得出一个更有见地、更有道理的结论。在人们分析了理由之后,他们的态度会比快速、可能是草率作出的判断好得多。"

然而,人们基于自己理由分析构建的故事,可能会歪曲他们的真实感受。马塞尔就是这样,在得知艾伯丁已经离开他之后,他才发现他对自己过度分析的感受是多么的错误。我们发现,人们在分析理由后所报告的感受往往是不正确的,即导致人们作出后来后悔的决定,不能对他们后来的行为很好地加以预测,也与专家的意见不符。

例如,在另一项研究中,我们比较了那些被要求列出理由的人和那些没有列出理由的人,谁的感情最能预测这段关系的持久性?后一组人没有分析理由。这与"人们在分析理由时,会根据错误的数据构建故事的观点"是一致的,比如说,关系的哪些方面最容易用语言表达,在他们的脑海中,或者与他们关于应该如何感受的观点一致,人们的态度不如对照组中那些仅仅给出他们未经分析的、直觉感受的人。正如歌德(Goethe)所说:"深思熟虑的人并不总是选择最好的。"

一项关于人们对艺术作品态度的研究检验了歌德的直觉。有人分析了为什么他们喜欢或不喜欢五幅艺术海报,而另外一些人则未被要求这样做。然后,所有被试选择其中一张海报带回家。两周后,我们给这些人打电话,问他们

32

对自己选择的海报有多满意。如果你是本杰明·富兰克林，你会预测那些分析理由的人通过仔细列出每种选择的利弊，做出了最好的选择。我们的发现恰恰相反：那些没有列出理由的人，大概是基于他们未经分析的直觉做出选择的人，比那些列出理由的人更喜欢海报。就像马里奥·巴尔加斯·略萨一样，当他分析每一部电影时，他很难说出自己对这些电影的感受，而"给出理由"组的学生似乎忽略了他们真正喜欢哪一张海报（Wilson，Dunn，Kraft & Lisle，1989）。

几年前，一位记者就这方面的研究对我进行了采访。在我们聊了一会儿之后，这位记者说她还有最后一个问题："那么，威尔逊博士，我想你是说，人们永远不应该去思考为什么他们会有这种感觉，而应该仅仅根据他们的第一感觉去采取行动？"看到有人会和这位记者一样对我的研究结论做这样的理解，以及由此而引发的对青少年怀孕、吸毒成瘾和打架斗殴可能性增加的担忧，我惊呆了。

鉴别直觉是否是在知情情况下做出的，是非常重要的。最好能够收集尽可能多的信息，让适应性无意识做出稳定的、知情的评估，而不是不知情的评估。我们大多数人都会同意，嫁给第一个吸引自己的人是不明智的。如果我们花很多时间和某人待在一起，对他非常了解，并且对他一直持有一种非常积极的直觉，这是一个好的迹象。

这里的诀窍是，收集足够的信息来形成某种有见识的直觉，然后尽量不要过多地分析这种感觉。关于某个人是否会成为一个好的伴侣，我们需要知道大量的信息，其中大部分是由我们的适应性潜意识处理的。关键是，我们不应该以一种过度深思熟虑、有意识的方式去分析信息，不断地列出加分因素和减分因素。我们应该让自己的适应性无意识去形成可靠的感觉，然后相信这些感觉，即便我们不能对其完全加以解释。

对理由进行反省总是那么糟糕吗？

我告诉记者的另外一件事情是，分析理由的风险也存在一些例外，这是从我们解释为什么它是有害的之后得出的。正如我们所看到的，人们经常改变他们对自己感受的想法，因为他们想到的理由与自己先前的感受不太相符。这一点对某些人而言是不正确的，这些人对他们正在分析的主题非常了解。例如，在对艺术海报的研究中，那些对艺术有很多了解的人，那些上过高中和大学艺术课的人,往往会列出与他们先前的感受很吻合的理由。因此,列出理由这种行为并没有导致这一群体的态度出现任何变化。正是那些不熟悉的人最容易想到与他们最初的感受相冲突的理由,由此而导致他们修改自己的故事,讲述自己的感受。请注意,与本杰明·富兰克林的建议相反,在我们的研究中,对主题熟悉的人似乎无法通过分析理由获得任何好处。恰恰是艺术家们,而不是那些不熟悉的人,不喜欢他们自己选择的海报,当然他们也不被那些对主题不熟悉的人喜欢。

但是,你可能会说,我们并没有对富兰克林建议的那种反省做出某种公平的测试。他建议人们"经过三四天的考虑"写下赞成或反对的意见,而在我们的研究中,人们通常只是一次性列出理由,持续不过 10 分钟左右。人们是否可以通过更长时间的自我分析更好地解读自己的感受? 为了找到答案,多洛丽丝·卡夫特和我让我们的约会研究被试回到我们的实验室再次分析理由,每周一次,持续四周。我们发现,人们在第一次分析理由时(如前所述),会发生相当数量的态度变化,之后当人们返回实验室分析理由时,他们倾向于坚持这种新的态度。换言之,不止一次地分析理由似乎没有任何助益;相反,人们会想到与自己最初的态度相冲突的理由,改变自己的态度以便与这些理由相符,然后坚持这种新的态度。

当然,有可能人们会从更长时间的理由分析中获益,或是不用经过这么长时间的分析。不过,我的直觉是,如果人们对他们正在分析的主题不太熟悉,那么最好不去做这种分析。例如,你会分析一下你为什么喜欢自己最心仪的可乐吗? 山田(Ayumi Yamada)及其同事们的一项研究表明,不会。他们让大学生用两个没有标记的杯子品尝可乐,其中一个杯子里装的是百事可乐,另一个杯子装的是可口可乐。当被问到他们喜欢哪一种而不需分析理由时,大多数人喜欢可口可乐。但当被试第一次被要求列出他们喜欢百事可乐的理由时,他们发现这些人更容易描述百事可乐的正面特征,由此而导致他们的偏好出现变化,现在变成了大多数人喜欢百事可乐(Yamada et al. ,2014)。有时候比较好的选择是:享受我们所拥有的,而不是过度分析我们为什么会有这种感觉。

对直觉的识别

假设你接受我的建议,让你的适应性无意识产生了对某人或某事的感觉,避免了那种你试图用语言表达自己为什么会有这种感觉的内省。如果你还不确定自己的感受,那该如何呢？有时,人们会对感情的本质持有错误的认识,尤其是当他们的感受与文化情感规则("人们爱他们的小马","我的结婚日将是我一生中最幸福的时光")、个人标准("我一点都没有偏见"),或者有意识的观点("我必须爱他,因为他符合我心目中的理想先生")发生冲突时,有没有一种内省可以让你接触到隐藏在这种认知方式之中的感受呢？

内省不应该被视为一个过程,而应当视为人们试图打开的一个隐藏着的房间的门,由此可以让他们直接接触到以前看不到的东西。这里的诀窍是,让感受浮出水面,并从观点和期望的遮蔽中发现它们。

奥利弗·舒尔泰斯(Oliver Schultheiss)和约阿希姆·布伦斯坦(Joachim Brunstein)所做的一项研究表明,人们可以通过某种方式实现这一目标。他们使用主题统觉测验测量了人们的内隐动机,即人们编造一组标准图片的故事,这些故事被编码成人们表达动机的方式,比如对从属关系或权力的需要(Schultheiss & Brunstein, 1999)。然后,他们告诉被试,他们将扮演一个治疗师的角色,使用指导性技巧为客户提供咨询。因为人们被指示要有指导性,要控制局面,并且要专注于帮助客户的方式,所以那些对权力和从属关系都有较高需求的人会作出特别积极的反应。

问题在于,人们是否知道这是一个非常适合或不适合他们隐含动机的情况？当研究人员简单地向被试描述咨询情况,然后询问他们的感受时,答案是否定的。许多研究发现,人们对自己的内隐动机不是很清楚,那些对从属关系和权力要求很高的人,并不会比其他被试更多认为咨询会令他们更快乐或更享受。

然而,在另外一种情况下,人们首先要经历一个目标想象过程,通过这个过程,他们会听到一个详细的、录制的关于咨询过程的描述,并想象在这种情况下他们可能会有什么感觉。在这种情况下,对从属关系和权力有高度需求的人更可能认识到这种情况是他们所享受的,他们报告说,他们会比其他被试更快乐、更投入地参与这种活动(Nolen Hoeksema & Morrow, 1993)。

因此,听到了对有关情况的详细、形象的描述,便足以触发人们的内隐动机所产生的情感,人们能够注意到这些感觉,并利用它们来预测自己在真实情况下的感受。我不会将其称之为通常定义的"自省",因为人们不会打开隐藏着的房间的门来查看他们不知道的感受。相反,他们能够很好地想象某种未来的状况,它所引发的感受是真实体验到的,并且他们能够避免我们所进行的研究(分析理由)掩盖"他们真实感受的那种反省"的可能。

人们在日常生活中如何运用这种技术,还有待观察。至少,这里给出的建议是:如果人们化时间详细地想象自己未来的情况(例如,"如果我的管家赶过来告诉我艾伯丁离开我的消息,我会有什么感受?"),他们可能会更好地认识到他们的适应性无意识所产生的感受,并通过分析理由或分析文化情感规则和意识到的观点所产生的遮蔽来看穿一切。他们会有更好的数据来支持他们对自己的感受和反应的叙述。

对个人问题的反省

尽管迄今为止,有关反省的研究涉及一些对人们非常重要的话题,比如为什么一段浪漫关系会如此发展下去,但我们还没有考虑那些会给人们带来更大痛苦的案例(我们研究中的大多数被试对他们的关系相当满意)。也许人们更善于反省自己生活中出了问题的方面。有很多方法可以反省自己的痛苦来源,然而,一些方法比其他方法对我们更有帮助。

遇到苦恼时的反省

一种对问题反省的方法,苏姗·诺伦-霍克西玛(Susan Nolen Hoeksema)和她的同事将其定义为反复思考自己的感受及其理由,而不采取行动改善自己的处境(Nolen-Hoeksema & Morrow,1993)。在众多的研究中,她发现反省会导致某种消极的、自我挫败的思维模式,这会使事情变得更糟,尤其是当人们情绪低落或一开始心情不好的时候。反省者更不善于解决与痛苦相关的问题,他们更关注过去的消极方面,用更具自我挫败感的方式解释自己的行为,并预测自己的未来更为消极。

例如,在一项研究中,被试是中度抑郁或完全不抑郁的大学生。在反省状态下,学生们被要求花8分钟思考他们的情绪和特质。例如,试着去理解他们的感受,为什么他们会有这种感觉;他们的性格;为什么他们会这样做,以及他们想努力成为谁。在分散注意力的条件下,学生们花8分钟思考与自己无关的

35

世俗话题，如"天空中的云朵""小号的闪亮外壳"，在完成反省或分心任务之前和之后测量他们的情绪。反省使抑郁的被试变得更加抑郁，而分散注意力的任务使他们的抑郁程度降低。反省对不抑郁的人几乎没有影响。

当抑郁的学生反省时，他们会把注意力集中在事物的消极方面，就好像他们的烦躁是一个过滤器，把任何积极的想法拒之门外。与其他群体相比，像是在反省的非抑郁学生和没有反省的抑郁学生，从自己过去的记忆中唤起了更多的负面记忆(例如，"除了我以外，每个人都通过了考试")，并认为他们当前生活中的负面事件，如与朋友争吵，更为常见。在另一项研究中，他们报告说在感到抑郁时经常反省的人更可能在一年后抑郁。即使在控制了最初的抑郁水平之后，也会如此。简言之，不快乐和反省自己的不快乐是一种糟糕的组合，会导致更多的抑郁(Pennebaker，1997)。

通过反省寻找意义

假设您收到了以下要求：

> 在接下来的三天里，我想让你写下你对某个情感问题最深刻的想法和感受，这些对你和你的生活产生了极其重要的影响。在你的写作中，我希望你能真正放手去探索你内心深处的情感和思想。你可能会把你的话题与你和他人的关系联系起来，包括父母、情人、朋友或亲戚；你的过去、现在或未来；或者你曾经是谁，你想成为谁，你现在是谁。[①]

杰米·彭纳贝克(Jamie Pennebaker)和他的同事们已经向数百人发出了这样的要求，其中包括大学生、社区成员、重刑犯、失业人员和新妈妈。大多数人都很认真地写出个人的、通常是非常令人不安的一些事件，比如爱人的死亡，一段关系的结束，或者性虐待和身体虐待。毫不奇怪，人们发现写这样的事情会让自己心烦意乱，而且在这样做了之后，比起那些写一些肤浅话题(比如他们一天的计划)的被试，他们所报告的痛苦更多。

然而，随着时间的推移，人们从撰写中明显受益。与处于控制状态的人相

---

① For reviews of research on writing about emotional events, see Pennebaker & Smyth (2016).

比,那些撰写过情感经历的人报告说,他们的情绪更好,在大学里成绩更好,受工作所累的时间更少,免疫系统功能得到了改善,而且不太可能生病。撰写情感经历在短期内是痛苦的,但却有相当积极的长期影响(Kross,2009)。

为什么撰写情感经历往往是非常痛苦的,但却比我们讨论过的其他类型的反省更有益处?一种可能是人们倾向于隐藏或压抑自己的负面情绪体验,而持续的压抑所造成的压力,会对他们的身心健康造成损害。有机会表达创伤事件可能会起到一种宣泄作用,通过消除压抑造成的压力来提升人们的幸福感。虽然抑制很可能会引起压力和健康问题,但没有证据表明彭纳贝克的撰写训练是通过降低抑制来起作用的。例如,撰写他们已经和别人讨论过的事件的人,和撰写秘而不宣事件的人的感受是一样的。

相反,撰写似乎是通过构建一个有意义的叙述,来帮助人们理解某个负面事件的。彭纳贝克分析了被试提供的数百页的报告,发现进步最大的是那些开始描述问题时语无伦次、杂乱无章,最后以连贯、有组织的故事来解释事件并赋予其意义的人。最近的研究发现,定向写作可以促进这种意义的形成。人们被要求从第三者的角度看待他们生活中的问题,并分析他们为什么会有这样的感受。走出自己的边界,尝试用别人的眼光看待自己的问题,有助于人们更好地理解他们(Pennebaker & Seagal,1999)。

为什么反复思考是有害的而彭纳贝克的撰写训练是有益的呢?其中一个关键要素是,人们在抑郁的时候经常反省,抑郁会把注意力集中在消极的想法和回忆上,因此很难构建一个有意义的、适应性强的有关问题的叙述。反省是一种重复的、螺旋式的思维方式,人们无法停止从消极的角度来思考事情,就像霍桑(Hawthorne)的小说《红字》中丁梅斯代尔(Dimmesdale)先生所说的:

37

> 就这样,他夜夜不停地守护,有时在黑暗中,有时用一盏微光灯,有时他用照在镜子上的最强光去照自己的脸。因此,他是不断反省的典型,他用这种反省折磨自己,却无法净化自己。

相比之下,彭纳贝克的被试通常不会感到沮丧,他们能够更客观地看待自己的问题,并构建一个有助于以更具适应性的方式来解释问题的叙述。事实上,彭纳贝克的技术并不适用于严重抑郁症患者(Pennebaker & Smyth,2016)。

构建一个有意义的叙述，也可以防止人们试图压抑自己对某个令人痛苦的话题的想法。如果一个事件没有一种连贯的解释，它很可能会不断浮现在脑海中，并导致进一步的反省，或者可能试图将这些想法抛开。丹尼尔·韦格纳（Daniel Wegner）和他的同事们发现，刻意抑制想法的尝试是失败的。人们也许能够在短时间内不去想某件事情，但通常对那些不想触碰话题的想法会挥之不去。在某些情况下，例如当人们感到疲倦或心事重重时，抑制想法会适得其反，导致人们更多地去思考那些不想触碰的话题。如果人们对某个事件形成一种连贯的、有意义的解释，便更容易把它放进深度存储中。假如某个事件已经被解释并被同化到一个人的生活故事中，便不太可能一直浮现在脑海里，诱发人们试图压抑它的企图（Wegner，1994）。

叙事隐喻，有助于解释我们所考虑的所有日常反省的例子。分析理由会让人们把注意力集中在不好的"数据"信息上，这些信息很容易用语言表达，但可能与真实感受关系不大。因此，人们从错误的信息中构建自己的情感故事。反省和压抑看法至少在两个方面是有害的：它使人们很难参与到新的叙事的构建之中，因为人们被无法控制的、不需要的思想所占据；而且，在人们构建新的叙事时，会将注意力集中在那些负面的、贬义的看法。彭纳贝克的撰写训练是迄今为止我们所看到的唯一的、人们能够构建出有意义的故事，并产生有益效果的反省活动。

参考文献

Goodman, N. G. (Ed.). (1945). *A Benjamin Franklin reader*. New York, NY: Crowell.

Kross, E. (2009). When the self becomes other: Toward an integrative understanding of the processes distinguishing adaptive self-reflection from rumination. *Annals of the New York Academy of Sciences*, *1167*, 35–40.

Nolen-Hoeksema, S., & Morrow, J. (1993). Effects of rumination and distraction on naturally occurring depressed mood. *Cognition & Emotion*, *7*(6), 561–570.

Pennebaker, J. W. (1997). Writing about emotional experiences as a therapeutic process. *Psychological Science*, *8*(3), 162–166.

Pennebaker, J. W., & Seagal, J. D. (1999). Forming a story: The health benefits of narrative. *Journal of Clinical Psychology*, *55*(10), 1243–1254.

Pennebaker, J. W., & Smyth, J. M. (2016). *Opening up by writing it down: How expressive writing improves health and eases emotional pain*. New York, NY: Guilford Publications.

Schultheiss, O. C. , & Brunstein, J. C. (1999). Goal imagery: Bridging the gap between implicit motives and explicit goals. *Journal of Personality*, *67(1)*, 1 - 38.

Vargas Llosa, M. (1986, February 16). My son the Rastafarian. *The New York Times Magazine*, pp. 20 - 28, 30, 41 - 43, 67.

Wegner, D. M. (1994). Ironic processes of mental control. *Psychological Review*, *101 (1)*, 34.

Wilson, T. D. , Dunn, D. S. , Kraft, D. , & Lisle, D. J. (1989). Introspection, attitude change, and attitude-behavior consistency: The disruptive effects of explaining why we feel the way we do. In L. Berkowitz (Ed.), *Advances in Experimental Social Psychology* (Vol. 22, pp. 287 - 343). San Diego, CA: Academic Press.

Wilson, T. D. , & Kraft, D. (1993). Why do I love thee?: Effects of repeated introspections about a dating relationship on attitudes toward the relationship. *Personality and Social Psychology Bulletin*, *19(4)*, 409 - 418.

Yamada, A. , Fukuda, H. , Samejima, K. , Kiyokawa, S. , Ueda, K. , Noba, S. , & Wanikawa, A. (2014). The effect of an analytical appreciation of colas on consumer behavior choice. *Food Quality and Preference*, *34*, 1 - 4.

Zajonc, R. B. (1980). Feeling and thinking: Preferences need no inferences. *American Psychologist*, *35(2)*, 151, 155.

4. 努力工作的目的：通过超越自我来自我调整①

大卫·S·耶格(David S. Yeager)

德克萨斯大学奥斯汀分校

领导者不可避免地要面对如何激励他们团队成员的挑战,尤其是当工作涉及重要的、却又详细而乏味的任务之时。很容易理解,在工作上能够舒舒服服是多么地诱人——轻松,快捷,甚或还可以一心二用,将任务轻易分解。在本章中,我将证明人们可以不受制于这种诱惑,有效的领导者可以创造某种环境,帮助人们培养一种内在的愿望,即便没有监督或明确的奖惩,也能够把工作做好。

以下这组问题与不同领域的领导者有关。企业主管如何激励员工完成那些细微但却十分关键的工作? 医院如何激励护士和医生严格遵循所有的健康流程? 或者,举一个启发我进行这一系列研究的例子:我如何激励一个由十名志愿者组成的研究助理团队在不离开实验室的情况下,对大量的研究数据进行两次或三次检查? 或者,考虑一下当下非常重要的社会问题:教师如何激励青少年努力完成他们的数学和科学作业,即使完成了这些作业可能多年都不会得到回馈,不会受到朋友、网络或其他任何与注意力竞争有关事物的关注?

经济学理论认为,当人们得到经济奖励或惩罚时,他们会努力工作。但是人是精明的社会性动物。他们知道,只有当管理方有能力观察你的行为并控制你的结果时,才能实施激励和惩罚。当个体不再受到观察和奖赏/惩罚时,他们会遵循自己的内在动机(Lepper, Greene & Nisbett, 1973)。事实上,2007 年到

---

① STRANGERS TO OURSELVES: DISCOVERING THE ADAPTIVE UNCONSCIOUS by Timothy D. Wilson, Cambrdige, Mass.: The Belkap Press of Harvard University Press, Copyright © 2002 by the President and Fellows of Harvard College.

2011 年间,一位名叫罗兰·弗莱尔(Roland Fryer,2011)的哈佛大学经济学家向主城区的师生们发放了超过 8 600 万美元的财政奖励,以使他们都能更加努力地工作。在教师激励实验的最后,他总结道:"如果有什么影响的话,教师激励可能会降低学生的成绩,尤其是在那些规模较大的学校。"对于学生激励:"在每个城市,经济激励对学生成绩的影响在统计学上都是 0。"更为糟糕的是,如果有学生受益的话,是那些原本就存在上进心的学生,而原本没有上进心的学生却受到了伤害,他们的考试成绩下降了。当然,《社会性动物》较早版本的读者们会预测到这一点。

40

也有人可能会认为领导者可以轻易地让任务变得更加有趣。例如,你可以把乏味的工作变成一个社交的在线游戏。然而,在许多情况下,这一点也被误导了。首先,对于一个主管来说,认为成年人只有在游戏中才会工作,这可能是一种屈尊的态度。第二,领导者有义务让每一项工作任务都令人兴奋,这需要大量的努力和创造性付出。第三,也是最关键的一点,最为专业的训练类型(如强烈关注弱点、刻意寻求批判性反馈、坚持不懈地尝试改进的常规训练),也是最令人感到不快的(Duckworth,Kirby,Tsukayama,Berstein & Ericsson,2011)。当然,让一些重要的任务变得更具娱乐性是有帮助的,但有些(甚至大多数)任务将注定"无聊却很重要"。

替代的方案是什么呢?我将介绍一系列研究,包括我本人和其他人的。这些研究表明,当人们认为自己的工作对世界(超越了自我)有意义,也就是说当人们意识到自己的工作旨在超越自我时,他们愿意抛开自私的考虑,努力工作。因为我们是社会性动物,我们会在生活中寻找意义和目标(Frankl,1959)。

追溯我们的进化史,人类的一个核心经验就是希望向群体展示自己的价值,表明你贡献了一些有价值的东西,愿意为了更广泛的集体而牺牲个人利益。有效的领导者会利用这种人类深层的动力源泉(Grant,2007)。目标是让人们成为自己真正想成为的人,即对自己周围的世界有重要意义的人,从而使人们愿意遵守有益于团队的要求。

对目的和自律的界定

我们将以努力工作为目的定义为努力工作动机,这一动机源于对努力工作可能给自己带来的好处(例如，获得长期的职业成功)以及工作可能如何使他人受益(例如，帮助他人)(Damon, Menon & Bronk, 2003；Yeager et al., 2014；Yeager & Bundick, 2009)。① 这种动机可以来自自我，例如，通过对自己个人人生目标的反思，也可以由为组织设定基调的领导者提供。目的可以为自我调节提供一个巨大的储水池，自我调节被定义为：为了一个更长期或更高阶的目标而搁置自己的直接冲动或欲望的能力(Metcalfe & Mischel, 1999)。

41

目的催生自我调节，为了生活和工作目标

目的如何催生自我调节？其中一个最好的例证来自维克托·弗兰克尔(Victor Frankl)的自传体记述，在20世纪40年代，作为一个犹太人在纳粹集中营里生存下来需要付出什么(Frankl, 1959)。弗兰克尔描述了一个自我超越的人生目标如何创造一种感觉：一个人的行动对世界是重要的，由此使他即便在最可怕的情况下也能坚持下去。弗兰克尔写道："一个人如果意识到自己对一个深情期待他的人或对一项未完成的工作负有责任，他将永远无法舍弃自己的生命。"(p.80)与尼采的观点相通，弗兰克尔指出："他知道自己'为什么'存在，并且能够忍受几乎任何形式的'怎样'存在。"(p.80)

在更为日常的环境中，研究者们观察了从事"肮脏"工作的人，即地位低下、需要极强重复性的工作(例如，垃圾工、医院勤杂工、狱警)。当人们专注于如何帮助他人或更广泛的社会时，他们会发现这些工作更有意义，并会更有效地开展工作(Ashforth & Kreiner, 1999；Hughes, 1962)。当门卫认为"即使这是一项糟糕的工作，至少一个干净的医院也会让人们更快乐，病人更健康"时，他们会工作得更好。

其他的研究，大部分是由亚当·格兰特(Adam Grant)领导的，他们采纳了这些见解，并开发了新颖的、创造性的方法，向工人们灌输一种目的。在一项实验中，当监管者号召电话销售员为贫困儿童筹集资金时，他们筹集的资金会更多，而当他们把注意力集中在个人奖金的多少上时，他们筹集的钱会更少

---

① A purpose is distinct from but related to personal meaning. The former includes a person's goal and his or her motives for pursuing it. The latter refers to the sense that something matters and makes sense in the context of one's life or worldview (Steger, Frazier, Oishi, & Kaler, 2006).

(Grant，2008)。在另一项实验中，格兰特研究了如何让医院的医务人员用肥皂洗手。格兰特发现水槽上方的一句提示语"请注意预防个人生病"是无效的，而采用"请预防他人生病"则大大提高了洗手的比率(Grant & Hofmann，2011)。

请注意，自我超越的动机使厌恶的经历更容易忍受，而不是更令人愉快；目的减少了"感觉不好"对放弃的影响(Grant & Sonnentag，2010)。也就是说，有目的的垃圾工并没有发现收拾垃圾更吸引人，但他们收拾垃圾的效率会更高，并声称自己的生活更有意义(Hughes，1962)。

学校里的学习目的

在此基础上，我将要介绍的一项研究提出了这样的问题：某种目的是否能让人们在学习时使用更多的自我调节能力，尤其是像高中数学或科学这样可能感到枯燥的科目(Yeager et al.，2014)？人们很容易看到，为贫困儿童筹款或预防疾病是如何帮助他人的。但是，当高中生从事诸如代数中的三项式分解或化学中化学计量方程式的平衡等学习任务时，很难看到对这些任务的深入学习能够帮助他们造福他人。也就是说，为穷人筹款是直接的自我超越，但对学习分数必须做延伸理解。研究发现，教师几乎从不向学生解释他们给学生布置任务的目的，所以学生只能自己去补白。即使学生们不确定他们将如何准确地使用自己所学的数学或科学，一种超越自我的学习目的是否会产生自我调节呢？

来自调查的证据

为了验证这一点，我们需要做的第一件事，就是开发一项可以测量数学和科学自我调节能力的任务。安吉拉·达克沃斯(Angela Duckworth)和西德尼·德梅洛(Sidney D'Mello)创造了一个巧妙的在线活动，让学生们练习基本的数学技能——非常简单的减法。同时，该活动也允许学生点击屏幕的另一端，观看精彩的在线视频或玩浪费时间的电子游戏。然后，该软件会秘密追踪学生解决的数学问题的数量以及他们在网上消费无聊内容的数量。为了确保简单的数学问题被视为一个学习的机会，学生们阅读了一篇封面故事(大部分是真实的)，讲述了在这个数字时代，人们如何过度依赖技术，以致丧失了基本技能。调查显示，参与者认为这项任务是有目的的：可能对长期技能很重要，但没有视频和游戏那么吸引人。

接下来，我们的问题是：那些报告更多自我超越目的的学生，是否也会从事更为枯燥（但很重要）的数学学习？参与第一项研究的高中生，在低收入社区上学，他们自我超越的目的可以预测行为。在一项调查中，那些声称"我想学习一些能帮助我对世界产生积极影响的东西"，或者"我想获得能在帮助别人的工作中使用的技能"，或者"我想成为一个受过教育的公民，能够为社会作出贡献"的学生，更愿意放弃在互联网上无聊的诱惑，而不是全力以赴去解决更多的数学问题。相比之下，那些说自己想赚大钱或过上轻松生活的学生，大部分时间都在浪费时间而不是学习数学。

随后，我们追踪这些高年级学生度过了艰难的大学一年级。许多学生很快便退学了，即使他们的成绩和考试分数证明他们已经作好了上大学的准备。那些报告有更多自我超越目的的学生，更有可能留在四年制大学：在目的调查最低的两个级别的学生中，只有约35%的学生留在了大学，而在调查中处于最高水平的学生则达到了65%（Yeager et al.，2014）。

通过实验灌输一种超越自我的目的

这是一个重要的开端。但是，有没有可能灌输一种超越自我的学习目的？我和戴夫·博内斯库（Dave Paunesku）一起开发了一种目标干预程序。这是一个20到30分钟的自主阅读和写作训练，采用学生调查的形式。它可以通过互联网在任何一台计算机上实施。

自我超越目的干预，基于《社会性动物》（Walton，2014；Yeager & Walton，2011）中关于态度和行为改变的经典介绍。首先，我们假设学生们会觉得让成年人告诉他们自己的目的是什么，控制性太强。这将威胁到人们对控制或自治的需要，并且由于抗拒会降低学生将目的内化的可能性；因为他们将目的归因于外部影响，而不是他们自己的个人动机。因此，我们精心设计了阅读和写作提示，邀请学生告诉我们他们的自我超越的目的是什么，以及该目的如何与他们的学业相关（Hulleman & Harackiewicz，2009）。

其次，我们知道人们往往容易受到所谓的"自我利益规范"的影响（Miller，1999）。该观点认为，人们环顾四周，看到别人的行为似乎都是自私的，所以他们认为自私是正常的，然后他们会遵从这种社会期望。然而，这是"多元无知"

(Miller & McFarland,1987)——即人们可能私下里期待某个事情发生,却误判了其他人的愿望,然后遵从了这种误判。具体而言,在我们的调查中,我们发现绝大多数青少年实际上说他们想学习,以便能够帮助他人。然而,他们认为他们的同龄人只想得到高分,得高分便能赚钱或者看起来比其他人都聪明。治疗"多元无知"的方法很简单:只需告诉他们,人们真实的个人信仰和价值观是什么。目的干预可以做到这一点。它传递给人们的信息是:即便人们不常谈论,但他们还是暗地里想有所作为。

最后,目的干预使用了《社会性动物》中最简单的方法之一:自我说服。自我说服来自对认知失调的研究,它描述了这样一个事实:有时通过要求某人说服他人来改变某人的态度会更容易(E. Aronson,1999;J. M. Aronson, Fried & Good,2002)。这是在很短的时间内说服人们接受一个新颖想法的有效方法。在目的性干预中,我们要求参与者向未来的学生解释,为什么在学校里努力学习可以帮助自己改变他人的生活,这是很有帮助并能起到激励作用的。

催生自我调节

目前,我们已经在许多实验中评估了基于网络的目的性干预。第一项实验测试了它对前面提到的"无聊但重要"的数学任务的影响(Yeager et al.,2014)。这项任务分为两个阶段。我们认为一个人在无聊的事情上花的时间越多,他能够做到的就越少。与此一致的是,在一个随机对照组中,在数学任务上花更多的时间,相应地解决的数学问题就更少——表现为从第一阶段到第二阶段的减少(见图4.1)。然而,目的性干预减缓了这一进程。它阻止了越来越多的无聊对人们工作投入的抑制。接受目的性干预的学生,从第一阶段试验到第二阶段试验的下降速度较慢。到第二阶段试验时,他们表现出愿意做更多的数学题。

为什么学习干预的目的会起作用呢?我们发现学生对数学任务的看法不同。对他们来说,数学不仅仅是"计算算术",而是"为我未来的职业生涯作准备",也就是说,这种干预提高了解释水平。研究发现,人们可以在低水平(例如转动门把手)或高水平(例如,进入某人的家)层面对行为加以解释(Vallacher & Wegner,1987)。当人们对行为进行高层次的解释时,便与他们更高层次的目的联系在一起,人们会运用更多的自制力(Fujita & Carnevale,2012)。在我们

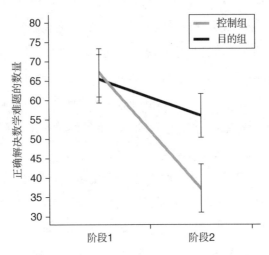

图 4.1　自我超越学习目的可以提高对枯燥的数学任务的自我调节能力

的实验中,学生们看着常用教具的图片(比如一个写着方程式的黑板),那些获得目的性干预的人声称,这会让他们更多地思考"批判性地思考数字",而较少考虑"抄写笔记"(Yeager et al. , 2014)。

成绩的提高

　　在最近的一些研究中,我们使用了自我超越目的干预来提高学生的整体成绩。我们的观点是,如果能够引导学生在更高的层次上长期地分析他们的作品——不是从其短期的、机械的元素来看,而是从一个人未来的生活愿景来看——那么学生们就可以专注于努力工作而不是放弃。

　　对这个想法的一个严格的检验,是在真实的高中教室里。根据我们的分析,高中生会经常感到无聊,大多数九年级学生声称他们大部分时间都感到无聊。哪怕是一次短暂的学习干预,也会否帮助那些没有兴趣的学生在日常学习中找到意义?

　　我们安排高中生去所在学校的计算机实验室完成自我超越目的干预或控制训练,并对他们进行了测试。在学生完成在线练习(持续约25分钟)后,研究人员不再联系学生,学校也没有人强化这一信息。这是一个"双盲"实验设计,所谓"双盲"是因为学生是"盲"的(他们不知道有实验组和对照组,也不知道他们自己属于哪个组),老师是"盲"的(他们不知道学生被随机分配到了哪种条件下）。这是临床试验的金标准,因为它可以防止学生和教师的期望值偏离结果。

令人惊讶的是,我们发现学习的目的干预在几个月后提高了学生的整体成绩,尤其是在数学和科学课上。目的干预似乎启动了一个自我强化的过程。即使是从更广泛的社会角度(而不仅仅是个人动机)的思维方向上的小小调整,也会让学生愿意在学校里更加努力地学习。最重要的是,这不是偶然的结论。其他实验也发现,在几十所高中和数千名社区大学生中,目的实验也被发现具有同样的好处(Paunesku et al.,2015)。我们团队目前正在国家层面对目的干预的效果进行测试。

最后,干预措施对之前成绩最低、在调查中声称对学校最不感兴趣的学生效果最好。请注意,这与罗兰·弗莱尔(Roland Fryer)的激励实验正好相反。提升学生的成绩似乎减少了那些最无聊学生的动机,但导向更高层次的目的似乎增加了这些学生的动机。在更高层次上,我们被视为社会性动物,而不是经济性动物。由此看来,关于作为社会性动物的人,人们找到了解决那些看似棘手社会问题(比如学术脱节)的新方法,而这些策略的效果甚至超过了付出昂贵代价的经济解决方案的效果。

参考文献

Aronson, E. (1999). The power of self-persuasion. *American Psychologist*, 54(11), 875–884. http://doi.org/10.1037/h0088188

Aronson, J. M., Fried, C. B., & Good, C. (2002). Reducing the effects of stereotype threat on African American college students by shaping theories of intelligence. *Journal of Experimental Social Psychology*, 38(2), 113–125. http://doi.org/10.1006/jesp.2001.1491

Ashforth, B. E., & Kreiner, G. E. (1999). "How can you do it?": Dirty work and the challenge of constructing a positive identity. *Academy of Management Review*, 24(3), 413–434. http://doi.org/10.5465/AMR.1999.2202129

Damon, W., Menon, J., & Bronk, K. C. (2003). The development of purpose during adolescence. *Applied Developmental Science*, 7(3), 119–128. http://doi.org/10.1207/S1532480XADS0703_2

Duckworth, A. L., Kirby, T. A., Tsukayama, E., Berstein, H., & Ericsson, K. A. (2011). Deliberate practice spells success: Why grittier competitors triumph at the National Spelling Bee. *Social Psychological and Personality Science*, 2(2), 174–181. http://doi.org/10.1177/1948550610385872

Frankl, V. E. (1959). Man's search for meaning. New York, NY: Simon and Schuster.

Fryer, Jr. , R. G. (2011). Financial incentives and student achievement: Evidence from randomized trials. *The Quarterly Journal of Economics*, *126*(4),1755 - 1798.

Fujita, K. , & Carnevale, J. J. (2012). Transcending temptation through abstraction: The role of construal level in self-control. *Current Directions in Psychological Science*, *21*(4),248 - 252. http://doi. org/10. 1177/0963721412449169

Grant, A. M. (2007). Relational job design and the motivation to make a prosocial difference. *Academy of Management Review*, *32*(2), 393 - 417. http://doi. org/ 10. 5465/AMR. 2007. 24351328

Grant, A. M. (2008). The significance of task significance: Job performance effects, relational mechanisms, and boundary conditions. *Journal of Applied Psychology*, *93*(1),108 - 124. http://doi. org/10. 1037/0021 - 9010. 93. 1. 108

Grant, A. M. , & Hofmann, D. A. (2011). It's not all about me: Motivating hand hygiene among health care professionals by focusing on patients. *Psychological Science*, *22*(12),1494 - 1499. http://doi. org/10. 1177/0956797611419172

Grant, A. M. , & Sonnentag, S. (2010). Doing good buffers against feeling bad: Prosocial impact compensates for negative task and self-evaluations. *Organizational Behavior and Human Decision Processes*, *111*(1),13 - 22. http://doi. org/10. 1016/ j. obhdp. 2009. 07. 003

Hughes, E. C. (1962). Good people and dirty work. *Social Problems*, *10*(1),3 - 11. http://doi. org/10. 2307/799402

Hulleman, C. S. , & Harackiewicz, J. M. (2009). Promoting interest and performance in high school science classes. *Science*, *326*(5958), 1410 - 1412. http://doi. org/ 10. 1126/science. 1177067

Lepper, M. R. , Greene, D. , & Nisbett, R. E. (1973). Undermining children's intrinsic interest with extrinsic reward: A test of the "overjustification" hypothesis. *Journal of Personality and Social Psychology*, *28*(1), 129 - 137. http://doi. org/ 10. 1037/h0035519

Metcalfe, J. , & Mischel, W. (1999). A hot/cool-system analysis of delay of gratification: Dynamics of willpower. *Psychological Review*, *106*(1),3 - 19. http:// doi. org/10. 1037/0033-295X. 106. 1. 3

Miller, D. T. (1999). The norm of self-interest. *American Psychologist*, *54*(12),1053 - 1060. http://doi. org/10. 1037/0003-066X. 54. 12. 1053

Miller, D. T. , & McFarland, C. (1987). Pluralistic ignorance: When similarity is interpreted as dissimilarity. *Journal of Personality and Social Psychology*, *53*(2), 298 - 305. http://doi. org/10. 1037/0022-3514. 53. 2. 298

Paunesku, D. , Walton, G. M. , Romero, C. , Smith, E. N. , Yeager, D. S. , & Dweck, C. S. (2015). Mindset interventions are a scalable treatment for academic underachievement. *Psychological Science*, *26*(6), 284 - 293. http://doi. org/ 10. 1177/0956797615571017

Steger, M. F. , Frazier, P. , Oishi, S. , & Kaler, M. (2006). The meaning in life questionnaire: Assessing the presence of and search for meaning in life. *Journal of Counseling Psychology*, *53*(1),80 - 93. http://doi. org/10. 1037/0022-0167. 53. 1. 80

Vallacher, R. R. , & Wegner, D. M. (1987). What do people think they're doing? Action identification and human behavior. *Psychological Review*, *94*(1), 3 - 15. http://doi. org/10. 1037/0033-295X. 94. 1. 3

Walton, G. M. (2014). The new science of wise psychological interventions. *Current Directions in Psychological Science*, *23*(1), 73 - 82. http://doi. org/10. 1177/ 0963721413512856

Yeager, D. S. , & Bundick, M. J. (2009). The role of purposeful work goals in promoting meaning in life and in schoolwork. *Journal of Adolescent Research*. http:// doi. org/10. 1177/0743558409336749

Yeager, D. S. , Henderson, M. D. , Paunesku, D. , Walton, G. M. , D'Mello, S. , Spitzer, B. J. , & Duckworth, A. L. (2014). Boring but important: A self-transcendent purpose for learning fosters academic self-regulation. *Journal of Personality and Social Psychology*, *107*(4), 559 - 580. http://doi. org/10. 1037/ a0037637

Yeager, D. S. , & Walton, G. M. (2011). Social-psychological interventions in education: They're not magic. *Review of Educational Research*, *81*(2), 267 - 301. http://doi. org/10. 3102/0034654311405999

5. 人的自主性：科学基础和应用意义

爱德华·L·德西（Edward L. Deci）

罗切斯特大学，挪威东南大学

理查德·M·瑞恩（Richard M. Ryan）

澳大利亚天主教大学，罗切斯特大学

人的自主性涉及心理自由的体验；它包括人们反思的能力，以及在完全自愿的情况下，选择和认可某些行为而不是其他行为的能力。人们可以决定如何行为，尽管他们经常不这样行为，但他们有充分的意愿和选择自由；当他们这样行为时，他们的行动便是自主的。重要的是要注意到，当我们谈到自主时，并不意味着某个人是独立行事，没有其他人的参与。当然，人们可以自主地（即自愿地）独立，但也可以自主地依赖——也就是说，他们可以自愿地依赖他人。几年来，我们一直在致力于研究自主性及其相关过程，我们将这一理论和应用研究领域称之为"自我决定理论"（Self-determination theory），简称 SDT（Deci & Ryan，2000；Ryan & Deci，2017）。

自主是一种非凡的人类能力。当你自主行动的时候，无论你是在演奏乐器，为某个非营利组织做志愿者，徒步旅行，还是在从事一个有价值的研究项目，你都会体验到一种完全的自愿和选择感。在每一时刻，你都会默默地选择那样去行为，你会觉得这是你当时想要做的。你会全身心投入，因为全身心投入，你的表现可能会更好。

在我们开始研究自主性的许多年前，哈利·哈洛（Harry Harlow，1950）和罗伯特·怀特（Robert White，1959）已经通过心理学文献介绍了内在动机这个概念——尽管在我们开始研究之前，它很少受到实证的关注（Deci & Ryan，1985）。内在动机指的是，因为你发现活动本身是有趣和愉快的，而去从事一项活动。因此，从某种意义上说，从事这项活动本身就是一种回报，所以当你摆脱了做其他事情的压力和要求时，你会非常愿意、甚至非常急切地想去从事这项活动。内在动机的一个重要案例是孩子们的游戏——他们在没有外部压力或奖励的情况下自由地进行游戏。对我们来说，内在动机是自我决定实证研究的一个很好的起点，因为它是自主性的原型，代表了一种人们非常愿意并全身心参与其中的行为。

当然，并不是所有的行为都有内在动机。有时候，你可能会因为父母建议去参加某项活动，或者如果你不这样做便可能会失业。在这种情况下，你会有外在的动机，这意味着你会做出某种行为，因为它会导致某种单一的后果，如获得奖励、避免惩罚或者得到他人的赞扬。如果你在这些奖励或威胁的压力下行动，你将不会是自主的，而是受到外部突发事件及其结果的控制。

然而，并非所有受外在动机影响的行为都是通过这些方式来控制的。因为人是社会性动物，所以他们倾向于将信仰、价值观和动机内化，而这些信念、价值观和动机得到对他们很重要的人的认可。因此，你有能力将外在动机内化，使之真正成为你自己的动机。例如，你可能只因为你是医学预科生，为满足必须的要求才选修有机化学。如果这样的话，你的动力便会受到控制。但是，如果你是因为认识到了有机化学对你未来工作的价值而接受它的话，动机就会变得更加自主。然而，你仍然没有形成内在动机，因为你不会出于兴趣和享受去干这件事情，但是你会有自主的外在动力，因为学习对你而言有价值。我们称之为认同，因为你已经意识到这项活动对你自己的重要性。

另外一种动机可能是，你只是部分地内化了某种行为的价值和规则，这样你的自我价值感就依赖于从事这种活动，如果不这样，你便会感到内疚。如果在这个案例中是这样的话，你选修有机化学的行为将是被控制的（即使对行为的调节由你自己操控），因为你会强迫自己去做。我们把这种动机称为内向型动机。

到目前为止，我们已经介绍了：(1)内在动机，这意味着你去从事某项活动，因为它是有趣和令人愉快的，(2)外在动机已经完全内化和融合，所以你从事这项活动是因为你认同它的重要性和价值，(3)外在动机只是部分地内化了（即它是内倾的），所以动机被内部压力所控制，比如随时可能出现的自我价值定位，(4)外在动机根本没有被内化，所以行为仍然被外在的偶然性所控制。前两类被认为是自主动机，后两类则被认为是受控动机。在过去几年里，我们的大部分研究都考察了这两类动机：影响它们的条件、与之相伴的经验以及它们带来的后果。

增强或减弱自主动机的实验研究

我们从实验室实验开始，研究社会环境中影响内在动机的因素。我们发现许多最常用的激励因素实际上会削弱人们的内在动机，因为这些因素往往会起到控制作用，从而降低人们的自主感（Deci & Ryan，1980）。例如，尽管大多数人渴望金钱和其他奖励，但金钱和其他奖励会削弱内在动机，因为为了获得奖励而进行活动会削弱人们的兴趣、享受和自我提升（Deci，1971；Deci，Koestner & Ryan，1999；Ryan，Mims & Koestner，1983）。

限定期限（Amabile，DeJong & Lepper，1976）、进行评估（Harackiewicz，Abrahams & Wageman，1987）和压力竞争（Reeve & Deci，1996）也可能产生类似的破坏作用。相比之下，提供选择（Zuckerman，Porac，Lathin，Smith & Deci，1978）、承认并反映人们的感受和看法，即便是抗拒性的（Koestner，Ryan，Bernieri & Holt，1984），也会增强内在动机，因为它们肯定了人们的自主感。总之，社会环境的所有这些方面都会影响内在动机，因为它们会阻碍或支持人们的自主意识。

实验还表明，正反馈会增强内在动机，而负反馈则会降低内在动机，这是因为人们必须拥有能力和自主性，才能获得内在动机和良好的心理状态（Deci，1975）。

最近，神经科学研究已经观察到了这种破坏作用，包括在获得外部奖赏之后双侧纹状体失活（Di Domenico & Ryan，2017；Murayama et al.，2010），以及参与选择增强效应的腹内侧前额叶皮层的活动（Murayama et al.，2014）。启动内在动机似乎也需要前岛叶皮层（AIC）的激活（Reeve & Lee，2019）。也就是说，神经心理学支持这样一种观点：内在动机包括自我启动、参与和内部"奖励"。显然，内在动机和自主的外在动机都涉及大脑内部的网络功能。

我们也设计了一些实验，来检验促进外在动机完全内化的环境因素，正如我们所提及的，这是另外一种自主动机。例如，德西、埃格哈里（Eghrari）、帕特里克(Patrick)和利昂(Leone)(1994)发现,向人们提供选择而不是压力,给他们一个有意义的理由来解释为什么他们被要求去完成某项无趣的任务,并且承认他们的无趣感会导致更充分的内在化。换言之,诸如选择、承认和积极反馈等因素可以增强自主的外在动机,因为它们让人感到自主和胜任。那些要求你做这件事的人让你感到舒适或者与你相关,也有助于促进完全的内化。相比之下,对自主性、能力和关系等造成阻碍的因素,则会削弱自主性动机(Ryan & Deci,2017)。

基本的心理需要

50

当对促进内在动机和自主内化的条件进行研究时,我们发现这些条件始终与更高的幸福感相关。基于这些观察结果,并通过随后的数百项研究验证,我们假设所有人都有三种基本的内在心理需求,即能力需求、自主性需求和关系需求,这些需求必须得到满足,才能使人茁壮成长并达到最佳健康状态(Ryan & Deci,2000)。换言之,正如我们的身体需要氧气、水和食物才能达到最佳的生理健康状态,我们的心理也需要体验到自主性、能力和相互关系,以保持心理健康和功能的充分发挥。这一假设意味着自主不仅是一种动机,而且是一种基本的心理需要,因为能够感受到自主对心理健康和幸福至关重要。感觉有能力或有效率,以及与他人有联系,也是健康的必要条件。因此,当人们受到他人控制时,他们会因此而感到痛苦。同样地,如果他们在重要任务上失败或得到贬低的反馈,或者他们在社会上遭到拒绝或被忽视,这些体验也会导致巨大的损失,因为在这些情况下,人们的基本心理需求被阻滞。

普遍存在的基本心理需求的概念一直备受争议,因为许多社会心理学家认为,人们从社会环境中习得他们的需求,因此这些心理学家坚持认为,来自不同家庭和不同文化背景的孩子知道他们需要不同的东西(Markus & Kitayama,1991)。特别是,这些心理学家认为,自主性是一个西方概念,它与个体主义的文化价值相联系,因此与重视集群主义而非个体主义的东方文化几乎没有关联。然而,大量研究(Chirkov, Ryan, Kim & Kaplan, 2003)表明,满足自主性需求确实是东亚国家和世界各地人们心理健康的必要条件。同样,泰勒和朗斯代尔(Taylor & Lonsdale, 2010)发现,无论是在香港还是英国,教师对青少年体育教育时如果提供更多的支持，学生都会表现出更多的幸福感。此外，于等人 (Yu, Levesque-Bristol & Maeda, 2018)最近的一项元分析发现，在北美和东亚，自主性与幸福感存在一种可比较的相关。

生活领域的自主性

在完成了几项实验室实验(如前面所述的实验)之后，我们和其他一些同事走进了这个领域，研究了教室、家庭、工作场所、运动场所、医疗诊所以及密切的个人关系中会影响人们自主从事相关活动动机的因素。在这些领域，我们调查了环境中的一般人际氛围。在我们所研究的领域里，一些特定的因素(如在实验室中考核的因素，像奖励、要求、评估和反馈)，可能已经在我们所研究的环境中存在了，因此可能会影响到人际关系氛围。但是，更为普遍的是，人际关系取向中的权威人物会对人际氛围产生影响。

我们从小学高年级课堂开始，评估教师对学生自主动机重要性的认同程度，以及对学生心理需求的支持程度。我们发现，在一个学年的头两个月里，如果老师倾向于支持学生的自主性，那么学生们对自己的作业就会产生更多的内在动机，感觉自己更有能力完成作业，并且表现出更高的自尊(Deci, Schwartz, Sheinman & Ryan, 1981)。其他研究表明，当学生拥有内在动机时，他们会学习得更好，尤其是在观念形成方面(Grolnick & Ryan, 1987)。相反，当教师倾向于更具控制性时，学生不仅缺乏内在动机，而且会更倾向于攻击(López, Bilbao & Rodriguez, 2011；Ryan & Grolnick, 1986)。此外，苏等人(Su & Reeve, 2011)对 19 项研究进行了元分析，在这些研究中，教育管理部门接受了更多的自主支持培训，结果表明，干预组相对于对照组有了很大的改善。一项针对家庭中父母的研究发现，当父母更加支持孩子的自主性时，孩子们在学校的成绩会更好(Grolnick & Ryan, 1989)，这表明教师和家长是否支持学生的自主权均十分重要。

在工作场所，我们发现，当财富 500 强企业的管理者更支持员工时，员工表现出更高的工作满意度，对反馈的质量和做出投入的机会也更满意(Deci, Connell & Ryan, 1989)。我们还发现，管理者可以被训练成更具自主性的支持者，当他们这样做时，他们的员工会持有更为积极的态度，对公司更信任，对自己的工作更满意。另一项研究表明,当纽约银行有限公司的经理们给予支持时,他们的员工会体验到更基本的需求满足感,接下来,他们的工作表现会更好,适应能力也更强(Baard, Deci & Ryan, 2004)。此外,一项针对荷兰3 000家公司的研究显示,员工自主性指标较高的公司利润更高(Preenen, Oeij, Dhondt, Kraan & Jansen, 2016),思兰普等人(Slemp, Kern, Patrick & Ryan, 2018)的元分析证实了在世界各地工作场所自主性支持的重要性。

卫生保健方面的研究表明,当医生对病人有更多的自主性支持时,病人会变得更加自主地以更健康的方式行事,并感到更有能力这样做。接下来,患者在两年内体重减轻得更多,身材保持得更好,更经常地服药,更有效地控制糖化血红蛋白,在接受医学咨询时更可能戒烟(参见 Williams, 2002)。

在自主性、控制性和基本需求满足方面研究最多的领域是体育活动(即运动和锻炼)。这一领域的一项经典研究,考察了加拿大优秀游泳运动员的教练在多大程度上更支持运动员的自主性,而不是更多地控制运动员的行为。研究结果表明,教练员的自主性越强,运动员的自主性也越强,运动员坚持运动的时间也会越长。相比之下,那些有控制性的教练培育出来的人,在动机上变得更加有控制力,他们中的很大一部分人在两年内就退出了这项运动(Pelletier, Fortier, Vallerand & Briére, 2001)。

对电子游戏的大量研究表明,让人感觉到有能力、自主和与他人相关的游戏是最令人愉快的,会带来更多沉浸感和未来游戏体验(Ryan, Rigby & Przybylski, 2006)。更重要的是,研究显示暴力程度并非影响这些游戏结果的关键因素(Przybylski, Ryan & Rigby, 2009)。

另一个需要满足极为重要的领域,是浪漫伴侣或亲密朋友之间的关系。这类关系是发生在同龄人之间的,人们可以想象,这种关系比涉及权力差异的关系(如工作场所、学校和诊所的关系)具有更强的互动性。从自主性的角度来看,我们假设最健康和最令人满意的亲密关系,应该是每一方都能自主地支持另一方,事实上这也正是研究数据所揭示的(Deci, La Guardia, Moller, Scheiner & Ryan, 2006)。总之,我们已经看到自主性支持在大多数关系(如果不是所有类型的关系)中都是十分重要的。在许多关系中,都存在某种权威差异,权威人物为他人的自主性提供支持是非常重要的,而在亲密的个人关系中,在自主性上双方应当相互支持。

52

正念觉知

如前所述，当人们拥有自主的动机时，他们往往会对自己的内在存在和外部环境有更多的了解。我们对理解觉知的功能和后果非常感兴趣，我们用正念的概念来研究它(Brown & Ryan, 2003)。正念关注的是拥有一种开放的、可接受的注意力，允许你的体验发生，而不去评估或试图改变它，并出现在当下(Brown, Ryan & Creswell, 2007)。当人们意识到这种状态的时候，他们会任由自己的思绪飞扬而不去做任何控制，也许自己会对它们产生兴趣，尽管也会专注于此，但是完全是在放松地享受。研究表明，正念力强的人也会高度自主，这与我们的假设相符(Deci, Ryan, Schultz & Niemeic, 2014)。我们发现，有趣的是，尽管平均而言，人们倾向于对某些状况做出防御反应，但那些正念力较强的人在同样的情况下往往不会采取防御措施(Niemiec, 2010)。

53　　这些研究支持了我们的论点，即当人们对自己的内在经验有了更多的认识和兴趣时，其中一些方面可能给他们的生活带来了困难，但他们很可能变得更加开放、更少防御性，从而使他们能够战胜困难。因此，我们认为意识和自主性是有效心理治疗最为基本的关键要素(Ryan, Lynch, Vansteenkiste & Deci, 2011)。

总结

自主性是人类一种最为重要的功能。它具有跨越发展、性别和文化的意义，并且几乎影响到人类努力的每一个领域。虽然它是一种非常重要的能力，但它却又是脆弱的，以至于当它不能得到环境的支持时，便可能受到削弱。进入 21 世纪，有关自主的科学研究正在迅速发展，相信在自主性领域会不断出现新的发现和新的应用。

参考文献

Amabile, T. M., DeJong, W., & Lepper, M. (1976). Effects of externally imposed deadlines on subsequent intrinsic motivation. *Journal of Personality and Social*

Psychology，*34*（*1*），92 - 98. doi：10. 1037/0022 - 3514. 34. 1. 92

Baard，P. P.，Deci，E. L.，& Ryan，R. M.（2004）. Intrinsic need satisfaction：A motivational basis of performance and well-being in two work settings. *Journal of Applied Social Psychology*，*34*（*10*），2045 - 2068. doi：10. 1111/j. 1559 - 1816. 2004. tb02690. x

Brown，K. W.，& Ryan，R. M.（2003）. The benefits of being present：Mindfulness and its role in psychological well-being. *Journal of Personality and Social Psychology*，*84*，822 - 848. doi：10. 1037/0022 - 3514. 84. 4. 822

Brown，K. W.，Ryan，R. M.，& Creswell，J. D.（2007）. Mindfulness：Theoretical foundations and evidence for its salutary effects. *Psychological Inquiry*，*18*（*4*），211 - 237. doi：10. 1080/10478400701598298

Chirkov，V.，Ryan，R. M.，Kim，Y.，& Kaplan，U.（2003）. Differentiating autonomy from individualism and independence：A self-determination theory perspective on internalization of cultural orientations and well-being. *Journal of Personality and Social Psychology*，*84*（*1*），97 - 110. doi：10. 1037/0022 - 3514. 84. 1. 97

Deci，E. L.（1971）. Effects of externally mediated rewards on intrinsic motivation. *Journal of Personality and Social Psychology*，*18*（*1*），105 - 115. doi：10. 1037/h0030644

Deci，E. L.（1975）. *Intrinsic motivation*. New York，NY：Plenum.

Deci，E. L.，Connell，J. P.，& Ryan，R. M.（1989）. Self-determination in a work organization. *Journal of Applied Psychology*，*74*（*4*），580 - 590. doi：10. 1037/0021 - 9010. 74. 4. 580

Deci，E. L.，Eghrari，H.，Patrick，B. C.，& Leone，D. R.（1994）. Facilitating internalization：The self-determination theory perspective. *Journal of Personality*，*62*（*1*），119 - 142. doi：10. 1111/j. 1467 - 6494. 1994. tb00797. x

Deci，E. L.，Koestner，R.，& Ryan，R. M.（1999）. A meta-analytic review of experiments examining the effects of extrinsic rewards on intrinsic motivation. *Psychological Bulletin*，*125*（*6*），627 - 668. doi：10. 1037/0033 - 2909. 125. 6. 627

Deci，E. L.，La Guardia，J. G.，Moller，A. C.，Scheiner，M. J.，& Ryan，R. M.（2006）. On the benefits of giving as well as receiving autonomy support：Mutuality in close friendships. *Personality and Social Psychology Bulletin*，*32*（*3*），313 - 327. doi：10. 1177/0146167205282148

Deci，E. L.，& Ryan，R. M.（1980）. The empirical exploration of intrinsic motivational processes. In L. Berkowitz（Ed.），*Advances in experimental social psychology*（Vol. 13，pp. 39 - 80）. New York，NY：Academic Press.

Deci，E. L.，& Ryan，R. M.（1985）. *Intrinsic motivation and self-determination in human behavior*. New York，NY：97 - 110237. Plenum.

Deci，E. L.，& Ryan，R. M.（2000）. The "what" and "why" of goal pursuits：Human needs and the self-determination of behavior. *Psychological Inquiry*，*11*（*4*），227 - 268. doi：10. 1207/S15327965PLI1104_01

54

Deci, E. L. , Ryan, R. M. , Schultz, P. P. , & Niemiec, C. P. (2014). Being aware and functioning fully: Mindfulness and interest-taking within self-determination theory. In K. W. Brown, R. M. Ryan, & J. D. Creswell (Eds.), *Handbook of mindfulness* (pp. 112 - 129). New York, NY: Guilford.

Deci, E. L. , Schwartz, A. J. , Sheinman, L. , & Ryan, R. M. (1981). An instrument to assess adults' orientations toward control versus autonomy with children: Reflections on intrinsic motivation and perceived competence. *Journal of Educational Psychology*, 73 (5),642 - 650. doi: 10. 1037/0022 - 0663. 73. 5. 642

Di Domenico, S. I. , & Ryan, R. M. (2017). The emerging neuroscience of intrinsic motivation: A new frontier in self-determination research. *Frontiers in Human Neuroscience*, 11,145.

Grolnick, W. S. , & Ryan, R. M. (1987). Autonomy in children's learning: An experimental and individual difference investigation. *Journal of Personality and Social Psychology*, 52(5),890 - 898. doi: 10. 1037/0022 - 3514. 52. 5. 890

Grolnick, W. S. , & Ryan, R. M. (1989). Parent styles associated with children's self-regulation and competence in school. *Journal of Educational Psychology*, 81(2),143 - 154. doi: 10. 1037/0022 - 0663. 81. 2. 143

Harackiewicz, J. , Abrahams, S. , & Wageman, R. (1987). Performance evaluation and intrinsic motivation: The effects of evaluative focus, rewards, and achievement motivation. *Journal of Personality and Social Psychology*, 53(6),1015 - 1023. doi: 10. 1037/0022 - 3514. 53. 6. 1015

Harlow, H. F. (1950). Learning and satiation of response in intrinsically motivated complex puzzle performance by monkeys. *Journal of Comparative and Physiological Psychology*, 43(4),289 - 294. doi: 10. 1037/h0058114

Koestner, R. , Ryan, R. M. , Bernieri, F. , & Holt, K. (1984). Setting limits on children's behavior: The differential effects of controlling versus informational styles on intrinsic motivation and creativity. *Journal of Personality*, 52(3),233 - 248. doi: 10. 1111/j. 1467 - 6494. 1984. tb00879. x

López, V. , Bilbao, M. D. L. A. , & Rodriguez, J. I. (2011). La sala de clases sí importa: Incidencia del clima de aula sobre la percepción de intimidación y victimización entre escolares. *Universitas Psychologica*, 11(1),91 - 101.

Markus, H. R. , & Kitayama, S. (1991). Culture and the self: Implications for cognition, emotion, and motivation. *Psychological Review*, 98(2), 224 - 253. http://dx. doi. org/10. 1037/0033-295X. 98. 2. 224

Murayama, K. , Matsumoto, M. , Izuma, K. , & Matsumoto, K. (2010). Neural basis of the undermining effect of monetary reward on intrinsic motivation. *Proceedings of the National Academy of Sciences*, 107(49), 20911 - 20916. doi: 10. 1073/pnas. 1013305107

Murayama, K. , Matsumoto, M. , Izuma, K. , Sugiura, A. , Ryan, R. M. , Deci, E. L. , & Matsumoto, K. (2014). How self-determined choice facilitates performance: A key role of the ventromedial prefrontal cortex. *Cerebral Cortex*, 25(5),1241 – 1251. doi: 10. 1093/cercor/bht317

Niemiec, C. P. , Brown, K. W. , Kashdan, T. B. , Cozzolino, P. J. , Breen, W. E. , Levesque, C. S. , et al. (2010). Being present in the face of existential threat: The role of trait mindfulness in reducing defensive responses to mortality salience. *Journal of Personality and Social Psychology*, 99(2),344 – 365. doi: 10. 1037/a0019388

Pelletier, L. G. , Fortier, M. S. , Vallerand, R. J. , & Briére, N. M. (2001). Associations among perceived autonomy support, forms of self-regulation, and persistence: A prospective study. *Motivation and Emotion*, 25(4),279 – 306. doi: 10. 1023/A: 1014805132406

Preenen, P. T. Y. , Oeij, P. R. A. , Dhondt, S. , Kraan, K. O. , & Jansen, E. (2016). Why job autonomy matters for young companies' performance: Company maturity as a moderator between job autonomy and company performance. *World Review of Entrepreneurship, Management and Sustainable Development*, 12(1),74 – 100. doi: 10. 1504/wremsd. 2016. 073425

Przybylski, A. K. , Ryan, R. M. , & Rigby, C. S. (2009). The motivating role of violence in video games. *Personality & Social Psychology Bulletin*, 35(2),243 – 259. doi: 10. 1177/0146167208327216

Reeve, J. , & Deci, E. L. (1996). Elements within the competitive situation that affect intrinsic motivation. *Personality and Social Psychology Bulletin*, 22(1),24 – 33. doi: 10. 1177/0146167296221003

Reeve, J. , & Lee, W. (2019). Motivational neuroscience. In R. M. Ryan (Ed.), *The Oxford handbook of human motivation (2nd ed.)* New York, NY: Oxford University Press.

Ryan, R. M. , & Deci, E. L. (2000). Self-determination theory and the facilitation of intrinsic motivation, social development, and well-being. *American Psychologist*, 55 (1),68 – 78. doi: 10. 1037/0003 – 066X. 55. 1. 68

Ryan, R. M. , & Deci, E. L. (2017). *Self-determination theory: Basic psychological needs in motivation, development, and wellness.* New York, NY: Guilford.

Ryan, R. M. , Lynch, M. F. , Vansteenkiste, M. , & Deci, E. L. (2011). Motivation and autonomy in counseling, psychotherapy, and behavior change: A look at theory and practice. *The Counseling Psychologist*, 39,193 – 260.

Ryan, R. M. , & Grolnick, W. S. (1986). Origins and pawns in the classroom: Self-report and projective assessments of individual differences in children's perceptions. *Journal of Personality and Social Psychology*, 50(3),550 – 558. doi: 10. 1037/0022 – 3514. 50. 3. 550

Ryan, R. M. , Mims, V. , & Koestner, R. (1983). Relation of reward contingency and interpersonal context to intrinsic motivation: A review and test using cognitive evaluation theory. *Journal of Personality and Social Psychology*, 45(4),736 – 750. doi: 10. 1037/0022 – 3514. 45. 4. 736

55

Ryan, R. M. , Rigby, C. S. , & Przybylski, A. K. (2006). The motivational pull of video games: A self-determination theory approach. *Motivation and Emotion*, *30*(*4*), 344 – 360. doi: 10. 1007/s11031 – 006 – 9051 – 8

Slemp, G. R. , Kern, M. L. , Patrick, K. J. , & Ryan, R. M. (2018). Leader autonomy support in the workplace: A meta-analytic review. *Motivation and Emotion*, *42*(*5*), 706 – 724.

Su, Y. -L. , & Reeve, J. (2011). A meta-analysis of the effectiveness of intervention programs designed to support autonomy. *Educational Psychology Review*, *23*(*1*),159 – 188.

Taylor, I. M. , & Lonsdale, C. (2010). Cultural differences in the relationships among autonomy support, psychological need satisfaction, subjective vitality, and effort in British and Chinese physical education. *Journal of Sport and Exercise Psychology*, *32*,655 – 673.

White, R. W. (1959). Motivation reconsidered: The concept of competence. *Psychological Review*, *66*(*5*),297 – 333. doi: 10. 1037/h0040934

Williams, G. C. (2002). Improving patients' health through supporting the autonomy of patients and providers. In E. L. Deci & R. M. Ryan (Eds.), *Handbook of self-determination research* (*pp. 233 – 254*). Rochester, NY: University of Rochester Press.

Yu, S. , Levesque-Bristol, C. , & Maeda, Y. (2018). General need for autonomy and subjective well-being: A meta-analysis of studies in the US and East Asia. *Journal of Happiness Studies*, *19*(*6*),1863 – 1882.

Zuckerman, M. , Porac, J. , Lathin, D. , Smith, R. , & Deci, E. L. (1978). On the importance of self-determination for intrinsically motivated behavior. *Personality and Social Psychology Bulletin*, *4*(*3*),443 – 446. doi: 10. 1177/014616727800400317

6. 冥想的社会性动物

巴里·科恩(Barry Cohen)

纽约大学

乔舒亚·阿伦森(Joshua Aronson)

纽约大学

"人类所有的问题,都源于无法安静地待在房间里。"

——布莱士·帕斯卡,《思想录》,约 1655 年

2014 年,也就是帕斯卡抱怨人类天生不能久待 350 多年之后,弗吉尼亚大学的一组社会心理学家以一种戏剧性的方式证明了他的观点。该团队的实验最初旨在观察人们如何利用自己的想法来让自己快乐(Wilson et al.,2014)。因此,研究人员只是让学生们坐在椅子上(在一个房间里),任思绪飞扬。根据研究的具体要求,11 位参与者被要求独处 15 分钟。你一人独处,只能用自己的想法来让自己快乐,你能待多久?如果你和成百上千的参与者一样参加了这个测试,答案是:不会很长。事实上,参与者并不喜欢思考,而是讨厌思考。在一项后续实验中,70%的男性和 25%的女性感到非常无聊,他们实际上选择了在独处时间时间里自行实施一次或多次疼痛的电击,被推测是利用他们身体上的疼痛来打破这种无聊。在一项研究中,54%的人承认曾违抗实验者的指令,去取回被禁止的智能手机或者去做功课。所以帕斯卡是对的;我们——尤其是男人——似乎真的不擅长在没有外部事物占据我们游移不定心情的情况下坐在那里。这一现象比手机出现早了几个世纪,这一点特别值得注意,因为每一代人的长辈都将孩子的不安归咎于日常的娱乐活动。在我们年轻的时候,电视是

罪魁祸首,但在那个年代,广播、电影,甚至书籍,都被认为对注意力广度和记忆力有损害。显然,虽然当下的手机等工具确实让情况变得更糟(Twenge,2017),但我们的大脑似乎很自然地渴望外部刺激,大概是为了逃避仅仅待在那里的无聊与痛苦。我们(作者)认为,这种轻微但慢性的精神疼痛是我们所说的"常见神经官能症"的基础。亨利·大卫·梭罗(Henry David Thoreau)所说的"平静的绝望"状态,是我们大多数人精神生活的特征。

帕斯卡声称人类为这种缺陷付出了巨大的代价,心理科学对此也给予了广泛关注。心理学家已经为宁静和专注的潜在能力给出了一些术语——自我调节、冲动控制、责任心、延迟满足、坚韧、执行功能等。所有这些说法尽管存在细微差别,但都旨在训练自我控制能力。研究一再表明,人们对自己的欲望、情感和行为掌控越到位,他们在生活(包括社会生活和专业领域)中取得的成功越大。一项经典的研究验证是由沃尔特·米歇尔(Walter Mischel)和他的同事在20世纪60年代采用的、后来被称为"棉花糖试验"的方法(Mischel,2014)。幼儿园的学生们独自坐在空荡荡的房间里的一张桌子旁。他们面前的桌子上有一个铃铛和一个盘子,里面有两种食物(棉花糖、脆饼、饼干之类)。他们的任务就是坐在那里抵制诱惑15分钟。他们被告知,如果他们能等满15分钟,就能同时得到这两种食物。但如果他们等不了,便可以按铃,实验者会走过来,并让他们立刻得到其中的一份食物。孩子们以这种方式延迟满足的能力各不相同,在过去几十年里,心理学中出现了一种可以令研究者对发现更有把握的做法,那就是后续研究,这类研究表明早期延迟满足能力具有长期益处。20世纪60年代接受测试的儿童在80年代末作为成人接受采访时,那些能够比其他人等得更久的儿童往往更富有、更健康,他们的阅历也更令人印象深刻。对棉花糖实验的重复研究表明,早期的环境以及个人的成长路径,是自我控制能力发展的关键。在一项大型的重复研究中,那些母亲拥有大学学位的孩子,比母亲没有完成大学学业的孩子在铃响前等待的时间要长得多;在后一组孩子中,家庭收入较高的孩子更可能根本不去按铃(Watts, Duncan & Quan, 2018)。这些发现表明,自我控制力受到基因和环境的影响——当然,大多数人的特质也的确如此。那些坚持求学的母亲,更有可能生出坚持求学的孩子,这不仅是因为像责任心这样的特质是可以遗传的,而且因为成功意味着她们可以为孩子提供一个更稳定、压力更小的环境,这一切促进了对自我控制至关重要的大脑结构的发育(例如,前额叶皮层);相比之下,有压力的环境则可能导致自我控制能力的缺失(Blair & Raver,2015)。

自我控制很重要,因为它能帮助我们坚持做那些令我们感到不愉快的事情(家庭作业、家务、锻炼),并抵制可能给我们带来麻烦的冲动(例如,酒后驾车,暴饮暴食;在交谈中脱口说出卑鄙或愚蠢的事情,或在微博上向全世界发布)。此外,自我控制从来没有像现在这样重要。智能手机轻轻一按,各种各样的诱惑便消失了,而成功比以往任何时候都重要,现代生活需要比历史上任何时候都更多的自制力(Baumeister,Tice & Vohs,2018)。在知识和技能日益增长的经济形势下,那些不能独自待在一个房间里,集中注意力,调节自己的欲望和情绪的人越来越有可能落伍于时代。这一事实在一定程度上解释了沃文斯等人(Vyvanse,Adderall & Ritalin)所讨论过的兴奋剂市场的繁荣,这些药物有助于让思维发散,但也可能对某些人产生难以预料的副作用(Berman,Kuczenski,McCracken & London,2009)。

当然也会有好消息。虽然我们的大脑天生就不安分、不耐烦、冲动、不喜欢静默沉思,尽管这给我们带来了各种各样的问题,但我们的大脑天生具有可塑性;它们对训练的反应就像肌肉一样(Subotnik,2012)。就像人们通过练习提高任何技能一样,我们可以学会忍受,甚至享受安静独处。培养这种能力的一种有效方法是"冥想"或"正念",许多人用它来对抗日常压力,使自己更快乐、更健康。如果你最近意识到了正念的流行趋势,你也可能已经意识到了这一点。目前,有几本畅销书的书名都很好,比如《静止的力量》、《10%的快乐》、《超级大脑》和《改变了的性格》,描述了通过经常训练来增加精力、快乐、智力和幸福感的各种好处。除了源源不断的图书外,像《时代》这样的主流杂志也推出了关于正念的封面故事和特刊,那些司空见惯的美女闭着眼睛,充满了幸福感;一些曾经边缘化的杂志,如 *Mindful* 或 *Mantra*,数量和发行量都在增长。像埃伦(Ellen)、碧昂斯(Beyoncé)、奥普拉(Oprah)这样的名人,甚至还有像霍华德·斯特恩(Howard Stern)、杰瑞·宋飞(Jerry Seinfeld)和雷·达利奥(Ray Dalio)等杰出人士,也在极力宣扬正念在成功中的作用,由此而大大提高了冥想受欢迎的程度。越来越多的《财富》500 强企业,会聘请细心的教练来帮助员工减压和提高生产力,而且,在 MindfulSchools.org 和大卫·林奇(David Lynch)基金会等组织的帮助下，全美各地的孩子们都能够在教室里接受冥想训练，结果值得期待。

然而，对于社会心理学家来说，冥想之所以成为一个有趣的话题，是因为它有可能解决人类一些最重要的缺陷，比如社会性动物所具有的群体思维、偏见、对他人的冷漠、敌意、冲突等，而这些缺陷往往根源于意识不到的消极情绪、自我中心和自我控制的失败。越来越多的研究（我们将很快对其加以描述）表明，正念的社会性动物的确更快乐、更有创造力、更有能力处理各种压力。但是冥想者所声称的最大好处，是它可以引导人们更好地对待他们的同伴；研究表明，正念的社会性动物是一种更亲社会的动物(DeSteno，2013)。

在纽约大学，我们领导着一个名为"正念教育实验室"的研究和服务机构，致力于帮助学校采用那些通过严格的研究、实验和观察而制定的心理干预措施。通过这项工作，我们发现许多成效显著的学校都是通过创造一种环境，让孩子们发展自我控制能力、社交风度、自我意识、好奇心和参与度。在这样的学校里，孩子们会变得更聪明、更友善、更快乐，因为这里的社会氛围是安全的、友好的、包容的、平静的，这些满足了他们对联系、自主和有意义工作的需求。有许多教育干预措施可以促进多个这类目标的实现，但没有一个比教孩子们安静地坐在那里更为简单(Spitzer & Aronson，2015)；而且在所访问的学校中，那些让孩子们在教室里进行某种冥想的学校的孩子们最为可爱。如果方法得当，冥想可以显著改变课堂、学校和学生的生活。然而，与任何学校干预措施一样，如果方法失当，正念可能是浪费时间，甚至会适得其反。在学校里，我们所教的一切都与冥想有关。

随着冥想越来越多地受到欢迎，我们从学生、老师、校长和学生身上收集到的有关冥想的问题也越来越多。冥想真的有效吗？是一种宗教信仰吗？会产生有害影响吗？需要多大投入？是学校一直在期待的某种突破，抑或仅仅是另一个将要过时的教育时尚？在本章中，我们将试图回答这些问题，因为我们关注的是冥想的社会心理收益。

冥想与正念

尽管冥想在西方国家变得比以往任何时候都更受欢迎，但它仍然被广泛误解,部分原因是冥想有很多不同的类型。更令人困惑的是,人们倾向于交替使用冥想和正念这两个术语。这两个术语确实有重叠,所以让我们首先通过讨论正念的概念来澄清一些混淆。如果有个孩子放学回家说"我们今天做了正念",这可能意味着任何事情:从一分钟坐在一个圆圈里把一杯水从某个学生传给另一个学生,到 10 分钟的控制呼吸,或者收听 Headspace 或 Calm 之类的智能手机应用程序,引导他们进行 15 分钟的口头冥想或收听平静的音乐;从听几秒钟铃声到逐渐消失,再到试着慢慢地吃葡萄干,在课间安静地走在大厅里,或者花 3 分钟来逐步放松身体,这里只是提一下我们经常看到的一些活动。因为这些活动在形式、持续时间和精神上都有很大的不同,所以我们需要描述使它们成为保持专注的共同因素。

心理学家把正念定义为一种对当下心理体验的专注。正念与自动控制不同,后者指在做某件事情,却在想着别的事情。因此,一个人几乎可以专注于任何活动,如散步、吃饭、听音乐,或者和朋友聊天,只需全神贯注于体验,而不是一边做某件事情一边思考或尝试做其他事情。所以,正念训练意味着要有意识地去做一些事情,比如走路、吃饭、工作等;也就是说,专注于当下而不是心不在焉。

冥想可以有很多种形式,但它通常包括有目的地把意识集中在某种刺激上,不管是蜡烛的火焰、胃窦、一个人呼吸进入或流出鼻孔的感觉,还是某种特定的想法或感觉,比如对他人的爱或同情。正念训练被认为是冥想的一种形式。接下来,我们将讨论这些冥想形式。

常见的冥想形式

冥想存在截然不同的类型,其中一些保留了与宗教实践渊源相关的传统和哲学(例如,佛教或卡巴拉冥想)。其他形式,例如赫伯特·本森(Herbert Benson)的畅销书《放松反应》中所描述的训练,以更为机械的方式呈现冥想,没有任何宗教或精神上的整饰。本森认为,所有形式的冥想都存在一种深层的放松状态,这是一种生理和心理上与我们称之为"战斗—逃跑—僵住"反应相反的反应,压力荷尔蒙在紧急情况下是与生俱来的,但如果长期体验则是有害的。本森和其他人的研究发现,每天练习放松,无论是通过祈祷、冥想还是其他一些方法，都能明显增进健康和幸福感（Benson & Proctor，1984）。如下是常见冥想形式的要素：

1. 每一次，当一个人在思想徜徉的时候，总能够回到某个焦点，如某个词语（如咒语）、某种思想、某个短语、呼吸、身体的某个部分、蜡烛的火焰或某个祈祷。

2. 对所有想法或感觉的中立态度。当一个人意识到自己的思想已经飘忽不定了，他就会简单而不加评判地将注意力退回到焦点。

虽然这些元素是冥想的基本要素，但大多数人的放松反应都是通过更多的哲学和传统来获得的，这确实可以加深很多人的体验。目前，发展最快的冥想方法是乔恩·卡巴特·辛恩（Jon Kabat Zinn）所描述和推广的正念冥想系统的一部分（Kabat-Zinn，1990）。卡巴特·辛恩设计了一个非常受欢迎的为期八周的培训课程，名为"基于正念的减压"，其中包括作为其核心训练内容之一的正念冥想。正念冥想的基本训练方式是闭着眼睛坐10到20分钟。从心理上扫描身体的紧张感并尽可能放松（即众所周知的身体扫描）后，基本训练包括简单地注意与正常呼吸相关的感觉。禅修者被教导以一种非评判的方式记录在他们的修行过程中产生的思想，并且在每次分心的时候缓缓地将注意力集中到呼吸上。重点在于关注当下的感觉，而不是对过去进行回忆或者对未来进行规划。

正念冥想植根于佛教最基本的教义："内观"冥想，有时也被称为顿悟冥想，强调观察和接受那些在当下时刻流过的事物和思想。一种来自同一传统的相关修炼通常被西方人称为慈悲冥想。在这种冥想中，一个人专注于对自己和他人的同情。我们在学校里看到的最迷人的做法之一，就是让孩子们闭上眼睛，把手放在心上，听从老师的教导，在精神上向同学们传递善意、理解和爱。因为它与社会心理学有着特殊的关联，我们随后会对这一特殊的方式做更多的论述。

植根于印度教（又称吠陀传统），超验冥想是最为流行和被研究时间最长的方法之一。这种做法在20世纪60年代由玛哈礼希·玛赫西·优济（Maharishi Mahesh Yogi）引入西方，并因披头士乐队的支持而开始流行起来。该乐队1968年的巨作《白色专辑》里的30首歌曲中，有许多都是在印度写成的，在那里他们花了几个星期的时间和玛哈礼希本人一起冥想。超验冥想与正念冥想相似，只是人们的注意力不在呼吸、身体或仁慈的感觉上。与之相反,在超验冥想中,冥想者在精神上重复一个"咒语"(通常是一个没有意义的词)来保持对当下时刻的注意力。这听起来很简单,但正如长期从事超验冥想的人所言,将注意力集中在一个咒语(或任何一件事情)上是很有挑战性的,即使对专家来说也是如此。这类体验揭示了帕斯卡抱怨的根源:心灵永远会将我们从当下的体验中剥离出来,而不是平静地沉浸其中。与正念冥想一样,超验冥想教导人们仅注意意识的减弱,而无需任何判断就可以返回到咒语。冥想的过程,本质上是注意到心灵徜徉并简单地回到当前体验的焦点。我们教导学生冥想是一种训练,类似于杠铃训练,只需花费很少的精力。事实上,正确地进行超验冥想不费吹灰之力,随着人们获得经验,感觉越来越像是简单地让一个自然过程发生,而不是去费力推动。埃尔亚希(Yael Shy)是纽约大学一位杰出的冥想老师,她讲述了自己从老师那里得到的一条教诲,我们的学生发现这条教诲非常有用:不要抗拒或推动,而是要软化(Shy, 2017)。

我们提供了大量的网络视频和移动应用程序,指导人们练习正念冥想和相关的冥想形式。人们总是问我们这些东西是否有价值。我们发现它们是冥想极好的入门方式,一般来说,我们教的孩子都会喜欢它们,尤其是当他们刚刚开始进行训练的时候。尽管如此,根据我们的经验,大约有一半的学生最终还是希望能有一位现场老师,最好是一位正念老师,而不是简单地只是教学,而要做到相处融洽。一个眼里充满恐惧或不耐烦的人,或者只是喋喋不休地谈论教学效果的人,就像一个不喜欢数学但又被迫教数学的老师;这种传递会导致信息的削弱。智能手机应用程序远比我们见过的许多老师优越得多,他们不练习正念,但无论如何都要传授,因为学校认为应该传授。一位修炼正念的老师是有效的,不仅因为他们是践行自己说教的可信倡导者,而且因为压力具有社会传导性:压力过大的人倾向于给我们压力;而冷静的人则会让我们放松(Oberle & Schonert-Reichl, 2016; Waters, West & Mendes, 2014)。

事实上,本文第一作者回忆说,当他 19 岁的时候,他在大学参加了一个关于超验冥想的演讲,当时他本能地被吸引到冥想中。演讲者表现得是如此平静和舒适,在他面前年轻的巴里立刻感到平静下来:"我怎么能让自己做到这一点呢?"巴里记得当时的想法。那是 50 多年前的事了,从那以后他一直坚持冥想。巴里的故事不仅对学习医学的人具有典型性,而且对于学习任何其他东西的人也具有典型性；我们追随那些似乎热爱自己所做的事情并因此而得到回报的人，无论他们是数学家、艺术家还是冥想者。

有关正念与冥想的研究

冥想者经常发誓说，他们从冥想中得到了回报。但这并不意味着我们应该相信，冥想也会对我们产生同样的影响。所有涉及社会性动物的研究，都应该有一个警示标签：小心，结论可能是偶然的，应该以好奇和质疑的态度去看待。任何心理学研究都不应该被认为是暗示性的，除非我们看到它被一个相当大的样本和几个独立的实验所重复。对于冥想来说尤其如此，冥想给研究者带来了特殊的问题，尤其是，像锻炼计划或饮食一样，获得结果需要时间和勤奋、诚实准确的自我报告以及坚持训练的意志力。有关冥想的几个相对简短的实验，已经产生了积极的改变效果，比如在标准化测试中，冷静和清晰的思维增加了（Mrazek，Franklin，Phillips，Baird & Schooler，2013）；但是，当考察人们经常声称的生活改变效应时，受到被试顺从倾向影响的实验可能会存在问题。

此外，像冥想之类的事情，很难让人们去操作，也很难测量，人们根本无法将它置于实验的黄金标准之下，即双盲安慰剂对照研究——就像人们可能用来测试实验药物与安慰剂（例如糖丸）一样。在许多冥想研究中，对照组由同意像冥想者一样被测量的个体组成，而延迟冥想直到研究结束也未开始，被称为候补控制组。问题在于，冥想参与者知道自己正在冥想，并且知道冥想应该会对自己有帮助；因此，不可能排除他们先前的预期的影响，尤其是当我们使用的调查问卷中出现诸如"冥想如何使您感觉到？"之类的问题时，如何设置一个良好的"主动"对照组，进行一些放松运动或"假"冥想，或者进行一些其他有益的活动，例如参加良好的健康习惯课程，这的确是一个挑战。重要的是，要给控制组一个与冥想组相似的期望值，而不是给他们安排一个类似于冥想的活动以至于你不太可能发现差异。这是一个极为重要的问题，因为完全控制的冥想研究需要大量的时间和资源。为了发现冥想组和对照组之间的显著差异，有时有必要将相当多类似研究的结果汇集到元分析中。但是考虑到所包含研究的潜在差异，元分析结论也需要慎重对待。作为科学家，我们必须对大多数关于冥想的发现持质疑态度——即使它们与我们个人的体验相符，研究所得出的结果也可能不同。

关于冥想的常见问题

冥想是宗教吗？引入冥想的学校有时会遇到忧心忡忡的家长提出的问题：冥想是什么，冥想是否具有宗教性质，是否存在潜在的有害影响。不久前，一位考虑在学校推行冥想训练的校长接到了一位家长的投诉，拒绝让自己的孩子参加。父母相信冥想能使人的思想变得清晰，因为空虚的心灵就像"魔鬼的家"，他们担心冥想会带来不良的后果。冥想本身并不具有宗教性，可以像任何体育锻炼一样训练——就像在大多数学校里推行的那样，没有任何宗教或精神因素。

在极少数情况下，人们会经历心理困扰或不愉快，但这方面的研究表明，消极影响最有可能发生在那些先前患有精神疾病和冥想时间太长的人身上，譬如每天冥想数小时，而不是几分钟（Van Dam et al.，2018）。一些研究人员认为，负面影响被大大低估了（Rocha，2014）。我们采访了大量老师，他们中的一些人多年来指导过成千上万的人，了解他们的体验和不良影响。大卫·林奇基金会的负责人鲍勃·罗斯（Bob Roth）教授指导过的冥思者，从电影明星到创伤性压力的受害者（退伍军人、虐待幸存者、市内学生）。在过去的 40 年里，他已经培训了近 4 000 名冥想修炼者。"我们要求任何有精神病史的人，在开始常规医疗之前必须得到精神科医生的批准。也许因为这种做法，我的学生从来没有人出现过较大的负面反应，顶多就是'我不喜欢这样'。当这种情况发生时，人们通常会停止冥想。"2017 年进行的一项大规模调查发现，冥想的大部分不良影响都是短暂的，不足以使人们停止冥想（Cebolla，Demarzo，Martins，Soler & Garcia Campayo，2017）。同样，布莱恩·加拉（Brian Galla）与数百名青少年一起参加了"正念"夏令营，学生们在那里连续几天每天密集地学习和冥想（Galla，2017）。尽管强度很大，加拉在他的研究中从未遇到过有不良反应的学生。学生们和大多数美国孩子一样，心理健康，但承受着相当大的压力。最后，我们从来没有见过，也没有听说过任何一个因冥想而被恶魔附身的案例。尽管如此，极有可能很少有正式的冥想研究专注于报告负面影响，因此消极情绪可能比报道的负面影响更多（Kreplin，Farias & Brazil，2018）。

64 **正念的测量**

如前所述，正念是对当前时刻所发生事情的意识状态，这种状态每时每刻都在变化，并且随着情境的变化而变化。它也会因人而异：有些人对自己的生理存在似乎长期意识不到，他们的精力用在其他地方；而另外一些人则更多留意当下；因此，正念可以被视为一种人格特征，可以通过诸如"留心注意意识量表"（MAAS）等工具来衡量。在这个量表中，一个典型的项目是：似乎我在"自动运行"，而没有太多意识到我在做什么（Brown & Ryan，2003）。一个人的心境可能会在某个时段内波动。因此，正念经常被作为一种状态来测量，例如，流行的多伦多正念量表（TMS）。该量表的一个典型项目要求你在完成某项特定任务或经历时，用诸如"我愿意注意到可能出现的任何事情"等语句来评估自己的心态（Lau et al.，2006）。最近对各种研究的元分析发现，正念冥想训练在几个正念量表上均可靠地显示出由轻微到中度的增长，这些增长与各种有益的（主要是临床的）干预效果，如减少焦虑和提高生活质量，存在一定的相关性（Quaglia，Braun，Freeman，McDaniel & Brown，2016）。因此，对正念的有效评估可以作为一项重要的指标，以验证培训在特定研究中是否有效。

正念对社会经验和行为的一些值得期待的影响

《社会性动物》一书的读者们知道，进化赋予我们普遍的社会动机，这些动机塑造了我们体验和对待他人的方式。这些动机中最主要的是归属他人和与他人联系的基本需要，无论我们是否意识到，我们其他的社会动机——重要的、理解的、控制的和信任的——都根植于这种以积极形式联系的需要。帕斯卡可能会同意我们的看法，一个安静的头脑可以促进所有这些目标的实现。我们主张冥想可以在教室和其他地方创造一种积极的循环，包括一个简单而精美的过程。它从感性开始，平静的头脑让我们能够以更清晰、更少的潜在偏见和更多的同情来感知他人以及他们的行为。这反过来会促使一个人以亲社会的行为来回应他人的需求和状态，由于普遍的社会规范，亲社会学习与行为是相互的，由此而出现了心理学家们所称的"良性循环"（Cohen，Garcia，Purdie-Vaughns，

Apfel & Brzustoski，2009）。这一切都始于我们的镇定能力。冥想的倡导者有时会声称，如果我们想得到更多的爱、联系和归属感，学会冥想是开始获得这些东西的最好方法（Dass & Goleman，1990）。而且，任何一个被安排坐在另一个孩子旁边的三年级学生都会告诉你，自制力有助于博得他人的喜欢。自我控制、拥有目标和保持镇定是成人的表达，大多数9岁左右的孩子用来表达对同学钦佩的话是：很酷。在下面的章节中，我们将简要介绍支持我们现实世界观察的研究，即社会关系随着正念的提高而改善。

冥想会减少内隐偏见

对情绪、态度和偏见的自陈测量，为社会心理学研究提供了重要的数据，而且很容易从调查中获得。然而，自我报告的一个严重缺陷是，参与者可能会有意识地改变自己的反应，以取悦（或伤害）实验者，或表现得更具社交吸引力。许多调查问卷都包含一个"测谎量表"，试图找到那些进行谎报的参与者，但这些工具往往只能鉴别出一些极端的情况。例如，参与者可能会猜测研究人员对消除偏见感兴趣，然后试着表现得像个好人或好的实验参与者。这些问题有助于解释近年来人们对测量偏差和成见的关注，这些偏见和成见是个人意识不到的，也不会自愿改变。研究这类问题的主要方法是内隐联想测验（IAT）。内隐联想测验旨在测量参与者将某些形容词与类别联系起来时的反应时，通常会涉及人。例如，如果一个人比对女性的"科学"和对男性的"情感"更快地将"科学"与男性联系起来，并将"情感"与女性联系起来，那么这里便提供了存在内隐（而非自觉意识）联系的证据，由此揭示出隐含的刻板印象或态度。内隐联想测验方法并非没有争议（Hahn，Judd，Hirsh & Blair，2014；Oswald，Mitchell，Blanton，Jaccard & Tetlock，2013），但它已经产出（并将继续产出）非常有趣的大量公开发表的成果。这些研究清楚地表明，我们可能在没有意识到或控制意识的情况下产生偏见。正如索森（Thorson）和韦斯特（West）所描述的，内隐偏见会破坏我们与其他群体人之间的互动，这通常是因为我们对自己表现出偏见感到不安：我们的想法可能是好的，但我们的不适会让互动变得尴尬（Thorson & West，2019）。

因此，内隐联想测验可以作为测量冥想能力的一种工具，以减少我们的无意偏见。例如，最近的一项研究(Kang，Gray & Dovidio，2014)发现，六周的"仁爱"冥想练习减少了内隐联想测验的内隐偏见。即使是非常简短的"仁爱"冥想培训，当专门针对陌生人或无家可归者时，也可以减少群体间的焦虑，并增加未来与无家可归者接触的意愿(Parks，Birtel & Crisp，2014)。同样，一个非常简短的、主要针对黑人照片的"仁爱"冥想练习，也会在白人参与者中产生明显更强的"其他"积极情绪，这导致对"仁爱"冥想目标的隐性偏见减少，但对另一个"其他"群体(亚洲人)则没有影响(Stell & Farsides，2016)。有时，即使是没有特别关注的冥想训练(如慈悲)也能减少内隐偏见。在一项研究中，与那些听过同样长的描述风景的录音带的对照组相比，接受一个 10 分钟的引导正念训练会明显减少内隐的年龄和种族偏见。这些作者认为："……通过减少对记忆中过去联想的依赖，正念被认为可以使人们更加审慎地选择行为，并减少来自过去经验的偏见。"(Lueke & Gibson，2015)一项后续研究(Lueke & Gibson，2016)进一步证实，训练可以增强正念，从而减少偏见。在混合动机游戏中，受过完全训练的团队在现金分配上明显更加公平。总之，研究表明，当我们接受了正念训练，我们看待和对待他人的偏见就会减少。

冥想能够增加同理心和同情心

同理心和同情心都是重要的心理状态，通常会导致善良或利他行为。但它们又是不同的，我们可以根据经验加以区分。移情是一种状态，在这种状态下，一个人了解另一个人的处境，以及那个人对自己处境的反应，以至于这个人会体验到和另一个人同样的情感感受。当比尔·克林顿(Bill Clinton)对潜在选民们说"我感受到了你的痛苦"时，他是在投射或试图投射同理心，但同理心不仅仅是一种感觉；它结合了认知和情感两种成分，可以分别加以测量。认知方面通常被称为透视法，它涉及从另一个人的角度真正理解他人的处境。没有情感成分的理解是可能的，也就是说，没有经历与另一个人相同的感觉和情绪。在没有这种认知理解的情况下，一个人最终可能会感觉到与另一种人相同的情绪，通常我们称其为"情绪传染"，而不是真正的同理心。相反，同情超越了同理心，因为它唤起了一种与他人交往或帮助他人的倾向；你感受到了别人的痛苦，并想减轻他们的痛苦。同情心通常会激发同理心，但没有同理心，帮助他人的冲动也可能产生。相反,我们可以感受到同理心,即使是强烈的,但却不会受到激励去提供帮助。但正常情况下,这两种状态同时发生,会导致亲社会行为——特别是在具有明确的行动策略、而且成本很低的条件下。

冥想特别有可能促进同理心、同情心和亲社会行为,如果它采取的是前面提到的被称为"仁爱"冥想的流行方式,冥想者培养积极的情感(爱、热情、善良),并在精神上把这些感受传递给一个人或一个团体(Böckler, Tusche, Schmidt, & Singer, 2018)。在一项研究中,参与者完成了一项意向性的"仁爱"冥想训练,这项训练显著提高了自我报告的注意意识。更重要的是,"仁爱"冥想提高了参与者识别他人情绪的能力,减少了在实验室任务中测量到的敌意行为,并减少了由于被要求在三位"评委"面前进行 5 分钟的工作面试式的陈述并执行具有挑战性的心算任务而导致的巨大压力(Kemeny et al., 2012)。

另一个研究团队(Birnie、Speca & Carlson, 2010)收集了 50 多名参与者在完成 8 周基于正念的减压培训前后的数据,其中最后两周包括仁爱练习。他们发现,参与者(与更好的社会关系相关的)自我同情(Neff & Dahm, 2015)和移情视角的接受显著增加,压力情境下的痛苦明显减少。值得注意的是,他们发现正念意识和自我同情的增加以及情绪障碍和压力症状的减少显著相关(Shapiro, Schwartz & Bonner, 1998)。

甚至有证据表明,冥想训练可以增强与移情有关的认知能力。在一项研究中(Mascaro, Rilling, Tenzin Negi & Raison, 2013a),参加过"仁爱"冥想世俗化练习(被称为"基于认知的同情心训练")的参与者在眼神读心测验中的表现明显优于对照组(每周进行健康讨论)。这项测验针对的是"移情准确性",参与者必须识别出仅在眼睛周围区域可见的脸部照片中表达的情绪或状态。换句话说,冥想可以提高社交智能,即了解他人及其情感的能力。因此,正念训练似乎可以改善我们的同情心和同理心,并帮助我们更好地读懂他人。

冥想能够增加助人并减少攻击

亲社会行为是任何有助于他人、整个社区或整个社会受益的行为。对"仁爱"冥想研究的回顾(Bankard, 2015)发现,冥想通常会增加同情心和亲社会行为。例如,弗雷德里克森(Fredrickson)和她的同事发现,8 周的"仁爱"冥想训练会导致更强烈、更频繁的积极情绪，而这反过来又会出现报告中所称的：在社交互动过程中，会有更多的社会支持和更强的积极情绪(Fredrickson, Cohn, Coffey, Pek & Finkel, 2008)。一些研究人员已经测量了在线游戏参与者对待其他玩家的慷慨程度。在一项研究中，在线"仁爱"冥想培训报告显示，参与者的焦虑程度显著降低，他们向慈善机构捐赠的实验性收入份额大幅增加。

康登等人(Condon, Desbordes, Miller & DeSteno, 2013)发现，基本的冥想训练，即使没有特别关注同情心，也可以提高亲社会行为。接受有限量冥想训练的参与者(每周8次，每90分钟一次)更有可能把座位让给拄着拐杖来到候诊室却找不到座位的人。同一个研究团队使用 Headspace 移动应用程序进行冥想训练，得到了类似的结果(Lim, Condon & DeSteno, 2015)。

另一项研究(Heppner et al., 2008)通过测量参与者在被拒绝后选择攻击另一个参与者的痛苦噪音量来观察其攻击性。那些在开始研究时进行了短暂的正念练习的人没有那么敌对，他们选择了明显减少令人讨厌的噪声。因此，正念似乎能够产生更正向的行为，对他人帮助更多，伤害更少。

冥想是如何发挥作用的？

正念可以改善对有需要的人的社会行为的一种方法，是防止同情心的自然侵蚀。因为对社会性动物而言，看着别人受苦是痛苦的，自然会有一种自我保护的倾向：变得麻木不仁，用合理化来贬低受害者的困境，或者逃避环境，甚至责怪受害者。当同理心变得痛苦时，我们可以简单地将其移开(Zaki, 2014)。但是，考虑一项为期四周的关于同情冥想的研究，参与者每天都会听到一些需要帮助者的故事，同时还要看一张此人的照片。每次疗程结束时，都会要求向慈善机构募捐，这使研究人员能够测量一段时间内他们对有需要的人的同情和捐助。虽然四周内冥想者的捐款没有增加太多，但对照组中没有冥想的人捐款会随着时间的推移明显减少。研究者假设慈悲冥想可以防止对他人痛苦的脱敏，而这种脱敏可能会发生在反复的接触中。"仁爱"冥想和其他形式的冥想，通过抑制我们自己的痛苦情绪，可以减少我们使用这种应对机制的需要，并让我们保持同情心。

一些对完成比较训练或控制条件的被试进行功能性磁共振成像的研究，可以帮助我们了解这种训练如何影响行为的神经机制。例如,翁等人(Weng et al.,2013)发现"仁爱"冥想通过体验他人的情绪反应,增加了帮助处理和理解他人痛苦的大脑区域以及在执行控制中起关键作用的大脑区域的活动。因此,这种皮层区域的组合,可以维持一个人对他人需求的注意力。大脑的一个执行区域和大脑的奖赏系统之间存在更多的联系,这表明经过同情训练后,参与者在帮助他人时,积极情绪的增强相对更大。

即使在参与者观看其他人遭受痛苦的视频时,也发现了"仁爱"冥想培训与积极影响增加之间的联系(Klimecki, Leiberg, Lamm & Singer, 2012)。事实上,在观看视频时,"仁爱"冥想参与者在与爱、归属感和积极评价相关的大脑区域有明显活动,这与"仁爱"冥想组在高情绪视频状态下会比对照组表现出更多的积极影响的发现相一致。在对几项"仁爱"冥想/功能性磁共振成像研究的回顾中,马斯卡洛和他的同事们(Mascaro, 2013a)提出,同情心训练可能会通过增强支持基本感知/运动模拟过程的神经活动、模拟他人的情感状态以及更高层次的情感活动来发挥作用。丹尼尔·西格尔(Daniel Siegel)认为,正念是通过将个体从自上而下的处理和"先前学习的奴役"中解放出来而起作用的。由于偏见源于先前的学习,因此当我们的注意力被当下所吸引时,我们将不太可能恢复到自动的行为反应或旧的思维习惯(Siegel, 2007)。至于亲社会行为,正念冥思可以通过改善我们的情绪来间接地增加善良的行为。基耶萨等人(Chiesa, Brambilla & Serretti, 2010)在对正念冥思的神经相关性进行系统回顾的基础上,指出长期的正念冥思修炼可以自动激活与额叶皮质结构参与抑制与恐惧反应有关的杏仁核,从而实现更为灵活的情绪调节。因为偏见往往是基于恐惧,所以抑制恐惧反应的能力可以转化为减少有偏见的行为。

冥想和默认模式网络

冥想者和非冥想者在默认模式网络(DMN)的激活方面似乎有所不同,当一个人没有参与某项任务,或者没有被分配任务,而是在功能性磁共振成像研究中被要求休息时,默认模式网络是活跃的。当我们走神的时候,我们的默认模式网络也是活跃的。而当我们全神贯注地沉浸在解决一道数学题之类的任务之中时,它便不再活跃了。默认模式网络与社会心理行为高度相关。施普伦等人(Spreng，Mar & Kim，2009)发现，假如参与者在大脑扫描仪时无所事事，同样活跃的默认模式网络在他们从事一些与社会心理学相关的心理活动(例如，回忆与个人相关的过去事件，想象未来事件，想象其他人头脑里可能发生的事情并作出情感反应)时，也是活跃的。也许这并不奇怪，假如参与者在核磁共振扫描时休息，他们会通过思考过去或未来让自己快乐。然而，也有研究表明，这种自发的精神活动，通常被称为走神，会消耗大量能量，在某些情况下会导致负面情绪和不愉快的感觉(Konjedi & Maleeh，2017)。这便是证明冥想可以减少默认模式网络活动的研究特别有趣和值得期待的原因。

冥想中强调把注意力持续放在当下的感觉上，而不去涉及过去或未来的想法，可以预期会减少心理活动，从而减少默认模式网络的活动，有几项研究表明，冥想练习的时间越长越好(Brewer et al.，2011)。与第一次参加冥想训练的人相比，拥有较多正念冥想经验的个体报告说，他们的思维活动明显减少，而且在默认模式网络中的活动也明显减少。在同一个实验室里的一个类似的研究重复并拓展了前面描述的结果，表明冥想时默认模式网络活动减少的数量甚至低于参与者执行单词分类任务，这种认知任务通常会阻止默认模式网络活动(Garrison，Zeffiro，Scheinost，Constable & Brewer，2015)。这些研究结果表明，冥想训练可以减少认知活动经常遇到的干扰，由此而使之成为一种有价值的方法。

对冥想类型的比较

在一项综合研究中，瓦尔克等人(Valk et al.，2017)对参与者进行了不同形式的冥想训练：一种类似于正念冥想；一种类似于"仁爱"冥想；另一种关注同情的观点透视(认知)方面。参与者按照不同的顺序接受这些方法的训练，每次训练三个月，在每个训练模块完成之后，对他们的大脑进行结构和功能性磁共振成像研究。每种形式的训练都会产生与训练目标一致的行为和神经变化。具体地说，正念冥想改善了参与者在注意力测试中的表现，也增加了与注意力任务密切相关的大脑区域皮层的厚度。相比之下，同情冥想训练导致大脑皮层(岛叶皮层)与感觉感知相关皮质的增厚，而这种增厚与同情心的自我报告增强相关。透视训练与内心观点的改善以及社交认知相关脑区皮质厚度的增加有关。

马斯卡洛等人(Mascaro，2013a)的研究表明，根据大脑对特定实验任务的反应，可以预测哪些参与者在家庭练习正念冥想或"仁爱"冥想时会很好地坚持。具体而言，他们发现，当预期到相当痛苦的电击时，那些在左杏仁核区域有更强神经活动(通常与恐惧反应相关)的参与者，在随后的正念冥想训练中超过了明显更多的家庭练习课程。另一方面，那些在观看其他参与者接受相同电击的视频时，在前岛叶区域表现出更多神经活动(通常与内部感觉有关，包括移情疼痛)的参与者，则更有可能在家里完成冥想的"家庭作业"。马斯卡洛等人(Mascaro，2013b)得出的结论是，对疼痛更敏感的个体可能会发现，在正念冥想期间，对自己的感受敞开心扉并不那么令人愉快，而那些往往一开始就缺乏同情心的人会发现接受"仁爱"冥想更为困难。有关个体差异这些重要发现的进一步研究，正在推进之中。

总结与结论

本研究试图兑现社会心理学的一些承诺，即教会人们冥想。除了在减轻压力方面已经公认的效果外，冥想，尤其是以同理心为目标的冥想，鼓励人们更加亲社会，更容易从较好的角度去看待他人，同情他们的困境，帮助那些需要帮助的人。功能性磁共振成像研究所提供的证据，说明"仁爱"冥想可以通过增加大脑皮层区域的神经活动来增强同理心和同情心，而皮层区域参与了对他人情绪和行为的反射。此外，大脑中参与注意力的执行控制和愉悦/奖励体验的区域可能会变得更加活跃。压力的减少和积极情绪的增加也可能起到作用。最后，通过克服我们对过去、现在和未来潜在的压力源与生俱来的顾虑倾向，冥想可以为人们提供很多有益的帮助。

但这些助益有赖于经常性的训练，一开始可能会带来一些痛苦和挫折感，女演员詹妮弗·劳伦斯(Jennifer Lawrence)就是这样，她在认为冥想无效后放弃了冥想。"你试了多久?"采访者问劳伦斯。"坚持了两分钟后我就放弃了!"尽管我们的许多学生在第一次冥想期间、特别是在他们第一次冥想之后感觉很好，但是在冥想中开始感觉自然轻松以及新的冥想者开始享受它，需要更多的时间。尽管我们遇到过一些常规做法没有产生任何明显助益的个别案例，那些坚持一周左右的学生中的大多数人，都会发现这种痛苦的一种精神激励，让一

71

些人独自静静地待在一个房间里,这种折磨最终让位于一种宁静的反省和深度的平和感。

在工作中,我们会接触到无数的年轻学生,即使是那些每天承受压力的学生,也开始感受到更好、更有活力、更有耐心,他们开始以不同的眼光看待世界和他人。我的一个学生是个聪明但焦虑的非裔美国人,他在城市里一个贫瘠的社区生活和学习,他描述了在街上散步的情景。在我们一起上冥想课的十天里,他没有再去体验他下课回家时的典型想法:被抢劫、无缘无故被警察拦住,或是在街上失去朋友,他回忆起当时抬头一看,发现自己已经从旁边走过了几百次、却一直没有注意到的一棵树。"阳光以我从未曾见过或注意到的方式照射在树叶上,我记得自己当时在想,多么美好! 这是我以前从未有过的想法。"

这个学生的体验是了不起的,但这在每天冥想并持续大约两周的学生中并不少见。无法注意到你周围的美丽是抑郁的一个特征,过度活跃的默认模式网络可能会加剧抑郁。这种注意觉醒和欣赏每一刻所拥有的恰恰是正念的本质,几乎任何一个人都可能实现,但前提是他们愿意坚持克服挫折。在我们的实验中,人们太容易放弃,部分原因是帕斯卡注意到且科学也证实了的:坐在那里的确十分痛苦。但沉湎于痛苦也是件很难的事情,因为像詹妮弗·劳伦斯一样,大多数人都希望它能迅速、轻松、自然地"工作"。对一些人来说,冥想确实很容易带来幸福,甚至从一开始就是这样(Lynch, 2016)。但对我们大多数人来说,冥想更像是慢跑或者去健身房;早期的冥想主要是在事后感觉良好,但随着时间的推移和逐渐地投入其中,我们开始感觉到"身体健康",并真正期待着去做这件事情。对我们大多数人来说,醒来是很难做到的(Brown, Ryan & Creswell, 2007)。相应地,关于冥想的研究也很难做好。然而,我们认定,随着研究越来越好地向前推进,许多初步的发现将得到巩固,会帮助我们复制我们在许多教室里看到的可爱场景,那里的孩子们会经常冥想(Kirp, 2014)。正念也许只是盛极一时的教育时尚,但我们真心希望它不止于此。

参考文献

Bankard, J. (2015). Training emotion cultivates morality: How loving-kindness meditation hones compassion and increases prosocial behavior. *Journal of Religion and Health*, 54(6), 2324 - 2343. http://dx.doi.org/10.1007/s10943-014-9999-8

Baumeister, R. F. , Tice, D. M. , & Vohs, K. D. (2018). The strength model of self-regulation: Conclusions from the second decade of willpower research. *Perspectives on Psychological Science*, *13*(2),141 – 145.

Benson, H. , & Proctor, W. (1984). Beyond the relaxation response. Waldentapes. Benson, H. Berman, S. M. , Kuczenski, R. , McCracken, J. T. , & London, E. D. (2009). Potential adverse effects of amphetamine treatment on brain and behavior: A review. *Molecular Psychiatry*, *14*(2),123.

Birnie, K. , Speca, M. , & Carlson, L. (2010). Exploring self-compassion and empathy in the context of mindfulness-based stress reduction (MBSR). *Stress and Health*, *26*, 359 – 371. http://dx. doi. org/10. 1002/smi. 1305

Blair, C. , & Raver, C. C. (2015). School readiness and self-regulation: A developmental psychobiological approach. *Annual Review of Psychology*, *66*,711 – 731.

Böckler, A. , Tusche, A. , Schmidt, P. , & Singer, T. (2018). Distinct mental trainings differentially affect altruistically motivated, norm motivated, and self-reported prosocial behaviour. *Scientific Reports*, *8*(1),13560.

Brewer, J. A. , Worhunsky, P. D. , Gray, J. R. , Tang, Y. Y. , Weber, J. , & Kober, H. (2011). Meditation experience is associated with differences in default mode network activity and connectivity. *Proceedings of the National Academy of Sciences*, *108*(50),20254 – 20259.

Brown, K. W. , & Ryan, R. M. (2003). The benefits of being present: Mindfulness and its role in psychological well-being. *Journal of Personality and Social Psychology*, *84*(4),822.

Brown, K. W. , Ryan, R. M. , & Creswell, J. D. (2007). Mindfulness: Theoretical foundations and evidence for its salutary effects. *Psychological Inquiry*, *18*(4),211 – 237.

Cebolla, A. , Demarzo, M. , Martins, P. , Soler, J. , & Garcia-Campayo, J. (2017). Unwanted effects: Is there a negative side of meditation? A multicentre survey. *PLOS ONE*, *12*(9),e0183137.

Chiesa, A. , Brambilla, P. , & Serretti, A. (2010). Functional neural correlates of mindfulness meditations in comparison with psychotherapy, pharmacotherapy and placebo effect. Is there a link? *Acta Neuropsychiatrica*, *22*(3),104 – 117.

Cohen, G. L. , Garcia, J. , Purdie-Vaughns, V. , Apfel, N. , & Brzustoski, P. (2009). Recursive processes in self-affirmation: Intervening to close the minority achievement gap. *Science*, *324*(5925),400 – 403.

Condon, P. , Desbordes, G. , Miller, W. B. , & DeSteno, D. (2013). Meditation increases compassionate responses to suffering. *Psychological Science*, *24*(10),2125 – 2127. http://dx. doi. org/10. 1177/0956797613485603

Dass, R. , & Goleman, D. (1990). *Journey of awakening: A meditator's guidebook*. New York, NY: Bantam.

DeSteno, D. (2013). The morality of meditation. The New York Times, July 5.

Fredrickson, B. L. , Cohn, M. A. , Coffey, K. A. , Pek, J. , & Finkel, S. M. (2008). Open hearts build lives: Positive emotions, induced through loving-kindness meditation, build consequential personal resources. *Journal of Personality and Social Psychology*, 95 (5),1045. http://dx. doi. org/10. 1037/a0013262

Galla, B. M. (2017). Safe in my own mind: Supporting healthy adolescent development through meditation retreats. *Journal of Applied Developmental Psychology*, 53 ,96 – 107.

Garrison, K. A. , Zeffiro, T. A. , Scheinost, D. , Constable, R. T. , & Brewer, J. A. (2015). Meditation leads to reduced default mode network activity beyond an active task. *Cognitive, Affective, & Behavioral Neuroscience*, 15 (3),712 – 720.

Hahn, A. , Judd, C. M. , Hirsh, H. K. , & Blair, I. V. (2014). Awareness of implicit attitudes. *Journal of Experimental Psychology: General*, 143 (3),1369.

Heppner, W. L. , Kernis, M. H. , Lakey, C. E. , Campbell, W. K. , Goldman, B. M. , Davis, P. J. , & Cascio, E. V. (2008). Mindfulness as a means of reducing aggressive behavior: Dispositional and situational evidence. *Aggressive Behavior*, 34 (5),486 – 496.

Kabat-Zinn J. (1990). *Full catastrophe living: Using the wisdom of your body and mind to face stress, pain, and illness*. New York, NY: Dell Publishing.

Kang, Y. , Gray, J. R. , & Dovidio, J. F. (2014). The nondiscriminating heart: Lovingkindness meditation training decreases implicit intergroup bias. *Journal of Experimental Psychology: General*, 143 (3), 1306. http://dx. doi. org/10. 1037/ a0034150

Kreplin, U. , Farias, M. , & Brazil, I. A. (2018). The limited prosocial effects of meditation: A systematic review and meta-analysis. *Scientific Reports*, 8 (1),2403. Kemeny, M. E. , Foltz, C. , Cavanagh, J. F. , Cullen, M. , Giese-Davis, J. , Jennings, P. , & Ekman, P. (2012). Contemplative/emotion training reduces negative emotional behavior and promotes prosocial responses. *Emotion*, 12 (2),338. http:// dx. doi. org/10. 1037/a0026118

Kirp, D. L. (2014). "Meditation transforms roughest San Francisco schools. " SF Gate, January. Klimecki, O. M. , Leiberg, S. , Lamm, C. , & Singer, T. (2012). Functional neural plasticity and associated changes in positive affect after compassion training. *Cerebral cortex*, 23 (7), 1552 – 1561. http://doi. org/10. 1093/cercor/ bhs142

Konjedi, S. , & Maleeh, R. (2017). A closer look at the relationship between the default network, mind wandering, negative mood, and depression. *Cognitive, Affective, & Behavioral Neuroscience*, 1 – 15.

Lau, M. A. , Bishop, S. R. , Segal, Z. V. , Buis, T. , Anderson, N. D. , Carlson, L. , & Devins, G. (2006). The Toronto mindfulness scale: Development and validation. *Journal of Clinical Psychology*, 62 (12),1445 – 1467.

Lim, D. , Condon, P. , & DeSteno, D. (2015). Mindfulness and compassion: An examination of mechanism and scalability. *PLOS ONE*, *10*(*2*), e0118221. http://dx. doi. org/10. 1371/journal. pone. 0118221

Lueke, A. , & Gibson, B. (2015). Mindfulness meditation reduces implicit age and race bias: The role of reduced automaticity of responding. *Social Psychological and Personality Science*, *6*(*3*),284 – 291. http://dx. doi. org/10. 1177/1948550614559651

Lueke, A. , & Gibson, B. (2016). Brief mindfulness meditation reduces discrimination. *Psychology of Consciousness: Theory, Research, and Practice*, *3*(*1*),34. http:// dx. doi. org/10. 1037/cns0000081

Lynch, D. (2016). Catching the big fish. New York, NY: Penguin. Mascaro, J. S. , Rilling, J. K. , Tenzin Negi, L. , & Raison, C. L. (2013a). Compassion meditation enhances empathic accuracy and related neural activity. *Social Cognitive and Affective Neuroscience*, *8*(*1*),48 – 55. http://dx. doi. org/10. 1093/scan/nss095

Mascaro, J. S. , Rilling, J. K. , Tenzin Negi, L. , & Raison, C. L. (2013b). Pre-existing brain function predicts subsequent practice of mindfulness and compassion meditation. *NeuroImage*, *69*,35 – 42.

Mischel, W. (2014). *The marshmallow test: Understanding self-control and how to master it*. New York, NY: Random House.

Mrazek, M. D. , Franklin, M. S. , Phillips, D. T. , Baird, B. , & Schooler, J. W. (2013). Mindfulness training improves working memory capacity and GRE performance while reducing mind wandering. *Psychological Science*, *24*(*5*),776 – 781.

Neff, K. D. , & Dahm, K. A. (2015). Self-compassion: What it is, what it does, and how it relates to mindfulness. *In Handbook of mindfulness and self-regulation* (pp. 121 – 137). New York, NY: Springer.

Oberle, E. , & Schonert-Reichl, K. A. (2016). Stress contagion in the classroom? The link between classroom teacher burnout and morning cortisol in elementary school students. *Social Science & Medicine*, *159*,30 – 37.

Oswald, F. L. , Mitchell, G. , Blanton, H. , Jaccard, J. , & Tetlock, P. E. (2013). Predicting ethnic and racial discrimination: A meta-analysis of IAT criterion studies. *Journal of Personality and Social Psychology*, *105*(*2*),171.

Parks, S. , Birtel, M. D. , & Crisp, R. J. (2014). Evidence that a brief meditation exercise can reduce prejudice toward homeless people. *Social Psychology*, *45*(*6*),458 – 465. http://dx. doi. org/10. 1027/1864-9335/a000212

Quaglia, J. T. , Braun, S. E. , Freeman, S. P. , McDaniel, M. A. , & Brown, K. W. (2016). Meta-analytic evidence for effects of mindfulness training on dimensions of self-reported dispositional mindfulness. *Psychological Assessment*, *28*(*7*), 803 – 818. http://dx. doi. org/10. 1037/pas0000268

Rocha, T. (2014). The dark knight of the soul. The Atlantic, 25(6). See similar results by Shapiro, S. L. , Schwartz, G. E. , & Bonner, G. (1998). Effects of mindfulness-based stress reduction on medical and premedical students. *Journal of Behavioral Medicine*, *21*(*6*),581 – 599.

74

Shy, Y. (2017). *What now? Meditation for your twenties and beyond*. New York, NY: Parallax Press.

Siegel, D. J. (2007). Mindfulness training and neural integration: Differentiation of distinct streams of awareness and the cultivation of well-being. *Social Cognitive and Affective Neuroscience*, *2(4)*,259 – 263.

Spitzer, B. , & Aronson, J. (2015). Minding and mending the gap: Social psychological interventions to reduce educational disparities. *British Journal of Educational Psychology*, *85(1)*,1 – 18.

Spreng, R. N. , Mar, R. A. , and Kim, A. S. (2009). The common neural basis of autobiographical memory, prospection, navigation, theory of mind, and the default mode: A quantitative meta-analysis. *Journal of Cognitive Neuroscience*, *21*, 489 – 510.

Stell, A. J. , & Farsides, T. (2016). Brief loving-kindness meditation reduces racial bias, mediated by positive other-regarding emotions. *Motivation and Emotion*, *40 (1)*,140 – 147.

Subotnik, R. F. (Ed.). (2012). *Malleable minds: Translating insights from psychology and neuroscience to gifted education*. National Research Center on the Gifted and Talented.

Thorson, K. R. , & West, T. (2019). Implicit bias in social interactions. In J. Aronson & E. Aronson (Eds.), *Readings about the social animal (12th ed.)*. New York, NY: Worth/Freeman.

Twenge, J. M. (2017). *IGen: Why today's super-connected kids are growing up less rebellious, more tolerant, less happy — and completely unprepared for adulthood — and what that means for the rest of us*. New York, NY: Simon and Schuster.

Valk, S. L. , Bernhardt, B. C. , Trautwein, F-M. , Böckler, A. , Kanske, P. , Guizard, N. , Singer, T. (2017). Structural plasticity of the social brain: Differential change after socio-affective and cognitive mental training. *Science Advances*, *3 (10)*, e1700489. Downloaded from http://advances. sciencemag. org/, October 6,2017. doi: 10. 1126/sciadv. 1700489

Van Dam, N. T. , van Vugt, M. K. , Vago, D. R. , Schmalzl, L. , Saron, C. D. , Olendzki, A. , & Fox, K. C. (2018). Mind the hype: A critical evaluation and prescriptive agenda for research on mindfulness and meditation. *Perspectives on Psychological Science*, *13(1)*,36 – 61.

Waters, S. F. , West, T. V. , & Mendes, W. B. (2014). Stress contagion: Physiological covariation between mothers and infants. *Psychological Science*, *25(4)*,934 – 942.

Watts, T. W. , Duncan, G. J. , & Quan, H. (2018). Revisiting the marshmallow test: A conceptual replication investigating links between early delay of gratification and later outcomes. *Psychological Science*. https://doi. org/10. 1177/0956797618761661

Weng, H. Y. , Fox, A. S. , Shackman, A. J. , Stodola, D. E. , Caldwell, J. Z. , Olson, M. C. , & Davidson, R. J. (2013). Compassion training alters altruism and neural responses to suffering. *Psychological Science*，24（7），1171 - 1180. http：//dx. doi. org/10. 1177/0956797612469537

Wilson，T. D. , Reinhard，D. , Westgate，E. C. , Gilbert，D. T. , Ellerbeck N. , Hahn C. , et al. (2014). Just think：The challenges of the disengaged mind. *Science*，345，75 - 77. doi：10. 1126/science. 1250830

Zaki，J. (2014). Empathy：A motivated account. *Psychological Bulletin*，140（6），1608.

3

自我辩护

7. 失调、掩饰与自我概念[①]

艾略特·阿伦森(Elliot Aronson)

自 40 年前问世以来,利昂·费斯汀格(Leon Festinger)的认知失调理论经历了一段令人震惊且经常引起争议的历史。它对社会心理学领域的影响是巨大的,既可以解释各种明显不同的现象,又可以发展出创新的、影响深远的方法论来检验其命题。

对我个人来说,这个理论也非常重要,因为它在我自己的专业发展中起到了举足轻重的作用。作为斯坦福大学的一年级研究生,我对社会心理学曾经没有丝毫兴趣——我对这门学科所知甚少,似乎既无聊又平庸。社会心理学的核心是社会影响问题,这当然是一个重要的话题,但在 20 世纪 50 年代中期,当时有关社会影响的知识似乎相当陈旧,而且相当庸俗。当时的社会心理学家对社会影响有哪些确切的认识呢?

1. 如果您希望人们支持您的立场,则为遵守规范者提供切实的奖励,并对不遵守者给予明确的惩罚。

2. 与听众进行合理的交流,并将其归因于高度可信的交流者。

3. 给人们一种错觉,即其他所有人的意见都是一致的。

4. 如果您的讨论小组的成员不同意您的意见,那么您将向他发送更多的信息(以便让他明白真相),而不是让他同意您的意见。如果他固执己见,设法让他离开小组。

在那段时间里,美国经验主义心理学中占绝对主流的观点是,"让我们找到

[①] Paper presented at the special conference marking the fortieth anniversary of the theory of cognitive dissonance, University of Texas at Arlington, March 17,1997.

强化剂"。如果一个人(或一只老鼠)做了什么,一定有原因,而这个原因必定会
获得一个可识别的回报,如食物、金钱或赞扬,或消除痛苦、恐惧、焦虑等有害状
态。如果食物会诱使饥饿的老鼠按斯金纳(Skinner)箱里的杠杆或在 Y 形迷宫
中向左转,那么从理论上讲,类似的奖励肯定也会诱使一个人采纳给定的意见。
20 世纪 50 年代中期,几乎是阿希(Asch,1951)经典实验的缩影。在这个实验
中,绝大多数人明显背离了自己简单、明确的感知判断。为什么大多数人都会
依从这种群体压力? 也许这会让他们对独自反对全体一致的多数人意见感到
焦虑;他们担心自己被认为是疯子、被低估等,与他人意见一致是令人欣慰的,
这便是从众得到的回报。

或者以霍夫兰德和韦斯(Hovland & Weiss,1951)所做的同样经典的实验
为例。为什么人们倾向于相信一个可信的来源,如罗伯特·奥本海默(J. Robert
Oppenheimer),而不是像《太阳报》那样不可信的来源? 也许它增加了正确选择
的概率,作出了正确选择便可以减少焦虑,让我们感觉良好、聪明、受人尊敬。
这是信念改变得到的奖励。

这些数据足够真实,但不值得兴奋。我的祖母可谓民间智慧的源泉,在没
有通过一个精致的实验来证明那些显而易见的事情之前,就可以告诉我这一
切。1957 年,利昂·费斯汀格将认知与动机巧妙地结合起来,提出了认知失调
理论,并引发了一场革命,由此使得社会心理学焕发了活力,并发生了根本的变
化。我第一次接触的费斯汀格作品,是他本人塞到我手里的一份即将出版的复
写本(很不起眼!)——当时我告诉他我正在考虑是否参加他的研究生研讨会。
阅读那份手稿对我而言是一种醍醐灌顶的感觉。这本书曾经是(现在仍然是)
我阅读过的心理学著作中最为激动人心的一部。

认知失调理论的核心命题非常简单:如果一个人持有两种心理上不一致
的认知,他将体验到失调。因为失调是一种令人不快的驱动状态(如饥饿、口渴
或痛苦),所以每个人都会尝试减轻这种不适,就像他试图减轻饥饿、口渴或痛
苦一样。从更广泛的角度来看,认知失调理论本质上是一种关于意义创造的理
论,即人们如何试图从他们的环境和行为中了解事物,从而尝试(至少在他们自
己的头脑里)去过一种明智而有意义的生活。

正如我上面所提到的,这个理论最重要的一个方面是它对强化理论作为社
会心理现象的通用解释的长期主导地位提出了挑战。为了说明这一挑战(及其

重要性)，请考虑以下场景：一个年轻人在劳资关系实验中承担了一项单调乏味的任务。任务完成后，他被告知他作为一个被试的参与已经结束。然后实验者向他求助。他告诉这位年轻人，自己的研究助理无法到场，并询问年轻人是否愿意帮助他进行实验。具体来说，实验者解释道，他正在调查人们对任务表现的先入之见的影响——他会或者(预先)告知任务积极的一面，或者(预先)告知任务消极的一面，或者什么都不做，然后看看一个人的表现是否会受到影响。即将到来的下一位被试被分配为处于"有利信息条件"。实验者询问年轻人是否要告诉这位被试他刚刚完成了任务(正确的信息)，并且发现它是一项非常有趣的任务(根据年轻人的感受，这是不正确的信息)。如果这位年轻人撒了谎，而且正式助手到来前能够随时待命，他便可以得到1美元或20美元的报酬。

聪明的读者已经意识到，这是利昂·费斯汀格和梅里尔·卡尔史密斯(J. Merrill Carlsmith, 1959)经典实验的场景。在我看来，这项实验是社会心理学史上最重要的研究，因为它对这个领域产生了巨大的影响。实验结果是令人震惊的。那些声称自己因完成这项任务挣到微不足道1美元报酬感到愉快的被试，开始相信这项工作实际上也是令人愉快的，愉快程度远高于那些能挣到20美元高报酬的被试。该实验是认知失调理论的直接验证。毋庸置疑，强化理论认为，如果你对说过某些话的人进行奖励，他们便可能会迷恋这种说法(通过二次强化)。但失调理论准确地做出了相应的预测。假如我是费斯汀格-卡尔史密斯实验的被试，那么我对自己完成的任务很无聊的认识与我告诉别人这个过程很有趣的事实是不和谐的。如果我因为自己的表态而获得20美元的报酬，那么这种认知将为我的行动提供充足的外部理由以减少失调。然而，如果我只得到1美元的报酬，我就没有足够的外部压力来做出自己的表态，我会感受到失调带来的不适并会设法减少它。在这种情况下，减少失调的最方便的方法，是自己说服自己：这项任务比最初看起来更有趣。事实上，在说服自己"这个任务很有趣"的过程中，我们可能会这样想：我对另一个学生的说法不过是个无关紧要的谎言。

同样地，在另一项旨在检验失调理论的早期实验中，阿伦森和米尔斯(1959)证明，通过严格的入会仪式加入某个群体的人，比那些通过温和的仪式加入同一个群体的人更喜欢这个群体。强化理论认为我们喜欢与奖励相关的人和团体；失调理论让阿伦森和米尔斯预测到我们会喜欢自己所遭受的痛苦。

所有与群体消极方面有关的认知都与我们为了被接纳为群体成员而遭受磨难的认知不一致,因此,它们会向积极的方向扭曲,从而有效地减少失调。

即使在早期,失调导致的态度改变也并不局限于诸如无聊任务的枯燥或讨论小组吸引力之类的琐碎判断,这一点非常明显。早期的研究人员将这一理论扩展到更为重要的一些观点和态度上,例如,对德克萨斯大学学生吸食人麻的危险性进行了惊人的重新评估(Nel, Helmreich & Aronson, 1969)、耶鲁大学学生消极态度的软化、纽黑文警察所谓的反学生暴行(Cohen, 1962)。

对社会心理学领域的影响

很难估量这些早期实验的发表对社会心理学领域的影响。这些发现令许多社会心理学家感到震惊,主要是因为它们挑战了这个领域所默认或明确接受的总体取向。这些结果也激发了大多数社会心理学家的热情,因为在当时,它们代表了一种从普遍的奖励强化理论的支配下解放出来的惊人而持久的努力。这些早期实验的发现强有力地证明:至少在某些条件下,激励理论是不充分的。在这样做的时候,失调研究向以认知为导向的社会心理学家吹响了前进的号角。他们以最为引人注目的方式宣称:人类的行为并不总是机械性的。它证明了,人类为了证明自己的行为而从事各种认知操作。

也许最重要的是,失调理论激发了大量不同的假设,这些假设都是该理论所特有的,可以在实验室中进行检验。失调理论催生的大量研究确实令人震惊。失调研究的范围,从决策到颜色偏好;从儿童的社会化,到治疗人们的蛇恐惧症;从人与人之间的吸引力,到饥渴的前因;从宗教狂热者的劝说,到赛马场上赌徒的行为;从诱导人们通过洗澡节约用水,到有选择地进行信息披露;从帮助人们抑制在玩纸牌游戏时作弊的诱惑,到诱导人们进行更安全的性行为。

失调理论的影响甚至超越了令人兴奋的知识创新。考虑到我们正在检验假设的性质,处于失调状态的研究人员被迫开发出一种新的实验方法;一套功能强大、影响巨大的程序,使我们能够以非常精确的方式提出真正重要的问题。众所周知,实验室往往是一种人工环境。但是,失调的研究驱使我们通过开发一种方法来克服这种人为因素,这种方法将使被试置身于一系列事件之中(如果可以的话,可能是一场戏剧),这使得他们必须认真对待这些事件。

在我所撰写的关于研究方法的文章中(Aronson & Carlsmith, 1968;

Aronson, Ellsworth, Carlsmith & Gonzales, 1990)，我把这种策略称为实验现实，在公认的人工实验室范围内，真实的事情发生在真实的人身上。基于我们所作假设的本质，我们无法承受当代研究中普遍存在的"奢侈"倾向，即让被试被动地看一段发生在别人身上的事件的录像带，然后对他们做出判断。相反，我们的研究问题需要构建一个精心设计的场景，让被试能够沉浸其中。因此，失调研究比其他任何工作都更清楚地关注了这样一个事实，即社会心理学实验室，尽管具有所有的缺点和复杂的场景，却可以产生清晰、强烈的效果，这些效果从理论上讲可以在实验室和现实世界中重复。

81 失调与自我：自我说服的力量

研究表明，上述实验中的说服效果比基于奖励、惩罚或来源可信度的说服技术产生的效果更强、更持久(Freedman，1965)。这里的主要原因是，引起失调总是需要相对水平较高个体的参与，因此减少失调需要某种形式的自我辩护。在此我详细加以说明。从一开始，我们中间一些与该理论有着密切合作的人就认为，从其核心来看，失调理论会作出清晰而明确的预测，但在其边缘，这种预测会有点过于模糊。在一些情况下，不完全清楚失调理论会预测什么，或者不能确定失调理论是否能够作出预测。1958 年前后，利昂的研究助理们常开的一个玩笑是："如果你真的想确定 A 和 B 是否不协调，那就问问利昂吧！"虽然这句话是我们自己说出来的，但它却反映了我们对失调理论是否适用于所有情况进行了很多争论的事实。

我能想到的最具体的事情，是利昂和我关于他的两个经典案例所做的两次激烈争论。第一个案例讲到一个人在暴风雨中走出屋子并且没有弄湿自己。费斯汀格坚信这会引起很强烈的失调，而我却很难认同这一点。我的不同意见是这样的："这与他有什么关系？好的，这是一种奇怪的现象，但是除非他担心自己失去理智，否则我看不到会有什么失调。"

第二个例子是费斯汀格关于失调理论不适用的经典案例。这是一个男人深夜在偏僻的乡间公路上开车却爆胎的案例(Festinger，1957，pp. 277 - 278)。瞧，当他打开后备箱时，他发现自己没有千斤顶。利昂坚持认为，虽然人们会经历挫折、失望，甚至可能害怕，但在那种情况下不会产生失调的认知。我的观点很简单:"当然会产生失调! 什么样的白痴会在深夜开车在偏僻的乡间小路上开车而车上却没有千斤顶?""但是,"利昂反驳道,"失调的认知在哪里呢?"

我花了几年时间思考,逐渐意识到,在这两种情况下,我们争论的核心是自我概念。也就是说,当我在上面提到"失调理论的核心是明确的预测"时,我所说的"核心"是指个体的自我概念受到质疑的情况。因此,在下雨的情况下,据我所能判断,自我并没有参与其中。在爆胎的情况下,牵涉到自我概念;失调的是(A)驾驶员对其愚蠢行为的认知和(B)作为一个相当聪明的人的自我概念。为此,我写了一部专著(Aronson,1960),我在书中提出,当自我概念的一个重要元素受到威胁时,特别是当一个人的行为与他(或她)的自我意识不符时,失调理论会作出最强有力的预测。起初,我并没有打算由此对该理论做一次重大的修正,而只是为了使预测更加精确。也就是说,我认为,这种"收紧"保留了失调的核心概念,但将重点转移到自我概念上,从而更准确地澄清了理论何时适用或不适用的问题。在我看来,对失调理论的这一微小修正,在没有过于限制其范围的情况下增强了理论的预测能力,结果证明具有重要的意义。

另外,这一修正揭示了原理论中一个隐含假设。费斯汀格的原始陈述以及所有早期实验都是基于这个隐含的假设,即个人具有合理积极的自我概念。但是,如果某人认为自己是个"笨蛋",他可能会期望自己做一些愚蠢的事情,例如经过严格入会仪式加入某个组织,或者说出自己不太相信的话。对于这样的人来说,在与对自己有好感的人相同的条件下不会引起失调。相反,当出现与消极的自我期待不一致的情况时,也就是说,当一个自我概念差的人从事一种对自我正面反映的行为时,他就会感受到失调。

这表明,在一定的条件下,大学生会对成功感到不安;他们更愿意准确地预测自己的行为,即使这意味着让自己走向失败。具体而言,我们发现那些对自己在任务中的表现产生消极自我期待的学生,在面对任务的成功时表现出失调唤起的迹象。也就是说,在任务反复失败后,后来有成功表现的被试实际上将他们的回答从准确的改为不准确的,以保持一致但消极的自我概念(Aronson & Carlsmith,1962)。斯旺(Swann)和他的学生们后来在一些实验和准实验研究中证实了这一基本发现(Swann,1984;Swann,1991;Swann & Pelham,1988;Swann & Read,1981)。

几年后,我把这种推理又向前推进了一步(Aronson,1968;Aronson,

Chase，Helmreich & Ruhnke，1974)，详细阐述了自我概念在失调过程中所处的中心地位，并提出，在这方面人们通常努力保持一致和积极的自我意识。也就是说，因为大多数人对自己持有相对有利的看法，他们希望把自己看成：

1. 有能力的；
2. 有道德的；
3. 能够预测自己的行为。

总之，减少失调的努力涉及自我辩护的过程，因为在大多数情况下，人们在从事一项让他们感到愚蠢、不道德或困惑的行为后会体验到失调(Aronson，Chase，Helmreich & Ruhnke，1974)。此外，行为所隐含的个人承诺或自我参与程度越高，该行为的外部正当性越小，引起的失调就越大，为此自我辩护的需要也就越强。因此，在费斯汀格-卡尔史密斯实验中，欺骗他人的行为会让人感到不道德或有罪。为了减少这种失调，一个人必须要说服自己，几乎没有什么什么欺骗，换句话说，任务实际上是一个相当有趣的活动。通过以这种方式为自己的行为辩护，一个人能够恢复一种道德上良好的自我感觉。在阿伦森和米尔斯的实验中，为了加入某个无聊的小组而经历的炼狱般的考验，这与这个人"作为一个聪明而理性的人应当做出明智而合理的决定"的自我概念是不一致的。

理论构建的范围与精度

所有的理论都是不准确的。也就是说，所有的理论都只是他们试图描述的经验领域的近似。因此，不可避免的是，理论将不断发展和变化，以便更准确地反映正在生成的新数据。事实上，面对新的数据和新的想法，理论家有责任修正他们的理论。费斯汀格比大多数科学家更了解这一点。同时，在可以接受的情况下，他深深地迷恋于他最初理论陈述的优雅简洁和普适。因此，当我第一次提出失调的自我概念时，费斯汀格并不高兴。他觉得，虽然我的修正引出了一些有趣的研究，但他也觉得，从概念上讲，我把理论的范围限制得过窄。我同意这个范围应该缩小一些，但我相信为了增加预测的准确性(精度)值得对范围稍加限制。1987 年，费斯汀格在美国心理学会关于认知失调的研讨会上作为主讲嘉宾时，承认了理论家的困境，他很难面对自己的理论发生改变，但他知道必须要改变(有人可能会说,这种情况必然会对理论家带来相当大的失调!)利昂以一种经典的方式进行了自嘲,尽管他很清楚自己的局限,但他仍然坚持原有的观点:

> 没有一种理论不会被推翻。让我讲清楚这一点。唯一一种被反复不断提出的理论,在几十年(甚至是几个世纪)内绝对不可能受到挑战,却是一种不可检验的理论。如果一个理论是可以检验的,它就不会保持不变。它必须要有改变,所有的理论都包含了错误。针对某种理论,不会有人去质疑是否能够证明它的对错,而是要质疑,它能够解决多少经验领域里的问题,以及在其走向成熟之后如何对之加以修正和改变。
>
> 正如很多人所知,我最终离开了社会心理学,即失调理论。我想澄清的是,不参加学术活动不等于缺乏兴趣。不参加学术活动并不意味着逃避。我离开了,停止了对失调理论的研究,因为我完全陷入了一种难以控制的状态。我唯一能想到的是,原有的观点是多么正确,那本书中的每一个字都是完美的。所以对我而言,离开是对认知失调做了一件好事。我想如果自己一直待在那里,我可能会延缓认知失调向前发展至少十年。

在理论建设中,范围和精度之间总是存在着一种此消彼长的关系,一般来说,越是精确,往往越是以牺牲范围为代价。在我个人(无可否认的是有偏见的)看来,自我概念理论正好在范围和精度之间找到了恰当的平衡。

84

自我概念与伪善诱导

近年来,自我概念中有关失调的理论使我们进入了一个新的研究领域,按照费斯汀格最初的表述,这些领域是不可能的。其中之一就是诱导人们产生虚伪的感觉。提出这个问题完全是偶然的。当时,我甚至没有考虑到理论的发展,而是在努力寻找一种有效的方法来说服性活跃的大学生在艾滋病流行时代使用安全套。这并不是一个容易解决的问题,因为它不仅仅是要将信息简单地传达给理性的人。大学生已经掌握了必要的信息,也就是说,几乎所有性活跃的大学生都知道安全套是预防艾滋病的有效工具。问题是绝大多数人不使用安全套，因为他们认为安全套令人讨厌、不浪漫、没有快感。在研究中，我遇到了瓶颈；我尝试了几种传统的、直接的说服技巧（有震撼力的视频，旨在唤起恐惧或使安全套看起来性感），但收效甚微。不管我制作的视频多么有影响，影响都很短暂；我们的被试会尝试一两次安全套，然后停止使用。

最后，我考虑使用反态度的态度范式。也就是说，为什么不试着像费斯汀格-卡尔史密斯实验那样让人们反对自己的态度呢？表面上看，这似乎是个好主意。毕竟，我们发现这一策略是强有力的，并且当理性地加以应用时，会对态度和行为产生长期的影响，而这正是当前社会环境所需要的。但请注意：在使用安全套的情况下，没有任何反态度可加利用。也就是说，我们的调查和访谈表明，性活跃的年轻人已经认可使用安全套来预防艾滋病，他们就是不会使用。他们似乎处于一种否认的状态，否认无保护性行为的危险性对他们的影响和对其他人一样。如果没有反态度可以利用，我们怎么能采用反态度的态度范式呢？

我突然意识到，解决办法只能靠自我概念，因为否认不是一件有吸引力的事情。所面临的挑战是找到一种方法，将个人置于否认行为行不通的情况下，因为这种行为在某种程度上会与他们对自己的正面形象产生冲突。之后，我突然想到了这种方法。假设你是一个性活跃的大学生，和大多数人一样，（a）你不经常使用安全套，（b）拒绝承认，你已经设法使自己对无保护性行为所固有的危险视而不见。假设，在回家过圣诞假期的时候，你发现自己 16 岁的弟弟查理刚刚有了性体验，并且正在向你吹嘘他各种各样的性爱经历。你会对他说什么？作为一个有爱心、有责任心的兄长，你可能会通过警告他艾滋病和其他性传播疾病的危险来打消他的热情，并敦促他，至少通过使用安全套采取适当的预防措施。

假设我是一个被邀请到家里吃饭的朋友，碰巧无意中听到了你和你弟弟之间的交谈。如果我把你拉到一边说："你给查理的建议很好，我为你的责任感感到骄傲；顺便问一下，你多久使用一次安全套？"换句话说，让你想想，我就是在用你自己的伪善来对抗你。根据自我概念理论，这会产生失调，因为你没有践行你所宣扬的观点。也就是说，对大多数人来说，他们的自我概念并不包括表现得像个伪君子。

然后，我和我的学生按照上述场景设计并进行了一项简单的小实验

(Aronson，Fried & Stone，1991)。在一个 2×2 析因设计中，在一种条件下，大学生被诱导制作了一盘录像带，在录像中他们敦促观众使用安全套；他们被告知视频将被展示给高中生。在另一种情况下，大学生们只是简单地演练了观点，而没有制作视频。贯穿这些条件的是"正念"操作：在一组条件下，要求我们的被试意识到他们自己并没有践行他们所宣扬的观点；为了达到这个目的，我们要求他们思考在最近的过去所有他们觉得使用安全套特别困难或不可能的情况。在另一组条件下，我们没有采取任何措施让学生们回忆他们过去没有使用安全套。

我们期望产生失调的那个组是一高度伪善组，也就是说，该组被试制作了视频，并有机会回忆起他们没有使用安全套的情景。重复一下，我们期望他们如何减少失调？通过增加他们将来使用安全套的意愿。这正是我们所得到的结果。那些处于高度失调（伪善）状态的被试表现出增加使用安全套的最大意愿。此外，两个月后，在高失调组中出现了这样一种倾向：与其他三个组中的任何一组相比，他们使用安全套的时间比例更高。

在后续实验中（Stone，Aronson，Crain，Winslow & Fried，1994），我们加强了初始实验的操作，并使用了因变量的"行为类"测量。具体而言，在上述每种情况下，被试都有机会以非常大的折扣（每人 10 美分）购买安全套。结果完全如预测的那样。在伪善条件下，83% 的被试购买了安全套；这一比例明显高于其他三种条件下购买的安全套，这三个组之间都没有明显的区别。这是一种强大而持久的影响：在诱导伪善的三个月后，一项电话调查显示，处于伪善条件的被试有 92% 仍在定期使用避孕套，这一数字与对照组有显著差异。

随后，我们增加了对"伪善诱导"范式有效性的信心，在不同的情境下对该范式加以考察，在这种情境下我们可以获得因变量的直接行为测量。我们在校园野营房的浴室里有了新的发现。你可能知道，加州中部长期缺水。在我们的校园里，管理部门一直在设法引导学生节约用水。所以我们决定用失调理论和伪善诱导来验证我们的假设，以说服学生缩短洗澡时间。我们发现，尽管在合法范围内，不可能跟随人们进入卧室并观察他们使用安全套的行为，但却很容易跟随人们进入浴室并对他们的洗澡行为进行计时。

在这个实验中（Dickerson，Thibodeau，Aronson & Miller，1992），我们去了大学运动馆，拦住了一些刚刚在一个高氯化度的游泳池里游过泳正准备洗澡

86

的女大学生。就像安全套实验一样，这是一个 2×2 的设计，我们在其中增加了承诺和正念。在承诺条件中，每个学生都被问到是否愿意签署一份传单，鼓励人们在生活中节约用水。学生被告知传单将被张贴在海报上。每张海报都展示了一个样本：这是一个大型的、色彩缤纷且非常公开的展示。传单上写着："请缩短淋浴时间。打肥皂时把水关掉。如果我能做到，你也能做到！"在她签署了传单之后，我们感谢她提供的宝贵时间，然后她进入了淋浴室，在那里我们的本科生研究助理（对情况一无所知）正悄悄地（带着隐藏的防水秒表）等着为学生洗澡计时。

在正念条件下，我们还要求学生们回答一项关于水资源保护的"调查"，调查内容包括让他们意识到自己对水资源保护的态度，以及人们常用的淋浴行为有时是浪费的事实。

研究结果与安全套实验一致：我们发现，失调效应只存在于被试宣称自己在日常生活中并不总是那样做的组中。也就是说，在诱导学生缩短淋浴时间，并让他们注意自己过去的行为的情况下，他们洗了很短的淋浴。具体地说，在高失调组中，平均淋浴时间（冲掉游泳池里的氯，包括所使用洗发水和护发素）只有 3.5 分钟（很短！），明显短于对照组。

我们如何确定这些实验中包含了失调？虽然这些数据与失调理论的自我概念表述一致，但还有另外一种似是而非的解释。可以想象，伪善操纵的效果可能是由于启动效应。名义上的宣传和过去行为的显著性相结合，可能会以一种附加的方式，使被试对使用安全套或节约用水的积极态度更容易获得，从而促进他们的态度和行为之间建立更紧密的对应关系（Fazio，1989）。需要证明的是，伪善效应涉及生理唤醒，从而表明了失调的存在，而不仅仅是态度变化的影响。

87　　　弗里德等人（Fried & Aronson，1995）的一项实验恰恰提供了这种证据。在伪善范式的背景下，这个实验采用了一种"唤醒误导"操纵，这是一种在早期研究中赞纳等人（Zanna & Cooper，1974）开发的一种记录失调的很好方法，赞纳等人发现，如果给被试一个机会，将他们的觉醒错误地归因于其不和谐的行为以外的其他来源，例如，归因于过热的房间、安慰剂或耀眼的荧光灯，与减少失调相关的态度改变便往往不再发生。

弗雷德和阿伦森的研究使用了早期安全套实验的一个修正版本，要求被试撰写和发表支持回收利用重要性的视频讲话。这些讲话表面上是向不同团体展示的,目的是提高校园和更大的社区对回收项目的参与度。要求其中一半的被试列举最近没有回收利用的例子,以此来诱导他们伪善;要求另一半的人只是简单地写下演讲稿,而没有提醒他们回忆自己的浪费行为。此外,在每种情况下,有一半的被试有机会将唤醒错误地归因于实验室中的各种坏境因素。具体而言,要求被试回答有关房间照明、温度和噪音水平方面的问题,包括这些环境因素对他们的影响。(实际操作中是在要求被试评价房间是否适合用作实验室的幌子下完成的——这一要求看上去与被试参与的活动无关。)总而言之,对回收利用的态度一直保持不变,对过去行为的显著性和错误归因的机会加以操作,进行了 2×2 析因设计,形成了以下条件:(1)伪善(高显著性);(2)归因于误导的伪善;(3)没有伪善(低显著性);(4)没有伪善且错误归因。通过要求被试自愿打电话寻求支持回收的方法,来帮助被试减少失调的程度。

该实验的结果表明,在虚伪的情况下确实存在唤醒。与其他实验条件下的被试相比,那些没有机会将唤醒源归因于自己虚伪的被试,自愿参与的时间要长得多。此外,允许虚假唤醒伪善被试的自愿行为并不比没有受到伪善操作的被试更多。

伪善:没有不良后果时的失调

如上所述,伪善范式提出的最初动因,在于我试图将失调理论应用于解决社会问题。这里潜在的益处是,它也揭示了一些失调理论家之间有趣的理论争论。首先,我应该说,失调研究经常是一个"家族"内部的事情——因此,争论总是围绕着餐桌展开的友好争论。其中有个观点涉及库珀等人(Cooper & Fazio,1984)几年前提出的"新外观"理论。库珀和法齐奥在考察早期的强迫顺应性实验时,有一个有趣的发现:在这些实验中,不仅存在不一致性,而且总是存在令人厌恶的后果;这个后果是,对另一个人撒谎通常是令人厌恶的,因为这会伤害到受骗者。接下来他们进行了大胆的探究:库珀和法齐奥断言,失调不仅仅是由于认知方面的不一致,而是只有当一个人觉得对引起厌恶或不想要的事件负有个人责任时才会产生。或者,用我的话来说,失调仅仅是因为伤害了另一个人而造成的,这会威胁到作为一个道德高尚的人的自我概念。

88

　　尽管我一直欣赏库珀和法齐奥理论中隐含的大胆探索精神,但却始终无法接受这样一种观念:厌恶的后果对于失调的存在是必不可少的。此外,涉及我们之前有关"范围与精度"的讨论,在我看来,库珀和法齐奥的概念极大地限制了理论的范围,而在自我概念理论的精度方面没有任何收获。

　　理论争议的最终解决办法是去做实验。那么如何用经验来检验这种差异呢? 几年前,我还没有搞清楚如何在费斯汀格-卡尔史密斯类型的实验中产生不一致性同时又不给信息接收者带来负面影响。毕竟,如果你在误导另外一个人,告诉他你的观点是假的,那么你便总会带来令人厌恶的后果,不是吗? 但是,我和我的学生们都意识到了这一点,他们似乎已经通过伪善实验找到了解决问题的办法。在这个过程中,被试宣称他们没有做过的事情(因此他们体验到了失调),但是在安全套实验中,观众的厌恶性后果在哪里呢? 没有。事实上,在某种程度上,"伪君子"成功地说服了他们,远远没有产生令人厌恶的后果,他们很可能是在挽救自己的生命。尽管如此,从数据中可以清楚地看出,我们的被试正经历着失调。在其他地方,我们对理论争议进行了更为全面的讨论(Thibodeau & Aronson, 1992)。

自我辩护、自尊和自怜

　　从一开始,我就发现失调理论能够对广泛的人类行为进行有力解释。我心中的科学家总是为这个理论所产生的令人欣喜的、不同凡响的预测以及用来检验这些预测的创造性实验而感到振奋。但是,与此同时,我心中的人文主义者总是有点不安,因为这个理论描绘了一幅相当凄凉、相当乏味的画面,那就是理论永远努力为我们事后的行为辩护。在过去的几年里,我对失调和自我概念的反思,促使我考虑一个人的自尊如何与失调的体验及减少相互作用。这些推测可能暗示了一幅更完整的人性图景。让我首先提醒你们注意有关失调文献中的两个有趣实验。首先,让我们回顾一下多年前我和大卫・梅特埃(David Mettee, 1968)做的一个实验,在这个实验中,我们证明:如果我们暂时提高了一个人的自尊,将有助于使他放弃某种不道德的行为,如作弊。我们发现,更高的自尊心会导致做一些不道德的事情的预期比其他情况下更加失调。因此,当我们的被试处于这样一种情况下,他们有机会通过在纸牌游戏中不动神色地作弊赢钱,他们便会对自己说,"实际上,像我这样优秀的人不会作弊!"他们成功地抵制了欺骗的诱惑,比那些处于控制状态的人更有定力。

现在,我们再来看一下大卫·格拉斯(David Glass,1964)所做的一项实验。在这项研究中,人们被置于一种被诱导向其他人发出系列电击的情境中。然后他们有机会对受害者进行评价。失调理论预测,如果个人对伤害某人感到不安,减少失调的一种方法,就是让自己相信受害者是一个应该遭受电击痛苦的可怕的人。格拉斯发现,那些自尊心最高的人对受害者的贬损最大。想想有讽刺意味吧:正是因为我认为自己是一个好人,所以如果我做了一些让你痛苦的事情,我必须让自己相信你是一只害虫。换言之,因为像我这样的好人不会随意伤害无辜的人,所以我对你做的每一件难以启齿之事,一定是因为你罪有应得。另一方面,如果我已经认定自己是个无赖,那么让别人受苦并不会带来太多的失调;因此,我就不太需要说服自己,你是命该如此。当然,最终的悲剧是,一旦我成功地说服自己你是一个可怕的人,这就降低了我对给你造成进一步伤害的抑制。

把这两个实验联系在一起,阿伦森和梅特埃的研究表明,高自尊可以缓解不道德行为;而格拉斯的研究则表明,一旦某个人做出了不道德的行为,高自尊会使他陷入一种可能进一步作恶的境地。在思考这两个实验的时候,我得出的结论是,将自尊视为是一种低或高的一维现象,过于简单。我建议自尊心可以是高的也可以是低的,既可以是脆弱的,也可以是基础牢固的。在这种情况下,"基础牢固"意味着积极的自我形象已经在过去的许多行为中得到发展和保持,而"脆弱"则意味着积极的自我形象从来没有得到安全的发展。具有高度/良好自尊的人不必关心发展或验证他们的自我形象,他们可以带着自信的知识进入面试,他们是有能力、有道德的人。另一方面,由于缺乏安全的自我形象,自尊心高/脆弱的人,会过分关注并不惜一切代价维护自己的能力和道德形象。

通常情况下,那些自尊心很强/很脆弱的人,往往会吹嘘自己的成就,拼命地向自己和他人证明自己了不起。但是他们自夸的行为、错误的判断、所犯错误,以及由于他们更多考虑自己而不是他们所处的条件导致的错误选择,都会粉碎他们试图捍卫的脆弱形象。因此,他们常常觉得自己是冒名顶替者,并永远试图证明自己不是冒名顶替者。因此,他们总是试图赢得每一次可能的争论,强迫自己相信自己永远是正确的,为自己的行为辩护,回避并辩解失败和错

90

误，而不是花足够长的时间去关注它们，从中吸取教训。

相比之下，具有高度/良好自尊的人不会为了赢得胜利而投入到争论中去，他们不需要相信自己总是正确的，不需要对失败和错误进行辩解，也不需要参与高/脆弱自尊者不断参与的近乎疯狂的自我辩护。相反，当失败或犯错时，具有高度/基础牢固自尊的人可以看到他们的失败和错误，并从中吸取教训。例如，一个自尊心很强的人会审视自己的错误，然后说："实际上，哦，天哪，我搞砸了——我做了一件愚蠢（或有害或不道德）的事情。但我仅仅这次做了一件愚蠢（或伤害，或不道德）的事，并不意味着我是一个愚蠢（或伤害，或不道德）的人。让我看看。是怎么回事？我怎样才能让事情变好？我能从中学到什么，这样我就可以降低再次以类似方式把事情搞砸的可能性！"

我推测格拉斯的大多数高自尊被试都会有符合我的"高/脆弱"概念自尊的特征。这就是为什么他们急于贬低受害者。但是，如果一个人有很好的自尊心，也就是说，如果她（或他）有一种非常安全、积极的自我形象，他们便不会用对受害者的贬损来减少由于"我只是做了一件残忍的事情"和"我是一个热情、慷慨的人"这两种认知不一致而导致的失调。

让我们继续我的推测，我认为培养高度/良好自尊心的关键，在于能够全神贯注地看待自己的缺点、错误和失败，而不是转过身去，试图忽视或辩解它们。要做到这一点，需要有建设性的自我同情。一个人必须能够以理解和同情的态度看待自己的错误，并且有能力原谅自己的不完美，然后再去弥补，从错误中吸取教训，继续前进。自怜不是自满。相反，自怜意味着能够审视自己的不完美行为，对自己所做的任何伤害或所犯下的任何错误感到难过，而不是急于为自己的行为辩护。有建设性自怜的人会审视自己的愚蠢和失败，考虑如何弥补自己给他人造成的伤害，最终会振作起来，对自己不屑一顾，从错误中吸取教训，然后继续前进。换句话说，具有建设性自怜的人会避免三种错误：试图把所有的错误都认为是别人的错；轻率地原谅自己的一切，然后不吸取任何教训只顾前行；神经质的自我鞭挞。

我相信自怜是可以培养的。也就是说，我相信，通过帮助人们不要把错误看作是不可否认或合理化的可怕事情，而是将错误视为最坏情况下不可避免的事情，最好是将其视为学习的黄金机会，从而使他们变得更加自怜。这是一场艰难的斗争，因为我们的文化是一种评判性的文化，对人们的错误并不友善。

正如我在其他地方所讨论过的(Fried & Aronson，1995)，我发现颇具讽刺意味的是，美国文化认为错误是不可避免的，最为明显的地方可能表现在棒球这一我们国家的消遣运动中，在这项运动中，得分是由跑垒、击球和失误组成的。简言之，在禁区内得分是错误的，虽然肯定不可取，但被视为比赛的一部分。棒球比赛的一部分，也许也是生活游戏的一部分。在我撰写这篇文章的时候，新闻里充斥着约瑟夫·拉尔斯顿(Joseph Ralston)将军的信息，他是克林顿总统考虑的参谋长联席会议主席的首位人选。在遭到国会和媒体的嘲讽后，克林顿刚刚撤销了对他的提名，因为在 13 年前与妻子分居时他显然有过一段恋情。从一片谴责声中可以看出，大多数美国人认为他的行为是不道德的。但它们是不可原谅的吗？他的行为是否剥夺了他担任国家最高军职的资格？如果是，如何去做？这些问题必须认真对待，而且需带着一些同情心。至少可以想象，许多对拉尔斯顿将军最严厉批评的人，他们自己并非无可非议。我们如何解释这种伪善呢？

毋庸置疑，作者在他打算待几年发表的论文中提及某个时事是颇为冒险的。没有什么比昨天的丑闻更陈腐或更容易忘记的了。但我想提一下拉尔斯顿案，因为这不是一个孤立的事件；相反，我认为它说明了那种在当代美国生活中已经变得非常普遍的炒作政治迫害。我有一个强烈的猜测，如果我们能够学会更善于面对自己的错误，以便从中吸取教训，或许我们可以培养一种基础牢固的自尊，使我们能够在导致过严判断和高度认知扭曲的情况下，不急于去减少失调。同时，它可能会让我们对他人的错误多一点宽容，或许也会让我们对公众人物不太完美行为的态度不那么伪善。

诚然，在这一点上，我在这整篇文章中的推理纯粹是推测性的。同时，让人欣慰的是，在这一点上我并不孤独。梅格·罗汉(Meg Rohan，1996 年)是一位年轻的澳大利亚社会心理学家，他独立进行了一项有关自尊各个方面的研究项目，该项目似乎朝着同一方向发展，证明了费斯汀格革命性理论的持久活力。

参考文献

Aronson，E.（1960）. The cognitive and behavioral consequences of the confirmation and disconfirmation of expectancies. Grant proposal submitted to the National Science Foundation. Harvard University.

Aronson, E. (1968). Dissonance theory: Progress and problems. In R. P. Abelson, E. Aronson, W. J. Mcguire, T. M. Newcomb, M. J. Rosenberg, & P. H. Tannenbaum, (Eds.), *Theories of cognitive consistency: A sourcebook*. Skokie, IL: Rand McNally.

Aronson, E. , & Carlsmith, J. M. (1962). Performance expectancy as a determinant of actual performance. *Journal of Abnormal and Social Psychology*, 65 ,178 - 182.

Aronson, E. , & Carlsmith, J. M. (1968). Experimentation in social psychology. In G. Lindzey & E. Aronson (Eds.), *The handbook of social psychology (2nd ed.)*. Reading, MA: Addison-Wesley.

Aronson, E. , Chase, T. , Helmreich, R. , & Ruhnke, R. (1974). A two-factor theory of dissonance reduction: The effect of feeling stupid or feeling awful on opinion change. *International Journal for Research and Communication*, 3 ,59 - 74.

Aronson, E. , Ellsworth, P. , Carlsmith, J. M. , & Gonzales, M. H. (1990). *Methods of research in social psychology*. New York, NY: McGraw Hill.

Aronson, E. , Fried, C. , & Stone, J. (1991). Overcoming denial and increasing the intention to use condoms through the induction of hypocrisy. *American Journal of Public*, 81 ,1636 - 1638.

Aronson, E. , & Mettee, D. (1968). Dishonest behavior as a function of differential levels of induced self-esteem. *Journal of Personality and Social Psychology*, 9 ,121 - 127.

Aronson, E. , & Mills, J. (1959). The effect of severity of initiation on liking for a group. *Journal of Abnormal and Social Psychology*, 59 ,177 - 181.

Asch, S. E. (1951). Effects of group pressure upon the modification and distortion of judgments. In H. Guetzkow (Ed.), *Groups, leadership and men*, (pp. 177 - 190). Pittsburgh, PA: Carnegie Press.

Cohen, A. R. (1962). An experiment on small rewards for discrepant compliance and attitude change. In J. W. Brehm & A. R. Cohen (Eds.), *Explorations in cognitive dissonance*, (pp. 73 - 78). New York, NY: Wiley.

Cooper, J. , & Fazio, R. H. (1984). A new look at dissonance theory. In L. Berkowitz (Ed.), *Advances in experimental social psychology* (Vol. 17, pp. 229 - 266). Orlando, FL: Academic Press.

Dickerson, C. , Thibodeau, R. , Aronson, E. , & Miller, D. (1992). Using cognitive dissonance to encourage water conservation. *Journal of Applied Social Psychology*, 22 ,841 - 854.

Fazio, R. H. (1989). On the power and functionality of attitudes: The role of attitude accessibility. In A. R. Pratkanis, S. J. Breckler, & A. G. Greenwald (Eds.), *Attitude structure and function* (pp. 153 - 179). Hillsdale, NJ: Lawrence Erlbaum.

Festinger, L. (1957). A theory of cognitive dissonance. Evanston, IL: Row, Peterson. Festinger, L. , & Carlsmith, J. M. (1959). Cognitive consequences of forced compliance. *Journal of Abnormal and Social Psychology*, 58 ,203 - 211.

Freedman, J. (1965). Long-term behavioral effects of cognitive dissonance. *Journal of*

Experimental Social Psychology, *1*, 145 – 155.

Fried, C. , & Aronson, E. (1995). Hypocrisy, misattribution, and dissonance reduction: A demonstration of dissonance in the absence of aversive consequences. *Personality and Social Psychology Bulletin*, *21*, 925 – 933.

Glass, D. (1964). Changing in liking as a means of reducing cognitive discrepancies between self-esteem and aggression. *Journal of Personality*, *32*, 531 – 549.

Hovland, C. I. , & Weiss, W. (1951). The influence of source credibility on communication effectiveness. *Public Opinion Quarterly*, *15*, 635 – 650.

Nel, E. , Helmreich, R. , & Aronson, E. (1969). Opinion change in the advocate as a function of the persuasibility of the audience: A clarification of the meaning of dissonance. *Journal of Personality and Social Psychology*, *12*, 117 – 124.

Rohan, M. J. (1996). The Performance-Integrity Framework: A new solution to an old problem. Unpublished doctoral thesis. University of Waterloo, Ontario, Canada.

Stone, J. , Aronson, E. , Crain, A. L. , Winslow, M. P. , & Fried, C. B. (1994). Inducing hypocrisy as a means of encouraging young adults to use condoms. *Personality and Social Psychology Bulletin*, *20*, 116 – 128.

Swann, W. B. , Jr. (1984). Quest for accuracy in person perception: A matter of pragmatics. *Psychological Review*, *91*, 457 – 477.

Swann, W. B. , Jr. (1991). To be adored or to be known? The interplay of self-enhancement and self-verification. In R. M. Sorrentino & E. T. Higgins (Eds.), *Motivation and cognition*. New York: Guilford.

Swann, W. B. , Jr. , & Pelham, B. W. (1988). The social construction of identity: Self-verification through friend and intimate selection. Unpublished manuscript, University of Texas-Austin.

Swann, W. B. , Jr. , & Read, S. J. (1981). Acquiring self-knowledge: The search for feedback that fits. *Journal of Personality and Social Psychology*, *41*, 1119 – 1128.

Thibodeau, R. , & Aronson, E. (1992). Taking a closer look: Reasserting the role of the self-concept in dissonance theory. *Personality and Social Psychology Bulletin*, *18*, 591 – 602.

Zanna, M. , & Cooper, J. (1974). Dissonance and the pill: An attribution approach to studying the arousal properties of dissonance. *Journal of Personality and Social Psychology*, *29*, 703 – 709.

93

8. 自我肯定：对各种效应的理解[①]

大卫·K·谢尔曼(David K. Sherman)

加州大学圣巴巴拉分校

杰弗里·L·科恩(Geoffrey L. Cohen)

斯坦福大学

摘要

自我肯定理论认为，人们拥有一个灵活的自我系统，这样他们就可以通过肯定其他领域的自我价值来应对生活中某个领域的威胁。在社会心理学研究中，人们在自我威胁事件或信息背景下肯定重要价值观的研究中对此进行了检验。本文回顾了价值观肯定效应的文献，并提出了一种理论解释，以了解自我肯定如何降低对个人健康威胁的防御能力，减弱对实验室和自然应激源的生理应激反应，以及提高那些受到认同威胁的个体的学习成绩。该模型包括三个组成部分：自我肯定促进了自我资源，拓宽了人们看待生活中信息和事件的视野，推动了自我与威胁的脱钩，减少了威胁对自我的影响。这个模型阐明了在威胁的背景下，肯定价值观的经验和影响，以及自我肯定引发强大和持久影响的过程。

---

① This paper was updated and adapted from: Sherman, D. K. (2013). Self-affirmation: Understanding the effects. Social Psychology and Personality Compass, 7, 834 – 845. Permission conveyed through Copyright Clearance Center, Inc

自我肯定：理解影响

在过去的三十年里，心理学研究者已经诱导人们在自我威胁事件和信息的背景下肯定自己的价值观。当得到肯定时，吸烟者会对禁烟信息史加开放（Harris，Mayle，Mabbott & Napper，2007；Crocker，Niiya & Mischkowski，2008），运动员会对他们团队的失败承担更多的责任，而对他们的成功则不以为然（Sherman & Kim，2005），经历过刻板印象威胁的少数民族学生相当长一段时间内在学校里会有更多的归属感，学习成绩会有所提高（Cohen，Garcia，Purdie-Vaughns，Apfel & Brzustoski，2009；Cook，Purdie-Vaughns，Garcia & Cohen，2012；Sherman et al.，2013）。自我肯定理论已经从认知失调现象的另外一种解释（Steele，1988；J. Aronson，Cohen & Nail，2009）发展成为一种在广泛的条件下为干预提供信息的理论（Cohen & Sherman，2014；Ehret & Sherman，2014；Harris & Epton，2009；Garcia & Cohen，2012；Sherman & Cohen，2006）。许多心理学家在思考，究竟是什么原因导致了这样的结果？这个问题仍然没有得到解决，因此激发了研究人员持续的关注。

本综述的目的是：(1)总结自我肯定理论；(2)回顾自我肯定研究的主要新发现，重点关注在认同威胁下，自我肯定如何影响防御、压力和学业成绩；(3)提出这些影响是如何发生的一般理论描述。我们认为，认同重要的价值观可以增强个人面对威胁的心理资源。随着对自我资源感知能力的增强，焦点威胁可以从更宽的视野来看待，因为人们倾向于从更高层次的解释来看待事件。这种更广阔的视野使他们能够体验到威胁，从而削弱其对自我评估的影响。这一理论解释并没有详细说明具体的中介机制，而是提供了一个当人们肯定自我时出现的心理转变或心态的总体图景。因此，我们提供的框架可以很好地适用于不同研究领域的发现，以及那些拥有广泛社会阅历的人。

自我肯定理论

自我肯定理论的出发点是，人们被激励去保持自我的完整性，即一种对自我的整体认知，也就是道德上和适应上的充分性，而不是他们在特定领域的感知价值(Steele, 1988; Cohen & Sherman, 2014; McQueen & Klein, 2006; Sherman & Cohen, 2006)。压力或威胁性事件(即那些对整体充分性的看法提出质疑的事件)会集中注意力，激发生理和心理资源，以对抗感知到的威胁(Sapolsky, 2004; S. E. Taylor, 1991)。这些对环境挑战的看法可以促使人们采取合理化或其他防御措施来减少威胁(Cohen & Sherman, 2014)。例如，提醒自己对他人的伤害行为可能构成一种威胁，但如果权衡之后认为受害者咎由自取，这种威胁就可能减少(E. Aronson, 1999)。当一个人的自我概念受到挑战时，就会出现认同威胁，包括刻板印象威胁，这种威胁出现在某种有价值的社会认同(例如种族、性别或国籍)可能被贬低的情况之下(Purdie-Vaughns, Steele, Davies, Ditlmann, Randall & Crosby, 2008; Steele, Spencer & Aronson, 2002)。由于认同威胁可能是长期的，并且与重要的生活成就(如学业成绩)紧密相关，因此认同威胁一直是自我肯定研究者的一个特别关注点(Cohen, Garcia, Apfel & Master, 2006; Cohen et al., 2009; Sherman et al., 2013)。

96

自我肯定理论的核心是：自我系统是灵活的，人们在他们的"心理免疫系统"中有许多可以采取的反应(Gilbert, Pinel, Wilson, Blumberg & Wheatley, 1998)。其中一种反应，是在与煽动性威胁完全不同的领域中肯定自己。当人们肯定自己的整体自我完整性(即，他们认为自己具有能力和适应能力)时，他们将不需要通过直接手段(例如将其标准化)来防御性地消除威胁(Sherman & Cohen, 2006; Steele, 1988)。提醒自己是谁，什么对他们很重要，这种自我肯定可以通过将威胁置于自我的整体叙述中来减轻压力。

自我肯定是展示个人充分性的一种行为(Cohen & Sherman, 2014)，并且伴随许多自我肯定的尝试性操作(McQueen & Klein, 2006)。其中包括对个人重要技能的正向反馈(Cohen, Aronson & Steele, 2000b)、购买当红商品(Sivanathan & Pettit, 2010)以及更新脸书页面(Toma & Hancock, 2013)。本文考察的重点是价值观的肯定，因为根据价值观的肯定，对所考察的重点成果的评估是最可靠的；此外，其他操作可能会通过不同的过程进行(例如，积极反馈可能会引入情绪效应，而这种效应通常不会被观察到是由价值观肯定所引起的)。本综述还涉及价值观肯定如何影响受到威胁的人，因为那些没有受过威胁的人的过程可能有所不同(Briñol, Petty, Gallardo & DeMarre, 2007)。

在标准的肯定性归纳中，人们撰写有关核心价值观的记录或完整的问卷表,以唤起他们的核心价值观,例如与朋友和家人的关系。这些操作的关键在于它们是自我生成的,使人们能够用自己的话表达对他们来说重要的东西及其原因(Rokeach,1973)。在面对威胁性环境时,这种价值观肯定可以作为个人叙事的转折点,支持在威胁条件下的适应性应对(Cohen & Sherman,2014)。

自我肯定效应

防御反应

自我肯定理论是在失调理论背景下发展而来的,早期的自我肯定研究表明,即使是在与决策无关的情况下,如果有机会肯定某种重要的价值,人们也不太可能为他们的决定辩护(Steele & Liu,1983;Blanton,Cooper,Skurnik & Aronson,1997;Stone & Cooper,2001)。最初的研究推导出这样一个假设:自我肯定的想法应该"减少诸如否认和合理化之类的防御机制"(Steele,1988,p.290)。这个假设与人们如何处理威胁健康的信息密切相关。由于健康风险信息有可能威胁到个人的自我形象——既可能将自我与疾病联系起来,也可能暗示个人行为不适应或有害。许多研究已经检验了:在某个领域通过让人们参与价值确认活动来增强自我,是否可能减少防御性、自利的健康评价。这些研究的逻辑是,人们对健康风险信息的反应是防御性的,因为它威胁到自我完整性。人们减少信息的潜在威胁,部分是通过对健康信息进行持有动机倾向的推断,从而得出他们没有风险的预期结论(Kunda,1990)。然而,如果自我威胁可以被削弱,那么防御能力便应该会降低,由此应该促进自我的开放性(Reed & Aspinwall,1998;Sherman,Nelson & Steele,2000)。例如,在一项研究中,自我肯定的人对无法治疗的疾病更愿意接受风险反馈(Howell & Shepperd,2012)。这种肯定也使得高危人群更愿意接受糖尿病筛查(van Koningsbruggen & Das,2009)。

现在已经有很多关于自我肯定在健康信息方面有益作用的验证(Ferrer & Cohen,2018;Harris,2011;Harris & Epton,2009,2010;McQueen & Klein,2006;Sherman & Hartson,2011;Zhao,Peterson,Kim & Rolfe-Redding,2012)。2015 年《健康心理学》上刊发了两项元分析。第一项元分析显示,意图和行为的总效应显著但显著性程度很小($d_+ = .26$,95% 置信区间[CI]$= .04 - .48$;

Sweeney & Moyer，2015)。第二项研究发现,"在 34 项信息接受度测验(N＝3 433)、64 项意向测验(N＝5 564)和 46 项行为测验(N＝2 715)中,随机效应模型表明,自我肯定对每一项都有微小但可靠的正面影响结果：接受,$d_+ =.17$($CI=.03-.31$)；意图,$d_+ =.14$($CI=.05-.23$)；行为,$d_+ =.32$($CI=.19-.44$)(Epton，Harris，Kane，van Koningsbruggen & Sheeran，2015，p187)。"因此,大量的支持性证据表明,在威胁健康信息的情况下,尤其是在以书面或视频形式展示信息的实验室研究中,自我肯定对促进适应性健康行为是有效的。作为对慢性健康状况患者的综合行为疗法干预措施的一部分,自我肯定也被扩展到了医学领域,并观察到了有益的效果(Ogedegbe et al.，2012；Cohen & Sherman，2014)。

在这些对健康和健康信息处理产生影响的机制方面,已经取得了一些重要进展。首先,肯定似乎可以帮助人们根据个人的风险因素将其调整到适当的威胁水平,从而使高风险的人可以从信息中学习,而低风险的人则不会过度警惕(Griffin & Harris，2011)。其次,自我肯定会导致更为严格的信息审查(Klein，Harris，Ferrer & Zajac，2011；Binning，Brick，Cohen & Sherman，2015；Correll，Spencer & Zanna，2004)。一旦得到自我肯定,便会导致更大程度的开放性,但这仅是对强有力且有说服力的、而非弱小的证据所做出的回应。第三,自我肯定会导致人们关注并留意本应回避的高威胁信息(Klein & Harris，2009；van Koningsbruggen，Das & Roskos-Ewoldsen，2009)。事实上,法尔克(Falk)和他的同事们证明,自我肯定会改变与处理久坐不动生活方式对健康危害有关的自我相关信息的神经反应,而这些神经反应预示着久坐成年人的活动水平会随之增加(Falk et al.，2015)。

自我肯定可以起到催化剂的作用,释放出强大的说服力,否则可能会遭到防御性拒绝(Cohen & Sherman，2014)。为了促进适应性健康行为,一种重要策略是将自我肯定与旨在降低防御力的其他干预措施(如动机性访谈的临床技术；Ehret，LaBrie，Santerre & Sherman，2015)或其他技术(如实施意图)相结合,"如果……那么……"帮助人们指定何时、何地以及如何改变其行为的计划(Gollwitzer & Sheeran，2006)。关于实施意图,已经有些研究报告了相互矛盾的结果,其中一项研究发现,在研究结束后的 30 天内,自我肯定和实施意图会导致更为健康的饮食(Harris et al.，2014)；而另一项研究则发现,将自我肯定和实施意图结合起来会导致锻炼行为减少(Jessop,Sparks,Buckland,Harris & Churchill,2014)。最近的一项研究试图以此前的工作为基础,通过将自我肯定和实施意图结合起来,以减少饮酒(Ehret & Sherman,2018)。目的是通过适应被试(重度饮酒的学生)参与问题饮酒行为,并提出可实现的行为目标,来确保组合方式在饮酒问题上具有灵活性。当这种情况发生时,自我肯定和实施意图被有效地结合在一起,结果饮酒者在参加实验后的两周内更有可能戒酒(Ehret & Sherman,2018)。确定如何利用多种干预的力量,是未来研究的中心议题。

生理应激反应

自我威胁能够激活个人的压力系统(Keough & Markus,1999)。通过拓宽自我价值的来源,价值观肯定可以减少人们在自我的一些重要方面受到威胁时可能感受到的评估压力。对急性应激状态(Creswell et al.,2005)和慢性自然应激源的研究都支持这一假设。在一项研究中,大学生肯定了他们最感到紧张的期中考试,并提供了尿样来评估儿茶酚胺水平,儿茶酚胺是交感神经系统激活的指标。与基础值相比,处于控制状态学生的肾上腺素水平增加,而在学习和准备考试的几周内完成了两次价值肯定活动的学生则没有变化(Sherman,Bunyan,Creswell & Jaremka,2009)。在大学里,那些最关心负面评价学生的肾上腺素水平(相对于基础水平)的增加最为显著,并且是最容易受到肯定影响的个体。这种结果在许多研究中均已出现(Harris & Napper,2005;Jaremka,Bunyan,Collins & Sherman,2011;Sherman et al.,2000a),其中在某个领域中经历最大威胁的人,也是从自我肯定中获益最大的人。

自我肯定减轻压力的作用,可能导致重要的后续影响,例如学习成绩的提高。在一项研究中(Creswell,Dutcher,Klein,Harris & Levine,2013),学生提供了他们的长期压力水平,并在与实验者面对面且时间有限的压力条件下,完成了困难问题的解决练习。自我肯定会改善那些长期处于压力状态下被试的表现,这一发现对那些正在遭受认同威胁压力的人会有一定影响。

认同威胁下的学业不良

教育成绩差距取决于贫困、教育歧视和教育资源分配等结构性因素。另一个重要的心理因素是，当一个人所属的社会群体(如性别、种族或族裔群体)在当地环境中受到歧视时，所遇到的认同威胁压力(Steele，1997)。认同威胁可能成为某些群体的成员在教育方面取得成功的障碍，例如美国教育系统中的非裔或拉美裔美国人，或从事定量研究的女性(Steele，2010)。然而，价值观肯定可以使任何一种压力源(例如对刻板印象的担忧)，通过拓宽自我完整性的感知来源来减少心理上的损害(Garcia & Cohen，2012)。反过来，又可以帮助学生专注于手头的学术任务——学习和考试，而不是关注这些任务成功或失败的自我评估意义。在学习资源可用的情况下，这样做可以提高绩效。

以价值肯定活动为特征的社会心理干预，对学业成绩和学习活动都会带来长期效益(Cohen et al.，2006，2009；Cook et al.，2012；Taylor & Walton，2011)。来自价值肯定活动课堂的非裔美中学生的成绩有所提高，这种效果持续了两年时间(Cohen et al.，2009)。来自价值肯定课堂的拉美裔中学生在整个学年的平均绩点有了显著提高，所观察到的未被肯定拉美裔学生成绩出现下降的趋势，其影响持续了三年(Sherman et al.，2013)。在对原有程序的一项改进研究中，教师可以查看学生作文，并可以提供更多肯定的反馈；这导致非裔中学生相对于对照组或标准肯定的表现有所改善(Bowen，Wegmann & Webber，2013)。这种价值肯定干预作为变革的催化剂，在自我和社会系统之间引发积极的反馈循环，产生了持久的影响，从而促进了干预的正向效果(Cohen & Sherman，2014)。例如，表现较好的学生不太可能被分配到需要救助的行列(Goyer et al.，2017)，进入这一行列可能关闭机会之门并加深污名化的感觉(Steele，1997)。

自从在混合种族中学开展初步研究(Cohen et al.，2006，2009)以来，研究人员和教育工作者在广泛的教育环境中进行了多次重复和拓展研究(Bowen et al.，2013)。两项针对拉美裔和欧美裔中学生的研究，成功地再现了这种影响(Sherman et al.，2013)，不仅会影响到成绩，而且会影响心理状态(如下所述)，如建构水平。一个研究小组将干预扩大到威斯康星州某个学区内的 11 所中学，发现该地区少数民族学生的平均成绩受到了显著影响(Borman，Grigg & Hanselman，2016；Hanselman，Rozek，Grigg & Borman，2017)。

学校层面的情境调节因素也已得到了确认，对于少数族裔而言，在具有更大威胁性环境的学校，观察到了更大的影响(Hanselman，Bruch，Gamoran &

Borman，2014；Dee，2015)；另一项大规模研究，没有发现总体主效应，但是语境调节，尤其是为学生提供更多认知发展机会的课堂，产生了预期的肯定效果。此外，支持肯定效应语境调节这一重要理念，在富裕的郊区高中、市中心高中(Protzko & Aronson，2016)和一所主要由荷兰移民背景的少数族裔儿童组成的学前职业学校(de Jong E.，Jellesma，Koomen & de Jong P.，2016)的研究中得到证实；后一项研究提出了这样一种可能性，即在某种背景下可能肯定的价值观(例如，宗教在美国可能是一种有力的肯定来源，在欧洲环境中可能是移民青年，其中许多人是信奉伊斯兰教的穆斯林)，可能会遭遇挑战，因为他们的宗教信仰会导致负面的刻板印象。

一项在某所混合种族中学进行的研究，让学生在三年的时间里肯定自己多达九次，他们观察到一个主效应：肯定(包括对学校气氛、年级、出勤率和纪律的看法)对所有学生都有好处(Binning et al.，2018)。然而，受益的时间因性别和种族表现出差异，这表明反复的肯定会在特定背景下累积，并可能影响到学校环境中更为广泛的行为。最后，在对原始研究的分析中，观察到了自我肯定的连锁效应：在某个特定的教室里，非裔美国人的自我肯定程度越高，那么无论种族或条件如何，每个人的成绩会越好(Powers et al.，2016)。

在不同环境下对大学生和研究生的研究发现，自我肯定干预对认同受到威胁的学生有好处。在研究中，科学领域大学生的性别成就差距已经缩小，物理专业女学生表现出显著的改善，她们的模态分数从 C 等级提升到 B 等级(Miyake et al.，2010)。女性工程师也受益于以新颖的方式接受肯定原则的培训(Walton，Logel，Peach，Spencer & Zanna，2015)，这项培训旨在帮助她们应对在重要学术领域中作为代表性不足群体成员的"恶劣氛围"。第一代大学生在医学预科课程(如生物学)中表现不佳，而肯定性干预则缩小了这一成绩差距(Harackiewicz et al.，2014)。这项肯定性干预研究显示，关键的医学预科入门课程的保留率提高了 20%，后续研究表明，第一代大学生在被肯定干预三年后，GPA 提高了 18 个百分点(Tibbits et al.，2016)。在一项有关这些影响如何随时间推移而持续加强的研究中，与在白人大学生那里的发现相比，两年后自我肯定提高了拉美裔学生的平均成绩，而且有证据表明，这是因为认同受到威胁的学生(如学期末的最后期限)学会了在面对严重的学业压力时，如何自发地肯定自己(Brady et al.，2016)。最后，做到价值观肯定的 MBA 学生之间的性别

101

差距显著缩小(Kinias & Sim，2016)。更重要的是,当他们肯定了个人价值观而不是组织价值观时,这种情况便会发生。由此而验证这样一种观点:在不同的领域里的自我肯定可能会更加有益,因为在威胁之下自我价值的来源可能得以拓宽。因此,在广泛的教育环境中,价值观肯定缩小了与认同相关的成就差距。在许多研究中观察到的这些长期效应,发生在它们引发的某个适应潜能的循环之中,即自我系统和社会系统之间的相互作用,随着时间的推移会产生适应性结果(Cohen & Sherman，2014)。例如,在对 MBA 学生的研究中,肯定减少了自我怀疑,提高了绩效,而绩效的改善则可能是肯定和自我的延续(Kinias & Sim，2016)。事实上,在最初对非洲裔学生群体(Cohen et al.，2009)的跟踪研究中,价值观肯定的学生在干预多年后更有可能进入大学(Goyer et al.，2017；Borman，2017)。

了解自我肯定的影响

在各种各样的风险、压力、认同威胁情况下,价值观肯定会削弱防御能力,减少生理压力反应,并促进学生的学业成绩。在某些情况下,社会心理调整的影响会促成持久的变化。当这些长期效应发生时,又是什么在驱动呢?这些影响并非"神奇莫测"(Yeager & Walton，2011；Wilson，2011),而是通过人们对社会环境的理解和参与方式的转变而起作用。随着对自我完整性的担忧得到缓解,其他受到自我威胁压制的积极力量,例如教育、社会和说服力,能够发挥更为充分的影响(Cohen Sherman，2014)。

价值肯定鼓励人们反思和表达自我的重要、核心方面。因此,**第一个命题是,价值观肯定可以增加自我资源**,也就是那些人们应对威胁所必需的心理资源。应对过程的一个重要部分,是确定一个人是否拥有资源来应对集中的威胁或压力源(Lazarus & Folkman，1984)。然而,正如许多研究人员(Pratto & John，1991；S. E. Taylor，1991)所记录的那样,消极或压力性事件(例如,重要而困难的考试),往往会支配个人的关注点和注意力,影响其充分利用适应性资源的能力。相比之下,价值观肯定以一种有价值的自我领域的形式引入了一种心理资源,这可能有助于个人应对过去类似的事件,因此可以合理地利用它来应对持续的威胁。例如,一个七年级的学生在一项价值观肯定研究中写道:"这些事情对我来说很重要,因为我非常喜欢和朋友们一起运动。我也喜欢和我的家人与朋友们在一起,因为我不想有一天失去他们。最后,我喜欢活在当下,因为我想尽可能地享受我的生活。"在这种情况下,这位学生在叙述中肯定了自己是一个享受生活、运动、家庭和朋友的人,这种叙述无论在给定的考试中或在学校压力很大的一天里发生什么,他大概都能坚持下去。

作为一个拥有心理资源、力量和价值观的人,这种自我叙述可以帮助人们在资源枯竭时进行自我调节(Muraven & Baumeister, 2000)。心理资源得到强化的依据是:(1)肯定会导致人们写下或反思他们的价值观、关系和经历,因此这些资源很可能是显著的,(2)肯定操作能够以与自我控制力量模型一致的方式对抗心理资源耗竭的影响(Baumeister, Vohs & Tice, 2007)。重要的是要认识到,由于没有对心理资源的直接测量,有关自我资源的推论都是间接的。[①] 虽然承认在理解心理资源的基本性质方面存在局限性,但研究表明,肯定可以促进自我资源。

在一系列研究中,实验室诱发的自我消耗被价值肯定所抵消(Schmeichel & Vohs, 2009)。在一项解释性实验中,被试在观看视频的同时得到指令不要注意屏幕上的文字,这是一项标准的自我消耗任务(见 Vohs & Faber, 2007)。被试完成了价值肯定、控制活动或积极情绪诱导(以检查积极情绪是否会产生与之类似的效应),然后让其从事一项单调乏味的任务。这里的假设是,除非被试得到价值肯定,并因此投入了额外的资源,否则先前的消耗性任务将削弱对这项新任务的持续性。该研究支持了这一假设,因为肯定抵消了消耗且持续增加,而控制或积极情绪诱导则相反(Schmeichel & Vohs, 2009; Burson, Crocker & Mischkowski, 2012)。

肯定能促进自我资源的观点,对健康行为等结果有着广泛的解释。在这些行为中,短期的进食、饮酒或吸烟的欲望,会损害长期的健康目标。一项研究(Logel & Cohen, 2012)调查了女大学生,她们中的大多数超重或对自己的体重不满意,因此在与体重相关的情况下,她们可能一直处于慢性的资源枯竭状态(Polivy & Herman, 2002; Ward & Mann, 2000)。这些女生进行了价值观肯

103

---

① 另外一个问题是,自我肯定是否会增加实际的自我资源或对自我资源的感知(Clarkson, Hirt, Jia & Alexander, 2010; Job, Dweck & Walton, 2010)。

定,并称了体重,这无疑是一个潜在的自我威胁事件。大约两个半月后,她们返回实验室,再次称体重,并进行工作记忆测试。在随访中,处于肯定状态的被试腰围明显变小,体重指数也较低。那些处于肯定状态的女生会有更强的工作记忆,对于这些人来说,她们工作记忆能力的提高与更多的体重减轻有关,表明肯定提高了她们统筹自我调节资源以实现体重相关目标的能力(Logel & Cohen,2012)。总的来说,肯定可以促进各个领域方面的自我调节,由此而表明它能够促进自我资源。

　　解释价值观肯定的**第二个理论命题是,肯定拓宽了人们看待生活中的信息和事件的视野**。这里更广阔的视野,指的是对自我的更广阔的看法,较少关注威胁并被威胁所消耗(Cohen & Sherman, 2014)。肯定可以通过提醒人们自我心理资源的其他方面对他们很重要,以促进更广阔视野的形成。它还可能提醒人们,在威胁之外,他们关心的外部资源、人员和关系(Crocker et al. , 2008)。肯定不仅在某种内部方程式中增加了额外的资源,而且使人们能够以一种完全不同的方式,以更广的视角和在不依赖于受威胁领域的自我完整性来源的语境中看待威胁。

　　与此一致,对于那些完全自我肯定的人来说,失败的威胁并不算太大。肯定会让人们对实验室中发生的失败反思更少(Koole, Smeets, van Knippenberg & Dijksterhuis, 1999),而学生们也很少报告他们在高压力考试中失败的后果(Sherman et al. , 2009)。在受到威胁时,肯定通过扩展和突出自我价值的基础,来唤醒人们的整个自我,而不是可能受到攻击的狭隘自我(Critcher & Dunning, 2015)。

　　由肯定形成的更为广阔的视野,可以表现为一种整体能力,在更高的解释水平上观察事件,能够看到森林而不是只见树木。有关肯定和客体构建的研究(Wakslak & Trope, 2009)发现,在多项研究中,被肯定的人更有可能在更高的构建水平上看待事物和事件。例如,他们更倾向于根据行为的目的(保护房屋)锁门,而不是转动钥匙锁门(Vallacher & Wegner, 1989; Wakslak & Trope, 2009; Schmeichcl & Vohs, 2009)。然而,这些肯定的影响是在没有任何明确心理威胁的情况下发生的(Briñol et al. , 2007),因此只能提供暗示性证据来说明,肯定如何影响受到威胁的人。

　　当人们体验到威胁时,比如在教育环境中被定型的少数族裔(Steele,

1997），他们往往会对可能表明他们面临被认为是定型群体成员风险情况的某些方面更加警惕（Cohen & Garcia，2008；Murphy，Steele & Gross，2007；Steele，2010）。我们假设，处于潜在的认同威胁下，少数族裔学生的构建水平较低，因此更关注具体细节。相比之下，自我肯定可以让学生从一个更轻松和更宽泛的解释层面来回顾和看待事件。我们在一所混合种族中学里进行了为期一年的研究，该中学主要由拉美裔和白人学生组成（Sherman et al.，2013）。

在这一年里的多个时间节点，学生们接受了构建水平的测试（Vallacher & Wegner，1989）。我们观察到了一种互动效应，即拉美裔美国学生在被肯定时比不被肯定时观测到更高水平的解释，而肯定对白人学生这一没有受到威胁的群体不存在影响。与白人学生相比，拉美裔美国学生表现出一种边缘化的倾向，也就是说，认同威胁可能导致关注具体细节。综上，这些发现表明，肯定可能会帮助那些处于威胁之下的人们，拓宽他们看待生活中各类事件的视野。

第三个也是最后一个命题是，肯定会导致自我和威胁脱钩，减少威胁对自我的影响（Sherman & Hartson，2011）。在缺乏肯定的情况下，人们的自我评价可能会被焦点威胁所吞噬，但随着价值观肯定所提供的视野越来越广，焦点威胁可以根据自身条件进行评估，而自我评估的影响则会小得多。

在心理防御方面，可以在自我和威胁相关变量之间建立起关联。例如，在政治舞台上，个人爱国主义者假设，人们对一篇将美国外交政策与9·11事件联系起来的文章进行反应时，强烈的爱国主义者会对这一信息持抵触态度，而非爱国主义者则更为开放。那些处于爱国主义连续体最极端的人可能感受到文章的最大威胁，而自我肯定会引导他们评估信息本身，而忽略他们自我认同的爱国主义（Cohen et al.，2007），由此而减少了政治上的两极分化（Sherman，Brookfield，& Ortosky，2017）。在运动的情绪化方面，运动员在取胜后的归因中更倾向于自利和群利；肯定不仅减少了这些偏见的判断，而且削弱了它们之间的相关性，使得人们独立于自我来评价自己的团队（Sherman & Kim，2005）。在这两种情况下，人们的群利较少，他们对威胁的评估与自我评估的关联性会变小或脱钩。

长期认同威胁和学业成绩研究通过考察肯定如何影响少数族裔学生的主观构建，为脱钩假说提供了更直接的支持。这类研究测试了日常压力事件是否与被试心中种族威胁的认知有关（Sherman et al.，2013；Walton & Cohen，

2007)。干预研究包括在整个学年对每个学生进行多次测量,考察了人际层面的脱钩(Cook et al., 2012；Sherman et al., 2013)。这些研究考察了一年中感知到更大威胁的学生,归属感或动机是否也会相应地减弱,以及肯定如何影响这种关系。在上述对拉美裔和白人学生的研究中(Sherman et al., 2013),未采用肯定措施的拉美裔学生在日常压力源和主观认同威胁之间存在强烈的联系。当他们经历更大的逆境和压力时(例如,"今天我在学校感到压力很大"),他们也会体验到更大程度的认同威胁(例如,"今天在学校,我担心别人可能会根据我的种族来评价我")。与白人学生不同的是,对于未采用肯定措施的拉美裔学生来说,紧张状态似乎是通过他们的种族视角主观体验到的,而不是一个个孤立的事件。此外,当他们遭遇更大的认同威胁时,他们的学习动机也会下降,感觉自己在学校的归属感降低,学习效能感下降。在这两种情况下,肯定消除了这些人际层面的相互关联,这表明价值观肯定使拉美裔学生能够体验到所有学生每天都经历的同样的起伏,但却没有将其与对他们的群体评价联系起来,没有将认同威胁与学业成绩较差联系在一起(Sherman et al., 2013)。

在一项关于价值观肯定对非洲裔美国人和白人中学生归属感和学习成绩影响的纵向研究中,库克和他的同事们(Cook et al., 2012)观察到与价值观肯定类似的个体内部脱钩效应。在这种情况下,肯定会导致归属感与学业成绩脱钩。对未被肯定的非洲裔美国学生来说,成绩会影响到他们对学校的归属感,因此他们的成绩越好,对学校的归属感也会越大。白人学生的归属感通常与他们的表现无关。肯定使非洲裔美国人的成绩和归属感之间的联系脱钩,从而使他们的归属感不再依赖于他们的成绩,而与他们最初在学校时的归属感联系更紧密(Cook et al., 2012)。尽管两项研究中脱钩的细节各不相同(Cook et al., 2012；Sherman et al., 2013),但总体观点却是明确的：肯定使少数族裔学生能够应对威胁环境,从而不会对他们的心理状态产生负面影响。

106 问题、挑战和未来方向

本文所呈现的理论叙述,来自自我肯定理论的最新研究成果。它提出了一系列过程——强化资源、更广阔视野、自我和威胁的脱钩——与在肯定研究中观察到的重要结果之间的理论关联。然而,这只是事实的一部分。为了更全面地理解价值观肯定的效果,还有其他层次的分析有待探索。这里有两个例子,突出体现了研究人员检验肯定理论的不同方法。对大脑错误检测系统神经信号的研究发现,自我肯定的被试出现与错误相关的负性情绪的增加(Legault, Al-Khindi & Inzlicht, 2012),这表明被肯定的大脑更倾向于把握学习的机会。对中学生撰写的有关他们价值观文章的内容分析显示,至少在这个发展阶段,撰写有关社会归属的文章是非常关键的。那些撰写肯定归属主题的非洲裔美国学生,显示出了最大的学业进步(Shnabel, Purdie-Vaughns, Cook, Garcia & Cohen, 2013)。然而,这种中介作用可能非常依赖于语境;在前面描述的第一代大学生的研究中,肯定独立性(但不是归属感)是考察文章内容的关键要素(Tibbetts et al., 2016)。

　　这些发现有可能被整合到当前的模型中去。例如,社会归属感在青少年时期是一种特别值得肯定的自我资源,其重要性的发现揭示了肯定资源的性质及其在该年龄段的功效(Shnabel et al., 2013)。当错误与自我评估脱钩时,得到肯定的被试可能会更多地在神经水平上观察到自己的错误(Legault et al., 2012),并且这种脱钩可能与更多的学习相关联(Taylor & Walton, 2011)。这种整合还有待于未来的研究。

　　此处概述的系列过程之间的关系以及本文前面认定的结果之间,仍然存在疑问。尽管有人认为增加资源可以导致对威胁的更广阔的视野,但是当人们采取更广阔的视野时,他们能够利用更大范围的资源也是合理的。模型中各部分的这种相互补充的性质为将它们划分为独立阶段提出了挑战。但是,考虑到随着时间的推移,对行为的长期影响可能是持续的和相互的,那么独立阶段的划分是否可行(Cohen & Sherman, 2014)? 这个问题更为复杂,因为诸如提高绩效和减轻压力等结果,可能会反过来影响人们利用的资源以及他们对威胁的看法。当在一个样本中测试模型的多个方面——例如对其建构性和去耦性(Sherman et al., 2013)——进行评估时,它们彼此并不相关,而且建构性和去耦性都不能预测学业成绩(Cook et al., 2012; Sherman et al., 2013)。尽管从逻辑上说这些过程是独立的,但更多方法上细微差别的研究也可能会更好地识别心理过程如何影响关键结果(Falk et al., 2015)。评估的时机可能至关重要。在前面所述的研究中,脱钩和建构措施是在评估等级时(或之后)同时进行的,而不是按照我们模型提出的顺序进行(Sherman et al., 2013; Walton & Cohen,

2007)。在理解肯定效果时，考虑时间节点至关重要(Cohen & Sherman，2014；Critcher，Dunning & Armor，2010；Garcia & Cohen，2012)，不仅是威胁发生的关键时刻给予肯定的时间，而且还包括评估潜在调整的时间。

研究长期肯定效应的中介作用还有其他挑战和机会。不同的问题领域可能有不同的中介因素；在认同威胁下的表现可能与压力降低有关，而对健康信息的开放可能与心理防卫能力的降低有关，这是肯定发挥作用的两个杠杆(Cohen & Sherman，2014)。此外，在不同的环境中，不同的人可能有不同的中介因素，例如，比较混合种族中学的青少年(Shnabel et al.，2013)和大学生物专业的学生(Tibbetts et al.，2016)。因此，虽然整体研究者可以观察到价值观肯定对诸如解释和分离等过程的影响，或者撰写关于归属感的文章和撰写关于独立性的文章，但是给定的中介因素可能与兴趣的结果不一致。例如，肯定可以增加自我资源，主要是对那些低自尊或自我价值的人而言，而对于那些自尊或自我价值高的人，肯定可以开阔视野。因此，中介因素的异质性可能会模糊理论化中介和结果之间的关系。自我在不同环境和不同主体那里，会以不同的方式介入。

尽管存在这些挑战，但在理解自我肯定的影响方面仍然取得了进展。许多实验室和研究人员从不同的理论角度考察了肯定效应。肯定研究融合了来自解释水平理论(Wakslak & Trope，2009)、自我耗竭与自我控制(Schmeichel & Vohs，2009)、生态系统与自我超越(Crocker et al.，2008)、精细化可能性模型(Briñol et al.，2007)和恐怖管理理论(Schmeichel & Martens，2005)的洞察力和方法，所有这些都有助于对自我肯定的心理学有更为丰富的理解。此外，大量的洞察力来自走出实验室来到现场，考察肯定性干预如何在数周、数月甚至数年内影响现实世界的结果。上述做法表明，肯定并不会直接导致人们对健康行为、压力水平和学习成绩的态度发生变化，而是作为个人环境中其他力量施加影响的催化剂，这些力量可能受到威胁的制约(Lewin，1945；Cohen & Sherman，2014)。

在过去几十年里，肯定研究在两个方面取得了进展。一方面，人们一直在寻找特定的心理中介和机制影响下的肯定。另一方面，人们也在审视现实世界的问题，以及撰写价值观之类不起眼但强有力的因素是如何改变心理体验的。这两个方面配合得很好。实验室研究揭示了自我肯定在心理和生物效应上的不同水平。纵向实地研究表明,社会心理事件,特别是自我肯定过程如何随着时间的推移而传播,并催生了一些基本的发现,如果不从实验室转移到实地,这些发现是不可能出来的。同时,这一系列的工作也向我们展示了自我系统的动力是如何永存的。

参考文献

Aronson, E. (2012). Dissonance, hypocrisy, and the self-concept. *Readings About the Social Animal*, 11th edition.

Aronson, J., Cohen, G. L., & Nail, P. R. (1999). Self-affirmation theory: An update and appraisal. In E. Harmon-Jones & J. Mills (Eds.), *Cognitive dissonance: Progress on a pivotal theory in social psychology* (pp. 127 – 148). Washington, DC: American Psychological Association.

Baumeister, R. F., Vohs, K. D., & Tice, D. M. (2007). The strength model of self-control. *Current Directions in Psychological Science*, 16, 396 – 403.

Binning, K. R., Brick, C., Cohen, G. L., & Sherman, D. K. (2015). Going along versus getting it right: The role of self-integrity in political conformity. *Journal of Experimental Social Psychology*, 56, 73 – 88.

Binning, K. R., Cook, J. E., Purdie-Vaughns, V., Garcia, J., Apfel, N., Sherman, D. K., & Cohen, G. L. Understanding identity threat during middle school: Emergent benefits of self-affirmation writing exercises. Manuscript under review.

Blanton, H., Cooper, J., Skurnik, I., & Aronson, J. (1997). When bad things happen to good feedback: Exacerbating the need for self-justification with self-affirmations. *Personality and Social Psychology Bulletin*, 23, 684 – 692.

Borman, G. D. (2017). Advancing values affirmation as a scalable strategy for mitigating identity threats and narrowing national achievement gaps. *Proceedings of the National Academy of Sciences*, 114, 7486 – 7488.

Borman, G. D., Grigg, J., & Hanselman, P. (2016). An effort to close achievement gaps at scale through self-affirmation. *Educational Evaluation and Policy Analysis*, 38, 21 – 42.

Bowen, N. K., Wegmann, K. M., & Webber, K. C. (2013). Enhancing a brief writing intervention to combat stereotype threat among middle-school students. *Journal of Educational Psychology*, 105, 427 – 435.

Brady, S. T., Reeves, S. L., Garcia, J., Purdie-Vaughns, V., Cook, J. E., Taborsky-Barba, S., ... Cohen, G. L. (2016). The psychology of the affirmed learner: Spontaneous self-affirmation in the face of stress. *Journal of Educational Psychology*, 108, 353 – 373.

Briñol P., Petty, R. E., Gallardo, I., & DeMarree, K. G. (2007). The effect of self-affirmation in non-threatening persuasion domains: Timing affects the process.

Personality and Social Psychology Bulletin, 33 ,1533 - 1546.

Burson, A. , Crocker, J. , & Mischkowski, D. (2012). Two types of value affirmation: Implications for self-control following social exclusion. *Social Psychological and Personality Science*, 3 ,510 - 516.

Clarkson, J. J. , Hirt, E. R. , Jia, L. , & Alexander, M. B. (2010). When perception is more than reality: The effects of perceived versus actual resource depletion on self-regulatory behavior. *Journal of Personality and Social Psychology*, 98 ,29.

Cohen, G. L. , Aronson, J. , & Steele, C. M. (2000). When beliefs yield to evidence: Reducing biased evaluation by affirming the self. *Personality and Social Psychology Bulletin*, 26 ,1151 - 1164.

Cohen, G. L. , Garcia, J. , Apfel, N. , & Master, A. (2006). Reducing the racial achievement gap: A social-psychological intervention. *Science*, 313 ,1307 - 1310.

Cohen, G. L. , & Garcia, J. (2008). Identity, belonging, and achievement: A model, interventions, implications. *Current Directions in Psychological Science*, 17 , 365 - 369.

Cohen, G. L. , Garcia, J. , Purdie-Vaughns, V. , Apfel, N. , & Brzustoski, P. (2009). Recursive processes in self-affirmation: Intervening to close the minority achievement gap. *Science*, 324 ,400 - 403.

Cohen, G. L. , & Sherman, D. K. (2014). The psychology of change: Self-affirmation and social psychological intervention. *Annual Review of Psychology*, 65 ,333 - 371.

Cohen, G. L. , Sherman, D. K. , Bastardi, A. , McGoey, M. , Hsu, A. , & Ross, L. (2007). Bridging the partisan divide: Self-affirmation reduces ideological closed-mindedness and inflexibility in negotiation. *Journal of Personality and Social Psychology*, 93 ,415 - 430.

Cook, J. E. , Purdie-Vaughns, V. , Garcia, J. , & Cohen, G. L. (2012) Chronic threat and contingent belonging: Protective benefits of values affirmation on identity development. *Journal of Personality and Social Psychology*, 102 ,479 - 496.

Correll, J. , Spencer, S. J. , & Zanna, M. P. (2004). An affirmed self and an open mind: Self-affirmation and sensitivity to argument strength. *Journal of Experimental Social Psychology*, 40 ,350 - 356.

Creswell, J. D. , Dutcher, J. M. , Klein, W. M. P. , Harris, P. R. , & Levine, J. M. (2013). Self-affirmation improves problem-solving under stress. *PLOS ONE*, 8 (5) ,e62593.

Creswell, J. D. , Welch, W. , Taylor, S. E. , Sherman, D. K. , Gruenewald, T. , & Mann, T. (2005). Affirmation of personal values buffers neuroendocrine and psychological stress responses. *Psychological Science*, 16 ,846 - 851.

Critcher, C. R. , & Dunning, D. (2015). Self-affirmations provide a broader perspective on self-threat. *Personality and Social Psychology Bulletin*, 41 ,3 - 18.

Critcher, C. R. , Dunning, D. , & Armor, D. A. (2010). When self-affirmations reduce defensiveness: Timing is key. *Personality and Social Psychology Bulletin*, 36 ,947 -

959.

Crocker, J. , Niiya, Y. , & Mischkowski, D. (2008). Why does writing about important values reduce defensiveness? Self-affirmation and the role of positive, other directed feelings. *Psychological Science*, 19,740 – 747.

Dee, T. S. (2015). Social identity and achievement gaps: Evidence from an affirmation intervention. *Journal of Research on Educational Effectiveness*, 8,149 – 168.

de Jong, E. M. , Jellesma, F. C. , Koomen, H. M. Y. , & de Jong, P. F. (2016). A values-affirmation intervention does not benefit negatively stereotyped immigrant students in the Netherlands. *Frontiers in Psychology*, 7,691.

Ehret, P. J. , LaBrie, J. W. , Santerre, C. , & Sherman, D. K. (2015). Self-affirmation and motivational interviewing: Integrating perspectives to reduce resistance and increase efficacy of alcohol interventions. *Health Psychology Review*, 9(1),83 – 102.

Ehret, P. J. , & Sherman, D. K. (2014). Public policy and health: A self-affirmation perspective. *Policy Insights from Behavioral and Brain Sciences*, 1,222 – 230.

Ehret P. J. , & Sherman, D. K. (2018). Integrating self-affirmation and implementation intentions: Effects on college student drinking. *Annals of Behavioral Medicine*. Advance online publication. doi: 10. 1093/abm/kax032

Epton, T. , Harris, P. R. , Kane, R. , Van Koningsbruggen, G. M. , & Sheeran, P. (2015). The impact of self-affirmation on health-behavior change: A meta-analysis. *Health Psychology*, 34,187 – 196.

Falk, E. B. , O'Donnell, M. B. , Cascio, C. N. , Tinney, F. , Kang, Y. , Lieberman, M. D. , ... Strecher, V. J. (2015). Self-affirmation alters the brain's response to health messages and subsequent behavior change. *Proceedings of the National Academy of Sciences*, 112,1977 – 1982.

Ferrer, R. A. , & Cohen, G. L. (2018). Reconceptualizing self-affirmation with the trigger and channel framework: Lessons from the health domain. *Personality and Social Psychology Review*. Retrieved from https://doi. org/10. 1177/1088868318797036

Garcia, J. , & Cohen, G. L. (2012). A Social psychological approach to educational intervention. In E. Shafir (Ed.), *Behavioral foundations of policy* (pp. 329 – 350). Princeton, NJ: Princeton University Press.

Gilbert, D. T. , Pinel, E. C. , Wilson, T. D. , Blumberg, S. J. , & Wheatley, T. P. (1998). Immune neglect: A source of durability bias in affective forecasting. *Journal of Personality and Social Psychology*, 75,617 – 638.

Gollwitzer, P. M. , & Sheeran, P. (2006). Implementation intentions and goal achievement: A meta-analysis of effects and processes. *Advances in Experimental Social Psychology*, 38,69 – 119.

Goyer, J. P. , Garcia, J. , Purdie-Vaughns, V. , Binning, K. R. , Cook, J. E. , Reeves, ... Cohen, G. L. (2017). Self-affirmation facilitates minority middle schoolers' progress along college trajectories. *Proceedings of the National Academy of Sciences*, 114, 7594 – 7599.

110

Griffin, D. W. , & Harris, P. R. (2011). Calibrating the response to health warnings. *Psychological Science*, *22*,572 – 578.

Hanselman, P. , Bruch, S. K. , Gamoran, A. , & Borman, G. D. (2014). Threat in context school moderation of the impact of social identity threat on racial/ethnic achievement gaps. *Sociology of Education*, *87*,106 – 124.

Hanselman, P. , Rozek, C. S. , Grigg, J. , & Borman, G. D. (2017). New evidence on self-affirmation effects and theorized sources of heterogeneity from large-scale replications. *Journal of Educational Psychology*, *109*,405.

Harackiewicz, J. M. , Canning, E. A. , Tibbetts, Y. , Giffen, C. J. , Blair, S. S. , Rouse, D. I. , & Hyde, J. S. (2014). Closing the social class achievement gap for first-generation students in undergraduate biology. *Journal of Educational Psychology*, *106*,375 – 389.

Harris, P. R. (2011). Self-affirmation and the self-regulation of health behavior change. *Self and Identity*, *10*,304 – 314.

Harris, P. R. , Brearley, I. , Sheeran, P. , Barker, M. , Klein, W. M. , Creswell, J. D. , ... Bond, R. (2014). Combining self-affirmation with implementation intentions to promote fruit and vegetable consumption. *Health Psychology*, *33*,729.

Harris, P. R. , & Epton, T. (2009). The impact of self-affirmation on health cognition, health behavior and other health-related responses: A narrative review. *Social and Personality Psychology Compass*, *3*,962 – 978.

Harris, P. R. , & Epton, T. (2010). The impact of self-affirmation on health-related cognition and health behaviour: Issues and prospects. *Social and Personality Psychology Compass*, *4*,439 – 454.

Harris, P. R. , Mayle, K. , Mabbott, L. , & Napper, L. (2007). Self-affirmation reduces smokers' defensiveness to graphic on-pack cigarette warning labels. *Health Psychology*, *26*,437 – 446.

Harris, P. R. , & Napper, L. (2005). Self-affirmation and the biased processing of threatening health-risk information. *Personality and Social Psychology Bulletin*, *31*, 1250 – 1263.

Howell, J. L. , & Shepperd, J. A. (2012). Reducing information avoidance through affirmation. *Psychological Science*, *23*,141 – 145.

Jaremka, L. M. , Bunyan, D. P. , Collins, N. L. , & Sherman, D. K. (2011). Reducing defensive distancing: Self-affirmation and risk regulation in response to relationship threats. *Journal of Experimental Social Psychology*, *47*,264 – 268.

Jessop, D. C. , Sparks, P. , Buckland, N. , Harris, P. R. , & Churchill, S. (2014). Combining self-affirmation and implementation intentions: Evidence of detrimental effects on behavioral outcomes. *Annals of Behavioral Medicine*, *47*,137 – 147.

Job, V. , Dweck, C. S. , & Walton, G. M. (2010). Ego depletion — Is it all in your head? Implicit theories about willpower affect self-regulation. *Psychological Science*, *21*,1686 – 1693.

Keough, K. A. , & Markus, H. R. (1999). On being well: The role of the self in building the bridge from philosophy to biology. *Psychological Inquiry*, *9*, 49 – 53.

Kinias, Z. , & Sim, J. (2016). Facilitating women's success in business: Interrupting the process of stereotype threat through affirmation of personal values. *Journal of Applied Psychology*, *101*, 1585 – 1597.

Klein, W. M. P. , & Harris, P. R. (2009). Self-affirmation enhances attentional bias toward threatening components of a persuasive message. *Psychological Science*, *20*, 1463 – 1467.

Klein, W. M. P. , Harris, P. R. , Ferrer, R. A. , & Zajac, L. E. (2011). Feelings of vulnerability in response to threatening messages: Effects of self-affirmation. *Journal of Experimental Social Psychology*, *47*, 1237 – 1242.

Koole, S. L. , Smeets, K. , Van Knippenberg, A. , & Dijksterhuis, A. (1999). The cessation of rumination through self-affirmation. *Journal of Personality and Social Psychology*, *77*, 111 – 125.

Kunda, Z. (1990). The case for motivated reasoning. *Psychological Bulletin*, *108*, 480 – 498.

Lazarus, R. S. , & Folkman, S. (1984). *Stress, Appraisal, and Coping*. New York, NY: Springer.

Legault, L. , Al-Khindi, T. , & Inzlicht, M. (2012). Preserving integrity in the face of performance threat: Self-affirmation enhances neurophysiological responsiveness to task errors. *Psychological Science*, *23*, 1455 – 1460.

Lewin, K. (1945) The research center for group dynamics at Massachusetts Institute of Technology. *Sociometry*, *8*, 126 – 135.

Logel, C. , & Cohen, G. L. (2012). The role of the self in physical health: Testing the effect of a values-affirmation intervention on weight loss. *Psychological Science*, *23*, 53 – 55.

McQueen, A. , & Klein, W. (2006). Experimental manipulations of self-affirmation: A systematic review. *Self and Identity*, *5*, 289 – 354.

Miyake, A. , Kost-Smith, L. E. , Finkelstein, N. D. , Pollock, S. J. , Cohen, G. L. , & Ito, T. A. (2010). Reducing the gender achievement gap in college science: A classroom study of values affirmation. *Science*, *330*, 1234 – 1237.

Muraven, M. , & Baumeister, R. F. (2000). Self-regulation and depletion of limited resources: Does self-control resemble a muscle? *Psychological Bulletin*, *126*, 247 – 259.

Murphy, M. C. , Steele, C. M. , & Gross, J. J. (2007). Signaling threat: How situational cues affect women in math, science, and engineering settings. *Psychological Science*, *18*, 879 – 885.

Ogedegbe, G. O. , Boutin-Foster, C. , Wells, M. T. , Allegrante, J. P. , Isen, A. M. , Jobe, J. B. , & Charlson, M. E. (2012). A randomized controlled trial of positive-affect intervention and medication adherence in hypertensive African Americans.

111

Archives of Internal Medicine, 172(4),322 - 326.

Polivy, J. , & Herman, C. P. (2002). Causes of eating disorders. *Annual Review of Psychology*, 53,187 - 213.

Powers, J. , Cook, J. E. , Purdie-Vaughns, V. , Garcia, J. , Apfel, N. , & Cohen, G. L. (2016). Changing environments by changing individuals: The emergent effects of psychological intervention. *Psychological Science*, 27,150 - 160.

Pratto, F. , & John, O. P. (1991). Automatic vigilance: The attention-grabbing power of negative social information. *Journal of Personality and Social Psychology*, 61,380 - 391.

Protzko, J. , & Aronson, J. (2016). Context moderates affirmation effects on the ethnic achievement gap. *Social Psychological and Personality Science*, 7,500 - 507.

Purdie-Vaughns, V. , Steele, C. A. , Davies, P. G. , Ditlmann, R. , & Crosby, J. R. (2008). Social identity contingencies: How diversity cues signal threat or safety for African Americans in mainstream institutions. *Journal of Personality and Social Psychology*, 94,615 - 630.

Reed, M. B. , & Aspinwall, L. G. (1998). Self-affirmation reduces biased processing of health-risk information. *Motivation and Emotion*, 22,99 - 132.

Rokeach, M. (1973). *The Nature of Human Values*. New York, NY: Free Press.

Sapolsky, R. M. (2004). *why zebras don't get ulcers: The acclaimed guide to stress, stress-related diseases, and coping — Now revised and updated*. New York, NY: Holt Paperbacks.

Schmeichel, B. J. , & Vohs, K. D. (2009). Self-affirmation and self-control: Affirming core values counteracts ego depletion. *Journal of Personality and Social Psychology*, 96,770 - 782.

Schmeichel, B. J. , & Martens, A. (2005). Self-affirmation and mortality salience: Affirming values reduces worldview defense and death-thought accessibility. *Personality and Social Psychology Bulletin*, 31,658 - 667.

Sherman, D. A. K. , Nelson, L. D. , & Steele, C. M. (2000). Do messages about health risks threaten the self? Increasing the acceptance of threatening health messages via self-affirmation. *Personality and Social Psychology Bulletin*, 26,1046 - 1058.

Sherman, D. K. , Brookfield, J. , & Ortosky, L. (2017). Intergroup conflict and barriers to common ground: A self-affirmation perspective. *Social and Personality Psychology Compass*. doi: 10.1111/spc3.12364

Sherman, D. K. , Bunyan, D. P. , Creswell, J. D. , & Jaremka, L. M. (2009). Psychological vulnerability and stress: The effects of self-affirmation on sympathetic nervous system responses to naturalistic stressors. *Health Psychology*, 28,554 - 562.

Sherman, D. K. , & Cohen, G. L. (2006). The psychology of self-defense: Self-affirmation theory. In M. P. Zanna (Ed.), *Advances in experimental social psychology* (Vol. 38, pp. 183 - 242). San Diego, CA: Academic Press.

Sherman, D. K. , & Hartson, K. A. (2011). Reconciling self-protection with self-improvement: Self-affirmation theory. In M. Alicke & C. Sedikides (Eds.), *The Handbook of Self-Enhancement and Self-Protection* (pp. 128 – 151). New York, NY: Guilford Press.

Sherman, D. K., Hartson, K. A., Binning, K. R., Purdie-Vaughns, V., Garcia, J., Taborsky-Barba, S., ... Cohen, G. L. (2013). Deflecting the trajectory and changing the narrative: How self-affirmation affects academic performance and motivation under identity threat. *Journal of Personality and Social Psychology*, *104*, 591 – 618.

Sherman, D. K., & Kim, H. S. (2005). Is there an "I" in "team"? The role of the self in group-serving judgments. *Journal of Personality and Social Psychology*, *88*, 108 – 120.

Shnabel, N., Purdie-Vaughns, V., Cook, J. E., Garcia, J., & Cohen, G. L. (2013). Demystifying values-affirmation interventions: Writing about social belonging is a key to buffering against identity threat. *Personality and Social Psychology Bulletin*, *39*, 663 – 676.

Sivanathan N., & Pettit N. C. (2010). Protecting the self through consumption: Status goods as affirmational commodities. *Journal of Experimental Social Psychology*, *46*, 564 – 570.

Steele, C. M., & Liu, T. J. (1983). Dissonance processes as self-affirmation. *Journal of Personality and Social Psychology*, *45*, 5 – 19.

Steele, C. M. (1988). The psychology of self-affirmation: Sustaining the integrity of the self. In L. Berkowitz (Ed.), *Advances in experimental social psychology* (Vol. 21, pp. 261 – 302). New York, NY: Academic Press.

Steele, C. M. (1997). A threat in the air: How stereotypes shape intellectual identity and performance. *American Psychologist*, *52*, 613 – 629.

Steele, C. M. (2010). *Whistling Vivaldi and other clues to how stereotypes affect us.* New York, NY: Norton.

Steele, C. M., Spencer, S. J., & Aronson, J. (2002). Contending with group image: The psychology of stereotype and social identity threat. In M. P. Zanna (Ed.), *Advances in experimental social psychology* (Vol. 34, pp. 379 – 440). San Diego, CA: Academic Press.

Stone, J., & Cooper, J. (2001). A self-standards model of cognitive dissonance. *Journal of Experimental Social Psychology*, *37*, 228 – 243.

Sweeney, A. M., & Moyer, A. (2015). Self-affirmation and responses to health messages: A meta-analysis on intentions and behavior. *Health Psychology*, *34*, 149.

Taylor, S. E. (1991). Asymmetrical effects of positive and negative events: the mobilization-minimization hypothesis. *Psychological Bulletin*, *110*, 67.

Taylor, V. J., & Walton, G. M. (2011). Stereotype threat undermines academic learning. *Personality and Social Psychology Bulletin*, *37*, 1055 – 1067.

Tibbetts, Y., Harackiewicz, J. M., Canning, E. A., Boston, J. S., Priniski, S. J., & Hyde, J. S. (2016). Affirming independence: Exploring mechanisms underlying a values affirmation intervention for first-generation students. *Journal of Personality and Social Psychology*, *110*,635 – 659.

Toma, C. L. , & Hancock, J. T. （2013）. Self-affirmation underlies Facebook use. *Personality and Social Psychology Bulletin*, *39*,321 – 331.

Taylor, S. E. （1991）. Asymmetrical effects of positive and negative events: The mobilization-minimization hypothesis. *Psychological Bulletin*, *110*,67 – 85.

Vallacher, R. R. , & Wegner, D. M. （1989）. Levels of personal agency: Individual variation in action identification. *Journal of Personality and Social Psychology*, *57*, 660 – 671.

Van Koningsbruggen, G. M. , & Das, E. （2009）. Don't derogate this message! Self-affirmation promotes online type 2 diabetes risk test taking. *Psychology and Health*, *24*(6),635 – 649.

Van Koningsbruggen, G. , Das, E. , & Roskos-Ewoldsen, D. R. （2009）. How self-affirmation reduces defensive processing of threatening health information: Evidence at the implicit level. *Health Psychology*, *28*,563 – 568.

Vohs, K. D. , & Faber, R. J. （2007）. Spent resources: Self-regulatory resource availability affects impulse buying. *Journal of Consumer Research*, *33*(4),537 – 547.

Wakslak, C. J. , & Trope, Y. （2009）. Cognitive consequences of affirming the self: The relationship between self-affirmation and object construal. *Journal of Experimental Social Psychology*, *45*,927 – 932.

Walton, G. M. , & Cohen, G. L. （2007）. A question of belonging: Race, social fit, and achievement. *Journal of Personality and Social Psychology*, *92*,82 – 96.

Walton, G. M. , Logel, C. , Peach, J. M. , Spencer, S. J. , & Zanna, M. P. （2015）. Two brief interventions to mitigate a "chilly climate" transform women's experience, relationships, and achievement in engineering. *Journal of Educational Psychology*, *107*,468 – 485.

Ward, A. , & Mann, T. （2000）. Don't mind if I do: Disinhibited eating under cognitive load. *Journal of Personality and Social Psychology*, *78*,753 – 763.

Wilson, T. D. （2011）. *Redirect: The surprising new science of psychological change.* New York, NY: Little, Brown and Company.

Yeager, D. S. , & Walton, G. M. （2011）. Social-psychological interventions in education: They're not magic. *Review of Educational Research*, *81*,267 – 301.

Zhao, X. , Peterson, E. B. , Kim, W. , & Rolfe-Redding, J. （2012）. Effects of self-affirmation on daily versus occasional smokers' responses to graphic warning labels. *Communications Research*. Advance online publication.

113

作者说明

大卫·K·谢尔曼,加州大学圣巴巴拉分校心理与脑科学系。杰弗里·L·科恩,斯坦福大学教育学院心理学系,斯坦福大学商学院。作者们要感谢卡梅隆·布里克、菲尔·埃雷特、金伯利·哈特森、希容格·金、埃里克·诺尔斯、大卫·努斯鲍姆、史蒂芬·斯宾塞和迪米特里·沃辛对本手稿早期版本的评论。有关本文的信件请寄往加利福尼亚大学心理与脑科学系的大卫·K·谢尔曼，圣巴巴拉，加州93106－9660，电子邮箱：david. sherman@psych. ucsb. edu，或致杰弗里·L. 科恩，斯坦福大学教育学院心理学系，斯坦福大学商学院，斯坦福，加利福尼亚94305，电子邮件：glc@stanford. edu。

9. 情感表露与社会判断[①]

肯特·D·哈伯(Kent D. Harber)

罗格斯大学纽瓦克分校

克里斯蒂安·H·威廉姆斯(Christian H. Williams)

罗格斯大学纽瓦克分校

他人会激起我们强烈的消极情绪。他们可能让我们失望、让我们恐惧、侮辱我们，伤害我们。他们的行为方式让我们感到厌恶、震惊和不安。处理这些情绪通常很困难。反击那些伤害我们的人或拒绝那些打扰我们的人，会加剧冲突，使我们面临进一步报复的危险，或者使我们成为社会谴责和自我谴责的目标。但是抑制负面情绪通常是一个短期的解决办法，因为被抑制的情绪通常会反弹，产生更强大和更普遍的影响(Wegner & Wenzlaff, 1996)。

美国开国元勋之一，本杰明·富兰克林，可能已经发现了解决这一困境的办法。作为驻法国大使，富兰克林不得不面对针对美国新民主主义的挑衅。他经常会撰写一些雄辩的、压倒性的反驳——之后将把它们束之高阁，永远不去发布。他发现，仅仅写作本身，就能平复自己的情绪，得以继续通过外交方式履行外交职责(Morgan, 2002)。实际上，我们在实验室里已经对富兰克林的这种洞察力进行了实证检验。在两个研究项目中，我们发现，表露思想和情感能够促进对冒犯我们的人的宽恕(Harber & Wenberg, 2005)，同时也会减少不公平地指责受害者遭受苦难的倾向(Harber, Podolski & Williams, 2015)。本文介绍了这些研究，并讨论了它们对理解情绪、情绪表露和社会判断的影响。

当人们原谅那些冤枉他们的人时，他们会从中受益。宽恕与抑郁和焦虑的

---

① 衷心感谢 Marlow Katz 对本文的支持与洞见。

降低（Freedman & Enright，1996）、自尊的提高（Karremans，Van Lange，Ouwerkerk & Kluwer，2003）、生活满意度的提升（Karremans et al.，2003）之间存在关联。一些研究人员推测，通过减轻敌意，宽恕甚至可以促进身体健康（Baumeister，Exline & Sommer，1998）。宽恕也可能改变人们对自己的看法，从而使他们从受害者这个令人沮丧的角色中解脱出来（Baumeister et al.，1998）。

　　然而，强大的人际和内在障碍会阻碍宽恕。许多受害者得不到侵害者的道歉（Baumeister et al.，1998），因此被剥夺了原谅的有力理由（McCullough，Worthington & Rachal，1997）。即便道歉，受害者也可能在冲突的性质和严重性上与侵害者产生分歧（Zechmeister & Romero，2002），或者他们可能会寻求比侵害者更多地去讨论所感知到的错误（Baumeister et al.，1998）。此外，受害者可能会保留怨恨，为了避免二次伤害，或者因为原则问题而拒绝原谅他们所认为的根本错误行为（Baumeister et al.，1998）。

宽恕的情感基础

　　从根本上说，宽恕是一种情绪现象，在此现象中愤怒和伤害的感觉，以及这些情绪激起的思想和行为（Thoresen，Luskin & Harris，1998），会集中涌现。此外，宽恕的整个过程，无论是放弃敌对情绪而不寻求改善与侵害者的关系的"沉默"（Baumeister et al.，1998），还是更倾向于以人际关系为导向尝试增加对侵害者的好感和同情心（Enright & Coyle，1998），只有在解决了因侵害者引起的情绪之后，这一切才会发生。尝试在宽恕中只涉及公开的宽恕，而不涉及潜在的情感，鲍姆斯特（Baumeister）等人称之为"空心宽恕"，可能会使情况变得复杂，而不是改善受害者的处境。

宽恕、公开和情感

　　如果宽恕植根于情感，那么宽恕应该受到支配情感的规律的约束。情绪的一个基本原理是，情绪是非自愿的；从某种意义上说，一旦情绪被诱发，便不能随意消除（Zajonc，1980）。因此，尽管一个人可能希望停止气愤、敌对或怨恨等情绪，但是仅仅希望消除这些感觉可能不足以做到这一点。实际上，有意识地抑制或否认情绪的努力，可能会增强而不是减弱情绪（Wegner & Wenzlaff，

1996）。因此，尽管人们可能会有意追求宽恕（参见，Enright & Coyle，1998），但他们不可能仅通过审慎思考就完全达成谅解。

写作与情感同化

那么，人们如何才能克服阻碍宽恕的情绪，尤其是当这些情绪没有因为道歉或其他外部事件有所缓解？关于情绪表露的研究表明，他们可以通过把自己与侵害者有关的想法和感受写下来，来做到这一点。根据哈伯等人（Harber & Pennebaker，1992）的研究，通过写作来表露信息，有助于人们克服困难的情绪。首先，它允许人们在一个主观安全的环境中面对这些情绪，在那里他们不必担心别人的意见或反应。面对负面情绪和相关的思想或画面，通过将情绪的格式塔转化为更容易解析的语言命题，会促进情感的同化。结果，认知结构发生改变以适应情绪产生的干扰事件，并通过这种认知调节来化解情绪。通过化解令人不安的情绪，写作提供了一种强有力的应对途径。彭尼贝克的研究表明，撰写过去负面事件的人会获得重要的健康和心理社会效益，包括更少的诊疗，免疫能力的提高，学业和就业收益，以及痛苦和抑郁的减少（Pennebaker，1997）。

彭尼贝克写作研究的一个关键条件是，参与者必须"放手去探索他们与过去令人不安的事件有关的思想和感受"；在某种意义上，他们必须允许自己跟随着情绪去表达。彭尼贝克报告说，通过以这种情感引导的方式写作，人们获得了对令人不安的事件的观点和自我洞察力，以及在不幸中找到意义的能力（Pennebaker，1989）。彭尼贝克和其他人（Vitz，1990）将丰富的视角和深入的洞察力归因于写作，这与恩莱特等人（Enright & Coyle 1998；McCullough et al.，1998）认为宽恕是认知转变的核心非常相似。

总而言之，如果宽恕受到未解决情绪的阻碍，而且情绪是通过写作来解决的，那么撰写过去的过错应该有助于人们开始宽恕。本研究通过两项实验来检验这种推理。

实验 1

首先让被试回忆一个侵害者或一个中立的相识者，然后表露或压抑他们对这个人最深层的想法和感受。接着,让被试评价他们对指定社会目标人物的亲密度。研究假设:表露会促进亲密关系的增加,但是这种情况仅出现在社会目标人物是侵害者的条件下。

方法

被试

63 名女大学生参加了心理学课程学分的实验。被试在 45 分钟的时间里分别完成实验过程。

程序

被试被告知,他们将被随机分配到与自己生活相关的几个主题中的任何一个,并被要求围绕这个主题产生心理图像。实验者向被试提供了一个标有"社会经验"的活页夹,实验者解释说里面包含了研究材料。然后,实验者向参与者展示了如何操作一个小型的录音机/播放器,其中既有侵害者也有中立的相识者的成像指令(见下面的图像任务)。

图像任务。侵害者条件下的被试在事先录制好指令的指导下,提取曾经对他们很重要、但在需要的时候却让他们深感失望的人的图像,他们现在对这个人的感受消极。以往与侵害者的友谊史是为了在表露与侵害者有关的情绪之后,有一个潜在的情感库可以利用。此外,这一指令有助于规范被试所考虑的侵害者类型。在相识者条件下的被试被要求回忆他们在校园里看到的一个有着正式身份但不相熟的人,比如一位商店职员。被试得知,这个相识者应该是他们既不喜欢也不讨厌的人,他们对这个人的感觉是中立的。

写作任务。表露和抑制是通过让被试完成模仿彭纳贝克(1994)的 20 分钟写作任务来实现的。这项任务由一页纸组成,被试在上面写下他们指定的社会目标人物(即侵害者或相识者),要求信息表露组被试表达他们对社会目标人物最深刻的想法和感受。要求压抑组被试只写下目标人物的身体特征、着装方式和相关素质。他们被明确指示不要表露自己的想法和感受。

亲密度测量。被试完成自我—他人亲密度(IOS)量表(Aron,Aron,Smollan,1992)。IOS 由一组七对圆圈组成,分别标记为"自我"和"他人"。圆圈对的重叠程度不同，因此第一组圆圈显示"自我"和"他人"圆圈之间没有任何重叠（表示不接近），第七组显示它们之间几乎完全重叠（表示非常接近）。被试完成 IOS 时，他们指定的目标人物（侵害者或相识者）被指定为"他者"，从而表明他现在对这个人的感觉有多近。被试还完成了一份简短的情绪问卷。

结果与讨论

我们假设，与侵害者/压抑、相识者/表露或相识者/压抑条件的被试相比，处于侵害者/表露条件的被试之间的亲密感会选择性地增强。采用事前比较（Rosenthal & Rosnow，1985）对特定的交互模式进行了检验。结果证实了我们的预测，$t(17.70)=2.84$，$p<.02$（见图 9.1）。事后测验显示，在侵害者/表露条件下的被试认为自己感觉更接近他们的想象目标（$M=2.47$，$SD=1.62$），而侵害者/压抑条件（$M=1.56$，$SD=0.81$）、相识者/表露条件（$M=1.27$，$SD=0.59$），或相识者/压抑条件（$M=1.13$，$M=1.56$，$SD=1.62$，$SD=0.35$），不存在组间差异。

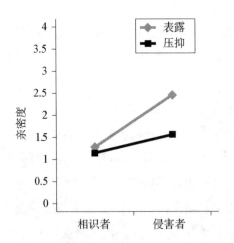

图 9.1 实验 1，对相识者与侵害者的表露与亲密度

实验 1 表明，表露与过去的侵害行为有关的情绪，会导致对侵害者的亲近。它证实了基于情绪的宽恕方法（Baumeister et al.，1998），并表明负面情绪表达可以积极影响社会判断。

实验2

实验1证实,情绪表露会增加对侵害者的亲密感,但不会改善与一位中立的相识者的关系。实验2扩大了社交目标人物的范围,包括了一位亲密的、可信赖的朋友。这样做的目的是要证明,表露强烈的消极想法和感受——而不仅仅是任何一种强烈的感觉——都能促进宽恕。举例来说,也许是以一种精心设计的方式回忆某个人生命中重要的人,无论是积极的还是消极的,都会产生一种共同的经历感,从而导致亲密感。如果是这样的话,那么想想某个好朋友或某个失败的朋友,并表露对这些人的想法和感受,应该会增加对他们的亲密感。然而,如果表露通过化解仇恨来促进宽恕,那么这种表露应该能增进与侵害者之间的亲密关系,而不是改善与亲密朋友的关系。表露与宽恕假说是建立在后者基础之上的,因此我们假设:表露对亲密关系的影响只适用于侵害者,而不能延伸到朋友身上。

方法

被试

85名女大学生参加了心理学课程学分的研究。被试在45分钟的时间里分别进入了实验程序。

程序

实施过程、影像任务和结果测度与实验1中使用的内容基本相同。与实验1中只有侵害者和相识者作为社交目标人物的实验1不同,实验2将"密友"作为第三个目标。因此,实验2的被试公开表露或压抑对亲密朋友、相识者或侵害者的想法和感受。

结果与讨论

我们假定,表露和压抑情绪会导致对侵害者亲密度增加,而不是对中立的相识者或朋友。结果证实了这一假定[F(2，79)＝5.71，p＜.005]（见图9.2）。事后比较分析显示，在侵害者/表露条件下的被试比在侵害者/压抑条件下的被试更接近他们的想象目标（p＝0.05）。而在其他条件下不存在显著差异。

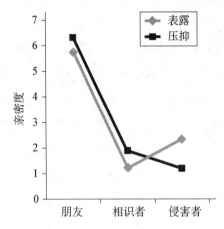

图9.2　实验2，对朋友、相识者和侵害者的表露与压抑

情感相关词语的表露与侵害者的亲密关系

我们分析了实验1和实验2中被试写作文本的情感内容，并将其提交到文本分析工具语言查询单词计数（LIWC）程序（Pennebaker，Francis & Booth，2001）。结果表明，亲密度与情绪相关词所占比例呈显著正相关[r(28)＝.52，p＜.05]，尤其是与愤怒相关词的比例[r(28)＝0.45，p＜.05]。亲密度与积极情绪词所占比例的关系不显著[r(28)＝.33，p＜.15]。亲密度与悲伤相关词的比例[r(28)＝0.01]，与焦虑相关词的比例[r(28)＝－.13]无关。这些结果表明表露强烈的情感，尤其是愤怒，会促进与侵害者的亲密关系。

120

讨论

以上两项实验表明，表露与侵害者有关的情绪，会促进与侵害者的亲密关系。实验1表明，与那些压抑这些情绪的人相比，那些透露自己对侵害者的想法和感受的被试，对那个人表现出更为亲密的关系。表露和压抑不影响对中立相识者的亲密度评分。因此，在一种引发违法行为情绪的条件下，与情绪抑制相比，情绪表露会导致亲密度增加。

　　实验 2 重复并拓展了实验 1。通过增加"密友"条件,测试了是否通过向侵害者表露负面情绪(如我们所预测的)来选择性地提高宽恕,或者是否向任何重要的社会接触线索披露强烈的情感以增加亲密感。结果证实,表露只会改善与侵害者的亲密关系,而不会增进对好朋友或相识者的亲密关系。这说明表露的效果并不能仅仅通过赋予回忆"温情"来增进亲密感。

能通过表露来实现完全的宽恕吗?

　　尽管表露组被试认为自己对侵害者的亲密程度高于压抑者,但他们报告的绝对亲密程度并不高(平均而言,IOS 测量的 7 种亲密程度约为 2.5)。这一定并不令人惊奇;仅仅 20 分钟的写作练习,不太可能产生从强烈敌意到真诚情感的转变。然而,回想一下,压抑者报告说实际上没有对侵害者产生亲密感(实验 1 中的 M=1.63,实验 2 中的 M=1.2,其中 1＝没有亲密感)。与这种几乎没有亲密关系的感觉相比,表露所产生的与侵害者的些许增加的亲密感不仅代表了压抑数量上的收益,而且是一种从近乎完全疏远到可感知的(即使是轻微的)联系感的质的转变。这种转变可能意味着,宽恕的过程已经开始。

　　如果亲密感是选择性地通过表露与侵害者有关的情绪来促进的,那么所表露的情感量应该与亲密度呈正相关。对情感词的 LIWC 单词计数分析证实了这一点。仅对侵害者/表露条件的被试而言,所写出的与情绪相关词的比例越高,他们就会感觉对罪犯越亲密。与愤怒相关的词语,似乎扮演着一种特别重要的角色;那些表露出更多愤怒的人,随后感到与侵害者更为亲近。

情绪表露、亲密关系和情绪理论

　　为什么情绪的表露会使得与侵害者更加亲密呢?根据情绪的"差异理论",当事件与期望或图式相矛盾时,便会产生情绪(Mandler,1975;Leventhal,1980;Oatley & Johnson-Laird,1987)。在当前情况下,当对密友的忠诚、关怀和信任的期望与朋友的背叛相抵触时,就会产生强烈的愤怒感。因此,根据差异理论,情绪唤起很像失调唤起(Aronson,1969)。当信念和事件矛盾时,两者都会发生;当信念和事件之间的和谐得到恢复时,两者都会减弱。因此,通过将失败的朋友重新评估为对手,可以解决朋友与其背叛自己之间的矛盾。

121

这种重新评估从减少不适感来看是"有效的"，但是由于将朋友重新定义为对手，这种重新评估会危及宽恕。情感表露提供了避免这种零和推演的替代办法。它通过语言同化来解决令人不快的情绪(Harber & Pennebaker, 1992)，并以此方式减少了侮辱侵害者的需要。结果，可以形成具有潜在价值的联系。

会永远宽恕吗?

在某些情况下，对侵害者的从严评估可能与侵害者的行为完全一致。战争罪行的受害者可能永远不会有理由宽恕他们的侵害者，并且发自内心地不同意他们这样做。这些受害者可能仍会从信息表露中受益(Shortt & Pennebaker, 1992)，但受益可能来自对自己更加慈善的理解或对人性的整体乐观估计(Harber & Pennebaker, 1992)，而不是与侵害者和解。总的来说，目前的发现表明，努力说服受害者宽恕而又不让他们表达自己的情绪(例如，"让对方改变"或"让过去成为过去")，或者说受害者通过压抑自己的伤害感受来作出宽恕的努力，可能会适得其反。彭纳贝克等人(1998)注意到，这种表现出来但没有感觉到的宽恕，往往是伪善的。

作为宽恕的干预。写作能像目前的研究所表明的那样，作为一种宽恕干预手段吗? 在侵害行为相对较轻且关系相对牢固的情况下(Karremans et al., 2003)，仅凭写作就足以克服敌意。当侵害行为更严重或关系更脆弱时，宽恕可能比书面表达(或其他形式的间接表露)更为需要。然而，即使在这些更为严重的情况下，写作作为第一步可能还是能够发挥作用的，也许可以让完全宽恕的前景变得不那么遥远，并提供一个鼓励更多宽恕努力的视角。此外，采用书面表露，可能会阻止受害者采取可能激化冲突的报复行为。撰写关于侵害的文章，也可能带来相应的心理社会效益。通过感觉到与侵害者的关系日益密切，受害者可以维系有价值的社会联系，从而保持强化支持网络的优势(Cohen, Underwood & Gottlieb, 2000)。

总之，写作可能是处理宽恕过程的一种有用的手段;它只需要基本的技能，它可以廉价地用容易获得的材料、在没有其他人参与的情况下完成，它实际上不需要任何指导，只是建议尝试一下。

受害者常常被人归咎于他们自己的不幸。强奸受害者被指责挑逗他人导致攻击，绝症患者被指责因缺乏乐观或精神信仰而受到惩罚，灾难幸存者因生活在风险地区而受到指责(Pollard，1992；Crawford，1977)。对受害者来说，这种责难无疑是雪上加霜，损害了他们的道德感，贬低了他们的判断力，并削弱了他们在最痛苦的时候获得同情的权利(Chapple，Ziebland & McPherson，2004)。责备受害者，会导致受害者的自责和自我沉默、对他人的不信任、焦虑、抑郁和创伤后应激障碍(Campbell & Raja，2005)。

责怪那些最值得同情的人，如果不是反常情况的话，可能会显得自相矛盾。然而，它可以起到某种重要的心理功能，即维持对一个公正世界的信念。根据公正世界理论(Lerner，1980)，大多数人都隐含地认为世界从根本上是公平和理性的，不幸与一个人的谨慎、能力和美德成反比。这些"基本信念"(Janoff-Bulman，1989)提供了人们在一个经常不可预测、充满恶意和危险的世界中有目的地生活所需的心理保障。

一旦受害者公正世界的信念受到威胁，会产生令人不安的失调(Lerner & Goldberg，1999)。指责受害者会减少这种失调。如果一个人的不幸可以归咎于他自己的判断力差或性格缺陷，那么他的苦难就会与一个公平的、即便有时是严苛的世界相适应。我们也许会同情那个在悬崖边跳舞的醉汉，但他自导的危险并没有挑战现实的公平，因此他的不幸也不会威胁到我们的公正世界信念。公正世界的资产负债表，也可以同样地调和人们面对真正受害者的失调，事实上，这些受害者并不是他们痛苦的主要责任。这是通过不适当地将受害者的困境归因于他们的想法、性格或行为来实现的，简言之，就是受害者指责。

作为情绪调节的受害者指责。将受害者指责作为一种心理防御，会牵扯到情绪。勒纳(Lerner)声称，他"从一开始就假设，见证不公正是一种压力和情绪的激发"(Lerner & Miller，1978，p. 1045)。哈弗等人(Hafer & Bègue，2005)在最近一篇关于公正世界理论的综述中也声称，对受害者的指责有助于减缓受害者引起的不安情绪。因此，通过重新评估(Gross，2003)，受害者指责提供了情绪管理，因为它重建了产生威胁情绪的认知。然而，尽管情绪在受害者指责的公正世界理论中非常重要，但其对受害者指责的调节作用从未得到过实证检验(Hafer & Bègue，2005)。

通过表露来化解情绪。公正世界对待受害者责任的做法，表明了某种暗淡的前景。目睹他人受害会威胁到公正世界的信仰，这会产生令人不安的负面情绪。为了平息这些情绪，受害者会受到指责。然而，对受害者的指责可能并不是不可避免的。如果指责是对消极情绪的反应，而且如果这些情绪可以通过其他方式解决，那么指责便应该能够减少。接下来的问题是，如何在受害者受到指责之前解决令人不安的情绪。

彭纳贝克和其他人已经证明，情绪可以通过表达来解决。谈论或撰写一些消极的经历，可以改善身体健康、情绪健康、学业成绩（Pennebaker & Chung, 2007），甚至短期记忆（Klein & Boals, 2001）。值得注意的是，彭纳贝克的被试所表露的事件明显地涉及了对世界的信念，例如性侵犯、失业、丧亲、背叛、灾难和重症（Pennebaker, 1990）。

如果情绪会引起指责（正如勒纳所建议的），而且表露能够解决情绪（例如，Pennebaker, 1990），那么表露应该能够减少受害者指责。本研究旨在考察情绪表露对受害者指责是否具有这种调节作用。

实验 1

实验 1 测试了情绪表露是否会缓和对受害者而不是那些对陷入困境的非受害者的指责。被试首先观看一个描述受害女性或者一个描述女性与他人发生冲突但不是受害者的电影片段。接着，被试完成一项写作任务，在这项任务中，他们表露或压抑与电影相关的想法和感受。一周后，被试返回实验室并对他们观看过的女性进行评价。

方法：实验 1

被试

研究对象（n＝55）为大学本科生（平均年龄 21.14，标准差 5.44）。样本主要是女性（78.2%），种族多样（非洲裔＝11%，亚洲裔＝26%，西班牙裔＝20%，中东裔＝5%，白人＝24%，其他＝5%）。被试在两个 30 分钟的时间里分别完成实验过程。

程序

被试被带到一个半暗的房间里，坐在一台大型电视监视器的前面，上面播放着 DVD 播放机的信号。他们被告知,这项研究考察的是时间对回忆的影响,这是虚假的指导语,旨在隐瞒研究目的以确保实验程序的合理性。被试被告知,他们将观看简短的(5 分钟)电影片段,然后写出对该电影的印象。他们将在一周内返回并提供进一步的印象。然后,实验人员启动 DVD 播放器,让房间变暗,安排被试独自观看分配给他们的视频。

受害者与非受害者的电影片段。被试观看了两个视频中的一个。"受害者条件"的被试看了影片《被告》的一个场景(制片人 Jaffe & Lansing;导演 Kaplan, 1988),这是一部戏剧性影片,大体上是根据发生在马萨诸塞州一家酒吧的轮奸案改编的。在这一幕中,一位名叫莎拉的年轻女子,由乔迪·福斯特(Jodie Foster)扮演,与其中一位客人调情跳舞。这个男人变得越来越咄咄逼人,莎拉先是开玩笑地拒绝了,然后越来越惊慌,试图阻止。这名男子无视莎拉的抗议,把莎拉按在弹球机上强奸她,而其他酒吧的顾客则无动于衷地看着他或为他加油。这些人中的一部分随后加入了对莎拉的攻击,莎拉拼命地与他们抗争。

这一幕清楚地把莎拉描绘成一个不情愿的犯罪受害者。然而,也显示了她酗酒、穿着暴露的衣服、跳舞方式的诱惑。莎拉行为的这些方面,显示了针对她的攻击行为的道德看起来模棱两可。莎拉的行为,难以证明对她所做的一切是正当的。然而,对于有指责她动机的观众来说,莎拉的衣着、举止和行为可能会提供这样做的依据。

"非受害者条件"的被试观看了一段摘自《撒切尔夫人:唐宁街岁月》(英国广播公司,1993 年)中描述英国首相撒切尔夫人经济政策冲突的选段。这一幕显示撒切尔夫人在为自己的立场争辩,她的政治对手也在挑战她。之所以选择这一幕,是因为和《被告》一样,它描绘了一个孤独的女人与许多男人发生冲突。此外,撒切尔夫人的行为举止——不灵活、轻蔑、爱争论——可能会成为指责的依据。然而,撒切尔夫人显然不是受害者,她的斗争虽然激烈,但并未挑战世界公正信念。因此,压抑或表露对撒切尔夫人片段的感情,不会影响对撒切尔夫人的评价。

在暗示他们的电影片段已经放映结束后,被试等待了一分钟,而实验者则在为下一个任务收集材料。事实上,这段停顿让被试可以反省分配给他们的影片,尤其是对《被告》被试来说,可以更全面地记录他们刚刚观看的袭击事件令人痛心的细节。

写作任务。在一分钟的巩固期之后，被试被要求完成一个简短的写作练习。这项练习模仿了彭纳贝克的写作和信息表露范式(Pennebaker, 1994)，该范式被应用于先前关于信息表露和社会判断的研究(Harber & Wenberg, 2005)。"表露"条件下的被试收到的书面指示是，自由表达他们对指定电影的最深刻的想法和感受。处于"压抑"条件的被试被要求只写下分配给他们影片的真实细节，比如电影中有多少人，这些人穿什么。"压抑"条件下被试被明确禁止透露任何关于分配给他们影片的个人感受或意见。

125　　　　所有被试都得到了一张方格纸，让每位被试独自进行 15 分钟的写作。写作必须持续进行，不必担心拼写、语法或其他文体方面的问题。

写作任务完成后，被试被要求在一周内返回完成余下的研究，在这段时间里不要对指定的电影片段进行讨论。对那些处于受害者/压抑状态的被试而言，这种迟滞可能会延长《被告》所诱发的情绪表露时间，从而导致对受害者更多的责备。这同样会导致对"莎拉"的批评态度进一步固化。然而，这种"痛苦发酵"预计不会出现在受害者/参与者身上，因为他们有机会化解自己的情绪。

目标评价。在第 1 课时之后一周，被试评价了他们所看到的女性(即《被告》中的"莎拉"或《撒切尔夫人》中的"撒切尔夫人")。他们谈了自己对这个女人的看法：表现出错误的判断力，本可以为自己做更多的事情，富有同情心和讨人喜欢，不负责任，有道德，是被试能够认同的人，以及她是否给自己带来了麻烦。这些项目被整合成单维的"指责"量表。

结果

这项研究的主要假设是，情绪表露会减少指责，但只是针对伤害参与者。这一假设在 2(电影条件)×2(写作条件)方差分析中得到验证。结果证实了假设的相互作用[$F_{(1, 49)} = 5.58$, $p = .022$](见图 9.3)。简单效应检验显示，正如所假设的那样，情绪表露会减少对伤害参与者(即观看性侵犯的人)的指责。压抑情绪的被害者对莎拉的指责要比表露情绪的被害者多[$t(27) = 2.21$, $p = .04$]。在被害者/被压抑者中，对莎拉的指责也超过了撒切尔夫人在非被害者/

被压抑者中受到的责难[t(25)＝2.25，p＝.02]，并且倾向于比非被害者/公开
参与者表现出的更多的指责[t(27)＝1.68，p＝.11]。

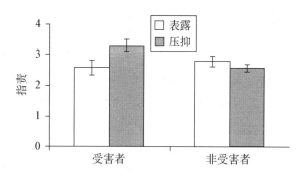

图 9.3　实验 1，由于表露或压抑而指责受害者或非受害者

实验条件下的内容差异

受害者/表露条件下被试的普遍困扰和愤怒表达选择性较高。非受害者/
表露条件下被试的无聊乏味选择性较高。这些结果再次证实了电影具有预期
的情感效果，并且被试忠实地遵循了实验指导。情绪表露影响了指责，但仅限
于受害者。对于受害参与者而言，表露更多的普遍性痛苦导致更少的指责
(r＝-.55，p＝.10)。在受害者被试组中，愤怒和认同与指责无关。在非伤害
被试组中，愤怒和指责之间接近正相关。这可能反映了被试对撒切尔夫人及其
政治对手的反感。

讨论

正如所假设的那样，情绪宣泄减轻了对受害者的指责，但对陷入困境的非
受害者却没有。这一结果为以下观点提供了第一个直接的证据：受害者指责
是一种情绪管理的方式，正如公正世界理论所提出的。它还表明，信息表露可
以更普遍地缓和社会判断。文本分析强调了情感和表露在受害者指责中所起
的作用。受害者/表露条件下的被试所表达的痛苦越多，他们对受害者的指责
就会越少。

实验 2

实验 1 证实，情绪表露减少了对受害者的指责，但没有影响对非受害者的判断。然而，有几个重要问题仍未得到解决。实验 2 旨在解决这些问题。

表露是否只减少了对受害者的指责，还是同时减少了对加害者和受害者的指责？ 根据勒纳等人（Lerner & Miller，1978）的观点，受害者指责源于对公正世界信念的威胁所造成的不适。受害者受到指责是因为他们是这种不适的唯一来源。另一种解释是，对受害者的指责源于与伤害有关的一种更为普遍的痛苦，这种痛苦会给所有与之相关的人（包括加害者和受害者）留下烙印。如果受害者指责源于一种总体性的负面影响，这种负面影响会影响到所有与受害者有关的人，那么减轻这种痛苦应该会使所有与之相关的人（加害者与受害者）受益。然而，如果指责只源于受害者所代表的公正世界受到威胁，如果表露有选择性地处理这些威胁，那么表露只会影响受害者的判断，而不会影响其他人。实验 2 考察了信息表露是否具有这些针对性的效果，从而减少对受害者而不是加害者的指责。

127 　　　**性别和受害者指责**。表露对男性和女性受害者的指责倾向是否会产生不同的影响？实验 1 没有招募到足够的男性被试，以确定性别是否影响公开指责的调节作用。实验 2 做到了这一点。

方法

被试

被试（n＝90）为大学本科生（平均年龄 21.00，标准偏差 5.63）。样本由 46 名男性和 44 名女性组成，种族多样（非裔美国人＝14%，亚裔＝31%，西班牙裔＝23%，中东裔＝6%，白人＝13%，其他＝12%）。男性和女性以一种均衡的顺序被分配到实验环境中，以确保他们在所有条件下都有同等的代表性。

程序

实验 2 与实验 1 几乎相同，只有一个重要的调整。在后续调查问卷中增加了一组对手指责的问题,措辞适用于《被告》中的男人和撒切尔夫人。这些对手指责的问题区分了电影中男人的程度:本可以做更多的事情来减少伤害;使伤害变得更糟;完全可以原谅;希望伤害发生;忘乎所以;基本上都是坏人。指责对手的问题紧随受害者指责的问题之后。它们被整合为一个概括的"对手责备"量表。

结果

实验 2 的主要目的是验证表露会有选择性地减少对受害者的指责,但不影响对加害者的指责。这一假设在 2(电影条件)×2(写作条件)×2(目标条件:女主角与对手)混合设计方差分析中得到了验证。三因素交互作用显著[F(1,86)=6.70,p=.01]。采用独立的双向互动,研究了电影和写作条件如何影响目标女性、女性对手的指责以及女性相对于男性对手的指责程度。

表露与对女性目标的指责。情绪表露影响了对莎拉(受害者)的指责,但不影响撒切尔夫人(非受害者)[F(1,86)=5.22,p=.03](见图 9.4)。受害者/压抑者比受害者/表露者更有可能指责莎拉[t(43)=-2.33,p=.03]。受害者/压抑者比非受害者/压抑者更多指责莎拉,非受害者/表露者指责撒切尔夫人(ps<.01)。表露或压抑对撒切尔夫人的评价没有影响[t(43)=.72,p=.48]。

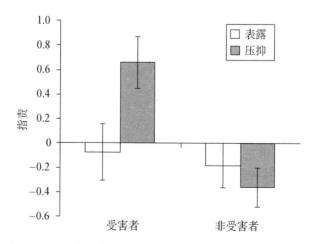

图 9.4 实验 2,由于表露或压抑而指责受害者或非受害者

这些结果证实了实验 1 的结果,并表明情绪表露对受害者指责的影响是可靠的。

指责受害者还是指责加害者。正如所假设的那样,表露减少了对《被告》中受害者莎拉的指责,但没有减少对袭击莎拉的人的指责[$F(1,43)=5.73$, $p=.02$](见图 9.5)。受害者/表露条件下的被试责怪莎拉的次数少于他们对加害者的指责[$t(23)=-4.40$, $p<.001$],但受害者/压抑条件下的被试对莎拉和她的攻击者进行了同样多的指责[$t(20)=0.92$, $p=.37$, $d=.30$]。这些发现提供了关键的证据,表明表露有选择性地减少了对受害者的指责,并没有减少对参与受害的其他人的指责。

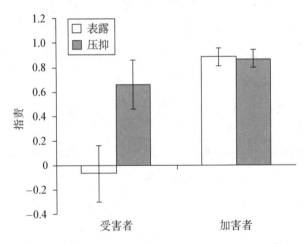

图 9.5   实验 2,由于表露或压抑而指责受害者或加害者

表露和对女性对手的指责。不足为奇的是,《被告》比纪录片《撒切尔夫人》中的人受到了更多的指责[$t(88)=17.45$, $p<.001$]。在这两种情况下,情绪表露都不影响对女性对手的指责($ps>.40$)。这些无效结果进一步表明,正如所假设的那样,情绪表露有选择性地减少对受害者而不是对加害者的指责,即使受害者和加害者一样,都会诱发出强烈的情绪。

性别与指责。男人会比女人更多地责骂受害者莎拉[($t(43)=2.33$, $p=.03$)(见图 9.6)],这一发现与以往的研究结果一致(Bell, Kuriloff & Lottes, 2006)。但是,情绪表露类似地减少了男女被试的指责[$F(1,41)=.08$, $p=.78$]。

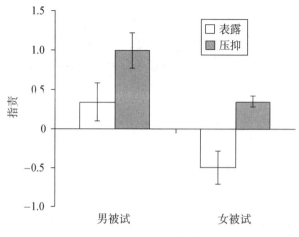

图 9.6　实验 2,不同性别与指责的关系

表露内容

表露维度与女主人公指责(莎拉和撒切尔夫人)之间的相关性,以及表露维度与对手指责(莎拉的加害者和撒切尔夫人的对手)之间的相关性,反映了实验 1 中的情况。在受害者/表露条件下的被试中,那些表达更多痛苦的人很少会指责莎拉(r=−.44, p=.08)。而在实验 1 中,愤怒与受害者指责无关。指责撒切尔夫人与所表露的痛苦、愤怒、认同和无聊无关。

受害者/表露者被试表现出更多的痛苦,相对来说更容易指责加害者(r=.44, p=.10)。在非受害者/表露条件下的被试中,没有一个表露维度与指责撒切尔夫人的对手相关。

总讨论

在本文的两项实验中,被试要么观察受害女性,要么观察冲突中没有受害的女性。然后,被试表露或压抑他们所看到的女性所激起的情绪,一周后,他们评估这个女性对自己的痛苦应当承担的责任。两项实验的结果都表明,表露信息可以减少指责,但只会对受害者有效。这些发现证实了情感是受害者指责的核心,通过情绪表露,对受害者的指责会减少。

然而,证明情感表露减少了对受害者的指责,不足以证实受害者指责的公正世界理论解释。另一种解释是,指责减少是由于对负面影响的错误归因(Schachter & Singer, 1962)。在这种情况下,看到受害者会产生一种消极情绪的阴影,使所有相关人(受害者和加害者)都感受到阴暗。如果指责是由错误归因于消极情绪或相关情绪影响引起的(Forgas & Bower, 1987),那么通过表露来缓解情绪应该可以减少对任何涉及受害者、加害者和受害参与人的指责。但是,如果对受害者的指责是由对公正世界信念的威胁造成的,那么表露只会影响对受害者的判断,因为受害者代表着这种威胁。

实验 2 通过允许被试评估《被告》和《撒切尔夫人》中的男性反对者以及这些电影中的女主角,例如,莎拉(受害者)和撒切尔夫人(非受害者),来解决这个问题。像受害者一样,加害者也诱发了强烈的情绪,他们像她一样受到严厉的指责。然而,情感表露只会减少对受害者莎拉的指责,并没有减少对加害者的指责。这些结果强烈表明,根据公正世界理论,指责源于受害者诱发的情绪。

表露与社会认知

目前的研究以及哈伯等人(Harber & Wenberg, 2005)有关表露和与侵害者的亲密关系的研究表明,通过表露来面对困难的情绪,可以导致对引起负面情绪的人们作出更慈善、甚至更公平的判断。因此,社会认知不必被动地服从短暂的感受(Clore & Huntsinger, 2007)。相反,可以通过面对而不是压抑情绪来纠正基于情绪的偏见。

性别。实验 2 招募了相等数量的男性和女性,以考察性别如何减轻表露对受害者指责的影响。结果表明,一般来说,男性更有可能受到指责,这是因为他们更倾向于指责受害者、受害者的袭击者和好斗的非受害者。但是,这里的关键问题是,指责是否受到性别和情感表露的共同影响。事实并非如此。表露同样多地减少了男性和女性对受害者的指责,这表明表露对受害者指责的有益影响既适用于男性,也适用于女性。

现实影响

受害者援助。在美国,三分之一的女性在其一生中将成为性侵犯的受害者(国家性侵犯暴力研究中心,2005)。许多受害者寻求同情和支持,却因自己的被侵害而受到指责(Pollard，1992)，由此而带来了这种指责造成的二次伤害(Campbell & Raja，2005)。当前的研究提出了一种可行的方法，可以让受害者免受二次伤害。根据目前的研究，鼓励证人表露受害人的经历所引起的思考和感受，会减少对受害人的指责。

刑事司法。刑事攻击案件的陪审员经常会遇到令人不安的信息，这可能会动摇他们的公正世界信念(Deitz，Blackwell，Daley & Bentley，1982)。但是，隔离规则可以防止陪审员在正式审议之前向任何人、甚至其他陪审员表露自己的糟糕想法和感受。这些情况与本研究中的受害人/压抑对象的情况相似，因此可能会导致陪审员产生受害者指责，这不利于受害人/原告。

结论

遭遇他人的侵害行为，人们可能同情受害者，或是去保护自己的公正世界信念。在这场明显的零和博弈中，公正世界信念经常获胜，导致受害者受到指责。本研究表明，情感表露将这种二元选择转化为协商的妥协。它使有价值的公正世界信念适应了威胁这些信念的事件，从而缓解了造成受害者指责的令人不安的情绪。通过弱化捍卫公正世界信念的需要，情感表露可能让世界更加公正。

本章总结

情感是我们本质的一部分，也许它代表了我们自我的核心(Zajonc，1980)。压抑情绪，即使是那些我们觉得最麻烦的情绪(愤怒、伤害、厌恶和困惑)，将我们与自我分开，并可能给他人设置障碍。通过表露来对抗、研判和消解情绪，似乎可以降低这些障碍。它引发了对那些曾经伤害过我们的人的宽恕，并帮助我们更加公平地看待那些被别人冤枉的人。通过调整我们的情绪，表露可能会让我们更接近那些可能不愿面对的人。

132

参考文献

Aron，A.，Aron，E. N.，& Smollan，D.（1992）. Inclusion of other in the Self Scale and the structure of interpersonal closeness. *Journal of Personality and Social Psychology*, *63*, 596 – 612.

Aronson, E. (1969). The theory of cognitive dissonance: A current perspective. In L. Berkowitz (Ed.), *Advances in experimental social psychology* (Vol. 4, pp. 1 – 34). San Diego, CA: Academic Press.

Baumeister, R. F., Exline, J. J., & Sommer, K. L. (1998). The victim role, grudge theory, and two dimensions of forgiveness. In E. L. Worthington, Jr. (Ed.), *Dimensions of forgiveness: Psychology research and theoretical perspectives*. Philadelphia, PA: Templeton.

Bell, S. T., Kuriloff, P. J., & Lottes, I. (2006). Understanding attributions of blame in stranger rape and date rape situations: An examination of gender, race, identification, and students' social perceptions of victims. *Journal of Applied Social Psychology*, *24*, 1719 – 1734.

British Broadcasting Corporation (Producer) (1993). Thatcher: The Downing Street years. [Motion Picture]. Available on IMDbPRO, https://secure.imdb.com/signup/index.html? d=Company.

Campbell, R., & Raja, S. (2005). The sexual assault and secondary victimization of female veterans: Help-seeking experiences with military and civilian social systems. *Psychology of Women Quarterly*, *29*, 97 – 106.

Chapple, A., Ziebland, S., & McPherson, A. (2004). Stigma, shame, and blame experienced by patients with lung cancer: Qualitative study. *British Medical Journal*, *328*, 1470 – 1473.

Clore, G. L., & Huntsinger, J. R. (2007). How emotions inform judgment and regulate thought. *Trends in Cognitive Sciences*, *11*, 393 – 399.

Cohen, S., Underwood, L. G., & Gottlieb, B. H. (2000). *Social support measurement and intervention: A guide for health and social scientists*. New York, NY: Oxford University Press.

Crawford, R. (1977). You are dangerous to your health: The ideology and politics of victim blaming. *International Journal of Health Services*, *7*(4), 663 – 680.

Deitz, S. R., Blackwell, K. T., Daley, P. C., & Bentley, B. (1982). Measurement of empathy toward rape victims and rapists. *Journal of Personality and Social Psychology*, *43*, 372 – 384.

Enright, R. D., & Coyle, C. T. (1998). Researching the process model of forgiveness within psychological interventions. In E. L. Worthington, Jr. (Ed.), *Dimensions of forgiveness: Psychology research and theoretical perspectives*. Philadelphia, PA: Templeton.

Forgas, J. P. & Bower, G. H. (1987). Mood effects on person perception judgments. *Journal of Personality and Social Psychology*, *53*, 53 – 60.

Freedman, S. R., & Enright, R. D. (1996). Forgiveness as an intervention goal with incest survivors. *Journal of Consulting and Clinical Psychology*, *64*, 983 – 992.

Gross, J. J. (2003). Emotion regulation: Affective, cognitive, and social consequences. *Psychophysiology*, *39*,281 – 291.

Hafer, C. L., & Bègue, L. (2005). Experimental research on just-world theory: Problems, developments, and future challenges. *Psychological Bulletin*, *131*,126 – 167.

Harber, K. D., & Pennebaker, J. W. (1992). Overcoming traumatic memories. In S. Christianson (Ed.), *The handbook of emotion and memory* (pp. 359 – 387). Hillsdale, NJ: Erlbaum.

Harber, K. D., & Wenberg, K. (2005). Emotional disclosure and closeness toward offenders. *Personality and Social Psychology Bulletin*, *31*,734 – 746.

Harber, K. D., Podolski, P., & Williams, C. H. (2015). Emotional disclosure and victim blaming. *Emotion*, *15*(5),603.

Janoff-Bulman, R. (1989). Assumptive worlds and the stress of traumatic events: Applications of the schema construct. *Social Cognition*, *7*,113 – 136.

Jaffe & Lansing (Producers), & Kaplan (Director). (1988). The Accused [Motion picture]. Canada: Paramount Pictures.

Karremans, J. C., Van Lange, P. A. M., Ouwerker, J. W., & Kluwer, E. S. (2003). When forgiving enhances psychological well-being: The role of interpersonal commitment. *Journal of Personality and Social Psychology*, *84*,1011 – 1026.

Klein, K., & Boals, A. (2001). Expressive writing can increase working memory capacity. *Journal of Experimental Psychology: General*, *130*(3),520.

Lerner, M. J. (1980). *The belief in a just world: A fundamental delusion*. New York, NY: Plenum.

Lerner, M. J., & Goldberg, J. H. (1999). When do decent people blame victims? The differing effects of the explicit-rational and implicit-experiential cognitive systems. In S. Chaiken & T. Trope (Eds.), *Dual process theories in social psychology* (pp. 627 – 640). New York, NY: Guilford.

Lerner, M. J., & Miller, D. T. (1978). Just world research and the attribution process: Looking back and ahead. *Psychological Bulletin*, *5*,1030 – 1051.

Leventhal, H. (1980). Toward a comprehensive theory of emotion. In L. Berkowitz (Ed.), *Advances in experimental social psychology* (Vol. 13, pp. 139 – 207). San Diego, CA: Academic Press.

Mandler, G. (1975). Mind and emotion. Huntington, NY: Krieger Publishing Company.

McCullough, M. E., Rachal, K. C., Sandage, S. J., Worthington, Jr., E. L., Brown, S. W., & Hight, T. L. (1998). Interpersonal forgiving in close relationships: II. Theoretical elaboration and measurement. *Journal of Personality and Social Psychology*, *75*,1586 – 1603.

McCullough, M. E., Worthington, E. L., & Rachal, K. C. (1997). Interpersonal forgiving in close relationships. *Journal of Personality and Social Psychology*, *73*, 321 – 336.

133

Morgan, E. S. (2002). Benjamin Franklin. New Haven, CT: Yale University Press.
National Sexual Violence Resource Center (2005). *Worldwide sexual assault statistics*.
Retrieved from http://www. nsvrc. org/publications/fact-sheets/worldwide-sexualassault-
statistics

Oatley, K. , & Johnson-Laird, P. N. (1987). Towards a cognitive theory of emotions.
Cognition and Emotion, 7, 29 - 50.

Pennebaker, J. W. (1989). Confession, inhibition, and disease. In L. Berkowitz (Ed.),
Advances in experimental social psychology (Vol. 22, pp. 221 - 244). New York,
NY: Academic Press.

Pennebaker, J. W. (1990). *Opening Up: The Healing Power of Expressing Emotion*.
New York, NY: Guilford Press.

Pennebaker, J. W. (1994). Some suggestions for running a confession study. Unpublished
manual. Retrieved from website: http://homepage. psy. utexas. edu/homepage/faculty/
Pennebaker/Reprints/

Pennebaker, J. W. (1997). Writing about emotional experiences as a therapeutic process.
Psychological Science, 8, 162 - 166.

Pennebaker, J. W. , & Chung, C. K. (2011). Expressive writing and its links to mental
and physical health. In H. Friedman (Ed.), *Oxford handbook of health psychology.
A general summary of expressive writing research*. New York, NY: Oxford
University Press.

Pennebaker, J. W. , & Chung, C. K. (2007). Expressive writing, emotional upheavals,
and health. In H. S. Friedman & R. C. Silver (Eds.), *Foundations of health
psychology*, 263 - 284. New York, NY: Oxford University Press.

Pennebaker, J. W. , Francis, M. E. , & Booth, R. J. (2001). *Linguistic inquiry and
word count: LIWC2001*. Mahwah, NJ: Erlbaum.

Pollard, P. (1992). Judgments about victims and attackers in depicted rapes: A review.
British Journal of Social Psychology, 31, 307 - 326.

Rosenthal, R. , & Rosnow, R. L. (1985). Contrast analysis: Focused comparisons in
the analysis of variance. New York, NY: Cambridge University Press.

Schachter, S. , & Singer, J. (1962). Cognitive, social, and physiological determinants of
emotional state. *Psychological Review*, 69, 379.

Shortt, J. W. , & Pennebaker, J. W. (1992). Talking versus hearing about Holocaust
experiences. *Basic and Applied Social Psychology*, 13, 165 - 179.

Thoresen, C. E. , Luskin, F. , & Harris, A. H. S. (1998). Science and forgiveness
interventions: Reflections and recommendations. In E. L. Worthington, Jr. (Ed.),
Dimensions of forgiveness: Psychology research and theoretical perspectives. Philadelphia,
PA: Templeton.

Vitz, P. (1990). The use of stories in moral development: New psychological reasons for
an old educational method. *American Psychologist*, 45, 709 - 720.

Wegner, D. M. , & Wenzlaff, R. M. (1996). Mental control. In E. T. Higgins & A. W.

134

Kruglanski (Eds.), *Social Psychology: Handbook of basic principles*. New York, NY: Guilford.

Zajonc, R. B. (1980). Feeling and thinking: Preferences need no inferences. *American Psychologist*, *35*, 151 - 175.

Zechmeister, J. S. , & Romero, C. (2002). Victim and offender accounts of interpersonal conflict: Autobiographical narratives of forgiveness and unforgiveness. *Journal of Personality and Social Psychology*, *82*, 675 - 686.

10. 利用认知失调推动节约用水[①]

克里斯·安·迪克森(Chris Ann Dickerson)

露丝·蒂博多(Ruth Thibodeau)

艾略特·阿伦森(Elliot Aronson)

戴娜·米勒(Dayna Miller)

在一项有关节水的现场实验中,我们通过让使用校园游泳设施的学生对自己的淋浴习惯感到伪善,来引起他们的失调。采用 2×2 析因设计,我们对被试的"正念"进行了操作,即考虑到有时他们洗澡时会浪费水,我们对他们是否做出"公开承诺"进行了控制,然后让他们去敦促其他人缩短淋浴时间。被试被提醒过去的浪费行为后做出公开承诺的"伪善"状态会引起失调,从而会激励他们加大节水的力度。实验结果与这个推理是一致的。与对照组相比,处于伪善状态的研究对象洗澡时间明显缩短。那些仅仅被提醒他们已经浪费了水,或者只是做出了公开承诺的被试,洗澡时间并不比对照组短。研究结果表明,在现实环境中,认知失调可以作为改变人们行为的手段——尤其是对那些已经支持了预期目标但行为却与这些信念不一致的人。

决策者经常试图通过基于信息的说服活动,来改变社区居民的行为。这类信息会以各种形式出现,包括广播公告、报纸广告、标牌、邮件和传单。近年来,由于干旱,加州大学圣克鲁兹分校的管理人员发起了一场类似的大型活动。校

---

① Dickerson, C. A. et al. (1992). Using Cognitive Dissonance to Encourage Water Conservation. Journal of applied social psychology by BLACKWELL PUBLISHING, INC. Reproduced with permission of BLACKWELL PUBLISHING, INC. in the format Book via Copyright Clearance Center.

园报纸刊登了水资源保护办公室的广告;传单被张贴在公告栏中,并寄送到邮箱里。具体来说,加州大学圣城分校的项目鼓励人们将水视为一种宝贵的资源,并采取以节约为导向的行为,例如减少冲厕次数,在刷牙或洗碗时尽可能停止水流,缩短淋浴时间并提高洗浴效率。

这类说服性信息以及信息的有效性并未得到确认。我们所做的一项实验(Aronson & O'Leary, 1983)发现,一些广为人知的要求人们缩短淋浴时间的标语产生了好坏参半的结果。事实上,如果这一信息被过于渲染,甚至可能会适得其反。例如,虽然阿伦森和奥利里的研究中有一些人减少了用水,但其他人却通过破坏这些标语或故意拖延洗澡时间,来表达他们的恼怒。此外,即使人们最初被标语或传单所说服,认为节俭是值得的,但对于这种直截了当的、有时是"胁迫性"要求的效果仍然存在争议。他们可以改变态度,但影响往往是短暂的(Aronson, 1980)。

同样,即便赞扬节水价值的信息成功地改变了人们的态度,也不能确保新的态度会转化为新的行为。社会心理学家早就意识到态度和行为之间的关系是存在问题的(Wicker, 1969)。因此,简单地劝说人们"保护水资源是有益的"可能并不会带来用水量的减少。例如,贝克曼(Bickman, 1972)访谈了500人,了解了他们对清除垃圾所承担责任的态度。虽然94%的被试对清除垃圾表示赞成,但离开实验环境后仅有2%的人真正捡起了实验者故意丢下的垃圾。

我们认为,促进校园节水的一种更为有效的方法,可能是失调状态下的自我说服,而不是正面信息或强制呼吁节约用水的信息。认知失调的动机影响已经被证明可以促进态度和行为的改变(Aronson, 1969, 1980; Brehm & Wicklund, 1976; Freedman, 1965)。与失调相关的技术在许多场合成功地得到了应用:例如,减肥(Axsom & Cooper, 1981)、减轻蛇恐惧症(Cooper, 1980; Cooper & Axsom, 1982),以及促进节能计划(Gonzales, Aronson & Costanzo, 1988)。此外,帕拉克和他的同事们已经证明,与失调相关的干预措施可能会导致持久的行为改变。纵向研究表明,对公众承诺加以控制,会导致人们在六个月或更长时间内减少能源消耗(Pallak, Cook & Sullivan, 1980; Pallak & Cummings, 1976; Pallak, Sullivan & Cook, 1976)。

费斯汀格认为,当一个人的心理拥有两种不一致的认知时,他会体验到认知失调:一种类似饥饿或口渴的不愉快的内驱状态(Festinger, 1957)。一旦引起失调，个体便会受到驱动去减少这种失调，主要是通过态度或行为上的改变来重构一致性。在费斯汀格进行了最初的概念界定之后不久，阿伦森提出了基于自我预期的失调理论：即当人们做出与自我概念相偏离的事情时，他们的预测是最为清晰的(Aronson，1960，1968)。我们大多数人对自己都有一些共同的信念：例如，我们是善良的、有道德的、有竞争力的人。因此，如果选择去做出与这些重要的自我信念相背离的行为时，人们应该会产生失调。

考虑到自我概念在唤起失调时所起到的核心作用，阿伦森(1980)提出，与失调相关的说服，可能比直接的说服诉求更有效。在某种典型的说服情境下，例如涉及信息(宣传)互动的情况下，人们会改变他们的观点，因为他们已经被来自外部的信息源说服了。这类态度转变的一个令人遗憾的特征是，它常常是变化无常的。譬如，我因为听到有说服力的论点支持某种立场而改变了态度，但假如我又听到了更好的论点支持另一种立场，我便很可能会再次改变态度。人们对这种态度没有太多的参与。

相比之下，失调引起的说服则是高度参与的，因为它需要挑战一个人的自我概念。例如，如果我相信自己是一个有道德的人，然后发现自己做了一件自认为不道德的事情，我便会感受到失调。为了减少这种失调，我需要重新思考，或者"证明"我的行为合乎道德，以使它们更加符合我的自我概念。这一点一般是通过改变相应的态度或行为来实现的。这种微妙的自我说服形式之所以有效，是因为个体的自我概念直接参与到态度或行为改变的过程之中(Aronson，1980)。

也许，与失调相关的说服最为明显地体现在态度相反的倡议范式中(Cohen，1962；Festinger & Carlsmith，1959；Nel，Helmreich & Aronson，1969)。在这个过程中，被试在高选择或低激励条件下，被诱导去说服他人相信他们自己不相信的东西。这些被试随后开始相信自己的说辞；也就是说，他们通过说服自己"与他们态度相反的陈述，实际上是他们真实信念的反映"来减少失调。

根据定义，态度相反的倡议范式要求实验者诱使人们捍卫他们最初反对的立场。这一要求给我们利用这项技术来促进节水的努力带来了问题。节水是每个人都已经认可的一个"绝对正确"的问题——即便不是人人都能做到这一点。但是，最近，阿伦森和他的同事们(Aronson et al.，1992)开发了一个修改版的程序,以便可以在态度一致条件下使用。这个新程序包括创设某种伪善的感觉。这是通过诱使被试鼓励其他人进行某些有价值的行为来实现的。然后提醒被试,有时他们自己的行为与这些目标并不一致。从本质上讲,被试面临着这样一种认知:他们并不总是按自己所宣扬的那样去做。这种认知被认为会带来失调,因为"作为一个伪君子"将与大多数人"作为正直的人"的自我概念不一致。因此,被试应该受到激励:采取一种与他们所持态度更为一致的方式去行事,以减少失调。

在一项有关艾滋病预防的实验中,阿伦森等人(Aronson,Fried & Stone,1991)探讨了这种新程序所导致失调的特征。他们采用 2×2 析因设计,让被试对使用避孕套产生伪善感。所有被试都撰写了与通常态度一致的演讲稿,提倡在所有的性接触中使用避孕套。然后,一半的被试简单地练习了演讲稿中的论点。其余的人则通过录像带录制了他们准备好的演讲稿,他们相信这些演讲稿会作为艾滋病预防计划的一部分向高中生展示。然而,在录制演讲之前,其中一半的被试会被提醒以往他们没有使用安全套的情形。这样看,所有被试都认为使用安全套很重要,并且都撰写了一篇演讲稿来论证这一点。然而,只有那些既拍了录影带又被提醒有过不安全性行为的人才会产生伪善感,研究者预期这些被试将来会通过增强使用避孕套的意愿来减少失调。阿伦森等人(1991)的研究结果与这一假设完全一致。与其他条件下的被试相比,受到伪善条件控制的被试相对于过去,表现出更强的使用安全套的意愿。

该实验的结果令人鼓舞,表明"伪善"的条件控制会导致失调。此外,研究者还进行了一项后续实验(Stone,Aronson,Crain,Winslow & Fried,1992),实验中采用了行为测量而非自我报告的行为意图。具体而言,在上述每一种情况下,被试都有机会以大幅折扣购买避孕套。在伪善的条件下,83%的被试购买了避孕套,这一比例明显高于其他三种情况。

被试是否确因伪善的条件控制而增加了避孕套的使用量?事实上,这一点显然是难以确定的。毕竟,研究者不能跟随人们进入卧室观察他们使用避孕套的行为。然而,至少在公共体育设施里,研究者可以跟随人们进入浴室。本实验以节水为目标行为,在现场条件下考察伪善诱导程序的效用。实验采用了阿伦森等人的观点(Aronson et al.,1991),公众支持节水的承诺与旨在使被试意识到他们过去浪费水的反馈相关联。他们意识到水资源保护的承诺会得到公众的认可。在承认他们支持水资源保护这项工作后，一半的被试同意帮助说服其他人节约用水。此外，有一半的被试被提醒没有达到他们自己的标准，有时甚至存在浪费。被试既公开承诺鼓励其他人节约用水，又被提醒他们自己浪费了水，这种情况是为了让被试感受到伪善。感受到伪善的被试会希望通过减少淋浴用水来降低失调。

方法

研究步骤

女性游泳者在离开游泳池、前往更衣室的路上被拦了下来。一名女性实验者（实验者1）假扮成校园水资源保护办公室的成员，去接近每一位潜在的被试，问她是否愿意抽出一点时间来帮助完成一个节水项目。然后，根据实验条件，被试要么回答一些问题，要么在一份传单上签字，要么两者兼而有之。她们与第一位实验者的互动在得到致谢后停止。然而，在被试不知情的情况下，另一位女性实验者（实验者2）正在淋浴间等候，她会娴熟地对每位被试的淋浴时间进行记录，并留意观察她们在打肥皂时是否会让水流停下来。

实验设计

在这里有两个因素被加以控制：被试对他们有时会出现浪费性的洗澡行为的"正念"，以及被试对环保行为的"承诺"。这个2×2析因设计得出以下条件：（1）正念加承诺（伪善），（2）仅有正念，（3）仅有承诺，（4）没有正念/没有承诺（无控制条件的对照组）。我们的主要因变量是实际用水量，这体现在被试淋浴时间的长短上。作为对被试节约用水意愿的粗略估量，我们还会留意被试在使用肥皂、洗发水或护发素时是否关闭淋浴。

被试

这项研究的被试是80名在校园游泳池锻炼后使用淋浴的女性游泳者。之所以女性被选入这项研究，是因为我们只打算在女性更衣室里收集数据。我们使用游泳者是因为预先测试表明，游泳者在离开体育设施之前应该会淋浴和洗头。尽管大多数游泳者在洗澡时会使用洗发水或肥皂（以去除头发和皮肤上的氯），但为了减少组内无关的差异，那些在淋浴时直接冲洗的人被排除在研究之外。这种排除是极少的，不会导致不同控制条件下被试数量的明显差异。

实验装置

淋浴房的特定配置对本研究的设计至关重要。游泳池和女更衣室是同一个综合设施的一部分，可以从池边直接进入淋浴房。淋浴房是一个很大的开放式房间，大约 15 英尺宽，25 英尺长，没有独立的淋浴隔断或窗帘。有 13 个淋浴喷头，沿着淋浴间的墙壁排开，在工作时间内的任何时候通常都会有许多人在这里淋浴。通常情况下，至少有两到三名女性作为被试和实验者 2 同时使用淋浴房。经常有超过五位女性在洗澡。在这种情况下，很容易在不引起注意或招致怀疑的情况下收集相关信息。此外，它确保了实验者 2 的存在不太可能对被试的行为产生能够察觉到的影响。

程序

在从游泳池到淋浴房的途中，实验者 1 会单独接触被试，她介绍自己是校园水资源保护办公室的成员。在询问被试是否有空闲时间后，实验者 1 询问被试是否正要去洗澡，以及她是否赞成节约用水。如果被试对这些问题的回答是"是"，实验者 1 便会查阅一张随机化图表，然后按照实验控制条件按向她提出具体要求。

在只有正念的条件下，她会要求被试口头回答一个由一系列简短问题组成的"调查"，比如：（1）洗澡时，你是否总会在打肥皂或洗头时关掉水龙头？（2）当你洗澡时，你总是尽量缩短淋浴时间，还是有时淋浴时间过长？（3）在你看来，一个普通人在不浪费水的情况下洗澡和洗头大约需要多长时间？（4）你在淋浴房里平均淋浴时间有多长？这些问题旨在提醒被试，她们在洗澡时有时会浪费水。

在只有承诺的条件下，被试会被要求帮助校园保护工作，用一支厚重的黑色签字笔在传单上签上自己的名字，上面写着："请节约用水。淋浴时间要短一些。打肥皂时关掉淋浴。如果我能做到，你也能做到！"实验者 1 解释说，传单将贴在校园内分发的海报上，这些海报旨在鼓励校园社区里的其他成员节约用水。在提出这一要求的同时，实验者 1 会将被试的注意力吸引到附近展示的内容相同的彩色巨幅海报上，并告诉被试已经在女更衣室外张贴了同样的海报。

在伪善的条件下（正念加承诺），被试首先对简短的"正念"调查做出回应，然后签署如上所述的"承诺"传单。

第四种情况作为非干预对照组。从本质上讲，被试在这种情况下的行为反映了大学为节约用水而采取的干预措施的基准反应。由于加州持续干旱，加州大学圣克鲁兹分校一直在积极促进水资源保护。校园报纸上的宣传语和张贴在公共布告栏上的传单都在敦促校园社区成员减少用水。与这项研究最为关联的是，这所大学在所有淋浴房里都张贴了一个非常醒目的标牌。牌子上写着："洗澡时间要短一点。打肥皂的时候关掉水龙头。"

实验者

两位实验者都是女生。她们的行动会被细致地加以协调。实验者 1 站在从游泳池露台通向体育设施综合设施的一个大门口附近。这是个有利的位置，她能够在这里拦截所有离开游泳池进入更衣室的女游泳者。实验者 2 会坐在靠近女更衣室的后门的游泳池边晒太阳。这里离实验者 1 的位置大约有 30 英尺。当实验者 1 开始与被试进行互动时，实验者 2 会观察到，并确保她之后能够识别出这位被试，以便对她收集相关的信息。

当实验者 1 接近某位潜在的被试时，她会问这位被试是否是在去洗澡的路上，接下来问她是否可以抽出一点时间参加一个节水项目。如果被试对这两个问题的回答都是肯定的，那么实验者 1 在继续互动之前，会随意抓挠自己的膝盖。膝盖抓挠是给实验者 2 发出的一个信号，她会很快进入更衣室的后门，在那里等待实验对象的同时开始洗澡。这一过程会确保实验者 2 不知道实验者 1 向被试传递的是哪种控制条件。

当被试进入淋浴房时，实验者 2 已经在那里洗澡了。为了保证实验者 2 不会影响被试的行为，我们采取了一些预防措施。首先，如上所述，这里的环境是一个很大的浴室，经常有许多女性在这里洗澡。这降低了实验者 2 的存在对被试产生任何显著影响的可能性。另外，由于实验者 2 经常在淋浴房待上 10 到 15 分钟，她总是把洗发水、护发素、剃刀和梳子带进淋浴房。这些都是必要的，以便于她的淋浴看起来尽可能自然。实验者总会在洗澡的时候开着水龙头，这是为了避免对被试打开或关闭水龙头产生任何可能的影响。

因变量的测量

实验者 2 戴着一块防水的运动手表，当被试打开淋浴时，她会不动声色地启动手表计时。她还会观察被试在打肥皂或洗发水时是否会关闭淋浴。为了准确评估用水量，当被试关闭淋浴时，手表计时会停下来，如果被试再次打开淋浴继续洗澡，手表便会重新启动计时。

结果

对不同控制条件的考察

对于调查中的第一个问题"你赞成节约用水吗?"所有被试都回答了"是"，由此表明她们对这个问题的态度都是积极的。在正念被控制的两种情况下，被试对这组简短问题的回答证实，她们意识到自己洗澡有时会有浪费水的习惯。也就是说，所有被试的回答是：(a)她们并不总是尽可能短时间地洗澡；(b)有时他们淋浴的时间会超过必要的时间；(c)她们在打肥皂或洗头时并不总是关掉淋浴。

淋浴时间

对被试的淋浴时间(以秒为单位)进行了双因素方差分析(表 10.1)。承诺和正念没有显著影响，两个因素的交互作用也没有统计学意义，$F(1,76) = 1.48$，$p < .26$。然而，对平均淋浴时间的事前比较显示，伪善组(M=220.5 秒)和对照组(M=301.8 秒)之间存在显著差异，$F(1, 39) = 4.23$，$p < .05$。只有承诺组(M=247.7 秒)与只有正念组(M=248.3 秒)的平均值没有差异，它们与对照组或伪善组之间的差异也不显著。

表 10.1　平均淋浴时间(秒)

控制条件	平均值	标准差
只有正念	248.3	146.07
只有承诺	247.7	104.05
正念/承诺(伪善)	220.5	100.62
没有正念/没有承诺(对照)	301.8	142.32

142

关掉淋浴的情况

我们还比较了每种条件下的被试在洗头或打肥皂时关闭淋浴的频率。总体卡方分析显示，所有四组在该二分法测量上存在显著差异($\chi^2 = 7.742$, $df = 3$, $p < .052$)(表 10.2)。其次，对伪善组和对照组的比较显示在预期方向上存在显著差异，伪善组比对照组更经常关掉淋浴($\chi^2 = 4.912$, $df = 1$, $p < .027$)。

表 10.2　关掉淋浴的频次

控制条件	是	否
只有正念	14	6
只有承诺	14	6
正念/承诺(伪善)	14	6
没有正念/没有承诺(对照)	7	13

然而，伪善条件下的频次与只有正念和只有承诺条件下的频次没有区别。事实上，这三种情况下的结果是相同的，每组 20 名被试中有 14 名会关闭淋浴，而对照组只有 7 名($\chi^2 = 7.742$, $df = 1$, $p < .005$)。

讨论

这个实验的结果与我们的假设是一致的，即伪善条件下的被试会产生更高程度的失调，因而使得她们比其他条件下的被试更加努力地节约用水。具体来说，只有这种情况下的被试比对照组的人洗澡时间短得多。然而，出乎意料的是，伪善组被试的淋浴时间并没有明显短于正念或承诺条件下的被试，这两组被试所用的时间都在伪善组和对照组之间。此外，处于正念和承诺条件下的被试与处于伪善条件下的被试一样，在洗澡时会关掉水龙头。在所有三种情况下，这种行为发生的频率明显高于没有控制组。

总的来说，这一结果表明，所有三组被试都有节约用水的动机，尽管这一效果对伪善组被试而言最为强烈。也就是说，与没有失调的体验相比，处于正念和承诺条件下的被试可能也经历了一些伪善的感觉，尽管这种感觉比他们另外的同学温和一些。在前一种情况下，被试暴露在可能引起伪善情绪的操纵之下。例如，在承诺条件下，被试签署了一份传单，上面写着："洗得短一点。如果我能做到,你也能做到!"对于过去浪费过水的被试来说,即使没有提高效率的正念操作,这种说法也可能会被认为有些虚伪。同样,对精神正常的被试而言,在实验者在场的情况下她们表达了肯定性的环保态度(回想一下,对于最初的问题,"你赞成节约用水吗?"每个人的回答都是"是的"),之后她们意识到自己的态度和行为之间存在差异,也就是说,她们并不总是用尽可能短的时间洗澡。这种意识可能会让这些人产生一些伪善或失调的感觉。

为什么这两种条件下的被试都通过关掉水龙头来减少失调,而她们所用的淋浴时间却没有比对照组短? 一个可能的原因是,关闭淋浴是一个相当现实而具体的方式,以表明她们节约用水的承诺。因此,它为那些有心节水的被试自然而然地提供了行动的"第一步",这是帮助她们减少失调最为明确且最为可行的途径。然而,与对照组被试不同的是,这些被试并没有采取其他伪善控制。这一发现与我们的解释是一致的,即伪善的被试经历了最高程度的失调,因此,她们更有动力按照她们的原则去行事:关掉淋浴和实际使用更少的水。最后,值得注意的是,我们的主要因变量,减少淋浴时间而不是关掉水龙头,才是真正的节水举措,关掉水龙头不过是一个实现这一目标的可能途径。

这项实验中的发现,是否因为另外的原因而并非来自失调的驱动? 例如,被试是否可能仅仅因为实验操作使她们支持水资源保护的态度变得突出而采取了节约用水的措施? 尽管我们的控制条件可能在一定程度上起到了"唤起"被试态度的作用,但我们认为淋浴时间所取得的结果不太可能仅仅是因态度可及性或显著性影响所致。提醒被试在一种或三种实验条件下开始洗澡,意味着对这一种或三种实验条件都持赞成态度。然而,被试对水的实际使用量却明显减少。此外,之前讨论过的安全套实验结果(Aronson et al., 1991; Stone et al., 1992)并不支持对目前研究结果的"启动"解释。这些研究采用了类似的操作方法,并且是在更为可控的实验室条件下进行的,结果表明,与所有其他实验条件相比,伪善组被试的失调情绪显著增加。

尽管如此,当前的这项研究中,伪善组的被试们可能经历了某种更为强烈的启动效应,因为她们接受了正念和承诺的操作。虽然不能排除这种替代性解释,但仔细观察程序的细节会使这种解释显得不太可信。具体而言,处于伪善条件下的被试与处于正念条件下的被试得到的是相同的待遇,只是前者还签署了一份鼓励他人节约用水的传单。这张传单上没有任何新的信息,除了已经在

144

正念条件下呈现的信息外，它只是重申了淋浴时节约用水的方法。事实上，这些信息也被悄悄地张贴在淋浴房和相邻更衣室的其他显著位置。因此，在伪善的条件下，这种多余的信息在更广泛的正念操作之后仅仅几秒钟就出现了，这似乎是值得怀疑的，它是否会对任何一种操作单独导致的"启动效应"作出显著贡献。相反，我们认为，签署传单的影响是，它让伪善组的被试不安地意识到自己宣扬了她们并未一向坚持做过的事情，从而解释了她们节约用水的更大动机。然而，未来相关的研究是有必要的，这些研究可以确定：上述发现最好的解释是失调的唤起，还是通过启动提高了态度的可及性。尤其是，基于失调研究中"唤起的错误归因"范式的实验室研究(Zanna & Cooper，1974)将对这一问题提供重要的启示。

虽然不能完全排除"启动"解释，但结合阿伦森等人的研究结果(Aronson，1991；Stone et al.，1992)，伪善的感觉可能导致失调，从而促使人们让自己的行为更接近他们的信念。此外，近年来，有人提出，个人必须产生"可预见的厌恶性后果"来体验失调(Cooper & Fazio，1984；Thibodeau & Aronson，1992)。我们的研究结果对这种新的失调理论提出了质疑。遵从实验者的要求所产生的任何后果，都只能通过鼓励其他人节约用水，以及帮助"水资源保护办公室"进行调查来促进节水。节水并不是一件令人厌恶的事情，本研究中所有的被试都支持这样做。

在当前的这项实验中，被试最终体验到了某种失调的态度。这是针对传统的用于失调研究的反态度主张操纵的一个新的转折点，并为将该理论应用于现实世界带来了新的机会。特别是，按照我们采用的伪善做法进行干预，可能会成功地促使人们按照他们对某一特定问题所持的良好的态度采取行动，例如节约用水、使用避孕套、资源回收利用等等。显然，使用失调的唤起作为改变行为的策略，比简单地悬挂标语或张贴传单要复杂得多。然而，如前所述，研究表明，与其他说服手段产生的变化相比，认知失调引起的态度和行为的变化往往更持久，也更可能迁移到新的环境之中(Aronson，1980)。因此，从长远来看，与失调有关的说服可能被证明是一种颇为经济的方法，可供决策者在各种环境中使用，尤其是那些目标是在态度和信念之间产生更高程度一致性的环境。

参考文献

Aronson, E. (1960). *The cognitive and behavioral consequences of confirmation and disconfirmation of expectancies*. Application for Research Grant submitted to the National Science Foundation, Harvard University.

Aronson, E. Dissonance theory: Progress and problems. (1968). In R. Abelson, E. Aronson, W. McGuire, T. Newcomb, M. Rosenberg, & P. Tannenbaum (Eds.), *Theories of cognitive consistency: A sourcebook* (pp. 5 - 27). Chicago, IL: Rand McNally.

Aronson, E. (1969). The theory of cognitive dissonance: A current perspective. In L. Berkowitz (Ed.), *Advances in experimental social psychology* (Vol. 4, pp. 1 - 34). New York, NY: Academic Press.

Aronson, E. (1980). Persuasion via self-justification: Large commitments for small rewards. In L. Festinger (Ed.), *Retrospection on social psychology* (pp. 3 - 21). Oxford University Press: Oxford.

Aronson, E. (1992). The return of the repressed: Dissonance theory makes a comeback. *Psychological Inquiry*, *3*, 303 - 311.

Aronson, E., & Carlsmith, J. M. (1963). Effect of severity of threat on the valuation of forbidden behavior. *Journal of Abnormal and Social Psychology*, *66*, 584 - 588.

Aronson, E., Fried, C., & Stone, J. (1991). Overcoming denial: Increasing the intention to use condoms through the induction of hypocrisy. *American Journal of Public Health*, *18*, 1636 - 1640.

Aronson, E., & O'Leary, M. (1983). The relative effectiveness of models and prompts on energy conservation: A field experiment in a shower room. *Journal of Environmental Systems*, *12*, 219 - 224.

Axsom, D., & Cooper, J. (1981). Reducing weight by reducing dissonance: The role of effort justification in inducing weight loss. In E. Aronson (Ed.), *Readings about the social animal* (3rd ed., pp. 181 - 196). San Francisco, CA: Freeman.

Bickman, L. (1972). Environmental attitudes and actions. *Journal of Social Psychology*, *87*, 323 - 324.

Brehm, J., & Wicklund, R. (1976). *Perspectives on cognitive dissonance*. Hillsdale, NJ: Lawrence Erlbaum Associates.

Cohen, A. (1962). An experiment on small rewards for discrepant compliance and attitude change. In J. Brehm & A. Cohen (Eds.), *Explorations in cognitive dissonance* (pp. 73 - 78). New York, NY: Wiley.

Cooper, J. (1980). Reducing fears and increasing assertiveness: The role of dissonance reduction. *Journal of Experimental Social Psychology*, *16*, 199 - 213.

Cooper, J., & Axsom, D. (1982). Effort justification in psychotherapy. In G. Weary & H. Mirels (Eds.), *Integrations of clinical and social psychology* (pp. 98 - 121). New York, NY: Oxford University Press.

Cooper, J., & Fazio, R. (1984). A new look at dissonance theory. In L. Berkowitz (Ed.), *Advances in experimental social psychology* (Vol. 17, pp. 229 - 265). New York, NY: Academic Press.

Festinger, L. (1957). *A theory of cognitive dissonance*. Palo Alto, CA: Stanford University Press.

Festinger, L. , & Carlsmith, J. M. (1959). Cognitive consequences of forced compliance. *Journal of Abnormal and Social Psychology*, *58*, 203 - 210.

Freedman, J. (1965). Long-term behavioral effects of cognitive dissonance. *Journal of Experimental Social Psychology*, *1*, 145 - 155.

Gonzales, M. , Aronson, E. , & Costanzo, M. (1988). Using social cognition and persuasion to promote energy conservation: A quasi-experiment. *Journal of Applied Social Psychology*, *18*, 1049 - 1066.

Nel, E. , Helmreich, R. , & Aronson, E. (1969). Opinion change in the advocate as a function of the persuasibility of the audience: A clarification of the meaning of dissonance. *Journal of Personality and Social Psychology*, *12*, 117 - 124.

Pallak, M. , Cook, D. , & Sullivan, J. (1980). Commitment and energy conservation. In L. Bickman (Ed.), *Applied social psychology annual* (Vol. 1, pp. 235 - 253). Beverly Hills, CA: Sage Publications.

Pallak, M. , & Cummings, W. (1976). Commitment and voluntary energy conservation. *Personality and Social Psychology Bulletin*, *2*, 27 - 30.

Pallak, M. , Sullivan, J. , & Cook, D. (1976). *The long-term effects of commitment on voluntary energy conservation*. Presented at the meeting of the Midwestern Psychological Association, Chicago, IL.

Stone, J. , Aronson, E. , Crain, L. , Winslow, M. , & Fried, C. (1992). Creating hypocrisy as a means of inducing young adults to purchase condoms. (In preparation.) University of California at Santa Cruz.

Thibodeau, R. , & Aronson, E. (1992). Taking a closer look: Reasserting the role of the self-concept in dissonance theory. *Personality and Social Psychology Bulletin*, *18*, 591 - 602.

Wicker, A. (1969). Attitudes versus actions: The relationship of verbal and overt behavioral responses to attitude objects. *Journal of Social Issues*, *25*, 41 - 78.

Zanna, M. , & Cooper, J. (1974). Dissonance and the pill: An attribution approach to studying the arousal properties of dissonance. *Journal of Personality and Social Psychology*, *29*, 703 - 709.

11. 基于心理治疗的审判：对杰里·桑达斯基案的再审①

弗雷德里克·克鲁斯(Frederick Crews)

编者按：对许多美国人来说，杰里·桑达斯基(Jerry Sandusky)这个名字会引起他们深深的厌恶。毕竟，对社会性动物而言，人们对儿童性虐待的认识可谓底线中的底线。每一种文化都是如此。在监狱里，那些猥亵儿童者需要特别保护，以免受到其他囚犯的攻击；即使是杀人犯，在道德上也比他们优越。正是这种对桑达斯基这样的人发自内心的反应，使得克鲁斯教授(以对弗洛伊德心理学的深入批判而闻名)的这篇文章(节略本)如此引人注目。在本文中，克鲁斯回顾了马克·彭德格拉斯特(Mark Pendergrast，2017)近作中的观点。克鲁斯讨论了彭德格拉斯特书中的证据，显示桑达斯基可能是无辜的，一个被视为真实的错误记忆的受害者。《社会性动物》的读者都会知道，伊丽莎白·洛夫特斯(Elizabeth Loftus)展开的数十年实验研究表明，人们可以绝对确信，他们记得那些显然从未发生过的事件的细节。即使是真实发生过的事情，记忆也会出错，而且它可能会被社会影响所扭曲，比如心理疾病治疗、警察审讯，或者仅仅和朋友谈论过去发生过的事件。这篇文章提出了关于创伤事件记忆有效性的问题，这些事件被认为是受到"压抑"的，在很多年后被治疗师或执法人员帮助"恢复"。桑达斯基案，或许是迄今最为臭名昭著的猥亵儿童案，也可能是一个令人震惊的错误记忆综合征的典型案例。我们收录克鲁斯对彭德格拉斯特作品的回顾，不是为了让读者相信桑达斯基是无辜的，而是为了激发读者对社会心理学在评估目击证人证词和记忆内容相关性方面的批判性思考，以及在法律

① Frederick Crews，"Trial by Therapy：The Jerry Sandusky Case Revisited，" Skeptic，https://www.skeptic.com/reading_room/trial-by-therapy-jerry-sandusky-case-revisited/. Used by permission of Skeptic.

案件中确认偏见和认知失调的更为普遍影响。一个无辜的人,把自己的一生奉献给了弱势儿童,却要在监狱里度过余生是否公平? 请继续你的阅读,并做出自己的判断。如果你有兴趣对此有更多的了解,你可以深入研究一下彭德格拉斯特在《美国最可恨的人:杰里·桑达斯基和仓促的判决》一书中提供的证据。

　　"对他们中的一些人来说,要唤起他们因遭受被告那令人震惊的虐待而长期埋藏的记忆是极其困难的。"
　　——宾夕法尼亚州司法部长琳达·凯利(Linda Kelly)在桑达斯基有罪判决后

　　几个月来,有关公众人物性虐待的话题,震惊了整个国家——从我们的总统到普通民众。这是可以理解的,记忆中还没有哪个案件比最近的丑闻那样令人震惊。2012年6月,68岁的杰里·桑达斯基——三十年来一直作为宾夕法尼亚州立大学传奇足球教练乔·帕特诺(Joe Paterno)的得力助手,因45项猥亵儿童罪被判有罪,并被关进监狱——实际上,他将在那里度过自己的余生。桑达斯基被指控对一系列恋童案负责,牵扯面之大令人难以想象。

　　桑达斯基的10名自认受害者在他接受审判时露面,其他人后来也站了出来。宾夕法尼亚州立大学最终支付了1.09亿美元的赔偿金,赔偿给至少35名在举报虐待事件发生时还是小学生的男子。甚至这35人或许也只是其中的一小部分。自1977年以来,桑达斯基领导了一个他本人为弱势男孩设计的大型慈善项目"第二英里",这被认为是他为自己提供的一个"糖果屋",帮助那些男孩"改变"并提供自己与他们相处的机会。

　　桑达斯基案是如此令人沮丧,它导致了宾夕法尼亚州立大学校长格雷厄姆·斯帕尼尔(Graham Spanier)、副校长加里·舒尔茨(Gary Schultz)、体育总监蒂姆·柯利(Tim Curley)和偶像教练乔·帕特诺(在84岁高龄、服役61年后),因桑达斯基的罪行而被立即解雇。具体来说,他们在接到有关某项可怕事件的举报后没有采取行动。帕特诺在蒙羞两个月后死于肺癌。舒尔茨和柯利后来被指控犯有重罪,他们承认了侵犯儿童的指控,并因此分别被判处两年监禁(未完全服刑)。斯帕尼尔校长为自己做了无罪申辩,但被判犯有同样的罪行,并被判处4至12个月的监禁和软禁(他的上诉仍在进行中)。在桑达斯基本人被定罪后,宾夕法尼亚州立大学被罚款 8.6 亿美元,并因将体育的狂热追求置于弱势儿童健康之上而受到了谴责和制裁。

所有的愤怒都与桑达斯基被指控罪行的堕落程度相对应,在大陪审团的"陈述"公开并在 7 个月后的审判中再次陈述后,一些耸人听闻的新闻报道披露了桑达斯基被指控罪行的堕落程度。例如,在控方讯问下,亚伦·费舍尔(Aaron Fisher)认可在 2006 年至 2008 年期间,他被迫进行了超过 25 次的口交。瑞安·里特迈耶(Ryan Rittmeyer)声称,在最初抵制了桑达斯基的示爱之后,他还是让步了,并多次与施虐者进行了口交。根据布雷特·霍兹(Brett Houtz)的说法,桑达斯基曾在淋浴房、桑拿间和酒店房间里骚扰他,迫使他做出"69"姿势。据豪兹(Houtz)报道,类似的事件达 40 多起,每周会发生两三次。而萨巴斯蒂安·帕登(Sabastian Paden)向大陪审团描述了自己所受到的一些更为野蛮的虐待。

然而,这些陈述中没有一个人能像迈克·麦克奎里(Mike McQueary)那样被人们记住,他曾是宾夕法尼亚州立大学的四分卫和教练,在世纪之交还是一名研究生,一直在教练组当助手。有两个因素使麦克奎里与众不同。首先,在 2012 年之前,他是唯一一个声称见过桑达斯基猥亵男孩的精神正常的人。其次,他是一个告密者,是他将事情报告给了帕特诺教练和体育总监柯利、副校长舒尔茨和斯潘尼尔校长。"记住洗澡的那个小男孩,"州长汤姆·科贝特(Tom Corbett)告诫即将解雇这四个人的董事会。而那个洗澡的男孩也是美国公众会应当记住的。

从 2011 年 11 月大陪审团的陈述来看,麦克奎里在十年前所看到的情况是毋庸置疑的。2002 年 3 月 1 日晚上 9:30 左右,麦克奎里在走进宾夕法尼亚州立大学拉什球大楼的更衣室时,听到了"有节奏的拍打声",显然是在性交。果然,当他窥视公共淋浴区的时候,他看到了一个大约 10 岁的男孩,双手放在墙上,被杰里·桑达斯基猥亵。麦克奎里慌忙离开,但在第二天早上他将此事告知了帕特诺,他错误地认为帕特诺和他的上级会向警方告发桑达斯基。

麦克奎里的陈述一经公之于众,桑达斯基在第二年春天被定罪便已成局。事后,该校新一届董事会急忙作出赔偿。除了向索赔人支付可观的赔偿金外,董事会还接受了惩罚和制裁,收紧了对性虐待的相关规定,完全接受了前联邦调查局局长路易斯·弗里(Louis Freeh)尖刻的报告,对那些蒙羞的校领导

"完全和一贯的漠视受到桑达斯基伤害的那些孩子的安全和健康"表示痛惜。从 2012 年 7 月发表索赔 830 万美元的弗里报告到现在,这一切已经得到了公认。2018 年春天,事件的真相被以现代美国人看来最具说服力的形式记录下来:一部 HBO 频道推出的纪实影片。在这部影片里,阿尔·帕西诺(Al Pacino)扮演了麻烦缠身的乔·帕特诺。

然而,并非所有人都同意这样的判决。约翰·斯内登(John Snedden)是一名联邦探员,负责确认被解雇的校长格雷厄姆·斯潘尼尔是否应该被取消国家安全许可,但他在一项为期四个月的独立调查中没有发现任何行政不当行为的证据。斯内登在一份长达 110 页的报告中写道,在此并没有掩盖事实,因为没有什么可以掩盖。斯内登向弗里的调查人员提供了他的证据,但他们不予理睬。约翰·齐格勒(John Ziegler),一位保守的脱口秀主持人和纪录片制作人,独立地得出了与斯内登相同的结论,当然没有人会注意到他的论点。

齐格勒一直被一个导致失调的问题所困扰:以道德楷模著称的帕特诺怎么会对自己前助手恋童癖强奸的消息置之不理? 齐格勒开始调查时只想替帕特诺辩护。然而,令他吃惊的是,他最终相信桑达斯基本人也是无可指摘的。这一推论能否得到一贯而全面的论证呢?

彭德格拉斯特的分析

有关论证已经出现了,来自一本被所有重要出版商拒绝出版的书,该书最终于 2017 年 11 月由不太出名的宾夕法尼亚州梅克尼斯堡的森伯里出版社出版。这部作品很大程度上被评论家们忽视了。然而,它得到了世界著名心理学家伊丽莎白·洛夫特斯和强制审讯及虚假供词领域的首席专家理查德·利奥(Richard A. Leo)的大力支持。如果他们是正确的,马克·彭德格拉斯特 391 页的《美国最可恨的人:杰里·桑达斯基和仓促的判决》便可以为宾夕法尼亚州立大学和桑达斯基洗掉耻辱。在刑期的最初几年里,他被关押在戒备森严的州监狱里,每天单独监禁 22 小时。最近,由于得到了工作人员和狱友的信任,他才从这所监狱里获得了一些特权。

彭德格拉斯特是一位独立学者和科学作家,居住在佛蒙特州,他长期关注错误的"记忆恢复"的心理及其灾难性后果(我查阅了他 1994 年出版的关于这个主题的第一本书)。和几乎所有主流媒体的消费者一样,彭德格拉斯特最初对有关桑达斯基不端行为的报道不以为意。但当他 2013 年收到了一条线索，声称这个案子似乎有记忆恢复在起作用时，他很感兴趣并竭力去弄清一切。在研究了所有相关文件，与桑达斯基通信并探望了他两次，采访了他的家庭成员、桑达斯基"第二英里"计划的校友和其他涉案人员后，彭德格拉斯特发表了反对共识的有力论据。下面我要说的一切都是基于《美国最可恨的人》最新版本的详细证据和推理。

从公众的角度来看，桑达斯基的犯罪行为集中体现在迈克·麦克奎里所描述的令人厌恶的浴室性交的情景中。对于麦克奎里的证词，他自己也承认，在他的脑海中"多次反复"地被重新定义过——从 2010 年 11 月他第一次向警方陈述，到 2012 年春季桑达斯基出庭受审，经历了多个阶段。例如，在最后一个版本中，他曾三次而不是两次偷看淋浴房，他"砰"的一声关上储物柜的门，阻止了桑达斯基的攻击——对于一个 26 岁、6 英尺 5 英寸、220 磅重的运动员来说，这是一种怪异的胆怯做法，他可以"对"正在发生的强奸儿童事件"有所作为"。更重要的是，麦克奎里声称自己亲眼目睹了肛门侵入，而这一点直到很晚才确定下来。事实上，有一次，他向副地方检察官乔内尔·埃什巴赫（Jonelle Eshbach）抱怨说，她歪曲了自己的说法，以便听起来更加确切，但他却被要求闭嘴。

麦克奎里的犹豫不决可能会让人怀疑他最后一次证词的准确性。而且，碰巧的是，他后来的每一次叙述都与他对人们做出的第一次叙述有着更大的不同。那么，哪个说法应该被相信呢？答案是显而易见的。2010 年至 2012 年，麦克奎里重温了十年前的事件，他现在根据警方和检察官向他披露的对桑达斯基的其他令人震惊的指控，重新审视了这一事件；但在第一次审判中，他向人们讲述的是刚刚发生的经历。很明显，在那次审判中，桑达斯基的陪审团认定在强奸案中他应该无罪释放。

然而，这便是麦克奎里陈述最值得信赖的转述。在他进入更衣室之前，他在更衣室外面听到了拍打的声音，这对他来说是件很性感的事情。他后来会说："想象会出现在你的脑海里。"在他走到储物柜前的几秒钟内，声音停下来了。出于好奇，他透过镜子向浴室里望去，瞥见了一个男孩。然后一只伸出的胳膊把男孩拉了回来。麦克奎里吓坏了，以为他差点错过了见证一起强奸案。但他的确见证了吗？

151　　　　在关上储物柜后，麦克奎里看到杰里·桑达斯基从淋浴区走出来，但他没有试图与他对质，甚至也没有"砰"的一声关上储物柜的门。相反，他打电话给他的父亲，一个办公室经理，告诉他所听到的和看到的一切。约翰·麦克奎里让他马上过来，他还叫来了自己的朋友和雇主，肾科医生乔纳森·德拉诺夫（Jonathan Dranov）。德拉诺夫随后盘问迈克，反复问他是否目击了性侵的行为。不，他没有。考虑到受人尊敬的杰里·桑达斯基不太可能是双重人格，约翰·麦克奎里和德拉诺夫博士认为当时没有发生性虐待。

　　　　显然，迈克·麦克奎里也这样认为。淋浴事件发生几个月后，他报名参加了一个以桑达斯基名字命名的名人高尔夫锦标赛，并在后来的几年里继续与桑达斯基保持着密切的联系。他能这样做而且没有向警方报案，难道他不知道恋童癖者的侵犯行为没有受到惩罚？

　　　　当迈克询问帕特诺教练的时候，他也没有太在意。尽管这位爱交往、爱开玩笑的桑达斯基对帕特诺颇为不满，他是一位从不与球员交朋友的独行侠，但帕特诺确信，正如《体育画报》1998 年在表彰他的慈善事业时曾称他为"圣桑达斯基"那样，桑达斯基不会是性变态。这位德高望重的教练已经熟悉桑达斯基的"胡闹"，显而易见，孩子们缺乏父亲的陪伴。帕特诺对此不以为意，在看待这件事情上他没有联想到"性"。

　　　　鉴于当时的情况模棱两可，帕特诺做了正确的事情。他将此事提交给了他的直接上司、体育总监柯利，后者随后与副校长舒尔茨和斯帕尼尔校长进行了磋商。三方一致认为，虽然桑达斯基必须被禁止再带任何"第二英里"男孩到校园，但淋浴房里发生的事情不过是一场无害的游戏。

　　　　这一解释的准确性得到了成年淋浴男孩艾伦·迈尔斯（Allan Myers）的证实，他在事情发生时已经快 14 岁了。2011 年 5 月，在麦克奎里的故事公之于众之前，迈尔斯写了一封信，从总体上为桑达斯基进行了辩护。然后，在大陪审团于 11 月 4 日出庭作证后，迈尔斯承认自己是所谓"被侵害"的男孩，向一名调查员陈述了对桑达斯基的辩护，否认他们之间发生过任何性行为。他还愤怒地补充说，警方试图恐吓他去指控桑达斯基性骚扰。迈尔斯对淋浴事件的记忆与桑达斯基自己的记忆完全吻合，接下来的事情包括友好的拳击和/或拍毛巾。

　　　　麦克奎里后来对淋浴事件的记忆出现了偏差，以至于他把事情发生的日期错估了一年多，认定发生在 2002 年 3 月 1 日。后来的调查显示是在 2001 年 2

月 9 日,但那个日期也几乎肯定是错误的。之所以选定这一天,是因为麦克奎里与乔·帕特诺的谈话时间被确定是在 2 月 10 日,而且麦克奎里作证说,他在事发后的第二天与帕特诺会面。但约翰·齐格勒已经证明,这起事件几乎肯定发生在 2000 年 12 月 29 日,桑达斯基本人也认同这一说法。

如果是这样的话,麦克奎里等了五个多星期才向帕特诺提起此事。这将是进一步的证据,在与自己的父亲和德拉诺夫医生商议后,麦克奎里不能确定是否有人在拉什大楼犯下任何罪行。当时警方没有进行调查,这并不能证明帕特诺、柯利、舒尔茨和斯帕尼尔对犯罪的忽视,而是证明了他们的判断合理。这件事已经得到了解决,这一点得到了冷静下来的麦克奎尔本人的认同。

在麦克奎里身上发生的这一幕,曾一度看起来像一把冒着烟的枪,但后来却发现它只是一把水枪。而警察和其他当局,虽然很清楚帕特诺和其他人认为桑达斯基是无辜的,但他们并没有"放弃"。对他们来说,麦克奎里最近的记忆是最真实的。他们之所以有信心,是因为他们已经和另一位原告亚伦·费舍尔(Aaron Fisher)进行了合作,尽管他的指控有可疑之处,但他们还是决定采信。

反对桑达斯基的整个行动始于 2008 年 11 月,当时费舍尔是一名"第二英里"成员,经常被指责有喜欢撒谎等倾向,14 岁时他开始感觉桑达斯基对他的关注可能暴露出某种性变态。费舍尔向母亲道恩·丹尼尔斯(Dawn Daniels)倾诉了自己的担忧。这位母亲利用桑达斯基对儿子进行指导的时间,在当地酒吧里尽情狂欢。在那之前,她一直认为桑达斯基是"一个心地善良的运动员",然而现在,她想搞清楚他是否曾猥亵过自己的儿子。

她从亚伦那里得到的回答是明确的否定。亚伦确实对桑达斯基怀恨在心,但在进一步询问中发现,怨恨的根源是桑达斯基在这个男孩对"第二英里"的道德观和积极想法感到恼怒后,仍然坚持让他支持该计划。现在,让我们看看他的母亲又受到了何种诱惑。据她的隔壁邻居乔舒亚·弗雷维尔(Joshua Fravel)说,她曾经吹嘘道:"我要找个律师,从杰里·桑达斯基那里赚上一百万美元。"据称,她还告诉这位邻居,"我需要这该死的房子。"同样,用彭德格拉斯特的话说,"后来亚伦·费舍尔也这么说。"据说他告诉弗雷维尔,他计划在乡下为他的母亲和家人买一栋大房子。

但问题是,亚伦一开始并未宣称桑达斯基曾经骚扰过他。是的,桑达斯基在和他扭打了一番之后拥抱了他并"扭伤他的后背",但此时他们两人都已经穿好了衣服。仅此而已。克林顿县儿童和青年服务中心的社会工作者敦促亚伦就此事多说几句，但当他仍然表现出不情愿时，他们便推断他的记忆力有些问题。所以他们把他送到楼上的心理医生迈克·吉勒姆（Mike Gillum）那里，这位心理医生将在桑达斯基事件中起决定性作用。

吉勒姆错误地认为，就像上世纪 80 年代和 90 年代美国"恢复记忆运动"的导师们一样，对创伤的通常反应应当是"分离"，阻断对正在进行的事件的意识，但同时在潜意识中抑制对它的回忆。治疗师想象中的任务是把压抑的记忆带到意识中，从而在理论上恢复心理健康。一般来说，性虐待专家在从被指控的施虐者（通常是父亲、继父或其他看护者）身上去除信任的同时，也建立起对自己的信任。由于这种迷失方向的过程使病人更加焦躁和沮丧，他们的崩溃意味着压抑的记忆终于接近了表面。不管怎么说，这一切都是真实的。例如，在接受治疗的过程中，亚伦·费舍尔遭受了恐慌症的攻击——自杀，他差点在一场车祸中自杀身亡。

正如许多研究人员所证实，以及马克·彭德格拉斯特本人在另一本新作《记忆扭曲：压抑记忆的神话是如何产生并拒绝死亡》（2017）中所阐述的那样，人们实际上倾向于非常生动地回忆创伤经历。（除了患有脑损伤或痴呆症的人，是否有任何已知历史灾难的幸存者对此失去了意识？）然而，记忆也是重建的，或者说每次回忆的努力都会重新构建，因此它会在随后形成的信念中遭到扭曲。在恢复记忆练习者的支配下，就是要获得这样一种信念，以确保人工制造的细节或完全虚构的事件获得真实记忆的力量。

这便是亚伦·费舍尔在迈克·吉勒姆的监视下取得的进展。后者注意到亚伦在公司里很紧张，立刻把他列为性骚扰的幸存者。吉勒姆开始每天花很多时间和这个男孩在一起，并通过电话全天候为他服务。他告诉亚伦，他会帮助和保护他，直到受虐待的记忆可以安全地表达出来。正如费舍尔后来所承认的那样，"直到我 15 岁开始见到迈克，我才意识到恐惧。"[1]亚伦也没有必要告诉吉勒姆他认为发生了什么。心理学家为自己能猜出真相并向男孩陈述而自豪，男孩只会点头说"是"或"不"，而"不"显然不是可以接受的答案。

---

[1] 这段话出现在以费舍尔、迈克尔·吉勒姆、费舍尔的母亲道恩·丹尼尔斯（Dawn Daniels）名义撰写的一本书《Silent No More：Victim 1's Straight for Justice Against Jerry Sandusky》（2012）中，该书的真正作者是代笔者斯蒂芬妮·格特勒（Stephanie Gertler）。

在吉勒姆看来,和其他科学无法解释的治疗活动一样,严重的创伤只能在痛苦中被零碎地回忆起来,结果是最新的记忆肯定是最准确的。吉勒姆把这个过程比作剥洋葱。这样的模型消解了治疗师在治疗过程中对回忆的所有重要影响。事实上,当一个"记忆"不断积累着越来越离奇和不可能的细节时,那就是某种迹象,表明最初的事件可能根本没有发生过。

在连续三个星期每天都能见到亚伦·费舍尔之后,他却被排除在警方对亚伦的第一次审讯之外,为此他感到十分沮丧,因为这次审讯的效果微乎其微。然而,在那次挫折之后,吉勒姆实际上成了起诉的工具,每次采访他都要旁听,而且他在场时会提醒亚伦应该说什么。

即便如此,亚伦对他的顺从也总是犹豫不决和有所偏颇。吉勒姆后来告诉彭德格拉斯特,他花了六个月(实际上是七个月)的时间才让自己的病人说出桑达斯基强迫他口交的许多话——这一指控在三次大陪审团出庭的第一次质询时被驳回了。陪审团没有确凿证据指控桑达斯基,拒绝提出起诉。在亚伦第二次露面时,他非常心烦意乱,仍然没有得到任何结果。在第三次庭审时他试图不再露面。一个新成立的大陪审团只好允许他阅读一篇可能是别人精心炮制的文稿。即便是在 2012 年的审判中,他也只是事先同意检察官陈述并不停地啜泣。

陈述中包括一项断言,在 2003 年至 2008 年受虐待期间,费舍尔曾在桑达斯基家里过夜,大约有 100 次。据推测,在训练基地里已经进行了相互但绝非自愿的口交。但为什么男孩一次又一次地回来,难道是为了遭受更多的伤害?他是在梦游中度过了五年吗?就像大多数错误的记忆一样,费舍尔的记忆无法与似是而非的准则相调和。尽管如此,他在证人席上的啜泣,可能是为了表达因自己的陷害而把桑达斯基关进监狱行为的悔恨,这给陪审团留下了比他的不合逻辑陈述更为强烈的印象。

早在桑达斯基受审之前,州政府官员就已经证实,费舍尔是一个精神脆弱的青少年,会不断改变自己的说法,他是不会让桑达斯基失望的。在他们听说麦克奎里/迈尔斯事件之前,除了费舍尔,他们只知道另外一个可能的受害者。1998 年,黛布拉·麦考德(Debra McCord)是"第二英里"另一位男孩的母亲,这个男孩是 14 岁的扎卡里·康斯塔斯(Zachary Konstas)。当得知桑达斯基在训练后的另一次淋浴时曾和自己的儿子玩摔跤时,她感到十分震惊。她通知了警方,警方调查了她的虐待指控,甚至进行了两次旨在逮捕肇事者的诱捕行动。但扎卡里·康斯塔斯本人则坚持说,桑达斯基不过是进行着他那一贯的装腔作势的愚蠢行为。

警方没有发现任何可定罪的证据,因此宣布黛布拉·麦考德的证词是没有根据的。麦考德本人肯定同意他们的判断。在接下来的十几年里,她允许扎卡里继续和桑达斯基一起参加足球比赛,并到他家拜访。事实上,扎卡里和现在已经比成青年的艾伦·迈尔斯——那位更重要的匿名淋浴男孩,早在 2011 年 7 月便和杰里和多蒂·桑达斯基共进晚餐了。

对一个客观的观察者来说,康斯塔斯事件的终止不会再引起与法庭有关的兴趣。但是副地方检察官埃什巴赫和心理治疗师吉勒姆并不是客观的观察者。因为埃什巴赫从不怀疑桑达斯基是一个连环性骚扰者,她希望能诱使康斯塔斯和亚伦·费舍尔一样,成为另一个自我宣布的受害者。她决定对更多的受害者采取严厉措施,命令看守审问他们,以便能找到每一个与“第二英里”创始人有来往的参与者。

具有讽刺意味的是,2000 年桑达斯基出版的充满正能量的自传帮助侦探们完成了这项任务,这本自传的标题是《感动》[*]。里面附有一些照片,照片中的疑犯双臂环抱着容易辨认的处于青春期之前的男孩。顺便说一句,在那本书中,桑达斯基写下了“接触”男孩,和他们“摔跤”时“玩得开心”。正如彭德格拉斯特所质疑的那样,一个猥亵儿童的人会允许这样的作品印刷出来吗?

155　　埃什巴赫的探员们错误地告诉了每一位受访者,有不少其他年轻人已经自愿讲述了桑达斯基的性骚扰,所以他们不也应该透露这个人对他们做了什么吗? 然而,在大约 600 名“第二英里”男孩中,绝大多数人都给出了同样令人失望的答案。是的,桑达斯基在 10 岁或 11 岁的时候就曾经逗过他们,挤压过他们的膝盖,敲击了他们的后背,甚至亲吻了他们的前额;但这并没有为后来的侵犯作准备。它只是表达了一位父辈对孩子的情谊。对于这些二十多岁的年轻人来说,桑达斯基一直是一个英雄,是位一尘不染的人,他曾经使他们免于不幸,然后在他们麻烦缠身的青少年时期,通过建议和激励他们走向良好的学业和干净的生活,引导他们成长为负责任的成年人。

---

[*] 英文名为 Touched,既有“感动”,也有“接触”的意思。

正如彭德格拉斯特所描述的,受访者反复提到桑达斯基在道德方面给予的指导,应该是向地方检察官发出警告的信号。一些顽劣的"第二英里"男孩抛弃了他们的这位导师,开始了早期的酒精、毒品和性经验。对他们来说,桑达斯基对美德的再三劝诫让他们感到很烦恼。如果他曾经骚扰过他们,他们肯定会反击这种严重的不一致。("你是谁,一个强奸犯,还想教训我?")然而,没有人,甚至连桑达斯基最强烈的指控者,似乎也从来没有称他为伪君子。

然而,在这么多被拖下水的年轻人中,一定会有少数人面临着经济困难,而且有时会在有犯罪记录并导致经济恶化的情况下遇到这种诱惑。我们还记得,亚伦·费舍尔的母亲可能从一开始面临着这样的情况。埃什巴赫和警方调查人员没有明确表示,他们是否暗示对施虐者不利的证词可能会带来财富。年轻人也不一定非得在证人席上作伪证。如果他们只是接受这样一个假设,即他们多年前曾被桑达斯基侵犯过,而当时他们对性的无知导致了没能阻止针对他们的犯罪行为,那么迈克·吉勒姆或其他治疗师,比如州立大学的辛西娅·麦克纳布(Cynthia MacNab),便可以帮助他们把自己那些"支离破碎"的记忆浮出水面。

这样到审判时,亚伦·费舍尔和扎卡里·康斯塔斯已经准备好谴责桑达斯基,因为康斯塔斯也一定是在治疗压力下"翻供"的,现在他坚称是那个恋童癖一直在训练自己,让他准备受虐。作为招募的结果,当局也有了四位新的"受害者",加上另外两个后来致电热线电话的"受害者",这个热线电话是在媒体突袭桑达斯基丑闻后建立的。因为有了这条热线电话,之前匿名的当事人只需打电话便可以提出索赔。还有迈克·麦克奎里,他在新的假定有罪的氛围中,终于说服了自己,他确实亲眼目睹了一起强奸案。(针对桑达斯基的其他审判证据,在本文的原始版本中也做了交代。)

最后,检察官对桑达斯基的指控看起来非常有力。然而,指控力量的出现和证明有罪是两码事,几十个错误的记忆比不上一个正确的记忆。另外,有三个例子可以说明,当某位原告的可疑说法影响到了另一位原告的说法时,应当特别谨慎。

1. 布雷特·霍兹(Brett Houtz,生于 1983 年)是一个叛逆少年,他是一个习惯性的撒谎者和操纵者,对学校漠不关心,辍学,吸毒,曾盗窃了一辆车,还和一个女孩发生了性关系。桑达斯基把他当作一个特别具有挑战性的对象接手下来,但到了 16 岁,霍兹已经受够了桑达斯基的说教信息,其中一些信息在审判中被介绍为早有预谋的"情书"。

直到 2011 年 3 月 31 日引起媒体轰动之后,性虐待才成为布雷特·霍兹的一个问题。在读到对桑达斯基的指控后,霍茨的生父与他取得了联系,建议他聘请一名律师参与诉讼。霍兹立即反驳道,他不想和这个案子有任何关系。然而,在侦查阶段,他聘请了本杰明·安德烈奥兹(Benjamin Andreozzi),这是他父亲曾经接触过的一位律师,此人最后为 10 名针对宾夕法尼亚州立大学的原告提供了律师服务。

即便如此,霍茨起初也拒绝对桑达斯基提出指控。随后,两名警察把他拉了出来,律师安德烈奥兹在场,这是唯一一次有录音记录的"第二英里"男孩谈话。这盘磁带可以作为有偏见审讯的经典一课。从一开始,他们的想法就是要让霍兹的记录与其他原告的一致;而在律师的串通下,质询者直到达到预期目的才罢手。

霍兹最后的证词可谓绘声绘色,在控方的恐怖节目中起到了开场白的作用,但这可能并不完全是谎言。他在遇到安德烈奥兹后不久就开始接受心理咨询,在某种程度上,他也受到了记忆大师迈克·吉勒姆的关照。正如他对陪审团所说的:"你知道,我花了这么多年的时间把这件事永远埋在我的心底。"彭德格拉斯特认为,霍茨可能也是第二位接受过 30 次创伤治疗的"第二英里"男孩,他参加了一个名为"放手,让宁静降临"的恢复记忆倡导组织开展的 30 次创伤治疗。

如同其他被认为是桑达斯基的受害者,霍兹在接触大陪审团到出席庭审这段时间里,加大了对桑达斯基的指控强度。起初,在他说自己和桑达斯基有过口交之前,质询他的人不得不对他进行诱导。不过,在庭审中,他准备宣称自己至少遭到了 50 次性骚扰,桑达斯基经常强行将阴茎塞进他的嘴里。

霍兹所叙述的事件明显带有记忆恢复的痕迹。他回忆道,在 1997 年的足球赛季和季前赛期间,他几乎每天晚上都和桑达斯基一起打篮球或壁球,当时教练的所有消耗性工作几乎不允许他有足够的时间回家吃晚餐。同样离奇的是,他声称,从来都不抽烟、喝酒或说脏话的清教徒桑达斯基,过去常常给他买烟,有一次开车送他到一个毒贩那里,给他 50 美元买了大麻,他便在桑达斯基的车里抽起了大麻。

最为重要的是,霍兹同样被任何原告都无法解决的悖论所困扰。为什么,一旦遭到一个可怕的恶棍的袭击,他还会不停地回来呢? 为什么他没有告诉任何人他正在遭受的折磨? 为什么他对桑达斯基的看法,因为后者的说教已经奶坏参半,却没有急剧恶化呢? 在 26 岁的时候,在他向恩人求助的前一年,霍兹带着他的女朋友和 3 岁的儿子去桑达斯基家愉快地做客,似乎根本不存在抱怨的理由。这一事实,比他在法庭上所说的任何话都更有说服力。

2. 达斯汀·斯特鲁布尔(Dustin Struble,生于 1984 年)在 2004 年怀着难以抑制的感激之情回忆了"第二英里"项目。当时他在一份奖学金申请书上写道:"杰里·桑达斯基,他帮助我了解了很多关于我自己的事情。他是如此温厚的一位绅士,我不会忘记他。"最近,当彭德格拉斯特问斯特鲁布尔,他在 2010 年会对桑达斯基说些什么时,他回答道:"我会说我和他一起去看比赛,我们是朋友。"事实上,从 14 岁到 25 岁,和桑达斯基一家进行旅行野餐聚会一直是他生活中必不可少的一项内容。

然而,当 2011 年麦克奎里丑闻曝光时,斯特鲁布尔怀疑桑达斯基与自己常有的亲吻手部的接触是否也包含了性的成分。2011 年 2 月,他告诉调查人员,他正在接受心理治疗,大概是为了唤醒压抑的记忆。尽管如此,同年 4 月 11 日,他向大陪审团保证,据他所知,桑达斯基对他从未有过不恰当的接触。

但就在那时,斯特鲁布尔开始和他的记忆病友扎卡里·康斯塔斯相互对比笔记。不久,他与当地律师安德鲁·舒宾(Andrew Shubin)签订了一份风险代理协议。显然,律师和他的委托人期待着就心理伤害达成和解。斯特鲁布尔在审判前与舒宾会面了 10 到 15 次,他与辛迪·麦克纳布一起接受治疗,以寻找隐藏的虐待记忆。

正如彭德格拉斯特所描述的,很快斯特鲁布尔的陈述发生了巨大的变化。他声称,桑达斯基曾在车上摸过自己的阴茎,在淋浴时爱抚地依偎在他身上。在盘问中,当被问到为什么他没有在早些时候的证词中披露这些事件时,他用精神错乱的口吻回答说:"我关上的那扇门后来又重新打开了。"在 2014 年写给彭德格拉斯特的电子邮件中,斯特鲁布尔写道:"实际上,我的两位治疗师都暗示我压抑了记忆,这就是为什么我们一直致力于回顾自己的生活,寻找可能触发的因素。我的心理治疗师暗示,我可能还有更多被压抑的记忆有待揭示,这可能是我今天仍然抑郁的一个重要原因。"

3. 2011 年 7 月,贾森·西姆西斯科(Jason Simcisko,生于 1987 年)被两名警察审问,他告诉他们"我上十年级的时候和桑达斯基失去了联系。那时我有很多麻烦:不断更换寄养家庭。他让我觉得很特别,会给我东西,和我待在一起。我只是一直以为他是想让我不惹麻烦。我不相信这些事情是真的,希望他无罪。"

但一个月后,西姆西斯科接受了达斯汀·斯特鲁布尔的风险代理律师安德鲁·舒宾,并改变了自己的说法。现在看来,他在桑达斯基的家里住了大约 20 个晚上,并被无数次的生殖器抚摸所折磨。到审判时,居住次数从 20 次增加到了 50 次,桑达斯基几乎每次都会碰到他的阴茎。他又一次调用了恢复的记忆。当被问及与之前的说法为何不一致时,西姆西斯科回答道:"我多年来一直试图把这件事从自己的大脑中排除掉。"

正如马克·彭德格拉斯特详细描述的那样,桑达斯基审判被证明是陪审员偏见、检察官渎职、无能和敷衍辩护、司法偏见和各类不幸的完美结合。后者包括迈克·麦克奎里的"洗澡的小男孩"艾伦·迈尔斯,他曾计划证明桑达斯基是无辜的,但他看到有利可图,便与索赔律师安德鲁·舒宾联手,显然是在庭外坚称桑达斯基对自己进行了性骚扰。这一决定可能让他失去了良知,但由于宾夕法尼亚州立大学当局慷慨的"不置可否"态度,他获得了经济上的补偿。

同样,桑达斯基一直期盼着他六个被收养的孩子中的最后一个,马特(Matt)在审判中能替他担保,就像他面对无穷无尽的审讯时所做的那样。基督教徒杰里和多蒂·桑达斯基欢迎马特进入他们的家,因为他麻烦不断,包括盗窃、纵火,并多次向家里唯一的女儿性暴露。杰里一直在救助马特,激励他追求美好的生活。他甚至让他签了一份合同,用杰里自己的钱来补偿用以改善马特行为的资金,并供他上大学。

杰里没有因马特的过失而感到气馁,这似乎证明了年轻人行为的转变是正确的，马特对这种一贯给予自己支持的态度表示感激。1998 年他这样告诉《体育画报》：

> 当我来到这里（住在桑达斯基家）时，我的生活发生了变化。有规矩，有纪律，有关心。爸爸给我安排了一项锻炼计划。他给了我一个可以倾诉的对象，一个我从未有过的父亲形象。我不知道没有他和妈妈我会在哪里。我甚至连想都不敢想。除了我，他们还帮助了很多孩子。

但消极的模式又恢复了。马特从宾夕法尼亚州立大学退学，又惹上麻烦，在结婚并生了三个孩子后又离了婚，然后搬回养父母家住了一年，如果他曾被杰里骚扰过，那将是不可思议的。他向大陪审团宣誓，从未发生过这样的性骚扰，这一点并不令人惊讶，但却是很有说服力的。

直到审判进行到一半，马特仍然一直期待着向杰里表达强烈的敬意。他用一种难以抑制的声音呼唤着自己的家人。当他注意到布雷特·霍兹绘声绘色的证词时，有些东西突然断裂了。现在他想知道杰里的虐待行为，尽管这些行为没有人记得，但是否就是他生活中遇到的许多麻烦的根源。

显然，马特已经接受了一位心理医生的帮助。现在，在舒宾律师的指导下，他来到警察局报案说，自己被杰里侵害的记忆开始在他的脑海中显现。他后来"恢复"的怪异性行为听起来像是药物治疗的产物。正如他后来解释的那样，"我孩提时代对发生在自己身上的事情了如指掌"，所以一开始"我对性虐待没有记忆"。

亚伦·迈尔斯和马特·桑达斯基的翻供，对本已不幸的辩方来说是一场灾难。这两个年轻人不仅不能出庭作证，而且杰里本人也被劝阻不出庭作证，以免马特被检方勒索，为其可怕的案件增添一个砝码。所以陪审团从来没有把真正的杰里·桑达斯基和他的对手提出的妖魔化说法进行比较。

早在桑达斯基面对司法系统之前，他就已经被媒体彻底妖魔化了。记者萨拉·加尼姆（Sara Ganim）从地方检察官办公室的大陪审团泄密案中获利，她因刊登"前教练杰里·桑达斯基利用慈善手段猥亵儿童"等不合适标题的新闻而获得普利策奖，而且一旦桑达斯基的邪恶行为铭刻在了公众的心中，他身上的一切便都被扭曲以符合人们对掠食者的想象。

159

事实上,性格外向但原则性很强的桑达斯基并不符合任何越轨行为的特征。在他 54 岁之前,没有人对他的性取向或性行为提出过任何怀疑。在他的电脑上没有发现色情内容。他不赞成婚外性行为,自 1966 年以来,他一直与唯一的配偶幸福地生活在一起。他和多蒂分别证明,他们的性爱在频率和性质上都是传统的。他讨厌肛交或口交。他的睾丸激素水平异常低,这是一个慢性性骚扰者最不可能出现的。稀少的精子数使这对夫妇自然生下孩子的希望化为乌有。如果杰里是一个无耻的恋童癖者,他所领养的男孩将成为首要目标;但直到马特为虚假记忆所困扰,他所收养的五个人都认为这一指控非常奇怪。

如果桑达斯基作证的话,他本可以解释一些父母甚至一些孩子觉得他那"令人毛骨悚然"的行为。他年轻时大部分时间都住在父亲管理的一个娱乐中心的二楼,他自己是一个关心帮助贫困儿童的慈善人。杰里在各个方面都想模仿他。在阿特·桑达斯基(Art Sandusky)的设施里,公共淋浴和运动后的恶作剧已经是家常便饭。粗陋的房子里人们一直在玩耍,但它也提供了一个振奋人心的无性象征,表明有运动倾向的男人和男孩之间的团结。就连杰里最令人不安的做法,在车里挤压一个男乘客的膝盖,都是他父亲传下来的。它的意思是"别忘了你可以依靠我的支持"。

许多因素导致了桑达斯基的挫败:对善意行为过分的误解;官员、警察、社会工作者和心理治疗师的过分热心;媒体散布丑闻,抢占了司法程序的先机;所谓的受虐索赔人及其律师的贪婪;以及时任州长汤姆·科贝特对宾夕法尼亚州立大学校长斯帕尼尔的政治仇杀。但是女巫酿造的酒中最毒的成分则是另外一种:伪心理学理论。不确定的、没有根据的分裂和压抑的概念,在没有考虑暗示和自我暗示扭曲影响的情况下,给那些在恐惧气氛中被"唤起"的噩梦般场景赋予了法律的威力。如果没有这种糟糕的科学,首先是通过治疗(吉勒姆对费舍尔的指手画脚),然后是检察官的不当行为(乔内尔·埃什巴赫对麦克奎尔施压,要求他"记起"他没有看到的东西),根本就不会有针对桑达斯基的案件。

司法部长琳达·凯利在定罪后的记者招待会上也承认了这一点。她赞扬了原告的勇气和毅力,他们努力争取否定自己最初对当局所作的陈述。她宣称,"对于他们中的一些人来说,要挖掘出他们所遭受的被告令人震惊的虐待而被长期埋藏的记忆是极其困难的。"

在《美国最可恨的人》和它的姊妹篇《记忆扭曲》中,马克·彭德格拉斯特证明了我们可悲的记忆恢复运动是不成熟的。它那致命的错误观念，最初是由理论家和无知的心理治疗师所极力宣扬的，肯定会对社会继续造成严重的破坏。我们必须未雨绸缪。但是杰里·桑达斯基的自由和名誉会恢复吗？蒂姆·柯利、加里·舒尔茨、格雷厄姆·斯潘尼尔和已故的乔·帕特诺的犯罪污点会被洗刷吗？

注：本文改编自 Crews, F. (2018). "Trial by Therapy: The Jerry Sandusky Case Revisited," Skeptic, https://www.skeptic.com/reading_room/trial-by-therapy-jerry-sandusky-case-revisited/。经 Skeptic 许可使用。

参考文献

Pendergrast, M. (2017). *The most hated man in America: Jerry Sandusky and the rush to judgment*. Boiling Springs, PA: Sunbury Press. ISBN-13: 978-1620067659.

4

从 众

12. 意见与社会压力[①]

所罗门·E·阿希(Soloman E. Asch)

　　其他人的意见对我们自己有什么影响？换言之，社会从众的冲动有多强烈？这个问题可以通过一些特别设计的实验来回答。

　　社会影响塑造了每个人的行为、判断和信仰，这是一个人人都会欣然接受的真理。一个孩子对他的"本地"方言掌握到了最细微的差别之处；一个食人部落的成员接受食人行为完全是合宜和恰当的。所有的社会科学都是从观察群体对其成员产生的深远影响出发的。对心理学家来说，群体对个体心理的压力引发了一系列他们希望详细研究的问题。

　　社会力量如何，以及在多大程度上制约着人们的意见和态度？这个问题在我们这个时代特别重要。这个时代见证了前所未有的传播技术的扩展，同时也带来了蓄意操纵意见及所谓的"同意工程"。作为公民和科学家，我们有许多充分的理由，去关注研究人类形成意见的方式和社会条件所起的作用。

　　对这些问题的研究始于 19 世纪末法国医生让·马丁·夏科特（Jean Martin Charcot，西格蒙德·弗洛伊德的老师）对催眠的兴趣。夏科特认为只有歇斯底里的病人才能被完全催眠，但这一观点很快受到另外两位医生的质疑，他们证明自己可以让大多数人处于催眠状态。伯恩海姆（Bernheim）认为催眠只是一种被称为"暗示性"的正常心理过程的一种极端形式。研究表明，正常人在清醒状态下，单调重复的指令可能会诱发不自觉的身体变化，如手臂的摆动

或僵硬，以及诸如温暖和气味等感觉。

之后不久，社会思想家们抓住这些发现作为解释众多社会现象的基础，从舆论的传播到群体的形成，以及领袖追随。社会学家加布里埃尔·塔德(Gabriel Tarde)用一句格言总结了这一切："社会人是一个梦游者。"

当社会心理学这门年轻学科在 20 世纪初诞生时，它最初的实验基本上是对暗示实证研究的改进。这项技术通常遵循一个简单的计划，往往要求大学生被试就各种问题给出他们的意见或偏好；一段时间后，再次要求他们做出自己的陈述，但现在他们也被告知了政府或自己的同龄人对同一问题的意见。(通常所谓的共识是虚构的)大多数研究者的结果基本相同：面对与自己相反的观点，许多被试显然将他们的判断转向了多数人或专家的观点。已故心理学家爱德华·L·桑代克(Edward L. Thorndike)报告说，他已经成功地通过这种方法改变了成年人的审美偏好。其他心理学家则报告称，人们对某个文学大师价值的评价可以通过将文章归属于不同的作者来提高或降低。很显然，即使没有谁为这些观点提供任何论据，绝对的数量或权威的力量也足以改变人们的观点。

而今，这些实验很容易取得成功，这也引起了人们的怀疑。这些被试是否真的改变了他们的看法，还是实验仅仅在纸面上取得了成功？基于常识，人们有必要质疑这些观点是否像研究所揭示的那样苍白无力。我们有理由怀疑，出于对理论假定的过于热衷，是否会有人暗示那些表面看容易上当受骗的被试没有提供作为合格被试应该做出的回答。

这些调查是以某些基本假设为指导的，这些假设在今天是广为接受的，在宣传和舆论运作中占了很大的比重。这些假设是，人们不加批评、毫无痛苦地服从于外部的建议或压力操纵，任何给定的想法或价值都可以"大肆兜售"或"束之高阁"，而不去考虑其优缺点。然而，我们应该质疑这一假设，即社会压力的力量必然导致毫无批判地服从，独立性和超越群体激情的能力也是人类的特性。此外，人们可能会从心理学角度质疑，作为一种规则，是否有可能不改变一个人对某一事物的认识或假设，而去改变此人对该事物的判断。

最近，在一些同事的帮助下，我进行了有关群体压力的实验。这些实验不仅证明了群体压力对个体的作用，而且也展示了针对该问题的新一轮攻击以及由此而引发的一些更加微妙的问题。

一个由七到九名年轻人(都是大学生)组成的小组，被召集到一个教室里进行有关视觉判断的"心理实验"。实验者告诉他们，他们将比较直线的长度。他展示了两张白色的卡片（见图 12.1）。其中一张卡片上有一条垂直的直线，被用来进行比较。另一张卡片上有三条不同长度的直线。要求被试们选择与另一张卡片上直线长度相同的那条。其中一条实际上是长度相同的；其他两条则不相同，差别从四分之三英寸到一又四分之三英寸。

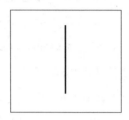 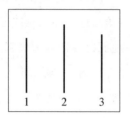

图 12.1　给被试看两张卡片。一张卡片有一条标准直线。另一张卡片有三条直线，其中一条与标准直线长度相同，要求被试作出选择。

实验开始进行得很顺利。被试按照他们在房间里就座的顺序报告他们的答案，在第一轮中，每个人都选择了相同的直线。随后，实验者呈现了第二组卡片；小组再次达成了一致意见。成员们似乎做好了礼节性地忍受另一个无聊实验的准备。在第三次实验中，出现了一点意外的骚动。在快要结束的时候，小组里有人选择了与其他人不一致的直线。看起来他对这一分歧感到有些惊讶，甚至怀疑。在接下来的实验中，他又出现了不同意见，而其他人的选择仍然一致。在接下来的实验中，持不同意见者变得越来越担心和犹豫不决；他可能会在报告答案之前停顿下来，低声自语，或者尴尬地笑一笑。

持不同意见者不会知道的是，小组中所有其他成员都事先得到了实验者的指示，在某些情况下会一致地给出错误的答案。没有得到这个预先安排的人，恰恰是我们实验所关注的焦点。他处于这样一种境地：虽然他实际上给出了正确的答案，但却意外地发现自己是个少数派，面对一个明确而简单的事实，却遭到了来自多数人的一致反对。我们为他设定了两种对立的力量：一种是他本人理智的判断，另一种是来自他那些同龄人的一致意见。此外，他必须面对多数人公开做出自己的判断，而多数人也会公开他们的立场。

事先得到指示的多数人偶尔也会做出正确的回答，以减少那些蒙在鼓里的被试怀疑与他人共谋的可能性。（只有少数情况下，被试确实会表现出怀疑；当这种情况发生时，实验便停下来，结果不被计算在内。）每个单元包含 18 次实验，其中 12 次实验的回答是错误的。在这种情况下，人们会如何应对群体压力？我将首先报告系列实验的统计结果，在这一系列实验中，来自三所高等学校（不包括我自己所在的斯沃斯莫尔学院）的 123 位被试按照事先安排成了上面所提到的少数派。

这些被试有两种可以做出的选择：他可以特立独行，否定多数人的意见；或者他可以顺从多数人的意见，否认自己的观察证据。在接受实验的 123 人中，有相当大的比例顺从了多数人。在一般情况下，同样的人犯错误的概率不到 1%；但在群体压力下，作为少数派的被试在 36.8% 的选择中接受了多数人误导性的错误判断。

当然，个体的反应也存在差异。在极端情况下，大约四分之一的被试完全独立，从不同意多数人的错误判断。在另一种极端情况下，一些人几乎一直与多数人保持一致。在这项实验中，个体的表现往往是非常稳定的。那些保持独立的人通常不会顺从多数人，即使是在漫长的系列实验中也会始终如一；而那些倾向于顺从的人，随着压力的持续，始终无法获得自由。

造成这种惊人的个体差异的原因，尚未得到深入研究。在这一点上，我们只能根据实验结束时接受采访被试的谈话进行一些初步的概括。在这些保持独立的个体中，有许多人因为对自己的判断有坚定的信心而岿然不动。关于他们，最重要的事实不是对多数人没有反应，而是有能力从怀疑中恢复过来并重新建立起自身的平衡。其他保持独立的人，一开始相信多数人的回答是正确的，但他们仍然继续坚持不同的意见。理由很简单，他们有义务说出自己所看到的一切。

在那些极易顺从的人中，我们发现有一组人很快便得出结论："我错了，他们是对的。"其他人顺从，是为了"不破坏你的结果"。许多顺从的人怀疑，大多数人是跟随第一反应者的"绵羊"，或者说大多数人都是幻觉的受害者；然而，这些怀疑并没有在做出判断的那一刻释放出来。更令人不安的是被试的反应，他们认为自己与多数人的差异是他们自身某些常见缺陷的表现，他们必须不惜一切代价地掩盖这一点。在此基础上，他们拼命地试图与多数人保持一致，却没有意识到这样做对自己造成的长期后果。所有顺从的被试，都低估了自己顺从的频率。

　　作为影响多数人的因素,多数人的规模和一致性程度哪个更为重要呢? 为了检验这个问题,研究者对实验进行了修正。在一项系列实验中,异议者的人数从1人到15人不等。结果呈现了明显的趋势。当一个被试只面对一个与他的答案相矛盾的单个人时,他几乎不会受到任何影响:他在几乎所有的实验中都独立而正确地回答了问题。当异议者增加到两个人时,压力会变得很大:少数派被试此时接受错误答案的比例为13.6%。在三个人的压力下,被试的错误率上升到31.8%。但多数人规模的进一步增加,没有导致压力的大幅度增加。显然,持有异议者的规模只在一定程度上产生重要影响。

　　对多数人一致意见的干扰产生了明显的影响。在这个实验中,被试得到了某个诚实的伙伴的支持,这个伙伴要么是另一个不知道小组其他成员事先相互约定意见的人,要么是某个被要求全程都要给出正确答案的人。

　　某个支持伙伴的存在,会在一定程度抵消多数人的力量。这个人的存在会使得持不同意见者的压力降低到四分之一:也就是说,被试回答错误的次数只有在无异议多数人压力下的四分之一(见图12.4)。此时,即便最软弱的人,也不会那么容易顺从。这里,最有趣的是被试对支持伙伴的反应。一般而言,被试对支持伙伴持有的是一种温暖而亲密的感觉;事实上,他的存在被认为可以增强被试的自信。但是被试们却不会承认支持伙伴的存在导致了他们对自己观点的坚持。

　　被试所表达的不同意见,是受到了伙伴的影响,还是出于他个人的准确判断呢? 现在,我们将某个被要求反对多数人意见但同时也反对被试意见的人安排进实验组。在一些实验中,多数人总是选择与基准线相差最大的那条直线,异议者则得到指令去选择接近基准线长度的直线;在另外一些实验中,多数人始终持稍有偏离的态度,而异议者则偏离最大。通过这种方式,我们能够研究异议者"较为接近"和"趋于极端"带来的相对影响。

　　结果是显而易见的。当有一位"较为接近"的反对者在场时,多数人对被试回答该问题的影响会减少大约三分之一,不会出现对极端答案的依从。而且,被试所犯的大多数错误都是"较为接近"的,而不是明显不同的。简言之,异议者在很大程度上控制了错误的选择。即依从于多数人,被试也会在某种程度上出现偏差。

　　另一方面,当异议者总是选择与基准线有较大差异的那条直线时,结果就

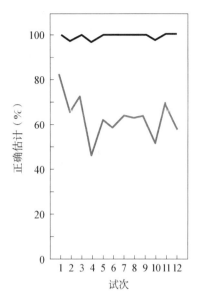

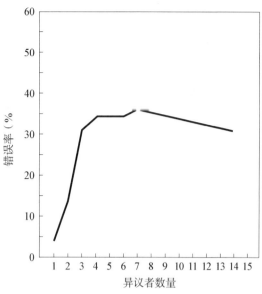

图 12.2 123 名被试在 6 到 8 名异议者在场的情况下判断直线出现的错误情况 (见灰色曲线)。黑色曲线表示非压力下判断的准确性。

图 12.3 对多数人错误意见持异议者的规模对被试产生的影响。只有 1 个异议者时,被试的错误率仅为 3.6%;2 个异议者在场时错误率为 13.6%;3 个异议者在场时错误率为 31.8%;4 个异议者在场时错误率为 35.1%;6 个异议者在场时错误率为 35.2%;7 个异议者在场时错误率为 37.1%;9 个异议者在场时错误率为 35.1%;15 个异议者在场时错误率为 31.2%。

168

大不相同了。持极端态度的异议者对被试的影响明显减少,被试的错误率下降到只有 9%。而且,所有的错误都是较为接近的。我们能够得出这样的结论:不同意见本身会增加独立性,并减少错误的发生,异议者所持意见的不同方向会产生同样的效果。

在前面所有的实验中,我们所观察的只是每个被试在一组实验中的表现。现在,我们来考察所处环境的变化对被试带来的影响。在第一个实验中,我们考察了是否得到其他同伴的支持可能造成的后果。接受指令的实验者同伙在前六次试验中均做出了正确的回答。在他的鼓舞下,被试通常会抵制来自多数人的压力:27 名被试中有 18 人完全独立。但在第六轮试验之后,这位支持自己意见的同伴转向了多数人的意见。他这么做带来的后果是,被试出现的错误会突然增加。他们依从多数人意见的频率,几乎和少数人遭到多数人全票反对时一样多。

169

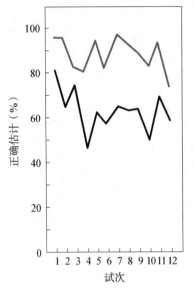

图12.4   面对多数人的错误意见两个被试能够相互支持（灰色曲线），会比一个被试面对多数人错误意见时（黑色曲线）犯的错误更少。

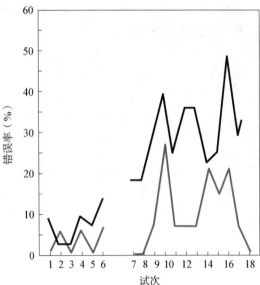

图12.5   同伴在一次实验中进行了六次判断后"抛弃"被试的情况。灰色曲线显示的是当同伴"抛弃"被试转向多数人意见时，被试所犯错误的情况。黑色曲线显示的是同伴只是离开房间时，被试所犯错误的情况。

令人惊讶的是，那些曾经有同伴和自己一起勇敢反对过多数人意见的被试，其独立性并没有得到增强。在对实验结果进行反思时，我们发现这里忽略了一个重要的条件，即遭到另一方"抛弃"所带来的强烈影响。为此，我们改变了条件，安排同伴在适当的时候离开小组。（为了减少被试的怀疑，实验者会事先告知此人和院长有个约会。）在这种实验情境下，同伴的作用超过了他在场时的影响。在他离开之后，被试的错误有了明显的增加，但明显少于同伴转向多数人意见的情形。

在这个实验程序的一个改进版中，试验开始时多数人一致给出正确答案。后来他们给出的答案渐渐地出现了分化，到第六轮实验时，这个蒙在鼓里的人变得孤立无援，大家一致反对他的答案。只要有人意见和自己一致，他便会几乎毫无悬念地保持独立性；但一旦发现自己孤立无援，被试服从多数人的倾向便会陡然增加。

正如人们所预料的，在这些实验中，个体对群体压力的抵抗力很大程度上取决于大多数人出现的错误程度。我们系统地改变了基准线和其他直线之间的差距，希望达到这样一个临界点：大多数人的错误如此明显，以至于每一个被试都会加以反对，独立地做出选择。遗憾的是，我们没有取得成功。即使两条直线之间的差距达到七英寸，仍会有一些被试依从了大多数人的错误选择。

这项研究为一些相对简单的问题提供了明确的答案，并提出了许多有待进一步研究的问题。我们希望了解人们在内容和结构不同的情况下表现出来的从众程度。如果行为上的独立性或一致性得到了确认，那么它在功能上与性格和人格特质有何关系？独立性在哪些方面与社会或文化条件有关？领导者会比其他人更为独立，还是更容易从众？诸如此类的问题，也许可以通过对本文所述类型的考察来加以回答。

人们需要形成共识，这是社会生活不可或缺的条件。但是，要想取得成效，我们每个人需要在坚持共识的同时，独立地贡献自己的经验和见解。当一致性处于从众的支配之下时，社会生活便会受到污染，个人同时会放弃发挥作为一个独立个体感觉和思维的功能所依赖的力量。我们会发现，在我们的社会中，从众的倾向如此强烈，以至于有理智和善意的年轻人都倾向于认为白人和黑人之间的差异是一个值得关注的问题。这对我们的教育方式以及指导我们行为的价值观提出了质疑。

然而，任何一个人如果从这份报告中得出过于悲观的结论，那么最好提醒自己：独立的能力是不可低估的。人们可以从进一步的考察中得到些许安慰：那些参与这项富有挑战性实验的人几乎毫无例外地同意，独立比从众更为可取。

170

参考文献

Asch, S. E. (1951). Effects of group pressure upon the modification and distortion of judgments. In H. Guetzdow (Ed.), *Groups, leadership, and men*. New York, NY: Carnegie Press.

Asch, S. E. (1952). *Social psychology*. New York, NY: Prentice-Hall.

Miller, N. E., & Dollard, J. (1941). *Social learning and imitation*. New Haven, CT: Yale University Press.

13. 服从行为研究^①

斯坦利·米尔格拉姆(Stanley Milgram)

　　本章描述了在实验室中研究破坏性服从的程序：命令一个被蒙在鼓里的被试在一个学习的实验背景下对受害者施加越来越严厉的惩罚。惩罚是通过一个带有 30 个分级开关的电击发生器来执行的，从轻微电击到危险的重度电击。"受害者"是实验者的助手。主要依存变量是被试在拒绝继续下去之前愿意实施的最大电击量。26 名被试完全服从了实验命令，通过电击发生器实施了最大程度的电击。在受害者提出抗议并拒绝提供进一步的答案后，14 名被试在某个时刻中止了实验。这一过程在一些被试中引起了极度的紧张。他们出现情绪紊乱，典型的表现是大量出汗、颤抖和口吃。这种紧张状态的一个意想不到的表现，是他们经常发出紧张的笑声，这一点尚未得到解释；一些被试则出现了无法控制的癫痫发作。实验中观察到的一些值得关注的行为动力学特征、被试的实际情况，以及整个过程中出现的各种参数的变化，都预示着未来广阔的研究前景。

　　服从是构成社会生活的基本元素。特定的权威体系是所有公共生活的必要条件，只有与世隔绝的人才不会被迫面对他人的命令，做出反抗或屈服的反应。服从，作为人们行为的决定因素，与我们这个时代密切关联。从 1933 年到 1945 年，数百万无辜的人被有组织地屠杀。毒气室被建造起来，死亡集中

① Reprinted with permission from Alexandra Milgram. From *The Journal of Abnormal and Social Psychology*, Vol. 67, No. 4, 1963. Copyright © 1991 by Alexandra Milgram.
本研究得到了国家科学基金(NSF G - 17916)的资助基础。1960 年进行的探索性研究得到了耶鲁大学希金斯基金的资助。感谢艾伦·E·埃尔姆斯(Alan E. Elms)和乔恩·韦兰德(Jon Wayland)的协助。

营有专人看守,每天的配额销尸率与制造器具相同。这些不人道的政策可能源于一个人的头脑,但只有大量的人服从命令时,才能得以大规模地实施。

服从是将个人行为与政治目的联系起来的心理机制。正是这种内在特质将人们束缚在权威体系之中。最近的历史事实和日常生活中的观察表明,对许多人而言,服从可能是一种根深蒂固的行为倾向,事实上,一种压倒性的冲动超越了伦理、同情和道德行为的训练。C·P·斯诺(C.P. Snow,1961)指出了它的重要性,他写道:

> 当你想到人类漫长而阴暗的历史时,你会发现以服从的名义犯下的罪行比以叛乱的名义犯下的罪行还要可怕。假如你怀疑这一点,请去阅读威廉·希勒(William Shirer)的《第三帝国的兴亡》。德国军官团是在最严格的服从准则中成长起来的。在服从的名义下,他们参与并助推了世界历史上最为邪恶的大规模行动[p.24]。

虽然本研究中所讨论的服从的特殊形式在这些事件中有其先例,但不能认为所有的服从都意味着对他人的攻击行为。服从有很多功能是富有成效的。事实上,社会生活是以它的存在为基础的。服从可能是高贵的、有教育意义的仁慈和善良之举,也可能导致毁灭。

一般程序

我们所设计的用以研究服从的程序,似乎颇为有效(Milgram,1965)。在该程序中,一个蒙在鼓里的被试接到命令,要对一个"受害者"实施电击。被试使用的是一个模拟的电击发生器,标有 30 个明显的标准电压,范围从 15 伏到450 伏。仪器标有不同的指示:从"轻微电击"到"危险:极度强烈电击"。"受害者"是受过训练的实验者的助手,他们的反应是标准化的。实施电击的命令是在一个"学习实验"的背景下发给蒙在鼓里的被试——表面上看,这个实验是为了研究惩罚对记忆的影响。随着实验的进行,蒙在鼓里的被试接到了对"受害者"进行越来越强烈电击的命令,电击强度甚至达到了所标示的"危险:极端剧烈电击"。内部抵制变得越来越强,在某个时间节点上,被试会拒绝继续进行实验。拒绝之前的行为被认为是"服从",因为被试遵从了实验者的要求。拒绝是不服从的行为，根据被试在拒绝之前愿意实施的最大电击强度，可以对被试的表现进行量化评估。因此，对于任何特定的被试和任何特定的实验条件，服从的程度可以用一个数值来表示。这项研究的关键在于，它可以系统地改变被认为能够改变实验指令服从程度的因素。

173 　　这项技术允许在实验的几个节点上对重要的变量进行操作。人们可能会改变命令的来源、命令的内容和形式、执行命令的工具、目标对象、一般社会环境等。因此，问题的关键不是设计越来越多的实验条件，而是从社会心理学的角度去选择那些最能说明服从过程的条件。

相关研究

　　这项研究与服从和权威的哲学分析（Arendt，1958；Friedrich，1958；Weber，1947）、弗兰克（Frank，1944）对服从的早期实验研究、有关"权威主义"研究（Adorno，Frenkel-Brunswik，Levinson，& Sanford，1950；Rokeach，1961），以及最近一系列关于社会权力的分析和实证研究（Cartwright，1959）有着重要的关系。这在很大程度上要归功于社会心理学对"建议"的长期关注——无论是其正常形式（Binet，1900）还是其临床表现（Charcot，1881）。但首先，它来自对社会事实的直接观察；受合法权威指导的个人通常会服从。服从往往来得容易，而且经常发生。它是社会生活中普遍存在的、不可或缺的特征。

方法

被试

　　研究对象为40名男性，年龄在20岁至50岁之间，来自纽黑文及周边社区。被试是通过报纸广告和邮件联系招募而来的。这些应召而来的人认为自己将参加耶鲁大学一项关于记忆和学习的研究。样本在职业上具有广泛的代表性。其中典型的研究对象包括邮政职员、高中教师、推销员、工程师和工人。被试的受教育程度从小学未毕业到博士学位和其他专业学位不等。他们参加实验的报酬是4.5美元。并且，被试得到告知，只要他们来到实验室便可以拿到这些钱，不会考虑他们在实验中如何表现。表13.1显示了不同实验条件下被试的年龄和职业分布状况。

表 13.1　不同实验条件下被试的年龄和职业分布

职业	20—29 岁	30—39 岁	40—50 岁	占总人数百分比
技能或非技能工人	4	5	6	37.5
营销人员、商人、白领	3	6	7	40.0
专业人士	1	5	3	22.5
占总人数百分比（年龄）	20	40	40	

N＝40

人员和地点

实验是在耶鲁大学一间雅致的互动实验室中进行的。（该细节与实验的合法性有关。这一点之后出现了变化，实验没有在大学里进行，因此会影响其效果。）实验者由一位 31 岁的高中生物学老师担任。在整个实验过程中，他态度冷酷，外表有些严厉。他穿着技术人员常穿的那种灰色外套。受害人由一名 47 岁的经纪人扮演，他接受了为扮演好该角色而进行的训练；这是一位爱尔兰裔美国股票经纪人，大多数观察者认为他脾气暴躁但却讨人喜欢。

程序

实验在一位蒙在鼓里的被试和一位受害者（实验者的同伙）之间进行。必须要想出一个借口来证明这个蒙在鼓里的人实施电击是正当的。这实际上是通过指导语实现的。在大致介绍了惩罚与学习之间的假定关系之后被试被告知：

> 但是实际上，我们就惩罚对学习的影响问题知之甚少，因为在人类历史上几乎没有做过这方面真正的科学研究。

> 例如，我们不知道多大强度的惩罚对学习是最好的——我们也不知道惩罚由谁来执行更好？对一个成人而言，是比他更年轻的人还是更年长的人？——或者诸如此类的问题。

> 因此，在这项研究中，我们将不同职业和年龄的成年人集中在一起。我们安排其中一部分人扮演老师，另一部分人扮演学习者。

我们想知道在这种情况下，扮演老师和学习者会对彼此带来什么影响，以及惩罚会对学习产生什么影响。

因此，今晚我要安排你们之中的一位在这里扮演老师，另一位扮演学习者。

你们两位对此有特别的倾向吗？

之后，被试从帽子里抽取纸条，以确定由谁来扮演实验中的老师，由谁来扮演实验中的学习者。纸条的抽取事先做了设计（两张纸条上写的都是"老师"），所以蒙在鼓里的被试总会抽到老师，而实验者的同伙总会抽到学习者。抽完签后，老师和学习者立即被带到隔壁的房间，学习者被捆在了"电椅"上。

实验者解释说，当学习者接受电击时，皮带可以防止过度晃动。这样做的结果导致他无法离开现场。将电极连接到学习者的手腕上，并涂抹上电极膏"以避免起泡和灼伤"。被试被告知电极已连接到隔壁房间的电击发生器上。

为了提高可信度，实验者在回答学习者的质询时宣称："虽然电击可能会非常痛苦，但不会造成永久性组织损伤。"

学习任务　被试所接受的课堂训练是一组成对的联想学习任务。被试向学习者朗读一组单词对，然后朗读其中的第一个单词和另外四个单词。学习者要指出这四个词中哪一个之前与第一个单词配对。他通过按下前面四个开关中的一个来做出自己的选择，而这四个开关又点亮了位于电击发生器顶部的应答器中四个编号中的一个。

电击发生器　仪表板由设置在水平线上的 30 个操纵杆开关组成。每个开关都清楚地标明了 15 到 450 伏的电压标识。开关从左到右排列，从一个开关到下一个开关有一个 15 伏的增量。此外，对于从左到右的四组开关，给出了明确的称谓：轻微电击、中度电击、强烈电击、非常强烈电击、剧烈电击、极端剧烈电击、危险：极端剧烈电击。（最后一个名称后面的两个开关被简单地标记为×××。）

当按下开关时：每个开关对应的红色指示灯会亮起；被试可以听到电流发出的嗡嗡声；标有"电压发生器"的蓝色电灯闪烁；电压表的表盘向右摆动；各种继电器的咔嗒声会响起。

发电机左上角的标签上标注的是：位于马萨诸塞州沃尔瑟姆市的戴森仪

器公司生产的 ZLB 型电击发生器,输出电压 15 伏—450 伏。

仪器的细节做了仔细的处理,以确保外观的真实性。面板是由精密仪器加工雕刻师雕刻的,所有部件都是高质量的。实验中没有哪位被试怀疑这是一个模拟的电击发生器。[①]

电击样本 每位蒙在鼓里的被试在作为老师履行职能之前,都会在电击发生器上尝试一个电击样本。该电击样本的电压始终为 45 伏,通过按下发生器上的第三个开关来发出。电击被施加到这位蒙在鼓里被试的手腕上,它源自连接发生器的 45 伏电池。这进一步证明了发生器的真实性。

电击指示 每次学习者给出错误的回答时,被试都会得到对他进行电击的指示。此外(这是关键命令),被试还会得到指示"每次学习者出现错误答案时,将电击发生器上的一个控制杆向上移动";在发出电击前要宣布电压水平,这有助于提醒被试对学习者施加电击的强度会不断增加。

预实验与操作规则 预实验结果表明,阅读词汇和施加电击的过程需要一定的练习才能顺利进行。因此,在正常的学习之前,老师会得到一组 10 个单词的预备词汇,让学习者阅读。在练习系列中有 3 个中性词汇(即,学习者能够正确回答的词汇),需要对另外 7 个词进行电击,最大电压为 105 伏(中等强度电压)。几乎所有的实验对象都能在预实验结束时掌握这个程序。

然后给被试看第二组单词,并告诉他们程序与第一组单词相同;然而,实验者会做如下补充:

> 当进行完这组单词练习后,再重复一遍,并继续给予电击,直到学习者正确地学会了所有的配对。

实验者要求被试:

[①] 巴斯(Buss, 1961)报告了一种利用电击发生器在实验室里进行攻击性研究的相关技术。尽管实验过程中的技术细节有很大的相似性,但每一位研究者都不知道对方的工作。米尔格拉姆在 1961 年 1 月提交给美国国家科学基金会的一份报告中提供了他使用的电击发生器、实验程序和第一个结果的设计图和照片。这份报告仅限于很小的范围之内。巴斯六个月后在更广泛范围报告了研究程序。随后,发布了技术资料和报告。本文于 1961 年 12 月 27 日提交编辑部,1962 年 7 月 27 日再次提交并做了删减。

从 15 伏开始,每次学习者给出错误答案时,都要将电击级别提高一个等级。

来自受害者的反馈。在任何一种条件下,学习者都会面对一组包含正确答案和三个错误答案的配对练习,要求他们在测试中给出预先确定的答案。在该实验条件下,学习者在接受 300 伏以下的电击时,不会发出叫喊声或出现其他抗议的迹象。当发出 300 伏电击时,被捆绑在电椅上的学习者会用力敲击房间的墙壁。被试能够听到他们所发出的拍击声。从那时起,学习者的答案不再出现在应答器上。

这个时候,被试通常会向实验者寻求帮助。实验者要求被试将"没有反应"视为错误答案,并按照通常的时间表电击学习者。他会建议被试在将"没有反应"视为错误答案之前停顿 5—10 秒的时间,并在学习者每次未能正确反应时将电击强度提高一个等级。在实施了 315 伏电击后,学习者不断重复撞击;之后,他便不再有反应,应答器上也不再出现他的答案。

177 　　**实验者反馈**。在实验的不同阶段,被试可能会向实验者咨询是否应该继续电击。或者他可能表示自己不想继续下去。将实验者对这些询问和反应的反馈标准化也是很重要的。

假如被试表示不愿意继续,实验者会用一连串的"督促"来回应,用尽可能多的督促让被试继续下去。

> 督促1：请继续。或者请接着做。
> 督促2：实验要求你继续。
> 督促3：你必须继续。
> 督促4：你别无选择,必须继续。

督促总是按顺序提出的：只有督促 1 不成功,才能使用督促 2。如果被试在督促 4 发出后拒绝服从实验者,则实验终止。实验者的语气始终坚定不移,但并不粗鲁。每当被试表现出犹豫不决或不愿服从命令时,这个过程便会重新开始。

　　特别督促。如果被试问及"学习者是否可能遭到永久性的身体伤害",实验者会回答：

> 尽管电击可能会很痛，但不会导致永久性的组织损伤，所以请你继续。
> ［如有必要，接督促 2、3 和 4。］

如果被试称学习者不想继续，实验者回答：

> 不管学习者喜不喜欢，你都必须继续，直到他把所有的单词都学会为
> 止。所以请你继续。［如有必要，接督促 2、3 和 4。］

依存变量的测量

对任何一个被试而言，首要的变量是他在拒绝进一步参与之前所施加的最大电击量。理论上，可能从 0（那些拒绝实施第一次电击的被试）到 30（那些在电击发生器上实施了最高强度电击的被试）。在给予第 30 级电击之前任何节点中断实验的被试，都被称为违抗性被试。一个完全遵从实验者命令，并持续执行所有电击强度命令的人，被称为服从性被试。

进一步记录。除了少数例外，实验过程都是用磁带记录的。偶尔出现的照片是通过单向镜拍摄的。对实验过程中发生的任何异常行为都做了记录。有时，还会要求其他观察者对被试的行为进行客观描述。电击的潜伏期和持续时间通过精确的计时工具加以测量。

面访和交谈。实验结束后，被试接受了访谈。访谈采用了开放式问题、投射测量和态度量表。面访后，会通过必要的程序确保被试可以在健康状态下离开实验室。在被试和受害人之间安排了友好的和解，努力减少因实验而产生的任何紧张关系。

结果

最初想法

在讨论实验结果之前，我们不妨思考一下：当接到命令要求对另一个人实施一定强度的电击时，人们会如何预测其他人的表现。14 名耶鲁大学心理学专

业的大四学生，得到了对实验情况的详细描述。他们被要求仔细思考，并预测100位假想被试的行为。具体而言，他们被要求绘制出处于试验状态的"不同职业的、20岁到50岁不同年龄的100位"美国人的服从分布。

被试对假想被试的预期行为有相当高的一致性。所有被试都预测，只有极少数人会坚持到电击序列中的最高等级（估计值从0到3%不等；也就是说，班上最为"悲观"的成员会预测，将有3%的人坚持到选择电击发生器上的最强电压450伏）。班级成员选择的平均值为1.2%。这个问题也曾非正式地向作者的同事提出过，最普遍的感觉是：很少有人会超出"非常强烈电击"这一范围。

实验1的结果

被试接受情况。除了少数例外，绝大多数被试都确信实验情境的真实性：他们对另一个人实施了电击，最高强度的电击是极其痛苦的。在实验后的访谈中，被试被问道："你对学习者所实施的最后几次电击会给他们带来多大痛苦？"要求被试在打印的14分制量表上标出他们的答案，范围从"一点也不痛苦"到"极度痛苦"。模态响应为14（极度痛苦），平均值达到了13.42。

179　**极度紧张表现**。许多被试在实验条件下表现出了紧张，尤其是在进行较为强烈的电击时。在很多情况下，程度达到了社会心理实验室研究中很少见到的极度紧张。研究人员观察到被试会出汗、颤抖、口吃、咬嘴唇、呻吟，并将指甲扎入肉中。这些都是对实验的典型反应，而不是异常反应。

紧张的一种表现是经常发出紧张的笑声。40位被试中有14人表现出紧张的笑声或微笑。笑声似乎完全不合时宜，甚至有些离奇。研究者观察到3名被试出现全面的、不可控的癫痫发作。我们甚至观察到了一次剧烈的癫痫发作，以至于不得不停止实验。研究对象是一位46岁的百科全书销售员，他因为自己的不良反应和无法控制的行为而感到非常尴尬。在实验结束后的访谈中，被试挖空心思地说明自己不是虐待狂，笑声并不意味着他们喜欢对受害者实施电击。

得分分布。我们预测，一般而言，人们不会同意实施超过标示为"非常强烈电击"水平的电击。本次试验的电击强度分布见表13.2。得分的分布与预测完全不同。

表 13.2　得分的频次分布

口头指令和电压指示	认可为最大强度电击的被试人数
轻微电击	
15	0
30	0
45	0
60	0
中度电击	
75	0
90	0
105	0
120	0
强烈电击	
135	0
150	0
165	0
180	0
非常强烈电击	
195	0
210	0
225	0
240	0
剧烈电击	
255	0
270	0
285	0
300	5
极端剧烈电击	
315	4
330	2
345	1
360	1
危险：极端剧烈电击	
375	1
390	0
405	0
420	0
×××	
435	0
450	26

在实验人员的指令下，40名被试中的每一位都超出了预期的临界点。在执行"20级强度电击"（在300伏的强度下，受害者会踢墙，不再回答老师提出的多项选择题）之前，没有一位被试会停下来。

在40名被试中，有5人拒绝服从超过300伏电压的实验指令。另外4名被试又实施了一次电击，然后拒绝继续下去。2名被试在330伏的电压下停手，各有1名被试在345伏、360伏和375伏的电压下停手。因此，共有14名被试违抗了实验者的指令。把他们的话通过录音带记录下来，再现他们中止发出电击时的言论是有颇为有益的。

[0124]我想他在尝试沟通，他在敲门……好吧，对他实施电击是不公平的。……这是挺强的电压。我不认为这样做很人道。哦，我不能再这样下去了；不，这样做是不对的。这是一个糟糕的实验。那家伙在里面受苦。不，我不想继续。这太疯狂了。［被试拒绝继续实施电击。］

[0123]他在里面敲打。我要罢手了。我想继续，但我不能这样对一个男人……对不起，我不能对一个男人那样做。我会伤他的心。你把支票……不，真的，我做不到。

这些被试经常处于非常激动甚至愤怒的状态。有时，口头抗议是最低限度的，被试会从电击发生器前的椅子上站起来，表示他想离开实验室。

在40名被试中，有26人自始至终服从了实验者的指令，持续对受害者进行惩罚，直到达到电击发生器上可用的最强电击。这时，实验者叫停了实验（最大强度电击的电压标示为450伏，比预定值"危险：极端剧烈电击"高出了两个等级）。尽管服从的被试会继续电击，但他们经常在极端压力下才这样做。一些人表示不愿意实施超过300伏的电击，并表现出与那些实验抵抗者类似的恐惧；然而他们还是服从了。

181　在达到最大强度电击后，实验者叫停了实验过程，许多服从的被试松了一口气，擦了擦眉毛，用手指揉了揉眼睛，或者紧张地摸出香烟。有些人摇摇头，显然是在后悔。一些被试在整个实验过程中保持镇静，从头到尾极少表现出紧张迹象。

讨论

实验得出了两个令人惊讶的发现。第一个发现涉及这种情况下所表现出的服从倾向的绝对力量。从童年时代开始,被试们就已经意识到,违反他人的意愿伤害他人是对道德行为的根本违背。但是,有 26 个被试放弃了这一信条,听从了一个没有特别权力执行命令的权威指示。违抗不会给主体带来物质损失;不会受到惩罚。从许多被试的言论和外在行为可以清楚地看出,在惩罚受害者时,他们的行为往往与自己的价值观想背离。被试经常表示强烈反对,因为一个人面对异议时会感到震惊,而其他人则谴责这是愚蠢的且毫无意义。然而,大多数人都遵从了实验指令。从两个角度来看,这一结果是令人惊讶的:首先,从前面所述问卷调查所做预测的角度来看。(但是,在这种情况下,被调查者可能与实际情况相距甚远,并且难以向他们传递实验的具体细节,这可能导致对服从的严重低估。)

但是,通过单向镜观察正在进行实验的人,结果也是出人意料的。当观察者看到某个被试在对受害者施加更大强度的电击时,常常会表示难以置信。这些人完全了解具体细节,但仍然会系统地低估被试所表现出来的服从程度。

第二个意想不到的影响是程序产生的异常紧张。有人可能会认为,一个被试会遵从他的良心所示简单地中止或继续实验。然而,与实际情况也相差甚远,被试情绪出现了惊人的紧张反应。一名观察员注意到:

> 我看到一个成熟的、最初镇定自若的商人微笑着、自信地走进实验室。不到 20 分钟,他就变成了一个抽搐、口吃的挫败者,正迅速接近神经崩溃的边缘。他不停地扯拉耳垂,搓揉双手。有一次,他用拳头敲打额头,咕哝道:"天哪,让我们住手吧。"然而,他继续回应着实验者的每一句话,并自始至终服从。

对服从现象的任何理解,都必须建立在对其所发生特殊条件的分析之上。实验的以下特征在一定程度上解释了在这种条件下观察到的大量服从:

1. 该实验是由耶鲁大学这样一个声誉卓著的机构发起并进行的。可以合理地假定这些人员是有能力而且有信誉的。目前正在通过在纽黑文市以外并且与大学没有任何明显的联系的地方进行一系列实验，来研究这种背景权威的重要性。

2. 从表面上看，该实验是为了达到提高学习和记忆知识的有价值的目的。服从本身并不是目的，而是作为一种工具性因素出现在主体认为有意义的情境中。他可能看不到它的全部意义，但是他可以正确地假定实验者能够看到这一点。

3. 被试认为受害者是自愿服从实验者的权威体系。他(一开始)并不是一个受到非自愿服务吸引的不情愿的参与者。他费尽周折来到实验室，就是为了协助完成实验研究。他后来成为一个非自愿的参与者并没改变这样一个事实，即他最初同意无条件参与。因此，从某种程度上他对实验者负有责任。

4. 被试也是自愿参与实验，并认为自己有义务帮助实验者。他已经做出了承诺，中止实验就是对最初帮助承诺的否定。

5. 该程序的某些功能增强了被试对实验者的责任感。其中之一就是，他已经收下了参与实验研究的报酬。实验者的陈述会部分地抵消这一点：

> 当然，在所有的实验中，只要来到了实验室，钱就是你的了。从现在起，无论发生什么，钱都是你的。[1]

6. 从被试的角度来看，他是老师，而另一个人是学习者，这纯粹是由抽签决定的偶然结果，而他(即被试)与另一个被指定为学习者角色的人，承担着相同的风险。由于实验中的角色分配是通过公平的方式产生的，因此，在这一点上，学习者没有任何抱怨的理由。(军队也有类似的情况，在没有志愿者的情况下，可以通过抽签来分配一项特别危险的任务，运气不佳的士兵应该以气度和风范来接受命运的安排。)

7. 有关心理学家的特权及其被试的相应权利，充其量也是模棱两可的。对于心理学家可能对他的被试有何要求，以及何时他的要求超出了可接受的范

---

[1] 另有43名被试是耶鲁大学的本科生，他们在实验中没有收到报酬，但结果却与付费被试非常相似。

围,人们的预期是模糊的。此外,实验在封闭的环境中进行,因此被试没有机会通过与他人讨论来消除这些歧义。似乎很少有标准直接适用于这种情况,对于大多数被试来说这都是一种没有见过的标准。

8. 被试确信,对受害者实施的电击是"痛苦的,但并不危险"。因此,他们认为对受害者造成的小适是暂时的,而实验所产生的科学成果是持久的。

9. 通过了第 20 个等级的电击,受害者继续提供答案。被试可能会将此理解为受害者仍然愿意"玩游戏"的迹象。只有在第 20 个等级的电击后,受害者才完全否认规则,拒绝进一步回答。

这些特征有助于解释在本实验中发现的大量服从。提出的许多论据不必停留在猜测的问题上,而是可以简化为可检验的命题,通过进一步的实验加以证实或证伪。①

实验的以下特征与被试所面临的冲突的性质有关:

10. 被试被置于必须应对两个人(实验者和受害人)相互竞争要求的位置。必须通过满足一个或另一个要求来解决冲突;受害者和实验者的满意度是相互排斥的。此外,解决方案必须采取一种非常明显的行动,即继续电击受害者或停止试验。因此,该被试被迫陷入公开冲突,不允许出现任何完全令人满意的解决方案。

11. 尽管实验者的要求承载着科学权威的力量,但受害者的要求却源于他对痛苦和苦难的亲身体验。这两种要求不必被视为同样紧迫和合法。实验者寻求抽象的科学数据;受害者则期待从被试的行为所造成的身体痛苦中解脱出来。

12. 实验给被试提供了很少的思考时间。冲突来得很快。只有被试坐在电击发生器前几分钟后,受害者才开始抗议。此外,在听到受害者的首次抗议时,被试感觉到自己已经实施了三分之二的电击强度。为此,他可能意识到,冲突将具有持久性,而且随着实验者要求给予越来越强大的电击,冲突很可能变得更加激烈。冲突迅速地在这个问题上出现,而且他意识到冲突可以可预见地发生,这很可能是他紧张的根源。

13. 在更一般的层面上,冲突源于两个根深蒂固的行为倾向的对立:第一,

---

① 米尔格拉姆报告了最近完成的一系列采用服从范式的实验(Milgram, 1965)。

不伤害他人的倾向,第二,服从那些我们认为是合法权威的倾向。

184　**参考文献**

Adorno, T., Frenkel-Brunswik, E., Levinson, D. J., & Sanford, R. N. (1950). *The authoritarian personality*. New York, NY: Harper.

Arendt, H. (1958). What was authority? In C. J. Friedrich (Ed.), *Authority* (pp. 81 – 112). Cambridge, MA: Harvard University Press.

Binet, A. (1900). *La suggestibilité*. Paris: Schleicher.

Buss, A. H. (1961). *The psychology of aggression*. New York, NY: Wiley.

Cartwright, S. (Ed.). (1959). *Studies in social power*. Ann Arbor, MI: University of Michigan Institute for Social Research.

Charcot, J. M. (1881). *Oeuvres complètes*. Paris: Bureaux du Progrès Médical.

Frank, J. D. (1944). Experimental studies of personal pressure and resistance. *J. Gen. Psychol.*, *30*, 23 – 64.

Friedrich, C. J. (Ed.). (1958). *Authority*. Cambridge, MA: Harvard Univer. Press. Milgram, S. (1961, January 25). *Dynamics of obedience*. Washington: National Science Foundation. (Mimeo)

Milgram, S. (1965). Some conditions of obedience and disobedience to authority. *Hum. Relat.*, *18*, 57 – 76.

Rokeach, M. (1961). Authority, authoritarianism, and conformity. In I. A. Berg & B. M. Bass (Eds.), *Conformity and deviation* (pp. 230 – 257). New York, NY: Harper.

Snow, C. P. (1961, February). Either-or. *Progressive*, 24.

Weber, M. (1947). *The theory of social and economic organization*. Oxford: Oxford University.

14. "从耶路撒冷去往耶利哥":
助人行为的情境与人格变量研究[1]

约翰·M·达利(John M. Darley)

C·丹尼尔·巴特森(C. Daniel Batson)

本研究以"乐于助人的撒玛利亚人"寓言为例,探讨了在紧急情况下,情境和人格因素对助人行为的影响。人们在两栋楼之间穿行时,遇到了一个衣衫褴褛的人倒在路边。急于赶路的被试更有可能不会停下脚步。其中一些被试听到了一则简短的有关撒玛利亚人的寓言故事,另一些被试听到的则是一个无关紧要的话题;这种处理对他们是否可能停下来帮助受伤者没有显著的影响。基于宗教的人格变量不能预测一个人是否会帮助受伤者。然而,假如某个被试的确停下来提供帮助,这种助人行为则与其宗教信仰类型有关。

向那些处于困境中的人提供帮助,是一种道德行为。也就是说,它是一种为道德规范所要求的行为,这些规范由家庭、学校和教会传授给孩子们。依据弗洛伊德和其他人的人格理论,研究者们期待发现,个体在这些规范内化的过程中存在差异,并因此而导致不同个体在助人的可能性上存在差异。但是,最近关于紧急情况下旁观者干预的研究(Bickman,1969;Darley & Lantané,1968;Korte,1969;Schwartz & Clausen,1970),却没有得到助人行为受到人

---

[1] Reprinted with permission of the authors and *The Journal of Personality and Social Psychology*, Vol. 27, No. 1, 1973. Copyright © 1973 by The American Psychological Association. For assistance in conducting this research thanks are due Robert Wells, Beverly Fisher, Mike Shafto, Peter Sheras, Richard Detweiler, and Karen Glasser. The research was funded by National Science Foundation Grant GS-2293.

格因素决定性影响的证据。虽然人们可能期望去测量那些与助人行为相关的人格变量（马基雅维利主义、威权主义、社会期望、疏离感和社会责任感），但这些变量却并不能用来预测助人行为。当然，并不能由此而推定所考察的助人情境中普遍缺乏可预测性，因为实验情境的变化，例如其他人是否有可能提供帮助，会导致助人行为的显著变化。这些发现让人想起哈茨霍恩等人（Hartshorne & May，1928）的发现：抵抗诱惑（另一种与伦理相关的行为），似乎并不是个人的固有特征。也就是说，一个人在某种情况下可能是诚实的，而在另外的情况下则可能是不诚实的（Burton，1963）。

社会心理学家们就传统人格变量与紧急情况下助人行为之间的相关性研究结果相当令人失望，这表明有必要找到一个新的角度来考察助人行为的可能预测因素以及对这些因素加以测试。于是，为了获得灵感，我们求助于《圣经》里乐于助人的撒玛利亚人寓言，这也许是犹太教-基督教传统中的经典助人故事。这个寓言所隐含的与帮助有关的人格和情境变量被证明是有价值的。

> "谁是我的邻居？"耶稣回答说："有从耶路撒冷去往耶利哥的人，落到了强盗手里，强盗剥去了他的衣服，把他打得半死，丢在路边。碰巧有个祭司正在赶路，迎面而过没有停下来。有一个利未人到了那地方，看见他，也照样从身边经过。有一个撒玛利亚人行路的时候，到了他那里，看见他，就怜悯他，往他那里去，包扎他的伤口，倒掉油和酒，叫他骑在自己的牲口上，带他到客栈里，照顾他。第二天，他又拿出两个丢拿利，交给店主，说，你管好他，你再多花什么，我回来就报答你。你看这三个谁是那掉在强盗中间的邻居呢？"耶稣说："那怜悯他的。"耶稣对他说："你去如此做吧。"[路加福音10：29—37]

对于那些思考这个寓言的心理学家来说，这似乎暗示了在不乐于助人的祭司、利未人和乐于助人的撒玛利亚人之间存在着情境和人格方面的差异。当他在那条荒凉的路上遇到抢劫案的受害者时，每个人都在想什么，在做什么？他们是什么样的人？

人们可以推测他们思想上的差异。祭司和利未人都是神职人员，他们的思想被宗教事务占据。牧师在宗教活动中的作用是显而易见的。利未人的作用虽然不那么明显,但同样重要:利未人是寺庙仪式的必要参与者。对于撒玛利亚人可能在想什么,很难说得清;但与其他人相比,他所想的事情很可能与宗教无关,因为撒玛利亚人是宗教的弃儿。

撒玛利亚人不仅比牧师和利未人更在意平凡的事情,而且由于他们在社会上的重要性不高,所以看来他们的工作时间安排也完全不同。人们可以想象,牧师和利未人,这些引人关注的公众人物,带着写满会议和约会内容的黑皮书匆匆忙忙地走着,行走中偷偷地瞥一眼他们的日晷。相比之下,很少有什么重要人物指望撒玛利亚人在特定时间出现在特定的地方,因此,与引人关注的牧师或利未人相比,撒玛利亚人不会那么着急赶路。

除了这些情境变量,我们还发现了一些可能的人格因素。其中最重要的一点是宗教信仰类型之间的区别,这显然是耶稣试图提出的基本观点。祭司和利未人都是极端"宗教信仰者",但这则寓言挑战的似乎正是他们的宗教信仰类型。争论的焦点是一个人宗教信仰和道德行为的动机。耶稣似乎觉得,他那个时代的宗教领袖,肯定是受到尊重的正直的公民,"美德"意味着他们得到了同胞的敬仰和上帝的垂青。《新约》学者芬克(R. W. Funk,1966)指出,撒玛利亚人处于光谱的另一端。

> 撒玛利亚人不爱侧目去看上帝。只有邻居的需要是不言而喻的,撒玛利亚人的反应没有其他动机[第218—219页]。

也就是说,撒玛利亚人被解释为自发地对这种情况作出反应,而不是像祭司和利未人那样,全神贯注于抽象的道德或组织的宗教行为。这并不是说撒玛利亚人被描绘成不信教的人。这个寓言的一个主要意图似乎是将撒玛利亚人作为一个宗教和伦理的例子来呈现,但同时将他的宗教类型与祭司和利未人所代表的更普遍的宗教观念进行了比较。

通过这则寓言可以总结出影响助人行为的变量,情境变量包括一个人的思考内容和旅途中的匆忙程度。主要的人格变量似乎是不同类型的宗教信仰。当然,这些变量并没有穷尽从这则寓言中可以引出的变量清单,但它们确实提出了一些研究假设。

假设 1 这则寓言意味着,那些在思考宗教和伦理思想时遇到可能需要帮助的人,不会比那些思考其他事情的人更有可能提供帮助。这样的假设似乎与某种理论背道而驰,该理论将规范作为助人行为的决定因素,因为规范解释可以预测,通过思考宗教和道德的事例会显著增加帮助规范,进而增加助人行为。

假设2　在匆忙中遇到可能需要帮助的人,比那些不匆忙的人提供帮助的可能性要小。

假设3　关于宗教信仰的类型,以撒玛利亚式的方式进行宗教信仰的人比那些以祭司或利未人的方式进行宗教信仰的人,会更经常地提供帮助。

188

显然,这最后一个假设很难像前面所说的那样付诸实证研究。然而,一位研究者之前对宗教类型的研究(Batson, 1971),帮助我们区分了三种不同的宗教类型:(a)它将获得什么(Freud, 1927/1953,也许还可参见祭司和利未人),(b)它自身的内在价值(Allport & Ross, 1967),(c)作为对日常生活意义的回应和追求(参见 Batson, 1971)。后两个概念都是由这位研究者提出的,因为它们与更像撒玛利亚人的"真正"宗教有关。因此,根据研究者的说法,第三个假设可能是这样的:人们(a)出于内在原因而信奉宗教(Allport & Ross, 1967)或(b)出于对日常生活意义的质疑而信奉宗教(Batson, 1971)的人,更有可能停下来向受伤者提供帮助。

乐于助人的撒玛利亚人寓言也暗示了我们,如何衡量人们的助人行为——他们对倒在路边的陌生人的反应。受伤者应该显得有些模棱两可:衣着不整,可能需要帮助,但也可能是喝醉了,甚至具有潜在的危险。

此外,这个寓言还暗示了某种方法,通过该方法,所发生的事情可以被视为一个真实的事件,而不是心理实验的一部分。在心理实验中,对一个人行为的监测,可能会受到需求特征(Orne, 1962)、评估恐惧(Rosenberg, 1965)或其他潜在的助人行为因素的影响。受伤者最好不是出现在实验情境中,而是出现在现实的各类活动中。①

方法

为了检验这些变量对助人行为的影响,我们邀请了神学院的学生参加一项

---

① 在随机化过程中出现了一个错误,导致了中等程度匆忙条件下被试数量的增加。这与被广为证实的预测(匆忙预测)相反,但是对消息变量测试没有影响。

关于宗教教育与职业关系的研究。在研究的第一阶段,对学生的宗教信仰类型进行了人格问卷测量。在第二阶段的个别实验中,被试在一栋建筑物中开始了实验,并要求他到另一栋建筑物去汇报情况,以便继续进行下面的实验。在行进途中,被试经过一个安排在小巷里的摔倒的"受伤者"。因变量是被试是否以及如何帮助受伤者。自变量是被试者被要求尽快到达另一栋大楼的紧迫程度,以及他到达那里时要做的汇报。一些被试汇报的内容是神学院学生要保持最高的工作效率,而其他被试汇报的内容是乐善好施的撒玛利亚人寓言。

被试

问卷施测的对象是普林斯顿神学院的 67 名学生。其中 47 人(可以通过电话联系到的人)被安排进行实验。在这 47 名被试中,有 7 名被试的数据未用于分析,其中 3 名是因为在测试期间实验程序受到污染,4 名是因为对实验条件存有异议。向每位被试在问卷调查环节支付 1 美元,在实验环节支付 1.5 美元。

人格测量

有关所使用人格量表的详细讨论可以在他处查阅(Batson,1971),因此这里只做简短讨论。本研究所考察的一般人格结构是宗教信仰。近年来,人们根据不同的心理测量量表提出了各种宗教信仰概念。引起最大关注的概念似乎是奥尔波特等人(Allport & Ross,1967)所区分的"内在取向"与"外在取向"宗教信仰,可参考阿伦等人"承诺取向"与"共识取向"宗教的论述(Allen & Spilka,1967)。布朗(Brown,1964)和巴特森(Batson,1971)对这种宗教性的两极概念提出了质疑,他们建议进行三维分析。因此,在本研究中,宗教信仰的类型是用三种工具来测量的,这些工具提供了六个独立的量表:(a)格洛克和斯塔克(Glock & Stark,1966)使用的教义正统(D-O)量表,该量表测量的是与新教神学相一致的经典教义;(b)奥尔波特-罗斯的外在取向(AR-E)量表,测量的是将宗教用作达到目的的手段而不是目的本身;(c)奥尔波特-罗斯的内在取向(AR-I)量表,测量的是将宗教作为目的本身;(d)巴特森宗教生活量表(RELI-EE)的外在取向外部量表,旨在衡量重要他人和情况对一个人的宗教信仰产生的影响;(e)宗教生活量表(RELI-EI)的外在取向内部量表,旨在衡量一个人宗教信仰的"内驱力"程度;(f)宗教生活量表(RELI-I)的内在取向量表,旨在衡量一个人的虔诚程度,涉及一个人与其所处社会环境互动所产生的生命意义。问卷中量表的呈现顺序是 RELI、AR、D-O。

与之前的研究(Batson,1971)结果一致,对 67 名神学院学生的总分和单项得分进行主成分分析,得出了一个理论上有意义的正交旋转三因子结构,其因子负荷如下:

作为手段的宗教从 AR-E(.903)中得到了一个非常高的因子负荷,因此,奥尔波特和罗斯(1967)将这一量表定义为,测量将宗教作为达到其他目的的手段。该因素还得到了来自 D-O(-.400)、AR-I(-.372)和 RELI-EE(.301)的中等因子负荷。

宗教作为目的得到了来自 RELI-EI(.874)、RELI-EE(.725)、AR-I(.768)和 D-O(.704)的高因子负荷。考虑到这种结构,再加上奥尔波特和罗斯的定义,这一部分似乎包含了宗教本身就是具有某种内在价值的目的。

作为任务的宗教得到了来自 RELI-I(.945)和 RELI-EE(.75)的非常高的因子负荷。继巴特森(Batson)之后,这一部分被认为涉及个人在其从社会世界中寻求意义所产生的宗教信仰。

本实验中所考察的三个宗教人格量表,是通过对这三种成分的完全估计因子得分系数构建的。

实验研究的时间安排

需要提供帮助的事件是在室外进行的,整个实验研究在 3 天内完成:1970年 12 月 14 日至 16 日,上午 10 点至下午 4 点之间。为了保持合理一致的天气和光照条件,时间安排比较集中。据《纽约时报》报道,在这三天的时间里,气温波动不超过 5 华氏度。虽然第三天多云,但不会出现雨雪天气,而前两天是晴天。在这几天里,被试被随机分配到不同的实验条件下。[1]

程序

当某个实验被试出现时,一位实验助理(他并不了解该被试的性格测量结

---

[1] 随机化中出现了一个错误,增加了处于中度匆忙状态被试的数量。这与得到高度证实的假设(匆忙假设)不同,对信息变量的测量没有影响。

果)要求他阅读一份简短的声明,说明他正在参与一项神学院学生职业生涯的研究。在这项研究的基本原理加以说明之后,该声明提到:

> 今天召集大家到这里来,是为了向我们提供另外一些材料,这些材料将比我们所收集到的问卷材料更清楚地说明你们的想法。问卷很有帮助,但是有点过于简单。因此,我们希望录制一段 3—5 分钟的演讲,请你根据以下内容做这样一段演讲⋯⋯

变量 1: 信息内容。在任务相关的条件下,被试会读到如下内容:

> 人们越来越多地提出这样一个问题:神学院学生未来最喜欢的工作或职业是什么,他们最有效率的工作是什么? 这个问题的答案曾经是如此显而易见,以至于甚至都没有人会问及这个问题。神学院学生正在接受神职人员的培训,由于整个社会以及神学院学生本人都对如何成为一个"优秀"的神职人员有着相对清晰的理解,所以甚至这样的问题根本没有必要提出:神学院的所有工作经历似乎都是一笔财富。然而今天,无论是社会还是神学院,都没有一个非常明确的概念来界定什么是"好的"牧师,或者什么样的工作和职业是牧师的最佳际遇。很多神学院的学生——这些人显然是真心关心"传道"——似乎觉得自己不可能成为专业的神职人员。其他学生也同样认为,神职人员是最有出路的职业。但是,作为一笔财富的神学院经历,对其他工作或职业有何助益? 这种经历对于专业部门而言又有多大价值呢? 或者,更广泛地说,一位牧师能够胜任某个"部门"的工作吗?

191

在与帮助有关的背景下,被试按照本文前面提及的方式得到了乐于助人的撒玛利亚人寓言的文本。接下来,无论情况如何,所有被试都被告知:

> 根据这段话你可以讲出任何你想说的话。因为我们感兴趣的是你的思考方式,所以在演讲中你不能使用笔记。你明白你要做什么吗? 如果没有明白,研究助理会很乐意回答你的问题。

几分钟后，研究助理回来了，询问是否有问题，然后说道：

因为这座大楼的空间很紧张，我们就用隔壁大楼的一间免费办公室来记录会谈。让我来告诉你怎样到那儿去(在一张 3×5 公分的卡片上画出路线并解释)。这就是施泰纳教授的实验室所在地。如果你走进这扇门(指着地图)，那里会有一位秘书，她会指引你到我们用来录音的办公室。施泰纳教授的另一位助手会安排你录制你的演讲。你搞清楚这张地图了吗？

变量2：匆忙程度。在最高匆忙状态下，研究助理看了看手表说："哦，你迟到了。他们几分钟前还在等你。我们最好走吧。秘书应该在等你，所以你最好快点。"在中等匆忙状态下，他说道："秘书已经为你准备好了，所以请马上过去。"在最低匆忙状态下，他说道："他们还需要几分钟就可以为你准备好了，不过你还是先过去吧。如果你需要在那里等，应该也不会太久。"

事件。当被试经过巷子时，受伤者瘫坐在门口，头朝下，眼睛紧闭，一动不动。事发时，受伤者咳嗽了两次，呻吟着，低着头。如果被试停下来问是否有什么不对劲或是否需要帮忙，受伤者会感到吃惊，看起来有些头晕，说："哦，谢谢你(咳嗽)……不，没关系[停顿]我喘不过气来[咳嗽]……医生给了我这些药片，我只吃了一片……我只是想坐下来休息几分钟，我会没事的……非常感谢你停下来(很虚弱地笑了笑)。"如果这个被试坚持要把受伤者带到大楼里，受伤者会答应他这样做，并向他表示感谢。

帮助类别。受伤者根据助人行为量表对每个被试进行评分，如下所示：

0=未能注意到可能需要帮助的受伤者；1=认为受伤者可能有需要，但没有提供帮助；2=没有停下来，而是间接帮助(例如，告诉施泰纳的助手受伤者的情况)；3=停下来问受伤者是否需要帮助；4=停下来，坚持将受伤者带进屋内后离开。

受伤者并不了解所有被试的人格量表分数和实验条件。在受伤者的建议下，根据他对试研究阶段被试行为的观察，在评定量表中增加了另外一个类别：

5＝停下后,没有抛下受伤者(3—5分钟后)/或坚持带他去实验环境以外的地方(例如,喝咖啡或去医务室)。

(在某些情况下,有必要通过实验后问卷将类别0与类别1区分开来,并在实验助理的报告中将类别2与类别1区分开来。)

这个6分的助人行为量表和对受伤者的描述被交给了一个由10名评判者组成的小组(不熟悉这项研究),他们被要求按照"对门口的人显示的助人行为的数量"对这些类别进行排序,1名评判者颠倒了0类和1类的顺序。除此之外,其他人做出了与上述量表完全一致的排名。

演讲。经过巷子进入地图上所标示的那道门后,被试走进了一位秘书的办公室。秘书把他介绍给了自己的助手,助手给了他准备时间并私下录制了他的演讲。

助人行为问卷。录音完成后,被试被带到另一位实验者那里,他进行了"关于个人和社会伦理的探索性问卷调查"。问卷中包含了几个关于社会伦理和个人伦理之间相互关系的初步问题,然后问了三个关键问题:(a)"你最后一次见到一个似乎需要帮助的人是什么时候?"(b)"你最后一次停下来帮助有需要帮助的人是什么时候?"(c)"你有帮助有需要的人的经验吗? 如果有的话,请简要概述一下。"收集这些数据是为了检查受伤者对没有停下来的被试是否认为小巷中的情况可能涉及需要的评分。当他回来时,实验者查看了被试的问卷,如果没有提到巷子里的情况,则进一步考察他对这件事情的反应,然后分阶段进行详细的汇报和讨论。

纾解

193

在汇报中,被试被告知研究的确切性质,包括所涉及的欺骗,并解释了欺骗的原因。讨论了被试对受伤者和整个研究的反应。助人行为的情境决定因素的作用被解释为与这一特定事件和被试的其他经历有关。所有的被试似乎都很理解欺骗的必要性,没有人表示对欺骗有任何不满。汇报完后,被试对花时间解释这些事情以及所得到的报酬表示了感谢,随后离开。

结果与讨论

总体助人行为

表 14.1 列出了被试按具体情况向受伤者提供的平均帮助量。方差分析表明，匆忙程度与助人行为显著相关($F=3.56$，$df=2/34$，$p<.05$)，而信息内容与助人行为无关。匆忙中的被试提供的帮助可能比不匆忙的被试少。在这个分析中，被试是否会就乐善好施的寓言发表演讲并没有显著影响他的助人行为。

表 14.1　帮助反应的均值及方差分析

信息内容	均　　值			
	匆忙程度			
	低	中	高	总计
帮助关联	3.800	2.000	1.000	2.263
任务关联	1.667	1.667	.500	1.333
总计	3.000	1.818	.700	

方差分析				
来源	SS	df	MS	F
信息内容(A)	7.766	1	7.766	2.65
匆忙程度(B)	20.884	2	10.442	3.56*
A×B	5.237	2	2.619	.89
误差	99.633	34	2.930	

注：$N=40$；* $p<.05$

其他的研究集中在一个人是否会主动帮助他人的问题上，而不是关于帮助的种类。预研究的数据也可以从以下方面进行分析：在 40 名被试中，16 名(40%)向受伤者提供某种形式的直接或间接帮助(编码类别 2—5)，24 名(60%)没有提供帮助(编码类别 0 和 1)。在情境变量中提供帮助的被试，低匆忙、中匆忙、高匆忙各占 63%、45%、10%；帮助相关信息占 53%，任务相关信息占 29%。关于是否提供帮助这一更为普遍的问题，方差分析再次表明，只有匆

194

忙程度与助人行为显著相关(F＝5.22，p<.05)；匆忙程度较高的被试更有可能从受伤者身边经过而不做停留。

根据这些结果反观之前所做的预测，第二个假设得到了支持，即一个人的匆忙程度决定了他的助人行为。关于信息内容的第一个假设所涉及的预测是基于所提到的寓言。这个寓言本身似乎暗示，正在思考虔诚的观念不会增加帮助。另一个相互矛盾的预测可能是基于规范突显理论。思考这个寓言应该使帮助规范得以突显，从而产生更多的帮助。检验假设的数据与寓言中的预测更为吻合。与谈论神学院毕业生未来可能从事的职业相比，一个人在探讨乐于助人的撒玛利亚人寓言时，不会更有可能停下来帮助路边的人。

由于这两个情景假设都得到了证实，因此，现在很容易放弃对这些变量做进一步的分析。采用多元回归分析方法，分析了研究中各因变量与助人行为的关系。除了因使用更多数据信息而具有更为强大的统计功能外，多元回归分析比方差分析更具优势，因为它允许比较各种因变量在计算因变量方差时的相对影响。此外，多元回归分析还可以比较连续变量和名义变量对连续变量和名义相关变量(通过使用点二列相关 r_{pb})的影响，并显示出对不满足正态性假设数据具有相当的稳健性(Cohen，1965/1968)。表 14.2 报告了以帮助评定量表作为因变量，对帮助与无帮助的多元回归分析结果。在本表中，总方程 Fs 显示整个回归方程的 F 值，因为特定的变量进入该方程。用方程中的 5 个自变量计算了各变量 Fs。尽管两个情境变量(匆忙程度和信息内容)与依存度量的相关性比宗教倾向变量中的任何一个都高，但只有匆忙程度可以作为是否提供帮助(第 1

表 14.2　逐步多元回归分析

回归步骤	个体变量		总方程	
	r^a	F	R	F
1. 匆忙程度[b]	−.37	4.537*	.37	5.884*
2. 信息内容[b]	.25	1.495	.41	3.834*
3. 以宗教为追求	−.03	.081	.42	2.521
4. 以宗教为手段	−.03	.003	.42	1.838*
5. 以宗教为目的	.06	.000	.42	1.430

（续表）

步骤	帮助评分			
	个体变量		变量方程	
	r	F	R	F
1. 匆忙程度[b]	−.42	6.665[*]	.42	8.196[**]
2. 信息内容[b]	.25	1.719	.46	5.083[*]
3. 以宗教为追求	−.16	1.297	.50	3.897[*]
4. 以宗教为手段	−.08	.018	.50	2.848[*]
5. 以宗教为目的	−.07	.001	.50	2.213

注：N=40；帮助为依存变量，df=1/34
[a]个体变量相关系数是点二列相关系数。
[b]变量按进入逐步回归方程的顺序列出。
[c]帮助相关信息是正向的。
[*] $p < .05$，[**] $p < .01$

栏)以及给予帮助的总量(第 2 栏)的重要预测因素。这些结果证实了方差分析的结果。[①]

　　还要注意的是第三种假设，即宗教信仰类型会对帮助进行预测，均未得到数据的支持。尽管多元回归分析是一种有效而且不太严格的统计检验，但宗教信仰的各种衡量指标与任何形式的因变量之间的相关性均未接近统计显著性水平。

助人者的人格差异

　　为了进一步考察人格变量可能产生的影响，仅使用向受伤者提供某种帮助的被试的数据进行了分析。令人惊讶的是(因为这些被试的数量很少，只有 16 人)当进行这样的分析时，一个与宗教有关变量似乎与所提供的助人行为类型显著相关(情境变量则没有显著影响)。处于以宗教为追求维度上的宗教倾向较高的被试，在停下来为受害者提供帮助时，似乎比在这个维度上得分低的被试提供的帮助更具试探性或不完整性(r=−.53，p<.05)。

　　这一结果似乎让假设 3 所隐含的任何一种形式的思考都令人不安。数据

196

[①] 为了检验采用方差分析和多元回归分析两种方法的合法性，在定类数据上，计算了帮助量表与五个自变量之间的 Kendall 秩相关系数。正如所预测的，τ 在每种情况下都非常接近相关关系，并且仅对匆忙程度变量显著(T=−0.38，p<.001)。

不仅表明,基于奥尔波特-罗斯(Allport-Ross)的以宗教为目的的概念不能预测帮助的程度,而且以宗教为追求的组成部分是提供较少帮助的一个重要预测因子。后一种结果似乎有违直觉,与先前的研究(Batson,1971)也不符,后者发现这种宗教信仰与其他社会价值特征呈正相关。

我们还记得,在受伤者观察预研究中的被试后,根据受伤者的建议,增加了一个帮助的编码类别。在此,考察了添加类别(1)和所有其他类别(0)的宗教人格变量与助人行为的相关性。"以宗教为追求"与这种二分法帮助量表之间的相关程度基本上没有变化($r_{pb}=-.54$,$p<.05$)。因此,先前发现的帮助量表得分和"以宗教为追求"之间的相关,似乎反映了那些在"以宗教为追求"上得分较低的人,会在附加帮助类别中提供帮助的倾向。

这一新增类别的帮助代表什么呢?在实验的背景下,这代表了一种尴尬。受伤者对不断提供帮助的回应是,向助人者保证他没事,已经吃了药,只需要休息一分钟左右,如果有必要,最终还会要求助人者离开。但是,这一类别的超热心的助人者通常不会离开,直到最终受伤者对上述情况反复重复了多遍(他对下一个被试的到来越来越感到恐慌)。由于这通常涉及被试努力去执行预先设定的计划(例如,带受伤者喝杯咖啡或向他展示从基督那里能够找到的力量),并且不允许因为受伤者的信息而改变计划,我们最初将这种帮助称为僵化——那些高度教条化的正统被试可以解释这种可能性的增加($r=.63$,$p<.01$)。这似乎也是一种不适当的特征。如果这种更极端形式的助人行为确实没有那么有效,那么假设 3 的第二种形式似乎确实得到了支持。

但也许是实验者而不是超热心助人者做出了不恰当的事情;也许对这种帮助最好的描述是"不同的",而不是"不恰当的"。这类助人者似乎很快就对这种情况作出了特定的解释,而助人者的反应似乎也自然地遵循了这种解释。可以肯定的是,在这个实验中出现的一种帮助方式是针对受伤者的潜在需求,而受伤者对自己需求的表达几乎没有改变。相比之下,另一种风格更具试探性,似乎更能回应受伤者对自己需要的陈述。

前一种帮助很可能表现在那些秉持强烈正统教义的被试身上。相反地,这种僵化的帮助,不太可能在以宗教为追求目的的被试中出现。后一类人认为他们的宗教是不断在个人和社会世界中寻找意义,他们似乎对受伤者的迫切需要更为敏感,对受伤者对自己需要的界定也更为开放。

197

结论与启示

不太匆忙的人可以停下来向遇险的人提供帮助。匆匆忙忙的人很可能会继续赶路。具有讽刺意味的是，即使匆忙中讲述了乐于助人的撒玛利亚人寓言，他可能仍然会继续赶路，从而无意中证实了寓言中的观点(事实上，有好几次，一个神学院的学生讲述了乐于助人的撒玛利亚人寓言，然而当他匆忙赶路时，他仍然会对受伤者视而不见!)。

尽管一个人的匆忙程度对他向受伤者提供帮助的可能性有明显的重要影响，但却不会影响他是否打算就寓言或牧师可能的职业角色进行布道。布道主题实效性的缺乏，给解释涉及帮助规范及其显著性的助人行为带来了一定的困难。很难想象在什么样的背景下，关于帮助那些处于困境中的人的规范比一个想到乐于助人的撒玛利亚人的人更为突出，然而它并没有显著地增加助人行为。研究结果与标准显著性假设一致，但不显著。最准确的结论似乎是，在目前的情况下，帮助规范的显著性对助人行为的决定作用不如一些研究者(包括本文作者)所预期的那么强烈。

想到乐于助人的撒玛利亚人并没有增加助人行为，但是匆忙程度加大减少了助人行为。很难不由此得出结论：经常被引用的关于道德随着我们日常生活速度的提高而成为奢侈品的解释，至少是一种准确的描述。这个解释所传达的信息是：一个人看到另一个人，有意识地注意到他的痛苦，并有意识地选择让他停留于痛苦之中。但也许这并不完全准确，因为当一个人很匆忙的时候，似乎发生了类似于托尔曼(Tolman，1948)关于"缩小认知地图"概念的事情。我们的神学院学生在匆忙中注意到受伤者，在实验后的访谈中，几乎所有人都提到了他，经过思考，认为他可能需要帮助。但似乎他们在从受伤者身边经过的时候还没有解决这个问题。无论是将他们的视觉图像解读为一个处于困境中的人，还是通常与这种解读相关的移情反应，都没有发挥作用，因为他们太过匆忙。根据一些被试的反映，如果他们意识到受伤者可能的痛苦，然后选择视而不见，那是不准确的；相反，由于时间的压力，他们没有把巷子里面对的场景看作是一个需要做出道德决策的场合。

对于其他被试而言，得出他们决定不停下来的结论似乎更为准确。他们在

巷子里遇到受伤者时显得既兴奋又焦虑。对于这些被试,影响他们所做选择的 198
因素是什么? 神学院的学生们为什么这么匆忙? 因为被试所要帮助的实验者,
要求他快速到达一个特定的地方。换句话说,他在停下来帮助受伤者和继续帮
助实验者之间产生了冲突。对于那些处于忙碌中的人而言常常如此;他们忙碌
是因为有人依赖他们的存在。冲突,而不是冷漠,可以解释他们没能停下来提
供帮助。

最后,和其他研究一样,人格变量在预测一个人是否帮助他人方面不起作
用。但在本研究中,不同于以往的许多研究,在给予帮助的种类上可能有相当
大的差异,而且这些差异确实与人格测量有关——特别是以宗教为追求的那类
被试。事后聪明效应表明,研究者们原本预期各种帮助维度会受到个性差异的
影响;但一个人是否提供帮助却很可能是一个受到情境制约的临时决定。一个
人如何帮助别人涉及一种更为复杂的、经过深思熟虑的决策,包括个性特征对
他们产生影响的时间和空间。

参考文献

Allen, R. O., & Spilka, B. (1967). Committed and consensual religion: A specification of religion-prejudice relationships. *Journal for the Scientific Study of Religion*, 6, 191-206.

Allport, G. W., & Ross, J. M. (1967). Personal religious orientation and prejudice. *Journal of Personality and Social Psychology*, 5, 432-443.

Batson, C. D. (1971). *Creativity and religious development: Toward a structural-functional psychology of religion* (Unpublished doctoral dissertation). Princeton Theological Seminary.

Bickman, L. B. (1969). *The effect of the presence of others on bystander intervention in an emergency* (Unpublished doctoral dissertation). City College of the City University of New York.

Brown, L. B. (1964). Classifications of religious orientation. *Journal for the Scientific Study of Religion*, 4, 91-99.

Burton, R. V. (1963). The generality of honesty reconsidered. *Psychological Review*, 70, 481-499.

Cohen, J. (1968). Multiple regression as a general data-analytic system. Psychological Bulletin, 70, 426-443.

Cohen, J. (1965). Some statistical issues in psychological research. In B. B. Wolman (Ed.), *Handbook of clinical psychology*. New York, NY: McGraw-Hill.

Darley, J. M., & Latané, B. (1968). Bystander intervention in emergencies: Diffusion of responsibility. *Journal of Personality and Social Psychology*, *8*,377 – 383.

Freud, S. (1953). *The future of an illusion*. New York, NY: Liveright. (Original work published 1927)

Funk, R. W. (1966). *Language, hermeneutic, and word of God*. New York, NY: Harper & Row.

Glock, C. Y. , & Stark, R. (1966). *Christian beliefs and anti-Semitism*. New York: Harper & Row.

Hartshorne, H. , & May, M. A. (1928). *Studies in the nature of character: Studies in deceit (Vol. 1)*. New York, NY: Macmillan.

Korte, C. (1969). Group effects on help-giving in an emergency. *Proceedings of the 77th Annual Convention of the American Psychological Association*, *4*,83 – 384. (Summary)

Orne, M. T. (1962). On the social psychology of the psychological experiment: With particular reference to demand characteristics and their implications. *American Psychologist*, *17*,776 – 783.

Rosenberg, M. J. (1965). When dissonance fails: On eliminating evaluation apprehension from attitude measurement. *Journal of Personality and Social Psychology*, *1*,28 – 42.

Schwartz, S. H. , & Clausen, G. T. (1970). Responsibility, norms, and helping in an emergency. *Journal of Personality and Social Psychology*, *16*,299 – 310.

Tolman, E. C. (1948). Cognitive maps in rats and men. *Psychological Review*, *55*,189 – 208.

199

15. 有观点的房间：用社会行为规范来推动酒店环保①

诺亚·J·戈尔茨坦(Noah J. Goldstein)

罗伯特·B·西奥迪尼(Robert B. Cialdini)

弗拉达斯·格里斯凯维奇(Vladas Griskevicius)

　　本研究通过两个现场实验，检验了在酒店里放置标牌要求客人参与环保计划的有效性。结果证明，采用描述性行为规范的要求（例如，"大多数客人都会重复使用他们的毛巾"）效果好于通常采用的仅强调酒店环保的方式。此外，当描述的是与个人当下情境最为匹配环境中的群体行为时，规范要求最为有效（例如，"这个房间里的大多数客人都在重复使用他们的毛巾"），我们称之为情境性规范。本部分还讨论了研究发现对环保工作管理的理论和实践意义。

　　直到最近，游客们所遇到的与毛巾有关的最大困境，仍然是夜总会喜剧演员亨尼·杨曼(Henny Youngman)所讲过的有关他前晚住过酒店的一个老笑

---

① 诺亚·J·戈尔茨坦(Noah J. Goldstein)是芝加哥大学商学院认知科学副教授(noah. goldstein@ChicagoGSB. edu)；罗伯特·B·西奥迪尼是亚利桑那州立大学市场营销和心理学教授(Robert. Cialdini@asu. edu)；弗拉达斯·格里斯凯维奇是明尼苏达大学卡尔森管理学院市场营销学副教授(grisk001@umn. edu)。本研究得到了惠普基金会的资助(2001—7396)，通讯作者为诺亚·戈尔茨坦。我们要感谢编辑兼审读人杰尼萨·夏皮洛(Jenessa Shapiro)和韦斯·舒尔茨(Wes Schultz)对本文早先版本提供的非常有价值的帮助。最后，我们要感谢汤姆·克赖特勒(Tom Kreitler)和他的管理人员，以及所有帮助我们收集数据的酒店客房服务员；他们的合作和慷慨是完成这项研究的关键。

约翰·戴顿(John Deighton)、玛丽·弗朗西斯·卢斯(Mary Frances Luce)分别是本文的编辑和助理编辑，本文在线发表于 2008 年 3 月 3 日。

Goldstein, N. J. , Cialdini, R. B. , & Griskevicius, V. (2008). A room with a viewpoint: Using social norms to motivate environmental conservation in hotels. *Journal of Consumer Research*, *35*(3), 472-482.

201

话："多好的一家酒店：毛巾又大又蓬松，把我的手提箱塞得满满当当。"当然，对一个住酒店的人而言，"酒店里的毛巾可否反复使用"已经取代了"酒店里的毛巾能否带走"。随着酒店推广环保计划，越来越多的游客发现自己被要求重复使用酒店里的毛巾，以减少排放到环境中的洗涤剂等污染物，从而节约环境资源。在大多数情况下，这种吸引力来自放置在酒店洗手间里的一张能够策略性地发挥作用的标牌。这类计划之所以会被越来越多的连锁酒店所采用，除了具有环境和社会的效益外，还因为它可以带来可观的经济效益。除了直接节省劳动力、水、能源和洗涤剂等方面的成本外，还会吸引部分新潮的消费者，他们的到来是对那些通过经营来解决环境问题企业的一种奖励（Carlson, Grove & Kangun, 1993；Menon & Menon, 1997）。

在几乎可以无限发挥激励作用的情形下，营销人员怎样选择鼓励酒店客人参与这些对环境和经济有益的计划呢？考虑到超过四分之三的美国人在调查中认为自己是环境保护主义者（Mackoy, Calantone & Droge, 1995），绝大多数决策者倾向于强调这些计划对于环境保护的重要性——这一点并不令人奇怪。游客们几乎总会被告知：反复使用毛巾能够节约自然资源，有助于避免环境进一步遭到破坏和侵蚀。在这些源于调查的说服性要求中，没有一份问卷是基于亲社会行为潜在的强大动力：社会行为规范。

当消费者了解到10个人中有7人选择了某个品牌的汽车而不是另一品牌、了解到美白牙膏比功能较差的其他同类产品更受欢迎、了解到当地自助餐厅里几乎所有人都不会选购"能够带来惊喜的某款品牌汉堡"时，他们便得到了有关社会行为规范的信息。具体而言，他们正在获取关于描述性行为规范的信息，这些规范指的是大多数人在某种情况下所采取的行为。描述性行为规范通过告知个体"在这种情况下何种行为可能是有效的或适应性的"来诱发个人行为或公共行为（Cialdini, Kallgren & Reno, 1991）。大量研究表明，社会环境中他人的行为塑造了个体对情境的理解和反应（Bearden & Etzel, 1982），在那些新的、模糊的或者不确定的情境中尤其如此（Griskevicius et al., 2006；Hochbaum, 1954；Park & Lessig, 1977；Shapiro & Neuberg, 2008）。

研究综述

最大的酒店毛巾重复利用标牌制造商所做的研究表明：有机会参与这类计划的客人中，大约75%的人会在逗留期间至少一次重复使用毛巾。因此，那些根本没有对酒店环保计划提供描述性行为规范的酒店，尤其值得关注。从应用的角度来看，本研究的目的之一是：考察使用某种传达了参与此类项目描述性行为规范的请求，是否比当前的行业规范请求更为有效地促进了游客对毛巾进行重复利用。在实验1中通过制作毛巾重复利用卡，我们记录了两种请求标牌促进客人参与酒店环保计划的程度，以此来对假设进行检验。

从理论上看，本研究最为重要的目的是考察：酒店客人对描述性行为规范的依从，如何随参照群体类型的变化而变化。在实验2中，我们考察了酒店客人能够直接接触的周围环境规范（我们称之为情境性规范）是否比我们所讲的普遍性规范，更能促使他们遵守规范。具体而言，我们所要考察的是：与学习整个酒店标准化描述性规范的客人相比，学习特定房间描述性规范的客人是否更有可能参与到这项计划中来——尽管在这种情况下，情境性规范在理性上并不会比普遍性规范更好地作为正确或适当行为的指标。我们还考察了一种与直觉相反的看法：假如对个体来说不重要的参照群体是情境性的，那么个体更有可能遵从这个不重要参照群体的规范，而不是对其更为重要的参照群体的规范。

从更为宽泛的意义上讲，我们认为有必要走出实验室，去深入地研究社会规范如何影响人们实际做出消费或者节约的决策。尽管研究者们对规范的影响进行了大量研究，但绝大多数关于社会规范的文献都来自高度控制条件下的实验，在这些实验中，被试对自己感兴趣的变量会做出更为明显的反应。这与社会规范在现实世界中的作用方式形成了鲜明的对比：在所要考察的一系列影响中，某些影响可能会被夸大、削弱或分散化。因此，规范的影响可能会在实验环境中被放大；在这种实验环境中，被试通常会优先应对那些具有显著影响的规范（Cialdini & Goldstein，2004）。因此，可以想象的是，营销人员和消费者都有理由怀疑：对那些自然发生的行为，社会规范是否有效或显著地影响现实世界中人们对具有重要社会意义的行为选择。因此，对现实世界中社会规范影响的实证研究，便显得尤为必要。

202

最后，这些实验旨在更好地理解促使消费者采取行动以保护环境的因素。通常，这个重要的话题与亲社会行为一样，是有关消费者研究中一个被严重忽略的领域（Menon & Menon，1997；Mick，2006；Robin & Reidenbach，1987；Bendapudi，Singh & Bendapudi，1996）。有关消费者研究的文献更为关注个人的消费倾向，而非节约倾向。本研究试图纠正这种偏差。

实验 1：社会规范与行业标准

在实验 1 中，我们设计了两种标牌，寻找被试参与一家酒店的毛巾重复利用计划，该酒店隶属于一家著名的全国连锁酒店。一条信息旨在传递行业标准侧重于环境保护的重要性，但没有提供明确的描述性规范；另一条信息则传递了描述性规范，告知客人大多数其他来宾入住期间至少参与了一次该计划。基于前面的分析，我们假定：与传递行业标准的消息相比，传递描述性规范的消息会促使客人更多地重复使用毛巾。

方法

被试　在长达 80 天的时间里，我们收集了西南部一家中等规模、中等价位酒店的 190 间客房中 1058 条毛巾重复使用实例的数据，这家酒店隶属于一家全国性连锁酒店。客人们并不知道自己是研究的被试。

材料　洗手间毛巾架上的标牌上印有两条不同的信息，敦促客人参与毛巾重复利用计划：

- 标准环境信息将客人的注意力集中在环境保护重要性上，但没有提供任何描述性规范信息："**帮助拯救环境吧**。您可以在入住期间重复使用毛巾，以表达您对自然的尊重，并帮助保护环境。"
- 描述性信息告诉客人，大多数其他客人都参加了毛巾重复利用计划："**和您的客人一起帮助保护环境吧**。几乎 75% 被要求参与我们这项资源节约计划的客人都会多次使用毛巾以提供帮助。您可以和其他客人一起参加这个计划，在入住期间重复使用毛巾，以帮助保护环境。"

每一条信息的下方都有指示，告知客人如何表达他们参与该计划的意愿。说明书上写着："如果你选择参与这个计划，请把用过的毛巾放毛巾架上；如果您选择不参与本次活动,请将毛巾放在地板上。"在说明书的下方,附加了一段文字告知客人,"有关参加本次活动影响的更多信息,请参阅本标牌的背面"。

在每条毛巾重复利用标志的背面,提供了关于参与该计划意义的信息,内容如下:"您知道吗? 如果这家酒店的大多数客人参与我们的资源保护计划,将为环境节约 72000 加仑水和 39 桶油,仅今年一年就能阻止过 480 加仑的洗涤剂排放到环境中去。"

这些标志是用高分辨率的彩色激光打印机打印出来的,每一面都有 7 毫米厚的压膜。然后将他们送到一家专业的模切公司,在那里他们被切成毛巾架吊牌的形状(见图 15.1)。

图 15.1　实验 1 中的毛巾重复使用标牌图示

培训 酒店的客房服务员负责收集被试的数据，一些已经使用过的表格加以修改后被用于报告数据。因为在本研究开始之前，酒店已经实施了环境保护计划，该计划的参与标准，和我们研究中所使用的标准略有不同，我们要确保客房服务员完全能够理解并采用新的毛巾更换和数据收集标准。在实验 1 和实验 2 中，我们用多种语言对客房服务员进行了多次指导，并向他们详细展示了参与和不参与计划内容的图片。我们花费了大量时间以确保客房服务员能够理解相关约定。由于语言障碍，一些在培训期间不能理解我们指导的客房服务员，或者在整个研究过程中没有遵从我们指导的服务员，被排除在分析之外。

205 **干预** 190 个酒店房间中的每个房间都被随机分配到两种不同的消息之一。收集数据的前一周，酒店客房服务员主管会在每个房间洗手间的毛巾架上放置一个标牌。客房服务员将被试的数据记录在合适的表格中。

结果与讨论

由于毛巾重复使用程序不适用于那些仅住一晚的客人，因此仅对至少住宿两晚的客人记录数据。此外，在所有这些研究中，我们仅分析了客人第一个符合条件参加日的毛巾重复使用数据，因此没有客人会多次参加该研究。因变量是二分变量。客房服务员简单地记录了客人是否重复使用了至少一条毛巾。

与我们的假设一致，卡方检验表明，描述性规范条件诱发的毛巾重复使用率(44.1%)明显高于环保条件[35.1%；$\chi^2(1, N=433)=3.72$，$p=.05$，$\Phi=.09$；见图 15.2]。实验 1 的结果表明，我们之前没有在任何一个酒店里使用过的规范性标牌诱发的毛巾重复使用率显著高于行业标准。但是，值得注意的是，乍一看来，描述性规范似乎存在一个重要的缺陷。具体而言，我们告知被试，酒店里的绝大多数客人(75%)都参与了毛巾重复使用计划(该公司向酒店经营者提供了此类卡的数量)，但效果最好的标牌仅导致毛巾重复使用率达到了 44.1%。出现这样的差距有两个原因，也因此而令该问题不那么令人担忧。首先，根据毛巾架供应商报告的数据，研究中接受我们标牌提醒的客人中，大多

206 数人在逗留期间某个时候至少重复使用了一条毛巾。由于我们只检查了被试第一天毛巾重复使用的数据，因此所观察到的达标率很可能低估了住宿期间至少重复使用过一次毛巾的人数。其次，我们使用了最为保守的标准来计算合规性。也就是说，为了消除客人无意中遵从指示的可能性，我们没有将挂在门钩

或门把手上的毛巾视为重复使用——而这对于那些误解或没有完全阅读说明的毛巾重复使用者而言，这是颇为常见的做法。由此而导致毛巾重复利用的百分比人为地减少。

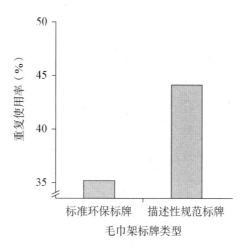

图 15.2 实验 1 中毛巾重复使用率与房间内标牌类型的关系

实验 2：人们会遵从谁的规范？

实验 1 显示了：当酒店客人得知其他大多数人选择参与环境保护计划时，他们是如何特别积极地重复使用毛巾。在实验 2 中，我们试图考察：酒店客人对描述性规范的遵从，如何随与该规范相关联的参照组类型的变化而变化。

我们已经了解到，有一些因素会影响个体遵从特定参照群体描述规范的程度(Cialdini & Goldstein，2004；Goldstein & Cialdini，2008)。影响遵从规范可能性的一个重要变量是其他人和给定个体之间的感知相似性水平(Burnkrant & Cousineau，1975；Moschis，1976)。根据费斯汀格(1954)的社会比较理论，人们通常通过与他人比较来评价自己，尤其是与他们有相似个人特征的人比较。与这一假设相一致，人们确实更有可能遵从具有类似特征的他人的行为，包括年龄(Murray et al.，1984)、个性特征(Carli，Ganley & Pierce Otay，1991)、性别(White，Hogg & Terry，2002)和态度(Suedfeld，Bochner & Matas，1971)。

影响规范遵从的另一个广为认可的因素，是个体对参照群体的认同程度。许多考察这种关系的研究，都是从社会认同的角度来加以审视的。尽管社会认同的概念在不同的学科中有着不同的含义，但它通常被广泛地定义为自我概念的扩展，包括自我概念水平从个体自我向集体自我的转变，通常是基于对社会成员类属的感知（Hogg，2003；Reed，2004）。一个人可能拥有抽象度不同的社会身份，从具体的人群（如我们系的教师）到更为宽泛的人群（如男性、女性、公民）。许多学者认为，一个人对一组人描述性规范的遵从，主要受到他人对其自我概念和社会认同重要性的影响（Bearden，Nettemeyer & Steel，1989；Brinberg & Plimpton，1986；Kelman，1961；Terry，Hogg & White，1999）。根据这一观点，假如相关的社会认同是显著的（Forehand & Deshpandé，2001；Forehand，Deshpandé & Reed，2002），个人将坚持社会认同的规范，以至于他们会认为社会认同对个人而言是重要的（Deshpandé，Hoyer & Donthu，1986；Kleine，Kleine & Kernan，1993；Reed，2004；Stayman & Deshpandé，1989；Terry & Hogg，1996；Terry et al.，1999）。

对规范性社会认同和相似性对规范遵从作用的研究的系统梳理显示，这两个研究领域所重点关注的几乎都是个体和群体的共性特征，而不是聚焦到影响个体和群体行为的背景特征。也就是说，这些文献研究了目标个体和群体之间的个人相似性（如态度、性别、种族、年龄、价值观）如何影响目标个体对群体社会规范的遵从。然而，研究人员基本上没有搞清楚情境相似性在规范遵从中的作用。

遵守普遍性规范（一个人所处的当地环境的规范，通常既合乎逻辑又颇为有效），例如，一些出现在某个兄弟会聚会上的行为，可能是有效而合乎规范的，但在其他环境中肯定是不合时宜的，尤其是那些具有强大的既定规范的背景下，比如期末考试周在图书馆里的行为（Aarts & Dijksterhuis，2003）。毕竟，古老的格言告诉我们：在罗马的时候就照罗马人的做法行事，不能采用埃及人的做法（入乡随俗）。相比之下，当前有关社会规范的文献大多侧重于强调个人的相似性，强调罗马人应该像其他罗马人那样行事——特别是当他们与其他罗马人高度认同的时候——而很少谈到他们周围环境的影响。因此，我们认为个体更容易受到周围环境规范的影响，而不是受到间接环境规范的影响。

在实验 2 中，我们考察了酒店客人毛巾重复使用的周围环境规范（即他们所居特定房间的情境性规范)是否比客人间接环境规范(即整个酒店行业的普遍性规范)在更大程度上诱发出客人对环境保护计划的参与——尽管事实上，在这种条件下，与普遍性规范相比，情境性规范对有效或适当的行为没有更多的诊断意义。我们还试图考察，当个人不重要的参照群体具有情境性特点时，个人是否更可能遵从对其而言不重要参照群体的规范，而不是更为重要的参照群体的规范。

我们设计了五种毛巾重复使用的标牌，使用实验 1 中同一家酒店的客人作为被试。其中，一种信息是实验 1 中的标准环境标牌，它强调环境保护的重要性，但没有提供明确的描述性规范。其他四种信息都传递了描述性规范，告知客人在几年前进行的一项研究中，约 75% 的被要求参与这类计划的人都这样做了。我们将这项假托研究的时间选在实验 2 实际发生之前的几年，这样客人就不会觉得他们的行为会被记录。

我们改变了这四种规范性信息中参照群体(即规范所指对象)的认同。其中一种标牌显示，这些规范是其他酒店客人的特征(普遍性规范)，而另一种标牌显示，这些规范没有理性意义且相对不具诊断性群体特征——其他入住特定房间的酒店客人(情境性规范)。另外两种标牌传递了被认为对人们的社会认同具有重要个人意义的参照群体规范。具体而言，第三种标牌将描述性规范与参照群体的公民身份相匹配(Madrigal，2001)，而第四种标牌将其与参照群体和社会认同研究中常用的有意义的社会类属(即性别)匹配(Bardach & Park，1996；Maccoby，1988；Meyers Levy，1988；Stitka & Maslach，1996)。

基于这样一个前提，即遵从与自己的环境、处境或境遇最接近的规范通常是有益的，我们假设：传递该特定房间先前居住者的描述性规范的信息(这应该是最没有意义但与客人的当时情境最相关的认同)，将导致比其他描述性规范信息更高的毛巾重复使用率。

方法

被试 在 53 天的时间里，我们收集了在实验 1 中使用过的同一家酒店的 1595 条毛巾重复使用实例的数据。客人们并不知道自己是研究的被试。

材料 洗手间毛巾架上印着五条不同信息的标牌，敦促客人参与毛巾重复使用计划：

- 标准的环境信息，将客人的注意力集中在环境保护的重要性上，但没有提供任何描述性规范信息：**"帮助拯救环境吧**。您可以在入住期间重复使用毛巾，以表达您对自然的尊重，并帮助保护环境。"

- 带有客人身份认同的描述性规范信息：**"和您的客人一起帮助保护环境吧**。在 2003 年秋季进行的一项研究中，75% 的客人通过多次使用毛巾参与了我们的新资源节约计划。您可以和其他客人一起参加这个项目，在入住期间重复使用毛巾，以帮助保护环境。"

- 带有同一房间认同的描述性规范信息：**"与您的客人一起帮助保护环境吧**。在 2003 年秋季进行的一项研究中，入住这间客房的客人中有 75% 通过多次使用毛巾参与了我们的新资源节约计划。您可以和其他客人一起参加这个项目，通过在入住期间重复使用毛巾来帮助保护环境。"请注意，例如，313 房间的"（♯xxx）"将替换为"（♯313）"。

209

- 带有公民身份认同的描述性规范信息：**"与您的同胞一起帮助拯救环境吧**。在 2003 年秋季进行的一项研究中，75% 的客人通过多次使用毛巾参与了我们的新资源节约计划。您可以和您的同胞一起参加这个项目，通过在您住宿期间重复使用毛巾来帮助保护环境。"

- 带有性别认同描述性规范的信息：**"加入帮助拯救环境的男士和女士中间吧**。在 2003 年秋季进行的一项研究中，76% 的女士和 74% 的男士通过多次使用毛巾参与了我们的新资源节约计划。您可以与其他男士和女士一道参与这项计划，在入住期间重复使用毛巾，以帮助保护环境。"

测试操作　由于我们无法向被试询问有关具体操作的其他问题，因此我们向另外一组被试询问了有关我们在实验 2 中用于提示社会类属的两个关键方面的问题。首先，我们想考察我们的每一种提示激活预期社会认同的程度。其次，我们希望被试们能够确认这些社会认同对他们个人有意义的程度。为了实现这些目标，我们要求 53 位被试想象着他们正在酒店住宿，并看到洗手间的毛巾架上悬挂着五种标牌（我们随机出现给他们）中的任何一种。阅读标牌上的消息后，询问被试有关阅读该特定消息在多大程度上使他们想到了相应的社会认同。具体而言，他们被问到："阅读标牌在多大程度上会让您认为您的身份是……"以下情况之一："与环境有关的个人，酒店客人，公民，男性或女性，或与您一样曾经居住过某个特定房间的客人"。反应选择的范围从"根本没有"（1）

到"很大程度"(5)。完成此练习后,随机依次询问被试一次:上述五种社会认同之一,"对您的认同有多重要……"。反应选择的范围从"完全不"(1)到"非常"(7)。

我们期望被试对每一个标牌都给予同样的评价,让他们思考信息所强调的相关社会认同,这将表明我们对这些条件的操作是成功的。然而,我们又确实希望看到某种显著的差异,那就是被试对不同社会类属对其社会认同重要性的评价。具体而言,我们预期被试会认为他们作为公民、男性或女性以及关注环境的个人认同比作为酒店客人,尤其是作为特定房间的酒店客人更为重要。

本次测试操作的结果支持了我们的预期。被试内方差分析显示,每条信息使被试认为自己的社会认同与相关社会类属相关的程度没有显著差异[F(5,53)=1.21,NS;总体均值(M)=3.02;标准差(SD)=.14]。这一发现支持了这样的观点:我们对每一个条件的操作,都同样有效地突现了预期的社会认同。

为了检验不同的社会类属对被试认同的重要程度,我们进行了被试内比较分析,结果支持了我们的预测。正如预期的那样,公民、男性或女性以及关注环境的个人组合类别(M=5.12;SD=.84),比酒店客人和特定房间客人的组合类别[(M=2.19;SD=.32;F(1,52)=191.56,P=.001,η_P^2=.79)]更为重要。同样如所预期的那样,相比更宽泛的酒店客人,特定房间客人对被试认同的重要性并不是那么重要(M=1.96;SD=1.39)[(M=2.42;SD=1.62;F(1,52)=6.49,P=.11,η_P^2=11.2);见图15.3]。

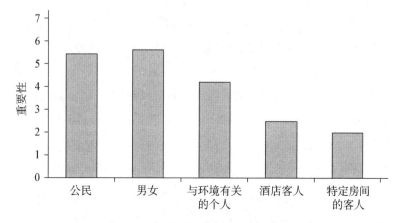

图 15.3 实验 2 中社会认同的重要程度

干预 每个酒店房间被随机分配五种不同信息中的一种。在数据收集前一周,酒店客房主管在每个客房洗手间的毛巾架上放置一个标牌。客房服务员采用适当的表格对数据进行记录。

结果

五种条件下毛巾重复使用率总体差异的卡方检验在各组之间存在显著差异$[\chi^2(4, N=1595)=9.87, p=.05, \Phi=.082;$见图 15.4)]。与我们的预测相一致,一项有计划的比较显示,所有四种描述性规范信息的组合(44.5%)显著优于标准环境信息[37.2%；$\chi^2(1, N=1595)=4.94, P=.03, \Phi=.06]$。也就是说,与让客人注重环保的重要性相比,仅仅告知酒店客人其他客人一般会重复使用毛巾,大大提高了毛巾的重复使用率。

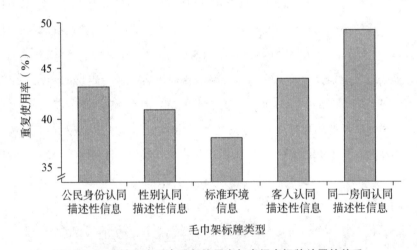

图 15.4 实验 2 中毛巾重复使用率与房间内标牌放置的关系

与预测一致,另一项比较分析研究显示,同一房间客人认同描述性规范条件出现的毛巾重复使用率(49.3%)显著高于其他三种描述性规范条件[(42.8%)；$\chi^2(1, N=318)=4.18, p=.05, \Phi=.06)]$。也就是说,与其他规范相比,情境性规范有关客人在特定酒店房间内重复使用毛巾频率的规范,对被试有效或认可的行为没有更大的统计学意义;含有同一房间的信息,在实验中传递了最没有意义的群体规范,但这种条件却诱发了最高水平的毛巾重复使用。其他三个描述性规范条件,公民身份认同描述性规范(43.5%)、性别认同描述性规范(40.9%)和客人认同描述性规范(44.0%),彼此之间没有显著差异,p 值均在 0.42 以上。

讨论

实验 2 的发现有几个值得注意的方面。首先,社会认同显著性检验的数据表明,每一条信息中所强调的社会类属,都将被试的注意力集中到了预期的社会认同上,而且不同条件下信息所发挥的作用是相同的。其次,这些数据证实了我们的预期,即在被试所感受到的不同社会类属对个人认同的重要性程度上存在巨大差异。具体而言,酒店客人和特定房间客人对被试认同的重要性明显低于性别、公民身份和环保主义相关的内容。第三,我们发现四种描述性规范性信息认同的重复使用率,并没有体现到个人认为这些认同对他们个人意义重要性上。数据分析的结果特别有趣,因为研究表明,某种社会类属对个人的社会认同越重要,他或她就越有可能遵从该类别的规范。也就是说,根据许多已有的文献,被试的保护行为应该影响到重要性评级。根据重要性等级,就被试所居住的特定房间而言,他们最有可能遵从公民或男性/女性的规范,而最不可能遵从酒店客人的规范。然而,本研究数据显示,传递先前入住客人房间的人的描述性规范信息产生的遵从率,并非重要性评级预测最低的条件,相反这种条件事实上出现了最高的遵从率(见图 15.3 和 15.4)。

212

总讨论

我们注意到,有关消费者行为文献中关于影响消费者亲社会行为因素的实证研究非常少,而关于亲环境行为的实证研究则更少,研究者们强调需要在这些领域进行更多的消费者研究(Bendapudi et al. , 1996;Menon & Menon,1997;Mick,2006;Robin & Reidenbach,1987)。本研究试图弥补文献中的这一空白,同时也尝试作出理论贡献,以便更好地理解可能诱发一般消费者行为的社会规范和认同类型。

两项现场实验的结果显示了描述性规范的力量,它有助于激发其他人从事现实世界重要的环境保护活动。此外,描述性规范信息比行业标准更具优越性,实验 2 显示,激活了客人作为环境相关个体的认同,使其有意义的社会认同突显出来；而不提供明确的描述性规范，并不是最佳的选择。

本研究还考察了社会规范中一个经常被忽视的方面。虽然社会认同文献和关于相似性影响的文献已经解决了"谁"的问题，因为它们与人们对社会规范的遵从有关，但这些文献基本上没有解决"在哪里"的问题。也就是说，这些研究关注的是个体，而不是情境，说服对象和参照群体之间的共性会影响人们对社会规范的遵从。

实验2证实，当这些规范形成的环境与个体当前所处的环境相符时，个体更容易受到描述性规范的影响，而据我们所知这一问题在以往的研究中并没有得到解决。被试们声称，假如大多数住在他们周围（他们的房间）的人都参加了毛巾重复使用计划，他们自己也很可能参加这个计划。即使从理论上讲规范性信息不比物理上间接环境规范性信息更多地提供信息或有效适当的行为，情况仍是如此。例如，没有合乎逻辑的理由支持：与在大厅对面房间里住客的规范相比，在特定房间里入住客人的规范能够为客人的行为提供更多的信息。实际上，甚至可能有人会认为，遵从普遍性规范更为合理，因为该规范描述了更多人的行为，因此应该更有效地影响人们的行为。

本研究的另一个重要发现是，情境性群体规范对普遍性群体规范的更大促进作用，似乎并不取决于人们认为规范所唤起的群体认同对他们个人的重要程度。在实验2中，与我们所测试的共享社会认同群体相比，被试们更可能遵从与他们共享相同环境群体的描述性规范。事实上，这与所我们的预测相吻合，而与之前的观点相反，我们发现参照群体组的重复使用率实际上最高，被试们认为参照群体组对他们个人意义最小，但身体距离上最为接近。

我们在这些实验中获取的数据能否与先前的研究保持一致呢？这些研究表明，在某种程度上，假如参照群体被认为对个体有意义，那么其群体规范就会被遵从。我们当然不是说某个群体或某种社会认同对个人认同的意义无关紧要；事实上，在许多情况下，它可能被认为是遵从这些规范最有力的个人预测因素之一。相反，我们认为群体对个人社会认同的意义只是消费者个人遵从社会规范的几个核心决定因素之一。除了规范的显著性（Cialdini等，1991）、不确定性水平（Festinger，1954）以及参照群体的意义和认同程度（Deshpandé等，1986）等因素外，另外一个重要的因素是：一个人的环境、处境、职业和规范形成的境况之间的匹配程度。

情境性规范影响的潜在机制

在情境性规范条件下,可能存在几种导致毛巾重新使用的潜在过程。但是,由于现场实验数据的局限,在这一点上我们只能进行推测。关于情境性规范为什么可能具有特别影响力的一种可能解释是:遵从与当前环境、处境和境况最接近的规范通常具有促进作用。作为学习过程的一个自然部分,个体在一定程度上适应了他们的推理、决策和行为所导致的过去的适应性结果。为了使信息处理和决策在新的或不确定的情况下更易于管理,个体经常会总结他们以前经验中的某些关联(Zebrowitz,1990)。尽管这样的总结通常会导致对刺激、成功决策和有效行为的正确解释,但由于信息的不可用或其先前关联的过度概化,它们偶尔也会导致错误(Zebrowitz & Collins,1997)。例如,一位消费者对自己以往从几家不同日本制造商那里所购买汽车的可靠性感到满意,她可能会对这种关联过度概化,甚至导致她错误地认为所有日本制造的汽车都是可靠的。这种过度概化可能会影响到她今后的购买,并可能会诱导她在购买自己没有体验过的日本品牌汽车时作出错误决策。

同样地,由于个体通过经验了解到,与更一般或离自己距离更远的环境特征相比,其就近环境特征的规范更能判断出有效适当的行为,因此他们可能会过度概化这种关联,这可能会导致他们做出不完全理性的行为。具体而言,一个人过度概化的关联可能会影响其行为——即便这个人所处的本地环境规范,并不能比其他更一般或距离更远的环境更为清晰合理地导向成功或适当的行为。

海德(Heider,1958)有关人际关系的著述提出了另外一种可能的解释,即情境性规范具有更大的动机强度。海德认为,虽然社会意义上的相似性可以在某个人和另一个实体之间产生强烈的关联感(他称之为对单位关系的感知),但即使是微弱的和社会无关的相似性也可以产生与之相当或更大程度的关系。根据海德的观点,当人们与另一个人分享一种不寻常的经历或属性时,他们会察觉到与另一个人的关系,而这种不寻常的经历或属性是周围其他人所没有的(Tajfel,1978)。此外,为了保持一种平衡状态,个人往往被驱使按照与他们有关系的个人或群体的标准来改变自己的态度或行为(Insko,1981)。

因此,如果可以在不具备有意义团体身份的情况下建立牢固的关系,并且个人倾向于遵从与之相关联的他人的规范(即使该关联并非基于有意义的团体

214

认同)，则在某些情况下，个人有可能比有意义的和重要的社会认同更多地遵从无意义和意义不重要的社会认同规范。正如海德(Heider)所建议的，当联系基于不常见的特征时，这种情况尤其可能发生(Goldstein & Cialdini, 2007)。因此，共享社会认同的稀有性可能是决定消费者是否会私下遵从参照群体社会规范的另外一个重要决定因素。鉴于这一假设，请考虑在实验2中所出现的情况：尽管个人报告说公民、男性或女性的社会认同对他们很重要，但这些认同很可能被认为是具有普遍性的。然而，酒店客人在特定房间的社会认同对个人来说并不重要，但也可能被认为更不常见。在任何一个房间里的客人都有过同样的经历，在这些房间里住的人相对较少，因此可能会感觉到与这些人有着密切的联系。这表明，如果我们采用一种描述性规范来描述客人认为既重要又不常见的社会认同，客人和群体之间的关系可能会特别强大，从而导致与参照群体的关联感更强，毛巾重复使用率更高。在未来的研究中，我们会实证检验这些以及其他的潜在机制，这将有助于更好地理解情境性规范驱动力形成的过程。

对营销人员、管理人员和决策者的影响

我们的研究结果对营销人员、管理者和政策制定者具有明显的意义。值得注意的是，规范性信息是我们以往未曾见过的连锁酒店所使用的信息，其在促使客人参与酒店的环境保护计划方面的表现明显好于连锁酒店最常用的信息——关注强调环境保护重要性的信息，突出了客人作为环保主义者的认同。这些发现强调了运用社会科学研究和理论而不是商业传播者的直觉、非专业理论或最佳猜测来构建有说服力呼吁的效果。这些发现还表明，为了优化社会认同效应，传播者应确保某些重要的社会认同是显而易见的，而且与该认同相关的规范也能为人们所知并显而易见。当然，这是以现实的规范与传播者希望吸引受众的方向一致的假设成立为前提的(Cialdini et al., 2006；Schultz et al., 2007)。

参考文献

Aarts, H., & Dijksterhuis, A. P. (2003). The silence of the library: Environment, situational norm, and social behavior. *Journal of Personality and Social Psychology*,

84(1),18 – 28.

Bardach, L. , & Bernadette, P. (1996). The effect of in-group/out-group status on memory for consistent and in-consistent behavior of an individual. *Personality and Social Psychology Bulletin*, *22(2)*,169 – 178.

Bearden, W. O. , & Etzel, M. J. (1982, September). Reference group influence on product and brand purchase decisions. *Journal of Consumer Research*, *0*,183 – 104.

Bearden, W. O. , Nettemeyer, R. G. , & Steel, J. E. (1989, March). Measurement of consumer susceptibility to interpersonal influence. *Journal of Consumer Research*, *15*,473 – 481.

Bendapudi, N. , Singh, S. N. , & Bendapudi, V. (1996, July). Enhancing helping behavior: An integrative frame-work for promotion planning. *Journal of Marketing*, *60*,33 – 49.

Brinberg, D. , & Plimpton, L. (1986). Self-monitoring and product conspicuousness on reference group influence. In R. J. Lutz (Ed.), *Advances in consumer research* (Vol. 13, pp. 297 – 300). Provo, UT: Association for Consumer Research.

Burnkrant, R. E. , & Cousineau, A. (1975, December). Informational and normative social influence in buyer behavior. *Journal of Consumer Research*, *2*,206 – 215.

Carli, L. L. , Ganley, R. , & Pierce-Otay, A. (1991). Similarity and satisfaction in roommate relationships. *Personality and Social Psychology Bulletin*, *17(4)*,419 – 426.

Carlson, L. , Grove, S. , & Kangun, N. (1993). A content analysis of environmental advertising claims: A matrix method approach. *Journal of Advertising*, *22(3)*,27 – 39.

Cialdini, R. B. , Demaine, L. J. , Sagarin, B. J. , Barrett, D. W. , Rhoads, K. , & Winter, P. L. (2006). Managing social norms for persuasive impact. *Social Influence*, *1(1)*,3 – 15.

Cialdini, R. B. , & Goldstein, N. J. (2004). Social influence: Compliance and conformity. *Annual Review of Psychology*, *55*,591 – 622.

Cialdini, R. B. , Kallgren, C. A. , & Reno, R. R. (1991). A focus theory of normative conduct: A theoretical refinement and reevaluation of the role of norms in human behavior. In L. Berkowitz (Ed.), *Advances in experimental social psychology* (Vol. 24, pp. 201 – 234). San Diego, CA: Academic Press.

Deshpandé, R. , Hoyer, W. D. , & Donthu, N. (1986). The intensity of ethnic affiliation: A study of the sociology of hispanic consumption. *Journal of Consumer Research*, *13(2)*,214 – 220.

Festinger, L. (1954). A theory of social comparison processes. Human Relations, 7(2), 117 – 140.

Forehand, M. R. , & Deshpandé, R. (2001). What we see makes us who we are: Priming ethnic self-awareness and advertising response. *Journal of Marketing Research*, *38(3)*,336 – 348.

216

Forehand, M. R. , Deshpandé, R. , & Reed II, A. (2002). Identity salience and the influence of activation of the social self-schema on advertising response. *Journal of Applied Psychology*, *87(6)*,1086 – 1099.

Goldstein, N. J. , & Cialdini, R. B. (2007). The spyglass self: A model of vicarious self-perception. *Journal of Personality and Social Psychology*, *92(3)*,402 – 417.

Goldstein, N. J. , & Cialdini, R. B. (2008), Social influences on consumption and conservation behavior. In M. Wänke (Ed.), *Social psychology of consumer behavior*. New York, NY: Psychology Press.

Griskevicius, V. , Goldstein, N. J. , Mortensen, C. R. , Cialdini, R. B. , & Kenrick, D. T. (2006). Going along versus going alone: When fundamental motives facilitate strategic (non)conformity. *Journal of Personality and Social Psychology*, *91(2)*, 281 – 294.

Heider, F. (1958). The psychology of interpersonal relations. New York, NY: Wiley.

Hochbaum, G. M. (1954). The relation between group members' self-confidence and their reactions to group pressures to uniformity. *American Sociological Review*, *19 (6)*,678 – 687.

Hogg, M. A. (2003). Social identity. In M. R. Leary & J. P. Tangney (Eds.), *Handbook of self and identity* (pp. 462 – 479). New York, NY: Guilford.

Insko, C. A. (1981). Balance theory and phenomenology. In R. E. Petty, T. M. Ostrom, & T. C. Brock (Eds.), *Cognitive responses in persuasion* (pp. 309 – 338). Hillsdale, NJ: Erlbaum.

Kelman, H. C. (1961, Spring). Processes of opinion change. Public Opinion Quarterly, 25,57 – 78.

Kleine, R. E. , Kleine, S. S. , & Kernan, J. B. (1993). Mundane consumption and the self: A social identity perspective. *Journal of Consumer Psychology*, *2(3)*, 209 – 235.

Maccoby, E. E. (1988). Gender as a social category. *Developmental Psychology*, *24 (6)*,755 – 765.

Mackoy, R. D. , Calantone, R. , & Droge, C. (1995). Environmental marketing: Bridging the divide between the consumption culture and environmentalism. In M. J. Polonsky & A. T. Mintu-Wimsatt (Eds.), *Environmental marketing* (pp. 37 – 54). Binghamton, NY: Haworth.

Madrigal, R. (2001). Social identity effects in belief attitudes intentions hierarchy: Implications for corporate sponsorship. *Psychology and Marketing*, *18(2)*,145 – 165.

Menon, A. , & Menon, A. (1997, January). Enviropreneurial marketing strategy: The emergence of corporate environmentalism as market strategy. *Journal of Marketing*, *61*,51 – 67.

Meyers-Levy, J. (1988, March). The influence of sex roles on judgment. *Journal of Consumer Research*, *14*,522 – 530.

Mick, D. G. (2006). Meaning and mattering through transformative consumer research.

In C. Pechmann & L. L. Price (Eds.), *Advances in consumer research* (Vol. 33, pp. 297 – 300). Provo, UT: Association for Consumer Research.

Moschis, G. P. (1976, August). Social comparison and informal group influence. *Journal of Marketing Research*, *13*,237 – 244.

Murray, D. M., Luepker, R. V., Johnson, A. C., & Mittelmark, M. B. (1984). The prevention of cigarette smoking in children: A comparison of four strategies. *Journal of Applied Social Psychology*, *14*(*3*),274 – 288.

Park, C. W., & Lessig, P. V. (1977, September). Students and housewives: Differences in susceptibility to reference group influence. *Journal of Consumer Research*, *4*,102 – 110.

Reed, Americus II (2004, September). Activating the self-importance of consumer selves: Exploring identity salience effects on Judgments. *Journal of Consumer Research*, *31*,286 – 295.

Robin, D. P., & Eric, R. (1987, January). Social responsibility, ethics, and marketing strategy: Closing the gap between concept and application. *Journal of Marketing*, *51*, 44 – 58.

Schultz, P. W., Nolan, J. M., Cialdini, R. B., Goldstein, N. J., & Griskevicius, V. (2007). The constructive, destructive, and reconstructive power of social norms. *Psychological Science*, *18*(*5*),429 – 434.

Shapiro, J. R., & Neuberg, S. L. (2008). When do the stigmatized stigmatize? The ironic effects of being accountable to (perceived) majority group prejudice-expression norms. *Journal of Personality and Social Psychology*, *95*(*4*),877 – 898.

Stayman, D. M., & Deshpandé, R. (1989, December). Situational ethnicity and consumer behavior. *Journal of Consumer Research*, *16*,361 – 371.

Stitka, L. J., & Maslach, C. (1996). Gender as schematic category: A role construct approach. *Social Behavior and Personality*, *24*(*1*),53 – 73.

Suedfeld, P., Bochner, S., & Matas, C. (1971). Petitioner's attire and petition signing by peace demonstrators: A field experiment. *Journal of Applied Social Psychology*, *1*(*3*),278 – 283.

Tajfel, H. (1978). *Differentiation between social groups: Studies in the social psychology of intergroup relations*. New York, NY: Academic.

Terry, D. J., & Hogg, M. A. (1996). Group norms and the attitude-behaviour relationship: A role for group identification. *Personality and Social Psychology Bulletin*, *22*(*8*),776 – 793.

Terry, D. J., Hogg, M. A., & White, K. M. (1999). The theory of planned behaviour: Self-Identity, social identity, and group norms. *British Journal of Social Psychology*, *38*(*3*),225 – 244.

White, K. M., Hogg, M. A., & Terry, D. J. (2002). Improving attitude-behavior correspondence through exposure to normative support from a salient ingroup. *Basic and Applied Social Psychology*, *24*(*2*),91 – 103.

Zebrowitz, L. A. (1990). *Social perception*. Pacific Grove, CA: Brooks-Cole.

Zebrowitz, L. A., & Collins, M. A. (1997). Accurate social perception at zero acquaintance: The affordances of a gibsonian approach. *Personality and Social Psychology Review*, 1(3), 203 - 222.

5

大众传播、宣传与说服

16. 作为改变行为手段的归因与说服[①]

理查德·米勒（Richard L. Miller）

菲利普·布里克曼（Philip Brickman）

戴安娜·博伦（Diana Bolen）

　　本研究比较了归因策略和说服策略在改变行为方面的相对有效性。研究 1 试图教育五年级学生不要乱丢垃圾，并在别人丢弃垃圾之后去打扫卫生。归因组被反复告知他们是整洁的人，说服组被反复告知他们应该整洁，而对照组没有接受任何处理。事实证明，归因在改变行为方面更为有效。研究 2 试图考察，类似的影响是否适用于学校表现、数学成绩和自尊等更为核心的方面，以及能力归因是否与动机归因同样有效。对二年级学生的数学能力或动机进行反复归因训练，被证实要比同等的说服或不做任何处理的对照组更有效，数学问题解决行为受到直接强化组也表现良好。本研究认为，说服往往会遇到阻力，因为它涉及某种消极的归因：一个人应该成为与他目前不一样的人；而归因通

① Reprinted with permission from the authors and The Journal of Personality and Social Psychology, Vol. 31，No. 3，1975. Copyright © 1975 by the American Psychological Association.

本研究是由第一作者在第二作者的指导下完成的硕士论文的基础上完成的，得到了美国国家科学基金会（Grant GS‑28178）的部分支持。我们感谢唐纳德·坎贝尔（Donald Campbell）和托马斯·库克（Thomas Cook）担任论文委员会委员，感谢劳伦斯·贝克尔（Lawrence Becker）和格伦·塔卡塔（Glenn Takata）在数据分析方面的帮助，感谢实验人员苏珊·巴斯西（Susan Bussey）和夏洛特·叶（Charlotte Yah），以及博比·米勒（Bobbe Miller），他们进行了初始编码并录入了本文的初稿。

如果没有安德森小学校长艾琳·蒂姆科（Irene Timko）的热情支持和慷慨合作，这项工作是不可能完成的。非常感谢参与这个项目的老师们。在研究 1 中，感谢凯瑟琳·勒本伊（Catherine Lebenyi）、温迪·韦斯（Wendy Weiss）和艾拉·米泽尔（Ira Mizell）自愿帮助发起一项新的行为矫正技术。在研究 2 中，老师们进行了大量的实验操作，特别感谢玛格丽特·帕夫拉斯（Margaret Paffrath）、罗尼·布里斯曼（Ronnie Briskman）、琼·布塔拉（June Butalla）和苏珊·列维（Susan Levie）。也要感谢负责管理我们考试的八年级助教们。

常会达到目的,因为它掩饰了说服的意图。

　　尽管有关态度改变和说服的研究数量已经很多,但令人惊讶的是,几乎没有证据表明说服是有效的,尤其是选用某种持续改变的标准时情况更是如此(Festinger,1964；Greenwald,1965b；Richard Rokach,1968；Zimbardo & Ebbesen,1969；Cook,1969)。说服性努力未能产生持久的变化,可能被视为说服接受者没有将新的信息整合到他们自己的信仰体系中去的证据(Kelman,1958),或者被当作是对自己进行归因的基础(Kelley,1967)。我们可以预期,一种有说服力的沟通,特别是能够设计出某个人对自己行为的归因,将会更有效地产生和保持态度的变化。本研究旨在通过对正常的说服处理和归因处理的比较,来考察归因操作对说服努力的相对重要性。

　　本研究将说服条件设计为,通过使用各种技术而达到最大效果,这些技术至少在过去的研究中被证明是有用的。已有研究表明,最佳的说服性操作应涉及高可信度的信息来源(Hovland & Weiss,1951),该信息的传达可以重复进行(Staats & Staats,1958),具有明确的陈述性结论(Hovland & Mandell,1952),并从以下方面得到支撑:通过争论指明态度改变的好处(Greenwald,1965a),信息被听众反复不断地获取(Cook & Wadsworth,1972);与消息来源的面对面交流(Jecker,Maccoby,Breitrose & Rose,1964);在对态度评估时再次说明消息来源(Kelman & Hovland,1953)。积极的角色扮演或观众对信息的参与(Janis & King,1954)也会有所帮助。

　　归因技术通过使用凯利(Kelley,1967)界定的三个因素来加以设计,以最大限度地发挥其效能,这三个因素有助于建立某种稳定的归因:证据随时间推移保持一致性,证据在形式上保持一致性,信息来源的一致性。

研究 1: 丢垃圾行为

　　研究 1 试图改变儿童乱丢垃圾的行为。在实验处理之前和之后以及在两周的非实验期之后再次对被试的行为进行监测。研究假设:归因和说服条件都将导致实验处理后被试最初行为的改变,但是由于归因条件将被试的基本自我概念转化为与乱丢垃圾相反的方向,因而会表现出更强的持久性。

方法

被试

这项研究是在芝加哥市中心一所公立学校的三个五年级班级中进行的。随机将实验条件分配给其中两个五年级班级，将第三个班级指定为对照组。西北大学心理学专业的三名女性实验者被随机分配到不同条件的每个班级。

实验操作

总共有8天的时间就乱抛垃圾问题进行归因和说服处理，平均每天讨论的时间为大约45分钟。

归因条件　第1天，老师赞扬了该班级的环保意识，在当天学校集会期间没有人将糖果包装纸扔在礼堂的地板上。在这一天里，老师援引保洁人员的评论称这个班级是整栋楼最干净的班级之一。第2天，当一个前来参观的班级离开教室后，老师在点评时提到已经有班级将纸片丢在了地板上，但指出"我们班级很干净，不会这样做"。针对这一点，学生们尖锐地表示了异议，并表示他们会乱扔垃圾而且确实那样做了。第3天，一个学生捡起一些被其他人丢弃在地板上的纸片，并将纸片扔到了废纸篓里，因其环境保护意识而受到了老师的表扬。第4天，老师指出第1排是教室里非常整洁的一排。这一天，校长视察了班级，对班级秩序进行了简要点评。校长离开教室后，学生们开始责骂老师，因为她的桌子是教室里唯一乱七八糟的桌子。第5天，在教室的公告板上出现了一张卡通人物的大海报，上面写着"我们就是安徒生笔下的'垃圾一族'"。第5天，老师给班级上了一堂环保课，并讨论了我们"班级"正在做的一些事情。第6天，校长给全班寄来了如下一封信："当我与你们的老师交谈时，我注意到了你们的房间显得非常整洁有序。有人看见一位年轻的女士在老师办公桌旁捡东西。很明显，你们每个人在自己的课堂上都很注意保持整洁。"第7天，老师谈到了为什么"我们的班级"如此整洁。在交流中，学生对乱扔垃圾做出了一些积极的自我归因。第8天，保洁人员清洗了地板，在黑板上很醒目地留下了一张便条，便条称这里很容易清理。

说服条件　在现场考察的第 1 天,孩子们被告知环境污染的危险以及乱抛垃圾对污染的影响。然后要求他们扮演垃圾收集者的角色,并在看到垃圾时捡拾起来。第 2 天,在学校餐厅里,老师评论了学生们丢垃圾的事情,并谈到了为什么不能丢弃垃圾:随手丢垃圾很难看、垃圾会到处飞、会危害健康。第 3 天,老师做了有关环境、污染和垃圾的演讲,并与全班讨论了如何改善这种情况。这一天,老师借学校保洁人员的话提醒大家,他们在保持地板清洁方面需要学生们的帮助,这也意味着,不在其他地方乱扔垃圾会得到学校领导的认可和赞扬。第 4 天,老师告诉学生,每个人都应保持整洁,并提到环境美化以及其他一些原因。这一天,校长到访了班级,并就教室需要整洁做了简短的评论。第 5 天,老师告诉学生不要将糖果包装纸丢在地板或操场上,而应将它们扔到垃圾桶里。这一天,在公告板上贴出了一张卡通大海报,上面写着"不要乱扔垃圾","整洁"和"不要乱丢"。第 6 天,校长给全班寄来了下面的这封信:"当我和你们的老师交谈时,我注意到了你们的房间需要打扫了。学校和班级保持整洁有序非常重要。希望在你们班级里每个人都能非常注意保持清洁。"第 7 天,老师在座位的每一排都指定了几个孩子,让他们留意在室外和教室里同学们是否保持整洁。第 8 天,保洁人员在醒目的地方留下了一张纸条,提醒孩子们要从地板上捡起纸片。

对丢垃圾的测量

前测　为考察三个班级在乱丢垃圾方面存在的差异,在上课时间结束前 5 分钟,将之前交给老师的做有特殊标记的阅读作业返还给了学生。然后,要求学生在下课铃声响起后将作业扔掉。放学后,实验人员统计了扔进废纸篓里作业的数量与留在学生座椅下方地板或架子上作业的数量。每个班级里只有不到 20% 的学生将作业扔到了废纸篓里。其中,对照组为 20%(n=31),说服组为 16%(n=26),归因组为 15%(n=27)。

后测　设计了一个包括两部分的行为测试,以暗中测试有关环境垃圾问题的两个方面:不丢垃圾和清理其他垃圾。

第 10 天早上,在第一次课间休息之前几分钟,各位老师都把实验者介绍给班级,称他(她)是当地一家糖果制造公司的营销代表,并将下面的时间交给了这位实验者。实验者解释说,她正在测试一种新品牌糖果的味道,并向每个学生分发了一块糖果。糖果用彩色玻璃纸包着，每个班级采用的是不同的颜色。进行味觉测试后，班级因课间休息而临时解散。课间休息时，实验者们会清点废纸篓里、地板上和书桌座位上的糖果包装纸。实验人员随后在教室入口处重新摆放了 7 个有着特别标记的糖果包装纸。课间休息后，实验者们检查了走廊和操场是否有丢弃的糖果包装纸。在课间休息一小时后的午休时间，实验者们再次进入教室，并记录学生们对带有特别标记的糖果包装纸的处理方法。

第二次测试安排在第一次测试 2 周之后。在此期间，任何一个班级都不允许提及环境或乱丢垃圾之类的话题。第二次测试与第一次测试十分相似，只是这一次实验者不再和学生们互动。下午休息前 10 分钟，老师会分发玩具拼图，这是家长教师联合会提供的圣诞节礼物。要求学生们在课间休息时尝试练习拼图。每个拼图都包装在一个用颜色进行编码的盒子里，他们为每个班级分配了不同颜色的包装盒。休息期间，实验人员走进教室以确认这些盒子是如何放置的。然后他们在入口处对垃圾进行了集中处理。休息过后，实验人员会到走廊和操场上寻找其他包装盒。放学之后，实验人员重新走进教室，以确认包装垃圾是如何处理的。

结果与讨论

丢垃圾行为

图 16.1 列出了各组被试在每次测试中将包装盒扔进废纸篓里的百分比。采用卡方检验对三组在即时后测和延迟后测中丢垃圾的频率进行了比较分析。尽管这些措施直接反映的是垃圾的种类而不是个体行为，但实验者观察到，被试是独立地将自己的糖果包装盒扔进了废纸篓。三个组在即时后测和延迟后测的差异具有显著性[$\chi^2(2)=18.14$，$p=.001$；$\chi^2(2)=20.99$，$p=.001$]。归因组在即时后测和延迟后测上均显著优于说服组[$\chi^2(1)=7.19$，$p=.01$；$\chi^2(1)=16.15$，$p=.01$]。尽管说服组的自觉行为出现了即时增加，但即便是在即时后测上也与对照组无显著差异，$\chi^2(1)=2.572$，差异不显著。

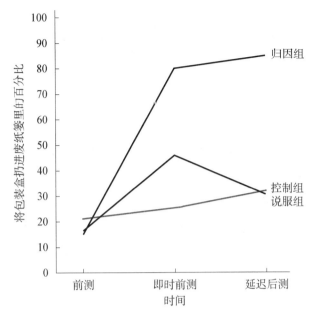

图 16.1　研究 1 中归因组、说服组和控制组不乱扔垃圾行为的情况

清理垃圾行为

　　归因组被试在即时后测和延迟后测中分别捡起了 7 个包装盒。说服组被试在即时后测和延迟后测中分别捡起了 4 个包装盒；而对照组被试在即时后测中捡起了 2 个，在延迟后测中捡起了 3 个。由于剩下的包装盒总数只有 7 个，而且有时一个人可能会捡起多个，所以卡方检验并不完全合适。尽管如此，每个后测结果在 0.05 水平上都是显著的，由此而支持了有利于归因组的差异。

　　在这项研究之后，归因组的老师被告知：假如偶尔提醒一下学生"你很整洁"，那么不乱扔垃圾的行为也许可以得到维持。三个月之后，这位老师报告说她的班级仍然要比实验处理前明显整洁。

　　乱丢垃圾测试和垃圾清理测试的结果都支持这样的假设：归因是比说服更能有效地带来稳定行为改变的技术。然而，我们想要证明的是，这种效应对其他类型的行为也适用。此外，还需要克服研究 1 中的一个缺陷，即实验处理是在教室里进行的。即使相对而言不太可能，随着时间的推移出现的差异也可能是由于教师差异而非实验处理带来的。研究 2 则通过在每个班级都包含所有的处理和控制条件来避免这种情况的出现。

研究 2：数学成就

研究 1 的结果无疑鼓励采用一种行为改变的归因技术。但是，尽管环保意识和不乱扔垃圾具有一定的社会意义，但它们并不是学校工作的重点，至少从理论上看，学校是要传授技能的。在产生某种技能行为（如数学成绩）方面，归因和说服技术是否会表现出与产生某种社会需要而非技能行为（如将垃圾丢进废纸篓里）一样有效的模式呢？此外，乱抛垃圾的行为对于自我而言是无关紧要的，而学校所教授的大多数技能却是举足轻重的，对学生的自我概念极为重要。归因会在这方面起作用吗？研究 2 的第一个目的就是回答这些问题。也许还应该指出，研究 2 中的归因除了对自我概念更为重要以外，还特别针对特定的个体，而不是针对整个群体。

研究 2 的第二个目的是检验动机归因与能力归因在改变行为中的相对有效性。对能力和动机的认知对于相信一个人会达到某个既定目标是至关重要的（Heider, 1958）。然而，研究 1 似乎主要涉及的是动机归因，因为孩子们大概是从某个共同的信念开始的，即他们有能力保持整洁。然而，当面对算术等技能行为的条件时，似乎更有可能的是，动机和对自己做事动机的信念比能力和对做事能力的信念更为普遍（Katz, 1964），因此，能力归因比动机归因更有价值。尽管如此，提高人们对执行任务动机的认识也可能有益于他们的表现。研究 2 试图将能力和动机作为归因的基础和说服的目标区分开来。

到目前为止，我们仅考虑了用于改变态度和行为的认知策略。斯塔茨（Staats, 1965）的研究表明，即使是年幼的孩子，只要给予适当的强化，他们也会从事复杂的学习任务。根据班杜拉（Bandura, 1969）的观点，成功的行为矫正策略需要某种有价值的强化剂，它取决于所期望的行为和某种可靠的程序来引发所期望的行为。在本研究中，口头表扬和外在奖励都被用作数学成就的强化手段，并且使用了多重过程来激发这些努力。

本研究旨在探讨儿童数学自尊与数学技能测验成绩的关系。六种条件分别是能力归因、动机归因、能力说服、动机说服、强化控制和无信息控制。假设所有三种基本技能（归因、说服和强化）对被试的自尊和数学行为最初都会产生积极的影响，但随着时间的推移，归因会产生最持久的影响。

方法

被试

这项研究是在参与研究 1 的同一所芝加哥市中心公立学校的 4 个二年级班级里进行的。之所以选择二年级的学生，依据的是罗森塔尔和雅各布森（Rosenthal & Jacobson，1968）的研究，他们认为该年级学生与学校相关的自我概念比高年级更具可塑性。共有 96 名学生参加了这项研究。所有五个实验条件和一个控制条件都分别在 4 个班级里出现。从每个班级大约 30 名学生的名单中，随机抽取 24 人分配到六种可能的条件下。因此，在每种情况下每个班级会有 4 名学生。

步骤

所有被试首先接受了数学和自尊的前测。随后的实验处理包括 8 天的归因、说服或强化训练。实验结束后进行数学和自尊即时后测。在实验结束两周后进行延迟后测。对照组接受前测、即时后测和延迟后测，但不接受实验处理。在实验处理和测试中缺勤的学生，在返校当天进行了补课。

实验操作

参与实验的各组均接受了 5 种处理方法：口头评论、书面评论、老师来信、校长来信和奖章颁发。按照上述顺序讨论每种实验条件下使用的这些技术。还需注意的是，在归因和说服条件下，最初以 8 人一组的形式将学生叫到校长办公室，在那里他们收到了与实验处理有关的信息。校长在实验进行的第 3 天后中断了这些处理，理由是这些处理对她而言耗时太多，而且她发现错误的归因处理难以实施。

所有的处理方法都预先进行了伪装。在实验开始之前，教师们准备了操作手册，上面列出了每天的处理方法和相应的被试。每个被试接受处理的顺序被随机安排到了 A 班级，其他每个班级以此类推。

能力归因 这种处理的主要焦点是归因于学生的数学技能和知识。老师在不同的日子里对每个学生给出三种不同的口头评论："你算术方面做得很好"、"你是一个算术很好的学生"和"你似乎对自己的算术作业很有把握"。在不同的日子里，老师将三份不同的书面评价与作业相关联，并向学生进行了反馈："你做得很好"、"做得很出色"和"你做得非常出色"。老师和校长的来信强调了学生们在数学方面出色的表现，在没有安排口头或书面评价的时候寄到学生家里。老师的信中包括"非常好的学生"、"他所有的作业都做得很好"和"出色的算术能力"。校长的信中使用了"非常好的能力"、"对自己的作业应对自如"和"非常好的学生"等评语。为能力归因强的学生颁发的奖章上标有"好学生-数学"字样。

动机归因　这种处理的主要焦点是将努力学习和持续不断的尝试归因于学生。老师私下给每个孩子做了三次适当的口头评论，并在考试或作业后附上了三份书面评论。口头评论如下："你在算术方面真的很努力"，"你在算术方面更努力了"，"你在算术方面尝试更多了"。书面评论如下："你更努力了，很好！""你正在做更多尝试，加油！""继续努力！"老师和校长的来信强调了孩子在数学应用方面的表现。老师的信中用了"努力"、"不断尝试"和"注重应用"。校长的信中用了"不断努力"、"注重应用"和"更加努力"。颁发给动机归因学生的奖章上写着"不断努力的人-数学"。

能力说服　这种处理的主要焦点是说服学生，他应该在算术上表现出色并且在该科目上成绩突出。以与归因信息相同的方式做出了三份口头评论和三份总结该信息的书面评论。三份口头评论分别是"您应该擅长算术"，"您应该是算术方面的好学生"和"您应该在算术方面表现出色"。三份书面评论分别是"应该更好"、"应该擅长算术"和"应该获得更好的成绩"。老师和校长的来信用表面上的"能力测试成绩"来告知父母，他们的孩子应该在数学上取得良好的成绩。老师的信中包括"应该做得很好"，"应该取得高分"和"应该成为一位算术方面的好学生"的评语。校长的信中使用了"应该获得良好的成绩"，"应该非常好"和"应该是一位算术方面的好学生"的评语。颁发给这些学生的奖章上写有"可以做得更好-数学"。

动机说服　这种处理的主要目的是说服学生应该更加努力学习，在数学上花更多的时间。三份口头评论和三份书面评论要求孩子在数学上多做尝试，而且他们的方式和其他处理条件下一样。三份口头评论是"你应该在算术上花更多的时间"，"你应该在算术上更加努力"，"你应该在算术上多做尝试"。三份书面评论是"加倍努力"，"在算术上加倍努力"和"多做尝试"。老师和校长在信中告知父母,他们的孩子应该花更多的时间在数学上,并且要求将这个想法转告给他。老师的信中包括以下评论:"应该更加努力","应该在算术上花费更多的时间"和"应该努力学习"。校长的信中用了"花更多的时间"和"加倍努力"的评论。颁发给动机说服学生的奖章写有"可以更加努力-数学"字样。

强化 强化条件也遵循与归因和说服条件相同的安排,只是增加了两种附加方法并去掉了校长的评论。老师发表了三次口头评论,表示对学生的出色表现感到自豪,分别是:"我为你的工作感到自豪","我为你在算术方面的进步感到高兴"和"非常好"。在学生的数学作业中附加了三条简单的书面表扬评论。分别是"优秀"、"非常好"和"我对你的工作非常满意"。老师和校长的来信向家长表示对孩子的工作感到自豪和满意。老师的信用了"为你的工作感到骄傲"、"成绩好"、"对你的工作感到高兴"等字眼。校长的信中用了"进步很快"、"做得很好"、"为他感到骄傲"等字眼。颁发给这些学生的奖章上有"数学奖"字眼。在第2天、第5天和第7天,如果学生选择做额外的数学题而不是阅读练习,他们会得到口头表扬。另外两天,学生们会通过解决数学作业中的一道难题获得银星奖。

控制 对照组未接受任何处理,但参加了所有的数学能力和自尊测试。

测量

自尊

自尊前测采用的工具改编自罗杰斯和戴蒙德(Rogers & Dymond, 1954)最初编制的问卷,其中包括测量同龄人和父母、学校兴趣和个人兴趣方面自尊的项目。增加了四个新的项目,专门测量与数学有关的自尊。所有的测试项目都是陈述句,通常是"我是——"的形式,要求孩子们说出所陈述的内容"像我"还是"不像我"。自尊前测和后测都是由一位八年级助理单独对每个学生进行的,他们会私下里向被试提问第二个问题并记录下答案。实验处理结束后第二天上午进行了自尊后测。

数学

前测和随后进行的所有数学测试共20个题目,包括25%的复习题、50%的已有材料和 25% 的新材料。数学前测是由老师们作为一个常规的算术测验来进行的。实验处理结束后第二天下午进行即时后测。延迟后测是在两周后进行的,期间没有进行任何实验处理。

结果

231

自尊

在前测和后测中,所有六种条件下的平均数学自尊分数如图 16.2 所示。对前测分数的方差分析表明,实验前 5 个处理组与对照组的数学自尊得分没有显著性差异,$F(5, 90) = .79$。

以六种实验条件和两次测量为因素,采用重复测量方差分析法对数学自尊得分进行了主成分分析。结果表明,时间因素存在主效应,$F(1, 90) = 10.84$,$p < .01$;时间×处理的交互作用也到达显著水平,$F(5, 90) = 2.41$,$p < .05$。从图 16.2 可以看出,所有处理组的自尊都有所提高,而对照组的自尊则有所下降,这可能是因为在课堂上可以明显感受到其他组接受了一些实验处理,而对

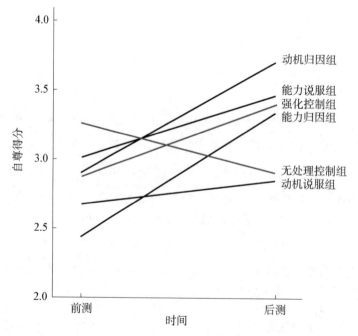

图 16.2　研究 2 中归因组、说服组和控制组自尊得分随时间变化的情况

照组的学生则没有接受任何处理。

仅使用归因组和说服组,以处理方式(归因与说服)、处理基准(能力操作与动机操作)和时间作为三个自变量,进行方差分析。结果再次显示了在时间上的主效应,$F(1, 60)=19.02$,$p<.001$,模式×时间的交互作用也达到了显著水平,$F(1, 60)=4.76$,$p<.05$。归因组的数学自尊从前测(2.66)到后测(3.50)的上升幅度更大,说服组的数学自尊从前测(2.84)到后测(3.13)也有上升。能力归因组和动机归因组从前测到后测的变化与未进行实验处理的对照组存在显著差异,归因能力组 $F(1, 30)=7.58$,$p<.01$;归因动机组 $F(1, 30)=7.66$,$p<.01$。这一差异接近于能力说服组,但不显著,$F(1, 30)=3.12$,$p<.11$。类似的分析显示,没有对学校关联和非学校关联的自尊产生显著影响。

232

数学

从图 16.3 中,可以看出即时后测和延迟后测中所有六种条件的前测平均数学成绩。前测得分的方差分析表明,在开始接受实验处理之前,五个处理组

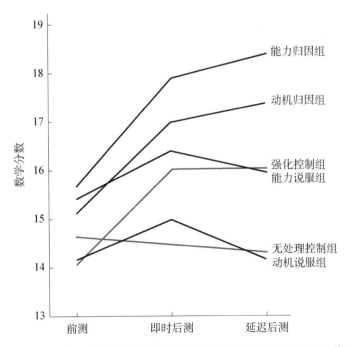

图 16.3 研究 2 中归因组、说服组和控制组数学成绩随时间变化的情况

和对照组的数学得分之间没有显著差异，F(5，90)＝.54。

以六种实验条件和三次测量为因素，对数学测验成绩进行重复测量方差分析。结果表明，时间因素存在主效应，且存在着显著的时间×处理交互作用，F(10180)＝5.57，p＜.001。从图16.3中可以看出，两种归因条件在后测中都出现了显著的增加，在延迟2周后的测试中有轻微增加的趋势。两种说服条件在测试后立即出现了增加，但在两周后的延迟时间内未能保持这种增加。强化条件显示出与归因条件相似的模式，但改善程度较小。

为了评估归因和说服在初始有效性方面的差异程度，以及在保持有效性的能力方面的差异程度，我们分别分析了从前测到即时后测以及从即时后测到延迟后测的变化。处理方式（归因或说服）和处理基准（能力或动机）与测试时间存在相关。从前测到后测的变化，模式×时间交互作用达到了显著水平 F(1，60)＝11.97，p＜.001，表明归因比说服更有效地导致了变化。能力归因组和动机归因组从前测到后测的变化与对照组存在显著差异，能力归因组 F(1，30)＝14.75，p＜.01，动机归因组 F(1，30)＝11.42，p＜.01。这种差异比较接近，但对能力说服组而言，则没有达到显著水平。

对于从即时后测到延迟后测的变化，模式×时间交互作用达到了显著水平 F(1，60)＝13.67，p＜.001，表明归因处理在维持其导致的变化方面也优于说服处理。归因处理从即时测试到延迟测试增加了 0.50，而说服处理则减少了 0.63。

最后，为了初步检验归因和说服对高能力和低能力学生的影响是否相似，在每种条件下，依据中位数对被试的数学前测成绩进行了分组。以前测能力（高或低）、实验处理（归因或说服，不再考虑处理基准因素）和后测时间（即时或延迟）为因素，对后测数学成绩进行了方差分析。在后测中，最初能力较强的学生仍然优于最初能力较弱的学生，F(1，60)＝46.01，p＜.001。对不同能力组而言，归因处理组均比说服处理组更有效，F(1，60)＝19.39，p＜.001，但低能力组学生的归因—说服差异显著大于高能力组学生，交互作用 F＝(1，60)5.66，p＜.05。高能力组学生的归因条件下后测平均分为 18.8 分，说服条件下后测平均分为 17.8 分；低能力组学生的归因条件下后测平均分为 16.5 分，说服条件下后测平均分为 13.0 分。

讨论

在两项研究中,归因处理均引起了重大变化,而且随着时间的推移这种变化会持续存在。这种处理方式克服了研究 1 中被试的抵制,而且导致了研究 2 在许多被试身上所取得的成功。基于被试做事能力的归因和基于被试做事动机的归因均产生了明显的效果。总体而言,说服的影响却微不足道,而且随着时间的推移会逐渐消失。

在两个不同的现场实验中,采取不同的行为(不乱扔垃圾和数学问题解决)、两个不同的被试群体(五年级或二年级)和两种不同的设计(课堂间设计或课堂内设计),证明了归因处理优于说服处理这一事实。由此而使我们确信,这些效果是真实的而且具有普遍性。当然,这两项研究并非没有缺陷。在研究 1 中,课堂内的嵌套处理,使得教师或组间差异成为"随着时间的推移出现的处理效果"的一种可能的替代解释。在研究 2 中,每个课堂的处理方式都是公开的,这意味着处理效果可能是因学生对其自身状况和其他处理方式之间所做的内隐比较导致的,这一点集中体现在:那些没有经过任何处理的对照组数学自尊令人意外地出现了下降。在对照组被试身上出现的这一后果,必须计入课堂实验设计的道德成本之中。这两项研究的缺陷相差很大,但其影响却极为相似,表明不同的研究设计可能造成同样的后果。

本研究为以往有关教师期望对学生表现影响的研究(Beez, 1968; Rosenthal & Jacobson, 1968; Seaver, 1973)提供了一个总体分析框架。在以往的研究中,教师期望的表达方式充其量只是一个因变量(Meichenbaum, Bowers & Ross, 1969),而且常常难以被观察到。本研究以归因的形式对期望沟通进行了集中处理。事实上,这种预期的程序化交流确实起到了作用,这为经常难以理解的教师期望效应极为重要的影响效果提供了一些支持。

归因的影响

基于能力的归因和基于动机的归因在效果上没有差异,这意味着特定技能的归因与自我系统的直接联系比建立这种联系的基础更重要。"你是一个特殊类型的人"的信息比"为什么"更为重要。然而,值得注意的是,本研究只对比了

234

两种内部归因：能力和动机。根据外部因素对某个人做出的归因("你很整洁，因为我在看着你")，可能会降低由此而带来的持久变化。

当然，归因可能包含了说服的要素。正如我们所看到的，"你是一个整洁的人"这句话可能是说服某人保持整洁的最有效手段。尽管如此，这种归因陈述不需要涉及说服意图，而可能是简单的事实陈述。事实上，他们伪装成真话可能被认为是他们最有效的优势。如上所述，这不仅使他们能够直接影响一个人的自我概念，而且还使他们能够摆脱一个人通常采用的防御措施来抵御说服尝试。它可能是有效的，因为它不太容易被认为是说服，因此不太可能导致抵制、反驳或阻抗。

在研究 1 中，归因处理确实导致了学生的反驳，这表明可能存在阻抗效应 (Brehm，1972)或飞镖效应(McGuire，1969)，但在实验结束时没有证据表明存在这种效应。随着问题的解决和处理的维持，阻抗可能会像其他态度改变的力量一样随着时间的推移而消散。与可比较的成人组相比，或许作为本研究对象的小学生不太可能感知归因处理的操纵意图，并且不太可能表现出阻抗。

归因与说服

在考虑说服的相对无效性时，我们可能首先会注意到，敦促一个人去做某事的说服性沟通，不一定会牵涉说服对象的内部自我概念。更为糟糕的是，当它们牵涉到自我概念时，很可能涉及的是负面归因，即此人并非那种从事所推荐行为的人。呼吁保持整洁或呼吁努力工作可能涉及隐含的归因，即该人目前不是一个整洁或工作努力的人。如果说服他们做个整洁或工作努力的人是帮助他们整洁或努力工作的关键，那么天真的说服尝试很可能会抵消其自身的信息。充其量只是向所要达到的目标致敬，或者说具备成为被推荐行为的人的潜力，但这显然比此人已经体现了所需行为的归因要弱得多。

此外，在本研究中，说服性信息暗示了被试的负面情绪，而归因处理暗示的是积极的方面。尽管事实证明，责备和赞扬都可以有效地提高成绩 (Kennedy & Willcutt，1964)，但一项最佳设计的研究(Hurlock，1925)却发现，责备导致的进步会随着时间的推移而消失，而表扬带来的进步则会持续存在。可以推测，只有当行为者认为自己能够完成所要求的任务时，说服和惩罚才能有效地激励他们的行为。当他们接受一个有说服力的信息中隐含了负面属性时,信息的有效性便会降低。这可以解释为什么说服对高能力学生比低能力学生更为有效。高能力的学生也许能够更好地回应要求并因此而做得更好,而不会因为他们当下没有表现出适当成绩的内隐归因(在某种程度上,他们可能会打折扣)而灰心丧气。

在本研究中,说服处理的隐性归因是负面的,因为他们所要求的行为(被试可能不会按要求去做)是积极的。同样,归因处理也是积极的,因为所归因的被试行为是积极的。出于实践和伦理的原因,本研究中所有的处理均旨在产生积极的或社会期望的行为。我们的考虑是,内隐或外显的标签本身(而不仅仅是所标示的奖励或惩罚),使得本研究中的归因方式有效、劝说方式无效。但是,只有通过一项旨在诱发不良行为的研究才能确定这一点,在这种情况下:对行为的归因将产生负面影响,对行为的说服会对自我概念产生潜在的积极影响。如果在本实验中,人们对归因的反应仅仅是因为它们是有益的,那么我们可以预期,对不良行为的归因会产生相反的效果,事实上,在这种情况下说服可能更有效。但是,关于越轨的社会学文献(Schur,1971)表明,消极归因(例如,标示为违法)确实可以产生或支持归因行为,正如最近一项标示为"慈善"或"不仁慈"行为的实验研究(Kraut,1973)所做的那样。因此,我们可能会怀疑,归因在本研究中的积极影响并不是决定其效果的唯一关键要素;如果可以设计一种合适的实验让目标行为在社会上不受欢迎,那么归因仍然会比说服更为有效地诱发这种行为。

归因与强化

一个简单的应急奖励计划似乎可以改变行为,因为它可以使行为对被试而言变得有价值。然而,强化和归因之间似乎有些难分难解。本研究中使用的符号强化隐含了一些归因因素。简单的表扬往往被解释为"你是 X"的说法。此外,归因也可以包含强化因素——特别是当社会期望行为成为归因过程的焦点时。因此,在某种程度上,产生持久变化的强化过程可能需要归因因素,而成功的归因处理也可能需要强化因素。

区分归因与强化的另一个特征似乎是归因的非关联性。在这方面,值得注意的是,柯斯丁(Kazdin,1973)最近发现,在以相当高的基本速率发出期望的行为且被试相信强化是偶然发生的情况下,非偶然的强化在改变行为方面与偶然的强化一样有效。然而，在诱发和维持行为方面，归因处理可能比简单的强化（比如建模）更具优势（Bandura，1969）。

实践和伦理意义

本研究支持这样一种观点，即努力提高孩子的学业自我概念将有助于提高其学业成绩，这仅仅是因为：自我形象的改善将使实际成功变得不那么前后矛盾、不那么出乎意料、也不太可能被贬低或拒绝（Brickman，1972）。本研究中的归因处理的一个显著特点是，它们侧重于提高某一特定技能领域的自尊，而不是提高整体或一般自尊。更为普遍的"文化充实"或"自我概念增强"计划的失败，部分原因可能是因为这些一般性操作仅对特定领域的学业成绩产生模糊和零碎的影响（deCharms，1972）。

尽管如此，仍有许多理由令我们对将这些结果作为解决任何社会问题的基础持谨慎态度。长期存在的个体成就差异，不太可能通过对动机、激励或自尊心的短期操作来加以克服。经过一周的实验处理之后，三个问题能够得到解决的几率并不太高；而且没有理由认为经过 10 周的实验处理，必然会解决掉 30 个问题。其次，研究 2 中的归因处理很难实施，而且与研究 1 中的处理不同，没有任何直接和明显的成功迹象来维持教师的积极性。尽管参与研究 1 的教师对这项研究相当积极，但是参与研究 2 的教师对所花费的时间和精力的价值持有截然不同的看法。更为严重的是，至少有一位老师和校长越来越感到这种错误归因会对他们的信誉造成无法容忍的风险。如前所述，校长在治疗的第三天中止了与学生的办公室会议，主要是基于这类理由。虽然未来的研究可以对归因加以调整，使其与个体的预测基准不存在太大的差异，但维持这种归因所涉及的实践和伦理困难却不会因此而消除。所有这些问题都在提醒我们，不要把目前的研究结果不加批判地应用于重要的教育实践中。

参考文献

Bandura, A. (1969). *Principles of behavior modification*. New York, NY: Holt, Rinehart & Winston. Becker, H. S. (1963). Outsiders: Studies in the sociology of deviance. New York, NY: Free Press.

Beez, W. V. (1968). Influence of biased psychological reports on teacher behavior and pupil performance. *Proceedings of the 76th Annual Convention of the American*

Psychological Association, *3*,605 - 606. (Summary)

Brehm, J. (1972). *Responses to loss of freedom*: *A theory of psychological reactance*. Morristown, NJ: General Learning Press.

Brickman, P. (1972). Rational and non-rational elements in reactions to disconfirmation of performance expectancies. *Journal of Experimental Social Psychology*, *8*,112 - 123.

Cook, T. D. (1969). *The persistence of induced attitude change*: *A critical review of pertinent theories*. Unpublished manuscript, Northwestern University.

Cook, T. D. , & Wadsworth, A. (1972). Attitude change and the paired-associate learning of minimal cognitive elements. *Journal of Personality*, *40*,50 - 61.

deCharms, R. (1972). Personal causation training in the schools. *Journal of Applied Social Psychology*, *2*,95 - 113.

Festinger, L. (1964). Behavioral support for opinion change. *Public Opinion Quarterly*, *28*,404 - 417.

Greenwald, A. G. (1965a). Behavior change following a persuasive communication. *Journal of Personality*, *33*,370 - 391.

Greenwald, A. G. (1965b). Effects of prior commitment on behavior change after a persuasive communication. *Public Opinion Quarterly*, *29*,595 - 601.

Heider, F. (1958). *The psychology of interpersonal relations*. New York, NY: Wiley.

Hovland, C. I. , & Mandell, W. (1952). An experimental comparison of conclusion drawing by the communicator and the audience. *Journal of Abnormal and Social Psychology*, *47*,581 - 588.

Hovland, C. I. , & Weiss, W. (1951). The influence of source credibility on communication effectiveness. *Public Opinion Quarterly*, *15*,635 - 650.

Hurlock, E. B. (1925). An evaluation of certain incentives used in school work. *Journal of Educational Psychology*, *16*,145 - 159.

Janis, I. L. , & King, B. T. (1954). The influence of role playing on opinion change. *Journal of Abnormal and Social Psychology*, *49*,211 - 218.

Jecker, J. , Maccoby, N. , Breitrose, H. S. , & Rose, E. D. (1964). Teacher accuracy in assessing cognitive visual feedback from students. *Journal of Applied Psychology*, *48*,393 - 397.

Katz, I. (1964). Review of evidence relating to effects of desegregation on the intellectual performance of Negroes. *American Psychologist*, *19*,381 - 399.

Kazdin, A. E. (1973). The role of instructions and reinforcement in behavior changes in token reinforcement programs. *Journal of Educational Psychology*, *64*,63 - 71.

Kelley, H. H. (1967). Attribution theory in social psychology. *Nebraska Symposium on Motivation*, *14*,192 - 238.

Kelman, H. C. (1958). Compliance, identification, and internalization: Three processes of opinion change. *Journal of Conflict Resolution*, *2*,51 - 60.

Kelman, H. C. , & Hovland, C. I. (1953). "Reinstatement" of the communicator in

238

delayed measurement of opinion change. *Journal of Abnormal and Social Psychology*, *48*,327 – 335.

Kennedy, W. A. , & Willcutt, H. C. (1964). Praise and blame as incentives. *Psychological Bulletin*, *62*,323 – 332.

Kraut, R. E. (1973). Effects of social labeling on giving to charity. *Journal of Experimental Social Psychology*, *9*,551 – 562.

McGuire, W. J. (1969). The nature of attitudes and attitude change. In G. Lindzey & E. Aronson (Eds.), *Handbook of social psychology* (2nd ed. ,). Reading, MA: Addison-Wesley.

Meichenbaum, D. H. , Bowers, K. S. , & Ross, R. R. (1969). A behavioral analysis of teacher expectancy effect. *Journal of Personality and Social Psychology*, *13*,306 – 316.

Rogers, C. , & Dymond, R. (1954). *Psychotherapy and personality change*. Chicago, IL: University of Chicago Press.

Rokeach, M. (1968). Beliefs, attitudes, and values. San Francisco, CA: Jossey-Bass. Rosenthal, R. , & Jacobson, L. (1968). *Pygmalion in the classroom: Teacher expectation and pupils' intellectual development*. New York, NY: Holt,

Rinehart & Winston. Schur, E. M. (1971). *Labeling deviant behavior*. New York, NY: Harper & Row.

Seaver, W. B. (1973). Effects of naturally induced teacher expectancies. *Journal of Personality and Social Psychology*, *28*,333 – 342.

Staats, A. W. (1965). A case in and a strategy for the extension of learning principles to problems of human behavior. In L. Krasner & L. P. Ullman (Eds.), *Research in behavior modification*. New York, NY: Holt, Rinehart & Winston.

Staats, A. W. , & Staats, C. K. (1958). Attitudes established by classical conditioning. *Journal of Abnormal and Social Psychology*, *57*,37 – 40.

Zimbardo, P. , & Ebbesen, E. B. (1969). *Influencing attitudes and changing behavior*. Reading, MA: Addison-Wesley.

17. 你即你所为：自我暗示对行为的影响

克里斯托弗·J·布莱恩(Christopher J. Bryan)
芝加哥大学布斯商学院

这种情况每周可能会发生多次：你发现自己拿着一张不需要的纸或一个空了的汽水罐，正寻找一个地方把它扔掉。你走过一个垃圾桶，但没有看到回收箱。那么，你是把可回收的东西扔到垃圾桶里，还是一直拿在手里直到你能找到回收箱为止？在本章中，我将论证，作出这一决定和类似决定的一个关键因素是你如何理解回收方式——这仅仅是你所做的一件事情，还是做这件事情反映的是你是一个怎样的人？

我们会作出许多这样的决定。我们会捐赠给慈善机构吗？当我们从一个带着笨重家当挣扎前行的陌生人身边路过时，会向他提供帮助吗？我们会去纠正某个不小心多付给我们零钱的出纳员吗？当我们感到疲倦或懒散时，还会去健身房吗？我们是否会去做自己认为应该做的事情——那些对我们有益或对社会有益的事情，但同时会给我们带来一些麻烦或损失？或者，我们是否会放慢前行的脚步，选择一种放松、舒适和便利的生活？

这里我将介绍一个研究项目，该项目揭示了：我们有时选择做那些艰难而美好事情的一个重要原因是，我们这种行为方式让我们能够看到自己。我们要把自己看作是仁慈的、乐善好施的人，善良的撒玛亚人，身体和精神都很强劲的人。我们会做很多事情，尤其是那些个人做出牺牲但得到广泛认可的事情；我们之所以这样做，是因为我们想将自己视为应该去做这些事情的那种人。

归根结底，是因为我们是社会性动物，我们非常在意自己是否值得别人钦佩和认可（Aronson, 1969；Dunning, 2002；Leary, 1999；Markus & Nurius,

1986；Sherman & Cohen，2006；Steele，1988）。我们的行为会影响我们的自我概念——我们所作所为的决定了我们如何看待自己（Bem，1972）。所以，当我们认为自己的行为会影响到自我概念时，便提供了一个管理自我概念的机会。我们追求的目标是成为一个得到社会认可的人，我们的行为方式与我们对自己的看法是一致的。

240   当然，我们会做很多事情，而且并非所有这些事情都被认为会对我们的自我概念产生影响。为此，我和我的合作者们进行了一系列的实验，在这些实验中，我们将人们的行为设定为与自我概念相关——"你是什么样的人"或"你能成为什么样的人"——我们期望这种处理会使人们行为起来更像"有价值的"人：去从事那些有益并为社会认可的行为，而不去从事那些有害且不被社会认可的行为。

在设计这些实验时，我们借鉴了已有的研究成果，研究措辞的细微差异如何影响人们对自己和他人的看法。特别是，用这些词汇来对人加以描述，展示出可以代表他们本质和潜在特征的属性或行为（Carnaghi et al.，2008；Gelman & Heyman，1999；Gelman，Hollander，Star & Heyman，2000；Markman 1989；Walton & Banaji，2004）。例如，即便是幼儿也会认为：一个被描述为"吃胡萝卜的人"的孩子比另一个"只要有可能就吃胡萝卜"的孩子，对胡萝卜的偏好更强烈、更持久（Gelman & Heyman，1999）。与那些被诱导表示自己是"读过很多莎士比亚作品"的人相比，阅读莎士比亚作品并被诱导自称是"莎士比亚读者"的成年人随后会报告，自己对这位英国剧作家作品的欣赏更为强烈和持久（Walton & Banaji，2004）。

在研究中，我们采取了一种看上去与此类似但实际上却有明显改变的方法，以期极大地改变人们的心理：我们不再使用词汇来描述人们已经成为一个什么样的人（如果人们已经读过莎士比亚，就称之为类似"莎士比亚读者"），而是用这些词汇来指代预期的行为，即人们将来会考虑做的事情。因此，我们没有给人们贴上标签，而是给他们提供了一个声明自己身份认同的机会。也就是说，我们使用某种措辞把一个"关于是否参与某一特定行为"的容易被琐碎化的判断，变成了一个"关于是否是一个特定类型的人"的似乎更有意义的判断。即我们将行为设定为与自我概念相关。而这种微妙的措辞改变会对人们的行为产生惊人的巨大影响。

通过自我暗示提高选民投票率

在检验该想法的第一组实验中,我们研究了投票行为。当然,投票是一种极为重要的行为。如果公民不去投票,民主国家将无法正常运行。但是投票涉及个人的付出。这是一件麻烦的事情,归根结底,你知道自己的个人投票不会对选举结果产生有意义的影响。事实上,从个人私利的角度来看,投票是不合理的——成本(在努力、时间等方面)远远超过任何潜在的个人物质利益(Downs,1957)。但是,重要的是投票得到了广泛的认可。想想那些"我投了票"的标签在投票站会有多受欢迎,或者你有多少朋友在脸书上宣布他们投了票。人们想让别人知道自己投票了。也许,作为"投票人"已经被视为成为我们社会中优秀的或有价值的人的一种方式。

在两项实验中,我们测试了将投票与自我概念相关联是否会激励人们在选举日参加投票(Bryan,Walton,Rogers & Dweck,2011)。这两个实验的被试都完成了一项标准的选前调查,从他们的角度来看,这项调查是在全州重大选举的前一天(2008 年美国总统大选)或上午(2009 年新泽西州州长选举)进行的。被试①被招募来以测查他们对即将到来的选举的投票信念和态度。调查很简短,所有被试问到的问题内容都相同。但 10 个问题的具体措辞取决于两组被试被随机分配到哪一组。对于一组被试,问题使用了"投票"这个动词(例如,"在明天的选举中,去投票对你有多重要?");对于另一组被试,问题使用了"投票人"这一名词(例如,"在明天的选举中成为投票人对你有多重要?")。被试完成了调查,便意味着他们积极参与了实验;选举结束后,我们使用州里的记录来查询每位被试是否投了票。

10 个调查问题措辞上的细微差别对人们是否愿意投票产生了很大影响。在实验 1 中,与"去投票"措辞相比,"成为投票人"措词将投票率增加了 13 个百分点以上。在实验 2 中,使用更大且更具代表性的样本,增加的幅度相似:10.9 个百分点(见图 17.1)。要理解这种影响的重要程度,可以进行一个比

---

① 在实验 1 和实验 2 中,分别招募了 88 名以英语为母语的加利福尼亚人和 214 名以英语为母语的新泽西人作为被试。我们在实验 2 中使用了一个概率样本来确保代表性最大化。

较：大约在过去的 20 年里，美国出台了两项提高选民投票率的主要政策举措："机动选民"法（这使得登记投票更容易）和"邮寄投票"法（顾名思义，允许人们直接邮寄选票，而不是去投票站排队）。这两项政策都涉及基础条件的重大和代价高昂的变革。它们对投票率影响最乐观的估计在 6 到 7 个百分点之间。

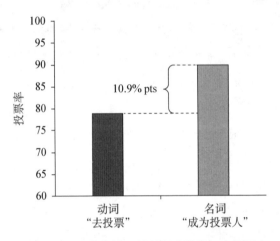

图 17.1　2009 年新泽西州州长选举第二次投票实验中按条件投票的被试百分比

对 10 个调查项目的措辞进行细微的改变，怎么会使投票率增加如此之大呢？答案是：虽然表面上看很小，但这种改变是通过一种重要的心理过程来实现的——人们对自己进行思考和感觉的方式。这些研究表明，"将自己置身于特定位置"（利用人们强烈的愿望，将自己视为优秀而有价值的人，是如何产生激励效果的。这些激励效果对个人极为重要（让人们抽出一天的时间去排队投票），而且在宏观或政策层面上可能也很重要。

小帮手：向幼儿的延伸

这种心理会有多么普遍？我们是否可能在完全不同的背景下、在完全不同的人群中观察到完全不同的行为？在人生的早期阶段，人们是如何开始以这种方式积极地管理他们的自我概念的？我们从已有的社会性发展研究中了解到，学龄前儿童已经有了"善"或"恶"的感觉（Burhans & Dweck, 1995；Eder &

Mangelsdorf，1997；Harter & Pike，1984；Marsh，Ellis & Craven，2002；Stipek，Gralinski & Kopp，1990），但是幼儿会积极地寻求正向的自我概念吗？我们有理由预期他们会这样做。想想那些敦促孩子表现得更像"大男孩"或"大女孩"的父母；这似乎正是我所描述的那种心理。因此，在接下来的一组实验中，我和我的合作者研究了声称自己是"帮手"的愿望是否会促使学龄前儿童放下有趣的玩具，帮助成年人做一些无聊的家务，比如清理一堆乱七八糟的东西（Bryan，Master & Walton，2014）。

为了做到这一点，我们在幼儿园的游戏时间里与 51 名 4 岁和 5 岁的孩子围坐在一起，与他们讨论"帮助"（例如，"一些孩子会选择帮助他人"）或"成为帮手"（例如，"一些孩子会选择成为帮手"）。在这项研究中，我们设计了一个基准条件，其中从未提及"帮助"。接下来，我们向孩子们介绍了一些令人兴奋的新玩具，这些玩具与他们在幼儿园教室里接触到的任何玩具都不同。一旦孩子们全神贯注地玩起玩具，他们便会有一系列机会去帮助实验者做无聊的杂务：首先，实验者大声指出，她"忘了"捡起一堆散落在地板上的木块。其次，实验者需要帮助才能打开储物箱的盖子，因为她的手里已经拿满了东西。接下来，实验者会解释说，是时候把玩具收起来了，这样他们就可以画画了（而且，这种情况暗示，孩子可以帮忙把玩具收起来也可以不去帮忙）。最后，当孩子们在画画时，实验者"不小心"把一盒蜡笔打翻在地上，孩子们要么帮着捡，要么不去帮忙。实验者总会确保那些停止玩游戏来帮助做杂务的孩子，在下次需要帮助之前能够重新参与游戏。

我们的因变量是孩子们停止玩游戏以帮助成年实验者做无聊杂务的数量。我们再次发现，措辞上的细微变化对此产生了实质性的影响：刚讨论过"成为帮手"的孩子平均帮助实验者做了 3.18 件杂务（也可能是 4 件）；那些讨论过"帮助"的孩子平均做了 2.47 件杂务，与孩子们在没有提及帮助的情况下平均做了 2.41 件家务几乎相同（见图 17.2）。我们在一项类似设计的后续研究中也发现了类似的结果。但这一次，在实验者和孩子们讨论了"帮助"或"成为帮手"之后，他便离开了，取而代之的是一位新实验者，孩子们有机会向他提供帮助。

因此，自我概念相关性的影响似乎相当普遍地存在，既适用于与积极自我形象相关或可能相关的另一种行为，也适用于 4 岁和 5 岁的儿童。这表明，在

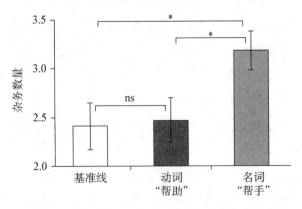

图 17.2　不同条件下儿童帮助实验者完成杂务的数量

某种程度上，年幼的孩子已经在思考自己是什么样的人，并在塑造这种自我概念方面发挥了积极的作用。

避免消极认同：理论的另一面

244

到目前为止，我所描述的所有研究的前提都是：人们具有要求积极的、理想的认同动机。但我的理论所提出的补充假设是，人们也应该具有很高的避免消极认同的动机。所以，当他们把一种潜在的行为看作是消极认同的表现时，他们会避免采取这种行为。在另一组实验中，我们检验了这样一个假设，即那些有可能给人以否定认同的词汇应该会阻止相关的行为。

表明这一点将有助于排除对迄今为止所讨论的研究结果的另外一种解释：一种涉及到更为机械，或纯粹的认知、启动或自我认知过程的解释。根据这一说法，到目前为止，实验中的措辞只是让人们认为自己是"投票人"或"帮手"，他们做出了相应的行为，并非出于声称自己具有积极认同的愿望，而是因为他们在自动地做出与他们被分配的条件要求相一致的行为。当然，这个解释会暗示措辞的效果应该总是增加人们做出相关行为的可能性。但是，在这种情况下，我们的理论做出了相反的预测。

为了验证这一点，我们研究了措辞对作弊的影响。我和我的合作者假定，人们可能会时不时地作弊，但没有人愿意将自己视为作弊者（Bryan, Adams & Monin, 2013）。我们招募了一些人在线参与一项有关"精神动力"的实验。向被试解释说,最近一篇颇有争议的文章声称第一次为"超自然现象"提供了科学证据(Bem,2011),但批评者们(向被试暗示包括该实验的研究人员)预期,随着更多研究的进行,这些发现将被证明不会成立。实验者要求被试将一枚硬币掷 10 次,并尝试用自己的思想影响每次抛掷硬币的结果,使其尽可能多地出现"头像"向上。而且,我们解释说,为了确保能够适当地激励被试集中精力影响掷硬币的结果,我们会为硬币每次抛出硬币"头像"向上支付 1 美元。

我们对自我概念相关性的名词和动词操作包含在以下说明中:

> **注意:**请不要欺骗[成为一个骗子]并声称你的一个或多个硬币在真正落下的时候是头像向上的。**即使是少量的作弊(少数作弊者)**也会破坏这项研究,让人们感到精神动力是真实存在的。[粗体和下划线字体出现在原文中。]

在线实验的下一个页面,要求被试开始抛掷硬币并记录下来每次抛掷的结果。在页面的顶部,用红色大写显示的警告是"请不要作弊"或"请不要成为作弊者"。

因为实验参与是在线的,所以我们无法确定某个人是否会作弊——当然,被试是清楚这一点的。这是有意为之的;我们感兴趣的是自我概念相关性在阻止作弊中发挥的作用,在这种情况下,被试基本上可以放心地拿钱,而且他们知道即便自己占了便宜也不会被抓住。

这里我们感兴趣的结果是,在每个实验组中声称翻转过"头像"的被试的平均数量。我们为此设计了两个实验,其中一个设计了"作弊者"和"作弊"组($N=79$),另一个是这两个组加上第三个从未提及作弊的组($N=99$)。在这两个实验中,我们都发现处于"作弊"条件下的被试作弊平均人次($M_{Study 1}=5.56$;$M_{Study 2}=6.22$)明显高于诚实报告的预期(即 10 次翻转中有 5 次头像朝上)。在这两个实验中,使用"作弊者"的措辞会导致作弊显著减少($m_{study 1}=4.86$;$m_{study 2}=5.23$),而且,事实上,我们没有发现任何证据表明"作弊者"条件下的被试作弊——这些被试声称得到头像向上的次数与我们预期的诚实报告次数没有显著差异。

那么,在第二个实验中,作弊从未被提及的情况会如何呢? 我们发现作弊次数(6.31)与实验中的"作弊"条件下(6.22;见图17.3)几乎相同。所以,不"作弊"的要求根本没有效果,但不要成为"作弊者"的要求能够有效地阻止作弊行为。这是一个惊人的结果,值得进一步讨论。为了解释这一点,从被试的角度思考是很有帮助的:你是在线参与的,与实验者或自己的大学没有联系。所以,在动词条件下,抵制获取金钱诱惑的最突出的理由是,你不认识或不关心的人要求你这样做。但是,在名词条件下,还存在另外一个理由:如果你作弊,你就必须把自己当成作弊者。

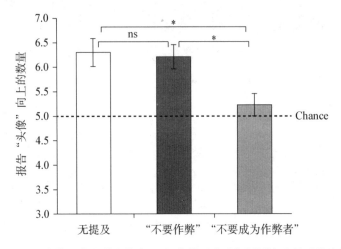

图 17.3   在第二个作弊实验中,不同条件下声称"头像"向上被试的人数

广义地说,我们在作弊实验中观察到的这种对消极认同的回避,说明了人们是如何对这些自我概念相关性的操作做出反应的——不是以一种自动或不可避免的方式,而是策略性地对自己形成某种所期望的看法。

加拿大最近开展的反对性侵犯运动提供了有力的例证,说明了这一想法的潜在重要性。这项针对男性的运动描绘了频繁发生性侵犯的情况:妇女在沙发上醉倒昏昏欲睡,或者无法在酒吧外独自站起来,被一名男子扶上了车。字幕清楚地显示,未经公开同意的性行为构成性侵犯。但是,与这些广告相关的标语很可能有助于使其更具影响力:"不要成为那样的家伙。"(见图17.4)如果男人被迫面对可能会对他们的自我概念产生的影响,他们便不太可能做出这种有害的行为——要搞清楚的是,强奸会让一个人成为强奸犯。

246

图 17.4 加拿大反对性侵犯的宣传

247

自我概念的下游效应

从本质上讲,我一直认为,与动词措辞相比,名词措辞会让人们认为行为对
自己的看法产生更为强烈的影响,即认为他们的自我概念在很大程度上取决于

某种行为。

因此，例如，在我所描述过的投票研究中，人们可能会思考：这项研究结束之后，被试的自我概念会发生什么样的变化。那些在名词条件下投票的人是否认为自己是更有公民意识的人，而那些没有投票的人则没有公民意识？——因为这种行为被认为对他们的自我概念有影响。

多米尼克·阿尔韦纳兹和我(Bryan & Alvernaz, 2016)在另一种社会认可但需付出努力的行为(健康饮食)的研究中对此进行了考察。我们预期，如果我们把健康饮食与自我概念联系起来，然后引导人们把自己的饮食习惯视为健康的，那么他们也会倾向于把自己视为健康的人。而且，因为一个健康的饮食者通常被认为是一件好事，我们期望它也能提升他们的即时自尊——对自己是一个好人的瞬间感觉。当我们引导人们认为自己的饮食习惯不健康时，我们的预期则相反。

为了对此加以检验，我们在线招募了 156 名被试，确保他们中的任何人都没有任何特殊饮食安排，以免影响他们对饮食习惯健康程度的看法。为了对这些看法进行实验处理，要求被试填写有两种有偏见问卷版本中的一种。其中一种版本提出了这样的问题："在**过去一周**里，您的午餐或晚餐盘子有多少次**至少装满了一半新鲜蔬菜**?"(粗体和下划线出现在原问卷中)，答案选择为"0—4"，"5—8"，"9—13"和"每顿饭"。几乎每个人都选择了"0—4"，即他们认为自己的饮食习惯相对不健康。相比之下，该调查问卷的另一种版本则提出了更简单的问题，例如"您在**典型的一天**中至少吃一种水果或蔬菜吗?"大多数人对此问题回答"是"，给人的印象是他们的饮食习惯相对健康。除了这种实验处理之外，被试还完成了我们已经很熟悉的对自我概念相关性的名词对动词措辞处理：一项关于他们对"健康饮食"或"成为健康饮食者"的态度调查。

完成了这些实验处理之后，我们测量了关键的因变量：对自己作为健康人的看法和即时自尊。我们发现，对自我概念相关性进行处理会在行为和自我概念之间产生带有偶然性的预期。也就是说，没有证据表明那些处于"健康饮食"状态的被试认为自己的饮食行为相对健康或不健康会影响他们对自己作为健康人的看法。但是，当我们使用名词措辞将这种行为与自我概念相关联时，与被认为行为不健康的被试相比，被认为是健康的被试也将自己视为相对健康的人。

也就是说,没有证据表明处于"健康饮食"条件下的被试,由于认为自己的饮食行为相对健康或不健康,而对自己是一个"健康的人"的看法产生了影响。但是,当我们用名词措辞来描述与自我概念相关的行为时,那些被要求将自己的行为视为健康的被试会认为,自己比那些被要求将自己的行为视为不健康的被试更健康。

在这里我们看到了某种类似即时自尊的模式。那些处于动词条件下的被试,并没有因为被要求将其饮食习惯视为健康而对自己感觉更好。但是,当这种行为被称为"健康饮食者"时,如果让人们看到自己的饮食习惯是健康的,那么他们对自己的感觉就会明显好于让他们看到自己的饮食习惯是不健康的。

因此,我们正在寻找证据,证明我所阐述的理论能够准确预测人们工作自我概念的下游效应。这就提出了一个永久性反馈循环(或递归过程)的可能性,在这种循环中,由于我们对自我概念相关性的实验处理而改变了他们的行为,人们的自我概念也会相应地发生变化,这反过来又会导致其他的一致性行为(Miller, Brickman & Bolen, 1975),进一步强化了这种新的认同(参见图17.5)。这是颇具挑战性的,因为它暗示了一种可能的机制,通过这种机制,即使是如此细微而短暂的干预(如措辞上的细微变化),也可能导致行为的持久变化和自我维持。这是未来研究中一个令人兴奋而重要的问题。

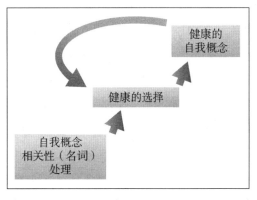

图 17.5 自我概念相关的实验处理可能对行为产生持久影响的理论递归过程

值得注意的问题

在此，我描绘了一幅名词措词的美好景象，这是一种简单的低成本技术，具有以有益的方式影响行为的巨大潜力，而且我相信这一愿景在很大程度上是准确的。但是名词用语不是万能的，使用它也并非没有风险。名词措词令人想到了本质主义心理学的观点，即一个人(或事物)具有某种核心的、不变的性质，而与环境或外在因素无关(Gelman & Heyman，1999；Gelman et al.，2000)。我相信，这是其力量的关键。如果你认为一种行为可以展现出你的基本本性，而且在你所认为的重要维度上是不可改变的，那么你就会非常积极地去从事这些行为，让你对这种基本本性得出预期的结论。但正是由于这种心理是强势的，它也可能是有风险的。例如，想象一下，我要求你不要"作弊"，但是诱惑太大了，你无论如何都会去作弊(或者为时已晚，你已经作弊了)。我对自我概念下游效应的研究表明，有理由担心你可能会得出这样一个结论：你现在是一个作弊者，更糟的是，你将永远是一个"作弊者"(Cimpian，Arce，Markman & Dweck，2007)。

考虑到人们对特定认同的期望并不总是显而易见的，有必要对在政策中使用这种技术提出另外一个重要警告。因为我自己的两项失败研究都很好地说明了这一点。在其中一项(Bryan，2008)研究中，我在大学本科生中进行了一项关于"成为一名能源节约者"或"节约能源"的调查，我发现前者似乎减少了学生在节约能源方面的投入。我怀疑，这里的问题是"节约能源"听起来太幼稚——不像一个大学本科生会急于寻求的认同。与此相关的是，在与旧金山一家剧院组织进行合作的实验中(Lupoli，Bryan，Adams & Monin，2013)，我和我的合作者在印有募捐呼吁的信封正面加印了一则呼吁：要么"支持"该组织，要么"成为支持者"。同样，名词版本的呼吁似乎减少了积极回应的人数。我认为，这里的问题是，作为一个组织的"支持者"感觉比"支持"它的代价要大得多。"支持者"这个词让人联想到定期参加募捐活动和董事会会议的情景——对大多数人来说，这种认同要付出更大的代价。

我从这些失败研究中得到的教训是：事实上，大多数大学生可能会同意节能是一件抽象的"好"事情，或者大多数剧院观众可能会钦佩当地剧院的"支持者",这是远远不够的。如果这种认同对个人没有吸引力——如果不是他们想如何看待自己——那么基于名词的吸引力很可能便会失败,甚至适得其反。

格伯等人(Gerber,Huber,Biggers & Hendry,2016)的一项研究强调了一个相关的因素,它可以影响某个特定的身份认同是否对人们有个人吸引力:具体的语境。格伯和他的同事们试图以一种截然不同的选举方式来再现我上面描述的"投票人"效应。我们最初的研究是在大选期间进行的,大选是引起媒体广泛关注和公众关注的主题(2008 年美国总统大选和 2009 年新泽西州州长选举),而他们的研究是在 2014 年夏季美国大选期间进行的。因此,格柏研究的背景是一系列次要选举,其中几乎没有一个遇到激烈竞争或受到公众重大关注。这些是大多数公民几乎不了解的选举,正如格雷格·沃尔顿、卡罗尔·德威克和我在随后的研究(Bryan,Walton & Dweck,2016)中所表明的那样,这种选举不会创造一种"成为投票人"的感觉——类似一种可以激发行为的身份认同。毫不奇怪,格伯及其同事未能对投票产生任何显著影响(Gerber,Huber & Fang,2018;Bryan,Yeager & O'Brien,2019)。

正如这些例子所展现的那样,这种心理的明显简单性是具有欺骗性的。它的成功实施有赖于对一些细微因素的仔细分析。其中最主要的因素可能是,一个人选择的名词必须在一个对他个人有强烈吸引力或厌恶(取决于一个人的目标取向)的语境中使用。人们必须注意的是,所涉及的认同身份("投票人"、"帮手"、"作弊者")是否与他们有关。因此,尽管我相信这种心理为政策提供了巨大的希望,但只有经过深思熟虑和仔细测试之后,才能将其大规模应用。

总结与结论

总而言之,名词措辞可以激发对社会有益的行为,并防止对社会有害的行为,因为人们往往会寻求积极的身份认同,避免消极的身份认同。名词措辞赋予行为以重塑自我概念的力量,这暗示着正反馈回路的可能性,该回路可能导致身份认同和行为的持续变化。重要的是要注意,名词措辞鼓励"应有的举止",即人们知道应该去做的事情,且通常不会令他们感到困扰。这一点十分重要,因为这些行为选择是我们许多最紧迫、最重要的社会和政策挑战的核心。

总之,自我是一个不断发展的过程。我们不断地通过我们的行为来管理我们的自我概念——我们的行为方式让我们树立起良好的、有能力的、值得社会认可的形象。因此，在我们努力影响行为的过程中，最好不要过多关注行为本身，而应更多地关注行为对行为者的影响；传达"你所做的一切将揭示你是谁"的信息。

参考文献

Aronson，E. （1969）. The theory of cognitive dissonance: A current perspective. *Advances in Experimental Social Psychology*，4，1 - 34. http://doi. org/10. 1016/S0065 - 2601(08)60075 - 1

Bem，D. J. （1972）. Self-perception theory. In L. Berkowitz （Ed. ），*Advances in experimental social psychology* （Vol. 6，pp. 1 - 62）. New York，NY: Elsevier. http://doi. org/10. 1016/S0065 - 2601(08)60024 - 6

Bem，D. J. （2011）. Feeling the future: Experimental evidence for anomalous retroactive influences on cognition and affect. *Journal of Personality and Social Psychology*，100 （3），407 - 425. http://doi. org/10. 1037/a0021524

Bryan，C. J. （2008）. Effects of noun wording on energy conservation. Unpublished raw data. Brickman，P. （1972）. Rational and non-rational elements in reactions to disconfirmation of performance expectancies. *Journal of Experimental Social Psychology*，8，112 - 123.

Bryan，C. J. ，& Alvernaz，D. （2016）. Being what you do: Noun wording imbues behavior with the power to shape the self-concept. Unpublished manuscript.

Bryan，C. J. ，Adams，G. S. ，& Monin，B. （2013）. When cheating would make you a cheater: Implicating the self prevents unethical behavior. Journal of Experimental Psychology: General，142(4)，1001 - 1005. http://doi. org/10. 1037/a0030655

Bryan，C. J. ，Master，A. ，& Walton，G. M. （2014）. "Helping" versus "being a helper": Invoking the self to increase helping in young children. *Child Development*，85(5)，1836 - 1842. http://doi. org/10. 1111/cdev. 12244

Bryan，C. J. ，Walton，G. M. ，& Dweck，C. S. （in press）. Psychologically authentic versus inauthentic replication attempts. *Proceedings of the National Academy of Sciences of the United States of America*.

Bryan，C. J. ，Walton，G. M. ，Rogers，T. ，& Dweck，C. S. （2011）. Motivating voter turnout by invoking the self. *Proceedings of the National Academy of Sciences of the United States of America*，108 （31），12653 - 12656. http://doi. org/10. 1073/pnas. 1103343108

Bryan，C. J. ，Yeager，D. S. ，& O'Brien，J. （2019）. Replicator Degrees of Freedom Allow Publication of Misleading "Failures to Replicate". *Working Paper*. University of Chicago.

Burhans，K. K. ，& Dweck，C. S. （1995）. Helplessness in early childhood: The role of

contingent worth. *Child Development*, 66(6),1719 - 1738. http://doi. org/10. 2307/
1131906

Carnaghi, A. , Maass, A. , Gresta, S. , Bianchi, M. , Cadinu, M. , & Arcuri, L.
(2008). Nomina sunt omina: On the inductive potential of nouns and adjectives in
person perception. *Journal of Personality and Social Psychology*, 94(5),839 - 859.
http://doi. org/10. 1037/0022-3514. 94. 5. 839

Cimpian, A. , Arce, H. M. C. , Markman, E. M. , & Dweck, C. S. (2007). Subtle
linguistic cues affect children's motivation. *Psychological Science*, 18(4),314 - 316.
http://doi: 10. 1111/j. 1467-9280. 2007. 01896. x

Downs, A. (1957). An economic theory of political action in a democracy. *The Journal
of Political Economy*, 65(2),135 - 150. Retrieved from http://www. jstor. org/
stable/1827369

Dunning, D. (2002). The zealous self-affirmer: How and why the self lurks so
pervasively behind social judgment. In S. Spencer, J. M. Olson, S. Fein, & M. P.
Zanna (Eds.), *Motivated social perception: The Ontario symposium* (Vol. 9, pp. 45 -
72), Mahwah, NJ: Erlbaum. http://doi. org/10. 4324/9781410606679

Eder, R. A. , & Mangelsdorf, S. C. (1997). The emotional basis of early personality
development: Implications for the emergent self-concept. In R. Hogan, J. Johnson, &
S. Briggs (Eds.), *Handbook of personality psychology* (pp. 209 - 240). Cambridge,
MA: Academic Press. http://doi. org/10. 1016/B978-012134645-4/50010-X

Gelman, S. A. , & Heyman, G. D. (1999). Carrot-eaters and creature-believers: The
effects of lexicalization on children's inferences about social categories. *Psychological
Science*, 10(6),489 - 493. http://doi. org/10. 1111/1467-9280. 00194

Gelman, S. A. , Hollander, M. , Star, J. , & Heyman, G. D. (2000). The role of
language in the construction of kinds. *Psychology of Learning and Motivation*, 39,
201 - 263. http://doi. org/10. 1016/S0079 - 7421(00)80035 - 3

Gerber, A. S. , Huber, G. A. , Biggers, D. R. , & Hendry, D. J. (2016). A field
experiment shows that subtle linguistic cues might not affect voter behavior.
Proceedings of the National Academy of Sciences of the United States of America,
113(26),7112 - 7117. http://doi: 10. 1073/pnas. 1513727113

Gerber, A. , Huber, G. , & Fang, A. (2018). Do Subtle Linguistic Interventions
Priming a Social Identity as a Voter Have Outsized Effects on Voter Turnout? Evidence
From a New Replication Experiment: Outsized Turnout Effects of Subtle Linguistic
Cues. *Political Psychology*, 39(4),925 - 938.

Harter, S. , & Pike, R. (1984). The pictorial scale of perceived competence and social
acceptance for young children. *Child Development*, 55(6),1969 - 1982. http://doi.
org/10. 2307/1129772

Leary, M. R. (1999). Making sense of self-esteem. *Current Directions in Psychological
Science*, 8(1),32 - 35. http://doi. org/10. 1111/1467-8721. 00008

Lupoli, M. , Bryan, C. J. , Adams, G. S. , & Monin, B. (2013). Be a supporter of the arts: A field experiment in charitable giving. Unpublished raw data. Wesley.

252 Markman, E. (1989). Naming and categorization in children. Cambridge, MA: MIT Press. Markus, H. , & Nurius, P. (1986). Possible selves. *American Psychologist*, *41(9)*,954 - 969. http://doi. org/10. 1037//0003-066X. 41. 9. 954

Marsh, H. W. , Ellis, L. A. , & Craven, R. G. (2002). How do preschool children feel about themselves? Unraveling measurement and multidimensional self-concept structure. *Developmental Psychology*, *38 (3)*, 376 - 393. http://doi. org/10. 1037//0012-1649. 38. 3. 376

Miller, R. L. , Brickman, P. , & Bolen, D. (1975). Attribution versus persuasion as a means for modifying behavior. *Journal of Personality and Social Psychology*, *31*,430 - 441. http://dx. doi. org/10. 1037/h0076539

Sherman, D. K. , & Cohen, G. L. (2006). The psychology of self-defense: Self-affirmation theory. *Advances in Experimental Social Psychology*, *38*,183 - 242. http://doi. org/10. 1016/S0065-2601(06)38004-5

Steele, C. M. (1988). The psychology of self-affirmation: Sustaining the integrity of the self. *Advances in Experimental Social Psychology*, *21*,261 - 302. http://doi. org/10. 1016/S0065-2601(08)60229-4

Stipek, D. J. , Gralinski, J. H. , & Kopp, C. B. (1990). Self-concept development in the toddler years. *Developmental Psychology*, *26 (6)*, 972 - 977. http://doi. org/10. 1037//0012-1649. 26. 6. 972

Walton, G. M. , & Banaji, M. R. (2004). Being what you say: The effect of essentialist linguistic labels on preferences. *Social Cognition*, *22(2)*,193 - 213. http://doi. org/10. 1521/soco. 22. 2. 193. 35463

18. 无压力条件下的顺应：登门槛技术[1]

乔纳森・L・弗里德曼(Jonathan L. Freedman)

斯科特・C・弗雷泽(Scott C. Fraser)

这里提供了两项实验研究,以检验以下假设:一旦某人同意了一个小小的请求,他就很有可能会顺应一个更大的请求。第一项研究表明,当同一个人同时提出这两个请求时,会产生这种效果。第二项研究将此拓展到了不同的人提出这两个请求的情况。为了解释这些结果,我们设计了几个实验小组,并对可能的解释进行了讨论。

怎样才能诱导一个人去做他不愿意做的事情呢? 这个问题几乎涉及社会生活的各个环节:从红绿灯停车到戒烟,从购买 X 品牌到购买储蓄债券,从支持出生缺陷基金到支持民权法案。

解决这个问题的一个常见方法,是对不情愿的人施加尽可能多的压力,迫使他去做。这类策略一直是大量实验研究的焦点。关于态度转变、从众、模仿和服从的研究,都倾向于强调外部压力程度的重要性。传播者的威望(Kelman & Hovland, 1953)、传播内容的差异程度(Hovland & Pritzker, 1957)、与被试意见不一致的群体规模(Asch, 1951)以及对榜样的感知能力(Bandura, Ross, & Ross, 1963)都是已经研究过的重要变量。这类令人印象深刻的研究,加上有关学习奖惩的研究,提供了令人信服的证据,证明更大的外

① Reprinted with permission from the authors and *The Journal of Personality and Social Psychology*, *Vol. 4*, No. 2, 1966. Copyright © 1966 by the American Psychological Association. 作者非常感谢伊芙琳・布莱斯(Evelyn Bless)在本研究所报告的第二个实验中所提供的帮助。这些研究部分得到了国家科学基金会 GS‐196 的资助。第一项研究是作者在大学三年级时获得的美国国家科学基金会大学生暑期奖学金的支持下进行的。

部压力通常会导致更大程度地服从实验者的意愿。其中，态度研究方面的一个例外，似乎涉及认知失调的唤起情况。在这种情况下，一旦诱发了被试不一致的行为，导致该行为的压力越大，随后发生变化的可能越小（Festinger & Carlsmith, 1959）。但即便是在这种情况下，一个关键的因素仍然是所施加外部压力的大小。

显然，在大多数情况下，施加的压力越大，个人就越有可能顺应。然而，在很多时候，出于伦理、道德或实际的原因，当目标是产生最小表面压力的从众时，很难施加太大的压力，例如在涉及不和谐唤醒的强迫从众研究中。即使有很大的压力，也要最大限度地提高合规性。因此，外部压力以外的因素往往是决定顺应程度的关键因素。这些因素是什么呢？

尽管对这一问题的严密的研究还相当少见，但广告、宣传、政治等领域绝不缺乏不借助外部压力而催生顺应的技术（或最大限度地发挥所使用压力的效力，这其实是同一个问题）。关于顺应的一个假设通常是外显或内隐的，即一旦一个人被诱发顺应了一个小的请求，他就更有可能顺应一个更大的请求。这是一个通常被称为"登门槛技术"或"渐变技术"的原则，集中体现在"得寸进尺"这句话中。例如，它被认为是很多洗脑策略所依据的基本技术之一（Schein, Schneier & Barker, 1961），并且，从某种意义上看也是1940年纳粹宣传的一个重要基础（(Bruner, 1941）。这似乎也隐含在许多广告宣传中，这些广告试图诱导消费者做任何与所涉产品有关的事情，甚至分发声称喜欢该产品的卡片。

关联度最高的实验证据来自多伊奇等人（Deutsch & Gerard，1955）所做的从众研究。实验者让一些被试首先面对错误的群体判断，在实际的评判过程中刺激没有出现，然后出现记忆序列，而其他被试的记忆和视觉顺序则相反。对于这两组被试，记忆序列都导致了更多的从众，而当记忆序列先出现时，对小组判断的整体一致性更强。正如作者所认为的，这种顺序效应之所以出现似乎是因为：一旦从众行为被激发出来，在未来就更有可能发生。尽管这类从众可能与前面所提及的顺应略有不同，但是这一发现无疑为"登门槛"观点提供了一些支持。本研究试图对该观点适用于顺应提供更严格、更直接的检验，并为对其他几种效应的解释提供相应的数据。

实验 1

基本做法是：首先要求一些被试（表现条件）先满足一个小的请求，三天之后再满足一个与之有关的较大的请求。其他被试（一次接触条件）则被直接要求顺应一个较大的请求。假设是：与一次接触条件相比，表现条件下的被试会顺应较大的请求。

为了说明这两种主要条件之间的本质区别，还增加了两个附加条件。表现条件下的被试被要求帮个小忙，如果他们同意，他们就必须这样去做。问题的关键在于：同意这样做的行为本身是至关重要的，还是实际上被要求必须这样做。为了评估这一点，向第三组被试（仅同意）提出了第一个要求，但即使他们同意，也不让他们付诸实施。因此，他们与表现组完全相同，只是没有得到执行承诺的机会。

两种主要条件之间的另一个区别是，在需求较大时，处于表现条件的被试比其他被试更加熟悉实验者。表现组被试被联系了两次，他们更多地听到了实验者的声音，发现没有什么风险，等等。这种熟悉程度的增加可能有助于减少对电话中陌生声音的恐惧和怀疑，并会相应地增加被试同意更大请求的可能性。为了控制这一点，设计了第四种条件（熟悉），该条件试图让被试对实验者的了解与"仅表现"和"仅同意"条件下一样多，唯一的区别是没有提出请求。

主要的假设是：在表现条件下，比在其他任何条件下，都会有更多的被试同意较大的请求，"仅接触"条件导致的顺应程度最低。由于基本不了解一致性和熟悉度的重要性，因此研究者假设"仅保持一致"和"熟悉"条件会产生中等程度的顺应。

方法

上述假设在一项现场实验中得到了验证。在这项实验中，家庭主妇们被要求让一个由五六个男性组成的调查小组在她们的家里待上两个小时，对她们使用的家庭产品进行分类。这个较大的请求是在四种不同的条件下提出的：在最初的接触之后，请求被试回答一些关于她使用的肥皂种类的问题，并且要求她实际地对这些问题做出回答（表现条件）；在同样的接触之后，实际上不要求她回答这些问题（仅同意条件）；有初次接触但没有提出请求（熟悉情况）；或者没有初次接触的情况下提出请求（一次接触条件）。对因变量的测量，只是考察被试是否同意这个较大的请求。

程序 被试为 156 名来自加利福尼亚州帕洛阿尔托市的家庭主妇，每种条件下分配了 36 名，她们是从电话号码簿里随机选择的。另外 12 名被试被平均分配在三种两次接触条件下，没有完成两次接触的被试在数据分析中加以剔除。被试被随机分配到不同的条件下，仅有熟悉条件是在其他三个条件确定后被添加进去的。所有被试都是同一位实验者通过电话联系的，他每次都把自己说成是同一个人。电话只在早上拨打。对于联系了两次的三个小组，第一个电话是在周一或周二拨打，第二个总是在三天后拨打。所有较大的请求都是在周四或周五提出的。

在第一次接触时，实验者报上了自己的姓名并作了自我介绍，说自己来自加利福尼亚消费者组织。在表现条件下，他会接着说：

> 我们今天早上给您打电话，想问您是否会回答一些关于您使用哪种家用产品的问题，以便我们可以将这些信息提供给我们的公共服务出版物《指南》。您愿意为我们的调查提供这些信息吗？

如果被试同意，他们会问她一系列与家用肥皂有关的 8 个无害问题（例如，"你在厨房水槽里用什么牌子的肥皂？"）。随后，会感谢她的合作，双方通话结束。

另外一种条件（仅同意），并不评估对请求的实际执行，而只是评估"同意请求"的重要性。该条件与"表现"条件之间的唯一区别是，如果被试同意回答问题，则实验者会感谢她，但表示她只是排队接受调查的受访者，在需要的时候会再与她联系。

第三种条件包含了对两种接触条件下被试对实验者熟悉程度的重要性进行考察。在这种条件下，实验者会做自我介绍，描述他所工作的组织及其正在进行的调查，列出了他所问的问题，然后说他打电话只是为了让被试了解他的组织。换言之，这些被试的通话时间和表现组被试一样长，她们听到了所有的问题，但她们无需同意回答问题，也不必回答问题。

在所有这两种接触条件下,有些被试会不同意实验者的请求,甚至在请求发出之前便挂断了电话。每一个接通电话的被试都会被纳入结果分析,实验者会拨打电话向她提出第二次请求,而不管她在第一次接触中合作程度如何。换言之,在这四种条件下,没有任何一个需联系适当次数的被试会被放弃。

向所有被试提出的较大请求基本上是相同的。实验者拨打电话,向被试表明自己的身份,并声称,自己的小组正在开展调查(在两种接触条件下),或者正在进行一项调查(在一次接触条件下)。在所有四种情况下,他都会接着说: 257

> 调查期间将会有五六名工作人员在某天早上到您家中,历时两个小时,对您所有的家用产品进行登记和分类。他们在您的家里要有充分的自由去检查橱柜和储藏室。之后,所有这些信息都将用于为我们的公共服务出版物《指南》撰写报告。

如果被试同意了这项要求,实验者会表示感谢,并告诉她,目前实验人员仅收集愿意参加人员的姓名,如果确定对她进行调查,会再与她联系。如果她不同意,也会十分感激。实验到此结束。

结果

显然,即便是很小的请求,一些被试也不认为是微不足道的。"仅表现"和"仅同意"条件下,只有大约三分之二的被试同意回答有关家用肥皂的问题。值得注意的是,那些拒绝第一个请求的人中没有一个会同意较大的请求,尽管如前所述,所有就较小请求而联系过的被试都包含在这些被试组的数据之中。

我们的主要假设是,同意并兑现了一个小的请求(表现条件)的对象随后会比那些仅被要求提供一个更大的请求(仅接触条件)的被试,更有可能顺应更大的请求。结果支持了这一假设,如表18.1所示。表现条件下超过50%的被试同意了较大的请求,而一次接触条件下不足25%的被试表示同意。因此,似乎获得对小的请求的顺应,确实会增加后续的顺应程度。这里的问题是,初始接触的哪个方面会导致这种效应。

表 18.1　实验 1 中顺应较大请求被试的百分比

条　件	%
表现	52.8
仅同意	33.3
熟悉	27.8*
一次接触	22.2**

注：每组被试 36 人。显著性水平代表了与表现条件组的差异。
* $p < .07$；** $p < .02$。

258　　　其中一种可能性是，这种效应仅仅是因为对实验者的熟悉程度增加而产生的。实验中包括控制熟悉程度以评估两次接触同一人对顺应的影响。该组被试与实验者的接触次数与表现组相同，但在第一次接触时没有提出任何要求。如表所示，熟悉组与一次接触组的顺应程度差异并不显著，但与表现组存在显著差异（$\chi^2 = 3.70$，$p < .07$）。因此，尽管熟悉程度的提高很可能导致顺应程度的增加，但在目前的情况下，熟悉程度的差异显然不足以导致这种增加。这种效应似乎不是因该因素导致的。

　　另外一种可能性是，产生更多顺应的关键因素是简单地同意较小的请求（即可能没有必要执行）。"仅同意"与"表现"两种条件基本相同，除了在前一条件下不向被试直接提问问题。在"仅同意"条件下，顺应程度介于"表现"和"一次接触"条件之间，两者均无显著差异。这使得"仅同意"所导致的效应有些模棱两可，但也意味着"仅同意"可能会产生部分效应。

　　不幸的是，必须承认，这些控制条件均不能完全评估实验者想要评估的各种可能情况。这两种情况在某种程度上都是非常特殊的，与表现条件相比，可能对被试产生了非常不同而且间接的影响。在一种条件下，要求家庭主妇回答一些问题，之后却不去向她们提问这些问题；在另一种情况下，有人会打电话告诉她从未听说过的某个组织。此时，这两件事情本身都不会引起太多的怀疑。但是，几天后，同一个人打电话来请求她提供一个较大的帮助。许多被试会认为自己受到了操纵，或者无论如何一定是发生了某些奇怪的事情，这一切并非没有可能。被试的任何此类反应都自然会减少这些条件下出现的顺应。

　　因此，尽管第一项实验表明提出请求并加以兑现的初始接触会增加被试对第二个请求的顺应，但对于初始请求为什么以及如何产生这种效应的疑问仍然没有得到解答。为了尝试回答这个问题并拓展第一项实验的结果,我们进行了第二项实验。

似乎有几种相当合理的方式可能会增加顺应程度。首先只是对提出请求的那个人做出某种承诺或建立某种关联。例如,情况可能是这样的:被试已经同意了第一个请求,并认为实验者因此希望他也会同意第二个请求。因此,被试感到有义务这样做,她不想让实验者失望;她也可能感觉到说"不"需要充分的理由——一个比她从未说过的"是"更好的理由。这只是因果关系这条线,与实验者互动的特定过程可能会大不相同,但基本思路却是相似的。承诺是针对特定人的。这意味着,初始接触导致的顺应程度增加,主要是在同一个人提出两个请求时发生。

关于参与的另一种解释是围绕请求所涉及的特定问题。一旦被试针对某个关注领域采取了某种行动——无论是民意测验、政治活动还是高速公路安全,她都有可能变得更加关注该领域。被试开始思考它,权衡它的重要性和相关性,等等。这往往使得她后来被要求做出反应时,更可能同意在同一领域采取进一步的行动。在一定程度上,这是一个关键因素,只有当两个请求都涉及相同的问题或相关的领域时,初始接触才可能导致顺应程度的增加。

另一种分析这种情况的角度是,被试需要一个说"不"的理由。在我们的社会里,拒绝一个合理的要求有些困难,尤其是当它是由一个非营利组织所提出的。如果要拒绝,许多人觉得他们需要一个理由,"只是不想这样做"这个理由往往是不充分的。这个人可以对请求者或只是对自己声称,他对向慈善机构捐款、给小费、为政党工作、回答问题、张贴标语等被请求做的任何事情,统统不相信。然而,一旦他应邀做完了某一特定的事情,这个借口就不再适用于不同意去做类似的事情。即使他做的第一件事与现在的请求相比微不足道,他也不能说自己从来没有做过这类事,因此一个拒绝的好理由便失去了。这种推理思路意味着,第一次和第二次请求在所需行动类型方面的相似性是一个重要因素。它们越相似,就越能通过同意第一个请求来消除可能拒绝第二个请求的"原则性问题",从而越有可能导致顺应程度的增加。

初始请求可能会通过许多其他机制来增加顺应程度。设计第二个实验部分是为了考察上述概念,但是主要目的是为了确切地证明这一效应。为了达到这一目的,实验 2 消除了第一项实验中的一个重要问题,即当实验者提出第二项要求时,实验者并不知道被试处于哪一种条件之下。在这项研究中,第二个请求总是由提出第一个请求以外的人提出,而第二个实验者对被试所处的条件一无所知。这就排除了实验者在不同的实验条件下系统地施加不同压力的可能性。如果第一项研究的效应得以重复,这将排除一种可能性,即这种效应主要是由于对提出第一个请求的那个人更加熟悉或有着更强关联。

260 **实验 2**

基本做法与第一个实验非常相似。要求实验对象满足一个较小的请求,然后向他提出一个较大的请求,而对照组只被要求满足较大的请求。第一个请求在两个方面有所不同。被试被要求张贴一个小标牌或签署一份倡议书,所涉内容要么是安全驾驶,要么是保持加州优美的环境。这样,便会有四种最初的请求:为安全驾驶或要求环境优美而准备的小标牌,以及针对这两个问题的倡议书。对所有被试的第二个请求是在他们屋前的草坪上安装一个非常大的标识牌,上面写着"小心驾驶"。可以根据问题和任务范围内较大请求和较小请求的相似性来定义四个实验条件。小标牌安全驾驶组的两个请求在问题和任务上都是相似的;仅安全驾驶倡议组的问题相似;仅"保持加利福尼亚环境优美"标志组的任务相似;在"保持加利福尼亚环境优美"倡议组中问题和任务都不相似。

这里的主要假设是,任务或问题相似的三个组将比控制组表现出更多的顺应;而且当两者相似时,顺应程度最高。第四个条件(不同的问题/不同的任务)主要是为了评估初始接触的效应,尽管它与第二个条件在问题或任务上都不相同,但在许多方面都非常相似(例如,一个年轻学生请求就无争议的问题进行合作)。对于这种情况如何与对照进行比较,没有提出明确的假设。

方法

研究对象来自加利福尼亚州帕洛阿尔托市的 114 名女性和 13 名男性。其中,有 9 名女性和 6 名男性因联系不上没有向他们提出第二个请求,因此未包含在数据分析中。其余的 112 名被试大致相等地分配在这五个条件下。与被试的电话联系是在工作日下午 1:30 到 4:30 之间进行的。

研究者雇佣了两名实验人员，一名男性和一名女性，实验中总是使用不同的实验者进行第二次接触。与第一项实验不同，实验人员实际上是去了被试家中，面对面地对他们进行了采访。尽可能从同质的街区和社区中选取被试。在每一个街区，每隔三到四栋房子就有一个实验区，而这个街区的所有被试都处于同一个实验条件下。这是必要的，因为邻居彼此之间可能会谈论这种接触。此外，每接触四个被试，就选择第五个家作为对照，当然不会和他进行接触。在实验的每个阶段，实际上在整个实验过程中，两名实验者都没有相互交流过在给定街区上安排了哪类条件，也没有交流某个特定的住户处于何种条件。

小标牌组和安全驾驶组均被告知，实验者来自社区交通安全委员会，他正在访问许多住户，试图让市民更加意识到一直以来小心驾驶的重要性，他希望被试将一个小标牌摆放在窗户或车里，以便提醒人们小心驾驶。标牌是三英寸见方的，上面写着"安全驾驶"，写在没有背胶的薄纸上，通常看起来相当业余，没有什么吸引力。如果被试同意，就让他签字并表示感谢；如果他不同意，就只是感谢占用了他的时间。

其他三个实验条件也十分相似，但也有适当的改变。另一个组织被称为"保持加州环境委员会"，它的标牌上写着"保持加州环境优美"，这两种标牌用的都是白色背景的黑色印刷体字母。两个倡议组被要求签署一份倡议书，这份倡议书正被送交加州的美国参议员。倡议书主张支持任何促进安全驾驶或保持加州环境优美的立法。实验者向被试出示了一份倡议书，打印在重磅铜版纸上，上面至少已有 20 个签名。如果她同意就请她签字，并向她表示感谢；如果她不同意，也会向她表示感谢。

第二次接触是在第一次接触后大约两周进行的。每位实验者都拿着一份由另一位实验者编制的房屋清单。这份清单包含所有四个实验条件以及相互之间的比较，当然，第二位实验者无法知道被试处于哪种条件。在第二次接触时，所有被试都被问到同样的问题：他们是否愿意在自家前院竖起一块有关安全驾驶的巨大标志？实验者自称来自安全驾驶市民组织，这是一个与先前的安全驾驶组织不同的另外一个组织（尽管大多数处于安全驾驶条件下的被试可能没有注意到二者之间的差异）。被试看到一张写有"谨慎驾驶"巨大标志图版的照片，被放置在一栋漂亮房屋的前面。在拍摄这张照片时，标志图版挡住了房屋前面的大部分区域，并且完全挡住了门口。上面的字体相当糟糕。被试被告

261

知："我们的人会过来安装，然后再拆除。只是在你家的草坪上打一个小洞，但如果你不能接受，我们会有一个不需打洞的特殊安排。"

实验者要求被试把牌子挂上一周或一周半的时间。如果被试同意，他们会告诉她，正在收集的家庭比需要的要多，如果需要她家参与，几周后会和她联系。实验者记录下被试的反应，实验到此结束。

结果

首先，应该注意的是，在实验条件之间，同意第一个请求的被试的百分比没有太大差异。尽管有更多的被试同意张贴"保持加利福尼亚环境优美"标志，而较少有被试同意签署环境倡议书，但这些差异没有显著意义。

重要的数据是各组中同意这一较大请求的被试人数。具体数据见表 18.2。四个实验组的数据包括第一次接触的所有被试——不管他们是否同意这个较小请求。如上所述，由于第二次请求无法联系到一些被试，因此导致了数据缺失，当然，表格中也排除了这些被试。

表 18.2　实验 2 中顺应较大请求的被试比例

问题[a]	任务[a]			
	相似	N	不同	N
相似	76.0**	25	47.8*	23
不同	47.6*	21	47.4*	19
一次接触 16.7(N=24)				

注：显著性水平代表了与一次接触条件组的差异。
[a]表示第一次与第二次请求的关系。
* $p<.08$；** $p<.01$。

显而易见，第一个请求有可能增加被试对第二个请求的顺应程度。对照组中不到 20% 的被试同意在草坪上安装巨幅标志牌，而超过 55% 的实验组被试会同意，其中超过 45% 是在所有实验条件下的最低的顺应比例。正如所假设的那样，两次请求在问题或任务方面相似的条件下产生的顺应显著高于对照组（χ^2 范围从 3.67 到 15.01，$p<.07$ 或 $p<.001$）。有点出乎意料的是，与控制组相比第四个条件（这种条件下第一个请求与第二个请求的共同点相对较少）也

产生了更多的顺应($\chi^2=3.40$，p＝.08)。换句话说，无论两个请求在问题或任务上是否相似，只提出第一个请求都会增加被试顺应后续更大请求的可能性。即使这第二个请求是由不同的人在相隔数周后提出的，这种趋势仍然存在。

　　第二个值得关注之处是四种实验条件之间的比较。与之前假设一致，"同一问题/同一任务"条件比其他两种接触条件产生的顺应更多，但差异并不显著（χ^2范围从 2.7 到 2.9 之间）。如果仅考察那些同意第一个请求的被试，同样的模式依然成立。

讨论

　　总结本研究的结果，第一项研究表明，同意一个较小的请求会增加被试同意同一个人提出的类似的更大请求的可能性。第二项研究表明，即使不同的人提出了更大的请求，这种影响也相当强烈，即便这两个请求是相当不同也会如此。那么，如何解释这些结果呢？

　　先前概述了两种可能性。实验数据并不支持以特定行动类型为中心的原则性的观点，因为任务的相似性在顺应程度上并不存在显著差异。如前所述，参与的概念也难以解释一些研究结果。这里所形成的基本想法是：一旦有人同意采取任何行动，无论多么微不足道，他往往会比以前更为深入地参与其中。这可能与提出第一个请求或特定问题的具体人有关。这与第一项实验的结果（前面讨论的两个对照组非常模棱两可）和第二项实验中相似问题组的结果非常一致。然而，这种有关被试参与的想法并不能解释：在第一个和第二个请求没有针对同一问题的两组中发现的顺应增加现象。

　　除了这一过程（或替代过程）之外，一种更为普遍和广泛的机制可能是顺应得以增加的基础。这里可能发生的情况是，人们对参与或采取行动的感觉发生了变化。一旦被试同意了某个请求，他的态度便可能会改变。在他自己看来，他可能会成为如此行事的人：同意陌生人的请求，对他所相信的事情采取行动，基于良好的愿望予以配合。态度的改变可以是对形势的任何方面，也可以是对说"是"的整个形势的改变。这里形成的基本想法是，态度的改变不一定是对任何特定的问题、个人或活动的改变，而可能是对一般的活动或顺应的改变。这意味着，顺应程度的提高不取决于和同一人的两次接触，也不取决于涉及同

263

一问题或涉及同一类行动的两次接触。这种相似性可能更为普遍，例如良好的愿望，要求采取类似的行动，或者行动是由令人愉悦的、有吸引力的人做出的。

　　并不是说这是唯一的作用机制。参与其中的想法仍然非常合理，而且可能还存在其他一些可能性。不幸的是，目前的研究没有提供更多的数据来支持或反驳任何可能的解释。因此，这些解释仍然只是描述了在同意第一个请求后可能提高顺应率的机制。希望会有更多的研究来对这些想法加以全面考察，也许还可以探讨在不增加外部压力的情况下提高顺应性的其他实验处理。

　　应该指出的是，目前的研究采用的可能是一种非常特殊的情境。在所有条件下，这些请求都是由非营利组织提出的。第二项研究中的问题是故意设计成没有争议的，几乎所有的被试最初都赞同安全驾驶和加利福尼亚环境优美的目标。这与旨在销售特定产品、政治候选人竞选活动或宗教教义形成了鲜明的对比。这项研究中所采用的技术在其他情况下是否会成功还有待证明。

264　　**参考文献**

Asch, S. E. (1951). Effects of group pressure upon the modification and distortion of judgments. In H. Guetzkow (Ed.), *Groups, leadership and men; research in human relations* (pp. 177 - 190). Pittsburgh, PA: Carnegie Press.

Bandura, A., Ross, D., & Ross, S. A. (1963). A comparative test of the status envy, social power, and secondary reinforcement theories of identificatory learning. *Journal of Abnormal and Social Psychology*, 67, 527 - 534.

Bruner, J. (1941). The dimensions of propaganda: German short-wave broadcasts to America. *Journal of Abnormal and Social Psychology*, 36, 311 - 337.

Deutsch, M., & Gerard, H. B. (1955). A study of normative and informational social influences upon individual judgment. *Journal of Abnormal and Social Psychology*, 41, 629 - 636.

Festinger, L., & Carlsmith, J. (1959). Cognitive consequences of forced compliance. *Journal of Abnormal and Social Psychology*, 58, 203 - 210.

Hovland, C. I., & Pritzker, H. A. (1957). Extent of opinion change as a function of amount of change advocated. *Journal of Abnormal and Social Psychology*, 54, 257 - 261.

Kelman, H. C., & Hovland, C. I. (1953). "Reinstatement" of the communicator in delayed measurement of opinion change. *Journal of Abnormal and Social Psychology*, 48, 327 - 335.

Schein, E. H., Schneier, I., & Barker, C. H. (1961). *Coercive pressure*. New York, NY: Norton.

19. 工作与动机维持的艺术

亚当·M·格兰特(Adam M. Grant)
宾夕法尼亚大学沃顿商学院

无需理由的雇员

在大学里,我的第一份真正的工作是为《让我们去旅行》做广告。我们派遣了数百名哈佛大学的学生到山区爬山,穿越季风远足,以探寻有关旅行途中吃、住、行的秘诀。在剑桥的办公室里,编辑团队会用三个月的时间来完成整部书籍。他们一开始工作积极性很高,经常每周工作 100 个小时,但撰写一部旅游书的梦想最终让位于对涂鸦作品的解读。我认为这会成为一篇引人入胜的本科生论文:是什么导致某些编辑人员更有动力去创作成功的书籍,而另外一些人则显得精疲力竭呢?

当我对编辑团队进行调查并要求他们的经理对学生们的工作效率进行评价时,最一致的成功预测因素是他们认为这项工作会对他人产生积极影响。由于他们都从事同样的工作,令我感到困惑的是,有些编辑比其他人更清楚地理解其重要性。这成为我的博士们研究的重点,我偶然得到了一个在呼叫中心进行研究的机会。

一位呼叫者正在联系密歇根大学的校友,试图通过电话劝说他们向大学捐款。这是一项极为平凡的重复性工作,使用的是标准化的脚本,拒绝的次数比成功次数多得多,大多数呼叫者在两个月内便辞职了。一位呼叫者在他的办公桌旁贴上了一条标语:"在这里做好工作就像穿着深色西装制服一样。你有一种温暖的感觉,但却没有人会注意到。"

呼叫者为这所大学筹集了数百万美元,但却不知道这些钱去了哪里。管理者们试图通过发表鼓舞人心的演讲、宣传所支持的运动队、投资建筑物、为教职员工加薪来解决问题。我和学生们意识到这些都是正确的信息,但其来源却是错误的。如果呼叫者听到的是那些直接受到他们所筹措资金影响的人们的声音,情况会怎样呢?

266　关键节点

我们确定了一位奖学金获得者威尔(Will),他愿意分享一个让人感兴趣的故事——关于奖学金如何改善了他的生活。我们设计了一个实验,将呼叫者随机分为三组。其中一组呼叫者将面对面地交流,另一组读他的来信,而对照组则与他没有接触(Grant et al., 2007)。

与威尔面对面交流了 5 分钟,一个月之后呼叫者平均每周通话时间增加了142%,每周收入增加 171%。那些只是读过威尔的来信或与他没有任何联系的呼叫者,在努力或业绩方面没有显著的进步。我们最终将这种效应重复了五次——高周转率的优势使得我们每个学期都能得到新员工来更新我们的实验。在其中的一次实验中,一位研究生讲述了呼叫者如何为考古发掘工作提供资金,呼叫者平均每周的业绩增加了 406%,从之前的 411 美元增加到后来的2 083 美元。她所访谈的全部,23 位呼叫者,在一周内一共多筹到了 38 451 美元(Grant,2008a)。

这项研究解决了《让我们去旅行》所遇到的难题。编辑们制作旅游书籍的目的,是帮助读者在异国他乡体验改变人生的经历,但是他们身处与读者相隔离的办公室里,许多编辑感受不到自己所带来的影响。在许多工作中都是如此:软件开发人员、科学家、工程师和会计师都做着有意义的工作,但从未与其产品和服务的最终受益人有过直接接触。

我们进行了大量的实验研究,以探讨为什么面对面接触受益人会产生如此强大的影响。事实证明,知道自己的工作有助于他人和看到自己的工作对一个活生生的人的影响存在巨大的差别。当我们同那些从我们的工作中受益的人直接互动时,我们会产生一种更强烈的信念,即我们的工作很重要、受到重视和得到赞赏,我们会致力于为我们所帮助的人更加努力、更有智慧、更为持久、更有成效地工作。

并不仅仅为了个人

这些研究强调了一种新的思考动机的方式。从传统意义上看,当我们希望对员工进行激励时,我们专注于提供激励措施或使工作本身更加有趣。这些方法忽视了互动和关系在动机中的重要性。不仅当我们的任务是积极的且期望得到很好的报酬,而且当我们看到我们的工作会对其他人产生持久的影响时,我们便会受到激励并努力把工作做到最好。

最近的研究将这些观点拓展到了生命垂危的健康和安全工作中。当救生员读到关于其他救生员的故事时,他们变得更加意识到自己工作的影响力和价值,每月工作时间增加了 43%,以帮助保持游泳者的安全,监督评分增加了21%(Grant,2008b)。当护士们组装外科手术包时,那些遇到使用该工具包的医疗保健专业人员的护士工作时间比对照组延长了 64%,产出增加了一倍以上,错误率减少了 15%(Belle,2013)。

在高风险的医疗环境中,即使是一张照片或一句表明我们工作影响的话,也足以激发人们的动机。当放射科医生扫描一张 X 光片时,看到病人的照片就足以使得他们的报告率增加 29%,诊断准确率增加 46%(Turner,Hadas-Halperin & Raveh,2008)。在医院里洗手是一种重要的行为,是防止感染和疾病传播的唯一有效的方法(Grant & Hofmann,2011)。当医生和护士看到一块写着"手部卫生可以防止你感染疾病"的牌子时,他们的行为并没有改变。但是当我们把"你"改成"病人"时,他们洗手的次数增加了 10%,肥皂和凝胶的使用量增加了 45%。医学专业人士经常相信他们对疾病有免疫力:他们不常生病,而一旦生病了,又怎能确定是因为手部卫生状况不良造成的呢? 相比之下,患者却是易感人群。

这并不仅仅为了个人:人们专注于他人而不是自己时,往往会实施更多的健康和安全行为。我们发现募捐者和救生员也有类似的效果:强调工作的个人利益是没有好处的。当他们看到自己的工作如何使他人受益时,他们才会变得更有动力。

267

给予者、接受者与权衡者

当我们看到自己的工作如何帮助他人时，动机水平便会提升；但人们帮助他人的动机是不同的。这种差异会如何影响我们的职业成功呢？

套用罗伯特·本奇利（Robert Benchley）的话来说，世界上只有两种人：一种人把世界上的人分成两类，而另一种人则不会这样做。心理学家经常犯这样的错误：把人分成两类，从而犯了对人认知过分简化的错误。在这种情况下，我们可以通过考察三种类型来获得更多的见解。

大量研究表明，在不同的行业和文化中，人们在与他人互动时通常有三种主要动机类型（Grant，2013）。在频谱的两端，我们将一些人称之为接受者和给予者。接受者是自利的：他们的目标是从他人那里获得尽可能多的收益，而付出的回报却很少。给予者是以他人为导向的：他们乐于奉献而不是获取，会在没有附加条件的情况下帮助他人。中间是权衡者，他们的目标是保持公平，特别是取舍的平衡。大多数人在工作中都是权衡者：当他们提供帮助时，也期望得到同等的回报；当得到他人帮助时，他们会感到自己有所亏欠，直到他们解决了问题才如释重负。

做权衡者是一种安全的行为方式，但它最终是否会成为个人职业生涯中最富有成效的方式呢？为了得到答案，我对三种不同类型的工作进行了研究，这些工作以非常不同的方式来衡量成功：工程领域的生产率、医学院的学业成绩和商业领域的销售收入。在每一种条件下，在接受者、给予者和权衡者中，都会有一组始终表现最差。

好心没好报

给予者表现最差。在工程领域，生产率最低的是工程师，他们的同事认为他们所做的事情比得到的回报更多。他们忙于帮助他人，以至于没有时间和精力去完成自己的工作。在医学院里，成绩最低的是那些对"我乐于助人"等说法最为赞同的学生。在商业领域，收入最低的是销售人员，他们表示，他们花费了最多的时间和精力帮助同事和客户。

对给予者本人而言,这是个不幸的消息。而对于组织来说,这也是一个不幸的消息,因为我们似乎已经有几十年的证据表明,当员工表现得像给予者时,组织的状况会更好。例如,在对3600多个业务部门进行的一项综合研究中,员工相互帮助的频率越高,这些部门在利润、客户满意度、员工保持率和运营费用方面的表现就越好(Podsakoff, Whiting, Podsakoff & Blume, 2009)。给予者通过分享知识、经验介绍、提供指导为组织作出贡献,但他们似乎总是通过个人付出来使得自己的组织变得更好。如果给予者表现得最差,那么谁又表现最好呢?

在对数据进行分析时,我们发现表现最好的不是接受者。接收者过于自私,他们的同事(尤其是权衡者)会因此而对他们加以惩罚。假如你是一位权衡者,你会相信这是一个公正的世界,你不能容忍人们因为自私而逍遥自在。当你遇到一个接受者时,你可能会觉得惩罚那个人是你的人生使命(Feinberg, Willer, Stellar & Keltner, 2012)。大多数人都认为销售经理是表现最好的人,但是数据分析显示,他们也不是最佳人选。

善报

在考察哪些人表现最佳时,我们竟然再次发现了那些给予者。他们既有可能是落在最后的,也更有可能是排在第一的。生产率最高的工程师,是那些向他人提供了比自己得到的回报更多的人。他们在帮助他人和高效地完成自己的工作之间取得了平衡——不知他们是如何设法做到这一点的。那些关注取舍平衡的权衡者,以及得到的利益多于个人付出的接受者,其表现并非最差的,但他们也很少有出色的表现。这是一个令人吃惊的悖论:帮助别人可能使自己的事业受损,也可能促进自己的事业。

对医学院学生和商业销售人员而言,时间是一个关键因素。在医学院的第一年,给予者表现不佳。他们承认,到了准备期末考试的时候,他们会把自己已经掌握的知识传授给朋友,而不是填补自己的知识空白。但到了第二年,给予者会迎头赶上,取得某些优势。这个项目会出现一些变化:现在,学生们不再通过考试成绩,而是根据他们与同事合作和照顾病人的能力来加以评价。一旦工作变得相互依赖而不是彼此独立,给予者便会表现出色。随着年级的增高,由

269

于他们的成绩更多地依赖于合作和服务，给予者的成绩会越来越靠前。最终，医学院学生入学时帮助他人的动机与他们毕业时的成绩之间的正相关性，要高于吸烟与患肺癌几率之间的相关。

类似的情况也出现在商业销售中。给予者不愿提供激进的推销形式，并且常常在第一季度或第二季度感到推销起来非常吃力。然而，通过对客户真诚的关心，他们更多地了解到了客户的兴趣，建立起更多的信任。这就意味着，随着时间的推移，他们可以根据客户需求提供量身定制的推销服务，并且可以拥有更多的回头客并得到更多的推荐。到年底，给予者的平均销售收入要比接受者和权衡者高 68%。

这项研究提出了两个值得关注的问题。首先，成功的给予者做了些什么？接受者和权衡者可以从中学到些什么？第二，表现最好的给予者和表现最差的给予者有何区别？他们如何避免精疲力竭和成为垫底者？

关于第一个问题，研究表明，给予者往往比接受者和权衡者建立起更深更广的社会网络。通过乐于助人而不附加任何条件，他们可以建立起牢固的人际关系，并与各种各样的人交往。相比之下，接受者和权衡者往往会给人们留下一种交易的印象，并将他们的交流局限于那些似乎能够帮助他们的人。因此，给予者往往会得到他人更大的支持，并从更高的声誉中获益。人们可能会受到那些成功的接受者的威胁，但他们从成功的给予者那里得到的却是可靠的支持。此外，给予者倾向于更具创造性地去思考：他们有动机接受他人的观点，这使他们能够在不同的想法之间建立联系。另外，给予者一般更具创造力的思维：他们会主动考虑他人的观点，这使得他们能够在不同的想法之间建立起联系，并找到让新颖的想法使他人受益的途径。

关于第二个问题，现有证据指向两种类型的给予者（Helgeson & Fritz, 1998）。无私的给予者往往会做出自我牺牲：他们所犯的一个错误是，一直在努力帮助所有的人满足所有要求。这使得他们容易陷入倦怠或被接受者所利用。还有另外一种给予者，即作为"他者"的给予者，他们努力将自己的抱负与帮助他人的愿望结合在一起。他们经常将他人放在首位，在互惠互利的情况下提供帮助，但他们将自己的利益也隐含其中。这意味着在与接受者打交道时要格外谨慎，并在日程表中预留时间来完成自己的工作。关于给予，还涉及成为专家而不是通才的问题：在一个或两个关键方面提供帮助，使其符合自己的兴趣和独特的专业知识,这样的给予更有可能是充满活力和富有效率的,而不会让人感到精疲力竭和难以为继。

关于成功的给予者,最能激励我的是:他们会设法把他人扶起来,而不是踩上一脚。正如西蒙·辛克(Simon Sinek)所说:"给予者会推动世界进步。而接受者在自身进步时,会给世界的进步带来一些阻碍。"

进一步阅读建议

Dominus, S. (2013). Is giving the secret to getting ahead? *New York Times* magazine, March 31: www. nytimes. com/2013/03/31/magazine/is-giving-the-secret-to-getting? ahead. html? pagewanted=all

Grant, A. (2013). *Give and take: Why helping others drives our success*. New York: Viking Press.

参考文献

Belle, N. (2013). Experimental evidence on the relationship between public service motivation and job performance. *Public Administration Review*, 73,143 - 153.

Feinberg, M., Willer, R., Stellar, J., & Keltner, D. (2012). The virtues of gossip: Reputational information sharing as prosocial behavior. *Journal of Personality and Social Psychology*, 102,1015 - 1030.

Grant, A. M., Campbell, E. M., Chen, G., Cottone, K., Lapedis, D., & Lee, K. (2007). Impact and the art of motivation maintenance: The effects of contact with beneficiaries on persistence behavior. *Organizational Behavior and Human Decision Processes*, 103,53 - 67.

Grant, A. M. (2008a). Employees without a cause: The motivational effects of prosocial impact in public service. *International Public Management Journal*, 11,48 - 66.

Grant, A. M. (2008b). The significance of task significance: Job performance effects, relational mechanisms, and boundary conditions. *Journal of Applied Psychology*, 93,108 - 124.

Grant, A. M. (2013). Give and take: A revolutionary approach to success. New York, NY: Viking Press.

Grant, A. M., & Hofmann, D. A. (2011). It's not all about me: Motivating hospital hand hygiene by focusing on patients. *Psychological Science*, 22,1494 - 1499.

Helgeson, V. S., & Fritz, H. L. (1998). A theory of unmitigated communion. *Personality and Social Psychology Review*, 2(3),173 - 183.

Podsakoff, N. P., Whiting, S. W., Podsakoff, P. M., & Blume, B. D. (2009). Individual- and organizational-level consequences of organizational citizenship behaviors:

A meta-analysis. *Journal of Applied Psychology*, 94, 122 – 141.

Turner, Y. N. , Hadas-Halperin, I. , & Raveh, D. (2008, November). *Patient photos spur radiologist empathy and eye for detail*. Paper presented at the annual meeting of the Radiological Society of North America.

6

人类的攻击性

20. 低血糖与已婚夫妇的攻击性[①]

布拉德·J·布什曼(Brad J. Bushman)[②]

俄亥俄州立大学

内森·德沃尔(C. Nathan Dewall)

肯塔基大学

小理查德·S·庞德(Richard S. Pond, Jr.)

北卡罗来纳大学威明顿分校

迈克尔·D·哈努斯(Michael D. Hanus)

俄亥俄州立大学

> 不要和他人计较。消耗自己的时间去和别人做无谓的争论,不但会损害自己的性情,而且会失去自我控制。
>
> ——亚伯拉罕·林肯

亲密伴侣之间的暴力行为,已经波及到全球数百万人。导致这一现象的一个可能因素是自我控制较弱。自我控制需要能量,其中一部分由葡萄糖供给。在 21 天的时间里,研究者对 107 对已婚夫妇的葡萄糖水平进行了测量。对攻击性冲动的测量是这样进行的:每天晚上被试会将 0 到 51 个针头插入一个代表其配偶的巫毒娃娃身上,插入多少针头取决于他们对配偶的愤怒程度。为了测量攻击性,研究者安排被试与其配偶完成一项包含 25 次对抗的竞争性任务,

① Edited by Roy Baumeister, Florida State University, Tallahassee, FL, and accepted by the Editorial Board March 17,2014 (received for review January 13,2014).
　作者贡献:布什曼和德沃尔负责研究设计;布什曼和哈努斯负责研究实施;庞德负责数据分析;布什曼、德沃尔和哈努斯负责论文撰写。作者声明不存在版权争议。
② 通讯作者电子邮箱:bushman. 20@osu. edu

获胜者会通过耳机用向失败者发出巨大的噪音。正如所预期的那样，血糖水平越低，被试扎到巫毒娃娃体内的针头越多，并且向其配偶发出噪声的强度越高、持续时间越长。

自我控制；饥饿；自我耗竭

正如美国前总统亚伯拉罕·林肯（Abraham Lincoln）所指出的那样，争吵和争执不仅浪费时间，而且还会产生有害的后果，例如破坏人际关系。具有讽刺意味的是，这种争吵和争执经常发生在彼此最亲密的伙伴之间。有时，这些"恋人之间的争吵"可能会升级，从伤害性言论升级为攻击和暴力行为。亲密伴侣之间的暴力行为是指由伴侣或配偶造成的身体、性或心理伤害（美国疾控中心，2013）。亲密伴侣之间的暴力行为影响着全球数百万人（世界卫生组织，2003）。正如林肯所暗示的那样：失去自我控制可能有助于解释，人们为什么与其他人甚至是亲密伴侣争吵或争斗。

274

自我控制

自我控制是指克服冲动、欲望或习惯性倾向的能力（Baumeister & Tierney, 2011）。在亲密关系中，控制愤怒的情绪尤为重要。发泄愤怒是作为亲密伴侣的男性或女性实施暴力的最经常提及的动机之一（Hamberger, Lohr, Bonge & Tolin, 1997）。不幸的是，人们控制愤怒的技巧比控制任何其他情绪的技巧都少，效果也很差（Tice & Baumeister, 1993）。为了克服攻击性冲动，需要自我控制。

然而，自我控制并不是一种无限的资源。当人们使用自我控制能量时，它也会耗尽，这种效应被称为"自我耗竭"（Baumeister, Bratslavsky, Muraven & Tice, 1998）。大量研究表明，当人们从事某种自我控制行为时，他们对后续任务的自我控制便会减弱（Baumeister & Tierney, 2011）。与本研究特别相关的一项研究表明，当人们开始进行自我控制时，他们随后控制攻击性冲动的能力会降低（Denson, DeWall & Finkel, 2012）。克服攻击性冲动需要自我控制的能量，当一部分能量耗尽时，人们变得更具攻击性。

自我控制需要能量，而能量部分是由葡萄糖提供的。葡萄糖是由营养摄入而产生的，能够为大脑活动提供能量。低血糖水平会破坏自我控制，因为人们没有足够的能量来克服所面对的挑战和不必要的冲动。大量研究发现,低血糖水平与不良自我控制之间存在关联(Gailliot & Baumeister, 2007)。例如,当葡萄糖水平低时,人们更难控制自己的注意力(Smid et al., 1997),更难调节自己的情绪(Gold, MacLeod, Deary & Frier, 1995；McCrimmon, Frier & Deary, 1999),也更难控制自己的攻击性冲动(DeWall, Deckman, Gailliot & Bushman, 2011)。一些证据表明,低血糖水平甚至可能增加暴力犯罪行为的风险,包括虐待配偶(Wilder, 1940)。据我们所知,我们的研究第一次对低血糖水平与亲密伴侣暴力倾向呈正相关假设进行了系统检验。

概述

本研究验证了这样一个假设:晚上的血糖水平可以预测已婚夫妇的攻击性冲动和攻击性行为。在连续 21 天的时间里,研究者每天早上餐前和晚上睡前对被试进行了血糖水平测量。我们的预测基于晚上的血糖水平,因为已有研究表明,随着时间的推移,自我控制会越来越耗竭,因此在一天的早些时候比晚些时候更容易进行自我控制(Kouchaki & Smith, 2014)；葡萄糖在一天中分解成能量的效率也会降低(Van Cauter, Polonsky & Scheen, 1997),这进一步证明了一天中晚些时候自我控制的能量可能会受损。为了测量攻击性冲动,实验者向每个被试都分发一个巫毒娃娃,要求他们每天晚上在娃娃身上扎入 0 到 51 个针头——具体扎多少,取决于他们对配偶的愤怒程度。21 天后,让被试进入实验室,完成了一项攻击行为测试。他们和自己的配偶通过竞争一起完成这项任务,获胜者通过耳机向失败者发出很响的噪音。在所进行的 25 轮试验中,被试为配偶设定的噪音强度和持续时间,被用来测量攻击性。我们假定,晚上的血糖水平与攻击性冲动(即,扎入巫毒娃娃身上的针数)以及攻击性行为(即被试为其配偶设定的噪声强度和持续时间)呈负相关。

显著性

人们通常对与自己最亲近的人(亲密伴侣)最有攻击性。亲密伴侣的暴力行为可能部分是由于自我控制能力差所致。对攻击性冲动进行自我控制需要能量,而这种能量的很大一部分是由我们所吃食物中的葡萄糖提供的。我们在 21 天内测量了 107 对已婚夫妇的血糖水平。为了测量攻击性冲动,被试们每晚将 0—51 个针头插入代表配偶的巫毒娃娃体内——这取决于他们对配偶的愤怒程度。为了测量攻击性行为，被试通过耳机大声地对配偶发出噪音攻击。血糖水平较低的被试将更多的针头插入巫毒娃娃体内中，并且会用更大、更长时间的噪音来攻击他们的配偶。

方法

被试。研究对象为 107 对异性恋夫妇[35.6 岁（平均年龄）±10.9 岁（标准差）；78% 为白人]，他们平均结婚 12 年（标准差 9.9 岁），通过广告招募，向每对夫妇支付 100 美元（每人 50 美元）。

程序。尽管被试是以夫妇为单位进行测试的，但他们的回答是单独收集的。在给予知情并征得同意后，被试完成了投资模型量表（IMS）的关系满意度子量表（Rusbult，Martz & Agnew，1998），该子量表含 10 个项目[例如，"我对我们的关系感到满意"；1 表示"非常不同意"，7 表示"非常同意"；克伦巴赫 α＝0.95（男性）和 0.94（女性）]。实验者还向夫妇们展示了如何使用 Accu-Chek Aviva 血糖仪采集血糖样本，他们连续 21 天每天早上餐前和晚上睡前进行了采集。

为了获得对伴侣攻击性倾向的日常测量，每个被试都收到一个带有 51 个针头的巫毒娃娃，并被告知："这个娃娃代表你所怨恨的配偶。连续 21 天，每天实验结束时，按照你对配偶的愤怒程度，在娃娃身上扎入 0 到 51 个针头。你将独自完成这项工作，而你的配偶不会在场。"实验者记录了他们扎入巫毒娃娃身上的针头数。已有研究表明，这种方法是测量夫妻攻击性倾向的有效方法（DeWall et al.，2013）。

21 天之后，被试返回了实验室接受攻击行为的测量。被试被告知，他们将与自己的配偶进行竞争，看谁能在电脑上的目标方块变红时更快地按下按钮，而且每次试验的获胜者都可以通过耳机向失败者发出很响的噪音。噪音是大多数人讨厌的声音的混合体（例如，指甲在黑板上刮擦，牙医钻，救护车警笛声）。噪声级别从 1 级（60 分贝）到 10 级（105 分贝；与火灾警报水平大致相同）。获胜者还可以通过控制噪声持续时间[从 1 级（0.5 秒）到 10 级（5 秒）]来确定失败者的痛苦持续时间。另外，还提供了一个非干扰性的无噪声选项（级别 0）。被试实际上是和电脑而不是自己的配偶竞争，他们会在 25 轮试验（随机

276

决定)中失败 13 场,并且在这 13 场试验中都会听到噪音。(如果被试等待超过 0.5 秒才做出反应,他们会自动失去试验机会;我们添加了这个选项,这样,假如被试反应迟钝但仍然赢得了试验,他们便不会产生怀疑。)计算机在 25 轮试验中为配偶选择随机噪声强度和持续时间长度。在实验室道德限制的范围内,被试控制了某种"武器",可以通过这种"武器"发出令人不快的噪音对其配偶进行攻击。这是一种经过检验的实验室攻击性测量方法(Giancola & Zeichner, 1995),已经使用了数十年(Taylor, 1967)。随后被试进行了报告。214 名被试中只有 3 名(1%)怀疑在攻击性任务中的玩伴不是自己的配偶,但是只有当他们被告知正在与计算机对战时,才会表达出这些担忧。当排除了这些持怀疑态度的被试时,结果没有差异,因此我们没有将其从数据中剔除。

结果

血糖与攻击性冲动的关系。我们预测,每天晚上的血糖水平与当天的攻击性倾向呈负相关,这一点是由每天被试扎在代表他们配偶的巫毒娃娃体内的针头数来衡量的。我们的数据显示出一种嵌套的结构,即每天的所扎针头被嵌套在被试中,被试则被嵌套在每对夫妇中。因此,我们的数据违反了普通最小二乘回归中的独立性假设。例如,某个被试的攻击性倾向在几天内可能是相似的。此外,夫妻之间的攻击性倾向比陌生人更为相似。为了解释数据的嵌套结构,我们使用了多级建模程序(Raudenbush & Bryk, 2002)。214 名被试总共提供了 4 051 天的数据(平均每名被试提供 18.93 天的数据)。因为每天扎入巫毒娃娃体内的针头数分布(平均值 1.35±4.13)是正偏态的,所以我们使用了泊松分布。数据分析采用分层线性模型 6.08 版,采用三级分层模型(每日观察嵌套在被试中,被试嵌套在夫妇中)。因为血糖测量是每天进行评估的,所以我们采用了以被试内趋中的方法(即以小组平均值为中心或以被试为中心)。也就是说,每天的血糖标准化为每个被试的平均血糖水平。被试内中心消除了个体差异对每日预测值和每日结果的影响。由此,我们能够检查被试内的血糖波动是否显著预测了超出被试平均血糖水平影响之外的积极倾向。我们将被试的性别和人际关系满意度作为协变量(在我们的样本中围绕其均值进行标准化,即以均值为中心)。结果变量是每天扎入代表被试配偶的巫毒娃娃体内的针头数。

　　正如所预测的那样,在不控制任何协变量的情况下,每天晚上的血糖水平预测了被试会将较少的针头插入代表其配偶的巫毒玩偶体内[b＝－.007，t(213)＝－2.43，P<.02]。即便控制了人际关系满意度和被试性别，每日傍晚的血糖值仍会继续预测较少的扎针现象[b＝－.008，t(213)＝－2.82，P＝.006]。人际关系满意度也与每日固定扎针的数量成负相关[b＝－.63，t(212)＝－5.19，P<.0001]。女性倾向于比男性更多地将针头扎入巫毒玩偶体内，但不太显著[b＝－.37，t(213)＝－1.92，P＝.056]。因此，晚上血糖水平较低与用更多针头扎入代表配偶的巫毒娃娃体内有关。血糖水平较低的人有较高的攻击性冲动。

血糖与攻击性行为之间的关系。因为在25轮试验中噪声强度和持续时间显著相关(r＝.88)，所以对噪声强度和持续时间长度求取了平均值，以便对攻击性行为进行更为可靠的度量(Cronbach α＝.96)。我们预测研究结束时夜间平均血糖水平将与攻击性行为呈负相关。我们再次使用多级建模程序来分析动态性数据。我们使用两级分层模型(被试嵌套在夫妇中)分析了我们的数据，平均血糖水平(以均值为中心)是我们的关注点，被试性别和人际关系满意度(以均值为中心)的主要预测指标作为协变量输入，噪音攻击作为结果变量。我们使用夜间平均血糖水平有两个原因。首先，不可能将每天晚上的血糖水平与噪音攻击水平进行比较，因为被试没有完成每天的噪音攻击。其次，夜间平均血糖指数可以很好地估计代谢水平，这可以为被试如何克服自己的攻击性冲动提供指导。

正如所预测的那样，在不控制任何协变量的条件下，夜间平均血糖水平会降低给予配偶的噪音强度并且持续时间长度较短[b＝－.003，t(211)＝－5.79，P<.0001]。即便控制了人际关系满意度和被试性别，夜间平均血糖仍然可以预测较少的攻击性行为[b＝－.003，t(206)＝－5.63，P<.0001]。人际关系满意度和被试性别没有显著影响[分别为：b＝.05，t(206)＝.28，P＝0.78；b＝.12，t(206)＝.53，P＝.60]。因此，晚上血糖水平较低会导致配偶遭受更强烈、更持久的噪音攻击。血糖水平低的人攻击性更强。这些关于攻击性行为的发现得到了重复验证，并扩展了之前关于攻击性冲动的每日日志结果。

中介分析。攻击性冲动(即21天内扎入巫毒娃娃体内针头的平均数量)与攻击性行为(即25轮试验中噪音强度和持续时间的平均值)之间的相关性 r 为0.24(P＝.001)。接下来，我们研究了攻击性冲动(即21天内扎入巫毒娃娃体内针头的平均数量)是否对夜间血糖与攻击性行为之间的关系发生中介作用。在揭示了血糖与攻击性冲动之间以及血糖与攻击性行为之间存在显著相关之后,我们接下来测试:在控制夜间平均血糖、被试性别和人际关系满意度的条件下,攻击性冲动是否能预测攻击性行为。我们再次使用多级建模程序来分析动态性数据。如所预期的那样,平均每日攻击性冲动与攻击性行为之间的相关非常显著[b=.17, t(205)=2.51, P=.01],因此,在 21 天中将更多针头扎入巫毒娃娃体内的人,也是那些对其配偶发出更强和更长时间噪音的人。

我们使用系数乘积置信限的间接效应(PRODCLIN)计算机程序,估算了间接效应(即中介效应)的 95% 置信区间(CI),以考察统计中介作用,该程序通过经验模拟一系列系数乘积的分布得出间接效应的 95% 置信区间(MacKinnon, Fritz, Williams & Lockwood, 2007)。与不适合嵌套数据的传统中介测试方法相比(Bauer, Preacher & Gil, 2006),系数乘积置信限的间接效应法为单级和多级设计提供了更强大的功能和更准确的 I 类错误率(Mackinnon, Lockwood & Williams, 2004；Pituch & Stapleton, 2008；Pituch, Stapleton & Kang, 2006)。正如预测的那样,攻击性冲动的间接路径在统计上是有意义的,因为 95% 的置信区间(-.003 至-.000 2)排除了零值。因此,夜间血糖水平较低的被试更具攻击性,部分原因在于是他们具有更强的攻击性冲动。

讨论

本研究试图通过对已婚夫妇进行为期 21 天的日记研究,找出血糖水平与攻击性冲动和攻击性行为之间的联系。先前的许多实验室实验已将低血糖水平与不良的自我控制联系在一起。我们的研究发现,低血糖水平以向代表配偶的巫毒娃娃体内扎针的形式预示着更高的攻击性冲动。本研究还发现,低血糖水平预示着未来的攻击性行为,表现为对配偶发出更强的不愉快的噪音,而且持续时间更长。攻击性冲动和攻击性行为之间也存在联系。较低的血糖水平可以预测攻击性冲动,进而预测攻击性行为。即使在控制了人际关系满意度和被试性别之后,这些发现仍然十分重要。因此,低血糖水平可能是导致亲密伴侣暴力的因素之一。

大量的研究表明,人们在使用自我控制之后会令其枯竭。然而,其中许多研究是在受控的实验室环境下进行的。我们的研究考察了自我控制在居家自然环境中对攻击的影响,并表明,即使离开实验室环境,低血糖水平也与更强的攻击性冲动有关。此外,随着时间的推移,较低血糖水平可以预测未来家庭之外的攻击行为。

本研究结果表明,另一个重要的生理变量血糖会影响攻击倾向和行为。血糖水平是影响自我控制和攻击性的重要因素,血糖水平是一个可以积极干预和影响的生理因素。目前的结果表明,旨在为个体提供代谢能量的干预措施可能会促进更为和谐的夫妻互动。例如,增加脑糖原的干预可能有助于提供额外的代谢能量,用于自我控制攻击性冲动(Gailliot,2008)。这可能是一种在夫妻关系之外的有效干预措施;通过增加有效自我控制的资源,让个人获得更多食物,可能是抑制攻击性的一种潜在方式。在可能发生攻击的紧张环境下,例如在监狱、精神病院和学校里,这种干预可能特别重要。

我们关注的是葡萄糖水平的每日波动,但未来的研究可能会探讨这种影响在血糖水平下降的人群中是否最强。例如,节食者以限制热量摄入的方式可能使他们面临发起攻击的风险。尽管我们没有测量被试是否在节食,但是饥饿会增加易怒的感觉。如果节食者饮食不足,他们的血糖水平会降低。结果可能导致,他们没有更多的精力去克服自己的烦躁情绪和攻击性冲动。"饥怒"(hangry)一词来自"饥饿"(hungry)和"愤怒"(angry)两个词的组合,表示饥饿的人经常会发怒。

与此相关的是,我们对血糖水平的强调忽略了葡萄糖耐量潜在的重要性,即葡萄糖如何有效地分解为能量来调节我们自身的作用。糖耐量低是某些疾病的核心特征,如糖尿病。其他研究也表明,糖尿病症状升高与更强的攻击性有关(DeWall et al.,2011)。未来的研究可能会探讨糖耐量低是否是亲密伴侣暴力的危险因素。

亲密伴侣之间的暴力,是世界范围内的一个严重问题,自我控制能力低下可能是诱发因素之一。自我控制需要大量葡萄糖形式的大脑食物。健康的葡萄糖代谢可以增强夫妻之间自我控制的能量,从而有助于家庭的安宁。亚伯拉罕·林肯对自我控制与争吵之间关系的论述是正确的。当自我控制停止时,攻击和暴力往往便会开始,而葡萄糖有助于增强自我控制。

致谢　本研究得到了美国国家科学基金的资助 BCS1104118。

参考文献

Bauer, D. J., Preacher, K. J., & Gil, K. M. (2006). Conceptualizing and testing random indirect effects and moderated mediation in multilevel models: New procedures and recommendations. *Psychological Methods*, *11(2)*,142 – 163.

280 Baumeister, R. F., Bratslavsky, E., Muraven, M., & Tice, D. M. (1998). Ego depletion: Is the active self a limited resource? *Journal of Personality and Social Psychology*, *74(5)*,1252 – 1265.

Baumeister, R. F., & Tierney, J. (2011). *Willpower: Rediscovering the greatest human strength*. New York, NY: Penguin.

Centers for Disease Control and Prevention. (2013). Intimate partner violence. Retrieved from www. cdc. gov/ViolencePrevention/intimatepartnerviolence/index. html

Denson, T. F., DeWall, C. N., & Finkel, E. J. (2012). Self-control and aggression. *Current Directions in Psychological Science*, *21*,20 – 25.

DeWall, C. N., Deckman, T., Gailliot, M. T., & Bushman, B. J. (2011). Sweetened blood cools hot tempers: Physiological self-control and aggression. *Aggressive Behavior*, *37(1)*,73 – 80.

DeWall, C. N., et al. (2013). The voodoo doll task: Introducing and validating a novel method for studying aggressive inclinations. *Aggressive Behavior*, *39(6)*,419 – 439.

Gailliot, M. T. (2008). Unlocking the energy dynamics of executive functioning: Linking executive functioning to brain glycogen. *Perspectives on Psychological Science*, *3*,245 – 263.

Gailliot, M. T., & Baumeister, R. F. (2007). The physiology of willpower: Linking blood glucose to self-control. *Personality and Social Psychology Review*, *11(4)*,303 – 327.

Giancola, P., & Zeichner, A. (1995). Construct validity of a competitive reaction-time aggression paradigm. *Aggressive Behavior*, *21*,199 – 204.

Gold, A. E., MaCleod, K. M., Deary, I. J., & Frier, B. M. (1995). Hypoglycemia-induced cognitive dysfunction in diabetes mellitus: Effect of hypoglycemia unawareness. *Physiology & Behavior*, *58(3)*,501 – 511

Hamberger, L. K., Lohr, J. M., Bonge, D., & Tolin, D. F. (1997). An empirical classification of motivations for domestic violence. *Violence Against Women*, *3(4)*,401 – 423.

Kouchaki, M., & Smith, I. H. (2014). The morning morality effect: The influence of time of day on unethical behavior. *Psychological Science*, *25(1)*,95 – 102.

MacKinnon, D. P., Fritz, M. S., Williams, J., & Lockwood, C. M. (2007). Distribution of the product confidence limits for the indirect effect: Program PRODCLIN. *Behavior Research Methods*, *39(3)*,384 – 389.

Mackinnon, D. P., Lockwood, C. M., & Williams, J. (2004). Confidence limits for the indirect effect: Distribution of the product and resampling methods. *Multivariate Behavioral Research*, *39*(1),99 - 128.

McCrimmon, R. J. , Frier, B. M. , & Deary, I. J. (1999). Appraisal of mood and personality during hypoglycaemia in human subjects. *Physiology & Behavior*, *67*(1), 27 - 33.

Pituch, K. A. , & Stapleton, L. M. (2008). The performance of methods to test upper-level mediation in the presence of nonnormal data. *Multivariate Behavioral Research*, *43*,237 - 267.

Pituch, K. A. , Stapleton, L. M. , & Kang, J. Y. (2006). A comparison of single sample and bootstrap methods to assess mediation in cluster randomized trials. *Multivariate Behavioral Research*, *41*,367 - 400.

Raudenbush, S. W. , & Bryk, A. S. (2002). *Hierarchical linear models* (*2nd ed.*). Thousand Oaks, CA: Sage.

Rusbult, C. E. , Martz, J. M. , & Agnew, C. R. (1998). The investment model scale: Mea? suring commitment level, satisfaction level, quality of alternatives, and investment size. *Personal Relationships*, *5*(4),357 - 387.

Smid, H. , et al. (1997). Differentiation of hypoglycaemia induced cognitive impairments: An electrophysiological approach. *Brain*, *120*,1041 - 1056.

Taylor, S. P. (1967). Aggressive behavior and physiological arousal as a function of provocation and the tendency to inhibit aggression. *Journal of Personality*, *35*(2), 297 - 310.

Tice, D. M. , & Baumeister, R. F. (1993). Controlling anger: Self-induced emotion change. In D. M. Wegner & J. W. Pennebaker (Eds.), *Handbook of mental control* (pp. 393 - 409). Englewood Cliffs, NJ: Prentice-Hall.

Van Cauter, E. , Polonsky, K. S. , & Scheen, A. J. (1997). Roles of circadian rhythmicity and sleep in human glucose regulation. *Endocrine Reviews*, *18*(5),716 - 738.

Wilder, J. (1940). Problems of criminal psychology related to hypoglycemic states. *Journal of Criminology and Psychopathology*, *1*,219.

World Health Organization. (2003). Intervening with perpetrators of intimate partner violence: A global perspective. Retrieved from www. who. int/violence _ injury _ prevention/publications/violence/intervening/en/

21. 去个性化和愤怒介导的种族攻击：倒退的种族主义[①]

罗纳德·W·罗杰斯(Ronald W. Rogers)

斯蒂文·普伦蒂斯-邓恩(Steven Prentice-Dunn)

　　一项析因实验研究了去个性化、愤怒和受害者种族对白人群体攻击行为的影响。去个性化情景线索产生了去个性化的内部状态，该状态对攻击行为具有中介作用。研究发现，去个性化的内部状态不仅由自我意识和被改变的经验构成，还包括群体凝聚力、责任感和时间扭曲等因素。正如所预测的那样，没有处在愤怒状态的白人对黑人的攻击性比对白人受害者要小，但愤怒的白人对黑人的攻击性比对白人受害者大。如果没有激起愤怒，跨种族行为符合新的平等主义准则，但如果激起了愤怒，则会倒退到历史上已有的种族歧视模式。这种跨种族行为模式被解释为一种新形式的种族主义：倒退的种族主义。

　　自罗马共和国成立以来发生的暴民暴力，通常被归因于短期的经济动机和政治问题(Rude, 1964)。但是，经济和政治动机不足以解释种族间暴力爆发时经常出现的酷刑、残害和焚毁行为。私刑暴徒令社会科学家们相信，"最根本的需求是更好地了解导致暴民暴力的根源"（南方私刑研究委员会，1931 年，第 5 页）。本实验的主要目的是研究群体背景下的跨种族攻击行为，尤其是研究去个性化情境下种族间的攻击。

　　去个性化是一个过程。在此过程中，已有的社会条件会降低自我意识并减

---

① *Journal of Personality and Social Psychology*，1981，Vol. 41，No. 1，pp. 63 - 67. 版权归美国心理学会所有。经作者许可使用。

　　作者感谢凯文·奥布莱恩(Kevin O'Brien)、亨利·米森(Henry Mixon)、乔治·史密斯(George Smith)和罗德·沃尔斯(Rod Walls)在数据收集方面给予的帮助。

少对他人评价的关注,从而削弱对不良行为表现的约束(Diener,1977;Zimbardo,1970)。普伦蒂斯-邓恩等人(Prentice-Dunn & Rogers,1980)首次证实了去个性化理论的重要假设,即去个性化情境线索会产生去个性化的内部状态,这种攻击行为状态的出现具有中介作用。去个性化线索降低了自我意识,改变了认知和情感体验。这种去个性化的状态削弱了通常由内部和外部的社会礼仪规范所维持的对攻击行为的约束。因此,在本研究中,我们假设去个性化情境线索会比个性化线索导致更多的攻击性,去个性化的内部状态会对去个性化线索对反社会行为的影响产生中介作用。

在群体环境下会出现许多问题性种族冲突形式。唐纳斯坦等人(Donnerstein & Donnerstein,1976)的研究,关注了一群攻击者对应一个受害者的情形,这有助于我们理解种族间的攻击。这项没有发表的研究,调查了一群白人对一个黑人的种族间攻击。该实验将一个愤怒的攻击者置于外群体的背景之下,检验了跨种族攻击行为。这种情境与自然条件下的情境十分接近。

对跨种族攻击的研究一再表明,针对不同种族受害者的攻击强度会受到潜在谴责(Donnerstein & Donnerstein,1973)、威胁性报复(Donnerstein,Donnerstein,Simon & Ditrichs,1972 年)和受害者的痛苦表达(Baron,1979;Griffin & Rogers,1977)的影响。唐纳斯坦等人(1976)曾报告,在不同条件下,白人被试所表现出的对黑人的直接攻击都会比对白人少。格里芬等人(Griffin & Rogers,1977)发现白人被试对待黑人比对待白人更为宽容,他们用"反向歧视"(Dutton,1976)来加以解释:为了避免出现偏见,白人对待黑人比对待白人会更为友好(即,不太具有攻击性)。

反向歧视,是白人在将自己视为平等主义者并受到偏见威胁时做出的典型表现。对黑人的攻击研究,证实了黑人很少表现出反向歧视(Wilson & Rogers,1975)。然而,黑人和白人的行为都可以追溯到同一根源:两类种族似乎都在"对他们种族古老、传统的模式做出反应"(Griffin & Rogers,1977,第157页)。

就白人而言,历史上对黑人的恰当行为模式是种族歧视和低劣对待。而今,尽管白人可能仍对一些具体问题持消极态度,如黑人的经济诉求(Ross,Vanneman & Pettigrew,1976)和种族骚乱(Davis & Fine,1975),但调查数据表明,新的价值规范是种族平等主义观点(Brigham & Wrightsman,1982;Campbell,

1971；Taylor，Sheatsley & Greeley，1978）。这一新的价值规范在大学生中尤为普遍。对本研究所选取大学的调查证实：当下，白人学生对种族所持的是无偏见、平等的看法（Rosenberg）。[①] 从理论上讲，反向歧视是这种相对较新的黑人平等主义观点的产物（Dutton，1976）。

就黑人而言，历史上种族间的行为模式是抑制对白人的攻击，并将其转移到黑人同胞身上。新的价值规范则倾向于更多的攻击性、反白人态度以及对白人的公开敌视（Caplan，1970；Wilson & Rogers，1975）。针对黑人和白人的新价值规范，展现了对以往根深蒂固价值观极大的背离。研究发现，如果两个种族的情绪不是由言语侮辱引起的，他们都会按照这类新的价值规范行事。因此，黑人对白人的攻击性明显大于对黑人的攻击（Wilson & Rogers，1975），白人对白人的攻击性也会大于对黑人的攻击（Griffin & Rogers，1977）。

但是，如果攻击者受到侮辱，基于这些新价值规范的行为又会如何呢？巴伦（Baron，1979）报告了受害者种族、侮辱和痛苦暗示之间的交互作用。与本实验中研究的条件（即巴伦的无疼痛暗示条件）相对比的考察显示，当白人被试没有受到侮辱时，黑人被试比白人被试受到较少的攻击（即反向歧视）；如果受到了侮辱，那么对黑人的攻击程度会有所增强，但与白人被试所遭到的攻击程度没有显著差异。

既然我们希望了解跨种族攻击的一般情况，而不仅仅是白人对黑人的行为，那么让我们也来考察一下黑人对白人的攻击吧。为了解释黑人的跨种族攻击行为，威尔逊等人（Wilson & Rogers，1975）提出，情绪唤起产生了一种按时间顺序排列的向较早反应模式的倒退。该实验的数据被解释为黑人的行为可以理解为"新的攻击型规范与遗留下来的压抑之间冲突"的证据（第 857 页）。愤怒介导的攻击行为，不应该像群体内的自尊心和自豪感那样受到新价值规范的认知控制。在黑人权力运动出现之前，黑人学生多年来一直处于内群体排斥和外群体接受的传统价值观中。毫无疑问，他们保留了一些残留的特征。因此，当他们被情绪唤起时，还没有完全内化的新价值观便被旧的、更传统的模式所取代。同样，本研究中的白人年轻人，在社会化的过程中也接触到了黑人低

---

① Rosenberg，J. Racial attitudes of undergraduate students. Unpublished manuscript，University of Alabama，1980.

等的传统观念。

综合考虑上述因素，可以发现受害者种族和侮辱变量之间的交互作用。如果白人不被激怒，我们预测他们会表现出反向歧视：对黑人的攻击比对白人的攻击要弱。如果白人被激怒，我们假设他们会倒退到传统模式，对黑人表现出比对白人更强的攻击性。

有一种去个性化理论认为，在去个性化条件下，受害者的特征（例如种族差异）变得不那么突出。在费斯汀格等人（Festinger，Pepitone & Newcomb，1952）看来，从定义上看，去个性化的特征是个体不被作为个体关注。正如津巴多（Zimbardo，1970）所阐述的，去个性化行为不受通常的歧视性刺激的控制，它"对情境、目标、受害者的特征没有反应"（第 259 页）。根据这种论断，当小组成员变得去个性化时，对不同种族受害者的任何区别对待都将消失。另一方面，迪纳（Diener，1980）提出的非极端去个性化理论认为，由于注意力的焦点从自我转移，群体对外部刺激的反应会更加灵敏。可以推断，对不同种族受害者的任何区别对待，都会经由去个性化而得以加强。由此，本研究旨在检验这两种不同的预测。

在仅有一名攻击者和一名受害者的二人情境下，言语攻击或侮辱是一种有效的、公认的攻击前因（Baron，1977）。几乎所有关于去种族歧视和攻击的研究都涉及无端的攻击。然而，愤怒为我们理解暴民的暴力增加了一个重要的理论和应用维度。根据假定，侮辱或愤怒的唤起会增加小团体成员之间的攻击行为。

还有一类去个性化理论假设，去个性化行为不受通常的歧视性刺激的影响。从这类理论中可以推断，先前的侮辱对个性化群体成员的影响要小于对去个性化群体成员的影响。另一方面，这可能源于迪纳（Diener，1980）的理论，即"因为自我调节被最小化或消除，去个性化的人更容易受到直接刺激、情绪（例如愤怒）和动机的影响"（第 211 页）。

从这两类去个性化理论所得出的相互作用效应预测存在以下局限性。首先，这两类理论都没有明确指出，侮辱或不同种族受害者变量会如何同去个性化产生交互作用。因此，也有可能存在其他的解释。其次，交互作用效应的形式可以根据去个性化状态的强度而变化。本研究当然不是一种实验决断，但或许可以解释去个性化和愤怒情绪导致的跨种族攻击之间的交互作用。

284

方法

设计与被试

采用 2×2×2 析因设计，被试之间会有三种操作：(a)去个性化线索与个性化线索，(b)白人受害者与黑人受害者，以及(c)无侮辱与有侮辱。96 名男性心理学专业新生参加了这项实验，他们为此可以获得额外的学分。12 名被试被随机分配到每种实验条件下。

285

仪器

电击装置是与测谎仪连接的改进型 Buss 电击发生器。四个电击发生器中的每一个都配有 10 个按钮开关，可以按下这些按钮来发出强度逐渐增加的"电击"。当然，电击并没有真正发出。使用 Grason-Stadler 噪声发生器(901A 型)在去个性化线索的条件下产生白噪声。

程序

该程序与我们之前采用的程序十分类似(Prentice-Dunn & Rogers，1980)。被试被分配到四种条件下。其中四位是蒙在鼓里的被试，一位是我们的助手。实验者被告知，这项研究由两项实验组成。被试已经报名参加了一个被称为"行为矫正"的实验，并将一起接受测试。我们的助手，表面上也是一位心理学专业新生，自愿参加了一项被称为为"生物反馈"的实验。在实验人员确定谁会自愿参加某种实验之后，"生物反馈"被试被送到另一个房间，以接受有关生物反馈实验的具体指导。

在听完了有关行为矫正和生物反馈概念的解释之后，我们告诉四位白人"行为矫正"被试，两项研究中关注的反应都是心率。结果显示，"生物反馈"被试会试图将心率维持在预定的较高水平。每当他的心率降到预定水平以下时，行为调节器便会发出电击。将四位"行为矫正"被试分组的目的，是解释为什么实验者试图建立一个类似于当地州立医院病房的实验室——在那里行为矫正实际上是在小组中进行的。

我们向所有被试解释道，只要他们在实验室出现便可以获得额外的学分，而且他们可以随时中止学习。每个被试都被问及是否对电击持有疑问或反对意见。所有问题都得到了圆满的回答，没有人拒绝参加实验。此外，被试还收到了书面知情同意书。通过手动电极对"行为矫正"被试（即真被试）施加两次轻度电击。通过电击发生器上的开关4(0.3毫安)和开关6(0.45毫安)发出电击，每次持续1秒钟。让被试接受这些电击样本，是为了让他们相信仪器的确会发出电击，并让他们对自己将要发出的电击有所了解。

之后将"行为矫正"被试带到隔壁的房间，让他们坐在带有隔板的电击发生器旁，隔板会阻挡对他人反应的观察（因此，反应在实验中是独立的），并向他们提供了操作电击发生器的说明。每次"生物反馈"被试的心率降到预定水平以下时，面板上便会亮起一个信号灯。被试被告知，选择的水平越高，开关被按下的时间越长，电击的强度便会越大。"生物反馈"被试所接受的"电击"被认为是四位"行为矫正"被试所选择的平均强度和持续时间。

对被试所下的最后一道指令是，10个电击开关都会达到实验的目的。对此给出的解释是：该设备设计的是不同的电击强度，因为我们不知道增加心率所必需的电击强度。我们进一步解释道，我们发现不同的电击对"生物反馈"被试的心率都有相同的影响，这样蒙在鼓里的被试便可以在每次实验中选择他们想要实施的任何强度。这些说明旨在消除任何潜在的利他动机，并会明确指出，每次实验中使用尽可能低的强度即可达到实验的要求。使用任何大于"1"的强度只会给"生物反馈"带来更大的疼痛。

在整个实验过程中，每组都有20个信号灯。任何两个信号灯亮起的时间间隔最初都是随机选择的，从20秒到50秒不等。在随后的实验中，间隔时间保持不变。

随后，实验者会离开，将"生物反馈"被试从等候室带到实验室。门是开着的，这样被试便可以听到实验者向"生物反馈"被试发出的与其角色相关的最后指令。这样，蒙在鼓里的被试很容易听到但却看不到将要到来的受害者。

实验操作

第一种操作，试图最大限度地区分去个性化情境线索和个性化线索。在去个性化线索的条件下，实验者不会喊出被试的名字。被试们被告知，实验者不关心他们所实施的电击，而且他也不知道自己选择的电击是何种强度和持续时间(对实验者匿名)。而且这些被试会进一步了解到：他们不会遇到或见到"生物反馈"被试(对受害者匿名)。实验者表示，他会确保"生物反馈"被试的健康，而不会关注他们是否受到伤害。最后，在一间灯光昏暗的房间里，以消除大厅或其他实验室的多余噪音(唤醒)为幌子，播放了 65 分贝(声压级)的白噪声。普伦蒂斯·邓恩等人(Prentice-Dunn & Rogers，1980)已经证明，这样的操作会降低被试的认同感和自我意识。

在个性化线索的条件下，被试们佩戴着印有自己姓名的标签，并被直呼其名。正如津巴多(Zimbardo，1970)的研究一样，每个被试的"个性化反应"都得到了彰显，实验者对被试所使用的电击强度和持续时间表示了兴趣。被试被告知，完成研究后，他们会遇到"生物反馈"被试。他们了解到，确保"生物反馈"被试的健康是每个行为矫正者的责任。房间灯光很好，没有播放白噪音。

第二个自变量，即受害人的种族，是通过对四个实验助手(两个白人和两个黑人)的配置来加以操作。助手被随机分配到不同的处理条件下，每个处理条件下助手出现的次数相等。在析因设计中将该"辅助"因子作为附加变量进行分析，不会产生任何主效应或交互效应。因此，来自不同种族助手的数据都被汇总到之后的报告分析中。

第三个自变量，是在"行为矫正"被试从隔壁房间偷听到实验者和"生物反馈"被试之间对话时引入的。这段对话是在蒙在鼓里的被试得到指令后立即进行的。这种侮辱性操作是实验者和"生物反馈"被试(即我们的助手)之间所进行的一系列问答。请注意，侮辱性的言论适用于所有被试，不存在任何种族内容或内涵。在侮辱的条件下，当被问及所面对的实施电击的行为矫正者时，"生物反馈"被试回答道：那些设备看起来很复杂，他怀疑看起来有些愚蠢的行为矫正者是否能正确地执行指令。当实验者重申他们可以做出退出实验的选择时，"生物反馈"被试回答道：他真希望行为矫正者不像看起来那么愚蠢。最后，当实验者问及是否了解这些行为矫正者时，"生物反馈"被试回答对他本人并不了解，但知道他们这类人；他会讲自己认为他们是"颇具争议的"。在没有侮辱的情况下，"生物反馈"被试只是简单地说，他对这些对自己实施电击的与众不同的行为矫正者不持异议。

后实验阶段

在最后一次电击实验后，被试完成了一份问卷，其中包含操作性调查项目

(10 等级利克特评定量表)和 17 个项目,这些项目会充分考察去个性化的内部状态。第二份调查表评估了对该实验的怀疑状况。五名被试怀疑没有真正实施电击,两名被试猜到了受害人种族的假设,四名被试认为进行了侮辱性操作。这些被试最终从数据分析中删除。由于该模型满足与正交设计中参数估计相同的估计标准,因此采用了奥弗罗尔等人(Overall, Spiegel & Cohen, 1975)推荐的完全最小二乘法模型对该不等 n 设计中的数据进行了分析。每次实验结束后,都会向每一位被试致谢,并根据米尔斯(Mills, 1976)的建议向他们做出全面的报告。最后,我们将每个学生的调查问卷装入一个贴有邮票的信封中,寄给心理学系道德委员会。58% 的被试回复了这些匿名答卷。98% 的被试理解为什么必须进行欺骗,因此没有对此产生怨恨。一位被试(样本的 2%)表示他认为欺骗是没有必要的,另一位被试表示他的参与不是自愿的。这两位被试都没有在调查表上的空白处对自己的回答做出解释。幸运的是,这两名学生以及所有其他被试(100% 的样本)均表示(a)应该允许该实验继续进行,并且(b)他们愿意参加另一项类似的实验。

结果

攻击

去个性化线索。对电击强度评分和电击持续时间评分之和进行多变量方差分析。这一分析产生了与情境线索操作相关的主效应,威尔克斯 $\lambda = 0.843$, $F(2, 152) = 6.79$,$p < .001$。单变量方差分析揭示了情境线索变量对电击强度和电击持续时间的主效应。与个性化线索条件下的被试相比,处于去个性化线索条件下的被试在更长时间内(均值分别为 1.6 秒和 2.8 秒)使用了更高的电击强度(均值为 5.3 和 6.4)。针对去个性化线索两个预测的双向交互作用均不显着(Fs < 1)。

侮辱和种族。为了确定侮辱操作是否成功,我们对受害者愤怒程度的两个项目的总和进行了方差分析。唯一显著的效应是,受侮辱组(M = 5.1)比未受侮辱组(M = 1.9)表达了更多的愤怒,$F(1, 77) = 29.71$,$p < .001$。多变量方差分析表明,受侮辱组比未受侮辱组表现出更大的攻击性,$\Lambda = .904$,$F(2, 152) = 3.97$,$p < .02$。更为重要的是,多元方差分析发现存在"种族 × 侮辱"交

互作用效应，$\Lambda=.912$，$F(2，152)=3.59$，$p<.03$。回归分析结果如图 21.1 所示。单变量方差分析表明，强度$[F(1，77)=4.63$，$p<.04]$和持续时间$[F(1，77)=4.57$，$p<.04]$存在相同的的交互作用。邓肯(Duncan)多重差异检验$(p<.05)$得到了两种相同的结果。从图 21.1 可以看出，假如白人被试没有受到侮辱，他们对黑人的攻击性低于对白人的攻击性；然而，当白人被试受到侮辱时，他们对黑人的攻击性要比对白人的攻击性强。回归分析结果没有发现其他显著的主效应或交互效应。

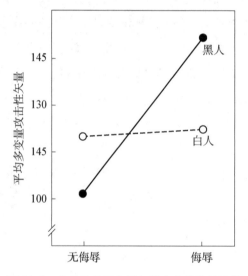

图 21.1　攻击性是受侮辱与受害者种族的函数

去个性化的内部状态

　　先前的研究(Diener，1979；Prentice-Dunn & Rogers，1980)已经证实，去个性化的主观状态至少由两个因素组成：自我意识和改变了的经验。在普伦蒂斯-邓恩等人(Prentice-Dunn & Rogers，1980)研究中，17 个在这些因子上荷重大于 0.4 的项目被纳入后实验阶段所采用的问卷中。虽然本研究与之前的研究不同，一半的被试因受到侮辱诱发了情绪，另一半的被试对不同种族的受害者进行了攻击，但采用方差极大正交旋转的初始主成分分析，得出了两个与之前研究非常相似的因子。然而，特征值大于 1 的因子有 5 个，因此方差极大正交旋转得出了 5 个因子。这种处理可以解释另外 26% 的方差。表 21.1 列出了仅在其中一个因子上大于或等于.4 的因素负荷。尽管假设没有得到证实，但这种因子结构很容易解释。第一个因子由原属"自我意识"因子的 4 个项目组成，与芬尼斯坦（Fenigstein，Scheier & Buss，1975）和巴斯（Buss，1980）的"公众自我意识"系数（α＝.72）非常相似。隶属这个因子上的项目与芬尼斯坦等人的项目（例如，"我关心别人对我的看法"）也非常相似。最初的"改变了的经验"因子分解为第二、第三和第四个因子。第二个因子仍然被命名为"改变了的经验"（α＝.62）。第三个因子是由通常用来测量凝聚力的项目组成，因此，它被命名为"群体凝聚力"（α＝.61）。第四个因子代表"改变了的体验"的另一个方面，具体指的是"时间扭曲"（α＝.35）。最后一个因子可以命名为"责任感"（α＝.69）；它反映了包括被试本人在内的所有小组成员对伤害行为负责的程度。其余两个项目隶属于多个因子。用来评价团队成员之间团结感的项目，既属于"团队凝聚力"因子，也属于"改变了的经验"因子。用来评价抑制作用的项目，既属于"公众自我意识"因子，也属于"改变了的经验"因子。

表 21.1　旋转后的因子负荷

290

因　　子	荷　　重
因子 1（公众自我意识）	
关心实验者对自己的看法	.78
关心受害者对自己的看法	.78
关心其他组员对自己的看法	.70
能够感受到自我意识	.50
因子 2（改变了的经验）	
情绪与正常人不同	.69
思维有些改变	.65
感到兴奋	.59
因子 3（群体凝聚力）	
喜欢其他组员	.70
会议令人感到开心	.65
愿意自愿参加同一组的另一项研究	.77
因子 4（时间扭曲）	
思想集中在那一刻	.69
时间似乎过得很快	.67
因子 5（责任感）	
我对伤害负有责任	.83
责任分担	.84

注：5 个因子分别占总方差的 13%、14%、13%、9% 和 10%。

为了重复先前的研究,我们考察了最初的两个因素是否可以区分为个性化线索条件和去个性化线索条件。将每个被试在"自我意识"项目和"改变了的经验"项目上的原始得分总和进行多变量方差分析。两种情境线索条件下的差异显著,在两种情境提示条件之间存在显著差异,即 $\Lambda=.882$, $F(2, 164)=5.34$, $p<.006$。处于去个性化线索条件下的被试在"改变了的经验"因子($M=65.8$)上的得分高于处于个性化线索条件下的被试($M=62.8$),但在"自我意识"因素上的得分较低(Ms 分别为 33.1 和 38.5)。采用多变量方差分析比较两种情境线索条件对 5 个因子的主效应也存在显著性差异,分别为 $\Lambda=.801$, $F(5, 79)=3.91$, $p<.004$。

去个性化与攻击

可以将去个性化的内部状态与电击强度的相关矩阵,分解为与路径相对应的成分。这项分析试图准确地再现之前的发现,即在"改变了的经验"和"自我意识"与电击强度之间,存在着因果路径。系数分别为 0.29 和 -0.20,由此而证实了之前的结构模型。

没有一个有说服力的先验理论模型可以假定,我们的 3 个自变量、去个性化内部状态的 5 个组成部分,与依存变量电击强度和持续时间之间存在关系。因此,没有进行路径分析。不过,我们采用 5 个因子进行了多元回归分析以预测攻击性(电击强度和持续时间之和)。所有的关系都在假定的方向上,但唯一具有统计学意义的攻击性预测因子是群体凝聚力(标准化偏回归系数为 .25, $p<.05$)。

讨论

去个性化

本实验的结果再现并拓展了之前的发现(Prentice-Dunn & Rogers, 1980),即去个性化情境线索会产生去个性化的内部状态,这种状态会介导攻击性。先前我们曾提出,刺激条件的不同配置可能会产生去个体化状态的不同因素结构。尽管目前的数据只是提示性的,但是"自我意识"和"改变了的经验"两种成分可以分解成更为精细的方面。首先,最初的"自我意识"因素可能会转化为

"公共自我意识",后者主要关注他人对自己的反应(Buss,1980;Fenigstein et al.,1975)。有关自我意识的文献表明,自我意识的降低与去个性化感受的增加(Ickes,Layden & Barnes,1978)以及攻击性的提高(Scheier,Feningstein & Buss,1974)有关。迪纳(Diener,Lusk,DeFour & Flax,1980)等人指出,自我意识不是单一的现象,而是可能由多个方面组成。

我们最初提出的"改变了的经验"因子,也可以分解为3个独立的因子。其中一个因子只包括评估思维改变和感觉改变,同时包含唤醒感增强的项目。尽管我们会保留这一因子的名称"改变了的经验",但有趣的是,它与费斯汀格(Fenigstein et al.,1975)和巴斯(Buss,1980)的个体自我意识概念颇为相似。个体自我意识是指意识到自己的思想和感情的过程,而"改变了的经验"因子则是这种意识的产物。另一个更为有趣的方面是,最初的"改变了的经验"因子可能会出现在"时间扭曲"因子中,这反映出人们对"此时此地"的关注似乎比实际经历的速度更快。也许最容易解释的新因子是"群体凝聚力",它是攻击性行为的最佳预测因子。最后,数据显示,"责任感"可能是去个性化主观状态的另一个组成部分。

需要强调的是,这些数据仅表明可能存在另外的一些因子,原因如下:(a)被试与项目的比例仅为5∶1;(b)每个因子的项目数量很少(2—4个);(c)一定程度上由于项目数较少,平均信度系数适中。在我们能够自信地接受去个性化状态的另外一些成分之前,为解决这些问题显然需要未来更多的研究。综上,已有数据表明,去个性化的内在状态至少由两个因素构成,即"自我意识"和"改变了的经验",这些因子可以分解为更精细的成分,这些成分能够可靠地将个性化和去个性化区分开来。

没有发现"去个性化×种族"或"去个性化×侮辱"的交互作用效应。令人奇怪的是,去个性化与种族变量之间不存在交互作用。唐纳斯坦等人(Donnerstein & Donnerstein,1976)发现种族与匿名、潜在报复和谴责存在交互作用,这些结论都是在将"个性化-去个性化"作为自变量加以操作时得到的。这些交互作用是白人对黑人高度报复的恐惧所致。然而,在本研究中,白人报告了来自黑人的预期攻击水平的和白人相同(按10分制分别为 M=6.3 和 M=6.4)①。

292

---

① The authors wish to thank Ed Donnerstein for suggesting this interpretation.

因此,去个性化状态既不会使群体成员对即时刺激反应过度,也不会置之不理。对高攻击性和低攻击性模型的考察也得到了类似的发现(Prentice-Dunn & Rogers,1980)。这些模型在个性化和去个性化条件下具有相同的效果。建构去个性化理论的下一步工作将是重新审视和提炼一般命题,即去个性化状态将使人对环境线索的反应更多(或更少)。一项重要的概念性和实证性任务是确定特定类别的环境刺激,去个性化状态会使群体成员或多或少做出反应。

种族间的攻击

"种族×侮辱"交互作用效应(见图21.1)表明,非愤怒状态的白人被试对同一种族受害者的攻击性大于对不同种族受害者;相比之下,愤怒的白人被试对不同种族的受害者比对同一种族的受害者更具攻击性。本研究中的交互作用比巴伦(Baron,1979)实验中的要强。两个实验之间的一个关键区别,是攻击者是单独行动还是集体行动。显然,这种互动在群体背景下表现得更为强烈。正如米勒和多拉德(1941)所指出的,"人们在群体背景下会有更为强烈的表现"(p218)。

如果白人没有受到侮辱,他们就会进行反向歧视(Dutton,1976),并且表现出与现行规范一致的行为。同样,没有受到侮辱黑人的行为也与他们种族的现行规范一致(Wilson & Rogers,1975)。然而,当情绪被唤起时,白人的行为与对黑人的传统歧视模式是一致的。当情绪被唤起时,黑人的行为也与他们的传统模式一致(Wilson & Rogers,1975)。这一发现只是萨金特(Sargent,1948)理论的一个具体体现。萨金特理论认为,愤怒会导致一些明显的反应,其中之一便是回归到更为原始的行为。

当情绪被唤起时,黑人(Wilson & Rogers,1975)和白人(本研究)都倒退到按时间顺序排列的早期特定的种族行为模式。这种跨种族攻击模式可称之为倒退的种族主义。尽管种族主义的定义可能隐含了不同种族的等级信念,但我们仍倾向于采用种族主义的定义,即仅仅因为种族而对人们加以区别对待(Katz,1976)。倒退的种族主义至少在两个重要方面不同于其他两种主要形式的个人种族主义。首先,无论是盛气凌人的还是令人厌恶的种族主义者(Kovel,1970),都坚信黑人是低等的;他们从不接受新的平等主义准则。因此,他们不会表现出反向歧视。第二,盛气凌人的和令人厌恶的种族主义的概念几

293

乎只适用于白人。而且,任何种族的成员都可能存在倒退的种族主义。美国黑人和白人在和不同种族的人接触时,在很大程度上持有的是一种口是心非的观点,一只脚迈向了未来,另一只脚还停留在过去。

卡兹和他的同事(Katz & Glass,1979)将"种族×侮辱"交互效应解释为矛盾心理放人的证据。尽管来自我们的种族间攻击研究的数据可能与倒退种族主义或矛盾心理放大解释相一致,但后者对我们数据的分析仍存在三个主要问题。首先,矛盾心理放大理论假设,一个人无法处理混合的情绪:不同种族人的行为会威胁到人们的积极或消极态度,必须通过行为强化来解决,这种行为将证实我们感觉的一个方面而抑制另外一个方面。这种假设没有直接的证据。凭直觉更为令人信服的是,人们可能对他人形成积极和消极的感觉。其次,没有证据支持所提及的中介过程,无论它被贴上威胁自尊、内疚、因不公平而苦恼或不和谐的标签。卡茨的几项研究(Katz, Glass, Lucido & Farber,1979)都检验了矛盾心理放大假说,即矛盾心理会增强内疚感,但随之而来的行为却减少了内疚感。尽管对中介变量的测量非常困难,但是卡茨的研究没有找到支持的证据。此外,本研究后实验阶段的调查问卷里还加入了一个评估内疚感的项目。数据分析表明,自变量对负疚感没有显著影响,被试的行为也没有降低负疚感。第三,矛盾心理放大假说很难解释黑人的攻击行为(Wilson & Rogers,1975)。相反,倒退的种族主义概念可以解释白人和黑人的行为。

唐纳斯坦的研究发现,对倒退种族主义概念提供了进一步的支持并加以拓展。与图21.1所示高度相似的交互作用效应,已经在有关受害者种族变量和(a)受害者匿名(Donnerstein et al.,1972),(b)威胁报复(Donnerstein et al.,1972)和(c)潜在谴责(Donnerstein & Donnerstein,1973)之间关系的研究中进行了报告。因此,在图21.1中,如果横坐标上标记为"无侮辱"和"侮辱"的两点被重新标记为(a)"匿名"和"匿名",(b)"报复"和"无报复",或(c)"潜在谴责"和"无谴责",则会出现相同的交互作用。

克罗斯比等人(Crosby, Bromley & Saxe,1980)在对唐纳斯坦的研究结果进行解释时认为,这反映了反黑人的敌意实际上是普遍存在的,但又是微妙和隐蔽的。唐纳斯坦报告称,白人对黑人非常敌视,因为他们的消极行为无法被发现或惩罚。作为后一种条件所提供的匿名、无报复、无指责状态,是对那些抑制攻击性因素的解除,会增加攻击性反应。本研究表明,一个设计到位的"攻击煽动-愤怒唤起"程序,会产生与抑制因素解除相同的作用。倒退的种族主义也许不仅表现在情绪上的唤起,而且还表现为一系列抑制或煽动攻击的变量。此外,当不公正的价值观没有完全内化时(当不公正的价值观相对较新时,就会出现不完全内化的情况),倒退的种族主义便会显露出来。倒退的种族主义可能是一个充分包容的概念,可以使各种跨种族行为具有连贯性。用倒退的种族主义来解释唐纳斯坦的数据只是推测性的,也许对这个概念的延伸解释有些极端。然而,倒退的种族主义概念很好地解释了愤怒介导的跨种族攻击。

我们这项研究中的黑人和白人以及唐纳斯坦夫妇研究中的白人都对受害者的种族高度敏感。可悲的是,白人和黑人都没有给予对方种族平等的待遇。等待我们的是黑人与白人之间的下一次交锋;它已经在倒退的种族主义者那里酝酿集聚。

参考文献

Baron, R. A. (1977). *Human aggression*. New York, NY: Plenum Press.

Baron, R. A. (1979). Effects of victim's pain cues, victim's race, and level of prior instigation upon physical aggression. *Journal of Applied Social Psychology*, 9, 103-114.

Brigham, J., & Wrightsman, L. (1982). Contemporary issues in social psychology (4th ed.). Monterey, CA: Brooks/Cole. Buss, A. H. (1980). *Self-consciousness and social anxiety*. San Francisco, CA: W. H. Freeman and Company.

Campbell, A. (1971). *White attitudes toward black people*. Ann Arbor, MI: University of Michigan, Institute for Social Research.

Caplan, N. (1970). The new ghetto man: A review of recent empirical studies. *Journal of Social Issues*, 26, 59-73.

Crosby, F., Bromley, S., & Saxe, L. (1980). Recent unobtrusive studies of black and white discrimination and prejudice: A literature review. *Psychological Bulletin*, 87, 546-563.

Davis, E., & Fine, M. (1975). The effects of the findings of the U. S. National Advisory Commission on Civil Disorders: An experimental study of attitude change. *Human Relations*, 28, 209-227.

Diener, E. (1977). Deindividuation: Causes and consequences. *Social Behavior and Personality*, 5, 143-155.

Diener, E. (1979). Deindividuation, self-awareness, and disinhibition. *Journal of Personality and Social Psychology*, 37, 1160-1171.

Diener, E. (1980). Deindividuation: The absence of self-awareness and self-regulation in group members. In P. Paulus (Ed.), *The psychology of group influence*. Hillsdale, NJ: Erlbaum.

Diener, E., Lusk, R., DeFour, D., & Flax, R. (1980). Deindividuation: Effects of group size, density, number of observers, and group member similarity on self-consciousness and disinhibited behavior. *Journal of Personality and Social Psychology*, *39*, 449 – 459.

Donnerstein, E., & Donnerstein, M. (1973). Variables in interracial aggression: Potential ingroup censure. *Journal of Personality and Social Psychology*, *27*, 143 – 150.

Donnerstein, E., & Donnerstein, M. (1976). Research in the control of interracial aggression. In R. Geen & E. O'Neal (Eds.), *Perspectives on aggression*. New York, NY: Academic Press.

Donnerstein, E., Donnerstein, M., Simon, S., & Ditrichs, R. (1972). Variables in interracial aggression: Anonymity, expected retaliation, and a riot. *Journal of Personality and Social Psychology*, *22*, 236 – 245.

Dutton, D. G. (1976). Tokenism, reverse discrimination, and egalitarianism in interracial behavior. *Journal of Social Issues*, *32*, 93 – 108.

Fenigstein, A., Scheier, M. F., & Buss, A. H. (1975). Public and private self-consciousness: Assessment and theory. *Journal of Consulting and Clinical Psychology*, *43*, 522 – 527.

Festinger, L., Pepitone, A., & Newcomb, T. (1952). Some consequences of deindividuation in a group. *Journal of Abnormal and Social Psychology*, *47*, 382 – 389.

Griffin, B. Q., & Rogers, R. W. (1977). Reducing interracial aggression: Inhibiting effects of victim's suffering and power to retaliate. *Journal of Psychology*, *95*, 151 – 157.

Ickes, W., Layden, M. A., & Barnes, R. D. (1978). Objective self-awareness and individuation: An empirical link. *Journal of Personality*, *46*, 146 – 161.

Katz, I., & Glass, D. (1979). An ambivalence-amplification theory of behavior toward the stigmatized. In W. G. Austin & S. Worchel (Eds.), *The social psychology of intergroup relations*. Monterey, CA: Brooks/Cole.

Katz, I., Glass, D., Lucido, D., & Farber, J. (1979). Harmdoing and victim's racial or orthopedic stigma as determinants of helping behavior. *Journal of Personality*, *47*, 340 – 364.

Katz, P. (1976). Racism and social science: Towards a new commitment. In P. Katz (Ed.), *Towards the elimination of racism*. New York, NY: Pergamon Press.

Kovel, J. (1970). White racism: A psychological history. New York, NY: Pantheon.

Miller, N., & Dollard, J. (1941). *Social learning and imitation*. New Haven, CT: Yale University Press.

Mills, J. A. (1976). A procedure for explaining experiments involving deception. *Personality and Social Psychology Bulletin*, *2*, 3 – 13.

Overall, J. E. , Spiegel, D. K. , & Cohen, J. (1975). Equivalence of orthogonal and nonorthogonal analysis of variance. *Psychological Bulletin*, *82*,182 – 186.

Prentice-Dunn, S. , & Rogers, R. W. (1980). Effects of deindividuating situational cues and aggressive models on subjective deindividuation and aggression. *Journal of Personality and Social Psychology*, *39*,104 – 113.

Ross, J. M. , Vanneman, R. D. , & Pettigrew, T. F. (1976). Patterns of support for George Wallace: Implications for racial change. *Journal of Social Issues*, *32*,69 – 91.

Rude, G. (1964). The crowd in history. New York, NY: Wiley. Sargent, S. S. (1948). Reaction to frustration — A critique and hypothesis. *Psychological Review*, *55*,108 – 114.

Scheier, M. F. , Fenigstein, A. , & Buss, A. H. (1974). Self-awareness and physical aggression. *Journal of Experimental Social Psychology*, *10*,264 – 273.

Southern Commission on the Study of Lynching. (1931). *Lynchings and what they mean*. Atlanta, GA: Author.

Taylor, D. G. , Sheatsley, P. B. , & Greeley, A. M. (1978). Attitudes toward racial integration. *Scientific American*, *238*,42 – 49.

Wilson, L. , & Rogers, R. W. (1975). The fire this time: Effects of race of target, insult, and potential retaliation on black aggression. *Journal of Personality and Social Psychology*, *32*,857 – 864.

Zimbardo, P. G. (1970). The human choice: Individuation, reason, and order versus deindividuation, impulse, and chaos. In W. J. Arnold & D. Levine (Eds.), *Nebraska symposium on motivation (Vol. 17)*. Lincoln, NE: University of Nebraska Press.

22. 发泄愤怒会助长还是熄灭怒火？宣泄、默念、分心、愤怒与攻击性反应[①]

布拉德·J·布什曼（Brad J. Bushman）

分心或默念会更好地驱散愤怒吗？宣泄理论预测，默念最为有效，但对此缺乏经验证据。在本研究中，愤怒的被试在击打沙袋时，想象着激怒他们的人（默念组）或者想象着成为身体健康的人（分心组）。击打完沙袋后，他们报告了自己的情绪状况。他们有机会向激怒他们的人发出强烈的噪音。另外还设置了一个没有击打沙袋的对照组。默念组被试比分心组或对照组更加生气。默念组被试攻击性最强，其次是分心组和对照组。默念会增加而并非减少愤怒和攻击。什么都不做，比发泄愤怒更为有效。这些结果与宣泄理论直接矛盾。

在我们的文化中，发泄愤怒的价值观念已经广为流传。在电影、杂志文章中，甚至在广告牌上，人们都被鼓励去发泄自己的愤怒或"宣泄怒火"。例如，在影片《老大靠边站》中，比利·克里斯托（Billy Crystal）饰演的一位心理医生告诉罗伯特·德尼罗（Robert De Niro）饰演的他的纽约黑帮客户，"你知道我生气时会做什么吗？我会击打枕头。你可以试试"。客户立刻掏出枪，指向沙发，朝枕头里开了几枪。"感觉好点了吗？"心理医生问道。"是的，好极了。"枪手回答

① Reprinted by permission from the author and *Personality and Social Psychology Bulletin*, *Vol. 28*, No. 6, 2002, pp. 724 - 731. Copyright © 2002 by the Society for Personality and Social Psychology, Inc.

Reproduced with permission of SAGE Publications LTD. Permission conveyed through Copyright Clearance Center, Inc.

我要感谢雷米·雷尼尔（Remy Reinier）帮助从学生的身份证和健康杂志上扫描照片。我还要感谢安杰莉卡·博纳奇（Angelica Bonacci）对本文初稿的有益评论。

道。在《时尚》杂志的一篇文章中，女模特沙洛姆(Shalom)得出结论，拳击有助于释放被压抑的愤怒。她说道，

> 我发现自己很期待能有机会和我的教练卡洛斯(Carlos)进行拳击比赛，这会消除一周里的挫折感。面对现实吧：私人拳击教练比丈夫或情人对我更有帮助。他不会责备地看着你说，"我不知道这种恼怒从何而来。"你的拳击教练知道它在哪里，他让你把恼怒交给他。("Fighting Fit,"1993，p. 179)

在《纽约时报》一篇关于仇恨犯罪的文章中，安德鲁·沙利文(Andrew Sullivan)写道："一些偏见的表达是有益的。它会让精力释放；它允许自然张力得以逐步表达；它可以通过言语而不是行动来消除冲突。"(Sullivan, 1999, p. 113)密苏里州有一个巨大的广告牌，上面写着："去打枕头，去打墙，但不要去打你的孩子！"

宣泄理论

宣泄理论(catharsis theory)是一种流行而权威的说法，即发泄怒气将使人的心理状态得到积极改善。catharsis 这个词来自希腊语 katharsis，字面意思是清洗或净化。根据宣泄理论，攻击性行为(甚至观点性攻击)是清除愤怒和攻击性情绪的有效方法。

西格蒙德·弗洛伊德(Sigmund Freud)认为，压抑的负面情绪会在个体内部累积并引发心理症状，例如歇斯底里症(神经爆发)。布吕尔和弗洛伊德(Breuer & Freud, 1893—1895/1955)提出，对歇斯底里的治疗需要消除先前与创伤有关的情绪状态。他们声称，对于诸如侮辱和自我威胁之类的人际创伤，可以通过直接攻击获得情感表达："受过伤害的人对创伤的反应实际上只有一种……'宣泄'的效果，其表现为类似报仇这样足够强烈的反应。"(p. 5)布吕尔和弗洛伊德认为，表达出愤怒比把愤怒装在心里要好得多。

弗洛伊德关于情绪宣泄的治疗思想，构成了愤怒的液压模型的基础。液压模型表明，挫折会导致愤怒，而愤怒反过来会在个体内部累积，类似于封闭环境中的液压，直到以某种方式释放为止。如果人们不把愤怒发泄出来，而是试图

把它憋在心里,最终会导致他们爆发出一种攻击性的愤怒。现代的宣泄理论正是基于这种模式。宣泄被视为一种缓解愤怒在内心深处产生压力的方式。其核心思想是,最好是让愤怒一点一点地释放出来,而不是将其留在心里,因为它会累积到更加危险的爆发点上。

如果发泄真的能够让愤怒"从你的系统中消失",那么发泄应该会减少攻击性,因为人们的愤怒程度降低了。几乎在心理学研究者开始对宣泄理论进行科学测试时,宣泄理论就已经陷入了困境。在第一个有关该主题的实验中(Hornberger,1959),被试首先看到了一个同伴的侮辱性评论。接下来,一半的被试进行了 10 分钟的砸钉子活动,这项活动类似于许多相信宣泄的人至今仍在推荐的"发泄"技巧。另一半被试没有机会通过砸钉子来发泄愤怒。之后,所有被试都有机会批评侮辱他们的人。如果宣泄理论是正确的,那么砸钉子的行为应该可以减少随后的攻击性。结果显示了相反的效果。那些砸钉子的被试比没有砸钉子的人对那个同伴的敌视更多(而不是更少)。

298

1973 年,阿尔伯特·班杜拉(Albert Bandura)发表声明,呼吁暂停宣泄理论并在治疗中暂停使用发泄。四年后,吉恩等人(Geen & Quanty,1977)在《实验社会心理学进展》上发表了他们针对宣泄理论所做的有影响力的综述。在审查了相关数据后,他们得出结论,发泄愤怒并不能减少攻击性。他们总结道,如果存在某种影响的话,那就是此后人们会变得更具攻击性。最近的研究也得出了类似的结论(Bushman,Baumeister & Stack,1999)。基恩等人还得出结论,发泄愤怒可以减少生理唤醒,但是人们必须直接表达他们对挑衅者的愤怒;人们还必须相信,挑衅者不会进行报复。向替代目标发泄愤怒并不会减少唤醒。

认知联结理论

根据认知联结理论(Berkowitz,1993),厌恶性事件(如挫折、挑衅、高温)会产生负面情绪。反过来,负面情绪会自动刺激思维、记忆、表达性运动反应和生理反应,这些心理与反应和战斗与逃跑倾向相关联。战斗的联想会诱发最初的愤怒感,而逃跑的联想则会诱发最初的恐惧感。

认知联结理论认为,攻击性思维会在记忆中关联在一起,从而形成一个联想网络。一旦一个攻击性的想法被处理或被激发,激活就会沿着网络链接扩散开来,并启动或激活相关的想法。不仅相关的攻击性思维在记忆中联系在一起,而且思维也会与情绪反应和行为倾向建立起同样的联系(Bower,1981;Lang,1979)。因此,攻击性思维的激活会产生一系列复杂的关联,包括攻击性思维、与暴力有关的情绪以及攻击性行为动机。

认知联结理论预测,发泄应该会增加而不是减少愤怒情绪和攻击行为。发泄包括攻击性的行为,通常是针对"安全"的无生命物体。为了发泄,人们用拳头打枕头,用拳头打沙袋,用泡沫棒球帽击打沙发,把盘子扔到地上,踢垃圾桶,对着枕头尖叫和咒骂,等等。本质上,发泄就是在练习如何表现得咄咄逼人。这种攻击性活动,应该会引发攻击性的思想、情感和行为倾向,尤其是当人们在发泄时联想到愤怒的来源时更会如此。因此,发泄情绪应该会导致愤怒情绪在记忆中保持活跃,也应该会增加随后做出攻击性反应的可能性。

299

默念与分心

大多数流行的心理学书籍或自助类书籍都隐含着这样一种假设:人们在发泄愤怒的同时,也在默念挑衅自己的人。然而,有些作者写得更为直白。例如,约翰·李(John Lee,1993)在他的畅销书《直面怒火:恰当地体验和表达愤怒》中给处于愤怒中的人们提供了以下建议。

> 去惩罚枕头或者惩罚沙袋。尽你所能疯狂地去击打它们。如果你在对某个人生气,想象着他或她的脸就在枕头或沙袋上,用拳头和语言来发泄你的愤怒。去对枕头或沙袋施暴吧,这样你便可以中止因心中充满了有害的愤怒而对自己施暴(p.96)。

一些发泄怒气的装置,会令人们很容易默念到挑衅自己的人。例如,请考虑下面的玩具广告。

> 当你需要一些不会反击的东西时,"猛击他"在这里待命。"猛击他"高42英寸,随时等着孩子和成人的虐待。当你觉得你必须出手一击的时候,它总是随叫随到。全新的透明乙烯基接口,可让您插入照片或绘图。

默念被定义为"自我集中注意力",或将注意力引向自我,尤其是自我的负面情绪(Lyubomirsky & Nolen-Hoeksema，1995)。任何导致消极情绪恶化的过程,如默念,都会增加愤怒和攻击性。与此相反,任何转移人们对愤怒情绪注意力的过程,都可以减少愤怒和攻击性。如果被激怒的人被诱导去思考其他事情,愤怒便得以及时消散。

先前的研究表明,默念会增加愤怒的感觉。在一项研究中(Rusting & Nolen-Hoeksema，1998),大学生们收看了一位教授不公平地对待一个学生的故事,并被告知要想象着自己处于类似的境地,感受到愤怒。一些学生通过撰写一些情绪化和自我化的话题(例如,"你为什么这么想")来分心,而另一些学生则通过撰写一些非情绪化和无关的话题(例如,"当地邮局的布局")来分心。默念20分钟的被试会比分心的被试更加生气。另一项研究发现,让人们解决让人分心的数学问题,可以减少对侮辱性同伴的攻击(Konecni，1974)。解决数学问题可能会分散人们的注意力,使他们远离愤怒源。另外两项研究发现,默念会增加轻微触碰事件后的替代性攻击(Bushman, Bonacci, Pedersen, Vasquez & Miller，2005)。在研究1中,被激怒的被试将注意力集中在他们的消极情绪上,或远离他们的消极情绪,然后对一个有能力或笨拙的同伴进行替代性攻击。与那些分心的被试相比,陷入默念的被试对失手的同伴进行了更多的攻击。研究2采用不同的操作定义和更长的默念时间(8小时),再现了研究1的结果。

迄今为止,还没有研究默念和分心对发泄愤怒和随后的攻击行为的影响进行考察。根据认知联结理论,在发泄的同时默念应该会引发攻击性的思想、情感和行为倾向。

概述

在本研究中,600名大学生(300名男性,300名女性)首先被另一位批评他们所写论文的被试所激怒。实际上,没有其他被试参与。接下来,被试们被随机分为默念组、分心组和对照组。默念组被试尽可能长、尽可能用力、尽可能多地击打沙袋。当他们击中沙袋的时候。他们会被告知要想象那位批评他们论文的被试。为了获得视觉帮助,他们在15英寸的电脑显示器上看到了一个被描述为"另外一位被试"的同性大学生的身份证照片。分心组被试也会尽可能长时间、尽可能用力、尽可能多地击打沙袋。当他们击中沙袋,他们被告知要想

300

象着确保身体健康。作为一种视觉帮助，他们在 15 英寸的电脑显示器上看到了一个来自健康杂志的同性运动员的身份证照片。对照组的被试没有击打沙袋。相反，他们静静地在那里坐了几分钟，而实验者此时据称在另一位被试的电脑上工作。对照组没有试图减轻被试的愤怒情绪。愤怒是用情绪量表来测量的。在一项竞争性的反应时任务中，让被试通过一副耳机向挑衅者发出长时间高强度的噪音，以此来测量其攻击性。宣泄理论可以预测，处于默念状态被试的愤怒和攻击水平最低。认知联结理论预测的结果恰好相反。

方法

被试

被试是选修了基础心理学入门课程的 602 名大学本科生(300 名男性和 302 名女性)。[①] 学生可以获得额外的课程学分，以作为他们自愿参加的回报。由于拒绝击打沙袋，两名女性的数据被剔除。最终样本包括 300 名男性和 300 名女性。三种实验条件(即默念、分心、控制)中的每一种都包含了 100 位男性和 100 位女性。

程序

被试接受了单独测试，但每个人都被引导相信他或她将与另一位同性被试互动。他们被告知研究人员正在研究第一印象。

在给予知情同意后，每个被试撰写一段关于堕胎的文章，无论是亲选择(相当于尊重孕妇选择，赞成堕胎)还是亲生命(相当于反对堕胎)(以被试支持的为准)。结束后，被试的论文被拿走，展示给另一个被试(实际上他根本不存在)进行评估。同时，被试被允许评价同伴的文章，这表达了对堕胎的相反观点(例如，如果被试的文章是亲选择，那么同伴的文章是亲生命的)。

不久之后，实验者将被试自己的论文以及被称之为其他被试的评论带回

---

① 根据科恩(Cohen, 1988)的观点，社会科学中的大多数效应量都介于小效应量到中等效应量之间。我假设在本研究中获得的效应量也在这个范围内。功效分析(Cohen, 1988)显示效应量为 0.80，双侧显著性水平为 0.05，每组需要 400 名被试来检测小效应量(即 d=0.20)，每组需要 64 名被试来检测中等效应量(即 d=0.50)。因此，本研究每组包括 200 名被试。

来。所有被试均得到了不良的评价,包括架构、原创性、写作风格、表达方式的清晰性、论据的说服力和整体质量等方面的负面评价。评分范围从-10(非常差)到+10(非常好)的 21 点量表中,得到的评价分数从-10 到-8。还有一条手写的评论称:"这是我读过的最糟糕的论文之一!"已有的研究显示,这种评价会让人们感到非常生气(Bushman & Baumeister,1998;Bushman,Baumeister & Phillips,2001;Bushman et al.,1999)。

在阅读完评估之后,被试对清单上的 10 项活动中每一项的期望参与值都进行了评分。这些活动包括"击打沙袋",以及玩纸牌、读短篇小说、看喜剧和玩电脑游戏等。评分采用 10 分制,从 1 分(一点都不想参与)到 10 分(非常想参与)。

接下来是击打沙袋。三分之二的被试参与了击打沙袋。如果被试没有首先对击打沙袋活动进行评分,实验者会询问被试是否愿意击打沙袋,并解释说所列出的每项活动都需要评分,而且击打沙袋活动需要更多的评分。通过征得被试同意,我们能够确保"击打沙袋"活动是所有被试选择的结果,包括那些最初没有将其列为首选的被试。

选择"击打沙袋"活动的被试被告知,由于外表会影响他们对同伴的印象,他会通过抛掷硬币来决定他们能是否知道同伴的长相。依据抛掷硬币的结果,被试被分配到默念或分心条件下。在默念条件下的被试被告知,他们会知道自己同伴的长相。在一台 15 英寸的电脑显示器上,实验者向被试展示了另一名爱荷华州立大学同性学生的照片。实验者实际上转动了一个模具来决定要显示的六张身份证照片中所选的那张。所有身份证上的姓名和识别号都被删除了。之后,实验者给被试发放了一些拳击手套,演示如何击打 70 磅重的沙袋(永恒牌,型号 4820)。被试被告知,在击打沙袋的时候他们应该想象着自己的同伴。[①]

302

分心条件下的被试被告知他们不会知道自己同伴的长相。他们要考虑的是促进身体健康,而不是一边击打沙袋一边想着同伴。他们没有在电脑屏幕上看到同伴的身份证照片,而是看到了一张同性锻炼的照片。这些照片是从健身杂志上翻拍的,实验者转动模具来决定要展示哪张照片。

在默念和分心条件下的被试被告知自己的同伴不会看到他们(因为掷硬币)。让被试一个人去击打沙袋。他们被告知,他们可以打它,想打多久就打多

---

① 默念组的一名男子在击打沙袋时变得非常愤怒,他竟然在实验室的墙上打出了一个洞。

久，想打多少次就打多少次。因为在被试的房间里有一个对讲机系统，实验者可以通过该系统计算被试击打沙袋的时间，以及被试击打沙袋的次数。实验者还用 10 分制对被试击打沙袋的力度进行了评分，评分范围从 1 分（非常轻）到 10 分（非常重）。实验者同时询问了被试自认为击打沙袋的力度（使用同样的 10 分制）。然后，被试用 10 分制表示他们有多喜欢击打沙袋，从 1 分（一点都不喜欢）到 10 分（非常喜欢）。

控制条件下的被试没有击打沙袋。相反，他们静静地坐了 2 分钟。等候的理由是实验者正在维修他们同伴的电脑。在 2 分钟的等待时间内，没有人试图减少被试的愤怒情绪。取而代之的是，控制组的被试什么也没做。这也验证了一个假设，即愤怒的人最好什么都不做，而只是宣泄。

接下来，被试填写了一份测量愤怒和积极情绪的量表，愤怒量表由修订后的《多重情绪形容词检查表》（Zuckerman & Lubin, 1985）的敌对性分量表中的 15 个形容词组成（如愤怒、恼怒、狂怒）；积极情绪量表由《积极和消极情绪量表》的积极情绪分量表中的 10 个形容词组成（例如，警觉、果断、热情）（Watson, Clarke & Tellegen, 1988）。沃森和他的同事将积极情绪定义为"精力充沛、全神贯注和愉快参与"（p. 1063）。所有的形容词都是按照利克特 5 等级量表评分的。其中 1＝非常轻微或根本没有；2＝少量；3＝适度；4＝相当多；5＝极端。实验者要求被试"指出你现在有多大程度存在这种感觉，也就是说，在当下"。愤怒和积极情绪的 α 系数分别是 0.88 和 0.89。

该程序的下一部分是竞争性反应时任务，该任务以泰勒（Taylor, 1967）开发的范式为基础。以往的研究已经证实了这一范式的结构效度（Bernstein, Richardson & Hammock, 1987; Giancola & Zeichner, 1995）。被试被告知，他或她和同伴在每次试验中都必须以尽可能快的速度按下一个按钮，速度较慢的人会听到一段噪音。允许被试预先设定另一个人失利后听到的噪音强度，噪音在 60 分贝（1 级）到 105 分贝（10 级）之间。还为被试提供了一个非攻击性的无噪声设置（0 级）。除了确定强度外，获胜者还将决定失利者遭受痛苦的持续时间，因为噪音的持续时间取决于获胜者按下按钮的时间。实际上，每个参赛者都掌控着一种武器，如果参赛者赢得了比赛，他便可以用这种武器来淘汰对方，从而更快地做出反应。

反应时任务包括 25 次试验。在初次（无挑衅）判定之后，其余 24 次判定被分为三个区域,每个区域有 8 项判定。在每个实验组中,另一名被试会设置随机噪声水平(范围从 65 分贝到 100 分贝)和随机噪声持续时间(范围从 0.25 秒到 2.5 秒)。被试在每个区域内的一半实验中听到噪音(随机确定)。采用 iMac 计算机控制反应时任务中的事件,并记录被试为另一个人设置的噪声水平和噪声持续时间。白噪声是通过一对 Telephonics TDH-39P 耳机发出的。

一半的被试首先完成了情绪量表测验,然后完成了竞争性的反应时任务。另一半被试首先完成了竞争性反应时任务,然后完成了情绪量表测验。随后进行了完整的口头汇报(其中包含怀疑测查)。由于没有一个被试表示怀疑,因此所有 600 名被试数据都用来进行分析。

结果

预分析

平衡顺序。平衡顺序对任何测量的反应均没有显著影响(ps>0.05)。因此,来自两个平衡量表的数据被合并用于后续分析。

击打沙袋偏好。这里重要的是要确定,三组被试在被激怒后是否存在不同的击打欲望。因为别试是被随机分配到不同条件下的,所以预期不存在差异。我们还测试了不同性别的击打沙袋偏好。因为男性比女性更容易选择攻击性活动,所以男性对击打沙袋的偏好更强。

击打沙袋的欲望。用 3(默念、分心、控制)×2(男、女)方差分析对被试击打沙袋的欲望进行了分析。男性比女性更想击打沙袋,M=4.33,SD=2.77;AI=3.10,SD=2.33,F(1, 588)=33.87,p<.0001,d=.48。正如所预期的,实验条件的影响并不显著(ps>.05)。

将击打沙袋作为首选活动。被试是否将击打沙袋作为自己的首选活动是一个两分变量(1=选择击打沙袋作为首选,0=选择另一项活动作为首选)。因此,这些数据用 3(默念、分心、控制)×2(男、女)对数线性分析进行处理。男性比女性更倾向于选择击打沙袋,分别为 6% 和 1%,χ^2(1, N=600)=6.58,p<.01,Φ=.13。正如所预期的,实验条件的影响不显著(ps>.05)。

击打沙袋的测量。关键要测量默念组被试是否比分心组被试做出了更多的宣泄。

击打沙袋的强度。实验者和被试对沙袋击打强度评分的组内相关性为
0.69(Shrout & Fleiss，1979)。在两个评价中均发现了同样的结果。因此，对
这两个评价求平均。

总体而言，男性比女性更强烈地击打沙袋，分别为 MS=6.69，SD=2.05；
MS=4.73，SD=1.88，$F(1, 396)=99.14$，$p<.0001$，d=1.00。其他影响均
不显著(ps>.05)。

沙袋被击打的次数。与那些想象着侮辱他们的人相比，那些想得到健康的
人击打沙袋的次数更多，分别为 127.5 次和 63.5 次。M=112.2，SD=57.5，
$F(1, 396)=6.31$，$p<.05$，d=.25。换句话说，默念组被试比分心组被试所做
宣泄更少。其他方面的影响均不显著(sp>.05)。

击打沙袋持续的时间。击打沙袋的持续时间没有显著影响(ps>.05)。

喜爱击打沙袋。男性比女性更喜爱击打沙袋，M=6.11，SD=2.53；M=
4.96，SD=2.51，$F(1, 396)=20.85$，$p≤.0001$，d=.46。其他效应无显著性
差异(ps>.05)。

初步分析

积极情绪。实验条件对积极情绪无显著影响，$F(2, 594)=.24$，$p>.05$(见
表 22.1)。不管处于何种状态，男性的情绪都比女性积极，M=31.51，SD=
7.85；M=28.12，SD=.40，$F(1, 594)=29.31$，$p<.0001$，d=.44。

305

表 22.1 控制组、分心组和默念组被试的愤怒和攻击水平

测量值	控制组	分心组	默念组
积极情绪	$29.61_a(7.34)$	$29.71_a(7.86)$	$30.11_a(8.23)$
愤怒	$26.25_b(10.98)$	$27.32_b(10.88)$	$29.78_a(11.56)$
攻击	$-.21_b(1.27)$	$.01_{ab}(7.86)$	$.21_a(1.54)$

注：每组 n=200。括号内是标准差。下标是指行内比较。具有相同下标的均值在 .05 显著性水平
上没有差异。

愤怒。实验条件对愤怒存在主效应，$F(2, 594)=5.23$，$p>.01$(见表
22.1)。默念组被试比分心组和对照组被试感到更为愤怒，$t(594)=2.20$，$p<$
.05，d=.22；$t(594)=3.15$，$p<.005$，d=.31。分心组和对照组被试在愤怒

程度上没有差异,t(594)＝0.95,p＞.05。

攻击性行为。攻击性噪声强度和噪声持续时间的两种测量结果趋势相同。因此,这两项测量值被标准化并加总,以形成对攻击更可靠的测量。在竞争反应时任务的试验 1 和其余 24 次试验中也获得的结果也具有相同的趋势。因此,对 25 项试验的回答也进行了标准化和加总。

实验条件对攻击性具有主效应,F(2, 594)＝5.03,p＜.01(见表 22.1)。默念组被试比对照组被试更具攻击性,t(594)＝3.17,p＜.005,d＝.30。分心组被试比对照组被试更具攻击性,也比默念组被试更具攻击性,尽管两种差异均无统计学意义,t(594)＝1.68 和 1.49,ps＞.05。男性比女性更具攻击性,分别为 M＝.44,SD＝1.62;M＝－.44,SD＝.99,F(1, 594)＝66.52,p＜.000 1,d＝.33。

讨论

发泄愤怒是熄灭怒火还是助长怒火?本研究结果表明,发泄愤怒就像用汽油灭火一样,只会助长怒火。通过激发攻击性的想法和感觉,发泄也会增加攻击性的反应。在本实验中,那些一边想着惹怒他们的人一边击打沙袋的人,是最愤怒和最具攻击性的。发泄也没有带来更为积极的情绪。

分心组被试比默念组被试更少生气,但他们的攻击性并不弱。因此,即使人们在进行攻击性活动时分心,这类活动(如击打沙袋)也会增强攻击性。

在本实验中,人们最好什么也不做,而只是发泄自己的愤怒。对照组没有试图减少愤怒或攻击性冲动。即便如此,对照组的愤怒和攻击程度也最低。如果对照组被试积极地寻求减少他们的愤怒情绪,结果可能会更值得关注。

总体而言,目前的研究结果支持认知联结理论(Berkowitz, 1993),并直接与宣泄理论相矛盾。在默念挑衅来源的同时发泄,使攻击性思维和愤怒情绪活跃在记忆中,只会令人更加愤怒并更加咄咄逼人。这些结果为宣泄理论走向终结提供了另一个证据。

观察到的效应量强度
尽管本研究中获得的效应量介于小到中等之间(Cohen,1988),但它们与

306

宣泄理论预测的方向相反。在本研究中，分心活动是一种攻击性的活动，它导致人们挥拳相向。如果分心活动是非攻击性的，比如玩填字游戏，可能会得到更大的效应量。同样，如果愤怒的人会做出与愤怒和攻击不相容的行为，比如看有趣的电视节目或抚摸小狗，也可能会产生更大的效应量(Baron, 1976, 1983)。

这些发现可能是因为唤醒吗?

心理学中一个众所周知的发现是，唤醒会增强任何起主导作用的反应 (Cottrell & Wack, 1967; Criddle, 1971; Eysenck, 1975; Markovsky & Berger, 1983; Zajonc, Heingartner & Herman, 1969; Zajonc & Sales, 1966)。这一发现是社会促进理论的核心(Geen & Bushman, 1987, 1989)。击打沙袋几分钟当然可以提高唤醒水平。因为本研究的被试都是被激怒的，所以攻击性似乎是他们的主导反应。然而，唤醒并不能解释本研究的结果。如果这些结果是因为唤醒，分心组被试应该比默念组被试更具攻击性，因为他们拳击的次数更多。然而，结果却恰恰相反。

剧烈体育锻炼是控制愤怒的一种有效技巧吗?

如果作为一种分散注意力的方式，剧烈的体育活动不一定会增加愤怒，即使这种活动具有攻击性(例如，击打沙袋)。然而，如果一个人在剧烈的体育活动后被激怒，那么体育活动应该会增加愤怒。根据兴奋传递理论，身体活动引起的兴奋会被错误地归因于刺激，因此会转移到刺激上(Zillmann, 1979)。因此，将身体活动引起的兴奋误称为愤怒会增加攻击性反应(Zillmann, Katcher & Milavsky, 1972)。在本研究中，被试在进行激烈的体育活动之前受到刺激，因此不应发生兴奋传递。虽然对你的心脏有好处，但剧烈的体育锻炼可能不是减少愤怒和攻击的有效方法。

结论

宣泄理论预测，发泄愤怒应该能够消除愤怒，从而减少随后的攻击。本研究以及以往的发现，直接与宣泄理论相矛盾(Bushman 等, 1999; Geen &

Quanty，1977)。为了减少愤怒和攻击性,给人们最坏的建议是让他们想象自己的挑衅者的脸在枕头或沙袋上,因为他们的"存在"而猛击它,然而这正是许多流行心理学家建议人们去做的。如果听从了他们的建议,只会让人更加愤怒,更加咄咄逼人。

参考文献

Bandura，A. (1973). *Aggression：A social learning theory analysis*. Englewood Cliffs，NJ：Prentice Hall.

Baron，R. A. (1976). The reduction of human aggression：A field study of the influence of incompatible reactions. *Journal of Applied Social Psychology*，6，260 - 274.

Baron，R. A. (1983). The control of human aggression：An optimistic perspective. *Journal of Social and Clinical Psychology*，1，97 - 119.

Berkowitz，L. (1993). *Aggression：Its causes，consequences，and control*. New York，NY：McGraw-Hill.

Bernstein，S.，Richardson，D.，& Hammock，G. (1987). Convergent and discriminant validity of the Taylor and Buss measures of physical aggression. *Aggressive Behavior*，13，15 - 24.

Bower，G. (1981). Mood and memory. *American Psychologist*，36，129 - 148.

Breuer，J.，& Freud，S. (1955). *Studies on hysteria* (Standard ed.，Vol. 2). London：Hogarth (Original work published 1893 - 1895).

Bushman，B. J.，& Baumeister，R. F. (1998). Threatened egotism，narcissism，self-esteem，and direct and displaced aggression：Does self-love or self-hate lead to violence? *Journal of Personality and Social Psychology*，75，219 - 229.

Bushman，B. J.，Baumeister，R. F.，& Phillips，C. M. (2001). Do people aggress to improve their mood? Catharsis beliefs，affect regulation opportunity，and aggressive responding. *Journal of Personality and Social Psychology*，81，17 - 32.

Bushman，B. J.，Baumeister，R. F.，& Stack，A. D. (1999). Catharsis，aggression，and persuasive influence：Self-fulfilling or self-defeating prophecies? *Journal of Personality and Social Psychology*，76，367 - 376.

Bushman，B. J.，Bonacci，A. M.，Pedersen，W. C.，Vasquez. E. A.，& Miller，N. (2005). Chewing on it can cheer you up：Effects of rumination on triggered displaced aggression. *Journal of Personality and Social Psychology*，88，969 - 983.

Cohen，J. (1988). Statistical power analysis for the behavioral sciences (2nd ed.). New York，NY：Academic Press.

Cottrell，N. B.，& Wack，D. L. (1967). Energizing effects of cognitive dissonance upon dominant and subordinate responses. *Journal of Personality and Social Psychology*，6，132 - 138.

Criddle，W. D. (1971). The physical presence of other individuals as a factor in social facilitation. *Psychonomic Science*, 22, 229 - 230.

308   Eysenck, M. W. (1975). Effects of noise, activation level, and response dominance on retrieval from semantic memory. *Journal of Experimental Psychology*: Human Learning and Memory, 1, 143 - 148.

Fighting fit. *Vogue*, 1993, July, 183, 176 - 179.

Geen, R. G. , & Bushman, B. J. (1987). Drive theory: The effects of socially engendered arousal. In B. Mullen & G. R. Goethals (Eds.), *Theories of group behavior* (pp. 89 - 109). New York, NY: Springer-Verlag.

Geen, R. G. , & Bushman, B. J. (1989). The arousing effects of social presence. In H. Wagner & A. Manstead (Eds.), *Handbook of psychophysiology* (pp. 261 - 281). New York, NY: John Wiley.

Geen, R. G. , & Quanty, M. B. (1977). The catharsis of aggression: An evaluation of a hypothesis. In L. Berkowitz (Ed.), *Advances in experimental social psychology* (Vol. 10. , pp. 1 - 37). New York, NY: Academic Press.

Giancola, P. R. , & Zeichner, A. (1995). Construct validity of a competitive reaction-time aggression paradigm. *Aggressive Behavior*, 21, 199 - 204.

Hornberger, R. H. (1959). The differential reduction of aggressive responses as a function of interpolated activities. *American Psychologist*, 14, 354.

Konecni, V. J. (1974). Self-arousal, dissipation of anger, and aggression. *Personality and Social Psychology Bulletin*, 1, 192 - 194.

Lang, P. J. (1979). A bio-informational theory of emotional imagery. *Psychophysiology*, 16, 495 - 512.

Lee, J. (1993). *Facing the fire: Experiencing and expressing anger appropriately*. New York, NY: Bantam.

Lyubomirsky, S. , & Nolen-Hoeksema, S. (1995). Effects of self-focused rumination on negative thinking and interpersonal problem solving. *Journal of Personality and Social Psychology*, 69, 176 - 190.

Markovsky, B. , & Berger, S. M. (1983). Crowd noise and mimicry. *Personality and Social Psychology Bulletin*, 9, 90 - 96.

Rusting, C. L. , & Nolen-Hoeksema, S. (1998). Regulating responses to anger: Effects of rumination and distraction on angry mood. *Journal of Personality and Social Psychology*, 74, 790 - 803.

Shrout, P. E. , & Fleiss, J. L. (1979). Intraclass correlations: Uses in assessing rater reliability. *Psychological Bulletin*, 86, 420 - 428.

Sullivan, A. (1999, September 27). What's so bad about hate? *The New York Times Magazine*, pp. 50 - 57, 88, 104, 112 - 113.

Taylor, S. P. (1967). Aggressive behavior and physiological arousal as a function of provocation and the tendency to inhibit aggression. *Journal of Personality*, 35, 297 - 310.

Watson, D. , Clarke, L. A. , & Tellegen, A. (1988). Development and validation of brief measures of positive and negative affect: The PANAS scales. *Journal of Personality and Social Psychology*, 54,1063 – 1070.

Zajonc, R. B. , Heingartner, A. , & Herman, E. M. (1969). Social enhancement and impairment of performance in the cockroach. *Journal of Personality and Social Psychology*, 13,83 – 92.

Zajonc, R. B. , & Sales, S. M. (1966). Social facilitation of dominant and subordinate responses. *Journal of Experimental Social Psychology*, 2,160 – 168.

Zillmann, D. (1979). Hostility and aggression. Hillsdale, NJ: Lawrence Erlbaum. Zillmann, D. , Katcher, A. H. , & Milavsky, B. (1972). Excitation transfer from physical exercise to subsequent aggressive behavior. *Journal of Experimental Social Psychology*, 8,247 – 259.

Zuckerman, M. , & Lubin, B. (1985). *Manual for the MAACL-R: The multiple affective adjective checklist revised*. San Diego, CA: Educational and Industrial Testing Service.

23. 利用媒体减少群体间的偏见和冲突：卢旺达的现场实验①

伊丽莎白·利维·帕鲁克(Elizabeth Levy Paluck)

哈佛大学

　　媒体能减少群体间的偏见和冲突吗？尽管这个问题至关重要，但我们对大众媒体在塑造有偏见的信念、准则和行为方面作用的理解仍然有限。在卢旺达进行的一项为期一年的现场实验测试了一部广播肥皂剧的效果，该剧讲述了在两个虚构的卢旺达社区中减少群体间偏见、暴力和创伤的信息。与听健康广播肥皂剧的对照组相比，(实验组)听众对异族通婚、公开异议、信任、移情、合作和创伤愈合等社会准则和行为的认知发生了变化。然而，广播节目并没有改变听众的个人信念。小组讨论和情绪植入了媒体影响的过程。综上所述，研究结果提出了一个行为偏见和冲突减少的综合模型，该模型认为社会准则交流优先于个人信念改变。

　　关键词：媒体、偏见、冲突、现场研究、社会准则

　　近一个世纪以来，心理学研究一直致力于解决偏见和群体间冲突等社会问

---

① 美国国家科学基金研究生奖学金和社会与政策研究所为本研究提供了支持。唐纳德·P·格林(Donald P. Green)和阿尔伯特·尼扎玛克洛维娅(lbert Nzamukwereka)是本研究的核心成员。我收到了许多同事的重要反馈，特别是约翰·多维迪奥(John Dovidio)、伊扎特·贾鲁迪(Izzat Jarudi)、大卫·西尔斯(David Sears)、斯科特·斯特劳斯(Scott Straus)、埃里克·路易斯·乌尔曼(Eric Luis Uhlmann)和维吉尔·乌扎布穆加博(Virgile Uzabumugabo)。感谢我在卢旺达的研究团队 Pamela LaMonaca 和慈善组织 La Benevolencija 的大力支持。

与本文有关的信件请寄哈佛大学威瑟黑德国际事务中心的 Elizabeth Levy Paluck，地址：1727 Cambridge Street, Cambridge, MA 02138。电子邮件：epaluck@wcfia. harvard. edu.

题。很少有话题能够吸引如此之多的理论关注(Banaji,2001b；Gaertner &
Dovidio,2000；Hovland & Sears,1940；Sears & Henry,2005；Sidanius &
Pratto,1999；Tajfel & Turner,1979)。尽管这些研究已经产生了一些令人鼓
舞的理论和实证线索,但学者们目前仍无法明确回答,"有哪些干预措施可以减
少现实世界中的偏见和冲突?"(Paluck & Green,待出版)。

　　大众媒体在塑造信念和行为、尤其是有偏见的信念和行为方面发挥何种作
用? 研究者们对此了解极为有限。受到第一次世界大战和第二次世界大战中
广泛使用的宣传的激励(Hovland,Lumsdaine & Sheffield,1949；Lewin,
1952),早期心理学研究探讨了媒体在助长(Doob,1935；Lasswell,1928)和减
少(Cooper & Jahoda,1947；Flowerman,1949；Peterson & Thurstone,1933)
偏见和冲突中如何发挥作用。这些研究最初试图明确一些重要的理论问题,但
最终心理学家们放弃了对媒体效果的研究。

　　本研究试图填补两类文献空白。这项研究的背景是中非国家卢旺达,在那
里,无线电广播在 1994 年的一场战争和种族灭绝中发挥了关键作用,在 3 个月
的时间里,这场战争和种族灭绝导致 10% 以上的人口和 75% 的图西族少数族
裔死亡。本研究报告了与非政府组织 La Benevolencija 合作进行的随机现场实
验的结果。在种族灭绝发生 10 年后,该组织制作了一部长达一年的"教育娱
乐"广播肥皂剧,旨在促进卢旺达的和解。

　　在这项实验中,我测试了三个问题:大众传媒是否有能力影响(a)个人信念
(在这里,包括肥皂剧中有关偏见、暴力和创伤的信息),(b)对社会准则的理解
(由虚构的肥皂剧角色描述),以及(c)行为(开放的交流与合作)? 通常,偏见和
冲突的这些不同组成部分是单独研究的,并且排除了现实环境中的一些重要因
素,如情感和同伴讨论。我用现实世界的证据来说明,一个更完整的减少偏见
的理论(特别是基于对偏见的信念、准则和行为的功能相互依赖性理解的理论)
可能是什么样的。这种理论上的进步,将对实践产生重大的影响;最为重要的
是,它可能对那些与偏见行为相关最为密切的因素加以干预。

　　我采用了第一项随机现场实验的证据来检验这些理论问题,以考察大众媒
体对偏见和冲突的影响。在非洲对群体间关系的社会心理学研究并不鲜见
(Brewer & Campbell,1976),在卢旺达还检验了偏见的心理学理论,这些理论
经常被讨论,但很少在群体间极端冲突及其后果中得到检验(Bar-Siman-Tov,

2004)。

　　随着媒体在全球各个角落的扩散,确定媒体能否对减少世界上的偏见和冲突有所贡献,使得人们期待"让心理学变得更为重要"(Campbell, 1969; Miller, 1969; Zinmbardo, 2004)。此外,在我看来,基于现实世界的严格研究将促进有关群体间关系的新理论的发展。本文的总体目的是朝着这两个目标迈进。

311

偏见、冲突与媒体：理论与证据

　　1935年,现代心理偏见研究之父戈登·奥尔波特(Gordon Allport)出版了《广播心理学》(Cantril & Allport, 1935),该书探讨了人们在收听广播时如何使用定型观念。今天,有关媒体、偏见和冲突的议题为专业研究者所共同关注:既包括那些利用媒体煽动偏见和冲突的人(例如,卢旺达电台 RTLM[米勒·柯林斯自由广播电视台],该电台在1994年鼓励反图西人的歧视和暴力),也包括那些鼓励利用媒体减少偏见和冲突的人。

　　每年,世界各地的政府和组织都会投入数百万美元用于公共服务公告、印刷品和互联网出版物以及电视和广播节目(Howard, Rolt, van de Veen & Verhoeven, 2003; Paluck, 2007b; Spurk, 2001),包括像芝麻街这样的儿童节目(Brenick et al. ,待出版;Graves, 1999);反偏见电视广告(http://themoreyouknow. com/Anti_Prejudice);广告牌和巴士海报(Horovitz, 1993; Vrij & Smith, 1999);信息和宣传网站(http://www. splcenter. org);以及电视、电影和广播剧(Abdalla & Torrey, 1999; Ball-Rokeach, Grube & Rokache, 1981)。教育娱乐是全球用于社会变革运动的一种媒体类型,包括反暴力和减少冲突运动(Rosin, 2006; Singhal, Cody, Rogers & Sabido, 2004)。它将教育信息(例如,关于非暴力或群体间合作)编入娱乐性的广播或电视节目(通常是肥皂剧)中。

理论基础

　　那些对反偏见媒体运动感兴趣的人,会发现一系列令人困惑的理论,涉及信念、准则、情感、行为等。在很大程度上,这些理论源自不同的传统。在每一次实验研究中,研究者只是考察偏见的几个构成成分(例如,信念和行为),而控制了其他所有的要素。但那些设计干预措施的人,则往往要面对偏见的各种可能(一些通用的行为模式暗示了某种策略,这些模式规定了一连串并不重要的行为前因,见 Ajzen,2001,第 42—47 页)。

如果能够建构一个模型,讲清楚偏见和冲突的社会心理成分在功能上的相互依赖关系,将有助于理论解释和现实干预。该模型可以厘清偏见的信念、准则和行为之间的关系,并确定偏见的哪些成分在何种情况下应当成为研究目标,并预测其中某个方面的变化可能会影响其他方面变化的程度。例如,如果感知到的准则发生了变化,会如何影响信念和行为? 理论方面的文献与这样一种系统的理解还相差很远,但是基于对这样一个目标的关注,我考察了有关偏见和减少冲突的各种观点——既包括一般意义上的,也包括专门针对媒体的。

关于偏见的早期研究认为,信念(被定义为对自我和环境的理解;Bem,1970)是偏见的重要组成部分(Allport,1954,第 13 页)。该问题仍然是社会心理学最活跃的研究领域之一(Devine,1989;Jost & Burgess,2000)。尽管一些心理学家声称信念对态度改变有极大的抵抗力(Bem,1970),但媒体说服理论认为,信念受到媒体文化和节目的影响(Ball-Rokeach et al.,1981;Hovland et al.,1949;McClosky & Zaller,1984)。社会认知研究者声称,一个人对某个群体的特定信念可能会改变,但社会对该群体的刻板印象会持久(Devine & Elliot,1995),并会渗透到个人的无意识之中,在那里所发挥的作用是常规化和自动化的(Banaji,2001a;Dovidio et al.,1997)。

一些心理学家认为社会准则(被定义为社会对人们的实际行为或期待行为的要求;Miller,Monin & Prentice,2000)对偏见和冲突有强大的影响(Crandall & Stangor,2005;Sherif,1936)。另一些人则认为,在准则的压力下,人们会掩饰而不是将负面影响传递给外部群体(Katz & Hass,1988;McConahay,1986)。媒体理论认为,大众传播在向他人传递行为或思想(例如,描述性准则)方面非常成功(Mutz,1998;Noelle-Neumann,1973)——尽管准则焦点理论预测,媒体在传播准则时最具影响力(Cialdini,Kallgren & Reno,1991;Kallgren,Reno & Cialdini,2000;Bandura,1986,2004)。媒体可能直接传递准则性信息,或者受众可能从真实或虚构的媒体人物的行为中推断出准则性信息(他们通常会引起与现实中的同伴相同的反应;Rubin & Perse,1987;

312

Shapiro & Chock，2003）。

站在心理学认知革命的高度，一些研究者重新关注偏见和冲突的情感和交往方面并提出了一些观点，特别是围绕着移情所进行的讨论（Mendelberg，2002；Stephan & Finlay，1999）。事实上，与减少偏见有关的移情（与另一个人处境一致的情感体验）（Batson et al.，1997；Schecter & Salomon，2005）是值得关注的，因为媒体节目可以激发人们对真实和虚构人物的移情（Zillman，2006）。群体间关系理论可以预测，对个别媒体角色的移情会推广到该角色的现实社会群体中去（Andersen，Downey & Tyler，2005；Pettigrew，1998），这可能是因为观众体验到了与节目中群体成员的替代性接触（Cameron & Rutland，2006）。

小组讨论，与诸如合作、政治宽容和更具包容性的群体认同等积极成果有关（Mendelberg，2002；Mutz，2006）。然而，小组研究也警示人们，讨论会放大某个群体的最初态度、偏见或宽容（Moscovici & Zavalloni，1969；Myers & Bishop，1970）。拉扎斯菲尔德等人在有关媒体影响力的综述中认为，关于媒体信息的个人讨论是转换个人观点的必要环节（Bandura，2001；Katz & Lazarsfeld，1955；Rojas et al.，2005）。

偏见的这些不同成分之间的关系以及与偏见行为之间的关系常常在理论上引起争论。尽管许多研究者发现信念和行为之间的联系并不可靠（Greenwald，Poehlman，Uhlmann & Banaji，2007；Wicker，1969），但大量关于内隐刻板印象的研究表明，与这些信念相一致的行为可以被微妙地激活（Bargh，Chen & Burrows，1996；Kawakami，Young & Dovidio，2002）。关于偏见、从众和社会共识的大量理论探讨表明，规定性的和描述性的社会准则都可以有力地预测行为（Allport，1954；Asch，1958；Cialdini et al.，1991；Crandall & Stangor，2005；Sherif，1936），个人更可能看重社会准则的知识而不是自己的个人信念（Kuran，1995；Miller et al.，2000；Stangor，Sechrist & Jost，2001；Van Boven，2000）；但另外一些人则认为，一般而言，当个人高估了与自己持有相同信念的人数时，情况可能恰恰相反（Monin & Norton，2003；Ross，Greene，& House，1977）。情感和社会互动很少进入研究者们的理论视野（Smith，1993）。

证据

令人遗憾的是,现有关于媒体影响和减少偏见的证据,尚不能对上述不同的理论观点作出裁定。W·G·麦圭尔(McGuire,1986)有关"大众传媒影响的神话"的评论能够很好地说明这一点:现场研究存在以下问题,(a)对媒体节目的接触程度测量不当,(b)对结果测量不当,以及(c)对媒体节目和结果之间的因果关系缺乏明确的认识。相比之下,实验室实验测量的是人工环境中简化且经常是虚构的媒体传播的短期效果。鉴于与媒体消费相关的现实世界条件在其影响中起着重要作用的经验证据,媒体实验室研究的人为性值得关注:例如,同时进行的活动会影响传播的说服力、记忆和兴趣(Janis, Kaye & Kirschner,1965);真实或想象的社会伙伴会影响情绪和行为反应(Ruiz-Belda, Fernandez Dols, Carrera & Barchard,2003);同伴讨论会消除媒体的框架效应(Druckman & Nelson,2003);重复和持续的接触会导致厌倦、烦恼(McGuire,1985,第274页)或忠诚、情感依恋(Zajonc,1968)。在所有的文献中,仅有10篇是有关媒体对偏见影响的现场实验,所有实验都涉及北美儿童课堂环境中播放的电视节目。

基于以上情况,本研究没有采用一般的做法。我着眼于考察媒体能否在一个充满挑战的现实环境中减少偏见和冲突。在研究中,我采取了一种扎根的方法,通过测量媒体对偏见和冲突不同成分的影响来建构理论。我认为,如果不从经验上确定这些成分功能上的相互依赖性,减少偏见的理论将仍然是支离破碎的,离实际应用也仍有一步之遥。也就是说,减少偏见的努力是否(以及在什么情况下)应该以信念、准则或行为为目标?某个方面的变化会引起另外一个方面的变化吗?移情和讨论等因素会如何减少偏见?如果没有严格的现场研究来重新加以讨论,对这类复杂问题的探讨将会停滞不前。

314

本研究中的卢旺达电台

无线电广播是卢旺达最重要的大众传媒形式,在那里,与大多数发展中国家一样,人们聚集在一起集体收听无线电广播(Bourgault,1995;Hendy,2000)。卢旺达略小于马里兰州;在2004—2005年收集数据时,这里有840万人口(其中约84%的人属于胡图族,15%的人属于图西族,1%的人属于特瓦族),在 177 个国家中排名第 158 位(联合国开发计划署,2004)。

1959 年,在殖民当局支持下发生了胡图革命,期间爆发的反图西族歧视和暴力扩大了卢旺达社会的裂痕。历史上,胡图人和图西人并肩生活,讲同一种语言,有着共同的宗教崇拜,相互通婚。伪造民族身份证(最初由殖民当局签发)或具有使他们能够作为其他民族成员通过的身体特征的个人,常常对民族身份提出质疑和重建。然而,在 20 世纪 90 年代,随着该国陷入经济危机、政治派系主义和内战,族裔群体具体化为卢旺达政治的组织类别,并在一定程度上成为普通的社会生活。胡图族极端分子政客将图西族平民与威胁国家和平的图西族叛乱分子混为一谈,并利用政策、法律和媒体手段鼓励反图西情绪(Des Forges,1999；Mamdani,2001；Newbury,1988；Straus,2006)。

在 1994 年卢旺达的种族灭绝中,电台的罪责是有据可查的(Broadcasting Genocide,1996；Chrétien,Dupaquier,Kabanda,Ngarambe & Reporters Sans Frontières,1995；Li,2004；Straus,2007；Thompson,2007)。RTLM 成立于 1993 年,最初是一个谈话类节目的电台,逐步播出反图西笑话和评论,并最终被认定为极端主义的胡图族政府的一个组成部分。在一个具有里程碑意义的案件中,卢旺达问题国际刑事法庭判定该电台的创办人犯有种族灭绝罪,认为电台该为种族灭绝"提供了舞台"(检察官诉卢旺达问题国际法庭,Nahimana,Barayagwiza & Ngeze,2003,第 29 页)。

今天,卢旺达人面临着对社区的巨大信任危机,因为幸存者、返回的难民和被指控的凶手必须在他们原有的社区里共同生活。卢旺达各方都怀有怨恨,受到图西族新政府政权的不同影响,心理创伤治疗的条件也很差(Stover & Weinstein,2004)。而且,实际上那些偏离政府官方版本的种族或卢旺达历史,也被禁止公开讨论(Longman & Rutagengwa,2004)。

315　　卢旺达和解电台：新曙光

新曙光,是一部教育娱乐广播肥皂剧,旨在解决种族屠杀留下的不信任、缺乏沟通互动以及创伤。该剧虚构了两个卢旺达社区的故事,与图西族和胡图族之间的共处和冲突历史相似,每个社区代表一个族裔群体(直接提及族裔的名字将被审查)。土地短缺带来了紧张局面,政府给予其中一个社区优惠,而另一个社区却得不到;社区间关系崩溃,一些更为繁荣的社区也遭到了攻击。其结果是人员伤亡、精神创伤和难民的出现——这种情况与 1994 年种族灭绝的前因后果如出一辙，但在剧中不会直接提及。然而，一些人跨越了社区界线，开始相互交流，并且公开反对那些鼓吹暴力的有权势的领导者(Labenevolencija，2004)。

教化信息。该节目的卢旺达编剧将教化信息编入故事情节之中，旨在影响听众对"偏见和暴力的根源及预防、创伤症状及治愈途径"的信念(Staub，Pearlman，Weiss & Hoek，2007)。这些信息告诉我们，偏见和暴力的根源在于基本心理需求(如安全、积极的身份和归属感)的挫败感，暴力是许多因素的累积，包括缺乏批判性思维、公开的异议、积极的旁观者，以及有意义的群体间的联系(Staub，2006)。关于创伤的信息会强调，创伤的症状可以理解，创伤不是"癫狂"，遭受创伤的人可以通过与知己交谈来治愈创伤(Pearlman，2001)。节目中的角色以教学的方式向其他角色传递这些信息，例如，某位智者会向社区领袖讲述暴力的来源，某位治疗师会向遭遇创伤者讲述她的症状。

社会准则的描述。通过将人物刻画成典型的、现实的卢旺达人，这部广播剧还可以改变人们对社会准则的看法，也就是说，向听众展示他们的同龄人在许多真实的卢旺达人面前所做的(描述性准则)和应该做的(规定性准则)。这些角色使用流行谚语和传统歌曲，并遵循农村生活的惯习(92% 的卢旺达人生活在农村地区)。他们的主要行为是在与所有卢旺达人都知道的问题进行斗争时显现出来的，例如跨群体友谊、专横的领导者、贫穷和暴力记忆。譬如，编剧通过两个类似罗密欧和朱丽叶的角色来展示积极的行为——一个男孩和一个女孩，他们来自不同的种族，面对社区的反对而追求爱情。两人没有在悲惨局面中屈服，而是反抗好战的当局，成立了一个争取和平与合作的青年联盟。

研究假设

316

我们没有测试课程信息的有效性，而是测试了两种影响策略：一种策略是改变信念；另一种策略是改变感知到的社会准则，以及课程对改变行为这一最终目标的影响。

影响个人信念。广播节目的明确目标是促进对其信息的理解和信念，类似于公共教育运动(Staub et al.，2007)。因此，我们的第一个假设是，节目将会改变听众对节目中有关偏见、暴力和创伤信息的看法。

影响感知到的准则。通过向听众展示他们生活中的人物及其相关情况，收听和解节目会影响听众对卢旺达人行为的描述性准则，以及卢旺达人在与偏见、冲突和创伤有关的情况下如何行为的规定性准则的看法。

影响行为。我们的第三个假设是，行为将朝着节目所鼓励的方向改变，即人们将更愿意就敏感话题（如社区关系和创伤）发表意见，甚至持不同意见，并相互合作，甚至跨越群体界限。这种行为变化可以与信念变化、准则变化或两者都不发生变化一起观察。

移情与讨论。在本研究中，没有对移情和讨论进行实验操作，因而记录对广播节目的情感和会话反应，可以显示可供将来研究的可能变化过程。以上对文献的回顾可以预测，对广播人物和讨论的情感和移情反应会放大媒体效应，尽管对讨论的预测还不太清楚。

方法

本研究旨在采用各种测量工具，以最自然的方式，采用分层抽样的样本，对理论上有意义的结果（信念、准则和行为）和可能的变化过程（情感和讨论）加以考察，以确定广播节目的因果影响。

听众和社区样本的抽取

因为卢旺达人通常会成群结队地收听广播，所以我使用了一种随机分组设计，其中社区被随机分配到处理（有关和解的广播节目）或控制条件（有关健康的各种广播肥皂剧）。这些社区可以代表当今卢旺达典型的政治、区域和种族类型：来自 4 个不同地区的 8 个一般人群社区、2 个种族灭绝幸存者社区和 2 个特瓦族社区。

我们使用随机程序，对各类社区听取和解节目或健康节目进行了随机分配。根据一些可观察的特征，例如性别比例、住宅质量和教育水平，每个社区首先与同一类别（一般人群、幸存者或特瓦族）中最相似的社区进行配对。然后，每个配对中的一个社区被随机分配到和解节目，另一个被分配到健康节目。对社区这种分类，有助于平衡和减少社区之间存在的明显差异。

最后，我们从居住在每个选定社区的所有官方名单中随机选取了 40 名成年人，对性别、年龄（18—30 岁占一半，30 岁以上占一半）和家庭（直系亲属不超

317

过一个人)进行了平衡。四名代表胡图族和图西族背景的卢旺达研究助理和我一起访问了每个社区,找到了这些被试并向他们解释了这项研究。我们的目的是了解卢旺达人对 LaBenevolencija 这个非政府组织所制作的广播节目的看法,该目的被宽泛地加以呈现,以避免被试形成特定的期望。

前测

一旦被试同意参与研究,研究者便获得了对相关信息的知情权,这些信息包括一系列人口统计学问题,以及与收听习惯和种族屠杀经历有关的问题。总样本量 N＝480 人,年龄范围为 18 岁至 87 岁(M＝38.5)。79%的被试是农民;其中 73%的男性和 63%的女性接受过小学教育。天主教徒占样本的 64%,其次是新教徒(14%)。仅有 53%的被试拥有一台收音机;没有收音机的被试中有83%的人报告,他们和家人或邻居一起收听广播。

99%的被试在种族灭绝开始时生活在卢旺达,大约 50%的人在一周到几年的时间里因暴力而流离失所。69%的被试声称有一个或多个亲属在 1994 年被杀害,28%的来自一般人群的被试有一个亲属在狱中,而幸存者和特瓦族被试分别为 7%和 57%。正如所预期的那样,随机分配平衡了和解节目组和健康节目组之间所有测量特征。

实验程序

在一年的时间里,同一批卢旺达研究助理访问了每个社区,用便携式立体声音响播放了当月的 4 集 20 分钟的节目。尽管研究助理们知道节目是不同的,但他们并不会向被试们说明特定的研究假设。被试们聚集在各自的社区空间里,就像他们在非研究条件下一样收听广播。对照组收听的是教育娱乐广播肥皂剧 Urunana(手拉手;以下简称"健康节目"),该节目旨在改变人们有关生殖健康和艾滋病的信念、准则和行为。因此,节目内容是这两种条件之间的唯一区别,实验结果所测量的是收听和解节目被试的变化。

每月一次的实地考察保证了被试在收听节目的同时尽可能地维持最自然的环境。研究助理们每个月都会来访,他们会和各组被试们一起坐下来收听,这是一次非正式的社区聚会的一部分。大家一起分享当地的传统饮品(由研究团队购买),研究助理从不发起或引导讨论。

318

研究助理在离开现场后会填写观察表,记录被试参加情况,并对各组在课程期间和课程结束后所观察到的热情、注意力、困惑、情绪表达以及讨论的数量和类型进行评分。他们记录了被试们讨论诸如群体间偏见、暴力或创伤等主题的频率。

对控制组不做处理

我们采取了额外的措施,以确保对照组不受和解节目的影响,该节目在评估期间在全国范围内播出。我们要求健康节目组在一年内不要听和解节目;为了鼓励大家遵守,我们承诺在年底提供一台便携式立体声音响和14盒盒式磁带,其中包含当年播出的和解节目片段(也会承诺向和解节目组提供)。因此,健康组被试将他们的承诺理解为推迟收听,而不是不让收听。

有这样几个理由可以相信,健康组被试没有收听和解节目。由于该节目是全新的,因此人们缺乏对该节目的忠诚度,在 Musekeweya 广播期间,其他电台还会有三个备选节目。当研究助理在年中对健康组被试就和解节目发表随意评论时,被试们表示他们没有收听。毫无疑问,一些健康组被试的确会一次或多次收听和解节目。然而,如果有大量被试交叉,研究结果会低估和解程序的真实影响,指向 II 型错误,而不是更麻烦的 I 型错误。和解组和健康组之间真正的无偏差异会更大,这使得我在分析中对和解节目的影响出现保守估计。

数据收集

一年结束时,一个由15名卢旺达研究人员组成的小组陪同我和正规的研究助理到每个社区进行了3天的研究。我们对所有40名被试进行了个别访谈、焦点小组讨论和行为观察。

319　　　**个别访谈**。研究人员给每位被试读了一系列的陈述,被试通过指向一张大索引卡上打印的4个逐渐变大的圆圈中的一个,来说明他们对每一个陈述同意或不同意的程度;最小的圆圈表示强烈反对,最大的圆圈表示强烈同意。

其中9个陈述用来评价被试对节目中所接受信息的信念,6个陈述用来评价被试对节目中描述性("事情就是这样")和规定性("事情应该是这样")准则的看法(见表23.1)。关于健康节目的问题测试了干预措施的区分效度,特别是处理效果的模式是否在健康问题上有利于对照组。研究人员通过4个陈述来评价被试对其他卢旺达人的同情心，探讨被试是否会体验那些卢旺达囚犯、种族灭绝幸存者、穷人和政治领导人的"想法或感受"。

表 23.1　有关个人信念和社会准则认知的访谈题目

类别	项　目
个人信念	大众暴力是由散布谣言和偷窃等一系列小的行为发展而来的。 大众暴力会突然爆发。* 如果我袖手旁观，而其他人犯下邪恶的行为，我也有责任。 与不同地区、不同宗教或不同"种族"的人们通婚，有助于和平。 遭受创伤的人们会变得"疯狂"。* 施暴者也可能受到精神创伤。 从创伤中恢复是可能的。 患有艾滋病的孕妇有机会生育健康的孩子（健康）。 人们可以安全地与艾滋病患者分享一些东西（健康）。
社会准则	我建议我的孩子们（或者将来生育的孩子们）只和同一地区、同一宗教或同一种族的人结婚。* 信任是幼稚的。* 我所在的社区存在不信任感。 如果我们不同意某人正在做或说的事情，我们应该保持沉默。* 为了我的心理健康，我不应该谈论那些给我带来巨大痛苦和折磨的经历。* 每个怀孕的妇女都有必要去健康中心检查（健康）。

注：社会准则包括描述性准则和规定性准则。星号表示反向编码的项目。

焦点小组。10 人一组的被试们讨论了四个主题：通婚、暴力预防、创伤和信任。与个别访谈一样，目的是评估个人信念以及对社会准则的看法。研究人员还重复了焦点小组中个别访谈的问题，以测试个人是否会像私下一样在同龄人面前发表同样的观点。

行为观察。研究人员记录了小组讨论如何共享随身听并为之提供电池，以及在数据收集结束时向每个社区提供的一组 14 盒收音机节目磁带情况。鉴于随身听的经济和娱乐价值，本次讨论对与会者具有重要意义。这项测量还捕捉到了被试自认为"不公开"条件的自发行为——他们的讨论发生在告别聚会上，当时研究团队与被试们聚集在一起分享饮料和社交活动。

为了展开讨论，一位研究助理向小组展示了这台随身听，并建议，鉴于大家都在场，他们可以在告别前决定如何分享和提供电池。两位研究人员悄悄地坐在小组成员的后面，记录下被试们随后的讨论情况。

结果

我们采用一个嵌套的统计模型来估计和解节目对个体的效应，这里使用了取自特定社区随机化处理的街区虚拟变量（$S_{i1} \ldots S_{i5}$；分别对应着相应的社区）和前测所获得的干预前协变量（$Z_{i1} \ldots Z_{ik}$；性别，出生地，对收音机收听习惯）。在这种情况下，Probit 回归（不对因变量进行测量）比分层线性模型更为适用（Raudenbush & Bryk, 2002），后者是一种以因变量测量为前提的线性模型。模型如下：

$$Y_i = \alpha + \beta X_i + \gamma_1 S_{i1} + \gamma_2 S_{i2} + \gamma_3 S_{i3} + \gamma_4 S_{i4} + \gamma_5 S_{i5} + \delta_{i1} Z_{i1} + \cdots + \delta_{ik} Z_{ik} + u_i$$

式中个体 i 的因变量为 Y_i；实验处理为 X_i；误差项为 u_i；参数 γ 对应着固定效应，δ 对应着协变量，β 对应着和解节目的效果。协变量有助于提高对节目效果估计的精度，但不会改变其结果。采用 STATA（9.2 版；Stata Corporation, 1985）的稳健聚类选项可以解释误差来源于每个社区的事实，使我们能得以估计个体而不是群体的系数，相应地有效样本量也从 12 增加到 480。由于聚类内相关性较低，这种调整所产生的误差与传统的标准误差相差无几。对于定序变量作为因变量，我们使用了定序 Probit 模型（Greene, 2000）。

为了对数据进行定性分析，我们将所有焦点小组讨论的记录进行编码并录入一个数据库中。录入数据库的信息，与所在地点、小组组成（如性别、平均年龄）和实验条件的识别代码相匹配。我和另一位独立的评判人员利用我和电台节目工作人员根据期望和预期的回答设计的先验编码系统，对每一轮谈话进行编码（对条件一无所知）。每轮收到 0 到 k 个代码，k 是与注释有关的代码总数。通过讨论消除了分歧，编码一致性可以接受（$\alpha = .71$）。我们采用上面介绍的模型对代码进行了 probit 回归分析。

对实验操作的检验

在每个地点，每月会有 35 到 40 名被试前来收听电台，不同条件下的出席率没有差异。在收听过程中，和解组（M_R）和健康组（M_H）之间在兴趣（$M_R =$

4.0，SD＝.75；M_H＝4.2，SD＝.83）、热情（M_R＝3.3，SD＝.96；M_H＝3.6，SD＝.90）、娱乐（M_R＝1.9，SD＝.90；M_H＝1.7，SD＝.78）和困窘（M_R＝1.5，SD＝.60；M_H＝1.5，SD＝.78；使用了从"1＝最小"到"5＝最大"量表）方面均不存在差异。

卜面，我将会介绍个别访谈和焦点小组讨论的结果，以检验信念和感知准则变化的前两个假设。因为我没有发现不同类型社区（普通人群、幸存者、图瓦人）之间存在差异，所以我将这些数据合并起来，只显示个体层面的结果。接下来，我会展示个体和群体层面的数据，这些数据是关于移情和讨论等潜在变化过程的，之后是群体层面的数据，以检验对行为产生影响的第三个假设。

问卷调查和焦点小组讨论结果：个人信念

大众暴力。在对"暴力是一个连续体"观点认同方面，和解组和健康组不存在差异（M＝3.62，SD＝.05）；两组被试对"暴力会突然发生"的观点支持率也没有差别（M_R＝2.78，SD＝.09；M_H＝2.81，SD＝.09）。见表23.2。在焦点小组讨论中，来自和解组与健康组的被试讨论了他们对暴力如何升级的看法。他们的集体见解，以个人生活中的警告为例，包含了和解计划中关于暴力升级的所有信息。一名被试说：

表 23.2 和解节目对信念、社会准则和移情的影响

类别	预测方向	和解电台	SE	P
信念				
暴力是一个连续体	＋	.04	.05	.85
暴力会突然爆发	－	－.004	.06	.92
暴力的旁观者应当负责	＋	－.010	.11	.38
通婚会带来和平	＋	－.12	.11	.47
犯罪者可能受到创伤	＋	.08	.09	.62
创伤恢复是可能的	＋	－.15	.08	.05
患有艾滋病的孕妇可以生育健康的孩子	－	.06	.05	.87
我可以和艾滋病患者合住	－	.10	.16	.77
社会准则				
我们的家庭应该允许通婚	＋	.28	.04	.01
我相信人们并不幼稚	＋	.14	.07	.04
存在不信任感	－	－.1	.07	.52

（续表）

类别	预测方向	和解电台	SE	P
我应该反对	＋	.29	.07	.01
我应该谈谈外部带来的伤痛	＋	.22	.03	.04
孕妇应该接受艾滋病检测	－	－.56	.18	.002
同情其他卢旺达人	＋	.17	.08	.04

注：每一行都是一个独立的定序 probit 回归，它分析的是个体水平的数据，并在听众群体水平上对聚类加以解释。在每次回归中，和解节目得分为 1（健康节目＝0），因此与健康有关消息的预测方向相反。社会准则包括规定性准则和描述性准则。有关项目的完整表述，请参阅正文。

是贫穷，将某个人和他的邻居之间很小的差异无限放大，正如穷人和富人那样。还有一些糟糕的领导人，他们给予某些人特权，而损害其他人的利益，由此而造成种族紧张并导致对另一个种族的蔑视，这种蔑视首先出现在日常的交谈，然后是公开的演讲。

这些关于暴力的信念不能归因于广播节目，因为对照组同样有可能而且在少数情况下甚至更有可能指出和解节目传达的因素。更为糟糕的是，对于信念改变的假设，和解组更可能提到"邪恶的人"会导致暴力（17.4% 对 4.9%）——这一观点受到和解节目信息的质疑，该信息强调普通人通过一般心理过程变得更具暴力。

组间相关。 被试的信念没有改变，认为旁观者有责任在其他人倡导暴力或群体间出现冲突时加以干预。在某种程度上和解组（M＝3.11，SD＝.08）和健康组（M＝3.21，SD＝.07）都同意旁观者分担责任。值得注意的是，近四分之一的被试不认为被动的旁观者对他们目睹的不公正行为负有部分责任，他们也没有试图加以阻止。持不同意见的被试经常会讲述，在种族灭绝期间他们手无寸铁或者无力阻止一群武装人员杀人。

有关通婚的项目探讨了被试是否相信来自不同种族、地区和宗教团体的人之间的婚姻有助于和平。与预期相反的是，收听和解节目产生了适度的但不具统计意义的效果，其中和解组听众不太可能相信来自异族的婚姻会带来和平（M_R＝3.59，SD＝.05；M_H＝3.65，SD＝.04）。

创伤。 与此完全相同（M＝1.51，SD＝.07），和解组和健康组均不同意受过创伤的人会"疯狂"。这两个组都认为施暴者可能受到创伤（$M_R = 3.29$，$SD = .06$；$M_H = 3.45$，$SD = .05$），而且受过创伤后能够恢复（$M_R = 3.29$，$SD = .06$；$M_H = 3.49$，$SD = .05$）。然而，与和解节目的目的相反，和解组听众明显不太可能相信受创伤的人能够康复。

研究人员在焦点小组中调查了被试对创伤症状的看法。除了一个例外（将在下一节中讨论），不存在任何差异：和解组和健康组都列出了类似呼吸急促、社交孤立、突然爆发和出现幻觉等症状，这些症状与和解节目的症状列表相对应。作为实验处理，被试建议社区提供社会支持（"多次拜访他，让他成为你的好朋友"，33%的评论涉及到这一条）和物质支持，如送柴火或安排一个孩子到家里帮忙（10%的评论涉及）。

健康。绝大多数被试正确地报告了一种信念，即患有艾滋病的孕妇"有机会"生育一个健康的孩子（75%的和解组被试和85%的健康组被试，无显著差异）。两种情况下的被试都正确地认为，与艾滋病患者分享物品是安全的（92%的和解组被试，93%的健康组被试，无显著意义）。

问卷调查和焦点小组讨论结果：感知社会准则

通婚。被试报告他们是否告诉（或将要告诉）自己的孩子，他们必须在自己的地区、宗教或种族群体内通婚。在这里，实验处理效果十分显著。那些收听和解节目的人在.25到.28之间，他们更可能拒绝通婚的处理方式。用百分比来表示，这意味着一个有50%的可能性建议通婚的人，如果被分配到和解条件下则仅有大约有40%的可能性。

焦点小组的数据与个人对婚姻问题的回答是一致的。大多数焦点小组都同意，在某些情况下，婚姻可以成为和平的积极力量。几乎每个组都讲述了同样的基尼亚卢旺达谚语："不要向你藏宝的地方扔石头"，意思是你必须善待你的姻亲，因为你的儿子或女儿和他们住在一起。然而，在被试阐述为什么通婚带来和平的原因时，却出现了严重的分歧。和解组更为频繁地表示，通婚为族裔群体之间的关系设置了一个检验标准或创造了一种新的社会准则，改变了家庭和社区的态度（27%对5.7%；$\beta = .21$，$SE = .08$，$p < .01$）；例如，

有时一对未婚男女会在父母还没有克服仇恨的时候，走到一起。但后

来随着（结婚）仪式的举办，他们带来了一个视角的变化，因为所有被邀请来的人都看到了他们的结合……客人们看到了，并且受到了启发，彼此开始交谈与交流。

324　　相比之下，健康组有 11% 的评论（而和解组没有这样的评论）将异族通婚描述为改变个人的私人选择，而不是涉及并可能改变其社会和家庭环境的决定。和解组和健康组都对异族通婚的积极影响提出了条件，为他们原本积极的讨论提供了可信性和现实性。许多人警告说，积极影响取决于"政治或社会局势的严重程度"，他们引用了这样一个故事，"你应该记得我们的一位领导人在女儿怀孕时强迫她堕胎"。

　　信任。所有被试都同意这样的说法："我的社区里存在不信任感"，在一份 4 点量表上评分达到了 3 分（$M_R = 3.0$，$SD = .07$；$M_H = 3.1$，$SD = .07$）。然而，和解组听众更有可能否认相信他人是幼稚的（$M_R = 1.81$，$SD = .07$；$M_H = 2.01$，$SD = .08$；$\beta = -.20$，$SE = .10$，$p < .05$）。

　　在焦点小组中，当研究人员要求被试在社区成员面前报告社区信任水平时，一些反应发生了变化。值得注意的是，健康组的被试最有可能改变他们的个人立场。在社区成员面前，39% 的健康组成员的评论变成了对社区不信任的坚决否认，而在和解组中仅为 7%，$\chi^2(2, N=3) = 4.21$，$p < .052$。鉴于个别访谈中报告的不信任程度都很高，焦点小组回答的差异似乎更多地表明和解组愿意就困难的问题发表意见，而不是他们对社区实际的不信任程度。

　　公开反对。对于"如果我们不同意某人正在做或说的某些事情，我们应该保持沉默"这一说法，个人的回答体现了与和解计划相关的最强的实验处理效果之一。与他们愿意在焦点小组中直言不信任的意愿一致，和解组听众比健康组听众更倾向于表明自己应该直言。

　　讨论个人创伤。和解组的听众更倾向于同意人们应该谈论自己的创伤经历，对概率所产生的效应为 .22。这种对社会准则的看法与较高的自述谈话率无关，因为两组中 83% 的人都表示他们已经和别人谈论过自己的创伤经历。

　　在创伤愈合的焦点小组讨论中，和解组听众比健康组听众更经常提到谈论创伤和倾听他人诉说的重要性（39% 对 23%；$\beta = .15$，$SE = .07$，$p < .05$）：例如，"你应该接受他的状况，让他表达自己的想法"和"最重要的是接受她所拥有

的一切。然后，走近她，专心听她诉说，不要伤害她，也不要催逼她"。

健康。尽管总体一致性非常高（95%），但健康组更可能同意所有孕妇都应接受艾滋病检测，这在统计学上存在显著的差异。使用 .56 的概率系数对结果进行预测表明，收听健康节目使个人同意的可能性增加了 1%。

情感与移情

根据每个月的现场记录，被试对这两部肥皂剧的情绪反应是看得见、听得见的，而且比较频繁。在每一个可以倾听的环节，研究人员都记录下了各种情绪反应，例如，一个来自繁华社区的人被殴打时会痛苦地哭喊，在一个星光灿烂的夜晚恋人团聚时会充满欢笑和掌声，当两人的关系再次被挫败时，他会大声对女孩说："伊汉干莎。"（"坚持住，亲爱的"）这种反应似乎体现了心理学家所讲的同情（为某个人的遭遇感到难过）和移情（感受到与某个人同样的情感体验）。

在个别访谈中，和解组听众对现实生活中的卢旺达囚犯、种族灭绝幸存者、穷人和政治领导人表达了更多的同情。这些移情反应的累加指数显示，收听和解节目的效果中等且达到了显著水平（$M_R=3.52$, SD=.04；$M_H=3.41$, SD=.04）。当分析中排除了种族灭绝幸存者的反应之后，这种效果便十分明显（理由是，尽管他们对其他幸存者的同情心特别强烈，但事实上很难接受和解）。

小组讨论

每个月的现场记录显示，平均而言，在大范围播映期间和之后，被试对这两个节目的自发讨论数量相同。在一个从 1 分（完全沉默）到 5 分（持续评论）的评定量表上，平均讨论得分为 3.09（SD=1.08；MR=2.9，MH=3.3）。之后，根据研究人员的报告，被试在离开前平均花 63%（SD=25.0；MR=62%，MH=65%）的时间讨论课程（相对于其他话题）。

现场笔记说明了被试在听广播时如何对广播里人物的动作和对话进行持续的评论。听众回应、支持和预测人物的言行；口哨声和惊呼声（"啊！"和"哟！"），打断广播。广播里人物使用的当地谚语，会激励被试使用他们自己的同类谚语。讨论的中心是节目的主要信息，而不仅仅是情节的发展和笑话。例如，和解节目的一个插曲以其中某个人物认为必须容忍和尊重彼此的想法而结束，对此，一位男性被试喊道："我们应该重复那些话！"从而引发了对话。健康节目的听众也同样积极地参与其中。

行为

在健康组讨论随身听和盒式磁带的过程中，我们经常观察到以下模式：第
一个发言的小组成员会建议将随身听和盒式磁带交给村里的管理机构，由他们
管理电池的使用并提供资金支持。根据这项提议，小组成员将以压倒性多数支
持动议并结束讨论。

在和解组中，评议通常遵循不同的模式。在最初同样的建议将随身听委托
给管理机构之后，一个或多个被试会对这一建议提出质疑，例如，声称小组应集
体负责或应选出一名成员来管理随身听。有关某个群体合作能力的评议出现
得更为频繁，比如，"我们一直在一起收听，为什么我们不能像以往那样，一起用
这个随身听来收听呢？"

上述不同模式被编码转译脚本的统计分析所证实。我们统计了最初提议
之后提出反对意见的数量，以评估审议会议的范围和公开性。这一指标显示，
与健康组相比，和解组在如何共享随身听方面提出并进行讨论的观点要多得多
（使用 Wilcoxon 配对符号秩检验，z＝2.3，p＝.05）。表 23.3 表明和解组审议

表 23.3　社区资源讨论中有关行为的内容

行为与样本	配对	健康	和解
普通人群社区提出反对意见的数量	A	1	1
	B	0	0
	C	0	2
	D	0	1
图瓦人社区提出反对意见的数量	E	0	2
幸存者社区提出反对意见的数量	F	0	1
普通人群社区提出合作评论的数量	A	0	2
	B	0	1
	C	0	2
	D	1	1
图瓦人社区提出合作评论的数量	E	0	1
幸存者社区提出合作评论的数量	F	0	1

注：字母 A—F 代表每对社区，其中一个指派给健康节目，另一个指派给和解节目。如果对小组的
一个或多个成员的最初立场提出了不同意见，或者对小组的合作能力发表了任何评论，社区讨论的
记录便会被评定为 1 分。这些差异出现的联合概率为 p＝.02。

的内容与健康组截然不同,在健康组的审议中,不同意见的模态数为零。对小组合作的积极评价在再培训组中更为频繁(z=2.3,p=.05;两种编码的联合显著性,p=.02)。与有关反对意见的数量一样,相比于健康组,和解组有关合作的意见在此类讨论中也增加了100%。重要的是,对于种族同质的图瓦人社区和幸存者社区,以及异质的普通人群社区,这些结果是相同的。

327

讨论

本研究提供了世界上有关媒体对群体间偏见和冲突影响的第一个明确的证据。和解广播节目并没有改变听众的个人信念,但却会深刻影响听众对社会准则的看法。准则性认知并非空洞抽象的,可以通过实际的行为(如主动协商、对敏感话题的公开表达和合作)来加以测量。这种和解效应模式,通过设定不同的电台节目来体现,增加了对结果免受实验因素带来的伪效应影响的信心。更为重要的是,这种模式对减少偏见的理论模型具有挑战性暗示:为了改变偏见行为,改变社会准则可能比改变个人信念更有成效。

尽管这里遵循的是一条由来已久且广为认可的有关偏见的信念、准则和行为的理论路线,但经验研究得出的结论却引发了不同的共鸣。一段时间以来,心理学理论一直专注于认知、情感、准则或行为偏见的不同领域,而忽视了更为系统的理论,这些理论解释了各部分如何联系起来产生整体或对原来的整体产生改变。本研究结果表明,人们可以更为充分地理解这些偏见成分在功能上的相互依赖性,可以据此而有效地构建某种实用的模型来减少偏见。

这些发现也来自现实环境中的娱乐、社交互动和情绪反应。类似讨论和情绪反应这样的因素,可以被视为改变过程的潜在必要条件,而不是可能会阻碍弱化媒体效应的干扰因素,应该作为未来研究的核心问题。下面,我将讨论目前的研究结果在某些方面是如何得到支持的,而在其他方面又如何与当前有关偏见和冲突的文献相矛盾。我将概括我的观点,即在一定范围内社会观念能够比个人信念起到更为主导的作用,未来的研究将有助于建构某种减少偏见和冲突的综合模型。

功能上的相互依赖

听众对社会准则的看法以及他们的行为发生了变化，但他们的个人信念却没有相应的变化，这一现象支持了某种经典的、最近重新活跃起来的文献，该类文献强调了社会准则在偏见和冲突产生过程中所起到的关键作用（Allport，1954；Blanchard，Crandall，Brigham & Vaughn，1994；Crandall & Stangor，2005；Sechrist，Stangor & Killen，2005；Sherif，1936）。事实上，在某些情况下，和解组听众赞同与他们所宣称的信念相反的准则，例如，他们拒绝禁止群体间通婚，尽管他们认为群体间的婚姻往往会导致紧张。这些结果也支持了悲观的观点，即信念很难改变（Bem，1970；McGuire，1986；Wood，2000）；而媒体并不能有效地告诉人们该怎么想，而是传达社会准则，或者其他人的想法（Kinder，1998；Mutz，1998）。相比之下，这些发现与心理学目前通过认知而不是通过社会影响来检验偏见的做法背道而驰。具体而言，现代心理学强调个人的信念和态度，而本研究的发现强调了社会准则感知甚至社会互动的重要性，从而提出了挑战（下文将对此讨论）。

然而，鉴于他们在心理学研究中的突出地位，重要的是要问为什么信念没有改变——8 个问卷调查项目产生了无效的结果，而且两个显著改变的实例与干预预测的方向相反。这些发现可能反映了人们对以重要的个人经历为基础的信念所传递的信息特别抵制。和解节目中的所有信息都涉及被试个人经历过的问题，许多被试在讨论自己的回答时都举出了个人的例子。

研究表明，当涉及个人价值观或自我时，人们会抵制说服性信息（Johnson & Eagly，1989；Sherif & Hovland，1961）。其他研究表明，当虚构故事与真实生活大量重叠时，人们受其影响的可能性较小，因为他们对待故事更具批判性（Prentice，Gerrig & Bailis，1997）。例如，和解节目的一条信息说，暴力不会突然发生。许多被试对此反对称，虽然紧张局势有所加剧，但种族灭绝暴力仍然令人吃惊。正如一位被试所言："当暴力开始时，它像一场突如其来的暴雨一样落在了我们身上。"

值得注意的是，目前有关个人信念和公众行为之间差异的证据，与种族暴力研究（包括卢旺达种族灭绝）的结果相似。学者们强调，暴力往往没有反映出凶手的个人偏见（Fujii，in press；Straus，2006），但与其他因素一起，他们的管辖当局、同行和媒体让杀戮在社会上看起来是适当和必要的（这一结论在卢旺达的媒体审判中得到了回应；检察官诉 Nahimana、Barayagwiza 和 Ngeze，2003）。除非邻居、警察或电台广播在特定情况下使准则变得众所周知，否则大量准则可能不会对行为产生显著影响（Kallgren et al.，2000；Latané & Darley，1970）。这些分析提出的微妙而清醒的建议是，通过媒体和其他来源有针对性地施加准则性压力，可以促进或抑制种族暴力。

潜在的制约因素

年龄和文化代表了两种可能的制约因素。一方面，一些证据表明，年轻人的信念更灵活（Krosnick & Alwin，1989），反主流媒体可以塑造年轻的听众（Paluck，2007b）。人们还可以推测，卢旺达的文化背景放大了和解节目相对于其他节目的某些影响。关于不同意见和群体间关系对准则产生重要影响的一种解释是，当准则的转变对社会文化中的已有动力思想产生影响时，这种转变最为成功（另见时代精神现象；Paicheler，1976）。有关异见、异族通婚和群体合作的观点在卢旺达文化中具有独特的共鸣。在卢旺达等级森严的社会中，反对异见存在某种重要的前提条件，正如当地谚语所言："当你处在弱势地位时，抱起双臂，冷静地休息。"相反，群体间通婚和异族通婚则是重要的社会习俗。卢旺达人引以为豪的是，邻里之间可以分享共同生产的稻米酿制的啤酒，或者在邻居生病的情况下一起抬起担架下山寻医（Paluck、Green & Nzamukwereka，2004）。电台节目里的人物说出心里话时的场景，可能会激起听众对禁止异见的不满，而该节目的爱情故事可能让听众联想起异族通婚以往产生的积极影响，或者在种族屠杀期间异族通婚偶尔产生的救命效果。

对干预措施进行更多的纵向研究，有助于厘清有关持久性和影响顺序的困惑。具体来说，准则的转变是否会随着时间的推移而持续，以及什么样的社会、政治或个人过程能够维持对这些社会准则的认知？在个人层面上，各种类型的心理平衡理论可以预测信念最终会与感知社会准则产生的新行为相一致（进而产生新行为）（Bem，1972）。在人际层面上，我们发现被试会在实验之外与社区其他成员讨论电台节目（Paluck，2006）。这个小组之外的讨论提出了一种社会影响模型，在这种模型中，被感知的准则在小型的、专注的听者群体中发生变化，然后这些群体会将他们的当地准则传播到更广泛的社区，使得这些变化得以持续。

329

关于影响顺序，我不能具体说明听者的行为是否会随着他们对准则看法的改变而改变，反之亦然，我也并不认为这样一种简化的模型能够反映现实情况。被试分组收听的事实表明，电台节目改变了群体的行为，而这种显在的行为改变了人们对准则的看法，这是一种潜在的反向模式。最有可能的是，两个方向的变化都是有效的(Bandura，2004)。

改变过程

结合描述性数据和先前的理论和研究，可以推断出情绪和小组讨论过程对本研究的结果至关重要。首先，电台节目干预的影响与小组收听节目的影响是分不开的。作为个体，人们能够意识到电台节目中传递的观点，但在小组中，他们也会意识到其他人对这些观点的看法。当小组成员做出积极的反应时，他们的支持会对每个听众产生另外一种社会影响(Katz & Lazarsfeld，1955；Lewin，1952；Mendelberg，2002)，甚至可能鼓励小组成员说服坚持自己的观点(Petty & Cacioppo，1986)。对电台播出的肥皂剧自发的小组讨论无疑进一步促进了这种"社会共同认知"(Fiske，2005，p. 44)，这是社会准则的基础。同伴讨论的机制应该得到实验的检验；作为第一步，我们正在刚果民主共和国进行一项现场试验，利用随机分配的电台谈话节目来评价鼓励公民讨论反暴力媒体节目的效果(Paluck，2007a)。

同样，电台节目富有戏剧性的叙事形式可能会激发情感和想象过程，这对观察到的变化至关重要。我们在节目中记录了许多情绪反应；此外，一些网站的和解组听众报告说，他们个人认同这些人物。被试报告说，他们用人物的名字给社区里的人起绰号，例如，用属意的女明星的名字来命名漂亮的女孩，用故事中的恶棍来命名被指控的杀手。

听众对肥皂剧里人物的情感移情反应，可能已经转移到人物所代表的群体在现实生活中的对应者身上(通过对现实生活中的卢旺达囚犯、种族灭绝幸存者、穷人和领导人的移情增加来测量)。这一解释与扩展接触假说(Wright、Aron、McLaughlin & Ropp，1997)的观点一致，即替代关系产生的感觉可以推广到在这种关系中受到憎恨的更大的社会群体中去。这也与其他一些研究的结论相吻合，这些研究表明人们并没有在虚构世界和现实世界之间划清界限(Gerrig，1993；Harris，2004，p. 49 - 51)。

媒体的叙事形式,包括幽默和戏剧,也可能在于它能够让人们思考困难的问题,或者以一种替代性的、不太具有威胁性的方式体验群体间的接触(Allport,1954,p. 488;Cameron & Rutland,2006;Lustig,2003)。这个命题还需要更多的研究来检验,尽管有些研究已经开始证明叙事对激发移情具有重要作用(Slovic,2007)。

局限与拓展

套用库尔特·勒温(Kurt Lewin)的话,要真正理解一个体系,你必须对它加以改变(Schein,2002)。以上,我概述了如何通过几种方法来对本实验的思路加以考察:例如,考察下游效应对信念的影响、新准则的持续时间,以及情绪、叙述和同伴讨论对减少偏见的贡献,使用更为精细的工具,如准则和信念的多项目测量。重复本研究结果也是必要的,在不同环境中使用媒体干预的重复研究,有助于解决本研究背景和方法的特殊性所导致的其他一些问题。

尽管这些数据来自卢旺达,但他们所揭示的社会准则认知和与准则相符的行为模式并非卢旺达所独有。此外,在较发达国家发现的数百家媒体,也并不一定代表着信息和准则影响的多样性;他们的相对同质性使人们有理由质疑媒体节目是否会影响社会准则,例如,对暴力的容忍(Anderson & Bushman,2002;Lithwick,2005)。归根结底,媒体对偏见和冲突的影响,是一个经验主义的问题。持久而认真地积累证据,一方面要着眼于现实背景,另一方面也要着眼于理论的概括性,将有助于建构我们希望在卢旺达的这项研究能够有助于减少偏见的总体理论。

331

参考文献

Abdalla, L. L. B. , & Torrey, N. (1999). *Conflict mapping and media programs assessment*:*The case of Liberia's Talking Drum Studio.* Washington, DC:SFCG Productions.

Ajzen, I. (2001). Nature and operation of attitudes. *Annual Review of Psychology*, *52*,27 - 58.

Allport, G. (1954). *The nature of prejudice.* Reading, MA:Addison-Wesley.

Andersen, S. M. , Downey, G. , & Tyler, T. (2005). Becoming engaged in community:Personal relationships foster social identity. In G. Downey, J. S. Eccles, & C. M. Chatman (Eds.), *Navigating the future*:*Social identity*,*coping*,*and life tasks* (pp.

210 - 251). New York, NY: Russell Sage.

Anderson, C. A. , & Bushman, B. J. (2002, March 29). The effects of media violence on society. *Science*, *295*, 2377 - 2378.

Asch, S. (1958). Effects of group pressure upon the modification and distortion of judgments. In E. E. Macoby et al. (Eds.), *Readings in social psychology* (3rd ed. , pp. 174 - 183). New York, NY: Holt, Rinehart & Winston.

Ball-Rokeach, S. J. , Grube, J. W. , & Rokeach, M. (1981). Roots: The next generation — Who watched and with what effect? *Public Opinion Quarterly*, *45*, 58 - 68.

Banaji, M. R. (2001a). Implicit attitudes can be measured. In H. L. Roedeger, III, J. S. Nairne, I. Neath, & A. Surprenant (Eds.), *The nature of remembering: Essays in honor of Robert G. Crowder* (pp. 117 - 150). Washington, DC: American Psychological Association.

Banaji, M. R. (2001b). Ordinary prejudice. *Psychological Science Agenda: American Psychological Association*, *14*, 8 - 11.

Bandura, A. (1986). *Social foundations of thought and actions: A social cognitive theory*. Englewood Cliffs, NJ: Prentice-Hall.

Bandura, A. (2001). Social cognitive theory of mass communication. *Media Psychology*, *3*, 265 - 299.

Bandura, A. (2004). Social cognitive theory for social and personal change enabled by the media. In A. Singhal, M. Cody, E. Rogers, & M. Sabido (Eds.), *Entertainment-education and social change: History, research, and practice* (pp. 75 - 95). Mahwah, NJ: Erlbaum.

Bargh, J. A. , Chen, M. , & Burrows, L. (1996). The automaticity of social behavior: Direct effects of trait concept and stereotype activation on action. *Journal of Personality and Social Psychology*, *71*, 230 - 244.

Bar-Siman-Tov, Y. (Ed.). (2004). *From conflict resolution to reconciliation*. New York, NY: Oxford University Press.

Batson, C. , Polycarpou, M. P. , Harmon-jones, E. , Imhoff, H. J. , Mitchener, E. C. , Bednar, L. L. , et al. (1997). Empathy and attitudes: Can feeling for a member of a stigmatized group improve feelings toward the group? *Journal of Personality and Social Psychology*, *72*, 105 - 118.

Bem, D. J. (1970). *Beliefs, attitudes, and human affairs*. Belmont, CA: Brooks/ Cole.

Bem, D. J. (1972). Self-perception theory. In L. Berkowitz (Ed.), *Advances in experimental social psychology* (Vol. 6, pp. 1 - 62). New York, NY: Academic Press.

Blanchard, F. A. , Crandall, C. S. , Brigham, J. C. , & Vaughn, L. A. (1994). Condemning and condoning racism: A social context approach to interracial settings. *Journal of Applied Psychology*, *79*, 993 - 997.

Bourgault, L. M. (1995). *Mass media in sub-Saharan Africa.* Bloomington, IN: Indiana University Press.

Brenick, A. , Lee-Kim, J. , Killen, M. , Fox, N. A. , Leavitt, L. A. , & Raviv, A. (in press). Social judgments in Israeli and Arabic children: Findings from media-based intervention projects. In D. Lemish & M. Gotz (Eds.), *Children, media and war.* Cresskill, NJ: Hampton Press.

Brewer, M. B. , & Campbell, D. (1976). Ethnocentrism and intergroup attitudes: East African evidence. New York, NY: Halstead. *Broadcasting Genocide: Censorship, Propaganda & State-Sponsored Violence in Rwanda 1990 – 1994*, London, Article 19 (1996).

Cameron, L. , & Rutland, A. (2006). Extended contact through story reading in school: Reducing children's prejudice toward the disabled. *Journal of Social Issues, 62 ,*469 – 488.

Campbell, D. T. (1969). Reforms as experiments. *American Psychologist, 24 ,*409 – 429.

Cantril, H. , & Allport, G. (1935). *The psychology of radio.* New York, NY: Harper.

Chrétien, J. , Dupaquier, J. , Kabanda, M. , Ngarambe, J. , & Reporters Sans Frontières. (1995). *Rwanda: Les médias du génocide* [Rwanda: The media of the genocide]. Paris: Karthala.

Cialdini, R. B. , Kallgren, C. A. , & Reno, R. R. (1991). A focus theory of normative conduct: A theoretical refinement and reevaluation of the role of norms in human behavior. In M. P. Zanna (Ed.), *Advances in experimental social psychology* (Vol. 24, pp. 201 – 234). New York, NY: Academic Press.

Cooper, E. , & Jahoda, M. (1947). The evasion of propaganda: How prejudiced people respond to anti-prejudice propaganda. *Journal of Psychology, 23 ,*15 – 25.

Crandall, C. S. , & Stangor, C. (2005). Conformity and prejudice. In J. F. Dovidio, P. Glick, & L. A. Rudman (Eds.), *On the nature of prejudice: Fifty years after Allport* (pp. 295 – 309). Malden, MA: Blackwell.

Des Forges, A. (1999). *Leave none to tell the story: Genocide in Rwanda.* New York, NY: Human Rights Watch.

Devine, P. G. (1989). Stereotypes and prejudice: Their automatic and controlled components. *Journal of Personality and Social Psychology, 56 ,*5 – 18.

Devine, P. G. , & Elliott, A. J. (1995). Are racial stereotypes really fading? The Princeton trilogy revisited. *Personality and Social Psychology Bulletin, 21 ,*1139 – 1150.

Doob, L. W. (1935). *Propaganda: Its psychology and technique.* New York, NY: Henry Holt.

Dovidio, J. F. , Kawakami, K. , Johnson, C. , Johnson, B. , & Howard, A. (1997). On the nature of prejudice: Automatic and controlled processes. *Journal of Experimental Social Psychology, 33 ,*510 – 540.

Druckman, J. N. , & Nelson, K. R. (2003). Framing and deliberation: How citizens' conversations limit elite influence. *American Journal of Political Science*, 47, 729 – 745.

Fiske, S. E. (2005). Social cognition and the normality of prejudgement. In J. F. Dovidio, P. Glick, & L. A. Rudman (Eds.), *On the nature of prejudice: Fifty years after Allport* (pp. 36 – 53). Malden, MA: Blackwell.

Flowerman, S. H. (1949). The use of propaganda to reduce prejudice: A refutation. *International Journal of Opinion and Attitude Research*, 3, 99 – 108.

Fujii, L. A. (in press). *Killing neighbors: Social dimensions of genocide in Rwanda*. Ithaca, NY: Cornell University Press.

Gaertner, S. L., & Dovidio, J. F. (2000). *Reducing intergroup bias: The common ingroup identity model*. Philadelphia, PA: Psychology Press.

Gerrig, R. J. (1993). *Experiencing narrative worlds*. New Haven, CT: Yale University Press.

Graves, S. D. (1999). *Different and the same: A final report*. Unpublished report, Carnegie Corporation.

Greene, W. H. (2000). *Econometric analysis* (5th ed.). New York, NY: Macmillan.

Greenwald, A. G., Poehlman, T. A., Uhlmann, E., & Banaji, M. R. (2007). *Understanding and using the Implicit Association Test: 3. Meta-analysis of predictive validity*. Manuscript submitted for publication.

Harris, R. J. (2004). *A cognitive psychology of mass communication*. Mahwah, NJ: Erlbaum.

Hendy, D. (2000). *Radio in the global age*. Cambridge, England: Polity Press.
Horovitz, B. (1993, January 19). *Harmonic convergence, racial tolerance is suddenly a hot topic in advertising*. Los Angeles Times, p. D1.

Hovland, C. I., Lumsdaine, A., & Sheffield, F. (1949). *Experiments on mass communication*. Princeton, NJ: Princeton University Press.

Hovland, C. I., & Sears, R. R. (1940). Minor studies of aggression: Correlations of economic indices with lynchings. *Journal of Psychology*, 9, 301 – 310.

Howard, R., Rolt, F., van de Veen, H., & Verhoeven, J. (2003). *The power of the media: A handbook for peacebuilders*. Utrecht, the Netherlands: European Centre for Conflict Prevention.

Janis, I. L., Kaye, D., & Kirschner, P. (1965). Facilitating effects of "eating-while-reading" on responsiveness to persuasive communications. *Journal of Personality and Social Psychology*, 1, 181 – 186.

Johnson, B. T., & Eagly, A. H. (1989). Effects of involvement on persuasion: A meta-analysis. *Psychological Bulletin*, 106, 290 – 314.

Jost, J. T., & Burgess, D. (2000). Attitudinal ambivalence and the conflict between group and system justification motives in low status groups. *Personality and Social Psychology Bulletin*, 26, 293 – 305.

Kallgren, C. A., Reno, R. R., & Cialdini, R. B. (2000). A focus theory of normative conduct: When norms do and do not affect behavior. *Personality and Social Psychology Bulletin*, *26*, 1002 – 1012.

Katz, I., & Hass, R. G. (1988). Racial ambivalence and American value conflict: Correlational and priming studies of dual cognitive structures. *Journal of Personality and Social Psychology*, *55*, 893 – 905.

Katz, E., & Lazarsfeld, P. (1955) *Personal influence: The part played by people in the flow of mass communication*. New York, NY: The Free Press.

Kawakami, K., Young, H., & Dovidio, J. F. (2002). Automatic stereotyping: Category, trait, and behavioral activations. *Personality and Social Psychology Bulletin*, *28*, 3 – 15.

Kinder, D. (1998). Communication and opinion. *Annual Review of Political Science*, *1*, 167 – 197.

Krosnick, J. A., & Alwin, D. F. (1989). Aging and susceptibility to attitude change. *Journal of Personality and Social Psychology*, *57*, 416 – 425.

Kuran, T. (1995). *Private truths, public lies: The social consequences of preference falsification*. Cambridge, MA: Harvard University Press.

Labenevolencija. (2004). *Design document, radio serial drama on the roots of mass violence, genocide, trauma and trauma healing and reconciliation*. Unpublished manuscript.

Lasswell, H. D. (1928). The function of the propagandist. *International Journal of Ethics*, *38*, 258 – 268.

Latané, B., & Darley, J. (1970). *The unresponsive bystander: Why doesn't he help?* New York, NY: Meredith Corporation.

Lewin, K. (1952). Group decision and social change. In G. E. Swanson, T. M. Newcomb & E. L. Hartley (Eds.), *Readings in social psychology* (pp. 420 – 430). New York, NY: Holt, Rinehart & Winston.

Li, D. (2004). Echoes of violence: Considerations of radio and genocide in Rwanda. *Journal of Genocide Research*, *6*, 9 – 27.

Lithwick, D. (2005, September). Photo finish: How the Abu Ghraib photos morphed from scandal to law. *Slate*. Retrieved from http://www. slatetv. com/id/2150541/

Longman, T., & Rutagengwa, T. (2004). Memory, identity, and community in Rwanda. In E. Stover & H. M. Weinstein (Eds.), *My neighbor, my enemy* (pp. 162 – 182). Cambridge, England: Cambridge University Press.

Lustig, I. (2003). *The influence of studying foreign conflicts on students' perceptions of the Israeli Palestinian conflict* (Unpublished master's thesis). University of Haifa, Haifa, Israel.

Mamdani, M. (2001). When victims become killers: Colonialism, nativism, and the genocide in Rwanda. Princeton, NJ: Princeton University Press. McClosky, H., & Zaller, J. (1984). *The American ethos*. Cambridge, MA: Harvard University Press.

McConahay, J. B. (1986). Modern racism, ambivalence, and the Modern Racism Scale. In J. F. Dovidio & S. L. Gaertener (Eds.), *Prejudice, discrimination, and racism*

334

(pp. 91 – 125). New York, NY: Academic Press.

McGuire, W. G. (1986). The myth of massive media impact: Savagings and salvagings. In G. Comstock (Ed.), *Public communication and behavior* (pp. 173 – 257). Orlando, FL: Academic Press.

McGuire, W. J. (1985). Attitudes and attitude change. In G. Lindzey & E. Aronson (Eds.), *Handbook of social psychology* (pp. 238 – 241). New York, NY: Random House.

Mendelberg, T. , (2002). The deliberative citizen: Theory and evidence. In M. X. Delli Carpini, L. Huddy, & R. Y. Shapiro (Eds.), *Political decision making , deliberation and participation* (pp. 151 – 193). Greenwich, CT: Jawe Press.

Miller, D. T. , Monin, B. , & Prentice, D. A. (2000). Pluralistic ignorance and inconsistency between private attitudes and public behaviors. In D. J. Terry & M. A. Hogg (Eds.), *Attitudes , behavior , and social context : The role of norms and group membership* (pp. 95 – 113). Mahwah, NJ: Erlbaum.

Miller, G. (1969). Psychology as a means of promoting human welfare. *American Psychologist , 24 ,*1063 – 1075.

Monin, B. , & Norton, M. I. (2003). Perceptions of a fluid consensus: Uniqueness bias, false consensus, false polarization, and pluralistic ignorance in a water conservation crisis. *Personality and Social Psychology Bulletin , 29 ,*559 – 567.

Moscovici, S. , & Zavalloni, M. (1969). The group as a polarizer of attitudes. *Journal of Personality and Social Psychology , 12 ,*125 – 135.

Mutz, D. (1998). *Impersonal influence : How perceptions of mass collectives affect political attitudes.* Cambridge, England: Cambridge University Press.

Mutz, D. (2006). *Hearing the other side : Deliberative vs. participatory democracy.* Cambridge, England: Cambridge University Press.

Myers, D. G. , & Bishop, D. G. (1970, August 21). Discussion effects on racial attitudes. *Science , 169 ,*778 – 779.

Newbury, C. (1988). *The cohesion of oppression : Clientship and ethnicity in Rwanda , 1860 – 1960.* New York, NY: Columbia University Press.

Noelle-Neumann, E. (1973). Return to the concept of powerful mass media. *Studies of Broadcasting , 9 ,*67 – 112.

Paicheler, G. (1976). Norms and attitude change I: Polarization and styles of behavior. *European Journal of Social Psychology , 6 ,*404 – 427.

Paluck, E. L. (2006). *The second year of a "New Dawn": Year Two evidence for the impact of the Rwandan reconciliation radio drama Musekeweya.* Amsterdam, the Netherlands: LaBenevolencija.

Paluck, E. L. (2007a). *Is it better not to talk? A field experiment on talk radio and ethnic relations in Eastern Democratic Republic of Congo.* Manuscript in preparation.

Paluck, E. L. (2007b). *Reconciling intergroup prejudice and violence with the mass media : A field experiment in Rwanda* (Unpublished doctoral dissertation). Yale

University.

Paluck, E. L. , & Green, D. P. (in press). Prejudice reduction: What do we know? A critical look at evidence from the field and the laboratory. *Annual Review of Psychology.*

Paluck, E. L. , Green, D. P. , & Nzamukwereka, A. (2004). *Evaluating LaBenevolencija's "Reconciliation Radio" campaign: Analysis and report of evaluation study pre-tests.* New Haven, CT: Yale University Press and LaBenevolencija.

Pearlman, L. A. (2001). The treatment of persons with complex PTSD and other traumarelated disruptions of the self. In J. P. Wilson, M. J. Friedman, & J. D. Lindy (Eds.), *Treating psychological trauma and PTSD* (pp. 205 - 236). New York, NY: Guilford Press.

Peterson, R. C. , & Thurstone, L. L. (1933). *Motion pictures and the social attitudes of children.* New York, NY: Macmillan.

Pettigrew, T. F. (1998). Intergroup contact theory. *Annual Review of Psychology, 49* ,65 - 85.

Petty, R. E. , & Cacioppo, J. T. (1986). *Communication and persuasion: Central and peripheral routes to attitude change.* New York, NY: Springer-Verlag.

Prentice, D. A. , Gerrig, R. J. , & Bailis, D. S. (1997). What readers bring to the processing of fictional texts. *Psychonomic Bulletin and Review, 4* ,416 - 420.

Prosecutor v. Nahimana, Barayagwiza, & Ngeze, ICTR - 99 - 52 - T (2003). Raudenbush, S. W. , & Bryk, A. S. (2002). *Hierarchical linear models: Applications and data analysis methods* (2nd ed.). Thousand Oaks, CA: Sage.

Rojas, H. , Shah, D. V. , Cho, J. , Schmierbach, M. , Keum, H. , & Gil-De-Zuniga, H. (2005). Media dialogue: Perceiving and addressing community problems. *Mass Communications & Society, 8* ,93 - 110.

Rosin, H. (2006, June 5). Life lessons. The New Yorker, 40 - 45. Ross, L. , Greene, D. , & House, P. (1977). The false consensus phenomenon: An attributional bias in self-perception and social-perception processes. *Journal of Experimental Social Psychology, 68* ,279 - 301.

Rubin, A. M. , & Perse, E. M. (1987). Audience activity and soap opera involvement. *Human Communication Research , 14* ,246 - 268.

Ruiz-Belda, M. A. , Fernandez-Dols, J. M. , Carrera, P. , & Barchard, K. (2003). Spontaneous facial expressions of happy bowlers and soccer fans. *Cognition & Emotion , 17* ,315 - 326.

Schecter, H. , & Salomon, G. (2005). Does vicarious experience of suffering affect empathy for an adversary? The effects of Israelis' visits to Auschwitz on their empathy for Palestinians. *Journal of Peace Education , 2* ,125 - 138.

Schein, E. H. (2002). Models and tools for stability and change in human systems. *Reflections , 4* ,34 - 45.

Sears, D. O. , & Henry, P. J. (2005). Over thirty years later: A contemporary look at symbolic racism and its critics. *Advances in Experimental Social Psychology, 37* ,95 -

150.

Sechrist, G. B. , Stangor, C. , & Killen, M. (2005). Prejudice as social norms. In C. S. Crandall & M. Schaller (Eds.), *Social psychology of prejudice: Historical and contemporary issues* (pp. 163 - 183). Seattle, WA: Lewinian Press.

Shapiro, M. A. , & Chock, T. M. (2003). Psychological processes in perceiving reality. *Media Psychology*, 5 ,163 - 198.

Sherif, M. (1936). *The psychology of social norms*. New York, NY: Harper & Brothers.

Sherif, M. , & Hovland, C. I. (1961). *Social judgment: Assimilation and contrast effects in communication and attitude change*. New Haven, CT: Yale University Press.

Sidanius, J. , & Pratto, F. (1999). *Social dominance: An intergroup theory of social hierarchy and oppression*. New York, NY: Cambridge University Press.

Singhal, A. , Cody, M. J. , Rogers, E. M. , & Sabido, M. (Eds.). (2004). *Entertainment-education and social change: History, research, and practice*. Mahwah, NJ: Erlbaum.

Slovic, P. (2007). "If I look at the mass I will never act: " Psychic numbing and genocide. *Judgment and Decision Making*, 2 ,1 - 17.

Smith, E. R. (1993). Social identity and social emotions: Toward new conceptualizations of prejudice. In D. M. Mackie & D. L. Hamilton (Eds.), *Affect, cognition, and stereotyping: Interactive processes in group perception* (pp. 297 - 315). San Diego, CA: Academic Press.

Spurk, C. (2001). *Media and peacebuilding: Concepts, actors and challenges*. Unpublished manuscript.

Stangor, C. , Sechrist, G. B. , & Jost, J. T. (2001). Changing racial beliefs by providing consensus information. *Personality and Social Psychological Bulletin*, 27 ,484 - 494.

Stata Corporation. (1985). Intercooled Stata 9. 2 for Macintosh [computer software]. College Station, TX: Author.

Staub, E. (2006). Reconciliation after genocide, mass killing, or intractable conflict. *Political Psychology*, 27 ,867 - 894.

Staub, E. , Pearlman, L. A. , Weiss, G. , & Hoek, A. (2007). *Public education through radio to prevent violence, promote trauma healing and reconciliation, and build peace: Rwanda and the Great Lakes region of Africa*. Manuscript submitted for publication.

Stephan, W. G. , & Finlay, K. (1999). The role of empathy in improving intergroup relations. *Journal of Social Issues*, 55 ,729 - 744.

Stover, E. , & Weinstein, H. (Eds.). (2004). *My neighbor, my enemy: Justice and community in the aftermath of mass atrocity*. Cambridge, England: Cambridge University Press.

Straus, S. (2006). *The order of genocide: Race, power, and war in Rwanda*. Ithaca, NY: Cornell University Press.

336

Straus, S. (2007). What is the relationship between hate radio and violence? Rethinking Rwanda's "Radio Machete." *Politics and Society*, *35*, 609 – 637.

Tajfel, H. , & Turner, J. C. (1979). An integrative theory of intergroup conflict. In S. Worchel & W. G. Austin (Eds.), *The social psychology of intergroup relations* (pp. 33 – 47). Monterey, CA: Brooks/Cole.

Thompson, A. (2007). The media and the Rwandan genocide. London: Pluto Press.

United Nations Development Program. (2004). *Human development report 2004: Cultural liberty in today's world*. New York, NY: Author.

Van Boven, L. (2000). Pluralistic ignorance and political correctness: The case of affirmative action. *Political Psychology*, *21*, 267 – 276.

Vrij, A. , & Smith, B. (1999). Reducing ethnic prejudice by public campaigns: An evaluation of a present and new campaign. *Journal of Community and Applied Social Psychology*, *9*, 195 – 215.

Wicker, A. W. (1969). Attitudes versus actions: The relationship of verbal and overt behavioral responses to attitude objects. *Journal of Social Issues*, *25*, 41 – 78.

Wood, W. (2000). Attitude change: Persuasion and social influence. *Annual Review of Psychology*, *51*, 539 – 570.

Wright, S. C. , Aron, A. , McLaughlin, T. , & Ropp, S. A. (1997). The extended contact effect: Knowledge of cross-group friendships and prejudice. *Journal of Personality and Social Psychology*, *73*, 73 – 90.

Zajonc, R. B. (1968). Attitudinal effects of mere exposure. Journal of Personality and Social Psychology, *9*, 1 – 27.

Zillman, D. (2006). Dramaturgy for emotions from fictional narration. In J. Bryant & P. Vorderer (Eds.), *Psychology of entertainment* (pp. 215 – 238). Mahwah, NJ: Erlbaum.

Zimbardo, P. G. (2004). Does psychology make a significant difference in our lives? *American Psychologist*, *59*, 339 – 351.

7

偏　见

24. 拼图小组与取消种族隔离的课堂：追求共同目标[①]

艾略特·阿伦森（Elliot Aronson）

黛安·布里奇曼（Diane Bridgeman）

取消种族隔离的课堂并没有像社会科学家在1954年预期的那样，产生诸多积极的效果。有人认为，造成这种失败的主要原因之一是课堂过分强调竞争而忽略了学生之间的相互依存关系。简而言之，大多数学生很少为追求共同目标而相互合作。在本文描述的一项研究中，研究者要求不同种族的小学生花费一部分课堂时间，在相互依存的形式下学习。结果表明，这种结构化的相互依存提高了学生的自尊、士气、人际吸引力、跨民族和种族的同理心，也在不妨碍多数族裔学生学业成绩的前提下，提高了少数族裔学生的学业成绩。

1954年，美国最高法院宣布在学校里废除种族隔离，当时人们对此寄予厚望，认为如果黑人孩子和白人孩子可以在同一个教室里学习并成为朋友，他们就可以在一定程度上免受种族偏见和由之带来的一系列问题的困扰。使最高法院作出这个里程碑式决定的是"布朗诉教育委员会案"（Brown v. Board of Education），这一案件促使最高法院推翻了1896年对"普莱西诉弗格森案"（Plessy v. Ferguson）的裁决。当时，法院判定只要为两个种族提供平等的服务设施，种族隔离就是合法的。而在布朗案中，法院认定"隔离且平等"在心理层面上无法成立，种族隔离本身就在暗示相较于多数族裔，少数族裔低人一等。

布朗案的判决不仅是宪法人道主义的体现，还引发了一系列影响深远、振

① Reprinted with permission of the authors and Division 8 of the American Psychological Association, from *Personality and Social Psychology Bulletin*, Vol. 5, No. 4, 1979, pp. 438 - 466.

奋人心的社会实验。正如斯蒂芬(Stephan，1978)所说，社会心理学家针对布朗案和此前的类似案件均强有力地指出：废除种族隔离不仅能减少偏见，而且能提高少数族群的自尊和学业成绩。当然，社会心理学家从没暗示过这些好处会自然而然地到来。某些条件必须首先得到满足。在最高法院作出判决的同年，奥尔波特在他的经典著作《偏见的本质》中，清楚地阐明了这些先决条件：

> 多数族群和少数族群为了追求共同目标而建立平等的联结，可能具有减弱偏见的效果。如果这种联结受到制度性的支持和许可(即法律、习俗或当地氛围)，抑或群体成员在此联结中发现双方的共同利益或者群体之间共通的人性，偏见减弱的效果就会大大增强(Allport，1954，p. 281)。

取消种族隔离的效果

在废除种族隔离的法律颁布 25 年后，研究者对其作用进行了一番评估，然而结果并不鼓舞人心。其中，设计最为精巧的纵向研究之一当属由杰拉德等人(Gerard & Miller，1975)主持的 Riverside 项目。他们经过研究发现，在学校取消种族隔离后很长一段时间内，黑人、白人和墨西哥裔美国儿童并没有相互融合的迹象，而是更倾向于和自己族群的成员抱团。此外，(少数族群的)焦虑感仍然持续上升并居高不下。这些趋势在其他几项研究中也得到了印证。最具学术权威性的研究综述也显示，废除种族隔离的政策几乎没有得到任何收益(St. John，1975；Stephan，1978)。根据这份综述，没有任何一个独立研究发现消除种族隔离后少数族群儿童的自尊感得到了提升。事实上，高达 25% 的研究发现废除种族隔离后，少数族裔儿童的自尊反而降低了。此外，研究者斯蒂芬指出，废除种族隔离仅在 13% 被调研的学校里减轻了白人对黑人的偏见。在一些学校里，黑人对白人的偏见反而有所升高，其比例与偏见降低的学校的比例不相上下。与之类似，研究者在对废除种族隔离和少数族裔儿童的学业成绩进行研究时，得到了非常不一致甚至截然相反的结果。

到底是哪里出了问题？让我们回到奥尔波特的预言：多数族裔和少数族裔为了追求共同目标而建立的平等的、被官方许可的联结，可能会产生有益的效果。下面我们来逐一分析其中提到的三个因素。

官方许可

一些学区的管理委员会明确许可并执行了废除种族隔离的法令。一些学区对是否接受这一法令则未作明确的表示。更有一些学区（尤其是在法令颁布初期）公然蔑视并抵制这一法令。佩迪格鲁（Pettigrew，1961）的研究表明，废除种族隔离制度在那些当局明确许可不同种族互相融合的地区推行得更为顺利，且更少遭到暴力抵抗。但即使当局明确许可，也不一定会获得提升自尊和减少偏见这类收益。官方许可或许是收益发生的必要条件，但显然不是充分条件。

341

平等地位的联结

"平等地位"较难定义。在学校取消种族隔离的例子中，我们可能会说如果所有五年级的儿童拥有同样的"职业"身份，也就是说，他们都是五年级的学生，那么他们就是平等的。但从另一个角度说，如果老师对黑人抱有偏见，他便不会像对待白人学生那样公平地对待黑人学生，于是黑人学生感知到的课堂地位就会降低（Gerard & Miller，1975）。此外，假使由于低等的教育（在废除种族隔离之前）或语言的劣势，黑人学生或墨西哥裔学生的学业成绩很差，这也会降低他们在同学中的地位。虽然奥尔波特（1954）预测合作性的平等地位一旦达成，就会产生种族间积极的互动，科恩（Cohen，1972）却在他的期望理论中提出了一个有趣的复杂现象：即使在合作的环境中，白人和黑人学生的期望偏差也会导致白人持续性地居于主导地位。科恩将这种现象归因为不同群体都接受同一个预设，就是多数族群成员更具才干，从而导致了他们在合作中的主导性和更优异的成就。她建议创设另类情景，以消除这些通常在无意识中产生的期望。根据科恩的说法，实现平等的第一步至少需要多数族群和少数族群暂时性地互换角色。在一项研究（Cohen & Roper，1972）中，科恩等人教给黑人孩子制作收音机的方法以及如何将这项技能传授给他人。然后他们将接受训练的黑人孩子分为两组，分别教一群白人儿童和一群黑人儿童制作收音机，之后作为老师的黑人孩子和作为学生的白人孩子一起观看了他们制作收音机的录像。在随后的分小组讨论中，黑人孩子教白人孩子如何制作收音机的小组中呈现了平等的互动，另一组则呈现出像往常一样由白人孩子主导谈话的状况。稍后我们将对此加以讨论。

对共同目标的追求

在典型的美国课堂中,学生们几乎从不为着共同目标而行动。过去几年里,我和同事们经过对小学课堂的系统性观察发现,大多数的教育是竞争性极强的。学生们为了赢得好成绩和老师的喜爱而激烈地互相竞争。这样的竞争不仅发生在测验和考试中,也发生在对非正式资源的抢夺中,学生们由此学到了在老师提问时疯狂地举手,在其他人被提问时发出痛苦的吟叹,以及在同学们失败时幸灾乐祸。这种无处不在的竞争氛围在不知不觉中导致孩子们将彼此视为要被质问和征服的敌人。在废除种族隔离后的校园里,黑人学生和白人学生在所有其他方面都享有平等的权利,但激烈无比的竞争氛围仍会在一定程度上加剧由来已久的种族偏见。谢里夫等人(1961)在经典的强盗洞穴实验中向我们展示了竞争是如何导致功能失调的。在这个现场实验中,调查人员鼓励参加夏令营的两队男孩进行组间的比赛,结果即使在诸如看电影这样良性、非竞争性的环境下,他们也观察到了两组队员之间的愤怒和敌意。只有两个小组按照要求合作解决同一个问题之后,才最终实现了相互之间的积极关系。

我们的观点是竞争过程与"平等地位的接触"是相互作用的。也就是说,竞争性的学习环境会使少数族裔儿童和白人儿童在废除种族隔离之前就存在的能力方面的差异显露无遗;进一步说,种族隔离的学校很少为不同族裔的学生提供同样的设施,这导致少数族裔儿童经常带着明显的劣势进入新近废除种族隔离的学校,而学校的竞争氛围使他们的劣势更加凸显出来。遵循这样的逻辑,阿伦森和同事(1975,1978a)提出,相互依存的学习环境是达到废除种族隔离预期收益(即提升自尊和学业成绩、降低偏见)的必要条件。为了验证这个观点,他们开发了一种高度结构化的相互依存学习方法,并且在很多小学的课堂上系统检验了这种方法的效果。他们的研究目的不在于比较课堂环境中合作与竞争的作用,这一点早在多伊奇1949年的实验中就已经被研究过了。相反,阿伦森和同事的目的是设计出一种可供任课教师持续且轻松地使用的合作课堂模式,并通过一系列控制精良的现场实验来评估这种课堂干预的效果。简而言之,此项目旨在开发和评估这样一种课堂模式,在社会心理学研究者打包他们的研究问卷、回到自己熟悉的心理学实验室之后,这种模式还能作为任课教师的行动指南,供老师们继续使用。

对该课堂模式更详细的描述可以在阿伦森的论著中找到(Aronson et al.,

1978b)。简言之，学生们被分到六人学习小组中，课程被分成六部分，每个学生被分到其中一部分的书面材料①。这样，所有学生都拥有一部分独特而重要的信息，如果任何人想学到完整的内容，就必须把所有人独自掌握的部分像拼图那样拼在一起。为了达到这一目的，每个学生都必须先学习自己的部分，再将其讲解给组内的其他成员。读者们或许会注意到，在这种课堂模式中，每个学生都会在一部分时间内充当专家的角色。因此，该模式将科恩的发现（前面讨论过）纳入了平等地位联结的背景下。

　　使用"拼图"技术，学生逐渐认识到旧有的竞争行为不再适合新的学习环境。相反，要掌握整全的知识（从而在测验中表现良好），每个学生都必须开始倾听他人的意见，提出适当的问题，并以各种方式为小组作出贡献。这个过程让学生们关注彼此，并开始将彼此视作潜在的宝贵资源。需要强调的是，在交互学习的过程中，学生的动机不一定是无私的；相反，大多数时候他们从自身的利益出发，但即便这样的互动也会产生对他人有益的结果。

课堂实验

　　课堂中使用拼图技术的一系列研究产生了持续性的积极成果。其中，布莱尼等人(Blaney et al. , 1977)开展了第一个研究"拼图"技术效果的实验。德克萨斯州奥斯汀学校刚刚废除种族隔离制度的时候，导致了极为紧张的局势，甚至在教育系统中引起了一些种族间的冲突。在这种紧张的局势下，"拼图"课堂模式被引入7所小学的10个五年级班级中，3个其他班级被当作实验的对照组。对照组班级的课程由受到同行高度评价的教师使用传统的教学技术讲授。实验组的班级进行为期6周、每周3天、每天45分钟的"拼图"小组学习。实验组班级和对照组班级学习的内容基本相同。实验结束后，实验组（拼图小组）的学生对他们同种族和跨种族队友的喜爱程度都明显提高。此外，和对照组的学生相比，拼图组学生在自尊方面的提升更加显著。以上实验结果既出现在盎格鲁儿童身上，也出现在少数族裔儿童身上。与传统课堂相比，拼图课堂增加了

---

① 该课堂模式最适用于教授分散或连续的书面材料（比如社会研究），但它也被成功地运用于数学和语言艺术的教学中。

学生对学校的喜爱（拼图组中的墨西哥裔美国学生对学校的喜爱程度呈现出降低的倾向，后文会对此进行讨论）。这些结果基本上在加利福尼亚的沃森维尔——一个由大约50%盎格鲁人和50%墨西哥裔美国人组成的群体里得以重复（Geffner，1978）。为了避免霍桑效应，盖夫娜比较了学生在以下三种学习情境中的行为：运用"拼图"等合作性学习技术的课堂环境、运用其他创新性（但不注重互依和合作）学习技术的课堂环境、传统的课堂环境。他在运用"拼图"等合作性学习技术的课堂环境中发现了稳定且显著的收益。具体说来，这些班级的孩子的自尊和对学校的喜爱程度都有所增加，负面的种族刻板印象也减少了。也就是说，拼图课堂的孩子无论对自己所属的族群还是其他族裔的成员，积极态度都有所提升，提升程度远远超过了传统和创新课堂中的孩子。

吕克尔等人在一项实验中评估了学生们学业成绩的变化（Lucker, et al. 1977）。被试是来自德克萨斯州奥斯汀市的5所小学的303名五、六年级的学生。其中，6个班级采用拼图教学，5个班级由才干突出的教师采用传统方法授课。学习任务是五年级的教科书中一个关于美国殖民地的单元，学习时间是两周。两周后，所有学生都接受了标准化的测试。实验结果表明，盎格鲁学生在拼图课堂中的表现与在传统课程中的表现几乎一样好（平均分分别为66.6和67.3），少数族群的学生则在拼图课堂中表现得更好：拼图课堂的平均分为56.6分，传统课堂的平均分为49.7分[①]，二者之间的差异达到了统计学的显著水平。

两周的拼图活动成功地将盎格鲁和少数族裔学生之间的成绩差距从多于17个百分点缩减至10个百分点左右。有趣的是，拼图技术在提高低能力学生成绩的同时，显然也没有妨碍高能力学生的成绩提升：阅读能力前25%的学生与阅读能力后25%的学生一样可以从中受益。

潜在机制

参与的增加

我们已经看到，在一个相互依存的小团体中学习会导致群体成员更高的人

---

① 平均分数被转换为正确答案的百分比。

际吸引力、自尊、对学校的喜爱，对种族间和种族内成员更积极的认知，更能提高少数族裔学生的学业成绩。我们认为，我们的一些发现源于学生们在低焦虑的环境下，更加积极地参与到了学习过程中。在拼图课堂中，孩子们都要参与进来。这种参与可以提高学生的兴趣，进而在其他各种条件都与传统教学方法等同的情况下，提高他们的学习成绩以及对学校的喜爱程度。但有时候，我们无法保证除了学生的参与程度不同，其他各种条件都是等同的。例如，在布莱尼等人的研究中，对受试者的观察表明，许多墨西哥裔美国儿童由于需要更积极地参与到学校过程中，而经历着些许焦虑。

这似乎是因为这些孩子在使用英语方面有困难，以致于他们在与一群占主导地位的盎格鲁人一起学习时，感到很尴尬。在传统课堂中，学生们很容易通过保持沉默和不主动参与来自我"隐身"，然而在拼图课堂中却不是这样。这个猜想在学生对学校喜爱程度的数据中被证实了。布莱尼等人发现，对于盎格鲁和黑人学生来说，拼图课堂比传统课堂更令他们喜欢学校，而对于墨西哥裔美国人来说，情况正好相反。如果墨西哥裔美国儿童不用为自己能够准确使用西班牙语而非英语而感到尴尬时，他们的焦虑感就会降低。因此，盖夫娜（1978）在约有一半人口讲西班牙语的环境中做了研究，结果发现墨西哥裔美国儿童（像盎格鲁人和黑人一样）在合作式的课堂中比在传统课堂中表现出了对学校更高程度的喜爱。

同理心的增加

我们仅仅将实验结果中的一小部分归因为积极的参与。我们相信，以一种相互依存的方式一起工作还会提高人们用彼此的眼光看问题的能力。举个例子，假设琼和卡洛斯都在拼图小组中。卡洛斯正在做报告，而琼无法跟上他的思路。由于卡洛斯的报告风格和琼一贯以来熟悉的风格不一致，琼不是非常明白他在说什么。这时，琼不仅要全神贯注，而且必须以卡洛斯能够理解并且会提供给自己所需要信息的方式去提问。要做到这一点，琼必须了解卡洛斯，站在他的角度去想问题，与他感同身受。

布里奇曼（Bridgeman, 1981）检验了这个假设。她认为，拼图课堂要求学生们用彼此的眼光看问题，而学生们也是这样做的。学生们在拼图课堂中的经验越多，他们的角色转换能力就变得越强。布里奇曼在实验中使用钱德勒的角色转换系列故事测验(Chandler，1973)的修订版本，对 120 名五年级学生进行施测。大约一半的学生花 8 周的时间在拼图课堂中学习，其他人则分别在传统课堂或创新课堂中学习。钱德勒测验中的每一个故事都描绘一个主人公的完整因果心理链条，主人公的后续行为完全取决于前面发生在他身上的事件，人们也只能通过这些事件来理解他们的行为。例如，在一个故事中，一个男孩因为在机场送别父亲而十分伤心，后别人送给男孩一架玩具飞机作为礼物，这个玩具酷似父亲离开时乘坐的飞机，所以在收到礼物时男孩哭了起来。每个故事的中间都会引入一个后加入的旁观者角色，他目睹了主人公的行为，但对此行为的原因并不知情。因此，相对于故事中的旁观者，被试开启了全面的"上帝视角"，知道事情发生的前因后果，但实验往往要求被试假设自己是那个并不完全知情的旁观者。这些故事可以测量被试在多大程度上能将只有自己知道的事实搁置一旁，用他人的视角看待问题。在上面的例子中，被试知道男孩收到玩具飞机时哭泣的原因，但送玩具的邮递员并不知道。那么当被试被要求站在邮递员的角度时，会发生什么？

8 周之后，拼图课堂中的学生与对照组的学生相比，可以更好地以旁观者的角度看待问题。例如，当邮递员把玩具飞机送到男孩手上时，对照组的学生倾向于认为邮递员知道男孩为什么哭泣；也就是说，他们相信邮递员知道男孩的父亲最近乘坐飞机离开了小镇——仅仅因为他们自己掌握这部分信息。而参与拼图课堂的学生则可以更成功地转换为邮递员的视角，他们意识到邮递员可能并不理解男孩收到礼物会哭泣的原因。

对于成功和失败的归因

为追求共同目标而努力可以改变"观察者"的归因模式。一些证据支持了这样一种观点：合作会促使个人对自己和合作伙伴采用相同的成败归因方式。斯蒂芬等人(Stephan et al.，1978)的实验表明(其他实验也得到了一致的结果)，一个人倾向于将自己的成功归因为特质(比如，技能)，而将自己的失败归因为情境(比如，不幸)。斯蒂芬等人继而发现，当人们处于互相依存的合作状态时，他们对搭档的成败归因与对自己的成败归因趋于一致，然而在竞争性的关系中却不是这样。

346

各种因变量之间的相互影响

我们可以合理地假设，合作性学习的各种后果互为彼此的前因。正如低自尊会抑制一个孩子良好的表现，自尊的提升可能会改善成绩不佳者的不良表现。反过来，如弗兰克斯和马罗拉(Franks & Marolla，1976)所说，改善后的表现又提高了孩子的自尊。同样，根据弗兰克斯和马罗拉的说法，受到同龄人越来越多的关注和尊重(在拼图小组中几乎通常会发生)是提升自尊的另一个重要前提。有充足的证据表明，表现和自尊互为因果(Covington & Beery，1976；Purkey，1970)。

其他合作技术

近年来，一些研究团队利用不同的技术来构建合作行为，得到了一系列与拼图技术相一致的结果。

例如，库克(Cook，1978)与同事的研究表明，实验室中的跨种族合作促使被试对其他种族成员的态度明显改观。在随后的现场实验中，他们发现与非互依小组相比，参与互依小组使人们对以前自己不喜欢的种族成员产生了更明显的态度改善。然而，应该指出的是，以上证据并不能完全被推广，也就是说，积极的变化仅出现在互依小组的特定成员身上，并不能扩展到整个种族群体中。

约翰逊等人(Johnson & Johnson，1975)开发了"共同学习"模型，这是一种打造互依课堂的通用且多样化的学习方法。大致说来，他们发现与对照组相比，合作组成员的种族间友情评价、自尊和动机更高，他们还发现合作组成员的学业成绩有所提高。

斯拉文(Slavin，1978)和德佛里斯等人(DeVries，Edwards & Slavin，1978)以不同的方式开发了两种高度结构化的将组内合作和组间竞争相结合的技术："团队游戏联赛"(TGT)、"学生小组成就评价"(STAD)。这些技术持续地给低年级和多种族的班级带来益处。简单说来，在"团队游戏联赛"和"学生小组成就评价"中，五个具有不同技能的学生组成一个团队，每个学生都被给予一个机会，同另一团队中和自己拥有同样技能的学生进行比赛。他的个人表现关系到所在团队的输赢。结果同拼图小组中所发现的相一致：与对照组的学生相比，参加"团队游戏联赛"和"学生小组成就评价"的学生表现出更强的跨种族友谊选择以及更多的跨种族互动。他们对学校的满意度也高于对照组。此外,这两种组内合作和组间竞争的技术还提高了少数族裔学生的学习效率。

有趣的是,虽然 TGT 和 STAD 的基本结果同拼图小组技术类似,但它们在程序上有一个重要区别:拼图小组技术尝试尽可能地弱化竞争,而 TGT 和 STAD 实际上在强调组内合作的背景下,促进了小组之间的竞争。然而我们相信这种差异在实际操作中并没有表现得那么明显。在大多数使用拼图小组技术的班级里,学生们每天运用拼图方法学习的时间不到两个小时,其余的时间都花在了五花八门的活动上,而其中的很多活动本质上是竞争性的。因此,无论是拼图小组技术,还是 TGT 和 STAD,它们能起作用的重点似乎是:学生们要在某些特定的时间内相互合作。至于周遭的竞争氛围是不是另一个必要条件,有待未来的研究去解释。

结论

我们并不是说拼图小组技术或任何其他的合作方法能够彻底解决种族间的问题。但我们向大家展示了,按照社会心理学的元素建构课堂会产生一些积极的效应,孩子们至少会花一部分时间去追求共同的目标。这些效应与社会科学家在 1954 年支持废除学校种族隔离时作出的预测一致。值得强调的是,即使拼图小组技术仅仅被应用于 20% 的课堂时间里,它的积极效应仍然存在。此外,对于其他相互依存的合作型学习技术,即使学习过程中伴随着竞争,也会产生积极的效应。最后,以上实验结果无意严格限制课堂竞争或个别指导教育。事实上,互依的学习方法几乎可以与任何其他的教学方法共存。

参考文献

Aronson, E., Stephen, C., Sikes, J., Blaney, N., & Snapp, M. (1978a). *The jigsaw classroom*. Beverly Hills, CA: Sage Publications.

Aronson, E., Bridgeman, D. L., & Geffner, R. (1978b). The effects of a cooperative classroom structure on students' behavior and attitudes. In D. Bar-Tal & L. Saxe (Eds.), *Social psychology of education: Theory and research*. Washington, DC: Hemisphere.

Blaney, N. T., Stephan, C., Rosenfield, D., Aronson, E., & Sikes, J. (1977). Interdependence in the classroom: A field study. *Journal of Educational Psychology*,

69,139 - 146.

348 Bridgeman, D. L. (1981). Enhanced role taking through cooperative interdependence: A field study. Child Development, *52*,1231 - 1238.

Chandler, M. J. (1973). Egocentrism and antisocial behavior: The assessment and training of social perspective-taking skills. *Developmental Psychology*, *9*,326 - 332.

Cohen, E. (1972). Interracial interaction disability. *Human Relations*, *25(1)*,9 - 24.

Cohen, E., & Roper, S. (1972). Modification of interracial interaction disability: An application of status characteristics theory. *American Sociological Review*, *6*,643 - 657.

Cook, S. W. (1978). Interpersonal and attitudinal outcomes in cooperating interracial groups. *Journal of Research and Development in Education*, *12(1)*,97 - 113.

Covington, M. V., & Beery, R. G. (1976). *Self-worth and school learning*. New York, NY: Holt, Rinehart & Winston.

Deutsch, M. (1949). An experimental study of the effects of cooperation and competition upon group process. *Human Relations*, *2*,199 - 231.

DeVries, D. L., Edwards, K. J., & Slavin, R. E. (1978). Bi-racial learning teams and race relations in the classroom: Four field experiments on Teams-Games-Tournament. *Journal of Educational Psychology*, *70(3)*,356 - 362.

Franks, D. D., & Marolla, J. (1976). Efficacious action and social approval as interacting dimensions of self-esteem: A tentative formulation through construct validation. *Sociometry*, *39*,324 - 341.

Geffner, R. A. (1978). The effects of interdependent learning on self-esteem, inter-ethnic relations, and intra-ethnic attitudes of elementary school children: A field experiment (Unpublished Doctoral Thesis). University of California, Santa Cruz.

Gerard, H., & Miller, N. (1975). *School desegregation*. New York, NY: Plenum.

Johnson, D. W., & Johnson, R. T. (1975). *Learning Together and Alone*. Englewood Cliffs, NJ: Prentice-Hall.

Lucker, G. W., Rosenfield, D., Sikes, J., & Aronson, E. (1977). Performance in the interdependent classroom: A field study. *American Educational Research Journal*, *13*,115 - 123.

Pettigrew, T. (1961). Social psychology and desegregation research. *American Psychologist*, *15*,61 - 71.

Purkey, W. W. (1970). *Self-Concept and School Achievement*. Englewood Cliffs, NJ: Prentice-Hall.

Sherif, M., Harvey, O. J., White, J., Hood, W., & Sherif, C. (1961). *Intergroup conflict and cooperation: The Robber's cave experiment*. Norman, OK: University of Oklahoma Institute of Intergroup Relations.

Slavin, R. E. (1978). Student teams and achievement divisions. *Journal of Research and Development in Education*, *12(1)*,39 - 49.

Stephan, C., Presser, N. R., Kennedy, J. C., & Aronson, E. (1978). Attributions to success and failure in cooperative, competitive and interdependent interactions. *European Journal of Social Psychology*, 8,269 - 274.

Stephan, W. G. (1978). School desegregation: An evaluation of predictions made in Brown v. Board of Education. *Psychological Bulletin*, 85,217 - 238.

St. John, N. (1975). *School desegregation: Outcomes for children*. New York, NY: John Wiley and Sons.

25. 社交互动中的内隐偏见

凯瑟琳・R・索尔森(Katherine R. Thorson)①
纽约大学

泰莎・V・韦斯特(Tessa V. West)
纽约大学

社会交往中的内隐偏见

　　2016 年 9 月 26 日,8 000 多万名观众观看了美国总统候选人希拉里・克林顿(Hillary Clinton)和唐纳德・特朗普(Donald Trump)之间的辩论,创下了历届美国总统候选人辩论收视率新高(美国有线电视新闻网[CNN],2016)。期间双方就心理学领域最具影响力的一种现象进行了辩论,即"内隐偏见"。鉴于美国国内发生了几起警察枪击非洲裔平民的严重事件,加之近年来此类事件数量激增(警察暴力执法地图[Mapping Police Violence],2015),辩论转向了"美国警察与种族偏见"这一争议主题。辩论主持人、美国记者莱斯特・霍尔特(Lester Holt)询问候选人克林顿国务卿是否"相信警察对黑人有内隐偏见",克林顿回应称:"内隐偏见涉及每个人,不仅仅是警察。"

　　上述对话一经发生,社会心理学家就开始在社交媒体上发帖讨论。大多数社会心理学家因为在如此重要的场合提及内隐偏见而感到无比兴奋,也觉得恰如其分。霍尔特使用这个词表明了,这个科学期刊里晦涩的专有名词已经进入人们的日常生活中。不过更重要的是,国务卿克林顿的回应与科学家几十年来

---

① 本文通讯请联系凯瑟琳・R・索尔森: 6 Washington Place, New York, NY 10003;电子邮件:
katherine. thorson@nyu. edu。

的发现不谋而合,即偏见是无意识产生的,甚至最和善的人也不免受到影响,在不同情境下做出被影响的具体行为。例如,2018年内隐偏见因一系列新闻报道而成为热点,评论员努力向公众阐明一系列看似无休止的、众人皆知的事件背后的原因:事件中的黑人都在进行日常活动,如在星巴克买饮料、公园里烧烤、购买舞会礼服、宿舍小憩等等,但是白人觉得黑人的这些行为很可疑,于是拨打911报警。在"星巴克事件"之后,"像黑人一样生活"便成了一种文化运动,该事件中,两名黑人男子在等待朋友的时候想要使用星巴克卫生间,但因为没有购买任何东西而被拒绝,员工要求黑人要么下单要么离开。黑人没有离开,于是店员拨打911报警。后来由于公众的强烈抗议,星巴克在大约一个月后关门歇业,并对员工进行了4小时的"反偏见"培训。警察枪击事件虽最具戏剧性,但还有更多日常生活中意识不到的偏见导致的社交互动问题。因内隐偏见而造成的不愉快互动和因*看似*具有威胁性的日常行为而报警,这类事件之频繁不难想象,对于我们所有人来说代价也都是极其昂贵的。

2016年总统候选人辩论后几周,我们与社会心理学家布莱恩·诺塞克(Brian Nosek)进行了交流,他与社会心理学家玛扎琳·巴纳吉(Mahzarin Banaji)、安东尼·格林沃尔德(Anthony Greenwald)共同创建了"内隐项目"(Project Implicit,www.projectimplicit.net/about.html)。内隐项目这个网站充当了科学家和主流公众之间的桥梁,可以为每个人提供测试内隐偏见的方法,无论何种社会身份,任何人都可以参加测试,检验其对种族、性别、性取向的无意识反应和自动联想情况。内隐项目不仅为测试者提供其对特定群体的内隐偏见报告,还概述了有关内隐偏见的科学文献,帮助阐明内隐偏见的含义,协助测试者理解消化。诺塞克教授指出:

> 过去15年来,有2 000多万人完成了内隐测试,平均每周达数千人。从1998年该网站创建初始,我们始终致力于塑造这样一种认识,即偏见存在于各种无意图或无意识的情境之下,且偏见根源很常见。现在,公众在大多数文章和评论中都会谈论到内隐偏见。

例如,希拉里·克林顿对内隐偏见的看法就非常符合科学理解。当然,作为社会心理学家,我们的工作还任重道远,特别是许多政治家有关内隐偏见的

350

看法还存在经常性和根本性的误解。

例如，候选人彭斯（Pence）谈到警察枪击平民黑人时就存在内隐偏见：

> 每当悲剧发生时，就有人抓住一切机会无死角地贬低执法部门，指责其有内隐偏见，这难道还不够吗？当非洲裔美国警察参与到枪击非裔美国人事件时，希拉里·克林顿还会指责该非洲裔美国警察存在内隐偏见吗？

随着内隐偏见进入美国话语体系，社会心理学家正致力于用确凿的、科学的证据来纠正这种误解。社会性动物可能倾向于有意识地否认自己的偏见，这种现象意味着什么？内隐偏见从何而来？哪些行为是无法通过外显态度（如通过调查）来预测（外显态度是我们可意识到、可报告且受意识控制的）却可以通过测量内隐偏见（如通过内隐联想测验［IAT］评分）来预测的？此外，关键的是，内隐偏见和通常意义上的偏见之间有什么区别？这些问题是本文要着力解决的内容。

351

首先，本文概述了人在一生中如何形成内隐偏见。然后，讨论了内隐偏见如何影响与社会性动物密切相关的社会环境中的行为：不同种族的两个人之间的互动行为。本文专注于两个人希望建立积极关系的互动行为，且两人通常对其同伴所属的种族群体持有积极（外显）态度。例如，一所典型美国大学的黑人学生和白人学生作为室友第一次见面，两位室友都赞成种族进步的重要意义，反对种族歧视。大学校园里类似情境屡见不鲜。试想一下，白人室友努力向黑人室友示好，询问她来自哪里、爱好有哪些、音乐品味等等。但谈话过程中，白人室友可能会表现出非语言行为，表明自己在新室友身边不是很自在。是否有眼神交流？双臂是交叉还是张开？是否出现烦躁不安或其他不适迹象？这些行为是否预示着内隐偏见？什么样的内隐或外显行为将决定室友彼此互动后的感觉？

当然，上述情境是双向的。但因为社会心理学家最关注多数群体成员（如美国白人）对少数群体成员（如美国黑人）所持有的内隐偏见，大多数可用数据都与多数群体成员——如星巴克的白人咖啡师——对少数群体的内隐偏见和外显偏见有关。如我们这样的内隐偏见研究人员强烈反对迈克·彭斯的观点，认为内隐偏见普遍存在，每个人都有内隐偏见且能够在特定条件下表现为行动。无论是引起全国关注的新闻事件，还是社会心理学家关注的领域，白人对其他少数族群的偏见最为常见。

内隐偏见是如何形成的?

如今，大多数美国人(但显然不是全部)提倡种族平等，反对因肤色或文化背景不同而对个人持负面看法(Bobo，2001；Crandall，Eshleman & O'Brien，2002)。换句话说，过去50年里针对黑人的外显偏见一直在减少。从社会层面来看，法律保护黑人群体免受外显歧视。如在保障少数族裔获得住房(《公平住房法》[Fair Housing Act]，2017)和反对依种族提供医疗保健(Smedley，Stith & Nelson，2003)的法律法规方面，明确规定歧视少数族裔属于违法行为。在人际层面上，平等主义者通常认为社会无法接受针对黑人持有外显偏见(Trawalter，Adam，Chase-Lansdale & Richeson，2013)，并且最近组织机构内部，乃至电影中也会因缺乏种族多样性而受到抨击。最近，福布斯杂志(Winning，2018)就呼吁增加科技领域的种族多样性。其他行业也是如此，种族多样性已然成为一种必备的道德要求。2016年，由于提名者缺乏种族多样性，几位演员曾抵制过奥斯卡颁奖典礼。

2016年美国总统大选(Reilly，2016)之后，发生的公开性歧视(例如故意破坏、威胁、恐吓等)通常反映在人们的外显态度上(Blank，Dabady & Citro，2004)。换句话说，外显态度与公然的种族歧视密切相关。的确，外显态度强烈预示一些经过深思熟虑的行为，这都是我们完全可以控制的，如愿意为少数族裔提供工作岗位，与不同宗教信仰的人住在同一宿舍，或投票给女性(Dovidio，Kawakami & Gaertner，2002)。

如果方法适合，外显态度很容易进行测试，而持有明确负面想法的人通常能准确告诉你，他们是如何按所信奉的这套理念行事的。如果有人告诉你，他不想让女性进入白宫，你可以非常确定他不会投票给女性总统候选人。然而，意识之外的内隐态度(Greenwald & Banaji，1995)是一头"更难缠的野兽"。首先，内隐态度不同于外显态度。再次以大学室友为例，白人室友可能对黑人持明确、积极的态度，但在内隐层面，她仍然表现出"亲白人"的偏见。这种内隐偏见会导致她表现出一些无意识的消极非语言行为，例如在与室友交谈时坐立不

352

安,避免眼神交流。你可以想象,白人室友可能会给她的黑人室友带来"混合信息",一方面友好地说话,但另一方面说话时看起来却很不自然,这两种冲突行为在关于团体间互动的研究文献中被称为"脆弱的微笑效应"（Mendes & Koslov, 2013）。

《社会性动物》的读者知道人们经常持有两种相互冲突的态度。根据厌恶性种族主义理论（Dovidio et al. , 2004;另见《现代种族主义理论》;McConahay, 1986;和《象征性种族主义》;Sears, Henry & Kosterman, 2000）,非黑人会基于平等动机同情过去遭受不公正对待的黑人受害者,并且认为自己不存在偏见。然而,这些人对黑人有着相互矛盾的、通常是无意识的负面情感和看法。正如德维迪奥等人（Dovidio, Gaertner & Pearson, 2016）总结的那样:"他们'厌恶'黑人,同时也'厌恶'自己被打上'对他人持有偏见'的标签。"

内隐态度从何而来?内隐态度始于儿童时期,生活经历、父母和其他人的社会榜样以及接触到的更宏观层面的文化影响都是形成内隐态度的因素,导致偏见在群体内和代际间传导（Dovidio & Gaertner, 2004）。儿童通过社会化榜样习得内隐偏见,研究人员发现儿童在很小的时候就会出现与厌恶性种族主义特征相一致的行为,尤其是当他们意识到更宏观层面的文化不赞同外显偏见时更是如此（大约 9 岁;有关评论可参阅 Apfelbaum, Norton & Sommers, 2012;另请参阅 McGillicuddy-De Lisi, Daly & Neal, 2006）。对于那些更被父母认同的儿童来说,父母的种族内隐偏见与儿童自身内隐偏见水平表现出更强的一致性（Sinclair, Dunn & Lowery, 2005）。这一发现表明,内隐偏见的代际传递是可能的,而且与父母关系密切的儿童表现得更为明显。种族内隐偏见也有动机性因素和社会文化根源,对某些群体的成员抱有消极态度有助于维持、正当化现状,有助于人们保持和获得权力感（Sidanius & Pratto, 1999）。

社会化榜样不一定直接来自家庭,电视节目和其他媒体也在潜移默化地传播内隐偏见,影响人们对不同种族的无意识态度。研究人员调查了 11 部受欢迎的电视节目,发现比起白人角色,节目中的主角倾向于更厌恶黑人角色,并消极地对待他们（Weisbuch, Pauker & Ambady, 2009）,因此这种形式在娱乐观众的同时,也塑造了偏见和歧视。此类节目的观众对黑人的内隐偏见水平更高。

最后,种族内隐偏见也源于基本认知加工。20 世纪 70 年代,社会心理学发生了一场"认知革命",学者们不再将偏见视为一种异常的、几乎病态的加工过程(Adorno,Frenkel-Brunswik,Levinson & Stanford,关于权威型人格的课堂作业讨论,1950),而将其当作一个正常的适应性过程。学者们开始认识到大脑很容易将他人区分成"我们"和"他们",这是一种自适应表现。如果我们的祖先不能区分"我们"和"他们",他们可能会死于陌生人之手。在现代社会中,我们所面临的困境往往是把其他人归为"他们",利用种族、性别、政党和宗教等标准来分裂"我们",进而夸大这种差异性。

从好的方面来说,虽然内隐偏见可能是自然发生无法避免的,但它也是可塑的。例如,范·巴维尔和坎宁安(Van Bavel & Cunningham,2009)将白人被试分配到一个随意组合的微群体中,比如"更喜欢艺术家 A 而不喜欢艺术家 B"的群体。被分配到这样的群体后,我们与群体中其他成员的联系感通常会加强,认同感也会增强,同时还会激活我们与外群体成员之间的差异感。研究人员会问:如果将白人置于同一团体或与黑人同组,他们的反黑人偏见会怎样?研究结果表明,白人与黑人共处一个小组可以克服他们通常被认为是早期习得的、根深蒂固的内隐偏见;被分配到一个包括黑人在内的团队后,白人学生在内隐联想测试中表现出的反黑人偏见有所减少。类似的研究表明,当人们拥有共同的群体身份认同时,例如喜欢同一支运动队,他们能够克服对外种族群体成员的内隐偏见(Dovidio & Gaertner,2004)。对相似性的感知会增加吸引力,减少偏见;在讨论了好恶之后,两个大学室友对量子力学的热爱充当了"追求崇高事业的身份认同",一旦认同这个身份,白人室友就会放松下来,不再在非语言方面表现出尴尬。

内隐偏见对人际互动的影响

354

对外群体成员的判断

我们意识中觉察不到的偏见如何影响我们与他人的互动? 内隐偏见会在我们与其他种族互动之前,尤其是在不明确的情境中,不自觉地影响我们对外群体成员的初步判断。这就致使个体更容易将自己的偏见行为归因于情境特征,而不是互动对象的种族。以招聘为例,如果黑人候选人比白人候选人的条件更好,那么白人老板几乎总是会选择黑人,这是因为一个人很难凭借种族以外的因素来合理化其决定。但是，如果两个候选人的能力相似但却有不同侧重，人们通常会选择白人，这是因为他们可以轻易将其决定归因于候选人种族以外的特征(例如，"尽管黑人候选人经验更丰富，但是白人候选人的受教育程度更高，这个更重要"，Dovidio & Gaertner，1986)。

可以想象，带有这种偏见的判断和行为会对少数族裔群体造成系统性的不利影响。正是因为这些判断和行为，白人才得以在很多互动过程中始终保持高于少数族裔的地位和权力。关键的一点是，这些不易被觉察的判断或行为导致了少数族裔的系统性劣势，而我们很难把这种判断或行为认定为歧视；只有从总体上审视行为，才能清楚地看出种族差异的存在。

群体间焦虑

一旦开始与外群体成员互动，某些过程就会提高内隐偏见影响行为的可能性。其中一个关键因素是群体间焦虑，即在人们对某些人抱有内隐偏见的情况下，与这些人互动时所感受到的焦虑。产生群体间焦虑的原因有很多，对很多人而言，种族外群体成员的存在就足以引起群体间焦虑。但是，当人们感觉到互动过程可能会不尽如人意，或者当他们担心互动对象会认为他们有偏见时，群体间焦虑更容易产生(Stephan & Stephan，1985)。以符合厌恶性种族主义者(外显偏见低，但内隐偏见高，Amodio & Hamilton，2012)特征的白人为例，群体间的互动尤其容易引起他们的焦虑。这是因为，如前所述，这些人既"厌恶"与少数族裔互动，又"厌恶"他人会觉得他们持有偏见(Dovidio、Gaertner & Pearson，2016)。这就导致了群体间焦虑的产生，特别是在他们无法根据社交规则来确定什么样的行为才是恰当的情况下。例如，一项实验中有一名黑人实验者和白人实验者，厌恶性种族主义白人在面对黑人实验者时，测出的压力荷尔蒙皮质醇更高(Amodio，2009)，这说明他们的焦虑程度更高。

这种焦虑如何影响行为？其中一点是，焦虑会限制人们规范刻板印象的能力，导致种族刻板印象更容易浮现在他们的脑海中。也就是说，当人们努力表现得不带偏见时，反而会更多地想到刻板印象，这样一来，种族偏见的表达也就增多了(Apfelbaum et al.，2012)。同样，群体间焦虑也会限制人们的自控力，使其顺着负面刻板印象的激活做出自然反应。人们通常在非结构化的社交情境中感受到群体间焦虑，而他们的偏见行为则反映了其内隐偏见(Toosi，

Babbit，Ambady & Sommers，2012）。

内隐偏见的表达

人们如何在跨种族互动中表达偏见？在日常接触中，内隐偏见会引起焦虑和不安的非言语表现，在某些情况下，还会让人产生夸张的（且虚假的）积极情绪（Mendes & Koslov，2013；有关综述，请参阅 Dovidio et al.，2016）。由于存在内隐偏见，一些人不愿意与外种族的人接触（Plant & Devine，2003），因此当这些人被迫进行跨种族互动时，就会表现出不愿及不安，从而透露出他们的内隐偏见。内隐偏见往往表现为与互动对象较少的眼神接触，或较多的回避行为，比如交叉双臂、保持较大的身体距离等（Dovidio et al.，2002）。

最近，学者们发现，人们有时会试图对自己的内隐偏见进行过度补偿。然而，过度补偿行为可能适得其反。前面提到过，曼德斯和科斯洛夫（2013）发现，与黑人互动时，如果白人感到生理性威胁升高，那么他们还会假笑，或表现出夸张和虚假的积极情绪。可以想象，当人们表现出这种夸张的积极情绪并伴以焦虑的非言语表现时，这种互动会使少数族裔的伙伴产生困惑（Dovidio et al.，2002；West，2011）。这些人表现得非常友好，但同时也显得很焦虑。由于少数族裔普遍知道这一事实：很多白人自称支持平等主义，但实质上却有种族歧视并隐藏偏见。于是，他们往往将混合的信号解读为偏见的表现（Dovidio et al.，2002）。努力表现得不带偏见，可能会产生与预期相反的效果。

保持警觉及其后果

少数族裔群体经常注意到白人互动对象的偏见表达。正如我们的偏见水平不同，我们察觉偏见的敏感程度也不同，并且对互动中对方的偏见程度也或多或少存在疑虑（Major，Sawyer & Kunstman，2013），对成为偏见对象这一点也会有所预期（Page-Gould，Mendoza-Denton & Tropp，2008；Shelton，Richeson & Salvatore，2005）。如果少数族裔群体很可能遭到白人的消极对待，那么他们就会在互动中保持警觉。少数族裔对白人的行为尤为警觉，而且他们擅长理解那些不易被察觉的偏见表达（Frable，Blackstone & Scherbaum，1990；Kaiser，Vick & Major，2006；Richeson & Shelton，2010）。因此，在群体间的互动中，人们会寻找种种迹象来证实其疑虑（West，2011）；相比否定刻板印象的行为和信息,他们会更注重肯定刻板印象的行为和信息(Kunda & Spencer, 2003; Shelton & Richeson, 2005);过度解读不明确的行为(West, 2011);相比内群体成员,倾向于对外群体成员的相同活动做出更加负面的解释(Hess, Adams & Kleck, 2008; Shelton & Richeson, 2005)。

韦斯特等人(West, Shelton & Trail, 2009)研究了察觉刻板印象和偏见的迭代过程,以及这些过程如何随着时间的推移改变互动对象的反应,从而解释为什么相对于同种族的室友关系,焦虑普遍存在于跨种族的室友关系中且难以改变。为了研究这一问题,他们以与同种族学生同住的大学生以及非同种族学生同住的大学生为被试,进行了一项日记研究,让被试每天报告与室友互动时的焦虑程度以及对下一年继续住在一起的意愿程度。随着时间的推移,研究者可以逐渐通过被试本人及其室友在前一天互动中的焦虑程度,预测拥有跨种族室友的被试在互动中的焦虑体验,但无法预测拥有同种族室友的被试的焦虑体验。此外,跨种族的室友在日常互动中感受到的焦虑越多,就越不想下一年继续住在一起。与此相反,同种族的室友在日常互动中感受到的焦虑越多,就越想下一年继续住在一起。这些数据表明,被试所属的种族群体身份决定了他们对室友焦虑表达的解读。对于同种族学生而言,相同的种族群体身份使他们对互动对象的焦虑做出正向解释,因为他们更想在未来继续接触。与此相反,对于跨种族学生而言,不同的种族群体身份影响了他们对彼此的看法,导致他们对互动对象的焦虑做出负面解释,因为他们不想在未来继续接触。

对于察觉偏见的警觉,连同对于白人试图表现出无偏见的警觉,也会影响互动对象在人际互动中能否注意对方并予以关注。就注意和专注于情境和环境的各方面(包括思考自己的行为和其互动对象的行为)而言,人类的思维能力是有限的。以白人为例,对他们而言,在意少数族裔互动对象对自己的看法,并试图表现得不带偏见,需要他们进行全方位的自我监控,而这将耗费认知资源(Mendes & Koslov, 2013)。当认知资源耗尽时,白人更可能表现出前面提到的焦虑的非言语行为(Vorauer & Turpie, 2004),形成一个恶性循环。

此外,有限的认知资源使我们无法完全注意到互动对象不易被察觉的非言语情感表达,也无法准确理解这类表达的含义(也就是说,我们无法准确地共情),因为要做到这些需要复杂谨慎的认知加工(Ickes, 1997)。因此,假如在白人和少数族裔的互动中,他们无法完全发挥认知能力,那么在跨种族的互动中,他们也无法完全使用"读心术"。就这一点而言,解读不明确的行为中的消极意图,可能会导致人们对互动对象的真实感受做出不准确的判断(尤其是当这些感受实际上是积极的时候),进而导致互动双方都猜测对方对未来的接触缺乏兴趣,而事实可能并非如此(West, Shelton & Trail, 2009)。

超越相识阶段的偏见

社会心理学的基础研究大多集中在人们的相识阶段,而内隐偏见对跨种族互动的影响已经超越了这个范围。错误的认知和消极的互动,可能成为医疗等领域里系统性的常态化问题;当我们放眼这些领域,就更会为内隐偏见的影响感到担忧。不幸的是,这些领域的从业者,无论多么训练有素,也依然对地位较低的种族群体抱有内隐偏见,并且他们的偏见水平也决定了互动过程。关于这一点,越来越多的有关无意识种族态度影响医疗从业者行为的文献表明,尽管大多数非黑人(即白人、亚裔、西班牙裔、拉丁裔)医疗服务人员的外显偏见相对较低,但他们对黑人却抱有相当严重的内隐偏见,其程度与普通民众无异(Blair et al. , 2013; Godsil, Tropp, Goff & Powell, 2014; Hall et al. , 2015);这些发现与有关日常接触的文献结果一致。这种内隐偏见会影响医生传达重要的医疗信息,以及黑人患者对他们的评价,还会影响针对黑人的医疗服务整体质量。例如,由于白人医疗服务人员低估了黑人患者的疼痛程度,因此止痛药物的剂量较低,护理质量较差(Trawalter & Hoffman, 2015; Trawalter, Hoffman & Waytz, 2012; Waytz, Hoffman & Trawalter, 2014)。

医患互动方面的研究,将医生的内隐评价性偏见与门诊质量和患者随后的服药依从性进行了关联研究(Hagiwara et al. , 2013;,2010)。以彭纳等人(Penner et al. , 2010)的研究为例,当非黑人医生符合厌恶性种族主义者的特征时(即,虽然他们表达出外显的平等主义价值观,但却在内隐评价性偏见的计量上得分较高),门诊结束后,黑人患者对医疗服务质量的满意度较低,并且离开诊室时,对互动的负面印象较多。另一项研究显示,非黑人医生的诊疗结束后,黑人患者对诊疗过程缺乏信任,其表现为,就诊 16 周后,这些患者的服药依从性下降(Hagiwara et al. , 2013)。最近,彭纳等人(Penner et al. , 2016)发现,与内隐偏见程度较低的非黑人肿瘤医生相比,内隐偏见程度较高的非黑人肿瘤医生与黑人患者的互动时间明显更短,支持性沟通也更少。无意识的偏见也间接影响了患者本人对治疗的信心。在美国,种族问题引起了医疗领域的显著差异,且这种差异持续存在,这就使得进一步研究如何克服医疗服务领域的内隐偏见变得至关重要。

结论

希拉里·克林顿说得对:每个人都有内隐偏见。此外,研究表明,内隐偏见并非无关紧要,它强烈地影响人们的行为,从而带来类似医疗服务领域的严重后果。内隐偏见会影响我们面对他人时的举止,而这种影响甚至连我们自己都无法察觉,比如我们看上去的自在程度。需要记住的是,任何单独的行为很难被称为内隐偏见的表现;只有从总体出发,才最容易察觉这种偏见。

读完本章后,你也许想要了解自己的内隐偏见及其对行为的影响。心理学家仍在争论:除了我们在此讨论的那些不易被察觉的人际关系影响之外,研究发现的偏见究竟对人们的歧视行为有多大影响。但有一点是明确的:大多数意在减少内隐偏见的尝试(比如在星巴克、警察群体或大学校园里的尝试)表明,仅仅通过学习,是无法摆脱偏见的。刚刚学到的关于内隐偏见的知识还不足以减少你的偏见;事实上,一些有关厌恶性种族主义的研究表明,对某些人来说,认识到这一点还可能会增加偏见。因此,当人们像星巴克那样提议用知识来对抗偏见时,连他们自己都知道,这种对抗偏见的形式是一个漫长的过程,意识仅仅是这一过程的起点,而非终点。研究人员一直在努力开发不同的干预措施,以减少内隐偏见对行为的影响(Kawakami et al., 2007；Lai et al., 2014/2016)。多管齐下的方法最有可能取得持续进步(Devine, Forscher, Austin & Cox, 2012),尤其是那些旨在减少内隐偏见"实践"的方法。正如某些人所建议的,也许最好的策略不是试图在个体层面上改变内隐偏见,而是进行程序上的改变,从而防止偏见影响行为。以面试为例,当白人面试官面对少数族裔求职者时,"按剧本行事"可以降低内隐偏见影响其行为举止的可能性;遵循固定而非可变的评价标准也是如此。但前面提到过,一些最具说服力的研究表明,让人们把他人看作是自己团队的一部分,可以减少内隐偏见以及外显偏见。

作为研究者,我们希望,在理解内隐偏见表达和感知的动态性质、意识到个人特质如何影响这些过程之后,人们可以减少偏见,并逐渐收敛社交互动中的偏见表达。

参考文献

Adorno, T. W. (1950). *Remarks on the Authoritarian Personality* by Adorno, Frenkel-Brunswik, Levinson, Sanford. MHA VI, 1.

Amodio, D. M. (2009). Intergroup anxiety effects on the control of racial stereotypes: A psychoneuroendocrine analysis. *Journal of Experimental Social Psychology*, 45(1), 60 – 67.

Amodio, D. M. , & Hamilton, H. K. (2012). Intergroup anxiety effects on implicit racial evaluation and stereotyping. *Emotion*, 12(6),1273 – 1280.

Apfelbaum, E. P. , Norton, M. I. , & Sommers, S. R. (2012). Racial color blindness emergence, practice, and implications. *Current Directions in Psychological Science*, 21(3),205 – 209. doi: 10. 1177/0963721411434980

Blair, I. V. , Havranek, E. P. , Price, D. W. , Hanratty, R. , Fairclough, D. L. , Farley, T. , ... Steiner, J. F. (2013). Assessment of biases against Latinos and African Americans among primary care providers and community members. *American Journal of Public Health*, 103,92 – 98. doi: 10. 2105/AJPH. 2012. 300812

Blank, R. M. , Dabady, M. , & Citro, C. F. (2004). *Measuring racial discrimination*. Washington, DC: The National Academies Press.

Bobo, L. D. (2001). Close of the twentieth century. *America Becoming: Racial Trends and Their Consequences*, 2,264.

Crandall, C. S. , & Eshleman, A. (2003). A justification-suppression model of the expression and experience of prejudice. *Psychological Bulletin*, 129(3),414.

Devine, P. G. , Forscher, P. S. , Austin, A. J. , & Cox, W. T. L. (2012). Long-term reduction in implicit race bias: A prejudice habit-breaking intervention. *Journal of Experimental Social Psychology*, 48(6): 1267 – 1278.

Dovidio, J. F. , & Gaertner, S. L. (1986). *Prejudice, discrimination, and racism*. Orlando, FL: Academic Press.

Dovidio, J. F. , & Gaertner, S. L. (2004). Aversive racism. *Advances in Experimental Social Psychology*, 36,4 – 56.

Dovidio, J. F. , Gaertner, S. L. , & Pearson, A. R. (2016). Racism among the well intentioned: Bias without awareness. In A. G. Miller's (Ed.), *The social psychology of good and evil* (2nd ed. , pp. 95 – 118). New York, NY: Guilford Press.

Dovidio, J. F. , Gaertner, S. L. , Ufkes, E. G. , Saguy, T. , & Pearson, A. R. (2016). Included but invisible? Subtle bias, common identity, and the darker side of "we." *Social Issues and Policy Review*, 10,4 – 44.

Dovidio, J. F. , Kawakami, K. , & Gaertner, S. L. (2002). Implicit and explicit prejudice and interracial interaction. *Journal of Personality and Social Psychology*, 82(1),62 – 68. doi: 10. 1037/0022 – 3514. 82. 1. 62

The Fair Housing Act. (2017, December 21). Retrieved from https://www.justice.gov/crt/fair-housing-act-1

Frable, D. E., Blackstone, T., & Scherbaum, C. (1990). Marginal and mindful: Deviants in social interactions. *Journal of Personality and Social Psychology*, *59* (*1*),140 – 149.

Godsil, R. D., Tropp, L. R., Goff, P. A., & Powell, J. A. (2014). *Addressing implicit bias, racial anxiety, and stereotype threat in education and health care.* Berkeley, CA: Perceptions Institute.

Greenwald, A. G., & Banaji, M. R. (1995). Implicit social cognition: Attitudes, self-esteem, and stereotypes. *Psychology Review*, *102*(*1*),4 – 27. doi: 10.1037/0033 – 295X.102.1.4

Hagiwara, N., Penner, L. A., Gonzalez, R., Eggly, S., Dovidio, J. F., Gaertner, S. L., & Albrecht, L. (2013). Racial attitudes, physician-patient talk time ratio, and adherence in racially discordant medical interactions. *Social Science & Medicine*, *87*, 123 – 131. doi: 10.1016/j.socscimed.2013.03.016

Hall, W. J., Chapman, M. V., Lee, K. M., Merino, Y. M., Thomas, T. W., Payne, B. K., ... Coyne-Beasley, T. (2015). Implicit racial/ethnic bias among health care professionals and its influence on health care outcomes: A systematic review. *American Journal of Public Health*, *105*,e60 – e76. doi: 10.2105/AJPH.2015.302903

Hess, U., Adams Jr., R. B., & Kleck, R. E. (2008). The role of facial expression in person perception. In N. Ambady & J. J. Skowronski (Eds.), *First impressions* (pp. 234 – 254). New York, NY: Guilford Publications.

Ickes, W. J. (Ed.). (1997). *Empathic accuracy.* New York, NY: The Guilford Press.

Kaiser, C. R., Vick, S. B., & Major, B. (2006). Prejudice expectations moderate preconscious attention to cues that are threatening to social identity. *Psychological Science*, *17*(*4*),332 – 338.

Kawakami, K., Phills, C. E., Steele, J. R., & Dovidio, J. F. (2007). (Close) distance makes the heart grow fonder: Improving implicit racial attitudes and interracial interactions through approach behaviors. *Journal of Personality and Social Psychology*, *92*(*6*), 957 – 972.

Lai, C. K., Marini, M., Lehr, S. A., Cerruti, C., Shin, J. L., Joy-Gaba, J. A., ... Nosek, B. A. (2014). Reducing implicit racial preferences: I. A comparative investigation of 17 interventions. *Journal of Experimental Psychology: General*, *143*, 1765 – 1785.

Major, B., Sawyer, P. J., & Kunstman, J. W. (2013). Minority perceptions of Whites' motives for responding without prejudice the perceived internal and external motivation to avoid prejudice scales. *Personality and Social Psychology Bulletin*, *31*,401 – 414.

Mapping Police Violence (2015). Unarmed Victims. Retrieved from http://mappingpoliceviolence.org/unarmed/

McConahay, J. B. (1986). Modern racism, ambivalence, and the Modern Racism Scale.

In J. F. Dovidio & S. L. Gaertner (Eds.), *Prejudice, discrimination, and racism* (pp. 91 – 125). San Diego, CA: Academic Press.

McGillicuddy-De Lisi, A. V., Daly, M., & Neal, A. (2006). Children's distributive justice judgments: Aversive racism in Euro-American children? *Child Development*, *77*(4),1063 – 1080. doi: 10. 1111/j. 1467 – 8624. 2006. 00919. x

Mendes, W. B., & Koslov, K. (2013). Brittle smiles: Positive biases toward stigmatized and outgroup targets. *Journal of Experimental Psychology: General*, *142* (3), 923 – 933. doi: 10. 1037/a002966

Page-Gould, E., Mendoza-Denton, R., & Tropp, L. R. (2008). With a little help from my cross-group friend: Reducing anxiety in intergroup contexts through cross-group friendship. *Journal of Personality and Social Psychology*, *95*(5),1080 – 1094.

Penner, L. A., Dovidio, J. F., Gonzalez, R., Albrecht, T. L., Chapman, R., Foster, T., ... Gadgeel, S. (2016). The effects of oncologist implicit racial bias in racially discordant oncology interactions. *Journal of Clinical Oncology*, *34*(24),2874 – 2880.

Plant, E. A., & Devine, P. G. (2003). The antecedents and implications of interracial anxiety. *Personality and Social Psychology Bulletin*, *29*(6),790 – 801.

Reilly, K. (2016, November 13). Racist incidents are up since Donald Trump's election. These are just a few of them. The New York Times. Retrieved from http://time. com/4569129/racist-anti-semitic-incidents-donald-trump/

Richeson, J. A., & Shelton, J. N. (2005). Brief report: Thin slices of racial bias. *Journal of Nonverbal Behavior*, *29*(1),75 – 86. doi: 10. 1007/s10919 – 004 – 0890 – 2

Richeson, J. A., & Shelton, J. N. (2010). Intergroup dyadic interactions. *The Sage handbook of prejudice, stereotyping, and discrimination*, 276 – 293. Thousand Oaks, CA: SAGE Publications.

Sears, D. O., Henry, P. J. & Kosterman, R. (2000). Egalitarian values and contemporary racial politics. In D. O. Sears, J. Sidanius, & L. Bobo (Eds.), *Racialized politics: The debate about racism in America* (pp. 75 – 117). Chicago, IL: University of Chicago Press.

Sellers, R. M., & Shelton, J. N. (2003). The role of racial identity in perceived racial discrimination. *Journal of Personality and Social Psychology*, *84*(5),1079 – 1092.

Shelton, J. N., Richeson, J. A., & Salvatore, J. (2005). Expecting to be the target of prejudice: Implications for interethnic interactions. *Personality and Social Psychology Bulletin*, *31*(9),1189 – 1202.

Sellers, R. M., & Shelton, J. N. (2003). The role of racial identity in perceived racial discrimination. *Journal of Personality and Social Psychology*, *84*(5),1079 – 1092.

Sears, D. O., Henry, P. J., & Kosterman, R. (2000). Egalitarian values and contemporary racial politics. In D. O. Sears, J. Sidanius, & L. Bobo (Eds.), *Racialized politics: The debate about racism in America* (pp. 75 – 117). Chicago, IL: University of Chicago Press.

Sidanius, J. , & Pratto, F. (1999). *Social dominance: An intergroup theory of social hierarchy and oppression.* Cambridge, England: Cambridge University Press.

Sinclair, S. , Dunn, E. , & Lowery, B. (2005). The relationship between parental racial attitudes and children's implicit prejudice. *Journal of Experimental Social Psychology*, *41(3)*, 283 – 289. doi: 10. 1016/j. jesp. 2004. 06. 003

Smedley, B. D. , Stith, A. Y. , & Nelson, A. R. (Eds.). (2003). *Unequal treatment: Confronting racial and ethnic disparities in health care.* Washington, DC: The National Academies Press.

Stephan, W. G. , & Stephan, C. W. (1985). Intergroup anxiety. *Journal of Social Issues*, *41(3)*, 157 – 175.

Toosi, N. R. , Babbit, L. G. , Ambady, N. , & Sommers, S. R. (2012). Dyadic interracial interactions: A meta-analysis. *Psychological Bulletin*, *138(1)*, 1 – 27. doi: 10. 1037/a0025767

Trawalter, S. , Adam, E. K. , Chase-Lansdale, P. L. , & Richeson, J. A. (2013). Concerns about appearing prejudiced get under the skin: Stress responses to interracial contact in the moment and across time. *Journal of Experimental Social Psychology*, *48(3)*, 682 – 693. doi: 10. 1016/j. jesp. 2011. 12. 003

Van Bavel, J. J. , & Cunningham, W. A. (2009). Self-categorization with a novel mixed-race group moderates automatic social and racial biases. *Personality and Social Psychology Bulletin*, *35(3)*, 321 – 335.

Vorauer, J. D. , & Turpie, C. A. (2004). Disruptive effects of vigilance on dominant group members' treatment of outgroup members: Choking versus shining under pressure. *Journal of Personality and Social Psychology*, *87(3)*, 384 – 399.

Weisbuch, M. , Pauker, K. , & Ambady, N. (2009). The subtle transmission of race bias via televised nonverbal behavior. *Science*, *326(5960)*, 1711 – 1714.

West, T. V. (2011). Interpersonal perception in cross-group interactions: Challenges and potential solutions. *European Review of Social Psychology*, *22(1)*, 364 – 401.

West, T. V. , Shelton, J. N. , & Trail, T. E. (2009). Relational anxiety in interracial interactions. *Psychological Science*, *20(3)*, 289 – 292.

Winning, L. (2018). It's time to prioritize diversity across tech. Forbes. Retrieved from https://www. forbes. com/sites/lisawinning/2018/03/13/its-time-to-prioritize-diversity-across-tech/#4c14a29b16f

26. 偏见与自我形象维护：通过贬损他人来肯定自我[①]

史蒂芬·费恩(Steven Fein)

史蒂芬·J·斯宾塞(Steven J. Spencer)

作者认为,个体保持自我形象的过程在刻板印象和偏见的形成中起到了关键的作用。三项研究表明,当个体评估被刻板印象固化的群体成员时,如果他们的自我形象在一个自我肯定的程序中得到了加强,他们就不太会对目标对象作出负面的评价;如果他们的自我形象受到负面反馈的威胁,他们就更有可能凭借刻板印象去评估目标对象。此外,对于那些自我形象受到威胁的个体,运用刻板印象贬低目标对象会促进他们的自尊。作者认为,刻板印象和偏见可能是一种常用的保持自我形象的方法,他们讨论了自我形象维护过程在动机、社会文化和认知方面对刻板印象和偏见形成的作用。

人类社会属性(即个性的本质是什么)最显著的特征是自我概念在多大程度上与人际互动紧密相连。从心理学成为一门正式的学科开始,人们就注意到一系列社会因素对自我概念的影响了。社会-文化和社会-认知心理学的一个核心关注点在于我们的自我概念如何被周围人定义与提炼。对于个体自我概念的社会属性的早期讨论(Cooley, 1902；Mead, 1934)和社会比较理论(Festinger, 1954)都关注这一点,近期的研究也同样如此,比如关于自我实现的预言(Eccles, Jacobs & Harold, 1990；Rosenthal & Jacobson, 1968；Snyder, 1984)和文化影响(Abrams, 1994；Cameron & Lalonde, 1994；Cohen & Nisbett, 1994；Markus & Kitayama, 1991/1994；Triandis, 1989；Turner,

---

① 本文得到作者们和期刊的许可使用,Journal of Personality and Social Psychology, Vol. 73, No. 1, 1997. 美国心理学会拥有版权.

Oakes，Haslam & McGarty，1994)的研究。

363 社会-文化和社会-认知心理学的另一个核心关注点在于自我概念如何影响我们对他人的看法和反应。在过去的二十年里，研究者通过包括自我图式(Markus，1977；Markus & Wurf，1987)、自我验证(Swann，Stein-Seroussi & Giesler，1992)、自我差异(Higgins，1996；Higgins & Tykocinski，1992)，以及知觉、判断、记忆的自利偏差(Ditto & Lopez，1992；Greenwald，1980；Klein & Kunda 1992/1993；Nisbett & Ross，1980；Ross & Sicoly，1979；Schlenker、Weigold & Hallam，1990)在内的一系列研究，获得了对这一核心关注点更充分的认识。

  特别是最近的十年，相关研究都集中在维持自我形象和自尊如何影响个体对他人的认知、与他人的互动上。这些研究传承了詹姆斯(James)、费斯汀格(Festinger)、海德(Heider)、谢里夫(Sherif)、泰费尔(Tajfel)和其他相关学者早期的研究，包括向下社会比较(Brown，Collins & Schmidt，1988；Brown & Gallagher，1992；Gibbons & Gerrard，1991；Gibbons & McCoy，1991；Taylor & Lobel，1989；Wills，1981，1991；Wood & Taylor，1991)、自我评价维持(Tesser，1988；Tesser & Cornell，1991)、社会认同(Abrams & Hogg，1988；Brewer，1993；Crocker，Thompson，McGraw & Ingerman，1987；Hogg & Abrams，1988；Smith，1993；Turner，1982)、恐惧管理(Greenberg et al.，1992)和自我肯定(Liu & Steel，1986；Steele，1988；Steele & Liu，1983)的研究。

  本文检验了自我形象维护过程在一系列反应和知觉中的作用，这些反应和知觉关乎偏见和对他人的负面评价。更具体地说，我们检验了偏见是否部分源于个体保持自我价值感和自我完整性的动机。也就是说，自我形象受到威胁可能会导致人们抱有偏见地评价他人。这种对他人的负面评价可以而且经常让人们对自我的感受更好。因此，偏见可以是自我肯定性的。通过使用可以调用的刻板印象来呈现偏见，人们就可能恢复对自己的掌控感和自我价值感，这常常使他们免于同自我形象的威胁来源进行正面交锋。

  既往研究已经对一些维护自我形象的过程进行了描述与应用，然而本文所报告的研究关注一个特殊的过程：自我肯定。斯蒂尔和同事(Steele，Spencer & Lynch，1993)指出人们倾向于保持一个"完整的、道德的、适应的自我形象"(第885 页)。如果个体的自我形象受到威胁，他会以能重申自身完整性和自我价值

感的方式重新评估和解释自己的经历,以此对自我形象进行重建。斯蒂尔等人
(1993)提出,人们可以选择采用非理性的方式(即接受威胁的存在而非面对它
和它带来的影响)应对潜在威胁,甚至是重大威胁,并肯定自我中可以增强整体
价值感的其他重要方面(第 885 页)。认知失调领域对自我肯定效应的研究支
持了这一观点。

我们认为,人们常借表达偏见来实现自我肯定,如果他们可以通过其他方
式进行自我肯定,就会减少对他人偏见性的评价。当人们被提供自我肯定的机
会(即可以帮助人们重新建立积极自我的信息)时,由自我形象受到威胁导致的
偏见表达就会减弱。这种减少刻板印象和偏见的方式有别于诸多如挫折-攻击
理论(Dollard,Doob,Miller,Mowrer & Seares,1939;Miller & Bugelski,
1948)、社会认同理论(Tajfel,1982)、向下社会比较理论(Wills,1981)阐述的传
统方式。这些理论指出,降低偏见的必要条件分别是:个体可以释放被压抑的
愤怒和攻击性、个体需要增强社会认同、个体要在自我和他人之间进行比较。
然而我们认为,即便不能满足上述条件或无法以任何形式面对威胁本身,自我
肯定过程也会降低个体表达偏见的渴望。一个重建积极自我的自我肯定视角
就可以减少偏见。当然,本文有很多与其他理论立场相同的假设。本研究可以
被视为对先前研究的拓展,我们研究了自我形象维护和偏见的双向因果关系,
并且把研究结果和当代有关自我的研究整合在一起。

总的来讲,本文的系列研究检验了自我形象维护和偏见的双向效应、自我
肯定和自我形象威胁对个体表达刻板印象和偏见的作用,以及偏见对帮助个体
重建积极自我的作用。

研究一

本研究检验了如下假设:自我肯定可以降低被试对他人进行偏见性评价
的可能性。研究中,被试需要对一个目标人物进行评价,此人或为一个很容易
激起人们负面刻板印象的群体中的成员,或为一个不太能激起人们刻板印象的
群体中的成员。在见到此人之前,一部分被试经历了自我肯定程序,另一部分
被试没有经历自我肯定程序。也就是说,一半被试完成了自我肯定任务,对自
我概念中的一个重要方面进行了肯定;另一半被试完成了一个与肯定自我概念

中的重要方面无关的任务。

我们相信,很多刻板印象和偏见是如此容易获得、容易被当作自我提升的正当方式,以致于个体常常在面临日常生活中的打击和挫折时,通过呈现出对他人的刻板印象和偏见来提升自我(Wood & Taylor, 1991)。也就是说,除非个体的其他动机诸如追求准确感知(Darley, Fleming, Hilton & Swann, 1988; Neuberg & Fiske, 1987)、问责(Tetlock, 1983)、社会赞许性或平等主义(Dovidio & Gaertner, 1991; Monteith, 1993)的动机被激活,人们可能会将呈现刻板印象和偏见当作一种可靠且有效的、应对威胁和保护自尊的方式。由于呈现刻板印象和偏见部分源于维持自我形象的需要,自我肯定应该可以降低个体使用这种策略的频率。研究一检验了这个假设。

方法

被试。密歇根大学 72 名心理学导论课程的学生为了完成课程要求,参与了本实验[①]。

程序。主试告知被试将参与两个实验。第一个实验被包装成一个价值观研究,第二个实验被包装成一个关于雇员在招聘过程中如何评价应聘者的调查。

对自我肯定的实验操纵。本研究采用了斯蒂尔等人(Steele & Liu 1983; Steele, 1988; Tesser & Cornell, 1991)的自我肯定实验范式的修订版,对一半被试实施了自我肯定的实验操纵。按照实验要求,这些被试要肯定自我概念中的一个重要方面。主试首先给每个被试呈现一张由一系列价值观组成的列表(改编自 Allport-Vernon 的价值观研究),其中包括商业/经济、艺术/音乐/戏剧、社交生活/关系,以及科学/对知识的追求。然后要求自我肯定实验组的被试从列表中圈出对自己最重要的一项,并写一段文字解释这项价值观为何对自己如此重要[②]。相反,主试要求非自我肯定组的被试圈出对自己最不重要的一项,并写出一段文字解释这项价值观为何有可能对另一个人很重要。斯蒂尔和同事在研究中(Spencer & Steele, 1990; Steele, 1988)发现,促使被试思考一项

[①] 尽管 72 名学生参与了实验,但其中 18 名犹太裔学生的数据被排除,具体原因参见对目标人物所属族裔的实验操纵部分。因此,最终 54 名被试的数据被纳入了统计分析。

[②] 没有任何一名被试写下关于偏见和宽容的内容。此外,实验操纵的效应与被试选择了哪一项价值观(商业/经济、艺术/音乐/戏剧、社交生活/关系、科学/对知识的追求)无关。

对自身很重要的价值观是启动自我肯定的有效方式,而在个体自我形象不受威胁的情况下,思考重要的价值观并不影响被试的特质性自尊。

评价任务。接下来主试告诉被试,"第二个实验"开始了。被试坐在单独的隔间中,被告知他们的任务是对一个已申请在特定组织中担任人事经理职位的个体进行评价。主试向被试提供一些关于该职位职责的一般信息,并鼓励被试准确地评价候选人是否适合该职位。

接下来,被试对一个虚构的女性候选人的申请材料进行评价。申请材料包含了该候选人先前的工作经验、学业和业余技能、兴趣,以及其他的简历信息。申请材料的内容表明候选人基本可以胜任人事经理职位,但还达不到明星候选人的标准。申请书中附了一张候选人的照片,所有参与实验的被试看到的申请材料和照片几乎是相同的,一些细微的不同之处将在下文说明。看完申请材料之后,被试观看了一个摘自候选人面试过程的 8 分钟的录像。所有被试观看了相同的录像,此录像呈现了候选人在面试中中规中矩的表现,也就是说,候选人在面试中的应答不是特别出色,也不是特别糟糕。看完录像后,让被试完成一份问卷,对候选人的人格和工作胜任力进行评价。

对目标人物所属民族的实验操纵。尽管我们给所有被试呈现了同一段录像片段、同一张照片、候选人同样的工作经历、学业成绩和其他的工作相关的信息,我们却通过对照片中两处小地方和申请材料中三处小地方的变更,向一半被试显示,该候选人是一名犹太人;而向另一半被试显示,该候选人不是一名犹太人(有可能是意大利人)。

我们如此操作的原因是在开展本研究的时期和地区,广为流传着一种对犹太裔女性的刻板印象,俗称"犹太裔美国公主病"("Jewish American Princess",JAP)。实验的实施地密歇根大学有相当数量来自纽约市和纽约长岛区域的犹太裔女学生,这些学生都是 JAP 刻板印象的对象。不同于人们对非洲裔美国人、同性恋群体和许多其他群体刻板印象的三缄其口,很多学生愿意非常坦率地谈论他们对犹太裔美国女性的刻板印象,而且有很多学生公开支持这种偏见[1]。

---

① 造成这种情况的原因之一可能是该刻板印象涉及两种偏见:反犹主义和性别歧视。这两种偏见保护了那些支持该刻板印象的人:他们不会被视为反犹主义者,因为他们的贬损性评论或信念并不指向犹太男子;他们也不会被视为性别歧视者,因为他们的言论并未涉及所有女性。第二个原因可能是犹太裔女学生是一个相对享有特权的群体,因此贬损她们看起来伤害性并不大。

366

　　另一个促使我们决定在实验中检测 JAP 的因素是我们能够轻易地找到一个 JAP 的代表人物，同时也能通过一些巧妙的操作，使这个人物看起来像一个非犹太群体——意大利裔美国女学生——的代表人物，意大利裔美国女学生对于大部分被试来讲也属于外群体，但被试一般对这个群体没有强烈的负面刻板印象或偏见。尽管意大利裔美国女学生也是校园中的一个少数群体，但这个群体没有那么突出。预实验证实了广大学生对这一群体不存在强烈的、公认的刻板印象或偏见。

　　为了操纵目标人物的种族背景，我们在实验组和对照组中变换了候选人申请材料中的以下要素：名字（犹太名字：Julie Goldberg，意大利名字：Maria D'Agostino）、一项课外活动（为犹太或天主教组织做志愿者），以及候选人的姐妹会（两个享有相似地位和声誉的姐妹会，但其中一个主要由犹太女性组成，另一个主要由非西班牙血统的欧洲裔女性组成）。除此之外，申请材料中的其他信息，包括所有与工作相关的信息，都是相同的。

　　实验组和对照组的被试看到了同一名女性的照片（同样的形象也出现在录像带中）。我们选择了一名被试不认识的女性本科生，这名女学生可以被视为具有 JAP 典型特征的犹太裔女性，也可以被视为一个非犹太人（有可能是意大利人）。我们通过变换照片中的细节，让"Julie"戴着一条带有大卫之星的项链并将她的头发夹在脑后（预实验中，学生提到的一种 JAP 的典型发式），而让"Maria"戴着十字架，散着头发。预实验表明如此操作可以成功地启动被试对于求职者民族的联想。

　　出现在录像中的女性候选人穿着一件可以遮住项链的毛衣，她的头发自然垂下，从长度上看，她的发式属于照片中两种发式的中间风格。如上文介绍的那样，所有的被试都观看了 8 分钟的录像。

　　对因变量的测量。被试评价了候选人的人格和工作胜任力。对于人格的评价取决于被试认为以下特征在多大程度上（运用 7 点量表）符合候选人：聪明的、麻木不仁的、值得信赖的、傲慢的、真诚的、体贴的、友善的、以自我为中心的、脚踏实地的、粗鲁的、富有创造力的、物质主义的、有上进心的、拉帮结派的、雄心勃勃的、自负的、快乐的、虚荣的、热情的、肤浅的。其中负面特征采用反向计分。对于工作胜任力的评价取决于被试在多大程度上（运用 7 点量表）同意以下陈述："我感觉这个人是与目标岗位相匹配的出色人选。""我猜测这个人排

在所有参加面试的候选人的前 20%。""我对这个人有好感。"对人格和工作胜任
力的测量都具有很好的信度(克伦巴赫 α 系数分别为.93 和.91)。最后,被试报
告了他们自己的和候选人的所属民族与宗教信仰。

结果

回顾一下我们的假设:在没有进行自我肯定的情况下,比起意大利候选
人,被试更加负面地评价犹太裔候选人;而在进行了自我肯定的情况下,这种评
价上的差异缩小乃至消失。

本研究的关键是测量被试在一系列人格维度上对候选人的评价,我们对此
进行了二元方差分析(ANOVA)。结果显示自我肯定的主效应不显著,$F(1,
50)=1.8$,$p>.15$;目标人物所属种族的主效应显著,被试对意大利候选人的
评价比对犹太候选人的评价更积极,$F(1, 50)=4.9$,$p<.05$。最为重要的是,
自我肯定和目标人物所属民族的二阶交互效应显著,$F(1, 50)=8.5$,$p<.01$。
如图 26.1,与我们的假设相符,未进行自我肯定的被试对犹太候选人的评价比
其他任何一组的评价都低,$t(50)=3.7$,$p<.001$。其他所有组别两两之间的

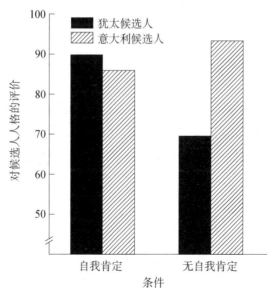

**图 26.1　人格评价对自我肯定和候选人所属民族的
函数。Y 轴的数值越高,表示人格评价越积极。**

差异都不显著。①

被试对候选人工作胜任力的评价结果也与我们的假设相符。二元方差分析的结果显示，与进行了自我肯定的被试相比，未进行自我肯定的被试倾向于更加负面地评价候选人，$F(1, 50) = 4.6$，$p < .05$。结果进一步显示，当候选人被判定为意大利人而非犹太人时，被试对其胜任力的评价更为积极，$F(1, 50) = 6.3$，$p < .05$。两个自变量的二阶交互效应边缘显著，$F(1, 50) = 3.0$，$p < .10$。与我们的假设相符，未进行自我肯定的被试对犹太候选人的胜任力评价($M = 14.9$)比对意大利候选人的胜任力评价($M = 20.6$)更为负面，而进行了自我肯定的被试对二者的评价则不存在显著差异($M_{犹太} = 20.2$，$M_{意大利} = 21.2$)。事前比较分析的结果显示，未进行自我肯定的被试对犹太候选人的胜任力评价比其他任何一组的评价都低，$t(50) = 3.7$，$p < .001$。其他所有组别两两之间的差异都不显著。

讨论

本研究的结果表明，自我肯定可以降低人们贬损受刻板印象固化的群体成员的可能性。在未进行自我肯定的情况下，被试对候选人的评价受到候选人所属种族的影响。也就是说，如果目标人物来自一个被刻板印象固化的群体，被试倾向于对他作出更加负面的评价。然而，如果被试进行了自我肯定，这种现象就不存在。

因此，这些结果反映了自我概念在偏见的形成过程中起着非常重要的作用。具体来说，这些结果支持了如下观点：思考一项自我相关的价值——即使这项价值与偏见毫无关系——可以减少偏见的表达。思考一项自我相关的价值本身就是有效果的，即使它不像挫折-攻击理论、社会认同理论和向下社会比较理论所要求的那样，需要个体释放压抑的愤怒或攻击性、增强社会认同，或进行自己与他人之间的比较。

在一项重复研究中，我们还在由 71 名被试组成的样本中检验了被试情绪

① 我们采用事前比较分析对本研究的各个因变量进行分析，也采用了同样的方法对研究二和研究三的各个因变量进行了分析，原因是事前比较分析可以对我们的理论假设进行最直接的检验(Hays, 1981；Keppel, 1973；Rosenthal & Rosnow, 1991；Winer, 1971)。对于每个因变量，我们还进行了更为保守的 Newman-Keuls 事后比较分析。对于所有因变量，Newman-Keuls 分析都显示事前比较分析测试的差异是显著的，而其他所有组别两两之间的差异都不显著。

可能发挥的潜在中介作用。我们在对自我肯定进行实验操纵之后,要求被试评价目标人物之前,使用梅拉比安和拉塞尔(Mehrabian & Russell,1974)的情绪量表测试了被试的情绪。该情绪量表包括 3 个分量表,每个分量表包括 6 对含义相反的形容词。这些分量表测量了快乐(例如,开心的—不开心的、高兴的—生气的)、唤起(例如,紧张的—放松的、兴奋的—平静的)、主导性(例如,受控的—掌控的、有影响力的—易受影响的)。与刘等人(Liu & Steele,1986)的研究发现相符,自我肯定的主效应在各个分量表和总量表上都不显著($Fs < 1$)。此外,被试的情绪与他们对目标人物的人格评价不相关,$r(69) = -.120$;情绪与对目标人物工作胜任力的评价也不相关,$r(69) = .04$。与研究一的结果相符,未进行自我肯定的被试对犹太候选人的人格评价比其他任何一组的被试评价都低,$t(67) = 2.4$,$p < .01$。与之类似,未进行自我肯定的被试对犹太候选人的胜任力评价比其他任何一组的被试评价都低,$t(67) = 1.8$,$p < .05$。

以上研究结果表明,人们根据刻板印象对他人进行负面评价,至少部分源于他们希望自我形象得到肯定。如果自我形象可以通过其他自我肯定的形式得以恢复,那么人们对表达偏见这一策略的使用就会减少。然而,在未进行自我肯定时,人们可能通过表达刻板印象和偏见来保护或增强自尊。在这种情形下,刻板印象和偏见会被强化,因为它们可以让人对自己感觉更好。

研究二

研究一的结果表明,自我肯定在降低个体基于刻板印象和偏见对他人进行负面评价方面具有重要作用。研究二检验了自我形象维护的另一面——自我形象威胁是否会加剧刻板印象和偏见对个体评价他人的影响。

研究二较之研究一有两处重要的区别,可以更好地检测我们假设的可推广性。首先,不同于研究一对目标人物的民族进行实验操纵,研究二对目标人物的性取向进行了操纵。因此,不同于研究一选择一个少数群体(意大利人)作为刻板印象群体(犹太人)的对照组,研究二选择了多数群体作为刻板印象群体的对照组。第二,研究一测量被试对目标人物作出的一般性贬损,研究二测量被试对目标人物作出的基于刻板印象的贬损。本研究中,一部分被试收到了自我形象威胁信息,即有关他们智力测试的虚假负面反馈;而其他被试没有收到这样的威胁信息。随后，所有被试都在一系列男同性恋刻板印象的维度上对一个目标人物进行了评价。我们通过操纵目标人物的介绍，暗示一部分被试目标人物有可能是同性恋，而暗示其他被试目标人物是异性恋。本研究的假设是如果被试在之前的智力测试中收到负面反馈（与没有收到负面反馈相比），他们更有可能会对同性恋目标人物作出与刻板印象相符的评价。

方法

被试。来自威廉姆斯学院的 61 名男性本科生参与了实验，他们或得到了心理学导论课程的额外学分，或得到了抽奖赢钱的机会。

程序。被试在实验室中独自完成实验，实验室中有一张桌子和一台麦金塔电脑。被试首先阅读了本研究的"引子故事"（cover story），从而得知该研究由一系列不同的认知和社会判断任务组成。研究的第一部分是对测验反馈的操纵（关于任务的描述见后文）。接下来是为了使"引子故事"显得真实而设计的一些与实验目的无关的任务（例如，一个简单的填词任务）。随后，被试完成了社会判断任务，在此任务中，被试阅读了关于一个男性目标人物的信息。这些信息或显示目标人物是一名同性恋，或显示目标人物是一名异性恋。然后被试在一系列维度上对此目标人物进行评价。最后，主试解答被试对实验的存有的疑惑、告知被试实验的真实目的，并感谢被试的参与。

对反馈的实验操纵。一半被试被随机分配到负面反馈组，另一半被试被分配到对照组。主试告诉负面反馈组的被试，他们的第一个实验任务是完成"一种新型的、在电脑上操作的智力测验，该测验测试人们的言语和推理能力"。而对照组的被试直接被告知，他们被分到了实验的控制组中，所以只需要阅读一份虚假的智力测验中包含的材料。他们进而被告知，主试会告诉实验组的被试这是一个真实的、有效的智力测验。换句话说，对照组的被试知道实验的真实流程。

主试告诉他们不用绞尽脑汁去回答智力测验中的问题，因为很多问题没有正确答案，并且被试根本不可能在如此短的限定时间内给出答案。主试也告诉他们，测验结束后，电脑会给出一个虚假的分数。为了使对照组的被试确信最后电脑给出的分数是虚假的，主试向他们展示了所有事先设定好的分数，并且告诉他们实验组的被试会相信这些分数是他们的真实分数。这么做的目的是让对照组的被试接受和负面反馈组相同的测验和题目,但不使他们的自我形象和测验产生联系。①

接下来,电脑上呈现出经过专业设计的测验指导语,向被试介绍该测验为"推理和语言敏锐度测验"。指导语进一步说明,该测验的有效性已经在美国和加拿大的诸多研究中得到了证实。测验包括五部分,每部分测试不同的智力技能。前四部分包括类比、反义词、完成句子和三段论推理。第五部分是"言语-非言语匹配测试",采用了埃莫斯等人(Ammons & Ammons,1962)的智力快速测验的修订版,要求受测者将不同的词汇和图片加以匹配。指导语接着说明,研究表明以上一系列测验的集合是测量个体一般智力的最理想、最有效的方法。

为了强调各种智力技能和个体自我的相关性,每个分测验都有一个详细的说明,来解释它是测量什么内容的。测验中的很多题目来源于研究生高等测试或法学院的入学考试。为了使测验更具挑战性(使负面反馈组的被试接收到的反馈更加可信),我们将一些题目改成了没有正确答案的题目。另外,每道题的作答时间都被设定得非常短(根据测试内容的不同,设定在 10 到 20 秒之间),并且做任何一道题时,被试都能在电脑屏幕上看到一个秒针不断向前移动的时钟,来提醒他时间正在流逝。

测验结束以后,电脑程序显示其正在计算分数。7 秒钟后,屏幕上出现了被试在每个分测验中的排名(与其他在美国和加拿大接受测验的大学生相比)。所有被试得到的排名结果都是一样的:类比测验排名 51 百分位,反义词测验排名 54 百分位,完成句子测验排名 56 百分位,三段式推理测验排名 33 百分位,言语-非言语匹配测验排名 38 百分位。考虑到被试所在大学的声望和他们先前在各种测验(如学业成绩测试)中的成绩,本次智力测验的结果对他们来说是非常令人沮丧的。

对评价目标性取向的实验操纵。 在被试完成了一系列为了使"引子故事"看起来更真实而设置的、与实验目的无关的认知任务之后,主试向被试介绍"社

---

① 预实验从参与正式实验的同一总体中抽取了 36 名被试,对照组被试的状态自尊(测量工具:希瑟顿等人的[Heatherton & Polivy,1991]状态自尊量表)并不显著低于没有接受智力测验或不知道"引子故事"的被试($F<1$)。此外,状态自尊方面,对照组被试和没有接受智力测验的被试都显著高于预实验中相信智力测验是真实的被试($Fs>6$)。

会判断任务"，告诉被试在这个任务中，他们需要阅读关于一个目标人物的信息，然后对此目标人物作出评价。

　　随后被试阅读了一个叫做格雷格(Greg)的目标人物的信息，他 31 岁，是一名住在纽约市东村的演员。信息介绍了格雷格的志向和为事业打拼的过程，以及他追求理想的过程中为了生存而打的很多零工。信息中包括一件最近发生在格雷格身上的事，他参与了"由一位年轻导演执导的非常严肃且极具争议的戏剧"。格雷格对参与这部戏剧，尤其是与这位导演合作感到非常兴奋。导演的名字没有被提及，但信息中出现的性别代词表明该导演是男性。在排练一周之后，格雷格走近导演，问他是否想在当天晚上排练结束后与自己"喝一杯"，以便他们能更深入地探讨格雷格在戏剧中的角色。接下来有几段文字继续讲述了这个故事，故事的结尾提到在参演本剧的同时，格雷格开始自己写剧本，并得到了导演会在事业上帮助自己的承诺。

373

　　除了以下几个方面，不同实验组被试阅读的有关格雷格的信息基本一致。对于目标异性恋组的被试，信息中的第一句话是"格雷格曾经和他的女友安妮在一个小公寓里生活了很多年"。安妮以名字的形式在后文中出现了不下三次，并且以"他的女友"的形式出现了一次。对于目标同性恋组的被试，我们将信息中第一句话里的"女友"改为"伴侣"，并删除了对安妮的提及。信息中没有提及伴侣的名字和性别，该伴侣也没有出现在后续的信息中。

　　故事中很多关于格雷格的细节(例如，他住在东村、他"在过去两个月悉心照料一位非常亲密但病重的朋友"、他与男性导演的关系)都支持目标同性恋组被试对格雷格是一名同性恋的猜想。然而，由于这些信息本身似是而非，也可以描述异性恋演员的生活，我们相信当被试看到关于格雷格女友的信息时，不会认为格雷格是一名同性恋。①

　　对因变量的测量。被试采用从 0(完全不符合)到 10(非常符合)的 11 点量表，在 10 个特质上对格雷格的人格进行评价。其中 3 个特质(聪明的、有趣的、无聊的)是与刻板印象无关的填充题目。与刻板印象相关的特质包括敏感的、

---

① 一个显而易见的问题是，我们为何没有直接声明格雷格是一名男同性恋。预实验选取了威廉姆斯学院的学生作为被试，他们中的大多数人在读到目标人物是一名男同性恋时，都会怀疑研究的真实目的。一半以上的被试告诉主试，他们怀疑这是一个关于同性恋刻板印象的研究。当我们删除对格雷格性取向的外显说明时，被试不再提出疑惑，虽然大多数被试确实根据阅读材料立刻认定格雷格是一名男同性恋。

自信的/有攻击性的、体贴的、女性化的、强壮的、有创造力的和被动的（Fein，
Cross & Spencer，1995；Kite & Deaux，1987）。对自信的/有攻击性的、强壮的
采用反向计分，这样，对于所有项目，项目的分数越高，表示刻板印象越强。这 7
个与刻板印象相关的特质显示了中等程度的内部一致性系数（克伦巴赫 $\alpha=$
.77）。值得一提的是，如果跳出刻板印象的语境，这些特质不一定是负面的，相
反在很多时候，它们是积极褒义的。然而，如果被试认为这些特质描述的不是
一名异性恋，而是一名男同性恋，这些特质就可能代表刻板印象，它们的积极、
消极价值也由此变得具有争议性。

此外，被试被要求采用相同的 11 点量表，报告他们在多大程度上愿意与格
雷格做朋友，以及他们自己的人格在多大程度上与格雷格相似。当然，这都
是作为价值的补充测量：被试报告的分数越低，说明他们对目标人物持有越消
极负面的感受。

结果

首先回顾一下我们的假设，如果被试受到外界威胁，也就是得到智力测验
的负面反馈，那么在阅读同性恋目标人物的信息后，他们会对目标任务作出更
加符合刻板印象的评价（与没有得到负面反馈的被试相比）。然而，如果被试阅
读的是关于异性恋目标人物的信息，测验反馈对被试如何评价目标人物的影响
则不显著。实验结果支持了这些假设。

刻板印象。对人格评价进行二元方差分析发现，测验反馈的主效应显著，F
$(1, 57)=11.3$，$p<.001$，得到负面反馈的被试比未得到负面反馈的被试对目
标人物做出了更符合刻板印象的评价（即在反映刻板印象的题目上评分更高）。
此外，方差分析显示目标人物性取向的主效应显著，$F(1, 57)=5.3$，$p<.03$，
当介绍信息将目标人物描述为男性同性恋而非异性恋时，被试对目标人物作出
了更符合刻板印象的评价。更为重要的是，方差分析显示两个自变量的二阶交
互作用显著，$F(1, 57)=4.4$，$p<.05$。如图 26.2 所示，与我们的假设相一致，
在所有实验条件中，得到负面反馈且阅读了男同性恋信息的被试对目标人物作
出了最符合刻板印象的评价 $t(57)=4.1$，$p<.001$。其他各条件组两两之间均
不存在显著差异。

为了防止被试猜出实验的真实目的，我们在人格评价中加入了 3 个与刻板

374

375

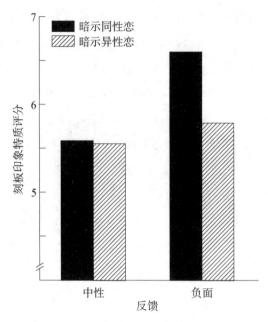

图 26.2 刻板印象特质评价对反馈和性取向的函数。数字越高表示刻板印象越重。

印象不相关的特质,我们在这些填充题目上也做了方差分析。在 3 个特质上均未发现显著结果($Fs < 1$)。

喜爱度和相似度。以上实验结果符合我们在刻板印象方面的理论预期。但自尊威胁是否也会降低被试与目标人物交朋友的意愿或促使他们不愿声称自己拥有和目标人物相似的人格?为了回答这个问题,我们对喜爱度和相似度进行了方差分析。

对喜爱度(被试多大程度上愿意和目标人物作朋友)的方差分析显示,测验反馈的主效应显著,$F(1, 57) = 5.7$, $p < .03$,在智力测验中得到负面反馈的被试($M = 5.81$)比对照组的被试($M = 6.87$)报告了对目标人物更低的喜爱度。目标人物性取向的主效应不显著($F < 1$),但反馈和性取向的二阶交互效应显著,$F(1, 57) = 4.1$, $p < .05$。无论目标人物是否是同性恋,得到负面反馈的被试都比对照组被试对目标人物的喜爱度更低,但交互效应显示此差异在目标人物被描述为同性恋时更大,反馈组和对照组的平均分分别为 5.48 和 6.98;而在目标人物被描述为异性恋时,喜爱度之间的差异较小,反馈组和对照组的平均分分别为 6.11 和 6.75。

对相似度(被试认为自己和目标人物人格的相似程度)的方差分析显示,测验反馈的主效应显著,$F(1, 57) = 5.3$,$p < .03$,在智力测验中得到负面反馈的被试($M = 4.16$)比对照组的被试($M = 5.33$)报告了与目标人物更低的相似度。目标人物性取向的主效应不显著($F < 1$),但反馈和性取向的二阶交互效应显著,$F(1, 57) = 4.1$,$p < .05$。与我们的假设相一致,在所有实验条件中,得到负面反馈且阅读了男同性恋信息的被试报告了与目标人物最低的相似度($M = 3.94$),$t(57) = 2.3$,$p < .03$。其他各条件组两两之间均不存在显著差异。

讨论

与我们的假设相符,如果被试先前在智力测验中得到了负面反馈,他们会更加倾向于根据刻板印象去评价目标人物。除了导致刻板印象增强,负面反馈还会导致被试在合理怀疑目标人物是同性恋时,通过报告自己不愿与其做朋友或声称自己与其人格上不甚相似,来拉开自己与目标人物的心理距离。然而,如果人物介绍信息显示目标人物是异性恋,负面反馈对喜爱度和相似度的影响便会减弱。

376

这些结果支持了如下假设:自尊威胁会促使人们根据刻板印象和偏见来评价刻板印象已经固化的群体中的成员。与研究一相比,研究二采用了不同种类的刻板印象、不同的比较群体(多数群体而非另一个少数群体)和不同的因变量,得到了与假设相一致的结果:自我形象维护过程在刻板印象或偏见的表达中起重要的调节作用。

但是为了维护自我形象而进行的刻板印象或偏见的表达可以重建个体的自尊吗? 这个问题在研究三中得到了回应。

研究三

我们认为,基于刻板印象或偏见评价他人的动机之一是:这些评价可以重建个体受威胁的自我形象。研究三检验了受损的自我形象和基于刻板印象贬损他人的双向影响过程,从而首次对上述假设进行了完整的验证。因此,研究三的一个重要目标是为以下现象提供证据:当个体的自我形象受到威胁时,基于刻板印象对目标人物进行负面评价,会导致个体自尊的提升。

研究三中,被试仍然被告知他们完成的是一项智力测验。与研究二不同,研究三中所有被试都相信智力测验是真实有效的。他们或得到了正面的反馈,或得到了负面的反馈。[①] 收到反馈后,所有被试都完成了一份测量状态自尊的问卷。在接下来的实验任务中(被试被告知该实验任务与前面的任务完全无关),被试像在研究一中那样,被要求对一个犹太女性或一个意大利女性作出评价。随后被试再次完成状态自尊问卷,以便我们可以对他们自尊的变化进行监控。

我们假设：(a)与得到正面反馈的被试相比,得到负面反馈被试的状态自尊更低。(b)与其他实验条件下的被试相比,得到负面反馈且评价犹太女性的被试作出的评价最低。(c)与其他实验条件下的被试相比,得到负面反馈且评价犹太女性的被试状态自尊的增长最大。(d)在状态自尊的增长,他们的评价起中介作用。

377 ## 方法

被试。来自密歇根大学的 126 名心理学导论课程的学生为了完成课程要求,参与了本实验。[②]

概况。被试两人一组来到实验室,被告知他们要参加两个实验：一个智力测验和一个社交互动实验。被试首先完成了智力测验,并且得到了主试事先设定好的反馈内容。接下来他们完成了状态自尊问卷(Heatherton & Polivy,1991)、报告了自己在智力测验中的得分,然后得到主试的感谢,开始另一项"社会评价"实验。在这项实验被试见到了另外一个主试,"社会评价"实验的程序和研究一相同,被试收到一个求职者的信息,该求职者或被描述成犹太人,或被描述成意大利人。被试运用与研究一相同的测量工具,对求职者的人格和工作胜任力进行评价之后,再次完成希瑟顿等人的状态自尊问卷。然后他们报告了自己和求职者的所属民族。最后,主试回答了被试对实验的疑问、向被试解释了实验的真实目的,并再次对被试的参与表示感谢。

---

① 我们认为很难或几乎不可能为多数被试提供中性的反馈。除非像在研究二中,我们不让被试相信智力测验是真实的。平均分对被试来讲是具有威胁性的；对于所有的被试来说,确定高于平均水平多少是中性的,似乎是不可能的。

② 虽然 126 名被试参与了实验,但 17 名学生因为犹太裔身份被排除,7 名外国学生因为可能并不熟悉犹太裔美国女性的刻板印象而被排除,4 名学生因为错误认知了目标人物所属的种族被排除,2 名学生因为不相信他们在智力测验中得到的反馈被排除。因此,96 名被试的数据被纳入到最终的分析中。

对反馈的实验操纵。被试被告知,他们的第一个实验任务是完成一项新型的、经过改进的智力测验。测验的基本原理和说明与研究二中相类似,但更简短。本研究采用了研究二中使用的言语-非言语匹配分测验,在之前版本的基础上增加了题目,但难度有所降低。在该测验中,被试需要将疑难词汇和相应的图片匹配在一起。主试告诉被试该测验对测试言语和非言语技能非常有效,然后发给每个被试一支铅笔和一张可供计算机批阅计分的答题卡。测试包括三组测题,每组包括 10 个需要匹配的词汇。

该测验的难度足够大,且题目通常具有模棱两可的答案,以致于无论得到正面还是负面反馈,被试都会相信反馈的真实性。测验中的词汇有些很难,对普通学生来说晦涩难懂(例如,capacious,celerity),有些则容易一些(orlorn,imminent),但所有词汇都给人感觉是大学入学考试的词汇,以致于被试觉得自己应该掌握这些词汇,但事实上却不确定它们的含义。此外,词汇和与之匹配的图片之间往往没有明显的联结,在规定的较短时间内,尤其难以辨别二者之间的关系。预测验和实验之后对被试的访谈确认了这一点,被试倾向于不明确自己在智力测验中的表现,从而相信自己得到的反馈。

测验结束后,主试拿着被试的答题卡进入了隔壁的房间。房间的门开着,被试可以听见屋内貌似扫描机正在评分的声音。随后主试将答题卡还给被试,并告诉他题目后面的红色标记代表这道题目回答错误,答题卡底部的第一个数字表示答对的题目个数,第二个数字表示被试在所有参加了此项测验学生中的排名。

被试得到的反馈都是提前设定好的。一半被试得到了正面反馈(即得到高分,超过了 93% 的人),另一半被试得到了负面反馈(即得到低分,排在 47 百分位)。虽然 47 百分位与中位数接近,但预测验中被试一致将此排名视为非常负面的反馈(Stein,1994)。

结果和讨论

首先回顾一下我们的假设:在智力测验中得到负面反馈的被试会比得到正面反馈的被试更倾向于基于刻板印象评价目标人物;基于刻板印象贬损目标人物可以帮助被试重建他们受威胁的自尊。实验得到了与这些假设一致的结果。

对目标人物的评价。对目标人物人格评价的二元方差分析有力地支持了

378

我们的假设。测验反馈和目标人物所属民族的主效应均显著：得到负面反馈的被试比得到正面反馈的被试对目标人物的人格作出了更为消极的评价，F(1,92)=9.1，p<.05；看到犹太女性求职者的被试比看到意大利女性求职者的被试对目标人物的人格作出了更为消极的评价，F(1,92)=5.2，p<.01。更为重要的是，测验反馈和目标人物所属民族的二阶交互效应显著，F(1,92)=7.1，p<.01。如图 26.3，得到正面反馈的被试没有基于种族刻板印象评价目标人物的人格，而得到负面反馈的被试对犹太女性求职者（与意大利女性求职者相比）的人格作出了更为消极的评价。事前比较分析显示得到负面反馈的被试对犹太女性求职者的人格评价显著地低于其他条件组的被试，t(92)=4.5，p<.001。其他组别两两之间不存在显著差异。

379

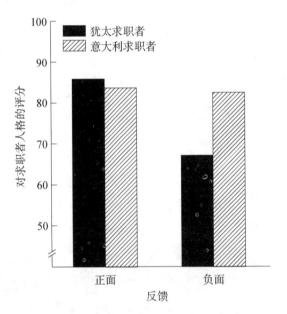

图 26.3 求职者人格评价对反馈和民族的函数。数字越大表示评价越好。

对目标人物工作胜任力的方差分析得到了类似的结果。测验反馈和目标人物所属民族的主效应均显著：得到负面反馈的被试比得到正面反馈的被试对目标人物的工作胜任力作出了更为消极的评价，F(1,92)=3.7，p=.05；看到犹太女性求职者的被试比看到意大利女性求职者的被试对目标人物的工作胜任力作出了更为消极的评价，F(1,92)=6.3，p<.05。尽管测验反馈和目标

人物所属民族的二阶交互效应不显著,F(1, 92)＝2.3,p＜.12,各组均值的高低模式仍与我们的预期相符。得到正面反馈的被试并没有基于种族刻板印象对目标对象作出评价(M$_{犹太人}$＝18.8 vs. M$_{意大利人}$＝19.7),而得到负面反馈的被试对犹太女性求职者工作胜任力的评价(M＝15.3)低于意大利女性求职者(M＝19.3)。事前比较分析显示得到负面反馈的被试对犹太女性求职者的胜任力评价显著地低于其他条件组的被试,t(92)＝3.4,p＜.001。其他组别两两之间不存在显著差异。

因此,这些结果重复了研究二的发现,并通过运用不同种类的刻板印象、不同的比较群体和不同的因变量,支持了研究结果的可推广性。

自尊。在研究三中,我们两次测量了被试的状态自尊:一次在被试得到反馈之后,一次在被试评价目标人物之后。状态自尊量表的分数理论上在 20—100 之间,分数越高代表状态自尊越高。和预期相符,反馈可以显著影响被试的状态自尊。得到正面反馈的被试(M＝77.5)比得到负面反馈的被试(M＝72.9)对自己的感受更好,F(1, 94)＝4.4,p＜.05。

两次测量之间状态自尊的变化也与我们的假设相符。方差分析显示测验反馈和目标人物所属民族的二阶交互效应边缘显著,F(1, 92)＝2.7,p＝.10。如图 26.4,与假设相符,在所有条件组的被试中,得到负面反馈且评价犹太女性

380

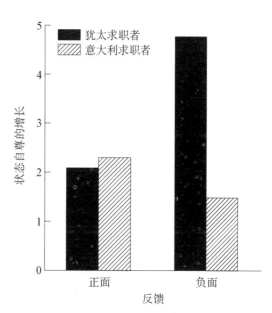

图 26.4 状态自尊的增长对反馈和民族的函数。数值越大表示状态自尊增长越大。

求职者的被试的状态自尊增长得最明显,t(1, 92)＝2.3, p＜.05。其他组别两两之间不存在显著差异。

381 这些结果似乎表明,得到负面反馈且评价犹太女性求职者的被试通过对目标人物作出基于刻板印象的负面评价,使状态自尊得以重建。我们通过路径分析来进一步检验这个理论假设(Baron & Kenny, 1986)。图 26.5 展示了路径分析的结果。首先,我们通过事前交互作用分析预测被试自尊的变化,得到了显著的直接效应,β＝.23, t(92)＝2.3, p＜.05。其次,我们通过事前交互作用分析预测被试对目标人物人格的评价,这条路径也是显著的,β＝.42, t(92)＝4.6, p＜.01。最后,我们通过事前交互作用分析和被试对目标人物的人格评价来预测被试自尊的变化,其中人格评价的路径是显著的,β＝.37, t(92)＝3.5, p＜.01,但事前交互作用分析对自尊变化的直接效应不再显著,β＝.07, t(92)＝.7, p＞.40。因此,路径分析表明,被试对目标群体的人格评价中介了自变量对自尊变化。分析结果显示负面反馈加大了被试对犹太求职者的贬损程度,进而增强了被试的自尊;而非正面反馈降低了被试对犹太求职者的贬损程度。

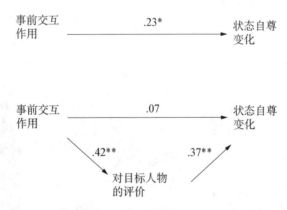

图 26.5　对求职者人格的负面评价中介了自尊的变化。

总体而言,这些结果首次表明,自我形象威胁(例如负面反馈)会导致个体对受刻板印象固化的目标作出负面评价,而这些负面评价则可以反过来帮助个体重建自己的自我形象。此外,实验结果支持了我们的假设:基于刻板印象贬损目标人物中介了自我形象威胁和自尊之间的关系。因此,这些结果有力地证明了以下观点:基于刻板印象负面地评价目标人物,常常源于对受威胁的自我形象进行肯定的尝试。

总讨论

本文的三个研究检验了个体如何评价受刻板印象固化的群体成员。研究一发现当被试认定目标人物来自一个受刻板印象固化的群体而非普通群体时，会对目标人物作出更为负面的评价，但如果被试的自我形象在先前的实验程序中被肯定，这种现象就不会出现。研究二发现自我形象受到威胁的被试会更加基于刻板印象评价目标人物。研究三发现自我形象受到威胁的被试会对受刻板印象固化的群体成员作出更为负面的评价，而这些评价反过来可以帮助被试重建受损的自尊。此外，被试对目标人物的评价在自我形象威胁和自尊之间起中介作用。总体而言，本文三个研究的结果表明，对个体积极自我形象的威胁或帮助重建自我形象的自我肯定过程，可以调节个体对受刻板印象固化的群体成员的负面评价，而这些评价会反过来影响个体的自我价值感。

自我肯定和对他人的负面评价

本文的系列研究肯定了自我在认知他人的过程中的作用。威胁个体自我价值感的信息使个体产生了重建积极自我形象的需要。斯蒂尔和其他人的研究（Steele，1988；Steele & Liu，1983；Steele et al.，1993）表明，人们可以通过多种方式重塑受威胁的自我形象，包括应用自己的自我概念资源或利用当下情境中可以肯定自我的机会。然而，斯蒂尔等人（1993）提出，人们或许很难在受威胁时提取自我概念中的资源来肯定自我。因此，人们经常在当下的情境中寻找可以进行自我肯定的机会。本文的系列研究表明，表达刻板印象或贬损受刻板印象固化的群体成员可以为个体提供情境性的机会，进而重塑受威胁的自我形象。由于人们经常处于一种有机会负面地评价他人且并不被自己和社会所批评的情境中，表达刻板印象和偏见或许是应对自我形象威胁的常见办法。然而，当个体认知到目标对象所在的群体并不存在负面的刻板印象，就像研究一和研究三中的意大利女性和研究二中的异性恋男性，表达刻板印象或贬损目标对象就不容易被当作一种自我肯定的策略。

本文的研究也表明自我肯定过程或许能够影响一系列现象。大多数对自

382

我肯定理论的已有研究检验了自我肯定如何影响认知失调过程（Steele，1988；Steele & Liu，1983；Steele et al.，1993），一些研究提出自我肯定可以影响自我评价维护过程（Tesser & Cornell，1991）、习得性无助反应（Liu & Steele，1986），以及女性和少数群体的学业成绩（Steele & Aronson，1995）。本研究关注自我肯定对刻板印象和偏见的影响过程，为自我肯定和自我形象维护在一系列重要现象中的应用提供了进一步的证据。

383 ### 与其他理论的关系

我们的研究表明，根据刻板印象评价他人是维护自我形象的策略之一（Steele，1988；Tesser & Cornell，1991）。我们认为负面评价他人可以重塑积极的自我形象。由于这些评价是一个更大的自我系统的一部分，该系统旨在维持道德的、具有充分适应性的自我形象，那么自我形象的状态——特别是它受到威胁或肯定的程度——将影响人们何时陷入刻板印象以及基于刻板印象的评价何时会恢复积极的自我形象。该理论很明显与其他的刻板印象和偏见相关理论存在关联，例如挫折—攻击理论、社会认同理论、向下社会比较理论等。然而，我们的理论和上述理论之间存在差异。此外，我们的理论假设得到了本研究结果的支持，而其他理论不会作出同样的理论预测。

挫折—攻击理论提出，人们在生活中目标受阻或遭遇挫折时，或许会通过贬损他人来释放攻击性，不同于该理论，我们特别强调是自我形象威胁，而非任何挫折的来源，导致了个体对他人的贬损。研究一的结果体现了这种差异。与预期相符，我们发现自我肯定降低了被试基于刻板印象贬损目标人物的倾向。然而，挫折—攻击理论无法明确像研究一使用的自我肯定程序如何降低挫折感，除非拓宽挫折的定义。

社会认同理论提出，人们为了提高自己所处群体的地位，进而提高自尊，往往对内群体表现出比外群体更多的喜爱。虽然我们的理论支持展示对内群体而非外群体的喜爱可以恢复个体的自我形象，但我们认为即使不进行群体评价和内外群体之间的比较，基于刻板印象负面地评价目标人物也可以恢复个体的自我形象。在本研究中，并无证据表明被试对内外群体进行了评价或比较。威胁和肯定都指向个体的自我而非群体，另外评价目标也指向个体。由于研究一对自我肯定的实验操纵与被试的群体认同或地位无关，我们并不清楚社会认同理论会如何解释本研究的结果。此外,从内外群体差异的角度讲,人们或许会作出如下预测:研究三中的负面反馈会导致被试贬损意大利求职者,因为意大利求职者对于大多数被试来讲是一个外群体成员,对其进行贬损还应该导致更强的自尊增长。然而本研究的结果不支持这些假设。

向下社会比较理论提出,人们为了提升自尊而对他人进行负面评价。然而,若更加精准地研究向下比较理论的内涵,就会发现它要求社会比较中包含自我与他人的区分。我们认为这种自我与他人的区分或许确实可以恢复个体的自我形象,但基于刻板印象负面地评价他人不涉及自我与他人的比较,却仍然可以达到恢复自我形象的效果。在本研究中,并无证据表明被试在评价目标人物时,在自我与他人之间进行了比较。此外,即使被试进行了自我—他人比较,向下社会比较理论也会预测自我形象受到威胁将导致被试贬损所有目标人物,无论目标人物是否来自被刻板印象固化的群体。然而本研究的结果不支持这些假设。

因此,在理论层面,我们的方法与其他理论,例如挫折—攻击理论、社会认同理论、向下社会比较理论在很多方面是一致的,同时也存在一些重要的差异。此外,只有我们的理论观点可以解释本研究得出的一系列结果。

在实验层面,一些研究已经发现自我形象威胁可能导致个体对他人的负面评价(Brown & Gallagher, 1992; Crocker et al., 1987; Gibbons & Gerrard, 1991),另有研究表明对他人的负面评价可能导致自尊的提升(Brickman & Bulman, 1977; Taylor & Lobel, 1989; Wills, 1991; Wood & Taylor, 1991)。不同于已有研究,本研究提出负面评价在自我形象威胁和自尊之间起中介作用。此外,本研究首次证明了思考一种自我相关、但与偏见无关的价值观会减少刻板印象的表达。因此,本研究的结果支持了我们的假设:基于刻板印象评价他人可以起到维护自我形象的作用。

我们的观点是,任何对他人的负面评价——无论通过向下社会比较、群际歧视,还是刻板印象和偏见——都具有潜在的、维护自我形象的作用。不过因为刻板印象普遍存在,且大众对此具有共识,所以表达刻板印象和偏见或许是达成自我肯定的一种特别常见且有效的方式。

动机在刻板印象和偏见表达中的作用

关于刻板印象和偏见的主要文献(Ashmore & Del Boca, 1981; Brewer &

Kramer, 1985；Hamilton & Trolier , 1986；Hilton & von Hippel, 1996；Snyder & Miene, 1994；Stroebe & Insko, 1989)认可了动机相关因素(可能被纳入人格或心理动力学的方法)，与社会文化和认知因素一起，作为研究刻板印象和偏见的重要方法。然而，除了 20 世纪四五十年代有关心理动力学的建构和理论，以及群际关系与相关的现象(例如，现实群体冲突和社会认同理论)，很少有实证证据支持从动机角度研究偏见和刻板印象的视角。本研究和近期的一系列研究——情绪情感的作用(Esses, Haddock & Zanna, 1994；Forgas, 1995；Islam & Hewstone, 1993；Mackie & Hamilton, 1993)、刻板印象和偏见中的抑制(Bodenhausen & Macrae, in press；Devine, 1989；Devine, Monteith, Zuwerink & Elliot, 1991；Monteith, 1993)、刻板印象和偏见的作用(Snyder & Miene, 1994)、信念对感知的影响(Klein & Kunda, 1992)、自尊和集体自尊对群际感知和歧视的作用(Branscombe & Wann, 1994；Crocker et al. , 1987)——共同反映了研究者对动机视角的新的研究兴趣。

385

　　本文报告的研究结果表明，对受刻板印象固化群体成员的偏见性感知可以在适当的条件下帮助个体恢复积极的自我形象。因此，在个体缺乏更易获得的消除自我威胁感或肯定自我的方法时，表达刻板印象和偏见是一种十分具有吸引力的策略，它可以让个体对自己的感受更好。当个体处于同样的社会文化情境中，被给予同样的线索、信息以及信息处理的方式，具有恢复自我价值感动机的个体会比其他个体更容易表达偏见和刻板印象。

　　然而，这不表示我们的研究不把社会文化和认知因素当作关键的重要因素。相反，我们的研究反映了这些因素之间的交互关系。这种关系尤其在目标人物的民族或性取向和自我肯定(研究一)或自尊威胁(研究二、研究三)之间的交互作用中展现出来。如果个体恢复积极自我的需求对偏见的影响独立于社会-认知因素而存在，那么自我肯定或自我威胁应该仅仅导致个体对目标人物作出更积极(自我得到了肯定时)或更消极的(自我受到威胁且没有得到肯定时)评价。但本研究发现，仅在被试认识到目标人物来自一个受负面刻板印象固化的群体时(而非一个普通的群体)，自我肯定和自我威胁才能显著地影响被试对目标人物的评价。也只有在这种条件下，负面地评价目标人物才与更强的自尊增长呈现相关性。因此，源于社会文化和认知因素的刻板印象促进了贬损目标人物和恢复自尊的过程。

只有弄清社会文化因素、认知因素和动机性因素之间的互动关系,才能充分回答为何不是贬损任何人都能让个体对自己感觉更好。换句话说,个体的自尊受到威胁之后,为什么不能通过贬损意大利女性来恢复自尊?认知因素和社会文化因素为此问题提供了答案。在研究一和研究三的文化背景下,人们对犹太裔美国女性持有强烈的负面刻板印象,对意大利裔美国女性则不带有这种刻板印象。"犹太裔美国公主病"刻板印象给被试提供了从负面角度知觉犹太裔美国女性的认知基础。与之相似,同性恋男性的刻板印象给研究二的被试提供了从负面角度知觉同性恋目标人物的认知基础。如果没有刻板印象作为认知基础,即并不存在可以导致被试作出偏差性评价的刻板印象,贬损他人的合理性也就减弱了。这种情况下,如果意识到自己曾为了恢复自我价值感而贬低他人,大多数人会感觉更差而非更好(Devine et al.,1991)。因此,刻板印象可以通过诸如同化、虚幻的相关性、图式加工等社会认知过程帮助个体维护自我形象,该作用尤其容易发生在个体没有意识到此现象的情况下。

386

刻板印象的本质

大多数我们能想到的刻板印象都是负面消极的。非洲裔美国人、残疾人、拉丁裔、妇女、美国原住民、老年人、男同性恋、女同性恋和社会经济地位低下的人,虽然关于这些群体的刻板印象不尽相同,但相似之处是这些刻板印象大抵是负面的。本研究为刻板印象的负面性提供了一种解释。虽然毫无疑问还有其他机制可以制造和保持负面刻板印象(例如,虚幻的相关性、外群体同质性、内群体偏见和社会角色),但我们的分析表明,刻板印象之所以经常呈现负性特征,可能是由于负性特征能够帮助人们维护自我形象。人们在对一个群体形成刻板印象时,或许更倾向于使用负面词汇定义该群体,因为这种定义方式可以让个体在需要进行自我肯定时对他人作出负面的评价。与之类似,由于这些刻板印象能让人们对自己感觉更好,所以它们或许被难被改变。

以上分析强调了动机在刻板印象和偏见的形成中所起的重要作用。人们越有动力维护或增强自我形象,就越容易对他人作出带有刻板印象或偏见性的评价。因此,理解人们的动机是十分关键的,它可以帮助确定人们是否基于刻板印象评价他人、如何基于刻板印象评价他人,以及哪些要素构成了这些刻板印象。刻板印象和偏见显然是当今社会一个重大问题。本文表明,想要完全理

解并且降低刻板印象和偏见现象，需要理解自我在人们认知他人过程中的
作用。

参考文献

Abrams, D. (1994). Social self-regulation. *Personality and Social Psychology Bulletin*, *20*, 473 – 483.

Abrams, D. , & Hogg, M. A. (1988). Comments on the motivational status of self-esteem in social identity and intergroup discrimination. *European Journal of Social Psychology*, *18*, 317 – 334.

Ammons, R. B. , & Ammons, C. H. (1962). The quick test: Provisional manual. *Psychological Reports*, *11*, 111 – 161.

Ashmore, R. D. , & Del Boca, F. K. (1981). Conceptual approaches to stereotypes and stereotyping. In D. L. Hamilton (Ed.), *Cognitive processes in stereotyping and intergroup behavior* (pp. 1 – 35). Hillsdale, NJ: Erlbaum.

Baron, R. M. , & Kenny, D. A. (1986). The moderator-mediator variable distinction in social psychological research: Conceptual, strategic, and statistical considerations. *Journal of Personality and Social Psychology*, *51*, 1173 – 1182.

Bodenhausen, G. B. , & Macrae, C. N. (in press). The self-regulation of intergroup perception: Mechanisms and consequences of stereotype suppression. In C. N. Macrae, M. Hewstone, & C. Stangor (Eds.), *Foundations of stereotypes and stereotyping*. New York, NY: Guilford Press.

Branscombe, N. R. , & Wann, D. L. (1994). Collective self-esteem consequences of outgroup derogation when a valued social identity is on trial. *European Journal of Social Psychology*, *24*, 641 – 657.

Brewer, M. B. (1993). Social identity, distinctiveness, and in-group homogeneity. *Social Cognition*, *11*, 150 – 164.

Brewer, M. B. , & Kramer, R. M. (1985). The psychology of intergroup attitudes and behavior. *Annual Review of Psychology*, *36*, 219 – 243.

Brickman, P. , & Bulman, R. J. (1977). Pleasure and pain in social comparison. In J. M. Suls & R. L. Miller (Eds.), *Social comparison processes: Theoretical and empirical perspectives* (pp. 149 – 186). Washington, DC: Hemisphere.

Brown, J. D. , Collins, R. L. , & Schmidt, G. W. (1988). Self-esteem and direct versus indirect forms of self-enhancement. *Journal of Personality and Social Psychology*, *55*, 445 – 453.

Brown, J. D. , & Gallagher, F. M. (1992). Coming to terms with failure: Private selfenhancement and public self-effacement. *Journal of Experimental Social Psychology*, *28*, 3 – 22.

Cameron, J. E. , & Lalonde, R. N. (1994). Self, ethnicity, and social group memberships in

387

two generations of Italian Canadians. *Personality and Social Psychology Bulletin*, *20*, 514 – 520.

Cohen, D. , & Nisbett, R. E. (1994). Self-protection and the culture of honor: Explaining outhern violence. *Personality and Social Psychology Bulletin*, *20*, 551 – 567.

Cooley, C. H. (1902). Human nature and the social order. New York, NY: Schocken Books. Crocker, J. , Thompson, L. J. , McGraw, K. M. , & Ingerman, C. (1987). Downward comparison, prejudice, and evaluations of others: Effects of self-esteem and threat. *Journal of Personality and Social Psychology*, *52*, 907 – 916.

Darley, J. M. , Fleming, J. H. , Hilton, J. L. , & Swann, W. B. (1988). Dispelling negative expectancies: The impact of interaction goals and target characteristics on the expectancy confirmation process. *Journal of Experimental Social Psychology*, *24*, 19 – 36.

Devine, P. G. (1989). Stereotypes and prejudice: Their controlled and automatic components. *Journal of Personality and Social Psychology*, *56*, 5 – 18.

Devine, P. G. , Monteith, M. J. , Zuwerink, J. R. , & Elliot. A. J. (1991). Prejudice with and without compunction. *Journal of Personality and Social Psychology*, *60*, 817 – 830.

Ditto, P. H. , & Lopez, D. F. (1992). Motivated skepticism: Use of differential decision criteria for preferred and nonpreferred conclusions. *Journal of Personality and Social Psychology*, *63*, 568 – 584.

Dollard, J. , Doob, L. W. , Miller, N. E. , Mowrer, O. H. , & Seares, R. R. (1939). *Frustration and aggression.* New Haven, CT: Yale University Press.

Dovidio, J. R. , & Gaertner, S. L. (1991). Changes in the expression and assessment of racial prejudice. In H. J. Knopke, R. J. Norrell, & R. W. Rogers (Eds.), *Opening doors: Perspectives on race relations in contemporary America* (pp. 119 – 148). Tuscaloosa, AL: University of Alabama Press.

Eccles, J. S. , Jacobs, J. E. , & Harold, R. D. (1990). Gender role stereotypes, expectancy effects, and parents' socialization of gender differences. *Journal of Social Issues*, *46*, 183 – 201.

Esses, V. M. , Haddock, G. , & Zanna, M. P. (1994). The role of mood in the expression of intergroup stereotypes. In M. P. Zanna & J. M. Olson (Eds.), *The psychology of prejudice: The Ontario symposium* (Vol. 7, pp. 77 – 101). Hillsdale, NJ: Erlbaum.

Fein, S. , Cross, J. A. , & Spencer, S. J. (1995, August). Self-esteem maintenance, stereotype consistency, and men's prejudice toward gays. Paper presented at the 103rd Annual Convention of the American Psychological Association, New York.

Festinger, L. (1954). A theory of social comparison processes. *Human Relations*, *7*, 117 – 140.

Forgas, J. P. (1995). Mood and judgment: The affect infusion model (AIM). *Psychological Bulletin*, *117*, 39 – 66.

388

Gibbons, F. X. , & Gerrard, M. (1991). Downward social comparison and coping with threat. In J. M. Suls & T. A. Wills (Eds.), *Social comparison: Theory and research* (pp. 317 – 345). Hillsdale, NJ: Erlbaum.

Gibbons, F. X. , & McCoy, S. B. (1991). Self-esteem, similarity, and reaction to active versus passive downward comparison. *Journal of Personality and Social Psychology*, *60*, 414 – 424.

Greenberg, J. , Solomon, S. , Pyszczynski, T. , Rosenblatt, A. , Burling, J. , Lyon, D. , ... Pinel, E. (1992). Why do people need self-esteem? Converging evidence that self-esteem serves an anxiety-buffering function. *Journal of Personality and Social Psychology*, *63*, 913 – 922.

Greenwald, A. G. (1980). The totalitarian ego: Fabrication and revision of personal history. *American Psychologist*, *35*, 603 – 618.

Hamilton, D. L. , & Trolier, T. K. (1986). Stereotypes and stereotyping: An overview of the cognitive approach. In J. F. Dovidio & S. L. Gaertner (Eds.), *Prejudice, discrimination, and racism: Theory and research* (pp. 127 – 163). Orlando, FL: Academic Press.

Hays, W. L. (1981). Statistics (3rd ed.). New York, NY: Holt, Rinehart & Winston.

Heatherton, T. E. , & Polivy, J. (1991). Development and validation of a scale for measuring state self-esteem. *Journal of Personality and Social Psychology*, *60*, 895 – 910.

Higgins, E. T. (1996). Emotional experiences: The pains and pleasures of distinct regulatory systems. In R. D. Kavanaugh, B. Zimmerberg, & S. Fein (Eds.), *Emotion: Interdisciplinary perspectives* (pp. 203 – 241). Mahwah, NJ: Erlbaum.

Higgins, E. T. , & Tykocinski, O. (1992). Self-discrepancies and biographical memory: Personality and cognition at the level of psychological situation. *Personality and Social Psychology Bulletin*, *18*, 527 – 535.

Hilton, J. L. , & von Hippel, W. H. (1996). Stereotypes. *Annual Review of Psychology*, *47*, 237 – 271.

Hogg, M. A. , & Abrams, D. (1988). *Social identifications: A social psychology of intergroup relations and group processes*. London, England: Routledge.

Islam, M. R. , & Hewstone, M. (1993). Dimensions of contact as predictors of intergroup anxiety, perceived out-group variability, and out-group attitude: An integrative model. *Personality and Social Psychology Bulletin*, *19*, 700 – 710.

Keppel, G. (1973). *Design and analysis: A researchers handbook*. Englewood Cliffs, NJ: Prentice Hall.

Kite, M. , & Deaux, K. (1987). Gender belief systems: Homosexuality and the implicit inversion theory. *Psychology of Women Quarterly*, *11*, 83 – 96.

Klein, W. M. , & Kunda, Z. (1992). Motivated person perception: Constructing justifications for desired beliefs. *Journal of Experimental Social Psychology*, *28*, 145 – 168.

Klein, W. M. , & Kunda, Z. (1993). Maintaining self-serving social comparisons: Biased reconstruction of one's past behaviors. *Personality and Social Psychology Bulletin*, *19*,732 - 739.

Liu, T. J. , & Steele, C. M. (1986). Attributional analysis as self-affirmation. *Journal of Personality and Social Psychology*, *51*,531 - 540.

Mackie, D. M. , & Hamilton, D. L. (Eds.). (1993). *Affect, cognition, and stereotyping: Interactive processes in group perception*. San Diego, CA: Academic Press.

Markus, H. (1977). Self-schemata and processing information about the self. *Journal of Personality and Social Psychology*, *35*,63 - 78.

Markus, H. , & Wurf, E. (1987). The dynamic self-concept. *Annual Review of Psychology*, *38*,299 - 337.

Markus, H. R. , & Kitayama, S. (1991). Culture and the self: Implications for cognition, emotion, and motivation. *Psychological Review*, *98*,224 - 253.

Markus, H. R. , & Kitayama, S. (1994). A collective fear of the collective: Implications for selves and theories of selves. *Personality and Social Psychology Bulletin*, *20*,568 - 579.

Mead, G. H. (1934). *Mind, self, and society*. Chicago, IL: University of Chicago Press.

Mehrabian, A. , & Russell, J. (1974). *An approach to environmental psychology*. Cambridge, MA: MIT Press.

Miller, N. E. , & Bugelski, R. (1948). The influence of frustrations imposed by the in-group on attitude expressed toward out-group. *Journal of Psychology*, *25*,437 - 442.

Monteith, M. J. (1993). Self-regulation of prejudiced responses: Implications for progress in prejudice-reduction efforts. *Journal of Personality and Social Psychology*, *65*,469 - 485.

Neuberg, S. L. , & Fiske, S. T. (1987). Motivational influences on impression formation: Outcome dependency, accuracy-driven attention, and individuating processes. *Journal of Personality and Social Psychology*, *53*,431 - 444.

Nisbett, R. E. , & Ross, L. (1980). *Human inference: Strategies and shortcomings of social judgment*. Englewood Cliffs, NJ: Prentice Hall.

Rosenthal, R. , & Jacobson, L. (1968). *Pygmalion in the classroom: Teacher expectation and pupils' intellectual development*. New York, NY: Holt, Rinehart & Winston.

Rosenthal, R. , & Rosnow, R. L. (1991), *Essentials of behavioral research: Methods and data analysis* (2nd ed.). New York, NY: McGraw-Hill.

Ross, M. , & Sicoly, F. (1979). Egocentric biases in availability and attribution. *Journal of Personality and Social Psychology*, *37*,322 - 336.

Schlenker, B. R. , Weigold, M. F. , & Hallam, J. R. (1990). Self-serving attributions in social context: Effects of self-esteem and social pressure. *Journal of Personality and Social Psychology*, *58*,855 - 863.

Smith, E. R. (1993). Social identity and social emotions: Toward new conceptualizations of prejudice. In D. M. Mackie D. L. Hamilton (Eds.), *Affect, cognition, and*

389

stereotyping：*Interactive processes in group perception*（pp. 297 - 315）. San Diego, CA：Academic Press.

Snyder, M.（1984）. When belief creates reality. In L. Berkowitz（Ed.）, *Advances in experimental social psychology*（Vol. 18, pp. 248 - 306）. New York, NY：Academic Press.

Snyder, M., & Miene, P.（1994）. On the functions of stereotypes and prejudice. In M. P. Zanna & J. M. Olson（Eds.）, *The psychology of prejudice*：*The Ontario symposium*（Vol. 7, pp. 33 - 54）. Hillsdale, NJ：Erlbaum.

Spencer, S. J., & Steele, C. M.（1990, May）. The rule of self-esteem functioning in IQ estimation. Paper presented at the 62nd meeting of the Midwestern Psychological Association, Chicago.

Steele, C. M.（1988）. The psychology of self-affirmation：Sustaining the integrity of the self. In L. Berkowitz（Ed.）, *Advances in experimental social psychology*（Vol. 21, pp. 261 - 302）. New York, NY：Academic Press.

Steele, C. M., & Aronson, J.（1995）. Stereotype threat and the intellectual test performance of African Americans. *Journal of Personality and Social Psychology*, 69, 797 - 811.

Steele, C. M., & Liu, T. J.（1983）. Dissonance processes as self-affirmation. *Journal of Personality and Social Psychology*, 45, 5 - 19.

Steele, C. M., Spencer, S. J., & Lynch, M.（1993）. Self-image resilience and dissonance：The role of affirmational resources. *Journal of Personality and Social Psychology*, 64, 885 - 896.

Stein, K. F.（1994）. Complexity of the self-schema and responses to disconfirming feedback. *Cognitive Therapy and Research*, 18, 161 - 178.

Stroebe, W., & Insko, C. A.（1989）. Stereotype, prejudice, and discrimination：Changing conceptions in theory and research. In D. Bar-Tal., C. F. Graumann, A. W. Kruglanski, & W. Stroebe（Eds.）, *Stereotyping and prejudice*：*Changing conceptions*（pp. 3 - 34）. New York, NY：Springer-Verlag.

Swann, W. B., Stein-Seroussi, A., & Giesler, R. B.（1992）. Why people self-verify. *Journal of Personality and Social Psychology*, 62, 392 - 401.

Tajfel, H.（Ed.）.（1982）. *Social identity and intergroup relations*. Cambridge, England：Cambridge University Press.

Taylor, S. E., & Lobel, M.（1989）. Social comparison activity under threat：Downward evaluation and upward contacts. *Psychological Review*, 96, 569 - 575.

Tesser, A.（1988）. Toward a self-evaluation maintenance model of social behavior. In L. Berkowitz（Ed.）, *Advances in experimental social psychology*（Vol. 21, pp. 181 - 227）. New York, NY：Academic Press.

Tesser, A., & Cornell, D. P.（1991）. On the confluence of self processes. *Journal of Experimental Social Psychology*, 27, 501 - 526.

Tetlock, P. E.（1983）. Accountability and the perseverance of first impressions. *Social

Psychology Quarterly, *46*,285 – 292.

Triandis, H. C. (1989). The self and social behavior in differing cultural contexts. *Psychological Review*, *96*,506 – 520.

Turner, J. C. (1982). Toward a cognitive redefinition of the social group. In H. Tajfel (Ed.), *Social identity and intergroup relations*. Cambridge, England: Cambridge University Press.

Turner, J. C., Oakes, P. J., Haslam, S. A., & McGarty, C. (1994). Self and collective: Cognition and social context. *Personality and Social Psychology Bulletin*, *20*,454 – 463.

Wills, T. A. (1981). Downward comparison principles in social psychology. *Psychological Bulletin*, *90*,245 – 271.

Wills, T. A. (1991). Similarity and self-esteem in downward comparison. In J. M. Suls & T. A. Wills (Eds.), *Social comparison: Theory and research* (pp. 51 – 78). Hillsdale, NJ: Erlbaum.

Winer, B. J. (1971). *Statistical principles in experimental design* (2nd ed.). New York, NY: McGraw-Hill.

Wood, J. V., & Taylor, K. L. (1991). Serving self-relevant goals through social comparison. In J. M. Suls & T. A. Wills (Eds.), *Social comparison: Theory and research* (pp. 23 – 50). Hillsdale, NJ: Erlbaum.

8

喜欢、爱与联系

27. 伸出援手：对威胁神经反应的社会调节

詹姆斯·科恩(James A. Coan)

希拉里·谢弗(Hillary S. Schaefer)

理查德·戴维森(Richard J. Davidson)

社会接触可以增强人们的健康和福祉,就像面对各种生活压力时所产生的情绪反应是社会调节的一项功能。在一项功能性磁共振成像研究中,实验者安排16位已婚女性在遭受电击威胁时分别握住丈夫的手、握住陌生男性实验者的手或谁的手也不握。结果表明,当这些女性握住丈夫的手时,神经系统支持情绪和行为威胁反应的激活作用会普遍减弱。当她们握住陌生人手时,这种减弱系统发生的激活作用会更有限。更引人关注的是,配偶握手对神经威胁反应的影响会随婚姻质量的变化而变化,更高的婚姻质量预示着右侧前脑岛、上额回和下丘脑中与威胁有关的神经刺激更少,但是与陌生人握手就没有出现这样的效应。

社会联系与安抚行为可以舒缓负面环境事件的破坏性影响并且能促进健康与福祉(Berscheid, 2003)。并且,社会孤立已经成为一种主要的健康威胁(House, Landis & Umberson, 1988)。不仅如此,已婚人士总体上比未婚人士更快乐、更健康(Wood, Rhodes & Whelan, 1989),在已婚人群中,更高的婚姻质量与传染病风险的降低、从伤病中更快地恢复和在被诊断为危及生命的疾病后较低的死亡率有关(Coyne et al. , 2001; Robles & Kiecolt-Glaser, 2003)。

这些效应的潜在机制可能正是情绪反应的社会调节作用(Diamond, 2001; Hofer, 1984)。长期以来,理论研究者都认为各种人际关系具有为人们提供安全、缓解痛苦的调节功能,这些功能可以对消极的反应和兴奋产生影响

(Bowlby，1969/1982；Mikulincer，Shaver & Pereg，2003)。支持性社会行为被广泛认为能减缓自主神经系统(ANS)和下丘脑-垂体-肾上腺(HPA)轴心与压力相关的活动(DeVries，Glasper & Detillion，2003)。母亲为其梳理毛发的行为甚至可以影响新生大鼠的糖皮质激素受体基因对海马体和HPA轴的应激反应(Weaver，Diorio，Seckl & Meaney，2004)。越来越明显的是，支持社会联系的神经系统与更普遍的情绪反应密切相关。例如，神经肽催产素和精氨加压素已经逐渐成为社会关系的重要媒介(Kosfeld，Heinrichs，Zak，Fischbacher & Fehr，2005；Young & Wang，2004)，并且在"一夫一妻制"的非人类哺乳动物的与情感有联系的皮质层和皮下层架构网络中发现了这两种受体(Insel，1997)。

目前对于母爱和爱情依恋的人类功能性神经成像研究，已经涉及到与寻求奖赏有关的结构，包括尾状神经和中脑腹侧被盖区，以及背外侧和腹外侧的前额叶皮质部分(Aron et al.，2005；Bartels & Zeki，2004)。有趣的是，与消极情绪调节有关的结构的钝化作用，例如内侧前额叶和腹测前部皮层，也在此类研究中被观测到(Bartels & Zeki，2004)。尽管这很有趣，但目前的研究主要关注这类推定的神经对高阶概念(例如爱情、友情)的反应上，但实际上大多数的神经成像技术都很难或不可能直接捕捉到这一现象(Cacioppo et al.，2003)。相比而言，简单的威胁提示拥有离散的刺激性质，很适合做神经成像研究。尽管有这些优势，但迄今为止没有任何一项研究证明爱情对于支撑威胁反应有关的神经回路具有缓解压力的作用。

在这项功能性磁共振成像的实验中，我们使用握手和电击威胁来研究神经系统面临威胁反应的社会调节机制(Dalton，Kalin，Grist & Davidson，2005)。大多数已婚美国人都认为自己的配偶是最重要的成年关系(Lugaila，1998)，我们请那些处在高满意度婚姻关系中的已婚女性观看三种平衡力条件下表明安全或危险的图片，并把她们的大脑图像记录下来。在一种情况下，女士握着她们丈夫的手。在其他两种情况下，她们要么握着一位陌生男性的手，要么不握。握手被作为支持性社会行为，是因为它(a)是一种常见的用来表达社会支持和情感的非言语方式，(b)它在非人类灵长类动物相互和解和抚慰期间被研究者们观察到(de Waal，2000)，(c)已经被证明可以减少自发性的兴奋行为和压力情景下的焦虑报告(Jung-Soon & Kyung-Sook，2001)，并且(d)提供了一种在功能性磁共振成像中实施的便捷方法。

我们试图验证三个主要的研究假设。首先，我们简单地假设与配偶或陌生人握手都会减弱威胁反应性的神经活动。其次，我们假设与配偶握手时神经威胁反应的减弱可能是最大的。最后，我们假设神经威胁反应的减弱可能是婚姻质量的函数，婚姻质量越高减弱效果越显著。

方法

被试

十六对婚姻质量满意度高的夫妇被选中参与实验；丈夫和妻子的平均年龄分别为 33 岁（SD＝5）和 31 岁（SD＝5）。其中，十五对夫妻是白种人，一对夫妻是亚裔。被试是通过报纸广告从威斯康辛州大麦迪逊区招募来的，现在或过去有精神性疾病、怀孕或在功能性磁共振成像扫描的磁环境中有过任何风险的报名者都被排除在外。

因为之前的研究表明高满意度的关系应具有最强的痛苦衰减效应（Coyne et al.，2001），其中妻子和丈夫都使用婚姻适应量表的满意度分量表来评定他们的婚姻质量（Dyadic Adjustment Scale，DAS；Spanier，1976）。DAS 量表是一种被广泛用于测量关系质量的测量工具，由四个相关的分量表和一个总体综合得分构成（DAS 分数）。较高的 DAS 分数表明测量对象拥有高质量的关系。在最初的电话筛选中，DAS 的满意度分量表能够快速筛选出对婚姻不满意的夫妇。分量表的得分区间为 0—50，50 代表最高的满意度。在这个分量表中，得分低于 40 分的丈夫和妻子都被排除在外。经过第一轮筛选之后，再记录这些没有被筛掉的丈夫和妻子在 DAS 上的总分。DAS 总分的理论值范围区间为 0—151，低于 100 分意味着婚姻使这些夫妇感到很痛苦。最终，丈夫和妻子的平均 DAS 总分分别为 126（SD＝10）和 127（SD＝6），这表明这个样本中配偶之间的婚姻质量普遍非常高。丈夫与妻子 DAS 得分之间的皮尔逊相关系数为 0.20。研究时的分析报告使用了 DAS 的总分。

妻子们在扫描仪器中进行了测试，丈夫们填写了调查问卷并参与了握手环节。所有的被试均收到了与威斯康星州立大学医学院人体实验委员会达成的书面知情协议，并会获得相应的报酬。

过程

我们先对感兴趣的被试进行了电话筛选。合格的被试被告知他们正在参与一项握手实验，并且要为两次进入实验室做好准备。在第一次实验中，被试完成了一套评估婚姻质量和人格各维度的调查问卷（这里没有报告结果），然后在实验室模拟的功能性磁共振成像扫描仪器中进行成像实验。在模拟扫描环节，让实验者先熟悉扫描环境，允许他们表达对环境的任何不适，并且让他们练习使用实验设备（例如，按钮盘）。第一次实验中不安排电击，但所有夫妻都被充分告知第二次实验中将包含电击。

大约一周后的第二次实验包含了实验性的脑成像程序。夫妇们被带到一个等候室，在那里他们将被两个 Ag－AgCl 电极电击妻子的右或左脚踝（在被试之间平衡）来完成额外的功能性磁共振成像安全性评估。妻子随后被带往功能性磁共振成像室，实验开始前将在那里收集高分辨率结构扫描图。

在这项实验中，妻子观察了 12 个威胁提示和 12 个安全提示，以随机顺序出现，每三个平衡区块中有一个，一共 24 种提示实验（见图 27.1）。实验在被试者中随机进行，并且被试之间的实验单元顺序保持平衡。在一个单元里，妻子握着丈夫的手。在另一个单元里，她握着看不见的匿名男性实验者的手。（直到实验完成后，才会将妻子们介绍给这位匿名男性握手者。）对于剩下的单元，则没有提供握手的行为支持。被试们的右手将被指定用来握手，左手被用来为主观体验评级。除了三名被试外，其余所有的被试都握着同一位男性实验者的手。两名其他的男性志愿者充当了陌生人。威胁提示（黑色背景上的红色"X"）意味着脚踝受到电击的可能性为 20%。安全提示（黑色背景上的蓝色"0"）表明

396

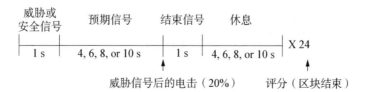

图 27.1 实验过程。包含一个 1 秒钟的威胁(T)或安全(S)信号，一个 4 到 10 秒的反应时长，一个 1 秒钟的结束信号，以及一个 4 到 10 秒钟的休息时间。在每一个握手期结束的时候，被试使用自评人像量表完成对不适的评分。

没有受电击的可能。电击将使用隔离生理刺激装置（Coulbourn Instruments，Allentown，PA），4mA 电流持续 20ms。所有的被试在每个单元里都接受了两次电击。

每次实验都以持续 1 秒的威胁或安全提示开始，接着是 4 至 10 秒不等的预期时长。实验者要求被试在预期期间将注意力集中在一个固定十字架上。电击只会在预期时长结束后才会实施。实验结束则用一个小圆环表示，在这之后要求被试休息，直到下一次实验开始，代表休息的黑屏，其出现时间也为 4 至 10 秒不等。在每个单元结束后，被试用自评人像量表（Self-Assessment Manikin，SAM）对他们的主观不愉快（效价）和烦扰（兴奋）进行评分（Bradley & Lang，1994）。使用这些五分制非言语的图形工具，请被试对每一种握手情况做出一个不愉快等级和兴奋等级的评定，在他们的左手边放一个按钮框来输入他们的分数。

397 ### 图像收集与数据分析

功能性磁共振成像采用通用电气（Fairfield，CT）Signa 3.0 - T 高速磁力成像正交头线圈设备。每个单元采集 215 张功能性图像，体积为 30 个 4 mm 矢状回波面切片（1 - mm 切片间隔）覆盖整个大脑。重复使用时间为 2 秒，回波时间为 30ms，角度为 60°，视野范围 240 mm×240 mm，矩阵为 64×64，产生立体像素的大小为 3.75×0.75×5 mm。获得了由 124 个 1.2 mm 切片组成的 T1 加权变质梯度重复解剖扫描，用来协助功能性定位。

我们使用的是功能神经图像分析（AFNI）软件（2.52 版；Cox，1996），采用 1 立体像素在平面内的全幅/半全幅 Fermi 窗、六参数刚性身体运动修正、1/60 s 高速通过滤波（去除与激发刺激无关的信号），并去除鬼影和颅内伪影来离线重建原始数据。在实验期间，排除被试实际收到的电击以减少运动伪影。用最小二乘线性模型拟合理想的血液动力反应；将运动参数作为协变量输入。将结果的贝塔权重转化为百分数信号变化，并将图片转化成标准的 Talairach 空间（Talairach，1988）。

具有统计学意义的感兴趣区

在不握手的情况下，通过对比威胁提示和安全提示的激活来确定标准的神经威胁反应。通过 voxel-wise t 检验确定了多学科视角下的感兴趣区，而 voxel-wise t 检验能够测量威胁提示的激活区域与安全提示的激活区域哪个更大（p＜.005，修正估计服从 Monte Carlo 模拟）。正如预期的那样，这一过程揭示了一个区域内网络的激活，很多研究已经证明了这些区域与对威胁、负面情绪或疼痛预期的神经反应有关，例如腹前扣带皮层（vACC）、右背外侧前额叶皮层（右 DLPFC）、右额下回、左额上回、右前脑岛、尾状核伏隔核、壳核、下丘脑、右中央后回、上丘、扣带回、右侧边缘上脑回等（Davidson & Irwin，1999；Ploghaus et al.，1999；Salomons，Johnstone，Backonja & Davidson，2004；Wager et al.，2001）。表 27.1 列出了所有的感兴趣区。这些感兴趣区被用于握手情景的后续比较和婚姻质量的方差检验。

表 27.1　感兴趣区域及其在握手情境中的效应

范围	重心坐标			t 分数	大小 (mm³)	环境影响	配偶影响	陌生人影响
	x	y	z					
额和前扣带区								
辅助运动皮层	4	6	46	3.63	4,043			
额上回	−10	−8	59	3.82	907			
	9	−9	64	3.89	435			
腹侧 ACC	−12	39	−1	3.55	358	√	√	√
	3	44	2	3.81	296			
DLPFC	32	34	30	3.78	350	√	√[a]	
中央前回腹内侧	−39	−4	37	3.73	336			
腹内侧 PFC	12	45	−6	3.77	275			
额下回	−36	35	21	4.05	572			
岛叶和皮下层区域								
前岛叶	37	16	3	4.33	6,213			
	−28	20	3	3.92	4,937			
尾状	8	7	8	3.89	2,092			
	−10	−3	21	3.75	491			
尾状- NAcc	−8	4	2	3.71	1,390	√	√	
硬膜	28	4	−3	3.72	192			
丘脑前核	−11	−14	11	3.63	418			
下丘脑	1	−13	−5	3.72	1,441	√	√	
上丘	3	−28	−2	3.77	1,316			

（续表）

范围	重心坐标			t 分数	大小 (mm³)	环境 影响	配偶 影响	陌生人 影响
	x	y	z					
顶叶和后扣带区								
后扣带	9	−55	19	3.65	645			
	−9	−28	38	3.93	381	√	√	√
	14	−33	38	3.53	249	√	√	√
中央后回	30	−50	63	3.73	390	√		√
缘上回	−53	−29	20	3.54	298	√		√
	50	−28	17	3.73	231			

注：兴趣反射区被确定为在不握手情境中，对威胁提示的激活比安全提示的激活中显示出显著增大的区域集群（p<.005，p_{rep}°0.97，校正）。

ACC＝前扣带回皮质；DLPFC＝背外侧额前叶皮质；NAcc＝横状隔核；

PFC＝前额叶皮层；配偶影响＝配偶条件下的威胁活跃＜无人握手条件下的威胁活跃；陌生人影响＝陌生人条件下的威胁活跃＜无人握手条件下的威胁活跃；

[a]在这个比较中，与威胁相关的神经激活在陌生人的条件下比在配偶的条件下更显著。没有观察到相反的情况。

为了检验握手对与威胁相关感兴趣区激活的影响，我们采用了三种常用的数据分析步骤。首先，重复测量一般感兴趣区线性模型，检验在全部的感兴趣区中握手的效应。其次，进一步确定感兴趣区显示出的主效应，来确定特定条件的对比（与配偶握手、与陌生人握手和无人握手）是否具有统计学上的显著性差别。第三，在测试与威胁相关的神经激活与婚姻质量（DAS 分数）之间的关系时，我们使用 SPSS 线性混合模型模块来检验斜率的差异，并以此作为握手条件的函数。

结果

握手的行为减少了主观不愉快体验和唤起

主观体验的跟踪报告为实验操作的有效性提供了重要检验。重复测量方差分析显示，握手对 SAM 评分的效价和唤起主效应分别为 $F_{(2, 14)}=8.30$，p=.004，$p_{rep}=.97$，$\eta_p^2=.54$，以及 $F_{(2, 14)}=3.62$，p=.05，$p_{rep}=.88$，$\eta_p^2=.34$。通过对比发现，与伴侣握手时的不愉快评级显著低于与陌生人握手的情景以及无人握手的情景：$F_{(1, 15)}=4.77$，p=.05，$p_{rep}=.88$，$\eta_p^2=.24$；F＝

$(1, 15)=16.30$，p＝.001，p_{rep}＝.99，η_p^2＝.52。相比之下，对握手条件下的p唤起等级的比较显示，尽管配偶握手和陌生人握手都比不握手条件下的唤起程度更低，但这些比较只是达到了统计学意义上的显著，分别是，$F(1, 15)=$ 3.85，p＝.07，p_{rep}＝.85，η_p^2＝.20，以及 $F(1, 15)=3.46$，p＝.08，p_{rep}＝.83，η_p^2＝.19(见图27.2)。

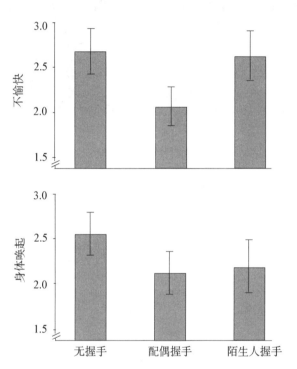

图 27.2　握手条件对不愉快评级与唤起评级的主效应。

握手减弱神经威胁反应

表 27.1 显示了主效应和对比研究的结果，包括每个感兴趣区的质心坐标和集群规模。在 vACC、右侧 DLPFC、左侧尾状核、上丘、扣带回后的两个区域、左侧边缘上回和右侧中央后回均发现握手条件的主效应显著，所有 F 值均$(2, 14) \geqslant 3.62$，$ps \leqslant .05$，$p_{rep}s \geqslant .88$，$\eta_p^2 s \geqslant .20$(见图27.3)。

事前比较分析显示，配偶在两手相握时神经对威胁信号(威胁减去安全)的反应激活显著低于无人握手条件下的神经反应激活，主要表现在以下区域：vACC、左侧尾状核、上丘、后扣带回、左侧边缘上回、右侧中央后回，所有 F 值

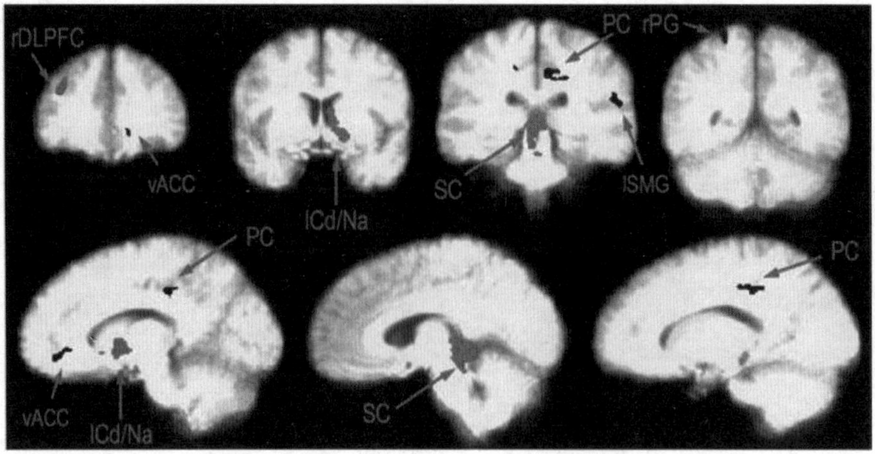

400

图 27.3 威胁反应的脑功能区受到握手情景的影响。浅灰色区域标识了右背外侧前额叶皮质（rDLPFC），左尾状伏隔核（lCd/Na），以及上丘（SC），预示了与配偶有关的衰减。深灰色区域标识了前扣带回（vACC），后扣带回（PC），右侧中央后回（rPG），以及左缘上回（lSMG），预示了与配偶和陌生人握手两种情景有关的衰减。剖面坐标（从左到右）如下：上面一组为 y = + 34 mm，+ 3 mm，− 29 mm 和 − 49 mm，下面一组为 x = − 10 mm，+ 2 mm 和 + 14 mm。

$(1, 15) \geqslant 4.52$，$ps \leqslant .05$，$p_{rep}s \geqslant .23$。配偶握手时右侧 DLPFC 对威胁的神经激活也显著地低于陌生人握手时的反应，$F(1, 15) = 6.89$，$p = .02$，$p_{rep} = .93$，$\eta_p^2 = 0.32$，虽然该区域的衰减在与配偶握手和无人握手上也几乎达到了显著，$F(1, 15) = 3.54$，$p = .08$，$p_{rep} = 5.84$，$\eta_p^2 = .19$。

与无人握手条件相比，与配偶握手和与陌生人握手条件下神经对威胁信号的反应激活更低，集中在 vACC，扣带后回，左侧边缘上回和右侧中央后回等区域，所有 F 值$(1, 15) \geqslant 5.76$，$ps \leqslant .03$，$p_{rep}s \geqslant .90$，$\eta_p^2 s \geqslant .28$。

DAS 分数与对威胁的神经反应

401

我们接下来尝试用 DAS 评分预测与威胁相关的神经激活。首先，对协方差的重复测量分析显示，在预测效价等级时，握手的条件与妻子的 DAS 评分（WDAS）之间存在交互作用，$F(2, 13) = 5.16$，$p = 0.2$，$p_{rep} = 0.92$，$\eta_p^2 = .44$。在无人握手的情况下，WDAS 和效价评分之间的皮尔森相关系数为 − .46；配偶握手的情况下皮尔森相关系数为 − .28；陌生人握手情况下，皮尔森相关系数为 − .82，$p < .001$，$p_{rep} = .99$。丈夫的 DAS 评分（HDAS）没有显示出任何相似

的效应,WDAS 和 HADS 也没有与激活评分有关。因此,我们有必要确定 DAS 评分能否独立地预测与威胁相关的神经激活的效价评分。

为了完成这项研究,我们建立了包含效价评分(一个变化的协变量)、HDAS 和 WDAS 的线性混合模型和它们与握手条件的交互作用。结果显示,HDAS 和 HDAS 条件下的交互作用都不显著。然而,如图 27.4 所示,左前额上会存在 WDAS 在不同握手条件下的交互作用,F(2, 26)=4.84, p=.02, p_{rep}=.93;右前叶岛,F(2, 23)=4.33, p=.03, p_{rep}=0.90;下丘脑 F(2, 27)=4.31, p=.02, p_{rep}=.93。独立的回归检验(每个脑区和实验条件各一个)显示,这些交互作用的效应是在与配偶握手条件下,WDAS 和威胁相关神经激活之间的负相关。这些相关系数分别是左前额上回 -.59, p=.02, p_{rep}=.95;右前岛叶 -.47, p=.07, p_{rep}=.86;下丘脑 -.46, p=.08, p_{rep}=.83。在与陌生人握手和无人握手的条件下,WDAS 和威胁相关的 ROI 激活之间呈微弱正相关(例

402

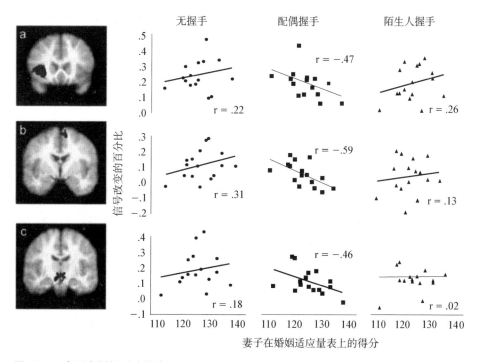

图 27.4 妻子在婚姻适应量表(Dyadic Adjustment Scale, DAS)上的得分与握手情景中中立反应的交互作用。信号改变的占比以 DAS 得分的形式呈现(相关系数已包含),并且三个脑区的情况显示出显著的交互作用:(a)右前岛叶(y = +19 mm),(b)左前额上回(y = -4 mm),(c)下丘脑(y = -13 mm)。

如，在无人握手条件下 r＝.31）或接近于零。有趣的是，效价的主效应也出现在右前岛叶，$F(1,27)＝6.02$，$p＝.02$，$p_{rep}＝.92$，和下丘脑中，分别为 $F(1,32)＝10.23$，$p＝.003$，$p_{rep}＝.98$，其平均相关系数分别为 .46，$p＝.08$，$p_{rep}＝.89$ 和 .65，$p＝.01$，$p_{rep}＝.95$。这些效应表明，前岛叶与下丘脑区域的激活程度越高，主观的不适感就越高，与是否握手无关。

讨论

根据假设，与配偶和陌生人握手都在一定程度上减弱了神经系统对威胁的反应，其中，与配偶握手的效应尤为显著。此外，即使受试样本是对婚姻满意度很高的夫妻样本，在遭遇威胁时，与配偶的握手也能为高质量婚姻中的妻子带来最大的益处。

对于与握手行为有关的脑反射区域的缜密研究结果显示：

• 与配偶和陌生人的握手都对神经面临威胁提示的反应产生了基本水平的调节影响，尤其在与情感相关的行为和身体刺激调节的结构方面，例如 vACC（Allman，Hakeem，Erwin，Nimchinsky，& Hof，2001），以及内脏和肌肉骨骼的反应，例如后扣带回、边缘上回和中央后回（Fulbright，Troche，Skudlarski，Gore & Wexler，2001；Liddel et al.，2005；Rushworth，Krams & Passingham，2001）。

• 配偶的握手能够带来更多益处，其进一步削弱了与威胁有关的、涉及情绪调节（右 DLPFC，尾状核）以及与情绪相关的自主平衡功能（上丘；Damasio et al.，2000；Davidson & Irwin，1999；Liddel et al.，2005）的脑功能区的神经激活。令人惊讶的是，这种神经反应模式是如何在主观的经验报告中体现出来的：尽管与配偶和陌生人握手都会降低机体不适的反应唤起，但是，只有与配偶的握手才能在降低与任务相关的不适性主观报告方面提供更多益处。

• 右前岛叶、前额上回和下丘脑中与威胁相关的神经激活对婚姻质量敏感。这表明，处在高质量人际关系中的个体受益于对支持大脑进行压力应激反应的神经系统更大的调节作用，包括大脑对疼痛感进行加工处理的情感成分（例如，右前岛叶；Ploghaus et al.，1999；Salomons et al.，2004；Wager et al.，2004）。

实际上，下丘脑的调节作用表明，这些益处可能是普遍存在的，因为下丘脑能影响一系列神经化学调节过程,例如促肾上腺皮质释放激素,进而刺激皮质醇释放到血液中,这一过程一般被理解为对免疫功能和记忆具有提升作用(Kemeny,2003)。

特别值得注意的是,婚姻质量的效应在与配偶握手时尤为明显。这一发现与依恋关系被定义为"隐藏的调节者"概念是一致的——"调节者"一词来源于依恋关系所带来的情绪调节益处,而用"隐藏的"一词是因为这些调节效能通常只在依恋系统或该系统中的一方受到威胁时才会显现(Hofer,1984/1995)。

众所周知,社会孤立是一种重要的健康风险,而高质量的依恋关系可以减轻由压力、伤害和感染带来的不良影响(Berscheid,2003;Coyne et al.,2001;Hofer,1984,1995;House et al.,1988;Mikulincer et al.,2003;Robles & Kiecolt-Glaser,2003;Wood et al.,1989)。本研究的结论为这些反应的发生提供了新的见解。在一个层面上,握手似乎对于身体注意力和运动反应协调相关的神经威胁反应产生了普遍的调节作用;这就表明,这些过程可能代表着社会性抚慰和支持的最直接或最基本的益处。在另一层面上,威胁反应中更具评估性、更引人注目和更感性的成分结构通过配偶的握手被更具体地削弱了,这表明依恋在情感调节方面发挥了陌生人所不具备的作用。换句话说,与陌生人握手和与配偶握手似乎都能减少身体对于威胁性刺激做出的协调反应,但只有与配偶的握手才能带来额外的益处,减少警惕性、评估和自我调节的需要。

最后,威胁性神经反应的大小与婚姻质量之间的对应关系,与已知的婚姻质量和健康之间的关联是一致的,甚至指向了这些效应的神经中介。在这方面特别有希望观察到的效应是婚姻质量对于下丘脑的影响,因为 HPA 轴和其他多种健康相关过程(例如,免疫功能)之间的联系表明,在本文的研究报告和其他研究报告的婚姻质量和健康的普遍联系之间存在关联(Robles & Kiecolt-Glaser,2003)。其他联系也是有可能存在的。例如,催产素被认为是社会支持的积极效应得以实现的机制之一(Uvnaes-Moberg,1998),并且催产素的活性作为此报告中威胁性神经活动减弱的中介物是可信的。外部注射催产素可以减弱大鼠多种神经中枢中介的应激反应(Izzo et al.,1999),并且单独的身体接触与下丘脑旁核团的催产素释放有关(Uvnaes-Moberg,1988),这可能会增加内生性类鸦片类物质的活性(Uvnaes-Moberg,1998)并在基底神经节中将抑制性的运动控制多巴胺受体当作攻击对象(Gimpl & Fahrenholz,2001)。

当然，最值得注意的是，这些发现不能推广到以不和谐为特征的依恋关系，也不适用于对一方或另一方不满的依恋关系。实际上，即使是在非常满意的婚姻中，与威胁相关的神经活动对婚姻质量也十分敏感，这说明，这些效应中的许多部分并不适用于较差的依恋关系。除此之外，众所周知，依恋关系情景下的威胁反应也会随依恋相关的人格特质的部分功能而发生变化，即压力情景下个人与他人关系风格的个体差异（Bowlby，1969/1982；Mikulincer & Shaver，2005；Mikulincer et al.，2003）。事实上，这种差异可能已经影响到了 WDAS 和不同握手条件下主观不愉快评分之间的相关模式。这些问题以及其他问题都有待进一步评估。与此同时，本文的研究结果提供了神经系统及其活动过程的证据，通过这些神经系统及其活动，广义社会慰藉的压力缓解和健康增强效应以及高质量的依恋关系得以实现。

致谢：本研究得到了美国国家心理健康研究所（NIMH）P50 - MH06931 和 MH43454 对 R. J. D 的基金支持。J. A. C. 由 NIMH 的基金 T32MH18931（R. J. D.，项目主持人）所支持。我们感谢大卫·斯巴拉（David Sbarra）提出的很有深度的见解，以及乔希·格雷泽（Josh Glazer）、乔西·戈伦比夫斯基（Josie Golembiewski）和梅根·罗奇（Megan Roach）在数据收集和处理方面提供的帮助。

参考文献

Allman, J. M., Hakeem, A. A., Erwin, J. M., Nimchinsky, E., & Hof, P. (2001). The anterior cingulate cortex: The evolution of an interface between emotion and cognition. In A. R. Damasio, A. Harrington, J. Kagan, B. McEwen, H. Moss, & R. Shaikh (Eds.), *Unity of knowledge: The convergence of natural and human science* (Annals of the New York Academy of Sciences, Vol. 935, pp. 107 - 117). New York, NY: New York Academy of Sciences.

Aron, A., Fisher, H., Mashek, D. J., Strong, G., Li, H., & Brown, L. L. (2005). Reward, motivation, and emotion systems associated with early-stage intense romantic love. *Journal of Neurophysiology*, *94*, 327 - 337.

Bartels, A., & Zeki, S. (2004). The neural correlates of maternal and romantic love. *NeuroImage*, *21*, 1155 - 1166.

Berscheid, E. (2003). The human, s greatest strength: Other humans. In U. M. Staudinger (Ed.), *A psychology of human strengths: Fundamental questions and future directions for a positive psychology* (pp. 37 - 47). Washington, DC: American Psychological Association.

Bowlby, J. (1982). Attachment and loss (Vol. 1, 2nd ed.). New York, NY: Basic Books (Original work published 1969).

Bradley, M. M. , & Lang, P. J. (1994). Measuring emotion: The self-assessment manikin and the semantic differential. *Journal of Behavior Therapy and Experimental Psychiatry*, *25*, 49 – 59.

Cacioppo, J. T. , Berntson, G. G. , Long, T. S. , Norris, C. J. , Rickett, E. , & Nusbaum, H. (2003). Just because you're imaging the brain doesn't mean you can stop using your head: A primer and set of first principles. *Journal of Personality and Social Psychology*, *85*, 650 – 661.

Cox, R. W. (1996). AFNI: Software for analysis and visualization of functional magnetic resonance neuroimages. *Computers and Biomedical Research*, *29*, 162 – 173.

Coyne, J. C. , Rohrbaugh, M. J. , Shoham, V. , Sonnega, J. S. , Nicklas, J. M. , & Cranford, J. A. (2001). *Prognostic importance of marital quality for survival of congestive heart failure*. American Journal of Cardiology, 88, 526 – 529.

Dalton, K. M. , Kalin, N. H. , Grist, T. M. , & Davidson, R. J. (2005). Neural-cardiac coupling in threat evoked anxiety. *Journal of Cognitive Neuroscience*, *17*, 969 – 980.

Damasio, A. R. , Grabowski, T. J. , Bechara, A. , Damasio, H. , Ponto, L. L. B. , Parvizi, J. , & Hichwa, R. D. (2000). Subcortical and cortical brain activity during the feeling of self-generated emotions. *Nature Neuroscience*, *3*, 1049 – 1056.

Davidson, R. J. , & Irwin, W. (1999). The functional neuroanatomy of emotion and affective style. *Trends in Cognitive Sciences*, *3*, 11 – 21.

de Waal, F. B. M. (2000). Primates — a natural heritage of conflict resolution. *Science*, *289*, 586 – 590.

DeVries, C. A. , Glasper, E. R. , & Detillion, C. E. (2003). Social modulation of stress responses. *Physiology & Behavior*, *79*, 399 – 407.

Diamond, L. M. (2001). Contributions of psychophysiology to research on adult attachment: Review and recommendations. *Personality and Social Psychology Review*, *5*, 276 – 296.

Fulbright, R. K. , Troche, C. J. , Skudlarski, P. , Gore, J. C. , & Wexler, B. E. (2001). Functional MR imaging of regional brain activation associated with the affective experience of pain. *American Journal of Roentgenology*, *177*, 1205 – 1210.

Gimpl, G. , & Fahrenholz, F. (2001). The oxytocin receptor system: Structure, function, and regulation. *Physiological Reviews*, *81*, 629 – 683.

Hofer, M. A. (1984). Early social relationships: A psychobiologist, s view. *Child Development*, *58*, 633 – 647.

Hofer, M. A. (1995). Hidden regulators: Implications for a new understanding of attachment, separation, and loss. In S. Goldberg, R. Muir, & J. Kerr (Eds.), *Attachment theory: Social, developmental, and clinical perspectives* (pp. 203 – 230). Hillsdale, NJ: Analytic Press.

House, J. S. , Landis, K. R. , & Umberson, D. (1988). Social relationships and health.

405

Science, 241,540 - 545.

Insel, T. R. (1997). A neurobiological basis of social attachment. *American Journal of Psychiatry*, 154,726 - 735.

Izzo, A., Rotondi, M., Perone, C., Lauro, C., Manzo, E., Casilli, B., ... Amato, G. (1999). Inhibitory effect of exogenous oxytocin on ACTH and cortisol secretion during labour. *Clinical and Experimental Obstetrics and Gynecology*, 26,221 - 224.

Jung-Soon, M., & Kyung-Sook, C. (2001). The effects of handholding on anxiety in cataract surgery patients under local anaesthesia. *Journal of Advanced Nursing*. 35, 407 - 415.

Kemeny, M. E. (2003). The psychobiology of stress. *Current Directions in Psychological Science*, 12,124 - 129.

Kosfeld, M., Heinrichs, M., Zak, P. J., Fischbacher, U., & Fehr, E. (2005). Oxytocin increases trust in humans. *Nature*, 435,673 - 676.

Liddel, B. J., Brown, K. L., Kemp, A. H., Barton, M. J., Das, R, Peduto, A. S., ... Williams, L. M. (2005). A direct brainstem-amygdala-cortical 'alarm' system for subliminal signals of fear. *NeuroImage*, 24,235 - 243.

Lugaila, T. A. (1998). *Marital status and living arrangements*. Washington, DC: U. S. Census Bureau, Fertility and Family Statistics Branch.

Mikulincer, M., & Shaver, P. R. (2005). Attachment theory and emotions in close relationships: Exploring the attachment-related dynamics of emotional reactions to relational events. *Personal Relationships*, 7,149 - 168.

Mikulincer, M., Shaver, P. R., & Pereg, D. (2003). Attachment theoiy and affect regulation: The dynamics, development, and cognitive consequences of attach me nt-related strategies. *Motivation & Emotion*, 27,77 - 102.

Ploghaus, A., Tracey, L, Gati, J. S., Clare, S., Menon, R. S., Matthews, P. M., & Rawlins, J. N. P. (1999). Dissociating pain from its anticipation in the human brain. *Science*, 284,1979 - 1981.

Robles, T. F., & Kiecolt-Glaser, J. K. (2003). The physiology of marriage: Pathways to health. *Physiology & Behavior*, 79,409 - 416.

Rushworth, M. F. S., Krams, M., & Passingham, R. E. (2001). The attentional role of the left parietal cortex: The distinct lateralization and localization of motor attention in the human brain. *Journal of Cognitive Neuroscience*, 13,698 - 710.

Salomons, T. V., Johnstone, T., Backonja, M. M., & Davidson, R. J. (2004). Perceived controllability modulates the neural response to pain. *The Journal of Neuroscience*, 24,7199 - 7203.

Spanier, G. B. (1976). Measuring dyadic adjustment: New scales for assessing the quality of a marriage and similar dyads. *Journal of Marriage and the Family*, 38, 15 - 28.

Talairach, J. T. P. (1988). *Co-planar stereotaxic atlas of the human brain: 3-dimensional proportional system: An approach to cerebral imaging*. New York, NY:

406

Thieme.

Uvnaes-Moberg, K. (1998). Oxytocin may mediate the benefits of positive social interaction and emotions. *Psydioneuroendocrinology*, *23*, 819 - 835.

Wager, T. D. , Rilling. J. K. , Smith, E. E. , Skolnik, A. , Casey, K. L. , Davidson, R. J. , ... Cohen, J. D. (2004). Placebo-induced changes in fMRI in the anticipation and experience of pain. *Science*, *303*, 1162 - 1167.

Weaver, I. C. G. , Diorio, J. , Seckl, J. R. , Szyf, M. , & Meaney, M. J. (2004). Early environmental regulation of hippocampal glucocorticoid receptor gene expression: Characterization of intracellular mediators and potential genomic target sites. In T. Kino, E. Charmandari, & G. P. Chrousos (Eds.), *Glucocorticoid action: Basic and clinical implications* (pp. 182 - 212). New York, NY: New York Academy of Sciences.

Wood, W. , Rhodes, N. , & Whelan, M. (1989). Sex differences in positive well-being: A consideration of emotional style and marital status. *Psychological Bulletin*, *106*, 249 - 264.

Young, L. J. , & Wang, Z. (2004). The neurobiology of pair bonding. *Nature Neuroscience*, *7*, 1048 - 1054.

28. "社会性动物"社会性的延伸: 归属动机是成就动机的基础

安德鲁·艾略特(Andrew J. Elliot)

罗切斯特大学

"个体的"内部能力和"人际间的"联系是激发人类内驱力的两种基本需求。我们都希望自己对所做的事情很擅长,无论是工作还是娱乐,而且都希望自己能够与家人和朋友之间建立深厚的感情。当我们感受到自己有能力,并且与他人有联系的时候,我们会对自己的生活感到充实与满足;当我们发现自己能力不足,或者感受不到与他人的联系时,我们会感到忧郁和不满。社会学家已经清晰地证明了这两种心理需求的重要性以及它们对人们日常的努力与幸福的深远影响。普通大众对这些研究产生了共鸣——对大多数人而言,这些研究非常符合认知,并且听起来"很可靠"。

这两种心理动机中的每一种都已经得到了非常深入的研究,研究者们给了它们多种名称,但本质上是相同的含义:一方面是能力(competence)、效能(effectance)、效应(efficacy)和成就(achievement),另一方面是联系(connection)、从属(belonging)、联结(attachment)和归属(affiliation)。不论术语如何选用,这些领域的研究已经取得了丰硕的成果。如今我们了解了很多自己对成就的渴望,努力成功的方式,以及不同形式的成就的含义。关于归属问题也类似。我们目前缺乏的是对成就动机和归属动机的交互作用机制——它们在日常生活中互相影响的方式到底是怎样的。

对于这个问题可以从多个不同的角度来解释,但在本文中我将主要关注两者的相互关系:归属动机对成就动机的影响。我将首先对一个称之为依附理论(attachment theory)的心理学常用理论模型进行描述,作为上述规则的一个重要特例,它在归属动机与成就动机中起着关键的联结作用。然后,我将会介绍一些我与同事进行的以依附理论和归属-成就关系为基础的研究。

成就的重要性

依附理论由约翰·鲍比提出(John Bowlby,1969/1988;Ainsworth,Blehar,Waters & Wall,1978),用来解释父母对孩子的社会化如何影响孩子的发展与福祉。这个理论的核心要点是婴儿的观察行为是两个固有并互相关联的系统的结果——归属系统和探索系统(exploration system)。归属系统的功能是让婴儿与他们的父母亲近,从而保证婴儿自身的安全,远离伤害。探索系统的功能是让婴儿走出去,进入社会去学习和发展能力。很显然,为了婴儿能够更好地发展,需要去平衡两个系统之间的矛盾。儿童的天性会驱使他们去探索环境,但这样做会不可避免地带来危险与隐患;当危险到来时,儿童会重新回到父母的"大本营"寻求保护和支持。

父母会在婴儿回来寻求保护和支持时接纳他们。有一些父母总是有时间能够迅速和高效地回应子女的诉求。随着时间的推移,慢慢就会形成亲子之间的"安全归属"。而其他父母却没有充足的空闲时间,或表现出缺乏应对能力或忽视孩子。长此以往,就形成了亲子之间"不安全的归属"。一旦形成,这些安全与不安全的归属类型就对婴儿探索世界产生重要影响。安全归属使得婴儿可以走进未知的世界,充分地吸收信息并探索他(她)所在的环境。为什么会这样?因为婴儿知道如果遭遇危险,父母都会在他们身边,为他们提供所需要的安慰和关心。不安全归属不支持这种探索世界的方式,反而会阻碍这个过程。这时,婴儿在探索世界时就会感到不安和焦虑,因为安慰和保护在被需要时是否可用是不明确的。或者,婴儿可能以刻板的、无兴趣的方式去探索世界,这反映出他们对父母的关心并不确定,这个孩子的孤独和脆弱也会慢慢表现出来。

安全与不安全归属不仅在婴儿期很重要;它们会一直延续并坚持到童年的后期和成年期。更确切地说,这些归属不但持续适用于他们的父母,而且广泛适用于生命中其他重要的人(爱人、朋友),会影响人们看待自己是否值得被爱以及自己是否值得从这些重要他人那里得到爱与支持。拥有安全归属的人们,在他们需要时能够感受到重要他人始终"在他们身边"，因此，他们能够感受到无条件的爱与珍视，然而那些没有拥有安全归属的人，却不能确定在自己需要时是否能够得到支持和关心，因此，他们会感到"不安全"（比如，焦虑、害怕被拒绝、偶然的被爱与重视、自我保护的需要）。

依附理论带来的启示是显而易见的，而且，大量研究证实了安全与不安全归属怎样影响了我们作为婴儿、大龄儿童和成年人如何思考、感受与行动。但是，当回顾这篇文献时，我注意到几乎所有研究成年人归属的文献都关注的是人际关系。研究者们大都忽视了安全与不安全归属可能会影响成年人探索学校、运动和工作等领域的可能性。换言之，对于婴儿，依附理论很好地解释归属（安全/不安全归属）怎样影响成就（探索和认知这个世界的方式）。然而，对于成人来说，我们对安全归属（以及指引安全归属的育儿实践）怎样影响今后的成就动机和目标的了解就显得十分不足。因此，我与我的同事进行了一系列研究来关注这个问题。

成长的成就动机

在依附理论中，采用非常简单的术语描述了成就动机。婴儿天生地渴望挑战性的经历，并且努力尝试掌握新的技能。当归属不安全产生时，婴儿的掌握动机会停滞不前，他们会变得忧心忡忡而不能集中精力去掌握面临挑战所需的技能。这个理论中很少提到成人的成就动机——因此我们需要转向研究成就动机本身。

成就动机研究者们从常规方式中辨别出人们在不同情况下对能力进行的思考与感受——他们称之为成就动机，而在个体生存的各种情境中与众不同的有关能力的策略性思考与感受方式——他们称之为成就目标。此处有两个主要的成就动机：对成就的需求是一种对成功和会在成功时感到自豪的普遍欲望；而对失败的畏惧是一种对失败感到丢脸的普遍担忧。两种主要的成就目标分别是掌握趋向目标（mastery-approach goal）——是指努力去获得对任务的掌控，以及成就回避目标（performance-avoidance goal）——是指努力去避免做得比别人更差。需要注意的是，成就动机和成就目标都可以代表趋向动机（approach motivation）（渴望或努力地向成功的可能性前进），或者回避动机（害怕或努力地去避免失败的可能性）。期望或尝试不去失败与期望或偿试去取得成功，是两种不同的心理体验，而这种微妙的区别能够导致成就研究中的截然不同的结论。

青年人归属与成就动机的联系

我和我的同事哈里·赖斯（Harry Reis）做了一系列研究去探讨归属和青年人成就动机之间可能的联系（Elliot & Reis，2003）。我们给大学生做了几种不同类型的归属量表（分类或连续量表）来评估安全归属和不安全归属的两个不同变量：焦虑/矛盾归属和回避归属。在安全归属中得分高的学生认同此类观点："我认为与他人亲密相处相对简单，而且我对依靠他人感到轻松自如。"在焦虑/矛盾的不安全归属中得分高的学生则认同此类观点："我时常担心其他人并不是真正地爱我，或者不想与我待在一起。"而在回避型不安全归属中得分高的学生则认同："我在同他人亲密接触时会感到不适；我很难去完全相信别人，并且很难去依赖别人。"我们所有的归属测量关注的都是学生对恋爱关系的感受如何。

410

为了衡量成就动机，我们评估了总体成就动机和特定类型的成就目标。对成功的需求得分较高的学生认同此类观点："无论是否出于谋生需要，我都会努力工作。"对失败的恐惧得分较高的学生则认同："我经常逃避任务，因为我害怕自己会出错。"追求掌握趋向目标的学生认同："对我来说，能尽可能深入理解课程的内容非常重要。"而追求成绩回避趋向目标的学生则认为："我学习一门课程的目标是避免表现得很差。"在其中的一项研究中我们也评估了学生的反应偏好——他们倾向于去扮演过于积极正面的自己——并控制这些倾向从而确保我们所发现的任何关联都没有被这种偏好所影响。

通过多项研究，我们发现了归属动机与成就动机之间存在相似的关联。对于总体成就动机而言，安全归属较高的学生对成就的需求更高，然而那些不安全归属得分较高的学生，不论是焦虑/矛盾或回避中的哪种不安全归属类型，他们对失败的恐惧都更高。对于特定的考试成就目标而言，安全归属较高的学生更容易在掌握趋向目标追求中取得高分，而不安全归属较高，尤其是焦虑/回避归属型的学生，他们的成就回避目标追求得分更高。当反应偏好被控制时，我们所观察到的归属动机与成就动机之间的联系也不会改变。

这些发现表明，归属不仅对婴儿期的探索行为有影响，也会影响成年后的成就动机。在成年期，与婴儿期相同的是，与重要他人之间的安全归属是人们能够在成就情景中自由地沉浸在追寻成功之中的重要心理资源。对于安全归属的人来说，失败和错误并不会导致焦虑或分心，因为他们相信他们将会从自己所爱的、并不在乎结果如何的人那里得到源源不断的、令人安心的支持。另一方面，那些没有安全归属的人们缺少这种"安全基地"，而且这干扰了他们趋近成功的初心，使他们只能为避免出错而去努力。对于这些人，成就处境充满了焦虑和分心，因为他们在担心如果自己失败或是犯错、需要肯定和支持时，他们所爱的人可能不能接受并提供支持。因此，不安全的归属妨碍了人们获得充足的安全感去全身心投入地为自己的成就目标而努力，而专注于失败的可能性和这种可能性带来的（危险的）联系。

411　　　不安全归属将成就动机从指向和努力趋近成功转换为指向和努力避免失败，这带来了严重的后果。对失败的恐惧和对成就回避趋向目标的追求都存在一些问题，它们通常会导致成就焦虑、激进或死板的思维模式以及较差的业绩。回避动机可以在短时间内激发出相当可观的进取精神，但这种进取典型地依赖于压力和沉思，而它们从长期来看反而会削弱兴趣和成就。因此，在成就情景中归属就显得极其重要，因为一个人归属的质量会影响他是以专注成功为动机，还是封闭自我、通过自我保护避免失败为动机。

青年时期收回父母之爱与害怕失败的成就动机之间的联系

在一系列的研究中，我和另一位同事托德·瑟什（Todd Thrash）直接将父母（而不是恋爱对象）作为已成年的孩子（他们当时都是大学生；Elliot & Thrash，2004）的依恋对象。这里我们检验了这些回避趋向动机（可能是由于不安归属）的父母是否会将回避动机传递给自己的孩子。我们也研究了收回他们的父母之爱是否是传递的方式之一。

在这些研究中，我们检测出的对失败的恐惧与我们先前的研究基本相等，但这次我们请母亲、父亲以及他们的孩子都做了完全相同的测量。我们为即将开展的测量做准备，检测了孩子的掌握趋向目标和成就回避趋向目标，为的是发现父母的回避动机是否也会影响他们的孩子在学校中对学业成就的努力。最终,我们通过多种测量方法评估了在孩子成长过程中对于收回父母之爱这种方式的记忆。例如,我们会问,当他们努力在游戏或运动中名列前茅但结果却并不符合父母的期待时,父母对他们的态度变得冷漠的程度。同样地,我们也会问,"在我让他(她)失望时,父亲或母亲会不去看我"的场景。

我们发现,自认为母亲因为自己的失败而收回父母之爱的孩子,更倾向于害怕失败;父亲也一样。我们也发现了一种父母-孩子之间在害怕失败方面的对应关系,即在害怕失败测量中的得分很高的父亲或母亲很可能也有在害怕失败测量中得分很高的孩子。对于母亲来说,她们对失败的恐惧致使她们运用了收回父母之爱这样的方式对待孩子,从而导致了她们的孩子对失败的畏惧。虽然一个父亲对失败的畏惧并不会导致更多的爱的收回,但当他们真的收回了爱(因为其他的原因),他们的孩子会更加惧怕失败。最后,父母对失败的恐惧可能会使孩子在学校追求成就回避趋向目标,这是因为父母对失败的恐惧导致孩子也会恐惧失败,从而使他们的孩子去追求成就回避趋向目标。父亲对失败的恐惧不太可能让孩子在学校追求掌握趋向目标;这是因为父亲对失败的恐惧导致了他们的孩子恐惧失败,从而使他们的孩子渐渐远离对掌握趋向目标的追求。

412

这些发现有力地证明了对失败的恐惧和成就回避趋向目标追求之间的相关性问题。当孩子认为他们的父母可能会由于自己的失败或错误而收回对他们的爱,他们(可以理解地)转变为专注于确保自己不会犯错。父母的爱对孩子而言是极其珍贵的,因此当父母将孩子的成就表现与爱的表达挂钩时,这其实是把成就情景从学习的机会转变为了一种高风险的成败考验。对失败的畏惧和成就回避趋向目标成为了策略性的自我保护的方式,去应对充满压力的、潜在的毁灭性事件——失去父母的爱/接纳。父母对失败的恐惧越高,孩子对失败的恐惧也就越高的事实说明,回避动机可能代际传递。当然,其中一些代际传递是由于"焦虑基因"被父母传递给后代,但我们的研究表明,社会化也包含其中。害怕失败的孩子们让他们在失败时觉得自己不值得被爱。对失败非常恐惧的母亲通过爱的收回这种社会化技能把自我价值的不确定性置于自己的孩子内心,而当她们的孩子遇到收回父母之爱情况时,会从保护自己出发去选择避免失败。对失败非常恐惧的父亲会使用其他社会化技能而非收回爱,但当父亲在孩子失败时收回了自己的爱，就会向他们的孩子传递同样的信息，并在他们的孩子身上产生同样的影响——造成对失败的逃避。

父母收回爱的形式很多，从故意与孩子身体分离到微妙的手势、情感表达、甚至是语调。我与我的次子之间有过一次难忘的就寝经历，他当时只有十岁，证明了这种微妙。埃文(Evan)是一个狂热且训练有素的足球运动员，但在一个夏天的晚上，他在自己的足球赛上表现得异常糟糕。那个晚上我陪他上床睡觉，我像往常一样拥抱了他，告诉他"我爱你"并轻轻地走到卧室门口准备离开。事实上，为了顾及他的感受，我特地给了他一个大大的拥抱并且着重表达了的爱意。当我离开时，我听到他轻声对我说："我希望你别这么说。"我迷惑地转过身，想要一个解释。埃文说他再也不希望我拥抱他或者说"我爱你"，但他不能解释这是为什么。在过了三周没有拥抱、没有爱的全新的睡前仪式后，我正安静地走向卧室门时听到了他轻声细语说："好吧，你还是再说一次吧。"我回到床边并询问他原因，但埃文仍然不能解释他现在为何会觉得拥抱和"我爱你"感觉还可以，而不是像早些时候那样糟糕。这是他的心理学家父亲给出的科学的推测性解释：埃文在他糟糕的球赛表现后感到很受伤，并且警惕任何来自他的父亲接受他或爱他的变化。我用心良苦的、积极的就寝拥抱和爱的惯常做法被他简单地体会成了一种与平时不同的改变并解释成了一种偶然(例如："爸爸似乎是在说服他自己或者让我相信他仍然爱我")。或者，也许在我不知情或没有注意的情况下，我流露出了自己没意识到的一些微妙的失望或不赞许，可聪明的埃文能够在某些程度上感受到。这里的关键信息有三方面。第一，收回爱是微妙且复杂的。第二，孩子的认知比父母做了什么或打算做什么更加重要。第三，在一个研究成就动机的心理学家父亲的陪伴下长大一定很困难。

在考试中感受与父母的亲密关系以及成就动机

上述研究证明，即使孩子"离开家的港湾"去上大学，他们也会基于父母对自己进行的成功与失败社会化，携带着"动机行李"出发。我和我的同事进一步调查了大学生成就目标追求和结果是怎样与他们和父母的亲密感联系在一起(Moller, Elliot & Friedman, 2008)。

在这些研究中，我们使用了与先前研究相似的方法来测量学生在即将到来的考试中的掌握趋向目标和成就回避趋向目标。在第一项研究中,我们测量了在他们考试结束并且没有收到成绩时所感受到的与父母的亲密程度,而在第二项研究中,我们选择了不同的学生组并测量在考试结束并收到好的或不好的反馈时与父母的亲密程度(控制了他们评价考试前一周与父母的亲密程度)。我们通过简单地让学生回答"现在,你认为与你的母亲(父亲)有多亲密?"直接评估了他们与父母的亲密程度。在这项研究中,我们简单地将母亲与父亲这两项结合起来,而不是将他们分开。

在第一项研究中我们发现,有着越多掌握趋向目标的学生,他们在考试结束后感到自己与父母的关系越亲密。在第二项研究中,我们发现越是追求掌握趋向目标的学生,考试结束并收到成绩反馈时,他们与父母的关系就越亲密,而不管他们考试结果到底如何。我们同时发现,对于那些强烈追求成就回避趋向目标的学生而言,成绩反馈决定了他们与父母在多大程度上有亲近的感受——如果他们成绩好就会感到亲密,如果成绩不好就会感到疏远。

这些发现与之前的研究结果高度一致。掌握趋向目标源于安全归属,然而成就回避趋向目标则源于不安归属和对失败的恐惧。因此,当追求掌握趋向目标的学生遇到了例如考试之类的压力事件时,他们自知可以得到安慰,因为他们有(心理上的)"安全基地"随时可以在需要时返回。他们知道不管是好的还是不好的结果,自己都会被他们的父母接受和爱,因此他们在考试刚刚结束和刚刚收到成绩的时候都感到与父母很亲密。然而,当追求成就回避趋向目标的学生面对考试时,他们没有心理上的安全网——他们觉得是否被父母接受取决于能否避免失败。因此,他们在自己表现得很好时感到与父母关系亲密,而表现不好的时候会感到与父母关系疏远。

414

后记

避免失败并非一无是处。在某些情况下,专注于并努力去避免错误和失败是必需且重要的。一些任务本身就是避免错误或发现错误(例如,手稿的最终校对),还有一些工作需要十分警惕负面结果的发生(例如,空中交通管制),而且有些情况下,避免失败可能是我们最好的选择(例如,在某个重要的截止日期之前尽量缩短延后的时间)。然而,即使在短期结果是必要和有益的情况下,由潜在的负面结果带来的调节体验也伴随着焦虑，而且随着时间的推移，这种焦虑会让人精疲力尽并带来长期的负面效应。问题不在于偶然地把避免失败作为一种应对策略；而在于我们过度使用避免失败策略，这样一来，我们就好像生活在一个又一个接踵而至的潜伏的令人厌恶的可能性之中。成功地避免了失败能够带来解脱，这倒是积极的情绪，但是我们当中有多少人能在早上醒来时，伸个懒腰，并且宣布"我希望今天能够轻轻松松的"？避免失败是为了生存，但追求成功和随之产生的快乐却能使我们不断成长并且更好地发展。

这里的关键信息是：健康的功能和诸如在学校、运动和工作等场合的努力奋斗，是建立在安全关系的坚实基础之上的。只有在不论是成功还是失败都能得到无条件的爱与接受时，我们才能全身心地投入在日常的成就任务中，而不用担心事情的结果到底如何。而当我们没有安全的关系并认为他人只有在我们创造了价值时才会接受我们时，成就情景就不仅仅关乎成就，也包含了失去爱和被拒绝的可能性——的确风险很高！也就是说，在解释我所提出的研究结果时需要十分谨慎——这些研究是相关性的而不是实验性的，因此，这些相关关系到底是否存在因果联系仍然有待进一步研究。

我读过的第一本社会心理学著作是《社会性动物》1988 版（Aronson，1988），这也是我想要成为一名社会心理学家的直接动力，这本书巧妙地表达了人类在其核心意义上是一种归属的存在。我的这项研究证明了，在"社会性动物"身上的社会影响是长期的——对归属的关注遍布在生活的所有领域，包括成就领域。因此，对成就动机的清晰、现实的理解，必须考虑它所深深植根的社会基础。

415

参考文献

Ainsworth, M. D. S., Blehar, M. C., Waters, E., & Wall, S. (1978). *Patterns of attachment: A psychological study of the strange situation.* Hillsdale, NJ: Lawrence Erlbaum and Associates.

Aronson, E. (1988). *The social animal* (5th ed.). New York, NY: W. H. Freeman and Company.

Bowlby, J. (1969). *Attachment and loss: Attachment.* New York, NY: Basic Books.

Bowlby, J. (1988). *A secure base: Parent-child attachment and healthy human development.* New York, NY: Basic Books.

Elliot, A. J., & Reis, H. T. (2003). Attachment and exploration in adulthood. *Journal of Personality and Social Psychology*, *85*, 317 - 331.

Elliot, A. J. , & Thrash, T. M. (2004). The intergenerational transmission of fear of failure. *Personality and Social Psychology Bulletin*, *30*, 957 - 971.

Moller, A. C. , Elliot, A. J. , & Friedman, R. (2008). When competence and parents' love are at stake: Achievement goals and perceived closeness to parents in an achievement content. *Journal of Research in Personality*, *42*, 1386 - 1391.

29. 社会性动物遭遇社会排斥：受到排斥的认知、
行为、情绪和人际的影响

罗伊·F·鲍迈斯特(Roy F. Baumeister)

昆士兰大学

黛安娜·M·提斯(Dianne M. Tice)

杨伯翰大学

在长期进化过程中,许多动物早就开始将社会生活作为一种生物性策略:它们与其他动物互动以获得自身生存和繁衍之所需。由于自然选择偏好那些与其他动物共生共存的动物,这种生物性策略也变得越来越有效。在这种背景下,社会排斥——比如被其他动物所拒绝——就代表了一种强大的困扰性的威胁。当不能彼此互动并一起劳作时,为了基本需求而彼此依赖的动物们就会陷入风险,并且当排斥发生时,自身想要相互联结的努力也会受阻。正如其他社会性动物一样,人类有着为了生存和繁衍而去归属和寻求接纳的诉求,因为如果在世界上变得孤单,其生存和繁衍便会受到损害。即便在现代社会,缺乏社会联系的人面对风险面前患身体和心理疾病的几率会更高(Baumeister & Leary,1995;Cacioppo、Capitanio & Cacioppo,2014)。

事实上,对人类而言,社会排斥的问题还有一个补充性的维度。人类不仅是社会动物,还是文化动物。文化是社会化的一种更高级的方式,并且它很大程度上依赖于信息、交流、分工、交换以及其他方面,所有这些都是基于互动性的社会群体产生的。人类许多与生俱来的心理和生理特性都能够被完美地诠释成自然选择的、为了促进文化而形成的(Baumeister,2005)。例如,说话和倾听等生理和心理需要是为了促进语言的使用,但语言仅作为群体性文化的一部分而存在,所以进化出这些特性的目的是让社会联系更加便利。确实,促进人类进化的关键在于沟通和交流,这是本质性的、原始的人类特性。智力甚至人类意识可能都是因沟通交流的联系而产生(Baumeister & Masicampo,2010)。因此,遭遇社会排斥标志着对人类生活的许多基本方面的威胁,这一说法似乎是合理的。

本文将给出我和其他几位同事开展的一项追溯过去二十年有关验证性研究的概述。该研究旨在说明遭到拒绝和社会排斥的直接后果等因果关系。这项研究工作始于行为性结果,之后逐渐延伸到研究产生行为性结果的内在反应和过程。

社会排斥的研究方法

研究者们设计了研究社会排斥的多种方法。在相同的综合性研究中采用几种不同的方法可以提供相容性的证据,这是研究者们所普遍采用的方式。这样的方式能够增强结论的说服力。然而,这也的确掩饰了不同研究方法在心理影响上的潜在差异,近来有研究开始探索一些不同的研究方法会产生怎样不同的结果(Molden,Lucas & Gardner,2007)。例如,许多研究者开始偏好"网络掷球"法(cyberball method),这种方法通过让人们玩一种网络掷球的游戏来模拟社会排斥,但不幸的是这种方法为了追求便捷性而牺牲了科学研究方法上的精确性。这一程序是基普·威廉姆斯(Kip Williams)创立的,与他的社会排斥理论相联系(如 Williams,2001),但他多次指出,这种方法阻碍了控制感和归属的产生。这种对不同研究方法的不同反应或许能够帮助解释在不同研究过程中偶尔出现的结果上的差异。在这篇简短报告中,我们应该专注于共识,但对于差异性影响的探索或许在未来研究中大有前景。

一种途径是通过让被试相信他们刚刚遇到的人拒绝了自己,由此激发起一种被排斥的体验。在这个过程中,一个群组先通过交谈彼此熟悉,然后列出他们最愿意与之共事的两个人,并且在形式上结伴为参加下个任务做准备。通过随机分配,一些被试被告知没有人选择他们一起共事(Nezlek,Kowalski,Leary,Blevins & Holgate,1997;Twenge,Baumeister,Tice & Stucke,2001)。

这其中的差异是两个被试交换关于自身的信息,表面上为互动任务做准备。被试随后被告知他们的互动任务取消了，并且随机给予两个解释中的一个：或者是因为他们的队友突然想起另外一个约会因此必须离开，或者是因为这个伙伴对自己的个人信息反应消极，并且选择不与自己做进一步的互动。在这个过程中，两种情况都让被试最终落单而且互动被取消，但一种情况是个人被拒绝，然而另一种情况则是非个人的、形式上随机的原因（Bushman, Bonacci, Van Dijk, & Baumeister, 2003）。

另一种研究途径是基于让被试回想在实际生活中的一次被排斥的经历（DeWall & Baumeister 2006；Gardner, Pickett, & Brewer, 2000）。通常是鼓励被试回想被排斥的经历并将其写下来。让被试回想一次被排斥的体验（Leary, Springer, Negel, Ansell & Evans, 1998）有着相同的优势，就像将被试置于微妙甚至是潜意识被排斥想法之中的方法一样（Sommer & Baumeister, 2002）。

我们有理由怀疑想象或回忆的排斥操作会因人而异。想象或假设的反应经常在现实的个体身上以重要的方式显示差异（例如，DeWall et al., 2011），并且回忆经历或许已经以与刚发生时的景况大为不同的方式被进行了有意义的解读或理解。一种基于对未来的假设性预测的方法避免了这些缺陷。采用这种方法（Twenge et al., 2001），被试首先会接受一次形式上的人格测试。当收到测试分数的反馈时，他们会被告知这些反馈包含了对自己未来社交生活的预测。通过随机分配，一些被试被告知和自己性格特征一样的人通常会孤独终身。他们当前的爱人和朋友很有可能会离自己而去，新的社交关系出现的频率会越来越低并且持续的时间会更加短暂。这被称作"未来孤独"。通常会有几个控制组做对照，比如你将一直被爱你、关心你的人所陪伴，或者你的未来会被身体上的不幸（如受伤和事故）所摧毁，或者不会给予任何有关未来的反馈。

这些实验性的方法总是将被试置于一种实验条件控制下的人为的社会排斥体验之中。这是对探索现实社会生活中社会排斥和孤独研究的一种有价值的补充。需要指出的是，这些实验方法缺乏真实排斥的影响，比如失去所爱的人或被自己所热衷的组织所拒绝，但是这些方法却体现了实验设计的优势（比如，为因果推断创造了条件）。

自然地，在这样的人为操控下，对被试的反应格外地谨慎和敏感是十分重要的。起初我们担心有些被试会因为操纵而变得十分沮丧，尤其是那些收到虚假的被排斥反馈信息的人。在各种情况下,我们用了非常小心和详尽的询问方式,这通常在人为操纵后的几分钟内进行,所以被试只有几分钟的时间来思考他\她被排斥这件事本身。我们解释了这个研究的目的并且告诉人们其他的实验条件是什么样子的,所以他们能够想象如果那种情况发生在自己身上会是什么样的,而且能够对不同的可能反应进行比较。几十个被试都经历了这样的实验程序,并且没有一个人受到伤害或困扰,甚至没有提出任何抱怨。尽管如此,我们仍然认为始终保持小心谨慎并且对被试在研究过程中所做的一切表示感谢是非常重要的。我们对于研究过程中的欺骗向被试表达了诚挚的歉意并且试图帮助每一个被试理解研究的价值所在。

419

人际行为

遭遇社会排斥的人会如何对待他人呢?一方面或许容易预料并理解的是,这些人会对排斥他们的人做出消极行为,但是去预测遭受排斥的人会如何对待新的人际关系要困难得多,因为这些新的人际关系也许代表着某种机会(用以形成新的社会联系)抑或是某种威胁(会被再次排斥)。

似乎对排斥最具有适应性的反应是表现得善良、友好、认可、举止得体并且普遍性地融入社会。毕竟,如果一个群体拒绝了你,那么你需要结交新朋友以便替代失去的社会联系。排斥研究中的一个令人惊讶的发现是,在被排斥后明白过来时,采取积极的、融入社会的行为有多难。

反社会行为在最早的一些排斥研究中就出现了。特格等人(Twenge et al. ,2001)发表了五篇有关这个主题的系列研究。在其中一项研究中,30 名学生在实验室里被分成四到六人的小组,贴上姓名标签,并且进行了一场大约十五分钟的相互熟悉的谈话,在谈话中,他们根据实验者提供的设定好的寒暄话题来与他人分享自身的情况。在这之后,他们被安排到了单独的房间,在房间里填写了一份有关人口学的问卷(涉及年龄、家乡、国籍、种族等基本问题),接着让他们从小组中列出他们最喜欢、最尊敬并且在接下来的任务中想要跟他一起完成的两个人。实验者收集了表格,接着让被试写一段论文来解释他们对于流产的看法,因为流产是个敏感且有争议性的话题,因此对于引发冲突非常有效。

接下来是社会排斥研究中关键的操纵步骤，即实验者再一次进入每一个实验房间。通过随机分组，实验者告诉一半的被试"我有好消息：每个人都选择了你作为合作伙伴"。相反地，其余的被试会被告知，"我不得不告诉你，没人选择你作为想要合作的伙伴"。

实验者继续解释道，这个结果使研究分组的构成复杂化了，导致被试不再继续和原来小组的人进行反应时间游戏，而是和新的伙伴一起。这是填写情绪测量的一个间歇（发现无论人们是否接收到接纳或拒绝反馈，情绪作为功能都没有明显差异），接着实验者拿着被试的论文评估回来了，评估是由即将在接下来的反应时间游戏中充当对立角色的互动伙伴写的。在所有个案中，评估都是消极的：全部都是低分，而且有一份手写的评论写道"这是我读过的最差的论文之一！"被试被告知在接下来的实验中将有机会评估伙伴的论文。因此，他们不知道搭档关于流产的观点，而仅仅知道他们看起来不喜欢自己所写的论文。

420

这个反应时游戏里含有攻击性测量。实际上，游戏中并没有别人，被试在和电脑设定的游戏风格对玩。但是被试被告知他们在和某个人玩这项游戏。他们会收到解释说明，当信号提示出现时，他们应当尽快按下键盘上一个特殊的键，反应慢的玩家即为失败者，并且会在耳机里听到一系列恼人的噪音，并且——至关重要的是——如果对方输掉下一轮挑战，每个玩家可以提前决定他的搭档所听到噪音的恼人程度。调设噪音的选择范围从非常轻柔且简短到非常刺耳且漫长。

在某种意义上，每个人都应该采用相同的噪音设定，因为每个人都从虚假的游戏玩伴处接收了相同的辱骂性信息并且每个人都玩着相同的游戏。但是这项排斥实验却产生了巨大的差异。与被告知每个人都喜欢并且选择他们的人相比，那些已经被告知没有人在初始群组中选择他们的被试想会用更大强度、更令人不快的噪音去攻击他们的伙伴（见表 29.1）。

表 29.1　社会排斥与攻击

	噪声强度（响度）
被接受者	3.53
被排斥者	6.60

注：高分值代表着高攻击性。差异显著性水平 P<.001。

数据来源：Twenge et al. , 2001, *Journal of Personality and Social Psychology*.

简单来讲，排斥会导致攻击。更精确地说，最初被群体排斥的人们会对新的互动伙伴产生更具攻击性的行为模式。

特格等人（Twenge et al.，2001）在进一步研究中用不同的方法重复了这一模式，同时也加入了一些新的信息。"未来孤独"的操作（如前所述）产生了和群体排斥过程相似的结果。被排斥的被试相对被接纳的被试而言更具攻击性。他们同样比那些接收到其他不包括社会排斥的负性反馈信息（比如，在"厄运控制"条件下，被试被告知在未来的生活中他们很容易发生意外或受伤）的被试更具攻击性。被排斥的人同样对新的人际关系更具攻击性，即使这些新认识的人并没有侮辱或挑衅他们。除非新认识的人称赞他们（比如，给他们关于流产的论述一个良好等级并且在表格上写"一篇非常不错的论文！"），那么他们会理所当然地对新人表现得友好一些。即使在那时他们也没有特别地降低攻击性——他们只是没有增加攻击性而已。

总之，受到排斥的被试做好了准备以敌意的、攻击性的行为对待大部分人。这些数据同非实验条件下的排斥研究结果趋于一致。利里等人（Leary，Kowalski，Smith & Phillips，2003）所做的一项针对校园枪击的调查表明，几乎所有枪击同班同学的年轻人都是因为感受到来自同班同学的严重的排斥与拒绝。

特格等人证实了被排斥感中的中心角色（Twenge & Zhang，2007）。他们重现了攻击会随社会排斥的到来而增加，但同样表明攻击能够通过积极的社交联系来消除。甚至回忆和写下关于和家人或朋友的良好关系便足以弱化攻击性。这就是说，被第一个人排斥后接着感受到和第二个人建立起联系足以减少对第三个人的敌对情绪。

一个近乎一致的模式是，就像被排斥者会变得更具攻击性，他们的亲社会行为也相应减少。特格等人（Twenge，Baumeister，DeWall，Ciarocco & Bartels，2007）发现排斥（群体排斥所操纵产生的或"未来孤独"程序的人格反馈）会导致各类亲社会行为的减弱，这类行为包括对学生应急基金的资金捐助，在囚徒困境中的合作，对实验高度配合的意愿，甚至帮别人捡起掉落在地板上的铅笔等。

增加攻击性和减少合作的善意很难被认为是交新朋友的秘诀。一种解释是遭到排斥的人会变成反社会的、厌恶社会联系的人。然而，如果从强烈的归

421

属需求和归属的适应性益处角度考虑的话，这还是非常令人惊讶的。作为一种普遍模式，当某些动机受到阻碍时，人们会变得更加努力去促成动机的实现（至少一开始是这样）。归属的需求真的会与此不同吗？

有迹象表明遭到社会排斥的人会寻求培养新的可能的友谊。威廉姆斯等人（Williams，Cheung & Choi，2000）发现被排斥的人会更多地顺从别人的观点，并且研究者将其解释成一种想要得到接纳的渴望，还有一种对这种顺从的解释是被动性。加德纳等人（Gardner，Pickett & Brewer，2000）提出，对排斥认真考虑会导致人们在解读他人时更多地关注社会关系信息，尽管这既包含其他人的联系也包含遭到排斥者本人的经历（Pickett，Gardner & Knowles，2004）。这一发现表明，遭到排斥的人对社会联系和社会排斥的信息极为关注，并且这种浓厚的兴趣也许会将会转化成构建新的社会关系的动力，尽管这可能会受到近期遭到排斥的高敏感性和可及性的影响，并且可能意蕴着避免未来排斥的渴望。因此，所有这些发现可能并不能真正证明重新建立社交联系的期望，而只是能够表明对遭遇排斥风险的敏感性。

实际上，过去几年我们已经确信，避免受进一步的排斥是遭到排斥的人最为关注的问题。帕克等人（Park & Baumeister，2015）使用多种方法研究后发现，遭到排斥的人会从自己所追逐的目标中抽身出来转而强调防御性动机。这就是说，他们不希望再发生任何不好的事情。如果他们能够以一种避免受到进一步排斥的、安全的方式培育出新的社交关系，他们会非常乐意这样做。但首要的是，他们不想再次遭到排斥。

曼纳等人（Maner，DeWall，Baumeister & Schaller，2007）找到了更好的证据，证明排斥能够激发对新的社会关系的探寻（尽管这是一个审慎且值得怀疑的观点）。他们发现，受到排斥的人与其他人相比更愿意参加一些旨在帮助人们相互结交的校园服务（并且更愿意为这些服务支付费用）。相对于不受排斥的人而言，受到排斥的人将中立的人们解读得更友好、更受欢迎。他们比其他人更倾向于选择一位搭档共同完成任务而非独自完成。最后，受排斥的人会给未来的互动伙伴（尽管不是别人）以更丰厚的回报，只要这些回报不是直接由自己付出，而且未来的互动伙伴明显不同于曾经排斥过他们的人。所有这些都适用于愿意和他人接触但是以一种确保不存在未来排斥的可能性来保证自己绝对安全的方式。

米德等人（Mead，Baumeister，Stillman，Rawn & Vohs，2010）关于消费行为的研究得出了寻求重建社会联系但以没有再次受排斥的风险为前提的相似结论。向一个人发出约会邀约可能会冒着被拒绝的风险，但用买单的方式向别人示好显然风险会降低很多。米德等人发现，受到排斥的人相比其他人更可能购买印有校训的腕套，以此申明他们与自己所在大学的社会联系。他们同样会将自己的消费模式同未来的互动伙伴相匹配，例如，如果他们打算去见一个自称比较节俭的人，遭受排斥的人也会说自己很节俭。一项研究在不同的条件下询问被试是否愿意尝试可卡因，一种非法毒品，几乎每个人都说不愿意。但有一种条件使得人们表现出较高的意愿：遭受排斥的人说如果在派对上，其他所有人都这样做的话自己也许也会这样做。

总的来讲，这些发现表明遭受排斥的人会以一种复杂的情感接近他人。他们似乎对再次遭受排斥高度（可以理解）敏感并且希望避免排斥再次发生，从这个角度上讲，他们会很容易变得具有攻击性。他们不情愿采取主动或为他人做出个人牺牲。然而，他们却乐于与他人会面，特别是当他人采取主动或看起来很欢迎的时候。因此他们的确表现出一种标准的动机模式，想要寻得一种新的方式去满足自己被压抑的归属需求，但他们同样想避免再次被排斥或受到其他方式的压迫，这和许多人厌恶被玩弄并且在第一次消极经历后对于这种事情的再次发生表现出相当大的谨慎性的行为模式是一样的（Vohs，Baumeister & Chin，2007）。

排斥和情绪

情绪通常和强烈的动机相联系，并且与动机相关事件的评估密切关联（Baumeister，Vohs，DeWall & Zhang，2007）。因此，基于理论和直觉能够简单地预测出对社会排斥的主要反应会是一种即时的情绪压力波动。我们以情绪会在排斥和随之而来的任何行为效果之间进行调节为研究假设开始社会排斥研究。这就是说，我们假设排斥会导致情绪压力的波动，并且情绪波动反过来会促使某种行为的发生。然而研究结果并没有非常支持这个简单的道理，并且事实上指向了更为复杂的模式（Twenge et al.，2001）。

已有研究充分支持社会排斥会造成情绪压力的观点。利里等人（Leary et

423

al.，1998；Leary & Springer，2000)提出，人们将社会排斥和某种熟悉的情感伤痛体验联系在一起。鲍迈斯特等人(Baumeister & Tice，1990)研究了焦虑相关的文献并指出，被拒绝或被排斥是最普遍的同时也是最能形成共识的导致焦虑的原因。威廉姆斯(Williams，2001)的访谈和调查发现，受到排斥的人们在一起相处时报告了相当程度的不适，并且事实上他也表示，他本人有如此令人不快的情绪反应，以至于他几乎无法亲自进行采访，甚至无法观察自己的实验室排斥研究。

尽管有那些引导性的刺激信号，情绪也通常不会在排斥的实验情景中产生。多个运用社会排斥的不同操控方法和不同情绪测量工具的研究都未能将受排斥的人和被接纳的人区分开来(Garde et al.，2000；Twenge et al.，2001/2003，Twenge，Catanese，Catanese & Baumeister，2002；Twenge & Campbell，2003；Zadro，Williams & Richardson，2004)。在极少的情况下，当情绪上的差异被发现的时候，通常被接纳的人会比被排斥的人报告更多的积极情感(被排斥的人们通常自视为中立或无感)。除此之外，对这套理论来讲更为关键的是，即使当心境和情绪上的差异被确认，仍然无法在排斥和行为效果之间实现调节(Buckley，Winkel Winkel & Leary，2004；Willams et al.，2000)。大量持续的行为改变，与细微间断的情绪效应形成了鲜明的对比。显而易见，排斥诱发了情绪，进而产生行为的理论需要极大地修正。

对排斥的标准反应似乎应该是某种麻木而非精准的沮丧或其他情绪。经过大量研究得出的这一结论，使得有些人开始反思麻木是否的确是排斥带来的一种重要且未曾预料到的结果。对此，麦克唐纳等人(MacDonald & Leary，2005)在一篇综述文献中指出，许多社会性动物，被群体或家人排斥会导致他们对身体疼痛的麻木。受排斥的动物缺乏对痛苦的敏感性和人类所研究的被试被排斥后出现的情绪麻木之间，是否存在某种关联呢？

迪沃等人(DeWall & Baumeister，2006)的系列研究发现，首先，实验操纵条件下的社会排斥使得人类被试失去了对痛苦的敏感性，痛苦的阈值和痛苦的耐受性都极大地提升了。关键的是，痛苦的麻木与情绪麻木是相关的。迪沃等人进一步提出，对痛苦敏感性的减弱与其他情绪反应的减弱相关，比如情绪性预测(在这种情况下，预测一个人对下个月一场重要足球赛的输赢会做出何种反应)和对别人正在经受痛苦时的共情反应。

身体麻木和情绪麻木之间的联系,映射出了人类心理基本的社会本质。潘克塞普(Panksepp)和他的同事(Herman & Panksepp,1978;Panksepp,Herman,Conner,Bishop & Scott,1978;Panksepp,Vilberg,Bean,Coy & Kastin,1978)提出,当社会性动物开始进化时,他们需要内在机制来帮助他们对社会事件做出反应,并非创造全新的神经或荷尔蒙通道,进化将社会情绪嵌入现存的用以对身体伤害做出反应的系统。因此,当人们从身体角度描述排斥经历时("伤害"感:Leary & Springer,2000),他们不仅只是用类比或隐喻的方法。和潘克塞普的观点相一致,艾森伯格等人(Eisenberger,Lieberman & Williams,2003)采用了网络掷球游戏的方式通过大脑扫描来证明不同的大脑区域同身体的疼痛反应一样,也会对社会排斥作出反应。

因此,对社会排斥的第一反应可能会是某种麻木。身体伤害导致麻痹类激素的释放,使得动物没有被痛苦所击倒从而能继续发挥其机能(Panksepp et al.,1978)。这或许对生存而言至关重要,让一个受伤的动物能够从危机或打斗中逃离。显然,身体受伤的社会性等价物——被拒绝或受排斥,产生了相似的反应。

之后会发生什么呢?最有可能的是,麻木渐渐消退,人或动物开始感到痛苦。然而,这种延迟反应的确为应对过程的开启承提供了一些机会。德沃等人(DeWall et al.,2011)发现了一个出人意料的模式,该模式揭示了应对过程是如何运行的。他们仍然始于寻找情绪压力,但总是没有找到任何意识层面的情绪信号,所以他们开始转而寻求无意识反应。最初令他们感到惊讶的是,他们发现受排斥的人展示出更加积极的情绪而非情绪压力。例如,和被接纳者或中立者相比,排斥使得被试用积极情绪的词汇完成了语义更加模糊的词干搜索,并且基于积极的情绪效价来将词汇分组。而同时对消极情绪词汇的测量并没有产生任何效果。多种研究方法都证实了这样的结果,因此有理由相信这其中并没有侥幸或人为因素起作用。这就是所谓的转向情绪的积极面可以反映出无意识应对的更广层面:德沃等人(DeWall & Baumeister,2007)发现了人们在思考自己的死亡反应中所隐含的情感积极性模式。

尽管找到正确的解决方案花费了我们一些时间,但许多研究者都希望真相会有所不同。排斥会招致即时的情绪波动的观点看似合理并且实际上已广为接受。迪沃等人(2011)让一些被试仅预测自己会如何对实验操纵条件下的排斥做出反应,而让其他一些被试去实际经历相同的实验操作。直觉性的预测是错的。人们凭直觉预测他们应该会有强烈的有意识的悲观情绪,但实际经历过排斥的被试并没有意识层面的情绪反应。与此同时,被试从直觉上预判对含蓄性的反应测度没有影响,但那些实际经历了排斥的人却在含蓄性测度上表现出了明显的改变,并且是朝向积极面的!

425

排斥导致情感麻木而不是即时痛苦的观点,对许多人而言难以接受。戈博等人(Gerber & Wheeler,2009)从许多研究中收集了数据并提出一个重要但有着细微差异的结论,被排斥的人比中性对照组的感觉更差,他们夸张地宣称排斥使人们感觉糟糕(Baumeister,DeWall & Vohs,2009;对质疑的反驳)。布赖克哈特等人(Blackhart,Nelson,Knowsles & Baumeister,2010)对近 200 项研究进行了元分析来解决这个问题。其中的一个困难是不同的研究采用了测量情感的不同方法。所以布赖克哈特和他的同事想到一个方法将各种不同的量表转化成一个标准的从-10(最大限度的消极情感)到+10(最大限度的积极情感)的量表。中性对照组表现了轻度的积极情感,这和平均水平下人们基本上感觉良好的观点一致,平均数为+3.14。接受组的平均数略微提升到了 3.46。被排斥组报告的平均数为+1.59。这比被接纳组显现出的积极性要少得多(尽管和中性对照组相比没有十分明显的差异)。然而,关键在于它依然是大于零的正数。

因此,与被接纳者相比,排斥产生的积极情绪更少些(这并不令人感到意外)。真正让人惊讶的是它仍然在积极的一边。这和无感有着根本上的不同。它和排斥会产生类似于身体休克反应的观点一致。身体可能会释放麻痹或其他化学物质来缓释疼痛,因此情绪系统有效关闭了。这就是为什么受排斥的人几乎不会流露出同情,也不会展现出对下个月足球赛可能的结果表达预判的强烈的情绪常规模式(DeWall & Baumeister,2006)。他们的情绪系统暂时停止运转了。

因此,对排斥的情感影响的正确理解,我们至少能够达成共识:社会排斥导致了即时的麻木反应,包括对身体疼痛敏感性的缺失以及情绪的缺乏。受排斥的人的无意识处理系统开始寻找快乐的想法,或许有助于缓释痛苦感,一旦麻木消退它就会出现。他们确实没有意识到自己已经麻木了,因此当他们用自己的情绪系统和他人相处时——比如同情,基于内在的激发另一个人的经历并且观察其最初的情感反应——他们什么也感受不到,因而不会产生同情或移情。在某种意义上,他们会对别人的问题耸耸肩,仿佛在说:"如果这发生在我身上,我不会为此困扰,所以我不需要为那个人感到遗憾。"

另一条研究主线,建立在通过仔细考虑人体对身体疼痛和社会排斥产生相似反应的情感麻木理论上。如果这是正确的,那么为身体疼痛而服用的止痛药会对减轻社会排斥的反应有帮助吗?迪沃等人(2010)招募了一些学生让他们每天服用两次止痛药,每次一片。他们对实验是不知情的。他们当中有一半人服用的是安慰剂。剩下的人服用了大剂量的乙酰氨基酚(泰诺林)。每天记录是否有让他们感觉痛苦的事发生——这是一种惯用的表达,当被拒绝或排斥时表示惊愕或自我怀疑。这些情感状态在服用安慰剂的群组中保持了超过三周的稳定态势,但是服用泰诺林的被试却报告此类情感逐渐变少。他们的社交自尊得以提升,但他们其他方面的自尊(如学术方面)保持不变。

每天服用止痛药能够明显地让人们受排斥的烦扰更少些。有意思的是他们不是专门用于针对情感的——记住,排斥似乎并没有让消极情感明显增加,至少最初没有。但是正如所有的行为效应表现出的那样,人们在一定程度上都对排斥高度敏感。服用泰诺林能够减少对这种社会性伤害的敏感性。

非化学解毒剂似乎也是有效的。周等人(Zhou, Vohs & Baumeister, 2009)的一系列研究始于让被试进行一项"手指灵敏测试"。对一半人来说,要求他们数纸张页数。而对其他人来说,要求他们清点中国的二十元人民币。(这项研究在中国进行,所以采用了人民币。)数钱能够减轻身体上的痛苦,也能减轻被排斥产生的痛苦情绪。钱能够让人感觉强大,并且这种感觉帮助他们不再因身体或人际伤害而感到烦扰。

认知与自我调节

对社会排斥缺乏情绪反应促使我们探究其他可能的内在过程。智力思维是一个重要备选项,智力是人类心理的一个重要特征,人类基于其独特的智慧将自己命名为智人(homo Sapiens)(至少人类似乎是唯一一个能够互相认识到彼此有多愚笨的物种,这本身也是智力的一个重要标志)。毫无疑问,智力是对促进生存繁育等基本生物任务完成的重要适应,从某种意义上说,人类依靠他们的社会生活和智力存活。如果社会排斥导致了社交策略受阻，那么被排斥的人可能不得不更多地依赖智力，因此，我们可能会假设被排斥者的智力也许更高。

可惜，更敏锐的思维可以弥补社会归属的缺失这一观点，并没有得到数据的支持。相反，用各种智商和推理测验得到的结论却是，社会排斥会导致智慧思维能力的急剧下降。

其中一项研究，82 名本科生每人参加一次。到达实验地点后，他们填写了《艾森克人格问卷》((Eysenck & Eysenck, 1975)，然后给予他们反馈。这个量表测量的是内倾性和外倾性，每个人都得到了关于这些结果的准确反馈，但随后通过随机分配，每个人都听到了一些额外的(因此是虚假的)信息。其中三分之一的人被告知，和他们类似的人往往会孤独终老。实验者说，他们现在可能有许多朋友，因为他们处在人多的环境中，但一旦他们走出了不断结交新朋友的生活阶段，他们现在的朋友就会消失并且无人替代。他们可能结一两次婚，但这种关系不会长久，最后他们独处的时间会越来越长。这就是排斥(未来孤独)状态。

另外三分之一的被试被告知，他们身边总是会有爱他们、欣赏他们的人(未来归属)。最后三分之一的人被告知他们的未来可能包含一系列事故和不幸。他们很容易受伤，最后大部分时间都会在医院和急诊室度过。增加最后的这个(厄运控制)条件是因为它是一个坏消息，但与归属或排斥无关，以便我们将一般坏消息的影响与社会排斥的影响区分开来。

被试被随机分配参加两种测试中的一种，结果如表 29.2 所示。一半的被试参加了逻辑推理测试，摘自研究生入学考试的分析部分(注意：该分项测验不再包括在该考试中)。未来孤独情境的被试得分明显低于另外两种情境的被试。这种迹象表明，厄运控制对照组也使其被试困扰其中，因为他们的错误率与未来孤独被试的几乎一样，但他们通过更努力工作和回答更多问题来弥补。被排斥的被试遭受了双重打击：他们在第一个情境中尝试答题的机会更少，而在第二个情境中做得更差。

另一半被试的任务是机械记忆。他们被要求记忆 15 个无意义音节(例如，FUM, WEV, PIH)，再通过做计算题来分散 90 秒的注意力。(实际上，在他们完成记忆环节后，排斥操作就已经在这个节点上开始了。)然后他们要在 90 秒

表 29.2 社会排斥和智力表现

逻辑问题		
	正确答案	尝试（正确＋错误）
未来孤独	4.67	6.94
不幸控制	6.81	10.31
未来归属	6.63	8.51
显著性	p＜.01	p＜.001

机械记忆（无意义音节）		
	正确答案	尝试（正确＋错误）
未来孤独	5.57	6.67
不幸控制	5.67	6.92
未来归属	5.18	6.09
显著性	ns	ns

注释：高分数表明表现更好；ns ＝ 不显著。数据来源于 Baumeister，Twenge 和 Nuss，2003，*Journal of Personality and Social Psychology*.

内写下尽可能多的无意义音节。在这项任务中实验条件是不变的，这意味着自动的信息加工不会受到排斥的影响，而逻辑推理会严重受损。

鲍迈斯特等人（Baumeister，2002）做的系列研究之一调查了这样一种可能性：社会排斥的反馈太令人沮丧以至于分散了人们的注意力，使他们无法集中精力解决问题。这个实验中有 65 名学生依次参与。他们填写了相同的人格问卷，并随机收到三种虚假反馈中的一种。但他们收到反馈的时间节点是不同的，这取决于另一项随机分配任务。接下来的任务中包含了研究生入学考试中口语测试部分的阅读理解。这项测试要求人们阅读一篇文章，然后回答与文章有关的问题。这些问题有的非常直接，考生反馈文章中明确给出的信息即可。还有的问题则要求被试思考，推理，并从文中进行推断。一半的被试选择了直接回答的部分，其他人则选择了推理和推断的部分。

排斥反馈与参加测试是这样结合在一起的：一半的被试首先接受排斥反馈操作（即未来孤独、厄运控制或未来归属），然后阅读文章。随后他们被告知：他们所得到的反馈是随机分配的，不是真实的。这时他们才开始测试。如果排斥反馈的影响分散了人们的注意力，并阻止人们将信息加工到记忆中，那么反馈此时应该产生强烈的效应，但事实并非如此。这一系列程序在成绩上没有产生任何差别。显然，人们完全能够阅读和理解信息并将其存储在记忆中，即使他们刚刚被告知自己可能会孤独终老。只要威胁在测试前消除（通过事后说明情况），他们就能在测试中表现良好。

另一半被试先阅读文章，然后接收关于未来的反馈。在回答完有关段落的问题后再被告知反馈是随机的。在这一组中，反馈的效果非常显著，尽管只是表现在那些需要推理和推断的问题而不是直接回答的问题上。被告知将会孤独终老的被试在这些推理问题上的表现明显比其他的被试差。

由此来看，被拒绝似乎会让人变得愚蠢，至少暂时在某些方面如此。主要的例外出现在自动的信息加工过程中，如简单的学习和记忆任务并未受到影响。被拒绝的人能够记住无意义的音节，并像其他人一样回忆起它们。他们能够阅读和理解新信息，并将其存储在记忆中。但是，排斥对需要从一系列的信息推移到其他不同结论的逻辑推理、推断和其他心理活动造成了不利影响。

429

排斥更多地影响了控制过程而非自主过程的事实，提高了它影响自我执行功能的可能性。自我调节是执行功能的一个重要组成部分，是促进人类社会生活的一个强有力的基本过程。这个过程促进了人类的社会生活（Baumeister，1998/2005）。许多效应已经做过介绍，如攻击性的增强，以及冲动自私和自我挫败的短视（Twenge et al.，2002），都可以解释为自我控制的失败。

社会排斥损害自我调节的观点得到了证实（Baumeister，DeWall，Ciarocco & Twenge，2005）。排斥使被试们在各种评估中失去了自我控制。一项研究使用了在日常生活中自我控制的标准问题，即吃饼干。来自同一个学生群体的研究证实，大多数学生认为吃饼干是一种不受欢迎的、会让人发胖的活动，他们认为最好还是控制在一个最低限度。38 名被试最初以小组形式见面，戴上姓名标签，为了增进相互了解交谈了 20 分钟，回答一系列的基本问题以交流个人信息。然后把他们分到不同的房间，让他们说出下一个任务中愿意合作的两个人的名字。这个过程被解释为使研究人员能够组成成员相互喜欢和尊重的小组。通常来讲，这是告诉被试其他所有人或没有人愿意与他们共事的基础。

实验者声称，由于这种不可预见的复杂性，被试将独自完成下一个任务。它包括根据味道对饼干进行分级。每个被试都得到一盘饼干和一张评分表。这样的步骤在饮食研究中很常用。如果被试被告知："这里有一些饼干，我们想测量你吃了多少。"人们会变得自觉，通常吃得很少。假如用味觉测试的名义掩盖人们吃多少的问题,他们便可以仅仅是为了做好问卷这样的正当理由而大快朵颐。

　　事实上,吃掉的饼干数量是一个因变量。被拒绝的被试吃的饼干数量是被接受被试的两倍(8.94 比 4.40)。被拒绝的被试对饼干味道的评价也更为积极:显然,被拒绝会让饼干更好吃。然而,改善的味道和增加的食量的关系在统计学上并不显著,一些被试后来说,他们发现即使自己并不喜欢这些饼干,但还是狼吞虎咽不停地吃。

　　另一项由鲍迈斯特等人(2005)进行的研究使用了双耳分听实验法,这是标准的注意控制实验测量。在这个实验中,所有 30 名被试被选中的部分原因是右利手,以避免由优势耳对抗非优势耳及大脑两半球引起的并发症。实验单独进行,首先填写《艾森克人格问卷》,然后随机收取反馈,诸如他们最终会孤独终老,身边总是伴随着爱他们的人,或者在以后的生活中会发生事故和受伤等。

表 29.3　社会排斥和注意控制

	正确确认的单词
未来孤独	35.60
不幸控制	40.00
未来归属	42.70

注释:高分数意味着较好的自我调节。最大可能值是 48。未来孤独组的平均数在 $P<.01$ 水平上与其他每一个因子都有显著性差异。数据来源于 Baumeister, DeWall, Ciarocco & Twenge, 2005, *Journal of Personality and Social Psychology*.

　　被试接下来完成双耳分听实验任务。他们戴上耳机,听到讲话内容。右耳是关于一个政策问题的演讲。在左耳,他们听到一个声音在背诵一串单词。他们被告知,他们的任务就是忽略右耳的讲话,将注意力集中在左耳上,以便能够写下所有包含字母 M 或 P 的单词。这个列表实际上包括了英语中最常用的一千个单词,尽管我们在前面的 255 个单词出现之后就把其余的删掉了。这 255 个单词中,38 个单词包含 M,10 个单词包含 P。

　　当我们第一次进行这个实验时,我们要求被试只写以 M 或 P 开头的单词。这显然太简单了,大多数被试全都答对了。即使在未来孤独的条件下,他们也做得很好的事实有助于排除任何备选性解释,如被排斥者拒绝遵守指导语或因忙于思考拒绝反馈以至于没注意听那些单词等。然而，随着修改后的程序要求列出 M 或 P 在其中任何位置的单词，显著性差异出现了，如表 29.3 所示。被拒绝的（未来孤独）被试的表现比其他两个条件下的被试差。显然，被排除在外会让人们在调节自己注意力方面变得更糟。

被排斥的人是不能或仅仅是不愿意自我约束吗？鲍迈斯特等人（Baumeister et al.，2005）进一步的研究表明是后者。我们能够通过让人们自我意识（它会刺激自我调节）和向人们提供现金奖励刺激他们好好表现来消除排斥带来的不利影响。显然，被拒绝的人保留了控制自己的能力，但除非他们看到了对自己直接有利，否则他们不想让自己犯难。

人际关系解释

在下结论之前，我们先从个体内部回到人际之间。在我们看来，内部过程服务于人际功能，所以我们描述的内部过程应该有助于阐明我们所描述的人际行为模式。

431　　自我调节的相关研究揭示了人类社会生活的一个基本事实（Baumeister，2005）。人们有自私的欲望和需要，也希望被他人所接受，和谐的群体生活要求人们经常克服自私的冲动，比如排队等待，尊重他人的财产和权利，以及遵守规则。自我控制能力的发展一方面能够使人们抑制自私的冲动，从而通过社会期许的行为方式赢得社会接纳。自我控制不是一件有趣的事情，它的确需要努力和牺牲。因此，人类的社会生活有一个基本的得失权衡，人们不断努力并作出牺牲来控制和抑制他们自私的冲动，然后反过来收获归属带来的可观收益。然而，这种得失权衡可能是脆弱的，得失双方都有可能打破。无法充分控制自己的人很容易被他人排斥，形式可能是离婚、失业，或者因犯罪被监禁（Gottfredson & Hirschi，1990，关于低自控力与犯罪之间联系的经典论述）。相反，这里回顾的数据显示，排斥会导致人们失去为自我控制做出努力和牺牲的意愿。就好像他们在问："如果人们不会接纳我，我为什么要费心去做一个好人呢？"

自我调节的缺失很可能会导致社会排斥造成的攻击性增加和亲社会性减少。人们产生攻击性冲动时通常会对其加以抑制，因此当自我调节减损时，攻击性就会增加(DeWall，Baumeister，Stillman & Gailliot，2007；Stucke & Baumeister，2006)。同样，帮助和其他亲社会行为在人类身上比在其他物种身上更为广泛，它们需要建立在自私本性之上，而且有证据表明，当自我调节减损时，帮助性行为就会消失(Gailliotet al.，2007)。

情绪麻木也增强了排斥的行为结果。同理心是促使帮助和其他亲社会行为产生的重要原因之一(Batson，1987/1991)。正如我们已经看到的，同理心在被排斥的人之中降低了，显然与身体和情绪的敏感性丧失有关。同理心取决于想象另一个人正在经历什么，从而在自己身上产生与另一个人相同的情绪反应。据推测，当一个刚刚遭到拒绝的人试图想象别人的感受时，他或她会进行这种想象的模拟，但随后却发现没有太多的情绪反应发生。被拒绝的人错误地认为对方的情况并不严重。没有情绪上的反应，帮助他人的动力就会大大减少。

特格等人(2007)证明了同理心的作用。在最后一项研究中，他们发现被一个人拒绝会导致对另一个人同理心的降低，而这种同理心的降低在统计学上与对第三个人的帮助有关。使用三个不同的相互作用目标提供了方法学上强有力的证据，证明内在麻木和随之而来的共情障碍在排斥体验和亲社会行为的减少之间起到调节作用。相同的同理心缺失导致了攻击性的增加也是很有道理的推断(尽管还没有直接的证据)。大多数人通过想象别人的感受来抑制自己的攻击性冲动。当他们的情绪系统告诉他们"没问题!"时，抑制攻击性冲动的动力就减少。

正如我们提到的，人们可能会认为，对社会排斥的最佳反应是更努力地成为一个好人和有吸引力的互动伙伴，从而赢得更多的朋友。相反，被拒绝的人表现出更强的攻击性，不愿意帮助别人和做好事，甚至不愿意和别人合作。答案似乎是，善待他人取决于情绪，尤其是人类强大的移情能力。同理心促进了与他人的情感联系，因为一个人可以感受到别人所感受的。因此，他自己的情感系统成为了这个过程中最重要的部分。

在被拒绝的人群中，情绪系统关闭，至少暂时关闭。而他们自己却不知道这一切正在发生。因此，他们无法感受到别人的感受。同理心促使人们去帮助他人，因为人们会想象如果自己需要帮助时会有什么感受。同理心也促使人们避免伤害他人，因为同样地，他们可以想象自己的感受。但是被拒绝的人不会

432

想象那些感觉，因为他们的情绪系统没有反应，所以他们没有正常的冲动去帮助别人或者避免伤害别人。

因此，我们最终得出颇具讽刺意味的结论，情绪的确在引起社会排斥的行为效应中发挥了作用，只不过不是我们最初想象的那种作用。我们一开始的理论是，拒绝会导致负性情绪，而且这种痛苦会直接引起情绪。当这种情况没有发生时，我们开始重新考虑情绪在人类行为中的普遍作用，并意识到它远比我们想象的要迂回曲折（Baumeister et al.，2007）。相反，人们似乎是利用自己的情感去理解他人。当排斥导致情绪系统停止正常运作时，人们就会失去一种理解他人的关键方式，从而转向与他人的不太理想的互动模式。

结语

作为社会和文化动物，人类具有一种强烈而根深蒂固的对归属的需求。他们积极地与其他人建立和保持社会关系。对社会排斥的研究证实了这种内驱的力量。研究表明，被拒绝或被排斥会引起强烈的行为反应，包括攻击性增加、亲社会行为减少和自我挫败行为的增加。具有讽刺意味的是，所有这些看起来都不像是一种能够带来重建新的社会关系希望的适应性反应。然而，被排斥的人确实对建立新的关系有更大的兴趣。他们只是不信任他人，往往宁愿选择避免再次被排斥，也不愿意主动尝试去建立新的联系。他们不会迈出第一步，而是倾向于等待时机直到看到希望迹象，比如当一个新的互动伙伴表现出欢迎和友好。在这种情况发生之前，他们倾向于以更加谨慎、有时甚至不友好的方式对待他人。

433 研究排斥的内在反应花费了一些时间，部分是因为我们被一些显而易见的理论所迷惑，比如情绪困扰是排斥的主要且直接的效应，并且它也能调节行为。事实上，情绪系统倾向于在排斥反应中直接关闭，排斥反应会导致某种麻木，而麻木反过来阻碍了同理心和帮助他人的其他努力产生。同时，自我控制和逻辑思考在被排斥的人们之中也受到损害。无意识的应对过程是唯一的解决办法，它会在最初麻木的阶段竭力搜寻快乐的想法。

社会学家已经观察到，在许多不同类型的社会中被排斥的人们展现出各种并不合宜的行为模式，包括攻击、较差的智力和学业表现、亲社会行为的缺乏、自我毁灭性的放纵以及较差的自我控制。我们的研究表明，这些都不必然是社会排斥的内在特征，甚至算不上发现自己被他人排斥时所有人都会表现出来的正常反应。

参考文献

Batson, C. D. (1987). Prosocial motivation: Is it ever truly altruistic? In L. Berkowitz (Ed.), *Advances in experimental social psychology* (Vol. 20, pp. 65 – 122). New York, NY: Academic.

Batson, C. D. (1991). *The altruism question: Toward a social-psychological answer.* Hillsdale, NJ: Erlbaum.

Baumeister, R. F. (1998). The self. In D. T. Gilbert, S. T. Fiske, & G. Lindzey (Eds.), *Handbook of social psychology* (4th ed., pp. 680 – 740). New York, NY: McGraw-Hill.

Baumeister, R. F. (2005). *The cultural animal: Human nature, meaning, and social life.* New York, NY: Oxford University Press.

Baumeister, R. F., De Wall, C. N., Ciarocco, N. J., & Twenge, J. M. (2005). Social exclusion impairs self-regulation. *Journal of Personality and Social Psychology, 88,* 589 – 604.

Baumeister, R. F., DeWall, C. N., & Vohs, K. D. (2009). Social rejection, control, numbness, and emotion: How not to be fooled by Gerber and Wheeler (2009). *Perspectives on Psychological Science, 4,*489 – 493. doi: 10. 1111/j. 1745 – 6924. 2009. 01159. x

Baumeister, R. F., & Leary, M. R. (1995). The need to belong: Desire for interpersonal attachments as a fundamental human motivation. *Psychological Bulletin, 117,*497 – 529.

Baumeister, R. F., & Masicampo, E. J. (2010). Conscious thought is for facilitating social and cultural interactions: How mental simulations serve the animal-culture interface. *Psychological Review, 117,*945 – 971. http://dx. doi. org/10. 103 7/a0019393

Baumeister, R. F., & Tice, D. M. (1990). Point-counterpoints: Anxiety and social exclusion. *Journal of Social and Clinical Psychology, 9(2),*165 – 195.

Baumeister, R. F., Twenge, J. M., & Nuss, C. (2002). Effects of social exclusion on cognitive processes: Anticipated aloneness reduces intelligent thought. *Journal of Personality and Social Psychology, 83,*817 – 827.

Baumeister, R. F., Vohs, K. D., DeWall, C. N., & Zhang, L. (2007). How emotion shapes behavior: Feedback, anticipation, and reflection, rather than direct causation. *Personality and Social Psychology Review, 11,*167 – 203. doi: 10. 1177/1088868307301033

Blackhart, G. C., Nelson, B. C., Knowles, M. L., & Baumeister, R. F. (2010). "Rejection elicits emotional reactions but neither causes immediate distress nor lowers self-esteem: A meta-analytic review of 192 studies on social exclusion": Erratum in

Personality and Social Psychology Review, 14(2),259.

Buckley, K. E. , Winkel, R. E. , & Leary, M. R. (2004). Reactions to acceptance and rejection: Effects of level and sequence of relational evaluation. *Journal of Experimental Social Psychology*, 40,14 – 28.

Bushman, B. J. , Bonacci, A. M. , Van Dijk, M. , & Baumeister, R. F. (2003). Narcissism, sexual refusal, and sexual aggression: Testing a narcissistic reactance model of sexual coercion. *Journal of Personality and Social Psychology*, 84,1027 – 1040.

Cacioppo, S. , Capitanio, J. P. , & Cacioppo, J. T. (2014). *Psychological Bulletin*, 140,1464 – 1504.

De Wall, C. N. , & Baumeister, R. F. (2006). Alone but feeling no pain: Effects of social exclusion on physical pain tolerance and pain threshold, affective forecasting, and interpersonal empathy. *Journal of Personality and Social Psychology*, 91,1 – 15.

De Wall, C. N. , & Baumeister, R. F. (2007). From terror to joy: Automatic tuning to positive affective information following mortality salience. *Psychological Science*, 18 (11),984 – 990.

De Wall, C. N. , Baumeister, R. F. , Stillman, T. , & Gailliot, M. T. (2007). Violence restrained: Effects of self-regulation and its depletion on aggression. *Journal of Experimental Social Psychology*, 43,62 – 76.

De Wall, C. N. , Macdonald, G. , Webster, G. D. , Masten, C. , Baumeister, R. F. , Powell, C. , ... Eisenberger, N. I. (2011). Tylenol reduces social pain: Behavioral and neural evidence. *Psychological Science*, 21,931 – 937.

De Wall, C. N. , Twenge, J. M. , Koole, S. L. , Baumeister, R. F. , Marquez, A. , & Reid, M. W. (2011). Automatic emotion regulation after social exclusion: Tuning to positivity. *Emotion*, 11,623 – 636. doi: 10.1037/a0023534

Eisenberger, N. L, Lieberman, M. D. , & Williams, K. D. (2003). Does rejection hurt? An fMRI study of social exclusion. *Science*, 302,290 – 292.

Eysenck, H. J. , & Eysenck, S. B. G. (1975). *Manual of the Eysenck Personality Questionnaire*. San Diego, CA: EDITS.

Gailliot, M. T. , Baumeister, R. F. , DeWall, C. N. , Maner, J. K. , Plant, E. A. , Tice, D. M. , ... Schmeichel, B. J. (2007). Self-control relies on glucose as a limited energy source: Willpower is more than a metaphor. *Journal of Personality and Social Psychology*, 92,325 – 336.

Gardner, W. L. , Pickett, C. L. , & Brewer, M. B. (2000). Social exclusion and selective memory: How the need to belong influences memory for social events. *Personality and Social Psychology Bulletin*, 26,486T96.

Gerber, J. , & Wheeler, L. (2009). On being rejected: A meta-analysis of experimental research on rejection. *Perspectives on Psychological Science*, 4, 468 – 488. doi: 10.1111/j.1745 – 6924.2009.01158.x

Gottfredson, M. R. , & Hirschi, T. (1990). *A general theory of crime*. Stanford, CA: Stanford University Press.

Herman, B. H., & Panksepp, J. (1978). Effects of morphine and naloxone on separation distress and approach attachment: Evidence for opiate mediation of social affect. *Pharmacology, Biochemistry, and Behavior*, 9, 213–220.

Leary, M. R., Kowalski, R. M., Smith, L., & Phillips, S. (2003). leasing, rejection and violence: Case studies of the school shootings. *Aggressive Behavior*, 29, 202–214.

Leaiy, M. R., Springer, C., Neg el, L., Ansell, E., & Evans, K. (1998). The causes, phenomenology, and consequences of hurt feelings. *Journal of Personality & Social Psychology*, 74, 1225–1237.

Leary, M. R. & Springer, C. A. (2000). Hurt feelings: The neglected emotion. In R. Kowalski (Ed.), *Aversive behaviors and interpersonal transgression*. Washington, DC: American Psychological Association.

Macdonald, G., & Leary, M. R. (2005). Why does social exclusion hurt? The relationship between social and physical pain. *Psychological Bulletin*, 131, 202–223.

Maner, J. K., DeWall, C. N., Baumeister, R. F., & Schaller, M. (2007). Does social exclusion motivate interpersonal reconnection? Resolving the "porcupine problem? *Journal of Personality and Social Psychology*, 92, 42–55.

Mead, N. L., Baumeister, R. F., Stillman, T. F., Rawn, C. D., & Vohs, K. D. (2010). Social exclusion causes people to spend and consume strategically in the service of affiliation. *Journal of Consumer Research*, 37(5), 902–919.

Molden, D. C., Lucas, G. M., & Gardner, W. L. (2007, January). *Distinct self-regulation following distinct social threats: Responding to rejection versus exclusion*. Paper presented at the annual conference of the Society for Personality and Social Psychology, Memphis, TN.

Nezlek, J. B., Kowalski, R. M., Leary, M. R., Blevins, T., & Holgate, S. (1997). Personality moderators of reactions to interpersonal rejection: Depression and trait self-esteem. *Personality and Social Psychology Bulletin*, 23, 1235–1244.

Panksepp, J., Herman, B., Conner, R., Bishop, P., & Scott, J. P. (1978). The biology of social attachments: Opiates alleviate separation distress. *Biological Psychiatry*, 13, 607–618.

Panksepp, J., Vilberg, T., Bean, N. J., Coy, D. H., & Kastin, A. J. (1978). Reduction of distress vocalization in chicks by opiate-like peptides. *Brain Research Bulletin*, 3, 663–667.

Park, J., & Baumeister, R. F. (2015). Social exclusion causes a shift toward prevention motivation. *Journal of Experimental Social Psychology*, 56, 153–159. doi: 10.1016/j.jesp.2014.09.011

Pickett, C. L., Gardner, W. L., & Knowles, M. (2004). Getting a cue: The need to belong and enhanced sensitivity to social cues. *Personality and Social Psychology Bulletin*, 30, 1095–1107.

Sommer, K. L., & Baumeister, R. F. (2002). Self-evaluation, persistence, and

435

performance following implicit rejection: The role of trait self-esteem. *Personality and Social Psychology Bulletin*, *28*, 926 – 938.

Stucke, T. S. , & Baumeister, R. F. (2006) Ego depletion and aggressive behavior: Is the inhibition of aggression a limited resource? *European Journal of Social Psychology*, *36*, 1 – 13.

Twenge, J. , & Campbell, W. K. (2003). "Isn't it fun to get the respect that we're going to deserve?" Narcissism, social rejection, and aggression. *Personality and Social Psychology Bulletin*, *29*, 261 – 272.

Twenge, J. M. , Baumeister, R. F. , DeWall, C. N. , Ciarocco, N. J. , & Bartels, J. M. (2007). Social exclusion decreases prosocial behavior. *Journal of Personality and Social Psychology*, *92*, 56 – 66.

Twenge, J. M. , Baumeister, R. F. , Tice, D. M. . & Stucke, T. S. (2001). If you can't join them, beat them: Effects of social exclusion on aggressive behavior. *Journal of Personality and Social Psychology*, *81*, 1058 – 1069.

Twenge, J. M. , Catanese, K. R. , & Baumeister, R. F. (2002). Social exclusion causes self-defeating behavior. *Journal of Personality and Social Psychology*, *83*, 606 – 615.

Twenge, J. M. , Zhang, L. , Catanese, K. R. , Dolan-Pascoe, B. , Lyche, L. E. , & Baumeister, R. F. (2007). Replenishing connectedness: Reminders of social activity reduce aggression after social exclusion. *British Journal of Social Psychology*, *46*, 205 – 224.

Vohs, K. D. , Baumeister, R. F. , & Chin, J. (2007). Feeling duped: Emotional, motivational, and cognitive aspects of being exploited by others. *Review of General Psychology*, *11*, 127 – 141. doi: 10. 1037/1089 – 2680. 11. 2. 127

Williams, K. D. (2002). *Ostracism: The power of silence*. New York, NY: Guilford Press.

Williams, K. D. , Cheung, C. K. T. , & Choi, W. (2000). CyberOstracism: Effects of being ignored over the Internet. *Journal of Personality and Social Psychology*, *79*, 748 – 762.

Zadro, L. , Williams, K. D. , & Richardson, R. (2004). How low can you go? Ostracism by a computer is sufficient to lower self-re ported levels of belonging, control, self-esteem, and meaningful existence. *Journal of Experimental Social Psychology*, *40*, 560 – 567.

Zhou, X. , Vohs, K. D. , & Baumeister, R. F. (2009). The symbolic power of money: Reminders of money alter social distress and physical pain. *Psychological Science*, *20*, 700 – 706. doi: 10. 1111/j. 1467 – 9280. 2009. 02353. X

30. 武断的社会规范影响浪漫的性别差异选择

伊莱·J·芬克尔(Eli J. Finkel)
保罗·W·伊思特威克(Paul W. Eastwick)

女性在评价和追求潜在配偶时比男性更加挑剔。本实验用快速约会方式对性别差异作出一种全新的解释:仅仅用身体去接近理想伴侣(相比于被动接近)这种男性特征比女性特征更明显的行为,能够增加对对方的吸引力。这一假设被参加异性恋活动的快速约会者样本(总数=350)证实,不论男性组(8 场)还是女性组(7 场)都会进行轮换,与此同时另一方则会待在座位上。轮换者的选择性明显低于待在座位上的人,这意味着相比男性轮换时女性的选择性,女性轮换时男性的选择性更低的趋势会消失。相对于一直待在座位上的人,轮换者不断增强的自信影响了这些效应。

为了给坐在酒吧里的漂亮女性留下深刻印象,玛菲克(Maverick)找到了一个麦克风并靠近这个女性,跑调地演唱了一首正义兄弟(Righteous Brothers)的经典小夜曲"失去爱的感觉"。以这种大胆的方式追求她的决定并不寻常,需要一种人们常说的"特立独行"之类的非凡自信。然而,我们认为,离经叛道的浪漫攻势的柔和版在西方文化中是常态而非例外。抛开麦克风和歌声,剩下的是什么? 一个男性遇到了一位很有魅力的女性,接近她并试图与她发展一种潜在的浪漫关系。还有什么比这更寻常的呢?

然而,转换男性和女性的角色,这种关系的建立会变得更加复杂。诚然,在西方文化中一些女性经常主动接近男性以建立浪漫关系,但这类女性并非主流。尽管女性通常在追求的起始阶段起重要作用(例如眼神交流、微笑或者撩头发,Moore,1985),即使性别平等主义者在浪漫关系的初始阶段也期望男性

能够更果断、更主动，而女性则是更加被动的一方，等待对方的主动靠近(Clark,
Shaver & Abrahams，1999；Laner & Ventrone，1998；Rose & Frieze，1993)。
在本文中，我们研究了仅仅是身体上接近潜在浪漫伴侣的行为(相对于被他们
接近)——即使缺乏这样做的内在动机并且不同于传统的约会过程——是否会
促使个体把伴侣评价为更合心意，想与他们产生更浪漫的化学反应，并做出一
些增进浪漫关系发展可能性的行为。

浪漫选择

在约会情境中，异性恋女性往往比异性恋男性更挑剔。的确，最近一本畅
销的心理学著作将相关文献总结如下："人们选择他们的生殖繁衍和性伴侣时，
关于选择最重要的结论是女性比男性更挑剔。"(Schacter，Gilbert & Wegner，
2009，第 631 页)例如最近的一项线上约会行为的大规模研究表明，男性在查看
特定的异性线上约会对象的情况后发送一封电子邮件的可能性大约是女性的
1.5 倍——最初男性浏览的异性资料数量大约是女性的两倍，这一结果更加引
人注目(Hitsch，Hortacsu & Ariely，2009)。在一项设计缜密的研究中，男性比
女性更愿意与照片有吸引力的目标异性约会(Townsend & Wasserman，
1998)。此外，在三个样本中，男性在校园内接受接近他们的异性研究对象约会
的可能性大约是女性的 1.2 倍(58%比 48%)(Clark，1990；Clark & Hatfield，
1989)。

一些其他的研究采用快速约会的方法来证明这种浪漫抉择的性别差异
(Fisman，Iyengar，Kamenica & Simonson，2006；Kurzban & Weeden，2005；
Todd，Penke，Fasolo & Lenton，2007)。这种方法具有很强的内部效度和外部
效度(Finkel & Eastwick，2008)，在许多方面非常适合去检验浪漫抉择相关的
假设，因为被试认为他们对许多已经见过面的潜在对象具有浪漫的吸引力。在
快速约会中，被试从自己感兴趣的性别取向出发，进行一系列简短的"约会"(每
场大概 4 分钟)(有关快速约会程序的概述，参考 Finkel，Eastwick &
Matthews，2007)。活动结束后，他们要表明自己愿意("是")或不愿意("否")
再次见到每一个快速约会对象。匹配成功(都回答"是")的男性和女性都有对
方的联系方式可以去安排下一次的约会。快速约会研究有力地表明，男性对大

部分约会对象回答"是"的比例高于女性（Fisman et al.，2006；Kurzban &
Weeden，2005；Todd et al.，2007）。

许多学者用原始的男女所面临的不同适应性问题来解释浪漫抉择的性别
差异（Buss & Schmitt，1993；Clark et al.，1999；Symons，1979；Todd et al.，
2007；Townsend & Wasserman，1998；Trivers，1972）。根据这种进化观点，人
类女性与其他雌性哺乳动物一样，通常比男性对后代的付出更多。男性的一次
性交，女性至少要承担 9 个月的孕育任务。很大程度上由于这种不对等性，不
明智的交配决定的繁育成本对女性来讲非常高。进化学者认为，浪漫抉择中的
性别差异反映了一种特定领域的适应性机制，该机制进化为管理现代人祖先的
性别差异的成本和收益。事实上，女性更挑剔的证据与成熟的进化理论完全一
致，一个快速约会研究小组轻视了其对这种效应的证据，而认为它"不足为奇"
（Kurzban & Weeden，2005，第 240 页）。[1]

尽管有更多令人信服的女性抉择的证据，但这种性别差异的确切证据有待
经验的检验，以排除普遍存在的误导：即在浪漫的环境中，男性主动接近女性
的可能性远高于女性主动接近男性的可能性（Clark et al.，1999；Laner &
Ventrone，1998；Rose & Frieze，1993）。已发表的关于浪漫抉择的快速约会研
究提供了这种误导的特别引人注目的例子：在所有此类研究中，男性总是一个
又一个地在轮换搭档，而女性总是端坐在那里。这些程序几乎模拟了专业快速
约会公司举办所有活动中采用的轮换方案，并与大多数其他约会情景中的规范
的初始动力机制（例如，男性主动女性被动）相一致。

接近（与被接近）会使个体的挑剔性降低吗？

在浪漫抉择中浪漫地追求他人会存在（或至少促成）强烈的性别差异吗？
有理由认为这是可能存在的。一个原因是，大量文献表明，身体和心灵之间存
在微妙的相互影响（Barsalou，Niedenthal，Barbey & Ruppert，2003），物质的

---

[1] 许多进化心理学家认为，在短期交配情境中，抉择的性别差异会很大，比如，一夜情；但在长期交
配情境中差异会很小，如选择婚姻伴侣（Clark，1990；Clark & Hatfield，1989；Buss & Schmitt，
1993；Kenrick，Groth，Trost & Sadalla，1993）。约会，包括快速约会，很可能代表了情感上毫
无意义的、一次性性接触和长期忠诚的联结之间的中间地带，因此也许在这种情况下，性别差异
应该处于中等。

（身体的）、具体的接近能够导向浪漫关系的追求。换句话说，物质追求也许能够引导人们找到自己感兴趣的特定浪漫目标，再换句话说，就是不再那么挑剔。

439 虽然之前没有研究检验在浪漫情境中具体方法的效果，但仍有许多研究表明，它会导致个体在非浪漫情境中体验到与追求有关的认知，包括对目标的积极评价。例如，坐着的被试将手掌放在桌子底部并向上压（一种靠近的动作），他们比那些将手掌放在桌子顶部并向下按（一种躲避姿势，Cacioppo，Priester & Berntson，1993）的被试更倾向于认为没有感情色彩的汉字具有吸引力。此外，非黑人被试接受了在计算机屏幕上出现黑人图片时下意识地将操纵杆拉向自己（接近），并在随后出现白人图片时将操纵杆推离自己（回避）的训练。与既参与了反方向操纵杆任务也参与了边对边（中立）操纵杆任务的非黑人被试相比，接受训练的非黑人被试在随后展现出对黑人更为积极的内隐态度和更温和的行为动作（Kawakami，Phills，Steele & Dovidio，2007）

快速约会提供了一种有效的方法来检测接近（相较于被接近）潜在浪漫伴侣的效应，部分原因是它在其核心结构中嵌入了一种**具体的接近**（embodied-approach）操纵。在所有异性恋快速约会活动中，某种性别（几乎总是男性）接连轮换对象，而另一性别则坐着等待下一个对象的到来。正如将一个人的手向上按在桌子底部或将操纵杆拉向自己会促使个体体验到有关接近的认知，相对于快速约会对象走过来时坐在座位上，我们认为主动走向快速约会对象（即主动接近他们）可以产生更加积极的评价。

我们进一步认为，这种接近行为应该会使个体对他们的快速约会感到更加自信。这种自信预测背后的逻辑源于情境的概念化，它是指一般范畴在与特定情景匹配时会变得更加有意义（Barsalou et al.，2003）。我们认为，正如愤怒在特定情境下变得有意义一样（例如，对配偶、世界或对自己的愤怒），追求的行为在浪漫的情境中具备了独特意义。具体而言，追求行为与自信心和男性性别角色的相关十分显著，而这两个结构也高度相关（Spence & Helmreich，1978）。基于"具体状态可以作为触发情境概念化的线索"理论（Barsalou et al.，2003，第 84 页），我们认为具体化的浪漫追求（一种传统的男性化行为）增强了自信，这种增强的自信可能会调节现实方式和浪漫方式之间的联系。

在浪漫情景中男性主动追求和女性被动追求会引发（或促成）巨大的浪漫抉择的性别差异的第二个原因在于，被多次追求会让个体尤其感到满足，这反过来又可能导致他们更挑剔。根据**稀缺性原则**（scarcity principle），人们赋予充足的物品或机会更少的价值（Cialdini，2001）。一个被异性多次追求的个体会将其解释为这些接近的人喜欢并想要靠近他/她。快速约会研究的被试可能会非常在意自己的行为，以至于他们无法将这种归因调整为完全地考虑情境因素（例如，快速约会过程要求一种性别的成员接近另一性别的成员），而情境因素可能会导致他们被不断追求（Osbourne & Gilbert，1992）。这些被追求的个体，因为感觉到许多潜在伴侣想要接近他们而增强了自信心，可能会因此而变得更加挑剔。（事实上，与不受欢迎的快速约会者相比，受欢迎的快速约会者往往对他们的搭档有更少的浪漫欲求，Eastwick，Finkel，Mochon & Ariely，2007。）

假设

如果具体的接近或稀缺性解释是正确的，那么接近快速约会对象（轮换者）的快速约会者应该比端坐在那里的快速约会者（被动组）在选择伴侣时显得更不挑剔，并且对这部分人的评测应该更加顺畅，体验到更多的化学反应，并对他们（轮换假设）中的大部分人回答"是"。支持这一假设的结果对之前讨论的性别差异选择产生影响。我们预测，当男性被试主动接近坐在那里的女性被试时，与总体趋势保持一致，男性被试对他们的快速约会伴侣有更多的浪漫追求表现（浪漫的愿景，浪漫的感受，和答应"是"），但当女性主动追求而男性坐在座位上时（性别调和假说。），性别差异会衰减甚至消失。我们不认为，"当女性主动接近而男性坐着时女性比男性更挑剔"这个发现会被完全颠覆（我们认为在快速约会活动中，精准反转的具体的接近很可能并不能改变男性主动追求、女性被动接受的状况），而是期待这种效应会显著甚至完全消失。

最后，我们评价了被试在快速约会时体验到的自信水平是否在统计学水平上调节了这些性别调节效应。通过自信评价中介效应使我们能够测量轮换与坐着的潜在影响是否由于具体的接近或是稀缺性动力造成的。具体的接近理念——在浪漫的情境中主动追求会激发雄性的、进攻性的自我认知——推出以下传导模型：轮换→增加信心→强烈的浪漫追求（低挑剔性）。与此相反，稀缺性理念——在浪漫环境中多次被追求，会使个体感觉自己有很多选择——推出了以下传导模型：坐着→增加自信→弱化的浪漫追求（高挑剔性）。如果性别调节效应是由实际接近过程而非稀缺过程驱动的,那么中介分析应该支持前一种中介模型而不是后者。

441 ## 方法

我们为 350 名本科生举办了 15 次异性快速约会活动(174 名女性和 176 名男性;平均年龄＝19.57 岁,SD＝1.10)。每个被试与大约 12 名异性进行了 4 分钟的快速约会。每一次,我们随机抽取男性(8 个场次)或女性(7 个场次)轮换。

每次约会后,被试都会立即填写他们对于快速约会搭档浪漫欲求的三项测试(例如,"我被我的互动伴侣深深吸引";α＝.88)和他们与伴侣的浪漫化学反应(例如,"我和我的约会对象产生了实际的联系";α＝.91),打分从 1(强烈反对)到 9(强烈同意)。他们还报告了他们约会时自我感受的自信程度(1＝毫无自信,9＝非常自信)。活动结束回家以后,被试在研究网站上填写了他们愿意("是")或不愿意("否")再次见到每个约会对象。

结果

多层建模分析的结果支持了轮换假说,多层建模分析具有非独立性,源于每个被试对大约 12 个目标进行评分的实际调查结果。相对于坐着的被试(编码−0.5),轮换者(编码 0.5)经历了更强的浪漫欲求(Ms＝4.83：5.13),b＝0.29,t(3,739)＝2.72,p＝.007,p_{rep}＝.959 和更强的浪漫化学反应(Ms＝4.67 和 4.94),b＝0.27,t(3,739)＝2.72,p＝.007,p_{rep}＝.959,他们的快速约会伴侣回答"是"的比例显著更大(43.07% 比 47.86%),b＝.21,eb＝1.23,t(349)＝1.96,p＝.051,p_{rep}＝.876.这些影响不会因被试性别的调换而发生显著改变,|t|s＜1.15,ps＞.252。

如图 30.1 所示,我们的结果也验证了性别调节假说(性别编码：−.5＝男性,.5＝女性;轮换性别编码：−.5＝男性轮换,.5＝女性轮换)。性别×轮换性别对三个因变量的交互作用都显著(或略显重要)——浪漫欲求：b＝.51,t(3,739)＝2.43,p＝.015,p_{rep}＝.938;浪漫化学反应：b＝.50,t(3,739)＝2.55,p＝.011,p_{rep}＝.947;回答"是"的百分比：b＝.40,t(349)＝1.87,p＝

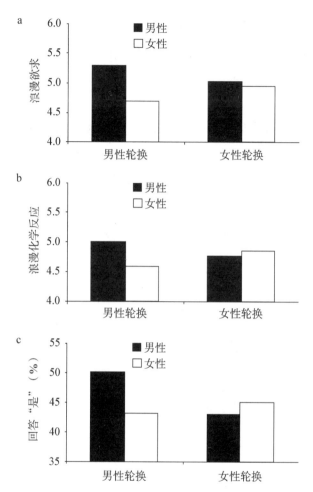

图 30.1 男性和女性(a)对快速约会搭档的浪漫欲求, (b)与搭档的浪漫化学反应,以及(c)对搭档回答"是"的百分比,作为性别轮换的函数。

.063,×=.860。当男性主动接近且女性坐着时(与之前的所有研究案例相同),男性体验到更强的浪漫欲望,b=-.59,t(2,091)=-3.97,p<.001, p_{rep}=.986,和更多的浪漫化学反应,b=-.41,t(2,091)=-3.09,p=.002, p_{rep}=.979,他们对快速约会对象回答"是"的占大部分,b=-.29,eb=.75,t(190)=-1.91,p=.058, p_{rep}=.867. 相比之下,当女性主动追求且男性坐着时,这些性别差异都没有达到显著水平|t|s=.74,ps>.459。

最后,中介分析支持现实接近的观点而非稀缺的观点。性别×轮换性别交互作用积极地预测了自信，b=.51，t(3, 697)=2.39，p=.017，p_{rep}=.934。此外，三个中介的适度分析(Baron & Kenny, 1986)——分别为浪漫欲望，浪漫化学反应和回答"是"的占比——显示在模型中包含自信以后，性别×轮换性别交互作用显著降低(两个到非显著)，Sobel zs>2.33，ps<.020，p_{rep}>.927。这种中介作用也与轮换假说有关(在被试性别中无法论证)：轮换者比待在座位上的被试报告了更多的自信，b=.23，t(3, 697)=2.16，p=.031，p_{rep}=.907，三个中介分析(每个对应一个因变量测量)显示，对因变量进行的方法操控效果显著减弱了(将自信加入到模型中后，1 到不显著，Sobel zs>2.12，ps<.034，p_{rep}>.902)。与实际接近的理念一致，我们的结果表明，接近(相较于被接近)使女性和男性感到更自信，这种自信似乎使他们更倾向于与自己的快速约会搭档体验浪漫欲求和浪漫化学反应——对他们的搭档回答"是"的概率显然更高。

讨论

结果支持了这样的假设：与一直待在座位上的快速约会者(坐着的被试)相比，那些主动接近搭档的快速约会者(轮换者)对搭档有更强的浪漫欲求和更多的浪漫化学反应，并且他们会对搭档回答"是"的概率很高。这些结果重现了一个公认的事实(Fisman et al., 2006；Kurzban & Weeden, 2005；Todd et al., 2007)，即女性在快速约会活动中比男性更具选择性——但这种现象只有在男性轮换时才会出现。

当女性轮换时(以前的快速约会研究中没有安排这样的环节)，浪漫欲望、浪漫化学反应和回答"是"百分比方面的性别差异消失了。性别轮换性别互动效应通过快速约会的自信心来调节，轮换的被试比坐着的被试更自信。

这个调节结果更符合具体的接近解释而不是稀缺性解释。似乎浪漫环境中具体的接近(一种传统的雄性行为)显著增强了个人的自信心，这反过来又增加了他们对浪漫追求的倾向(例如，使挑剔性降低)。也就是说，具体的接近机制的证据只是初步研究。事实上，另一种解释，就像稀缺性解释一样，将实验机制作用于待在座位者而不是轮换者，仍然与目前的结论一致。根据这个替代解释，就像面对大量选项可能会令人沮丧并导致个体难以抉择一样(Iyengar & Lepper, 2000)，也许被浪漫搭档多次接近可能会让人不知所措，导致个体缺乏自信并最终躲避浪漫的追求（例如，变得挑剔）。有关产生以上效应的机制的明确结论有待进一步研究。[①]

影响

本研究结果对围绕浪漫关系的亲密性建立的社会规范是有影响的。尽管在过去的一个世纪里西方文明越来越强调平等主义，但特定的社会制度仍然存在性别歧视——以一些微妙的、很隐晦的方式存在。本研究明确了极微妙的有关性别偏见的强有力结论：几近普世的趋势是在异性恋快速约会活动中让男性主动而女性被动。乍一看，这种轮换方案很武断，为确保所有女性约会所有男性的逻辑问题得以解决，反之亦然。一家很受欢迎的快速约会公司的执行官向我们透露，他们让男性轮换是因为（a）女性在参加活动时通常会携带更多配饰（例如钱包），（b）男性似乎从不介意轮换，（c）这种方式更有风度。快速约会研究学者合理地采纳了专业快速约会公司的许多程序，因此即使在由学者组织和主持的活动中，这种性别规范在很大程度上仍然存在也就不足为奇了。然而，目前的结果在提醒我们：即使是微妙的性别规范也会对浪漫互动产生重要影响。

从大量文献中得出的研究结果表明女性在选择配偶时比男性更挑剔（Fisman et al.，2006；Kurzban & Weeden，2005；Symons，1979；Todd et al.，2007；Trivers，1972），我们的研究对此有什么影响？一方面，这种性别差异在女性轮换的实验中并没有明显逆转，因此一般来说，目前的数据中至少体现了一种总体变化趋势，即男性比女性在浪漫关系中更主动接近（即不那么挑剔）[②]。另一方面，我们在本研究中控制的性别规范仅仅是原则上可能影响浪

---

① 其他替代解释也是合理的。例如，也许接近潜在的浪漫搭档（并非被他们追求）会影响一个人正在体验的焦虑的程度；影响自我认知，即一个人是以行动为导向的，冒险的，或使两者兼具；等等。另一种替代解释是基于个人可能错误地将自己的生理觉醒错误归因于不正确的来源的观点（Schachter & Singer，1962）。也许站起来向下一位对象走几步，就能使轮换者体验到增加的生理唤醒（例如，心率升高），他们错误地将其归因于浪漫意愿（Foster，Witcher、Campbell & Green，1998）。虽然我们不能排除这种解释，但我们发现这似乎没有说服力，部分原因是在错误归因的文献中，我们的轮换操作可能是最弱的唤醒诱导——例如，比在达顿等人（Dutton and Aron，1974）的经典研究中低唤醒情景更加微弱。

② 被试的性别主效应对浪漫欲求而言是显著的，$p < .001$；对浪漫化学反应而言显著性不高，$p = .059$；对"是"的回答不显著，$p = .292$。

漫吸引力的一系列可能规范之一，我们的被试几乎肯定能够终生操纵这些规范，而任何实验操纵都无法消除。考虑到男性通常被期待，即使不要求（在专业快速约会活动中）在浪漫环境中更主动接近，也许仅这个因素就足以解释为什么女性往往比男性更挑剔。目前的结果至少部分与这种可能性吻合。[1]

445   **结论**

总之，我们在快速约会活动中实验性地操纵了一小部分的性别样本：谁在身体上接近谁。让女性主动靠近而男性坐在座位上会使女性表现得更像男性（选择性较平时变低），同时男性更像女性（比平时更挑剔），从而消除浪漫选择性中明显的性别差异。随着时间的推移，实际接近的性别差异的改变（谁身体上接近谁）是否预示了浪漫选择中的性别差异的改变这样的研究十分有趣。从浪漫接近性别差异消失的程度来讲，也许浪漫抉择的性别差异可能也会随之消失。

致谢：我们感谢加伦·博登豪森(Galen Bodenhausen)、温迪·贝瑞·门德斯(Wendy Berry Mendes)、西北快速约会团队和西北大学研究资助委员会。

参考文献

Baron, R. M. , & Kenny, D. A. (1986). The moderator-mediator variable distinction in social psychological research: Conceptual, strategic and statistical considerations. *Journal of Personality and Social Psychology*, *51*, 1173 - 1182.

Barsalou, L. W. , Niedenthal, P. M. , Barbey, A. K. , & Ruppert, J. A. (2003). Social embodiment. In B. H. Ross (Ed.), *The psychology of learning and motivation* (Vol. 43, pp. 43 - 92). San Diego, CA: Academic Press.

Buss, D. M. , & Schmitt, D. P. (1993). Sexual strategies theory: An evolutionary perspective on human mating. *Psychological Review*, *100*, 204 - 232.

Cacioppo, J. T. , Priester, J. R. , & Berntson, G. G. (1993). Rudimentary determinants of attitudes. II: Arm flexion and extension have differential effects on attitudes.

[1] 有些学者认为，浪漫情境中男性主动接近和女性被动接受的设定反映了人类进化的遗产，而非仅仅是社会化过程(Grammer, 1989)。本研究并非在文化和进化起源理论之间做区分，进化起源理论解释了人类的浪漫追求趋势。我们试图说明，即使一些细微的规范操控也足够有力去推翻衡量潜在浪漫伴侣时男性与女性相比不那么挑剔的原始趋向，而不需考虑文化或追求趋向的进化起源。

Journal of Personality and Social Psychology, *65*,5‐17.

Cialdini, R. B. (2001). *Influence: Science and practice* (4th ed.). Boston, MA: Allyn & Bacon.

Clark, C. L., Shaver, P. R., & Abrahams, M. F. (1999). Strategic behaviors in romantic relationship initiation. *Personality and Social Psychology Bulletin*, *25*,709‐722.

Clark, III, R. D. (1990). The impact of AIDS on gender differences in the willingness to engage in casual sex. *Journal of Applied Social Psychology*, *20*,771‐782.

Clark, III, R. D., & Hatfield, E. (1989). Gender differences in receptivity to sexual offers. *Journal of Psychology and Human Sexuality*, *2*,39‐55.

Dutton, D. G., & Aron, A. P. (1974). Some evidence for heightened sexual attraction under conditions of high anxiety. *Journal of Personality and Social Psychology*, *30*, 510‐517.

Eastwick, P. W., Finkel, E. J., Mochon, D., & Ariely, D. (2007). Selective versus unselective romantic desire: Not all reciprocity is created equal. *Psychological Science*, *18*,317‐319.

Finkel, E. J., & Eastwick, P. W. (2008). Speed-dating. Current Directions in Psychological Science, 17,193‐197.

Finkel, E. J., Eastwick, P. W., & Matthews, J. (2007). Speed-dating as an invaluable tool for studying initial romantic attraction: A methodological primer. *Personal Relationships*, *14*,149‐166.

Fisman, R., Iyengar, S. S., Kamenica, E., & Simonson, I. (2006). Gender differences in mate selection: Evidence from a speed dating experiment. *Quarterly Journal of Economics*, *121*,673‐697.

Foster, C. A., Witcher, B. S., Campbell, W. K., & Green, J. D. (1998). Arousal and attraction: Evidence for automatic and controlled processes. *Journal of Personality and Social Psychology*, *74*,86‐101.

Grammer, K. (1989). Human courtship: Biological bases and cognitive processing. In A. Rasa, C. Vogel, & E. Voland (Eds.), *The sociobiology of sexual and reproductive strategies* (pp. 147‐169). London, England: Chapman and Hall.

Hitsch, G. J., Hortacsu, A., & Ariely, D. (2009). *Matching and sorting in online dating*. Unpublished manuscript, University of Chicago, Chicago, IL.

Iyengar, S. S., & Lepper, M. R. (2000). When choice is demotivating: Can one desire too much of a good thing? *Journal of Personality and Social Psychology*, *79*,995‐1006.

Kawakami, K., Phills, C. E., Steele, J. R., & Dovidio, J. F. (2007). (Close) distance makes the heart grow fonder: Improving implicit racial attitudes and interracial interactions through approach behaviors. *Journal of Personality and Social Psychology*, *92*,957‐971.

Kenrick, D. T., Groth, G. E., Trost, M. R., & Sadalla, E. K. (1993). Integrating evolutionary and social exchange perspectives on relationships: Effects of gender, self-appraisal, and involvement level on mate selection criteria. *Journal of Personality and Social Psychology*, *64*, 951 – 969.

Kurzban, R. , & Weeden, J. (2005). Hurrydate: Mate preferences in action. *Evolution and Human Behavior*, *26*, 227 – 244.

Laner, M. R. , & Ventrone, N. A. (1998). Egalitarian daters/traditionalist dates. *Journal of Family Issues*, *19*, 468 – 477.

Moore, M. M. (1985). Nonverbal courtship patterns in women: Context and consequences. *Ethology and Sociobiology*, *6*, 237 – 247.

Osbourne, R. E. , & Gilbert, D. T. (1992). The preoccupational hazards of social life. *Journal of Personality and Social Psychology*, *62*, 219 – 228.

Rose, S. , & Frieze, I. H. (1993). Young singles' contemporary dating scripts. *Sex Roles*, *28*, 499 – 509.

Schachter, S. , & Singer, J. (1962). Cognitive, social, and physiological determinants of emotional states. *Psychological Review*, *69*, 379 – 399.

Schacter, D. L. , Gilbert, D. T. , & Wegner, D. M. (2009). *Psychology*. New York, NY: Worth.

Spence, J. T. , & Helmreich, R. L. (1978). *Masculinity and femininity: Their psychological dimensions, correlates, and antecedents*. Austin, TX: University of Texas Press.

Symons, D. (1979). *The evolution of human sexuality*. New York, NY: Oxford University Press.

Todd, P. M. , Penke, L. , Fasolo, B. , & Lenton, A. P. (2007). Different cognitive processes underlie human mate choices and mate preferences. *Proceedings of the National Academy of Sciences USA*, *104*, 15011 – 15016.

Townsend, J. M. , & Wasserman, T. (1998). Sexual attractiveness: Sex differences in assessment and criteria. *Evolution and Human Behavior*, *19*, 171 – 191.

Trivers, R. L. (1972). Parental investment and sexual selection. In B. Campbell (Ed.), *Sexual selection and the descent of man* (pp. 136 – 179). Chicago, IL: Aldine.

9

作为一门科学的社会心理学

31. 对社会性动物进行科学研究的可重复性[①]

杰伊·J·范·巴维尔(Jay J. Van Bavel)

纽约大学

威廉·A·坎宁安(William A. Cunningham)

多伦多大学

对社会性动物研究的科学性重复

一切源于我们在暑假期间收到的一封来自同事的神秘邮件:"今年夏天可以和你们通电话吗? 假如你们有时间能和我聊聊,请告诉我。"在安排好了打电话的时间后,我们都怀揣悬念。是什么事情如此重要以至于不能通过电子邮件进行交流?

当最后进行电话交谈时,我们的同事卡特瑞·麦克雷(Kateri McCrea)询问她是否可以重复我们发表的一篇论文(Cunningham, Van Bavel & Johnsen, 2008)。但是,她抱歉地补充说,"我不是想攻击你们或者什么的。"这很有趣。对科学家来说,重复一项研究就像是呼吸一样。科学是一个充满怀疑的过程,成功的重复研究,对于建立起对我们研究发现的信心至关重要。失败的重复研究有助于消除错误的主张,并将科学与信仰分离开来。那么,为什么我们的朋友会在度假时打电话给我们,让我们顺利完成本应是一项常规的科学活动呢?

大约在同一时间段,世界各地发生了数十次类似的对话,这是心理学史上(或许也是科学史上)最大的重复研究项目的一部分。这个大规模的重复性研

---

① 请直接联系:Jay J. Van Bavel, Department of Psychology, Center for Neural Science, New York University, 6 Washington Pl, New York, NY 10003, jay.vanbavel@nyu.edu

究项目旨在通过重新进行近十年发表在著名心理学期刊上的 100 项研究来估
计心理学研究的可重复性(呈现其他科学家所进行分析的能力)和可再现性(用
新样本重复研究结果的能力)(OSC，2015)。该研究的主要目标是评价该领域
的研究质量,并确定我们所珍视的哪些发现在不同时间、地点和被试中是可
靠的。

对于局外人而言,这应该是一个值得庆祝的机会——心理学在科学的最为
基本的要素上处于领先地位。通过将自己置于显微镜下,心理学领域将能够率
先发现预测可重复性的科学活动及其特征,然后在我们的科学期刊和招聘决策
中对这类活动加以激励。

问题是,其他领域的类似举措虽然没有那么雄心勃勃,却结局惨淡。在遗
传学、药理学、肿瘤学、生物学和经济学等不同领域,曾有过几次试图重复重大
发现的尝试都没有成功。在某些领域,可重复率已经接近 10%,这导致许多人
宣称科学正面临"可重复危机",信任危机也正在蔓延到心理学领域。

一篇有争议的论文为更加科学的研究打开了大门

2011 年,一位最著名的社会心理学家,在我们这个领域最负盛名的科学期
刊《人格与社会心理学杂志》上发表了一篇极具争议的论文。这篇论文包含了
实验证据,证明了预感的存在,即对未来事件的有意识察觉,而这种意识原本是
无法预测的(Bem，2011)。这类想法通常出现在科幻小说里。但是现在康奈尔
大学的一位杰出心理学家声称,正常人拥有心理能力,让他们能够洞察未来。
在一系列令人震惊的实验中,他报告了那些寻求感官刺激的人能够对色情图片
进行预感的证据。这篇文章在媒体上引起了巨大的轰动——从纯粹的敬畏走
向了彻头彻尾的嘲讽。

我们所认识的绝大多数科学家,对此即便不是愤慨也会持怀疑态度:这样
荒谬的说法怎么可能发表在顶级科学期刊上?对这个问题的回答引发了有关
我们研究领域的一些严肃反省。一方面,日常经验表明超感官知觉(ESP)并不
存在。假如超感官知觉真的存在,赌徒们会很快把赌场逼到破产的境地(每个
曾经踏进过赌场的人都知道,这与事实相去甚远)。

另一方面,论文中使用的实验方法都没有违背社会心理学中任何公认的操

作。这篇论文是一位备受尊敬的研究人员在进行了一系列细致的实验的基础上完成的。谢天谢地,科学界充满了怀疑论者,他们舍得拿出晚间和周末的时间努力搞清楚到底发生了什么。

鉴于对最初的预感发现普遍持怀疑态度,来自其他实验室的大量研究试图重复这一发现。他们在自己的实验室中运用了相同的方法,但几经努力均未能再现原始结果(Galak, Leboeuf, Nelson & Simmons, 2012)。这些重复性研究的失败引发了一场关于可能产生这一发现实际操作的严肃讨论,研究人员开始质疑,其他令人惊讶但不那么奇怪的发现是否也是基于我们想象的虚构。这些对话开始于实验室、研究生研讨会和举行学术会议的酒店,但随着社交媒体的发展迅速在网上传播开来。

虚假发现是如何产生的?

　　一篇具有里程碑意义的论文,展示了研究是如何发现了如此令人震惊的结果。作者为一个明显荒谬的实验结果提供了科学证据:听披头士乐队的“当我六十四岁时”可能会让大学生们年轻一岁半! 就像一个揭示秘密的魔术师一样,作者解释了他们是如何操纵自己的分析来产生这样一个荒谬的发现——这种做法现在被称为“p 值篡改”(p-hacking; Simmons, Nelson & Simonsohn, 2011)。具体来说,他们解释了数据分析策略(比如,调整不相关的变量、使用小样本、放弃实验的某些条件)会如何产生从不准确到完全不可能的错误结果。当作者使用这些方法时,他们能够让人们感受到收听歌曲可以改变年轻被试的年龄(为了更好地了解“p 值篡改”,你甚至可以通过以下链接在网上亲自加以尝试:http://fivethirtyeight.com/features/science-isnt-broken/#part1)

　　这些做法对科学而言是一个很大的问题,因为它们会产生某种错觉,产生强大的、统计上显著的影响,被科学期刊接受并进入公众讨论的视野。正如一位心理学家所言,“研究人员接触到的文献,与色情电影所代表的真实性一样,是真实科学的代表”(Lakens, 2017)。简言之,我们的科学似乎充斥着夸张的效果,这些效果是为了迎合我们的欲望,而不是反映现实。

　　社会心理学领域的一些著名发现最初发表在顶级期刊上,但通过大众媒体、TED 讲座或畅销商业书籍的报道而为公众所知,当其中一些发现被证明难以被其他人重复时，这些发现便会受到审查：

- 有一种所谓的"自我耗竭"理论，认为自我控制是从一种有限的普通能量资源中汲取的，这种能量可以通过任何形式的努力耗竭。在一系列设计精妙的实验（Muraven，Tice & Baumeister，1998）和一本名为《意志力》的畅销书（Baumeister & Tierney，2012）之后，这一理论开始流行起来。在实验中，那些被要求在某种情况下发挥意志力的人（抵制吃新鲜烤巧克力曲奇的诱惑）在后来的努力测试（解决一系列难题）中的智力水平较差。尽管这一理论颇具直观的吸引力、取得了众多重要成果、出现了大量的重复性研究，但在独立实验室中更大规模地重复这些结果的尝试却常常失败。在对现有的重复性研究尝试或元分析进行了大量争论之后，关于自我耗竭是否真的存在的问题仍然没有定论（Cunningham & Baumeister，2016；Friese，Loschelder，Gieseler，Frankenbach & Inzlicht，2018）。

- 根据刻板印象威胁的观点：面对刻板印象，将某个人所属的群体描绘成智力低下的群体，会导致考试焦虑，影响成绩（Steele，Spencer & Aronson，2002；Steele & Aronson，1995）。刻板印象威胁似乎得到了大量的证据支持；许多不同的实验室发表了与该理论一致的结果。最常见的重复实验结果显示，当女性在测试指导或环境的暗示下，被微妙地驱使去思考声称男性在数学方面优越的刻板印象时，她们在数学测试中的表现往往会明显地变差。然而，随后的研究却对刻板印象威胁的稳健性产生了怀疑，因为它引起了人们对大量未公开的失败的重复研究的关注。通过只考虑产生积极结果的实验，文献被这种"发表偏见"所扭曲，为刻板印象威胁提供了比考虑所有数据情况下更多的支持（Flore & Wicherts，2015）。由于过去20年里人们对刻板印象威胁的长期信念，关于该效应可靠性的讨论仍然存在争议（Pennington，Heim，Levy & Larkin，2016；Spencer & Steele，2019）。

- 有几篇论文报告称，"摆出权力姿势"——故意摆出与权力、胜利或自信有关的姿势并保持几分钟——会产生自信的感觉。这一想法在许多研究中得到了验证，后来在一场流行的 TED 演讲和一部著作中也得到了

452

展示(Cuddy，2015)。具体而言，一项实验发现，摆出权力姿势可以增加力量感，增加人体循环中的睾丸激素，降低人体循环中的皮质醇(Carney，Cuddy & Yap，2010)。在随后的研究中，一些关键的发现很难得到重复。当激素效应在随后的研究中未能被重复时，人们开始担心"p值篡改"，随后又有人声称，所有权力姿势效应的证据都可能被夸大了。进一步的研究揭示了这一问题，表明尽管激素效应不可复制，但摆出权力姿势确实偶尔会增强权力的主观感受(Cuddy，Schultz & Fosse，2018；Gronau et al.，2017)。

"p值篡改"作为社会心理学和其他科学中许多可能性发现的基础，不仅是众所周知的，而且是真实存在的。但重要的是，我们应当注意，它几乎不需要任何有意识的误导欲望；"p值篡改"可以无意识地发生，除非有人采取明确的措施加以防范。让我们看一下贝姆(Bem)关于预感的那篇著名论文。有许多决策(其中有些是完全无意识的)会导致有偏见结果的出现。例如，预感的效果只对色情图片有效，而且只对"寻求感官刺激"程度高的被试有效。没有先验理论来解释为什么人们可以预测未来，但前提是他们是感官刺激寻求者，并且所做预测是与"性"有关的。因此，这些分析之所以出现在论文中，可能仅仅是因为：当结果出现时，这些特定的结果被认为是有意义的，不是因为寻求感官刺激的人能够准确地预测未来的性取向，而是因为有意义的结果可能是偶然发生的。一旦我们知道结果，我们便可以调整某个理论以与之相适应。虽然通常不可能知道"p值篡改"是否发生在特定的论文中，但往往有迹象表明，分析决策是在收集和检查数据之后做出的。也许最明显的线索是，分析决策与先验理论的脱节，决策似乎是在数据输入后做出的。这些决策可能包括添加新的变量，同时删除其他变量，并从异常值(对实验操作有极端反应的人)中删除数据。分析决策不应该由科学家的临时起意而在数据被检验之后作出。

　　但是，如果认真加以考察的话，科学是可以自我修正的，围绕这项研究的争议是积极的，因为它揭开了一些普遍的、不可原谅的科学活动(特别是社会心理学)的面纱。也许最重要的是，它强调了重复研究的必要性，从理论上讲，重复对科学心理学来说就像随机分配一样重要，但在实践中，重复实验在该领域并没有得到激励。诚然，几十年来，科学家们一直在重复自己的研究成果，但长期以来该领域的顶级科学期刊都不愿意发表对以往研究成果的直接重复性研究，尤其是如果他们未能重复得出之前的一些关键成果。但独立实验室的重复对于形成研究成果和理论构建至关重要。如果一个实验室发现了某种现象的证据，其他实验室需要重复同样的结果，我们才能接受这一发现的合法性。在独立的实验室中进行良好的重复研究，是在不同实验室的科学家之间建立共识并将新思想融入我们现有理论的关键。在缺乏独立重复实验的情况下，原始研究结果的取得，可能源自随机机会、有选择地发表重要的结果、数据篡改或者背景的变化。

由此而可能得出这样一个结论，即心理学是在正确的轨道上重复了大量已发表的文献。但在该领域内，可重复性研究引发了另一场激烈的辩论。能够重复自己的作品是科学界最严格的审查形式之一，尤其是在社交媒体时代，人们的职业声誉岌岌可危。未能重复一项重要的发现，会使科学界以及最初进行这项研究的科学家名誉扫地。许多著名的科学家担心重复研究会草率或不完整，因此而导致大量重复研究失败。相比于原始研究，这是重复研究的一个弱点。

在任何一个科学领域，有些发现是重复的，有些则不是。如果一项研究成功地再现了与原始研究相同的发现模式，那么很容易理解"如何解释这项研究你便有了更令人信服的证据"。但解释"失败的重复"要困难得多。除了处理随机机会和"p值篡改"的可能性等因素外，重复尝试可能会失败，因为设计或分析中会存在一些小的错误，或者研究可能是在与原始研究完全不同的文化背景下进行的。

454

对重复研究的争论

由于这种解释的模糊性，许多失败的重复研究已经在研讨会或网上诱发了激烈的争论。重复研究者常常暗示，原来研究者为了重要的研究发现，会草率行事甚至出现一些不光彩的做法。一些科学家甚至提到了困扰自行车比赛和其他运动的兴奋剂丑闻，指责一些著名的研究者近乎"非法吸毒"！同样，最初工作背后的研究者则会指责重复研究者恶意攻击或者完全无能。在某些情况下，他们甚至声称重复者参与了一种反向"p值篡改"来设计失败的重复研究。在职业和声誉岌岌可危的情况下，有了社交媒体的推波助澜，这些争论可能会变得非常恶劣、甚至惨无人道。

或者是否有其他因素导致了不同的结果。研究人员经常仔细审查原始研究，并将其与重复研究进行比较，以确定是否具备原始工作的特征，或者是否忽略了微妙的因素(例如，实验被试的种族或实验实施地的地理位置)可能导致不同的结果。这就是为什么研究中一个不起眼的问题会成为心理学争论的重要来源。在社会心理学领域尤其如此，几乎所有理论都假设社会环境的变化会影响行为。

国际新闻头条大声鼓噪，重复性研究项目中只有 39% 的心理学研究成功地再现了最初的结果，这无疑是在火上浇油(OSC，2015)。这篇报道称，许多重复研究不仅没有成功，而且平均而言，其效应比最初的研究要弱得多。对许多观察家而言，心理学领域似乎已经经受住了考验，但是这种看法也被颠覆了。

在该新闻发布短短几分钟的时间内，无数的科学家和记者争相宣布心理学领域"处于危机之中"，也有一些人为这一领域进行了辩护，认为可重复性项目是有缺陷的，是对时间和金钱毫无意义的浪费。批评者指出，许多重复研究未能重新创造原始研究的条件，使其实际上毫无价值(Gilbert，King，Pettigrew & Wilson，2016)。这场争论非常激烈，甚至导致一位作者直言，心理学家正因探讨他们"是否处于一场危机之中"而处于危机之中(Palmer，2016)。

但是心理学领域在产生准确的知识方面，真的比掷硬币更为糟糕吗？我们从一个多世纪的心理学研究中一无所获吗？并非如此。仔细观察后可以发现，原始研究和重复研究的效应强弱之间存在很强的关系。换句话说，在最初的研究中产生强效应的操作，在大约十年后的重复研究中往往仍然会产生强效应(参见图 31.1 中的点如何沿着对角线集中分布)。同样，最初的弱效应也预测了之后的弱效应。这种关系对于成功的重复研究来说更加牢固。因此，即使不同的研究人员在十年后使用不同的样本和(通常)不同的研究材料，心理学家也能得出非常相似的结果。

你可能很想知道原始研究和重复结果之间的关系有多紧密？考察这个问题的一种方式是，原始发现和重复发现之间的关系强度(r=.60)与人格测试之间的高度相似性：如果你今天完成了一项人格测试(例如，测量你的外向性或开放性)，你会预计十年后仍然发现相当类似的结果。因为我们的人格中有相

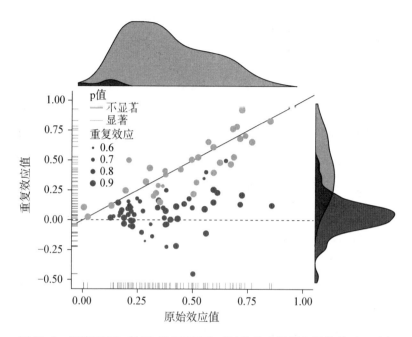

图 31.1　原始研究(x 轴)和重复研究(y 轴)的效应强弱之间的关系。对角
线表示与原始研究效应强度相等的重复研究的效应强度。每一点代表某项
研究加上对它的重复。虚线下的所有效应与原始研究方向相反。原始研究
的效应强度与重复研究之间的皮尔逊相关系数为 r = .60,这表明研究结果
之间存在很强的正相关关系。然而,原始研究的平均效应强度远大于重复研
究的平均效应强度(转载自 Open Science Collaboration, 2015)。

455

当一部分是稳定的,所以我们可以很好地预测我们未来的人格。因此,即使你
的行为在不同的情况下发生变化,随着时间的推移,它仍然具有相当的可预测
性。如果你在高中时是个外向的人,那么在大学里你很有可能是个外向的人。
心理学研究也是如此:我们可以有效地预测十年后大规模研究的结果,就像预
测你的人格一样。

　　这表明,尽管我们都赞同重复研究很重要,但进行重复研究之后得出结论
并不简单。如果一项研究重复进行,我们就可以为这种效应提供更多的证据,
我们可以推断,与我们获得重复研究数据之前相比,这种效应不太可能是一种
偶然结果。但是,对于失败的重复研究,我们能做些什么呢? 我们通常会自然
而然地得出结论,要么是原始研究错误,要么是重复研究错误。更为复杂的是,
即便两项研究的被试在接受刺激和程序上是相同的,他们的心理也可能完全
不同。

456

进行良好重复研究的方法

　　该领域面临的一个具有挑战性的问题是如何进行重复研究。重复研究可以有多种形式。到目前为止，我们一直在谈论直接重复，其目的是使用相同的材料并重复原始结果。这些方法对于解决最初的问题是卓有成效的，但是对于解决它们所能提供给我们的有关基础理论方面的问题却极为有限。这就是许多心理学家倾向于概念再现的原因，这种再现的目的是重复人们感兴趣的心理结构，即使它需要从根本上脱离原始研究中所使用的特定材料。这种方法特别有助于检验原始心理主张是否可以超越原始材料（Sherman & Crandall，2016）。这两种重复研究的方法对科学进步都至关重要，缺一不可。

　　在研究情境敏感的课题时，区分直接重复和概念重复尤为重要。通常不清楚环境中的哪些特性可能对出现效应更为重要。这就是为什么暑假里进行更多的尴尬电话交谈，可能是解决重复研究危机的一部分。

重复研究的一个案例

　　与重复研究者的对话，为我们提供了一个有用的案例研究。在得知一位同事想重复我们的研究后，我们立即把我们的研究资料送到了丹佛大学的重复研究团队。与此同时，我们也和他们分享了一个重要的意见：他们必须完全改变所有的研究刺激来进行重复研究！

　　原因如下：我们最初的研究测量了大脑对名人的情绪反应（Cunningham et al.，2008）。当时，我们假设人类的杏仁核——颞叶中涉及情感和情绪的一部分——会对动机方面重要的刺激做出反应（当我们注意到积极的特征时，会让人积极进取；当我们注意到消极的特征时，则会让人消极低沉）。为了验证这一观点，我们给我们的学生被试提供了一些名人的名字，这些名人被认为会引起复杂的情绪（我们使用了试点测试来为我们的研究选择最好的名人名单）。重复研究团队感到最为棘手的是，我们的研究是 2006 在加拿大进行的，而重复研究则是近十年后在丹佛大学进行。如果名字是约翰·A·麦克唐纳（John A. MacDonald）、唐·切瑞（Don Cherry）和卡拉·霍莫尔卡（Karla Homolka），而你却不能得到提升，那么你就很难完成我们的学习。事实上，加拿大政客、曲棍球

457

偶像和连环杀手对大多数美国大学生的大脑几乎没有影响。因此,十年后在另一个国家直接重复我们的研究几乎是不可能的。

丹佛的重复研究团队采纳了我们的建议,转而选择了对中心心理结构(积极性、消极性和模糊性)的概念重复研究。这就需要研究团队再花上几个月的时间生成并初步测试一份新的名人名单,以供他们的重复研究使用(他们能够使用我们一半的名人,但必须自己生成另外一半)。谢天谢地,这一艰苦的过程得到了回报,他们能够用更大的样本成功重复我们的发现,并使用了许多其他分析策略(Lumian & McRae, 2017)。在许多方面,他们的论文比最初的研究要更具说服力。多亏了他们的努力,我们现在对原始研究的结论有了更多的信心,并且知道这些发现超越了加拿大学生对加拿大名人的思考!

当然,这些并不是唯一导致研究之间差异的情境效应类型。研究人员不可能理解在他们自己的背景下发生的所有微妙的操作。一位研究者手头可能有更保守的被试,而另一位研究者可能拥有的是更为自由的被试。一位研究者的被试在数学方面可能比另一位的被试更有天赋。一些不可测量的因素可能决定是否存在影响。因此,这种影响可能只发生在某些情况下,而不会在其他情况下发生。换言之,其他一些变量可能决定效果是否真实。在许多情况下,最初的假设不再有效(例如,效果不是单一的),但可能有一些有趣的现象可以解释这种差异。这一点很重要,不仅仅事关重复研究的争论,而且事关我们可能会学到一些关于人性的重要知识。

为了研究某些心理效应是否更容易受到时间或地点变化的影响,我们的一个实验室对最初 100 项研究所报告的全部效应可能受时间(如衰退前与衰退后)、文化(如东方文化与西方文化)等环境因素影响的程度进行了编码,包括地理位置(例如,农村与城市环境)、人口(例如,种族多样性人口与以白人为主的人口)(Van Bavel, Mende-Siedlecki, Brady & Reinero, 2016)。我们称这一维度为"背景敏感性"。编码人员并不清楚再现性研究项目的结果(OSC, 2015);他们不知道什么时候进行的研究,有哪些是重复研究,哪些不是重复研究。

假设非常简单:某些主题(例如,是否存在针对非洲裔美国人的明显不同的威胁或安全方面的线索)应该比其他主题(如可视化统计学习)对重复研究的背景更敏感。有人会假设,像种族关系这样的情境敏感话题不太可能重复,因为很难在不同的时间和地点重复与原始研究完全相同的条件。毕竟,很少有人

458　　会说,身为非洲裔美国人在密西西比州的经历和在蒙特利尔的经历是一样的,或者说,在 20 世纪 90 年代初,身为一名女性在计算机科学课上的感受和今天一样。背景对社会性动物十分重要,但对其他现象则未必。

与几十年来的社会心理学研究相一致,背景是重要的。我们对背景敏感性的评分预测了重复研究是否成功。即使在对方法学因素(如原始研究的样本量和重复尝试)进行统计调整后,这也是正确的。简言之,背景敏感性较高(通常是社会心理效应)的研究不太可能再现。也就是说,背景的影响是适度的,许多其他因素也可以预测研究的可重复性。

对完美的可重复性的追求

毫无疑问,心理学家和其他科学家需要招募更大、更多样化的样本,分享他们的数据和材料,并找到一种方式公布失败的重复研究。这些因素是加强科学建设的重要组成部分。但是科学家不应该忽视这样一个事实,即人类的行为在不同的环境中是不同的。无论我们测试 100 人还是 10 万人,在不同的环境中,少数民族的经历都会有很大的不同。由此,社会心理学能够提供对人类状况更为重要的洞察,并帮助人们更好地理解为什么有些重复成功而有些重复失败。

因此,对人类行为的研究似乎不太可能以完美的可重复性为目标。事实上,人类的行为是极其复杂的,社会心理学的研究假设不同情况会导致不同的思想和行为。聪明的科学消费者应该批判性地思考在什么条件下进行不同的研究。但是,科学家们也有责任阐明更好的理论,并设计新的研究来正式测试这些差异(Luttrell, Petty & Xu, 2017)。从这个角度看,重复研究失败往往是科学探究的开始,而不是结束。这是科学进步的现实需要,尤其是在社会心理学这样的年轻领域。

一些评论家指出,社会心理学的可重复率(28%)远低于认知心理学(53%)(Inbar, 2016)。一方面,重复研究的作者甚至认为,社会心理学的可重复率较低可能是因为统计能力和效应强度较弱(OSC, 2015)。另一方面,社会心理学等领域对情境的力量感兴趣,这正是文献中的具体发现更可能因情境而异的原因(Van Bavel, Mende-Siedlecki, Brady & Reinero, 2016)。事实上,大规模的国际研究发现,某些发现只能在其发生的原始背景下重复(Schweinsberg et al.,2016)。因此,虽然一些失败的重复研究放弃了一些想法,但另外一些重复研究则提供了一些机会,可以了解更多驱动人类行为的背景因素。

这对社会心理学家来说并不奇怪:近一个世纪以来,"人类心理学是由社会背景塑造的"这一观念一直是该领域的中心前提(Lewin, 1936)。这一原则似乎适用于社会科学,从社会学到经济学。毫无疑问,研究人类行为是最困难的科学,因为我们自己也在观察最复杂的动物。如果我们最伟大的理论家能够预测某些关系可能存在的所有背景,那显然是理想的。但这个崇高的目标是一种幻想,人类的行为实在太过复杂。因此,一定数量的失败重复将是不可避免的。心理学家需要根除脆弱的影响和错误的理论,但他们也应该把这些作为更多了解人性的机会。

心理学家还能够做些什么

对于任何已有的发现来说,由多个实验室进行多次探索都是非常理想的。十次重复肯定比一次能给我们更好的现实感。更为重要的是,将原始研究背景中的重复与其他地方进行的重复加以比较,可以准确了解背景何时重要,何时不重要。事实上,该领域的许多重大举措,正是为了努力做到这一点(Schweinsberg et al., 2016)。

失败的重复在心理学史上产生了无数重要的见解。当亚洲心理学家无法在他们的文化中复制我们最珍视的许多发现时,最初的失望催生了有影响力的文化新理论。我们现在想当然地认为,个体主义文化和集群主义文化的思考、感受和行为方式存在着重大差异。试想一下,如果仅仅因为大量的美国研究未能在地球另一端的另一种文化中重复而将其否定,那将是多么不幸。

研究人员的底线是:当涉及重复研究时,各方都有着需要付出共同努力的利害关系。最初的研究人员应该分享他们的材料、方法和来之不易的见解,以确保重复尝试获得成功的最佳机会。重复研究团队则从在新环境中使用和调整这些材料中获益匪浅。证据表明,没有得到原始作者认可的重复研究,成功的可能性要小得多(Van Bavel et al., 2016)。因此,最好的办法通常是合作和学习。即使重复尝试失败,双方也可能会从中发现其更具诊断性功能的一面,因为他们对过程达成了一致。然后他们可以把目光放在理解为什么重复研究结果不同于最初的研究上。

　　这些见解并不局限于心理学。从牛顿的棱镜到当代对黏菌的研究，科学史上充满了重复研究失败的例子。在牛顿首次利用棱镜发现光谱之后，其他物理学家无法再现他的结果。最终，他们意识到伦敦和威尼斯的玻璃质量不同是造成这种差异的原因。我们的经验证明，科学家不仅需要更好的方法，还需要更好地理解环境，以帮助我们的重复研究取得成功，并在重复研究失败时吸取正确的教训。不管是哪种情况，失败的重复都会激发关于我们社会自我创新和改进的理论的发展。

460 　　**参考文献**

Baumeister, R. F., & Tierney, J. (2012). *Willpower: Rediscovering the greatest human strength*. New York, NY: Penguin Press.

Bem, D. J. (2011). Feeling the future: Experimental evidence for anomalous retroactive influences on cognition and affect. *Journal of Personality and Social Psychology*, *100*, 407 – 425.

Carney, D. R., Cuddy, A. J. C., & Yap, A. J. (2010). Power posing: Brief nonverbal displays affect neuroendocrine levels and risk tolerance. *Psychological Science*, *21*, 1363 – 1368.

Cuddy, A. (2015). *Presence: Bringing your boldest self to your biggest challenges*. UK: Hachette.

Cuddy, A. J., Schultz, S. J., & Fosse, N. E. (2018). P-curving a more comprehensive body of research on postural feedback reveals clear evidential value for power-posing effects: Reply to Simmons and Simonsohn (2017). *Psychological Science*, *29*(4), 656 – 666.

Cunningham, M. R., & Baumeister, R. F. (2016). How to make nothing out of something: Analyses of the impact of study sampling and statistical interpretation in misleading meta-analytic conclusions. Frontiers in Psychology, 7, 1639.

Cunningham, W. A., Van Bavel, J. J., & Johnsen, I. R. (2008). Affective flexibility: Evaluative processing goals shape amygdala activity. *Psychological Science*, *19*, 152 – 160.

Flore, P. C., & Wicherts, J. M. (2015). Does stereotype threat influence performance of girls in stereotyped domains? A meta-analysis. *Journal of School Psychology*, *53*(1), 25 – 44.

Friese, M., Loschelder, D. D., Gieseler, K., Frankenbach, J., & Inzlicht, M. (2018). Is ego depletion real? An analysis of arguments. *Personality and Social Psychology Review*. doi: 1088868318762183

Galak, J., Leboeuf, R. A., Nelson, L. D., & Simmons, J. P. (2012). Correcting the past: Failures to replicate ψ. *Journal of Personality and Social Psychology*, *103*, 933 –

948.

Gilbert, D. T., King, G., Pettigrew, S., & Wilson, T. D. (2016). Comment on "Estimating the reproducibility of psychological science." *Science*, *351*, 1037.

Gronau, Q. F., Van Erp, S., Heck, D. W., Cesario, J., Jonas, K. J., & Wagenmakers, E. J. (2017). A Bayesian model-averaged meta-analysis of the power pose effect with informed and default priors. The case of felt power. *Comprehensive Results in Social Psychology*, *2(1)*, 123 – 138.

Inbar, Y. (2016). The association between contextual dependence and replicability in psychology may be spurious. *Proceedings of the National Academy of Sciences*, *34*, E4933 – 4934.

Lakens, D., & Etz, A. J. (2017). Too true to be bad: When sets of studies with significant and nonsignificant findings are probably true. *Social Psychological and Personality Science*, *8(8)*, 875 – 881.

Lewin, K. (1936). Principles of topological psychology. New York, NY: McGraw-Hill. Lumian, D. S., & McRae, K. (2017). Preregistered replication of "Affective flexibility: Evaluative processing goals shape amygdala activity." *Psychological Science*, *28*, 1193 – 1200.

Luttrell, A., Petty, R. E., & Xu, M. (2017). Replicating and fixing failed replications: The case of need for cognition and argument quality. *Journal of Experimental Social Psychology*, *69*, 178 – 183.

Muraven, M., Tice, D. M., & Baumeister, R. F. (1998). Self-control as a limited resource: Regulatory depletion patterns. *Journal of Personality and Social Psychology*, *74(3)*, 774 – 789. doi: 10.1037/0022 – 3514.74.3.774. PMID 9523419

Open Science Collaboration. (2015). Estimating the reproducibility of psychological science. *Science*, *349*, aac4716.

Palmer, K. M. (2016). Psychology is in crisis over whether it's in crisis. Wired.com. www.wired.com/2016/03/psychology-crisis-whether-crisis/

Pennington, C. R., Heim, D., Levy, A. R., & Larkin, D. T. (2016). Twenty years of stereotype threat research: A review of psychological mediators. *PLOS ONE*, *11(1)*, e0146487.

Schweinsberg, M., Madan, N., Vianello, M., Sommer, S. A., Jordan, J., Tierney, W., Uhlmann, E. L. (2016). The pipeline project: Pre-publication independent replications of a single laboratory's research pipeline. *Journal of Experimental Social Psychology*, *66*, 55 – 67.

Sherman, J. W., & Crandall, C. S. (2016). On the scientific superiority of conceptual replications for scientific progress. *Journal of Experimental Social Psychology*, *66*, 93 – 99.

Simmons, J. P., Nelson, L. D., & Simonsohn, U. (2011). False-positive psychology: Undisclosed flexibility in data collection and analysis allows presenting anything as significant. *Psychological Science*, *22*, 1359 – 1366.

461

Spencer, S. J. , & Steele, C. M. (2019). The replicability issue and stereotype threat research. In J. Aronson & E. Aronson (Eds.), *Readings about the social animal* (12th ed.). New York, NY: Worth Freeman.

Steele, C. M. , & Aronson, J. (1995). Stereotype threat and the intellectual test performance of African Americans. *Journal of Personality and Social Psychology*, *69*(5),797.

Steele, C. M. , Spencer, S. J. , & Aronson, J. (2002). Contending with group image: The psychology of stereotype and social identity threat. In M. P. Zanna (Ed.), *Advances in experimental social psychology*, *Vol. 34*, pp. 379 - 440. San Diego, CA: Academic Press.

Van Bavel, J. J. , Mende-Siedlecki, P. , Brady, W. J. , & Reinero, D. A. (2016). Contextual sensitivity in scientific reproducibility. *Proceedings of the National Academy of Sciences*, *113*,6454 - 6459.

32. 可重复性问题与刻板印象对研究的威胁

史蒂文·J·斯宾塞(Steven J. Spencer)

克劳德·M·斯蒂尔(Claude M. Steele)

编者按：尽管众说纷纭，但社会心理学中应该存在"重复研究危机"。许多基础性的、广泛讨论的、有影响力的社会心理学研究，在独立实验室的尝试下，或者在最初的发现发表几年后，并没有得到很好的重复验证。我们中的许多人都想知道，当我们所相信的研究无法持续重复时，这意味着什么。当所讨论的研究是我们自己的，当它在媒体上被报道多年之后，这种疑惑就会变成忧虑。当我开始与克劳德·斯蒂尔合作时，我的心理学家生涯开始了，他发展了刻板印象威胁理论。在斯蒂尔和他出色的研究生史蒂文·斯宾塞的指导下，我们设计并实施了一系列实验，这些实验将改变人们关心的诸如此类的话题：为什么女孩不喜欢数学，为什么黑人学生、拉丁裔学生和其他少数族裔学生在学校的表现不如他们实际能力所预测的好(Steele, Spencer, & Aronson, 2002)。

我的看法是，25年来心理学家一直在重复我们的实验，比如说，当我们以某种方式提醒有些学生对他们所在群体存在刻板印象时，他们在测试中的表现会更差，或者说，存在着通过测试称之为智商的评价标准来提高成就而不是作为一个问题来对待的风险。但事实证明，这些研究并不总是可重复的。事实上，很少有社会行为方面的研究总是这样去重复研究，因为背景很重要，而且复杂的社会背景与药物试验不同，很难复制。刻板印象威胁理论预测，在特定情况下，人们在测试中的表现可能会更差，这并非是刻板印象造成的，而是因为在特定情况下发生在特定类型的人身上。

我们从失败中吸取教训，重复研究的失败可以教会我们很多关于刻板印象威胁之类的现象，以及它可能影响绩效的确切情形。不幸的是，由于期刊没有发布失败的重复研究的传统，这些经验教训常常被丢在文件抽屉里。更为糟糕的是，这种"出版偏见"呈现了一种扭曲图景的现象：没有给我们对基本发现太多的信心，对其细微差别的理解太少。这一点出现在刻板印象威胁理论中，在我看来，部分原因是因为它经常被媒体报道，这导致了对大多数科学发现的简单化理解。

463　　　在接下来的内容中，斯宾塞和斯蒂尔对媒体报道的一些未能重复他们早期关于刻板印象威胁的研究做出了回应。这样做，他们提供了一个很好的讨论话题，这意味着社会心理学研究并不总是能够被重复。

　　最近的一期广播实验室节目重温了刻板印象威胁的话题，因为近期人们对心理学和更普遍的科学发现的可重复性表示了担忧。这一回应的目的是探讨与刻板印象威胁研究有关的重复研究问题（J. Aronson）。

针对女性和数学刻板印象威胁的重复研究

　　我们首先注意到，一段时间以来我们一直在收集所需的资源，以大规模"对抗性"来重复早期的实验，考察刻板印象对女性数学成绩的威胁。这些登记在册的重复研究解决了斯宾塞等人（Spencer, Steele & Quinn, 1999）过去 20 年内所做实验的可重复性问题。据我们所知，没有人试图重复我们的研究，这些研究符合刻板印象理论明确规定的产生效应的必要条件。

刻板印象威胁的情境属性

　　刻板印象威胁是一种情境困境：处于一种深度参与的情境之中，你知道自己可能会因为一个或多个社会身份（年龄、宗教、性别、种族等）在人们心目中形成负面刻板印象。这不是一种类似神经质那样的人格特征，在不同的条件下都会有同样的反应。从"神经质对人们的生活有多大的影响"来考虑也许是比较适宜的，也就是说它对一个人生活中的各种境况会产生多大影响。刻板印象威胁不是一种人格特征。它是一种情境困境或压力，当情境因素不存在时，便不会出现这种困境或压力，但当这类因素存在时，特别是当这些因素持续存在于对人们特别重要的生活领域时,这种困境或压力可能会产生巨大的、甚至重塑生活的影响。

因此,更有意义的问题是:这种困境对精英 STEM 课程中的女性、六年级数学课上的女生、性别数学刻板印象微乎其微的波兰女生、以种族为主题的白人与黑人互动、以体育为主题的白人与黑人互动、精英大学或州立大学里的黑人学生,是强烈而重要的吗?在所有这些例子中,关于刻板印象威胁的问题是:所处的困境,是否会给在这种情况下涉及的群体以巨大的压力。毫无疑问,你可以通过创造这种压力强大的情境,产生和再现刻板印象威胁对有意义的依存变量的影响,如智力表现、组间信任、组间互动中的社会舒适度、生理和大脑活动。

你可以通过简单的课堂演示来做到这一点。因此,刻板印象威胁效应本身是否"存在",或者刻板印象威胁效应本身是否"可重复"的问题,几乎没有争议。为了让"存在性"和"可重复性"的问题更有意义,你必须追问,对于谁以及在哪里,这是一种平均的有意义的压力:对于高水平大学 STEM 班的女性?对于那些正在登机的穆斯林?还是对于白人球员与黑人为主的篮球队比赛?解决这些问题可以提供信息,含蓄地测试"存在性"和"可重复性"问题,告诉我们刻板印象威胁在特别关注的情况下发挥了多大的作用。

刻板印象威胁效应的强度

"刻板印象威胁效应有多强?"这个问题最近引起了许多讨论。对于这个问题,理论似乎起了主导作用。刻板印象威胁的实验效应在困境(刻板印象威胁理论所规定的)强的情况下应该较强,而在困境(理论所规定的)弱的情况下应该较弱。该理论预测,刻板印象威胁效应在以下情况下会很强:(a)一个人被认同其在某个领域的表现或功能,而他或她在这个领域的表现可能会受负面刻板印象影响(基于对他或她的一个或多个社会身份的刻板印象),(b)其表现或功能令人沮丧,可能足以使消极的刻板印象适用于此人,作为对这种沮丧的一种解释,(c)背景和文化的特点表明存在某种刻板印象的可能性,或者至少不能消除这种可能性。当这些规范在实验情境中得到满足时,刻板印象威胁困境是强烈的,它对行为(例如,表现)和生理功能的影响应该是显著的。当这些规范不

464

被满足时，这些特征中的一个或多个缺失或较弱，刻板印象威胁困境也就变弱，其影响也会较弱或缺失。

一项即将问世的元分析(研究了 350 多项研究)，将比迄今为止所有的研究更为精确地评价刻板印象威胁文献中的这一理论预测。但目前，在评价一项研究是否"测试"了某个特定的刻板印象威胁效应时，有必要知道这项研究是否包括了某种实验条件，该条件符合理论规定的产生刻板印象威胁的前提，而控制条件则不符合。例如，思特里克等人(Stricker & Ward, 2004)的 ETS 研究经常被认为"未能再现"刻板印象威胁。这项研究对比了在现实生活中参加高风险标准化测试(实际进行的 AP 微积分考试)之前或之后，考生所填写的人口统计学信息(一项研究中为种族，另一项研究中为性别)。

要求被试在测试前提供这些人口统计学信息，被认为具备刻板印象威胁的条件(启动了同一性刻板印象的相关性)；在测试之后提供则被认为不具备刻板印象威胁的条件(因为这样，他们可能在没有启动自己身份和相关刻板印象的情况下参加测试)。他们发现了一种中等的效应，似乎支持了这样一种理论：使刻板印象突显会降低绩效。但问题是：刻板印象威胁理论在这里的预测效应很小或根本没有，因为这两个条件(具备刻板印象威胁条件和不具备刻板印象威胁条件)都充满了理论上所假定的应该产生效果的特征：应试者热衷于考好；一项难度足够大的高风险测试会产生足够多的挫折感，从而唤醒人们曾经体验过的刻板印象；在美国的背景下，少数族裔和女性考生会知道，他们的弱势表现可能被视为刻板印象。简言之，刻板印象威胁和无刻板印象威胁条件都会引起刻板印象威胁，因此，没有得到这些条件之间的差别，或者只是得到一个较弱的效应，并非"未能再现"刻板印象威胁效应。从本质上说，这里并未测试出刻板印象威胁。在评估刻板印象威胁效应的可重复性时，必须牢记刻板印象威胁困境理论。这些效应应该在预计会产生这种效应的条件下再现，否则便不会成功。

重复失败的信息价值

当研究 A 中发现的效应在研究 B 中没有再现时，这就增加了最初的效应是偶然发生的，或者是由于糟糕的研究活动造成的可能性。当很少有这样的演示时,失败的重复研究通常比之前有许多效果演示时更能说明问题。这里的逻辑是贝叶斯式的:更多时候新的信息(重复研究失败)会调整我们先前信息的影响,先前的观念是基于少量的信息,而不是基于大量的信息。此外,在大量的文献中,人们必须预料到一些仅仅基于偶然性的重复研究失败。尽管如此,遵循贝叶斯过程,这项研究未能再现先前的研究,将影响我们对这种影响强度的预期。

例如,在如此众多的条件和程序中,有大量的因减少失调而导致态度改变的例子,以至于在特定的环境中未能再现任何一个特定的失调实验,但这并不意味着减少失调不是一种真实的现象。很难说这个结果意味着什么。也许它反映了原始效应的一个边界条件? 也许是偶然发生的(在大量的文献中,人们必须预料到一些重复研究失败仅仅是基于偶然性)? 也许这反映了在最初的研究中使用的方法基本上已经过时了(也就是说,在这样一个新的时代里不再有相同的含义,它们也就不再产生效应)? 也许这反映了实验者对背景或关键细节的忽略? 与大量成功再现和概念再现的文献相比,特定的重复研究的失败有足够多的替代解释,这也使得它们难以解释,因为这类解释太多了,无法令人信服地指出早期的效应,即使按照贝叶斯逻辑,它也应该下调一个人的预期。这是警示灯,而不是红绿灯。然而,当先前的再现或概念性再现很少时,失败的重复研究更具启发意义。

有人可能会说,即使是大量的文献也会被诸如"p值篡改"之类的可疑研究活动所破坏,以至于一篇文献的样本量无法避免其结果的无法理解。显然,这些做法会产生错误的结果,任何事情都是可能发生的。但是,这样的叙述往往假定的是,对特定研究而言研究者的动机占主导地位;也就是说,这类现象是由强烈的发表压力所导致的。这些是不可否认的,但却不是唯一的研究动机。还有一些真正的科学动机,例如拓展人类的理解,为重要问题制定有用的、现实的干预措施,所有这些都会对产生真正可解释结果的深入研究带来压力。看到诸如认知失调之类的大量文献——如果我们有足够的勇气,可以加上刻板印象威胁——因为不端的动机(发表)和手段存在问题(例如,"p值篡改")而变得无法解释,即无视其他研究动机的影响,并接受一种在我们看来不太可能的可能性。

466

效应的可重复性检验：精确重复与概念重复

在社会心理学中，我们的研究材料、约定和操作的含义，与研究所处的文化、背景和时代有关。在某种条件下，同一种材料和程序在同一时间会启动某个程序，在另外一种条件下，在另一时间则可能不会启动它；在不同的环境中，它们的含义可能已经"过时"，新的语境可能会改变它们的含义，凡此种种。要在第二种条件下启动这个程序，可能需要不同的材料和操作，这些材料和操作主要通过预测试来显示，以创造理论上的条件并在第二种情况下产生效应。也就是说，人们可能不得不"概念性地再现"第一个实验。如果以这种方式进行，人们发现了效应，那么研究中的现象或程序就被证明可以推广到不同的条件下，从这个意义上说，便是可重复的。

在第二种条件下进行"实际再现"，而不首先表明材料和程序产生了理论上能够启动研究程序的条件，是不明智的。如果它不能再现最初的效应，人们就不知道失败是由于现象不真实，还是由于材料和程序导致的；在第二种条件下，根本没有启动产生效应的关键程序。

例如，同样的实验材料和程序，在纽约会导致认知失调和自我证明失调减少，在东京便可能难以奏效。为了检验东京的日本人是否会引起认知失调，我们必须使用所展示的材料和程序，在东京的日本人中产生认知失调的强烈自相矛盾的条件。这些材料和操作可能与纽约完全不同。人们将不得不从概念上重复在纽约进行的实验。这样下去，如果一个人发现东京的日本人减少了失调，那么最初的纽约研究实际上再现了它的失调减少的发现，以回应某个明显的自相矛盾，它便被证明是可重复的，并推广到东京的日本人身上。如果这种概念重复失败，则表明东京的文化及其组织自我功能的方式可能与纽约不同。也许减少失调的过程本身在某种程度上受到了文化上的调节。这里，有趣的问题便出现了。但关键是，概念重复取得了一种可解释的结果，而不是纽约研究的精确重复。

刻板印象威胁：从实验室转移到现实世界

与刻板印象威胁效应的强度和可靠性特别相关的问题是，刻板印象威胁研究已经从实验室转移到了现实世界，问题是：在现实生活的重要领域，这种效应强度有多大？一项干预研究解决了这个问题，该依据提出了这样一个问题：通过做一些能够减轻刻板印象威胁压力的事情，能力刻板印象群体在现实生活中的学习成绩会有多大的提高？答案往往是"很多，但需要很长一段时间，需要非常可行的努力"。现在我们已经完成了37项这样的干预研究（许多大样本的随机对照试验设计），并且经常由独立的研究人员进行重复研究。这项研究工作已经为解决美国面临的一些最为棘手的教育挑战开辟了新的途径。

在这样的现场环境下，做更多的研究，选取更大、更全面的样本应该是这项工作的重要部分。也就是说，所做的研究有力地支持了这样一种观点：即使是为减少刻板印象威胁所作的适度努力，也会对人们在学校和社会中的现实结果产生有意义的影响。毕竟，在这里社会心理学研究和理论影响了现实生活。这并不是说，减少刻板印象威胁是解决这类挑战的唯一办法。但一个真正令人印象深刻的研究机构正在证明，它可以是解决方案的重要组成部分（Aronson & Steele，2005；Spencer，Logel & Davies，2016；Spitzer & Aronson，2015；Steele，2010；Yeager & Walton，2011）。

一个纠错的时代

当前对社会心理学研究成果可重复性的关注，构成了该领域一个重要的纠错时代。随之而来的是一些良好的进展：重点是消除有问题的研究活动，努力使用更大的样本量，对实验系统进行预登记，对多重依赖变量的关注，促使人们共享数据，等等。我们之前也有过纠错时期。例如，本文作者之一还记得20世纪60年代末对实验者偏见的深切关注，20世纪70年代对小样本示范性现场研究的深切关注，甚至还记得20世纪60年代将实验再次确立为值得选择的方法而进行的斗争，由此而催生了实验社会心理学协会（SESP）。

这门科学正在走向成熟。我们崇尚当今时代，我们的目的是探讨这个时代的刻板印象对研究解释的可能威胁，并为这类问题的解决提供更为广泛的科学背景，这种背景既可能对其加以确认又可能对其加以矫正。

468

参考文献

Aronson, J. , & Steele, C. M. (2005). Stereotypes and the fragility of academic competence, motivation, and self-concept. In A. Elliot & C. S. Dweck (Eds.), *Handbook of competence and motivation* (pp. 436 – 455). New York, NY: Guilford.

Spencer, S. J. , Logel, C. , & Davies, P. G. (2016). Stereotype threat. *Annual Review of Psychology*, 67, 415 – 437.

Spencer, S. J. , Steele, C. M. , & Quinn, D. M. (1999). Stereotype threat and women's math performance. *Journal of Experimental Social Psychology*, 35(1), 4 – 28.

Spitzer, B. , & Aronson, J. (2015). Minding and mending the gap: Social psychological interventions to reduce educational disparities. *British Journal of Educational Psychology*, 85(1), 1 – 18.

Steele, C. M. (2010). *Whistling vivaldi: How stereotypes affect us and what we can do*. New York, NY: W. W. Norton & Co.

Steele, C. M. , Spencer, S. J. , & Aronson, J. (2002). Contending with group image: The psychology of stereotype and social identity threat. In M. P. Zanna (Ed.), *Advances in experimental social psychology*, Vol. 34, pp. 379 – 440). San Diego, CA: Academic Press.

Stricker, L. J. , & Ward, W. C. (2004). Stereotype threat, inquiring about test takers' ethnicity and gender, and standardized test performance. *Journal of Applied Social Psychology*, 34(4), 665 – 693.

Yeager, D. S. , & Walton, G. M. (2011). Social-psychological interventions in education: They're not magic. *Review of Educational Research*, 81(2), 267 – 301.

33. 作为信仰的社会心理学①

艾略特·阿伦森(Elliot Aronson)

　　我十分荣幸也非常高兴，能在这里与一群杰出的实验社会心理学家交流。当我被邀请在这次会议上发表演讲时，委员会建议的话题是："艾略特·阿伦森目前怎样？"我相信，选择这个话题的委员们中间至少有一部分是在开玩笑。同时，我想在选择这样一个话题的时候，可能会有一些认真的考量。因为我已经多年没有发表实验室研究成果了，我怀疑国外同事可能会有一种感觉，阿伦森可能决定放弃实验室研究，转而从事我们中一些人所戏称的对"现实世界"的不精确研究。我想邀请我来演讲的人，可能对这个所谓的决定嗤之以鼻。好吧，不管其他人怎么看，我决定认真对待这个邀约。最初，我的决定是在"现实世界"中描述这个让我感到如此兴奋的研究计划，在过去的四五年里，它占据了我大部分的研究时间。这是一个行动研究计划，旨在探讨在小学建立合作学习小组的效果。这也是一个令我非常兴奋的计划：排除其他因素，我们发现种族隔离后少数民族儿童自尊的丧失(Gerard & Miller, 1975)在很大程度上是传统课堂竞争力的函数。当我们把孩子放在合作学习小组(一种特殊的小组)时，我们扭转了这种趋势，使黑人和墨西哥裔儿童的自尊和考试成绩明显提升(Aronson et al. , 1966；Aronson, Blaney, Sikes, Stephan & Snapp, 1975；Blaney, Rosenfield, Stephan, Aronson & Sikes, 1977；Lucker, Aronson, Rosenfield & Sikes, 1976)。

---

① 本文是作者受邀在加州大学洛杉矶分校实验社会心理学协会1976年度会议上发表的演讲。经美国心理协会第8分部和Sage出版公司的许可，一个稍作修改的版本发表在《人格与社会心理学报》第3卷第2期，1977年春季版，第190—195页。Copyright © Sage Publications. Reprinted by permission. Permission conveyed through Copyright Clearance Center, Inc.

但当我来到这里后，我意识到不适合做这种基于大量数据的演讲。我的数据可能太过枯燥了。自从我来到会场，你们中的一些人一直在敦促我保持轻松，甚至可能的话来点幽默。所以，我决定和你们谈谈科学哲学。毕竟，研究生们认为我的科学哲学方法通俗易懂，有些人甚至觉得十分有趣。

1968 年，我和梅瑞尔·卡尔史密斯在《社会心理学入门》中撰写了一章《社会心理学中的实验研究》。在这一章的大部分时间里我们都在讨论一些棘手的问题：设计和进行这一领域的实验所牵扯到的考验和磨难。我们讨论了有关伦理问题、有关经验偏见、有关随机样本、实验现实主义、纾解，以及诸如此类需要注意的问题。那一章完成后，我们仔细阅读了一遍，感觉这让实验听起来像是一种可怕的负担。此外，我们意识到给人留下这种印象，并不能反映出我们对社会心理学研究的兴奋和热情。所以我们加上了另外一段话："嘿，听起来做社会心理学研究是困难的、有问题的，偶尔会让人头痛，这一切都是真实的，但如果我们不表达出自己对社会心理学研究的重要感受，我们便可能真的会误导你；的确如此，但总体而言我们仍然感到社会心理学研究颇为有趣。"

从那个章节发表到现在已经过去好多年了，我想我应该至少解释一下我们所说的"感到颇为有趣"的一些含义。我想用一个隐喻来表达这一点。

我想采用的这个隐喻来自加缪(Camus)的小说《鼠疫》。小说的背景是肆虐阿尔及利亚海滨城镇的鼠疫。其中一个主要人物是格朗先生，他是一个和蔼可亲的人，正在撰写一本书。他希望那本书绝对完美，希望每一句话都完美无缺，每一段都精彩绝伦，每一页都美不胜收。他希望它完美到这样一个程度：当他把书稿寄给出版商时，出版商在读到第一句话时，便被它深深打动，他会不由自主站起来对同事们说："女士们先生们，让我们脱帽致敬。"

格朗先生花了很长时间来写第一句话，这句话讲的是一个女人在公园里骑马，但所描述的又不仅仅是女人、马或公园。"在五月的一个晴朗的早晨，人们可能会看到一个优雅的年轻女骑手骑着一匹美丽的母马，沿着鲜花盛开的布洛涅林荫道行走。"这里每个名词都有太多的限定词吗？还是太少了？每个限定词都准确地表达了他的意图吗？每一个词都能恰当地表达遛马的节奏吗？"铺满鲜花"比"鲜花盛开"好吗？八九个月过去了，他还在写第一句话，他用了 50 页的手稿来写第一句话，因为，你知道，他想做到完美无缺，这样的话出版商便会对他的同事说："女士们先生们，让我们脱帽致敬。"

有一天,正在撰写手稿的他病倒了;随着症状的发展,很快便确诊他感染了淋巴腺鼠疫。他的医生,也是他的朋友,检查后对他说:"我真的很抱歉告诉你这个消息,但你会死去的;你活不了多久了。"于是,格朗先生命令他的医生销毁他的手稿。他是如此自信并有力地发出这一命令,医生立即拿起手稿——这经过精心打磨了50页的那句话——扔进了火炉。

第二天,格朗先生康复了。他对朋友说:"我觉得自己做得太草率了。"当然,这的确是令人难以置信的讽刺;他心血来潮地摧毁了自己千辛万苦创造出来的东西,而且只是心血来潮,没有其他理由。

471

隐喻到此为止。总体而言,我相信有两种不同的方法来进行科学研究。一种是缓慢、有条不紊、一步一个脚印的方式,格朗先生就是例证。这涉及大量细致的打磨、锐化和抛光的设计和操作。这可能需要几个月的时间。当研究者准备离开绘图板时,他开始进行研究,在他进行了几项研究之后,他意识到研究中有些东西并不完美。所以他停了下来,再次回到绘图阶段,继续打磨。然后他又对一些相关的主题和细节进行了完善。几年后,他可能会发表这个实验,当他把论文提交给杂志时,编辑会对他的同事说:"女士们先生们,让我们脱帽致敬。"①

还有另一种科学研究的方法。实际上,这包括快速、粗略地勾勒出一项研究,对它进行初步的估量,看看哪里还有问题,对它加以修改,然后尽可能快地付诸实施。当你完成这项研究并开始撰写论文的时候,你可能会意识到,如果你把它全部重做一遍,你会做得更好。当然,学习总是经验的函数,即使对研究者而言也是如此。但是,采用这种方法,你不是回到绘图阶段去设计一个神话般的"完美"研究,追求一种"脱帽致敬"的反应,而是先完成写作并提交出版,因为在你看来科学是一项自我矫正的事业。自我矫正:我很清楚如果自己完成了一项不完美的研究,别人很快就会改进它。因此,我的目标是让它成为文学作品,给我的同事一个机会去审阅它,被它刺激,被它激怒,被它惹恼,然后继续做得更好——即使他们的意图是证明我错了,即使他们成功地证明的确是我错了。这就是科学令人兴奋的地方;它是通过人们相互之间的努力不断进步的。

① 即便在这种情况下,"脱帽致敬"的反应似乎是不可能的;编辑很可能会发现一些作者所忽略的缺陷。

这就是威廉·詹姆斯（William James，1956）所说的"信心的飞跃"。我有信心，如果我做了一件不完美的作品，会有人读到它，会被激怒，以一种非常有趣的方式展示这种不完美。这几乎总能使人们对所研究的现象有更深刻的了解。也许，在另一个人进行了研究之后，编辑、出版商和整个世界都会说，"嘿，让我们脱帽致敬。"这没有任何关系。

　　毫无疑问，我更喜欢第二种方法，因为你们熟知我是一个不完美的研究者，你们可以轻易得出这个结论。这种信仰的飞跃构成了支撑我科学哲学的一个重要方面。也就是说，在我们把事情暴露在他人的思想、批评和行动之前时，我们不必把事情做得完美。用宏大而宽泛的心态来对待科学，比一丝不苟地打磨并花上几年时间推出产品，更令人兴奋、更有活力、更具挑战性。既然我相信科学是一项自我矫正的事业，我宁愿面对挑战而不是一贯正确。当然，毋庸讳言，我并不想总是犯错或者粗心大意。我试图尽我所能，和我的同事和批评者分享当下这个不太完美的产品。威廉·詹姆斯坚持认为，大量的案例显示，信心会创造自己的证据。举一个詹姆斯的例子，如果你在爬山的时候必须跳过悬崖，那么你相信自己能够做到这一点便增加了成功的可能性。假如我们树立起这样的信心——认为其他人会对我们的研究感到兴奋并被激发起进一步研究或证明它是错误的，会促使我们以这种方式去进行研究，并在某个时间发表研究成果，通过累积研究经验来最大可能性地为这种研究提供酵母。

　　从我和卡尔史密斯在《社会心理学手册》某一章中愉快地宣布社会心理学实验很有趣，已经过去了好几年。在阅读相关的学术期刊时，我感到很多乐趣已经从社会心理学中消失了。我认为，其中的一个原因便是，我们太过谨慎，太过害怕犯错误，这使得社会心理学研究失去了很多的热情和活力。

　　过度谨慎的副产品之一便是过度自我反省。事实上，当代社会心理学最具特色的一个方面，便是最近出现的一种倾向，即学科范围内的自省、绝望和"抱怨"，在过去的五六年里，我肯定至少被邀请参加过六次研讨会，题目是"社会心理学的发展方向在哪里？"或"我们必须对社会心理学做些什么？"或"社会心理学在哪里？"这种自省令人感到厌烦。我要声明的是，我并不反对个人层面某种程度的自我反省。事实上，我相信任何一个科学家都应该每隔几年对自己进行一次评估，给自己一个重新安排优先次序的机会。每隔几年，问一句：什么是重要的、可能是非常有用的？我的道德和社会关注点是什么？尽管这个过程对一个人来说很重要,但当整个学科都这么做的时候,它意味着我们都应该去一个特定的地方,采用一种我们都应该使用的特定方法,研究一个我们都应该研究的特定课题。我认为那种自省是致命和愚蠢的。正确的问题应该是"个人可能在做什么?",而不是"这个领域应该做什么?"我喜欢把社会心理学的学科想象成一个非常大的马戏团表演场地,在那里有许多不同的行为正在进行,不同的行为偶尔会交叉、融合和重叠。这样,每个人都在做自己认为最有趣的或最有用的事情,并且一直受到科学界其他人的挑战,他们使用不同的方法从事那些重叠的主题,或者使用重叠的方法去探讨不同的主题。

请注意,在这里我要讲到另一个比喻。J. D. 塞林格(Salinger)有一篇短篇小说,题为《西摩:小传》,其中崭露头角的作家巴蒂·格拉斯(Buddy Glass)将他的短篇小说交给自己的哥哥西摩(Seymour)指正。西摩是个睿智又善良的人,一般以信函的形式写下批评。讲完一个故事后,西摩给巴蒂写了一封信(巴蒂保留了很多年),信中他说道:"你的确是一个了不起的工匠。你的确知道该怎么写。你的确知道如何遣词造句,你已经掌握了这个技巧。你知道如何把这些句子组合成段落。你的故事构思得很美。但有一件事你还没有学会,那就是写些什么,这是一个非常重要的问题。在我思考的过程中,我想出了一个简单、直接、显而易见的解决方案,以至于令人难以置信。解决办法是:记住,在你成为作家之前,你就是一名读者。然后,你所要做的就是去构思一个故事,一个你一直想读的东西,然后坐下来写。"

作为一名科学家,我发现自己一直在努力采纳西摩的建议。实际上,我对自己说:"嘿,记住,在你成为研究员之前,你是特定研究的读者。如果你想知道该研究什么,就想想你一直想读的关于人类社会行为的某个实验,然后去做吧。"我一直在努力遵循着自己对西摩建议的理解,偶尔也会取得成功。如果对这样一个群体说我总是成功,我做的每一个实验都涉及一个我一直想知道答案的问题,那将是非常危险的,因为这会让我遭到大家的嘲笑。我能听到你们在说,"你的意思是你一直想知道的关于人性的一件事是,当人们把咖啡洒到自己身上时会发生什么?"(Aronson et al., 1966)假如的确如此,这是一个相当危险的声明;好在事实并非如此。

但我也经历过这样的时刻,我知道自己何时会听从西摩的建议,因为我能感觉到自己兴奋的情绪在增加,我想自己现在已经开始思考其中的某个问题了。我目前的研究问题是：我们怎样才能把数百万小学生的教育经历变成一种不那么没有人性的经历？我们怎样才能抵制美国教育中降低少数族裔自我概念的趋势？如何在普通的课堂情境中轻松自如地传授合作技能？我们怎样才能使学习成为一种令人兴奋的、令人感兴趣的社会心理体验以及教育性的冒险？既然公立学校是我们 95% 的人、我们 95% 的孩子和 95% 的孙辈将要经历的场所，我认为这些都是重要的问题。

但我答应过你们，我不会把精力放在研究本身。我真正希望深入讨论的是：当自己不听从西摩的建议时，作为一个科学家所体验到的失败。偶尔我会做一些自己并不特别感兴趣的研究。怎么会这样呢？有时我发现自己在各种想法之间徘徊。或者有时候我感兴趣的研究太难做或者需要花很多时间来建构。当这种情况出现时，我不是无所事事，而是感到害怕。害怕什么？让我来回溯一下。昨天，我们举行了一个关于期刊编辑政策的研讨会，我的朋友、早前的学生达文·林德(Darwyn Linder)雄辩地向我们讲述了他所认为的期刊主要功能应该是什么。他提出了三个独立的功能：一是档案功能，杂志是一个永久性的知识体系，因此 50 年后，当人们想知道 20 世纪 70 年代社会心理学发生了什么时，他们可以查阅这些杂志的过刊。它的第二个功能是作为交换信息的工具；如果你想知道现在全国各个实验室都在做些什么，或者至少三年前研究人员所做的最新实验发表有哪些，你可以看看现在的杂志。林德提到的第三个功能是对于那些在大学任教的年轻社会心理学家来说，带来终身教职的实用功能。也就是说，在期刊上发表论文能够让院长们相信，某位年轻的社会心理学家正在通过大量的发表来完成他的工作。但我想说的是，第三种功能并不局限于渴望终身教职的年轻人。我想这也是困扰我们这些老家伙的另一种方式。我们的工作并不仅仅依赖于发表，还有一些其他的事情。这里缺乏一个更好的术语——我称之为"大学尊重"。是什么让我一直不去研究一件我一直想知道的事情，那就是我偶尔会感到害怕，如果我不总是活跃，不总是产出成果，那么也许我的一些同事会认为我已经失去了研究能力，他们可能会问一些问题，比如"艾略特·阿伦森目前怎样？"这便是本次演讲的主题。可以想象，我不会是这里唯一一个体验过这种恐惧的人。如果我的怀疑是正确的，那么也许通过讨论这件令人恐怖的事情，我们可以摆脱哈利·斯塔克·沙利文(Harry Stack Sullivan)所说的"独特性谬论"。这可能有助于我们大家让那些令人恐怖的事情消失,继续我们的正事:我们每个人都可以用自己的方式尽可能地寻找最好的答案。

参考文献

Aronson, E. , Blaney, N. , Sikes, J. , Stephan, C. , & Snapp, M. (1975). Busing and racial tension: The jig-saw route to learning and liking. *Psychology Today* , *8* , 43 - 50.

Aronson, E. , & Carlsmith, M. (1968). Experimentation in social psychology. In G. Lindzey & E. Aronson (Eds.), *Handbook of social psychology* (2nd ed. , Vol. 2). Reading, MA: Addison-Wesley.

Aronson, E. , Willerman, B. , & Floyd, J. (1966). The effect of a pratfall on increasing interpersonal attractiveness. *Psychonomic Science* , *4* , 227 - 228.

Blaney, N. , Rosenfield, R. , Stephan, C. , Aronson, E. , & Sikes, J. (1977). Interdependence in the classroom: A field study. *Journal of Educational Psychology* , *69* , 139 - 146.

Gerard, H. , & Miller, N. (1975). School desegregation. New York, NY: Plenum.

James, W. (1956). *The will to believe*. New York, NY: Dover.

Lucker, W. , Aronson, E. , Rosenfield, D. , & Sikes, J. (1976). Performance in the interdependent classroom: A field study. *American Educational Research Journal* , *13* (*2*) , 115 - 123.

译者后记

当华东师范大学出版社邀约翻译《社会性动物:进阶阅读(第12版)》(以下简称《进阶阅读》)时,我们没有丝毫犹豫便答应下来。在我们看来,作为《社会性动物》的重要补充,这样一部被称之为《进阶阅读》的专业论文集对专业研究者和普通读者都是必不可少的。对于相关领域的专业研究者来说,《进阶阅读》可以帮助他们深入地了解《社会性动物》所涉及的相关主题背后的理论支撑、研究逻辑,乃至研究范式和分析技术,就像编者在《致读者的一封公开信》中所言:"我们相信你们中的一些人(教师、研究生、统计学者和其他专业人士)希望彻底理解这类文章里的每一句话。"对于普通读者而言,《进阶阅读》可以进一步激发他们的好奇心和想象力,由此而增加他们对社会心理学更多的兴趣,甚至引导一些人更深地涉入相关研究领域。

毫无疑问,《进阶阅读》所收录的每一篇文章都堪称社会心理学的经典,其中的一些经典综述文章,对这门学科中最激动人心的研究领域进行了系统的梳理,让读者能够对相关研究领域的概貌和走势加以精准的把握。而所精选的一些经典实证研究,则充分展示了作为一门科学的社会心理学的无限魅力和天然缺憾,从某种意义上讲,可能正是这种魅力和缺憾的同时存在,推动着这门学科不断向前,展示着这门年轻而古老的学科所具有的强劲生命力。值得一提的是,编者在选择收录文献时,也力图呈现能够展示社会心理学研究全景的经典,尽管本书的绝大部分研究报告都是基于实证的经验研究,然而第一章选编的唯一一篇论文却是从另一视角反思社会心理学的研究逻辑,该文的两位作者站在世纪之交对这门学科进行了深入反思,将其界定为"有关人类体验的科学"。而最后一章收录的有关社会心理学研究的科学性探讨方面的两篇代表性论文,则对一些关键议题进行了针锋相对的讨论。

　　本书的翻译分工如下:黄立清翻译了本书的前言、致读者的一封公开信、第2章、第3章、第4章、第5章、第6章;李爽翻译了第7章;曲夏夏翻译了第8章;邢占军翻译了第1章、第9章,并对全部译稿进行了通校。感谢责任编辑彭呈军先生所给予的鼓励和支持。

译者

2022 年 5 月 28 日